Schuster | **Fälle und Übungen**
zur Allgemeinen Wirtschaftslehre

– Volkswirtschaftslehre
– Allgemeine Betriebswirtschaftslehre

Schuster

Fälle und Übungen

zur Allgemeinen Wirtschaftslehre

- Volkswirtschaftslehre
- Allgemeine Betriebswirtschaftslehre

Merkur Verlag Rinteln

Wirtschaftswissenschaftliche Bücherei für Schule und Praxis

Herausgegeben von Handelsschuldirektor Dipl.-Hdl. Friedrich Hutkap †

Verfasser:

Dipl.-Hdl. Dietmar Schuster
Studiendirektor in Gießen

12. Auflage 2001

© 1984 by MERKUR VERLAG RINTELN

Gesamtherstellung:
MERKUR VERLAG RINTELN Hutkap GmbH & Co. KG, 31735 Rinteln

ISBN 3-8120-**0060-1**

Vorwort

Das vorliegende Buch umfasst die in den **Rahmenlehrplänen der KMK** geforderten Lerninhalte für die **„Allgemeine Wirtschaftslehre"**. Die **Rahmenlehrpläne der Bundesländer** (Wirtschaftslehre, Volkswirtschaftslehre, Allgemeine Betriebswirtschaftslehre) und die **Prüfungsanforderungen der AKA** für das **Prüfungsgebiet Wirtschaftslehre und Politik** wurden berücksichtigt.

Das Buch kann für folgende **Ausbildungsberufe** eingesetzt werden:

– Bankkaufmann/-frau

– Bürokaufmann/-frau

– Industriekaufmann/-frau

– Kaufmann/-frau im Groß- und Außenhandel

– Steuerfachangestellte(r)

– Versicherungskaufmann/-frau

– Kaufmann/-frau im Eisenbahn- und Straßenverkehr

– Verlagskaufmann/-frau

– Kaufmann/-frau für Bürokommunikation

Der **Einsatz** der Fallsammlung kann bei **Erarbeitung** der Lernziele, der **Festigung** der vermittelten Lerninhalte und bei der Lernzielkontrolle erfolgen.

Materialien wie Gesetzestexte, Informationstexte, Abbildungen und Statistiken sollen dazu beitragen, dass die **Lernziele** weitgehend **handlungsorientiert und selbstständig** erarbeitet werden können.

Das Buch eignet sich auch zur **Vorbereitung** auf die **Zwischen- und Abschlussprüfungen**, insbesondere für die **„Praktischen Übungen"** in der Abschlussprüfung.

Der Verfasser bittet die Lehrer, Ausbilder und Schüler um Anregungen und Kritik, um das Buch deren Wünschen weiter anpassen zu können.

Gießen, Januar 2001

Dietmar Schuster

Lernzielverzeichnis/Inhaltsverzeichnis

I. Grundlagen des Wirtschaftens

LZ: Wirtschaftliche Grundbegriffe und Tatbestände unterscheiden
Notwendigkeit wirtschaftlichen Handelns verstehen

Bedürfnisse

1 Stellen Sie sich vor, Sie müssten fünf Monate allein auf einer unbewohnten Insel in der Nordsee verbringen.

Für diesen Aufenthalt dürfen Sie nur zehn Dinge mitnehmen.

a) Für welche Dinge würden Sie sich entscheiden?

b) Nennen Sie fünf weitere Dinge, die Sie mitnehmen würden, wenn es Ihnen erlaubt wäre, beliebig viel mitzunehmen!

2 Das Gefühl eines Mangels mit dem Wunsch, diesen Mangel zu beseitigen, wird als **Bedürfnis** bezeichnet.

Die Bedürfnisse können in Existenzbedürfnisse einerseits, Kultur- und Luxusbedürfnisse andererseits eingeteilt werden. Daneben besteht eine Einteilungsmöglichkeit nach Individualbedürfnissen, d. h. solchen, die von einzelnen Personen befriedigt werden können, und Kollektivbedürfnissen, die nur von der Gemeinschaft befriedigt werden können.

a) Bestimmen Sie, welcher Art von Bedürfnissen die von Ihnen in Fall 1 genannten zugeordnet werden können! (Zuordnungskriterien: 1. Existenzbedürfnisse, 2. Kultur- und Luxusbedürfnisse.)

b) Nennen Sie weitere Existenz-, Kultur- und Luxusbedürfnisse!

c) Teilen Sie die von Ihnen gefundenen Bedürfnisse danach ein, ob diese Individual- oder Kollektivbedürfnisse sind!

d) Suchen Sie noch jeweils fünf weitere Individual- und Kollektivbedürfnisse!

3 Ein Vergleich der im Einzelhandel nachgefragten Warengruppen ergab in Bezug auf ihre Anteile an den Gesamtausgaben folgende Veränderungen in %:

Milch, Milcherzeugnisse, Speisefette und -öle sowie Eier....	+ 1
Tabakwaren	− 17
Kartoffeln, Gemüse, Obst und Marmelade	+ 3
Getränke...................................	± 0
Fische und Fischwaren	+ 2
Bekleidung	+ 2
Waren für Körperpflege...........................	− 3
Schuhe und Schuhwaren	− 7
Kraftstoffe...................................	+ 9
Arzneimittel (innere Anwendung)	+ 11
Brennstoffe...................................	+ 16

a) Welche Ursachen könnten diese Veränderungen haben?

b) Wodurch können die Bedürfnisse des Einzelnen und die der Gesellschaft beeinflusst werden?

4 Eine Änderung der Bedürfnisstruktur lässt sich aus dem langfristigen Trend, das ist die unter Ausschaltung zufälliger kurzfristiger Veränderungen errechnete Entwicklung, ersehen.

Veränderungen in der Konsumstruktur der inländischen Gesamtnachfrage 1970 bis 1978

	langfristiger Trend (Prozentpunkte p.a.)		Trendabweichungen 1973/1974	
	nominal	real	nominal	real
Nahrung und Getränke	− 0,32	− 0,21	−	±
Tabakwaren	− 0,08	− 0,07	±	+
Kleidung	− 0,11	− 0,10	+	±
Schuhe	− 0,02	− 0,04	−	−
Mieten	+ 0,03	+ 0,08	+	+
Übrige Haushaltsführung	− 0,05	− 0,01	+	+
Fremde Verkehrsleistungen	− 0,01	− 0,03	−	−
Kfz (ohne Kraftstoffe)	+ 0,06	+ 0,06	− −	− −
Nachrichtenübermittlung	+ 0,07	+ 0,07	+	−
Körperpflege	− 0,04	− 0,02	−	−
Gesundheitspflege	+ 0,07	+ 0,04	+	+
Bildung und Unterhaltung	+ 0,02	+ 0,08	+	+
Persönl. Ausstattung, sonst.	+ 0,12	+ 0,05	+	±
Haushaltsenergie	+ 0,15	+ 0,04	+ +	+
Kraftstoffe	+ 0,13	+ 0,05	+ +	−

Quelle: Berechnungen auf Basis der amtlichen Statistik

Lesebeispiel: Der Anteil der nominalen Ausgaben für Schuhe an der nominalen inländischen Gesamtnachfrage nimmt im langfristigen Trendverlauf um 0,02 Prozentpunkte pro Jahr ab. Einen Trendwert von 1,80 % für 1970 folgt also ein Trendwert von 1,78 % für 1971. Wäre diese Entwicklung ungestört verlaufen, so hätten sich für 1973 und 1974 Anteilswerte von 1,72 bzw. 1,70 % ergeben; tatsächlich entfielen aber nur 1,69 % bzw. 1,67 % der inländischen Gesamtnachfrage auf Schuhe – es ergeben sich für diese beiden „kritischen" Jahre also negative Abweichungen vom langfristigen Entwicklungspfad.

a) Welche Bedürfnisse entwickelten sich schlechter (−) als der Trend?

b) Welche Bedürfnisse entwickelten sich besser (+) als der Trend?

c) Was bedeutet es, wenn sich eine Bedürfnisgruppe unter (−) dem langfristigen Trend entwickelt?

d) Wie ist die Tatsache zu bewerten, dass in dem wirtschaftlich kritischen Jahr 1973/74 Ausgaben für die über dem langfristigen Trend liegenden Bedürfnisgruppen – mit Ausnahme Kraftfahrzeuge – nicht abnahmen?

Bedarf

5 Sie haben monatlich 200,00 EUR Einkommen zur Verfügung.

Diesen Betrag könnten Sie für folgende Waren oder Leistungen verwenden:

Milch	1 l	1,20 EUR	Anzug	1 Stück	280,00 EUR
Brot	1 kg	3,00 EUR	Kinokarte	1 Stück	8,00 EUR
Bier	1 Kasten	20,00 EUR	Schallplatte		
Schokolade	100 g	1,40 EUR	– Hits aktuell –	(1 Stück)	22,00 EUR
Hose	1 Stück	55,00 EUR	Eintritt		
Hemd	1 Stück	23,40 EUR	Fußballspiel	(1 Stück)	7,50 EUR
Kleid	1 Stück	125,00 EUR			

a) Wie würden Sie die 200,00 EUR verwenden?

b) Nehmen Sie an, alle oben angegebenen Waren bzw. Leistungen entsprächen Ihren Bedürfnissen.

Welche Konsequenzen ergäben sich für Ihre Möglichkeiten der Bedürfnisbefriedigung?

c) Der Teil der Bedürfnisse, der sich von dem verfügbaren Einkommen decken läßt, wird als **Bedarf** bezeichnet. Als **Nachfrage** wird der Teil des Bedarfs am Markt wirksam, der **tatsächlich** für Güter und Dienstleistungen ausgegeben wird. Bei dem nicht nachfragewirksamen Teil handelt es sich um eine potenzielle Nachfrage.

In welchem betragsmäßigem Zusammenhang stehen Bedürfnisse und Bedarf in der Regel?

Güter/Dienstleistungen

6 Die Mittel zur Bedürfnisbefriedigung werden als **Güter** bezeichnet.

Welche Unterschiede können Sie zwischen den folgenden Gütern feststellen?

Trinkwasser; Spezial-Bohrmaschine; Luft; Kartoffel; Wolle; Banküberweisung; Reparatur der Heizung; Lebensversicherung; Kochtopf; Eisenerz; Kühlschrank; Verlagsrechte.

7 a) Füllen Sie das Schaubild mit jeweils zwei Beispielen aus!

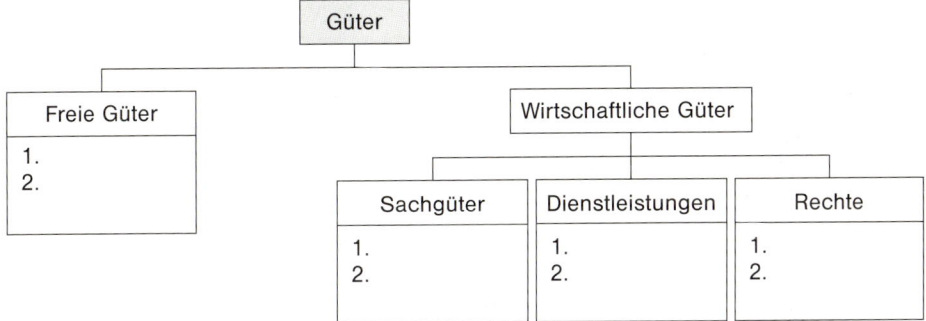

b) Worin liegt der Unterschied zwischen einem freien und einem wirtschaftlichen Gut?

c) Suchen Sie jeweils zwei weitere Beispiele für

ca) Konsumgüter,
cb) Produktivgüter.

Geben Sie zu den gefundenen Beispielen an, ob es sich jeweils um ein Verbrauchs- oder Gebrauchsgut handelt!

Ökonomisches Prinzip

8 **Wegen der Knappheit** der meisten Güter müssen private Haushalte und Betriebe **wirtschaftlich** handeln.

Private Haushalte handeln wirtschaftlich, wenn sie für ihre Nettoeinkommen den größtmöglichen Nutzen erzielen (**Nutzenmaximierung**).

Betriebe wollen entweder mit einem bestimmten Einsatz an Mitteln den größtmöglichen Erfolg erzielen (**Maximalprinzip**) **oder** einen bestimmten Erfolg mit dem geringstmöglichen Einsatz an Mitteln erreichen (Sparprinzip, **Minimalprinzip**).

13

Neben dem ökonomischen Prinzip werden verstärkt auch andere Prinzipien genannt.

Das **Humanprinzip** zielt auf den Leistungsfaktor Arbeit ab. Es besagt, dass die Arbeit der **Selbstverwirklichung und -bestätigung** dienen und sich unter **humanen Bedingungen** vollziehen soll.

Das **Prinzip der geringstmöglichen Umweltbelastung** zielt auf die Schonung des Leistungsfaktors **Natur** (Umwelt).

Entscheiden Sie, nach welchem Prinzip sich die Handelnden in den folgenden Fällen verhalten und worin sich dieses Verhalten zeigt!

a) Die Auszubildende Ingrid Schick hat monatlich 250,00 EUR zu ihrer freien Verfügung. Sie führt bei ihren Ausgaben Preisvergleiche durch.

b) Das Bauunternehmen A. Schneider beteiligt sich an der Ausschreibung für die Rohbauarbeiten zum Bau einer Schule. Es ist sehr an diesem Auftrag interessiert.

c) Eine Maschine stanzt Ringe im Durchmesser von 5 cm. Es stehen Bleche im Format 3 m x 2 m zur Verfügung.

d) Der Landwirt Emil Haas hat ein jährliches Nettoeinkommen von 20 000,00 EUR. Als Arbeiter könnte er ein Nettoeinkommen von 25 000,00 EUR erzielen.

e) Ein Auktionator versteigert auf einer Kunstauktion ein Gemälde.

9 a) Auf welche Art wird die folgende Aufgabe am wirtschaftlichsten gelöst?

Es sind drei Scheiben Brot auf beiden Seiten unter Benutzung der beiden Seiten des Brotrösters zu rösten. Als Zeitwerte sind zu berücksichtigen:

Einlegen, bei dem die eine Hand den Deckel öffnet, während die andere das Brot einlegt	3 Sek.
Rösten jeder Seite	30 Sek.
Umwenden jeder Scheibe, zu dem wieder beide Hände benötigt werden	2 Sek.
Herausnehmen, wieder mit beiden Händen	3 Sek.

b) Welches ist die kürzeste „Produktionsdauer"?

10 Beurteilen Sie diese Formulierung des ökonomischen Prinzips:
„Mit möglichst geringem Aufwand an Mitteln soll der größtmögliche Erfolg erzielt werden."

11 Nennen Sie Beispiele aus Ihrem privaten Bereich und aus dem Betrieb, bei denen nicht nach dem ökonomischen Prinzip gehandelt wird!

12 Zwischen dem ökonomischen Prinzip und den Prinzipien der Humanisierung der Arbeit und der Schonung der Natur besteht ein inneres Spannungsverhältnis.

a) Suchen Sie Beispiele, wo es zwischen diesen Prinzipien zu Spannungen kommen kann!

b) Diskutieren Sie die Frage, ob zwischen den drei Prinzipien eine Abstufung nach der Dringlichkeit möglich ist!

Einfacher Wirtschaftskreislauf

13 Zur **Deckung des Bedarfs** einer Volkswirtschaft sind Güter und Dienstleistungen erforderlich. Diese werden, abgesehen von den wenigen freien Gütern, von einer Vielzahl von Unternehmen produziert bzw. erbracht.

Zur **Erstellung** dieser Güter und Dienstleistungen werden von den Unternehmen **Arbeitskräfte**, **Boden** und **Kapital** benötigt. Diese so genannten **Produktionsfaktoren** kaufen sie von den privaten Haushalten. Die „Kaufpreise" fließen diesen z. B. in Form von Arbeitseinkommen, Pachten, Mieten, Zinsen, Dividenden zu. Diese geben wiederum – im einfachsten Falle – ihre Einkommen vollständig zum Kauf von Gütern und Dienstleistungen aus.

Sämtliche Ersteller von Gütern und Dienstleistungen in einer Volkswirtschaft werden in dem **Sektor „Unternehmen"** zusammengefasst, während sämtliche privaten Verbraucher den **Sektor „Private Haushalte"** bilden.

In dem einfachsten Fall werden die **Sektoren „Staat", „Ausland"** und **„Vermögensbildung"** nicht berücksichtigt.

a) Stellen Sie die Beziehungen zwischen den Sektoren „Unternehmen" und „Haushalte" in einer Skizze dar! Beachten Sie dabei, dass es Geld- und Güterströme gibt!

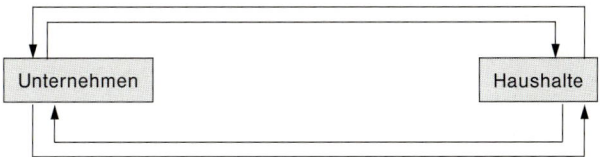

b) Wie verhalten sich Güter- und Geldkreislauf zueinander?
c) Welcher der beiden Kreisläufe ist wertmäßig größer?
d) Welche Annahmen werden über das Konsumverhalten der Haushalte in diesem Modell gemacht?
e) Welche Arten von Unternehmen können bei der Erstellung von Gütern und Dienstleistungen unterschieden werden?

Volkswirtschaftliche Produktionsfaktoren

14 Vor vielen Jahrhunderten lebte ein Mann mit seiner Frau und einer vielköpfigen Familie in der Nähe eines Weihers. Die Arbeit des Mannes bestand darin, seine Familie zu ernähren. Dies tat er durch das Sammeln von Früchten in der Natur. Die meiste Zeit wandte er dafür auf, mit bloßen Händen Fische im Weiher zu fangen.

Welche Faktoren setzte der Mann zur Deckung seiner Bedürfnisse ein?

15 Nach einem arbeitsreichen Tag kam unser Mann aus dem vorigen Fall zu dem Schluss, dass es so nicht weitergehen könne.

Er entschloss sich, einen Weg zu finden, wie er das sehr mühsame Fischen ändern könne.

Nach einigem Nachdenken kam ihm die Idee, aus den Weidenruten vor seiner Höhle ein Fanggerät zu bauen, mit dem das Fischen leichter würde.

Da er an diesem Tag ein gutes Fangergebnis hatte, sagte er zu seiner Frau, dass sie einige Fische für den nächsten und übernächsten Tag aufheben solle, da er ein Gerät zum Fischfang bauen wolle.

Es gelang ihm, eine Technik zu entwickeln, mit der er die Weidenruten zu einem Fangkorb flechten konnte. Als er am dritten Tag mit seinem Fangkorb fischte, konnte er in kurzer Zeit mehr Fische fangen als vorher.

Welche Mittel setzte der Mann ein, um das bessere Fangergebnis zu erreichen?

16 a) Wodurch wurde es dem Mann in Fall 15 möglich, Kapital zu bilden?

    b) Welche volkswirtschaftlichen Produktionsfaktoren waren ursprünglich (originär) vorhanden, welcher Produktionsfaktor ist erst nachträglich (derivativ) entstanden?

Betriebswirtschaftliche Produktionsfaktoren (Betriebliche Leistungsfaktoren)

17 Drei Freunde treffen sich bei einer Feier, zu der Oskar nach bestandener Prüfung zum Betriebswirt eingeladen hatte.

Mit Willi und Eberhard unterhält sich Oskar über seine Zukunftspläne.

Er meint, dass er sich möglichst bald selbständig machen will. Die Herstellung von Wärmepumpen wäre in dieser Zeit das Richtige. „Das wäre auch etwas für mich", sagte Willi, „als gelernter Elektromechaniker mit Elektronikkenntnissen könnte ich die Produktion leiten. Du übernimmst den kaufmännischen Teil."

Eberhard will in seinem bisherigen Beruf als Krankenpfleger bleiben. Er bietet den beiden Freunden aber an, sie könnten sich ihr Unternehmen in seinem Haus einrichten. Sein Onkel hatte dort früher eine Schlosserei betrieben. Das Grundstück sei groß genug, um eine Erweiterung der vorhandenen Werkstatt durchzuführen. Das Grundstück mit dem Gebäude könnte er als Sacheinlage in das Unternehmen einbringen; er sei aber auch bereit, ihnen das Anwesen zu verpachten.

Jetzt mischte sich auch Heike, die Freundin von Oskar, ein, die dem Gespräch zugehört hatte. „Woher wollt ihr denn das Geld nehmen, das zum Betreiben eines solchen Unternehmens erforderlich ist? Wer gibt euch denn das Wissen, wie eine Wärmepumpe gebaut wird? Ihr braucht auch noch Arbeitskräfte, Maschinen und was weiß ich noch alles!"

Das Gespräch kam jetzt erst richtig in Gang.

    a) Welche Produktionsfaktoren (Leistungsfaktoren) wurden in diesem Gespräch erwähnt, die zum Betreiben eines Unternehmens erforderlich sind?

    b) Welche Leistungsfaktoren werden außer den oben genannten noch erforderlich sein?

    c) In welche Gruppen lassen sich diese Leistungsfaktoren zusammenfassen?

Substitution von Produktionsfaktoren

18 In einem Unternehmen sind für Schreibarbeiten 13 Schreibkräfte beschäftigt. Die durchschnittlichen Kosten einer Schreibkraft für Gehalt, Betriebsmittelausstattung u.a. betragen monatlich 2 250,00 EUR.

Dem Unternehmen wird von einem Büromaschinenhändler ein Schreibautomat angeboten, der eine Schreibleistung von 4 Schreibkräften erbringt. Der Kaufpreis beträgt 60 000,00 EUR und ist auf 5 Jahre Nutzungsdauer gleichmäßig zu verteilen. Die durchschnittlichen Wartungs- und Reparaturkosten pro Anlage und Jahr sind mit 2 000,00 EUR anzunehmen. 10 % Zinsen auf das durchschnittliche Kapital von 30 000,00 EUR je Anlage sind zu berücksichtigen.

Das Gehalt einer Bedienungskraft für diese Anlage wird mit 2 000,00 EUR je Monat angenommen.

Keine Teilzeitbeschäftigung des Personals.

a) Führen Sie einen Vergleich der Kosten pro Jahr für Schreibarbeiten durch, wenn
1. nur Schreibkräfte eingesetzt werden,
2. Schreibautomaten angeschafft werden!

b) Begründen Sie, für welche Alternative Sie sich unter den gegebenen Umständen entscheiden!

c) Welche zusätzlichen Gesichtspunkte könnten bei der Entscheidung zu b) herangezogen werden?

d) Zu welchem Ergebnis führt Ihre Entscheidung hinsichtlich des Anteils der verschiedenen betrieblichen Produktions-(Leistungs-)faktoren an der Leistungserstellung?

e) Suchen Sie mindestens vier weitere Beispiele für den gegenseitigen Austausch (Substitution) von Leistungsfaktoren!

f) Nach welchem Prinzip haben Sie Ihre Entscheidungen getroffen?

Überbetriebliche Arbeitsteilung – Berufsbildung, Berufsspaltung

19 Vor einigen Jahrhunderten unterhielten sich drei Männer eines Stammes über ihre Arbeit, die vorwiegend in der Versorgung ihrer Familien bestand.

Der erste beklagte sich darüber, dass ihm der Fischfang keine große Freude bereite, viel lieber gehe er auf die Jagd. Der zweite entgegnete, dass ihm vor allem das Sammeln der Feldfrüchte gefalle, da er weder gern im Wasser stehe, noch Freude an der Jagd habe. Der dritte dagegen verwies auf sein Fischfangergebnis vom heutigen Tag, das, wie häufig, ganz ausgezeichnet war. Jagen und Sammeln sei für ihn nur ein notwendiges Übel.

Nach einiger Zeit schlug der erste vor, jeder von ihnen möge sich in Zukunft nur noch mit der Tätigkeit befassen, die er am besten könne und am liebsten möge. Die Ergebnisse ihrer Tätigkeit könnten sie ja untereinander austauschen, um den Bedarf der einzelnen Familien zu decken.

2 Schuster – ISBN 3-8120-0060-1

a) Warum war dieser Vorschlag sinnvoll?

b) Welchen „Beruf" hat jeder der Beteiligten von nun an ausgeübt?

c) Welche Art der Arbeitsteilung hatte sich bereits vor diesem Gespräch innerhalb der Familie vollzogen?

20 In unserer Zeit hat sich die **Arbeitsteilung über die Berufsbildung hinaus weiter entwickelt,** wie ein Blick auf gesuchte Arbeitskräfte in Stellenanzeigen von Tageszeitungen zeigt. Diese Weiterentwicklung wird als **Berufsspaltung** bezeichnet.

a) Auf welchen Beruf – falls überhaupt – sind die folgenden gesuchten Arbeitskräfte zurückzuführen: Schlosser, Tankwart, Exportleiter, Mechatroniker, Systemanalytiker?

b) Wodurch können völlig neue Berufe entstehen?

21 Ein 27-jähriger Enkel besuchte seinen Großvater auf dem Lande. Voller Stolz erzählte er diesem, dass er demnächst sein Medizinstudium mit dem Examen abschließen werde.

„Das trifft sich gut", sagte der Großvater. Er zog sein Hosenbein hoch und erkundigte sich, wie er das Geschwür am Bein am besten behandeln solle.

Sein Enkel erklärte ihm, dass er sich auf Ohren spezialisiert habe und sich als Facharzt für Ohrenkrankheiten niederlassen wolle. Er empfahl dem Großvater, sich an seinen Hausarzt zu wenden.

Der Großvater antwortete erstaunt: „Hast du dich auf das rechte oder das linke Ohr spezialisiert?"

a) Zeigen Sie an diesem Beispiel auf, welche Vor- und Nachteile sich aus der Berufsspaltung ergeben!

b) Suchen Sie Alternativlösungen, die eventuell Nachteile der Berufsspaltung vermindern könnten!

Wirtschaftsstufen

22 Die Bimsstein GmbH produziert u. a. Betonsteine. Den zur Produktion benötigten Kies bezieht das Unternehmen von der Firma Karl Hahn, die über eigene Kiesgruben verfügt. Die Betonsteine werden hauptsächlich über den Großhandel vertrieben. Ein geringer Teil wird durch ein zur Bimsstein GmbH gehörendes Baustoffgeschäft direkt an die Endverbraucher verkauft. Der Transport der Steine wird von der Hansa Transport GmbH übernommen. Gegen Schadensfälle wurde bei der Univers-Versicherungsgesellschaft eine Haftpflichtversicherung abgeschlossen. Die Handelsbank stellt einen Kredit von 1,3 Mio. EUR zu Verfügung.

a) Welche der genannten Unternehmen befassen sich mit
1. der Erzeugung von Rohstoffen;
2. der Weiterverarbeitung der Rohstoffe;
3. der Verteilung der erzeugten Güter?

b) Welche Betriebe erbringen andere Dienstleistungen?

c) Welche Aufgaben kommen den unter a) und b) genannten Wirtschaftsstufen zu?

d) Nennen Sie andere Dienstleistungsbetriebe!

Innerbetriebliche Arbeitsteilung

23 Ein Fertigungsbetrieb hat diesen Organisationsaufbau:

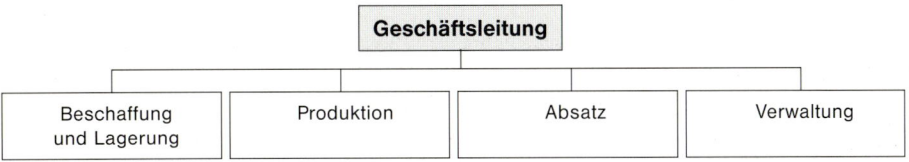

Geschäftsleitung			
Beschaffung und Lagerung	Produktion	Absatz	Verwaltung

a) Warum gibt es diese unterschiedlichen Abteilungen?

b) Könnte die Geschäftsleitung auf diese Gliederung verzichten?

24 In einer Schokoladenfabrik sollen jeweils zwölf verschiedene Pralinen nach einem festgelegten Schema in einen Pralinenkasten gelegt werden. Jeder Kasten wird mit einer Cellophanbanderole verschlossen. Es stehen 14 Hilfskräfte zur Verfügung.

Erarbeiten Sie einen Vorschlag, wie die Ausführung dieser Arbeit sinnvoll organisiert werden kann!

Internationale Arbeitsteilung

Die internationale Arbeitsteilung geht auf die Erkenntnis zurück, dass jedes Land diejenigen Erzeugnisse im Tauschweg international anbieten wird, die es mit den vergleichsweise (relativ) niedrigsten Kosten erzeugt. Diese Erkenntnis wurde von **David Ricardo** in dem **Gesetz der komparativen Kostenvorteile** formuliert.

Beispiel Ricardos:

Portugal würde die Erzeugung einer bestimmten Menge Textilien 90 Arbeitstage kosten, die Erzeugung einer bestimmten Menge Wein 80 Arbeitstage.

England benötigt für die gleichen Mengen 100 bzw. 120 Arbeitstage.

	Kosten für z.B. 10 t Textilien (T) in Arbeitstagen	Kosten für z.B. 10 hl Wein (W) in Arbeitstagen	komparative (vergleichsweise) Kostenvorteile T : W
Portugal	90	80	1 : 0,88
England	100	120	1 : 1,2

Obwohl Portugal beide Güter billiger produzieren kann, lohnt sich die Arbeitsteilung für beide Länder, wenn sich jedes Land auf das Gut spezialisiert, das es mit den relativ geringsten Kosten herstellen kann. In dem Beispiel sollte sich Portugal auf Wein, England auf Textilien beschränken, obwohl England beide Produkte mit höheren absoluten Kosten erzeugt.

Beweis unter der Annahme, dass jedes Land 10 t Textilien und 10 hl Wein produziert hat.

Länder Güter	Portugal		England		Gesamtkosten in Arbeitstagen
	Textilien	Wein	Textilien	Wein	
Kosten **ohne** internationale Arbeitsteilung in Arbeitstagen	90	80	100	120	390
Kosten **mit** internationaler Arbeitsteilung in Arbeitstagen	–	160	200	–	360
Kostenersparnis in Arbeitstagen	10		20		30

25 Die Länder A und B sind in der Lage, jeweils 6 000 Lkw und 6 000 Bagger herzustellen. Die Gesamtkapazität beträgt alternativ 12 000 Stück.

Die Herstellungskosten betragen pro Stück:

	Lkw	Bagger
Land A	150 000,00 EUR	165 000,00 EUR
Land B	200 000,00 EUR	171 400,00 EUR

a) In welchem Verhältnis stehen die komparativen Kosten beider Länder?

b) Welches Gut sollte Land A und welches Land B bei internationaler Arbeitsteilung herstellen?

c) Wie viel EUR Kosten entstehen

    ca) für jedes Land einzeln,

    cb) für beide Länder zusammen,

    wenn jeweils je Land 5 000 Lkw und 5 000 Bagger produziert werden und keine internationale Arbeitsteilung besteht?

d) Wie viel EUR Kosten entstehen für jedes Land im Falle c), wenn sich die beiden Länder zum Warenaustausch entschließen und jedes Land das Gut mit den vergleichsweise geringsten Produktionskosten herstellt?

e) Wie viel EUR Kosten können die beiden Länder einzeln und insgesamt durch die Arbeitsteilung sparen?

f) Welche Konsequenzen ergeben sich, wenn die internationale Arbeitsteilung vollständig durchgeführt würde?

g) Wo liegen Grenzen der internationalen Arbeitsteilung?

II. Rechtliche Rahmenbedingungen des Wirtschaftens/Handels- und Gesellschaftsrecht

LZ: Recht und Rechtsgebiete unterscheiden

Einteilung des Rechts, Rechtsgebiete

Die Gesamtheit des Rechts wird in das **Privatrecht** und das **öffentliche Recht** unterteilt.

Das **Privatrecht** regelt die Beziehungen der einzelnen gleichgestellten Staatsbürger unterein-ander. Es gelten die Grundsätze der Gleichordnung und der Vertragsfreiheit.

Das **öffentliche Recht** regelt die Beziehungen des Staates (und anderer Träger öffentlicher Gewalt) als Hoheitsträger zum Staatsbürger, die Organisation des Staates sowie die Bezie-hungen verschiedener Hoheitsträger untereinander. Es gilt das Prinzip der Unterordnung.

1 Ordnen Sie folgende Rechtsgebiete durch Ankreuzen den Bereichen Privatrecht oder öffentli-ches Recht zu.

Rechtsgebiete	Privatrecht	Öffentliches Recht
1. Bürgerliches Recht 2. Verfassungsrecht 3. Eherecht 4. Handelsrecht 5. Schulrecht 6. Steuerrecht 7. Verwaltungsrecht 8. Urheberrecht 9. Wechselrecht 10. Strafrecht		

2 Nennen Sie je zwei weitere Rechtsgebiete des Privatrechts und des öffentlichen Rechts!

3 Erläutern Sie die Prinzipien der
   a) Gleichordnung;
   b) Vertragsfreiheit;
   c) Unterordnung

im Recht!

LZ: Rechtsquellen unterscheiden

Rechtsquellen

Unter **Rechtsquellen** versteht man die geschriebenen oder ungeschriebenen Normen, denen Bürger und Staat unterworfen sind und nach denen sich das Rechtsleben des Staates und im Staat entwickeln soll.

Die wichtigste **ursprüngliche Rechtsquelle** ist das Gesetz (geschriebenes Recht). Neben dem Gesetz steht das Gewohnheitsrecht (ungeschriebenes Recht). Es entsteht durch ständige Übung, wird von allen Rechtsgenossen als Recht empfunden und anerkannt und verstößt nicht gegen die sittlichen Anschauungen der Gemeinschaft.

Abgeleitete Rechtsquellen sind Rechtsverordnungen und Satzungen.

Rechtsverordnungen werden von den Regierungen oder einzelnen Ministern aufgrund gesetzlicher Ermächtigung erlassen. Sie dienen der Ausführung der Gesetze, in deren Rahmen sie sich halten müssen.

Autonome Satzungen sind Rechtsvorschriften, die von Körperschaften, Anstalten oder Stiftungen des öffentlichen Rechts aufgrund durch Gesetz verliehener autonomer (selbstständiger) Rechtsetzungsbefugnis für ihren Bereich erlassen werden.

> **Merke:** Die Verfassung geht dem Gesetz, das Gesetz der Verordnung vor.

4 Entscheiden Sie, in welchen Fällen sich die Betroffenen auf ungeschriebenes Recht berufen könnten:

Beispiel	Ungeschriebenes Recht
1. Nach Beendigung der Ausbildung erhält ein Wehrpflichtiger einen Einberufungsbescheid.	
2. Hans P. zieht aus einer Stadt in die Gemeinde Adorf um. Er weigert sich, am Samstag die Straße vor seinem Haus zu reinigen. Örtliche Vorschriften bestehen nicht.	
3. Um ihren Weg zur Arbeitsstelle abzukürzen, überquert Inge K. seit Jahren das Gartengrundstück ihres Nachbarn. Dieser verwehrt ihr nach einem Streit den Durchgang.	
4. Ein Steuerpflichtiger stellt fest, dass das Finanzamt Teile seiner Telefonkosten nicht mehr als Werbungskosten akzeptiert hat. Bisher waren die Telefonkosten in der Regel als Werbungskosten anerkannt worden.	
5. Seit Menschengedenken benutzen die Einwohner einer Gemeinde einen Waldpfad in einem Privatwald. Der Eigentümer sperrt den Pfad unter Hinweis auf das zu schützende Wild.	
6. Vor zehn Jahren hat O. ein Gartenhaus ohne Genehmigung erbaut. Die Baubehörde verlangt nunmehr den Abriss dieses Gebäudes.	

5 Geben Sie an, um welche Art der Rechtsquelle es sich jeweils handelt:

Tatbestand	Art der Rechtsquelle
1. Der Bundestag beschließt im Zusammenwirken mit dem Bundesrat die Erhöhung der Einkommensteuer.	
2. Die Synode der Evangelischen Kirche von Hessen und Nassau beschließt die Erhebung von Kirchgeld bei ihren Mitgliedern.	
3. Die Polizei der Stadt Gießen setzt die nächtliche Sperrstunde für Lokale auf 23:00 Uhr fest.	
4. Der Hessische Finanzminister teilt den Finanzämtern mit, wie bei der steuerlichen Anerkennung von Arbeitszimmern zu verfahren ist.	

Tatbestand	Art der Rechtsquelle
5. Die Gemeindevertretung von Oberheim beschließt eine generelle Regelung für die örtliche Müllbeseitigung.	
6. Ein Landtag beschließt die Festsetzung der allgemeinen Schulpflicht auf 12 Jahre.	

6 Ordnen Sie die Begriffe Verfassung, autonome Satzung, Gesetz, Rechtsverordnung, Gewohnheitsrecht nach ihrem Rang in ein Schaubild ein!

> **LZ:** Personen als Rechtssubjekte unterscheiden

Natürliche Personen

> ### Erster Abschnitt. Personen
> #### Erster Titel. Natürliche Personen
>
> **BGB § 1. [Beginn der Rechtsfähigkeit]**
> Die Rechtsfähigkeit des Menschen beginnt mit der Vollendung der Geburt.
>
> **§ 2. [Eintritt der Volljährigkeit]**
> Die Volljährigkeit tritt mit der Vollendung des achtzehnten Lebensjahres ein.
>
> **§ 13. [Verbraucher]**
> Verbraucher ist jede natürliche Person, die ein Rechtsgeschäft zu einem Zweck abschließt, der weder ihrer gewerblichen noch ihrer selbstständigen beruflichen Tätigkeit zugerechnet werden kann.
>
> **§ 14. [Unternehmer]**
> (1) Unternehmer ist eine natürliche oder juristische Person oder eine rechtsfähige Personengesellschaft, die bei Abschluss eines Rechtsgeschäfts in Ausübung ihrer gewerblichen oder selbstständigen beruflichen Tätigkeit handelt.
> (2) Eine rechtsfähige Personengesellschaft ist eine Personengesellschaft, die mit der Fähigkeit ausgestattet ist, Rechte zu erwerben und Verbindlichkeiten einzugehen.
>
> **§ 1773. [Voraussetzungen]**
> (1) Ein Minderjähriger erhält einen Vormund, wenn er nicht unter elterlicher Sorge steht oder wenn die Eltern weder in den die Person noch in den das Vermögen betreffenden Angelegenheiten zur Vertretung des Minderjährigen berechtigt sind.

7 Tante Lisa ist alt und hat keine Verwandten mehr. Nur ihr Dackel Waldi ist ihr geblieben. Sie entschließt sich, auf den Namen ihres Dackels bei einem Kreditinstitut ein Sparkonto zu eröffnen. Nach ihrem Tod soll das Sparguthaben zur Versorgung des Hundes dienen.

a) Prüfen Sie, ob das Kreditinstitut das Sparkonto in der gewünschten Weise eröffnen kann!

b) Welche Lösungsmöglichkeiten könnten Sie Tante Lisa vorschlagen?

8 Ein Großvater setzt sein Enkelkind am Tage der Geburt des Kindes in seinem Testament als alleinigen Erben ein. Am selben Tag stirbt der Großvater.

Ist das Kind als Erbe anzusehen?

9 Für Karin (4 Jahre) wurde nach dem Tod ihrer Eltern ihre Tante Helga zum Vormund bestellt.

Ist Karin rechtsfähig?

10 „Rechtsfähig sein heißt, Träger von Rechten und Pflichten sein zu können; der Rechtsfähige ist Rechtssubjekt."

a) Was bedeutet diese Aussage?

b) Wann endet die Rechtsfähigkeit?

Juristische Personen

Zweiter Titel. Juristische Personen

I. Vereine

1. Allgemeine Vorschriften

BGB § 21. [Nichtwirtschaftlicher Verein]

Ein Verein, dessen Zweck nicht auf einen wirtschaftlichen Geschäftsbetrieb gerichtet ist, erlangt Rechtsfähigkeit durch Eintragung in das Vereinsregister des zuständigen Amtsgerichts.

§ 22. [Wirtschaftlicher Verein]

[1] Ein Verein, dessen Zweck auf einen wirtschaftlichen Geschäftsbetrieb gerichtet ist, erlangt in Ermangelung besonderer reichsgesetzlicher Vorschriften Rechtsfähigkeit durch staatliche Verleihung. [2] Die Verleihung steht dem Bundesstaate zu, in dessen Gebiete der Verein seinen Sitz hat.

§ 26. [Vorstand; Vertretungsmacht]

(1) [1] Der Verein muss einen Vorstand haben. [2] Der Vorstand kann aus mehreren Personen bestehen.

(2) [1] Der Vorstand vertritt den Verein gerichtlich und außergerichtlich; er hat die Stellung eines gesetzlichen Vertreters. [2] Der Umfang seiner Vertretungsmacht kann durch die Satzung mit Wirkung gegen Dritte beschränkt werden.

§ 31. [Haftung des Vereins für Organe]

Der Verein ist für den Schaden verantwortlich, den der Vorstand, ein Mitglied des Vorstandes oder ein anderer verfassungsmäßig berufener Vertreter durch eine in Ausführung der ihm zustehenden Verrichtungen begangene, zum Schadensersatze verpflichtende Handlung einem Dritten zufügt.

§ 54. [Nichtrechtsfähige Vereine]

[1] Auf Vereine, die nicht rechtsfähig sind, finden die Vorschriften über die Gesellschaft Anwendung. [2] Aus einem Rechtsgeschäfte, das im Namen eines solchen Vereins einem Dritten gegenüber vorgenommen wird, haftet der Handelnde persönlich; handeln mehrere, so haften sie als Gesamtschuldner.

II. Stiftungen

§ 80. [Entstehung einer rechtsfähigen Stiftung]

[1] Zur Entstehung einer rechtsfähigen Stiftung ist außer dem Stiftungsgeschäfte die Genehmigung des Bundesstaates erforderlich, in dessen Gebiete die Stiftung ihren Sitz haben soll. [2] Soll die Stiftung ihren Sitz nicht in einem Bundesstaate haben, so ist die Genehmigung des Bundesrats erforderlich. [3] Als Sitz der Stiftung gilt, wenn nicht ein anderes bestimmt ist, der Ort, an welchem die Verwaltung geführt wird.

III. Juristische Personen des öffentlichen Rechtes

§ 89. [Haftung für Organe; Konkurs]

(1) Die Vorschrift des § 31 findet auf den Fiskus sowie auf die Körperschaften, Stiftungen und Anstalten des öffentlichen Rechtes entsprechende Anwendung.

(2) [. . .]

11 Nach Erhalt des Führerscheins unternimmt Inge O. die erste Fahrt mit ihrem neuen Auto. Unglücklicherweise übersieht sie die Vorfahrt und stößt mit einem Kleinbus des Sportvereins Grüner Rasen e.V. zusammen. An beiden Fahrzeugen entsteht Sachschaden.

   a) Welcher Rechtsträger ist in diesem Falle von Inge O. geschädigt worden?

   b) Wodurch wurde der Geschädigte zum Rechtsträger?

   c) Warum bezeichnet man einen eingetragenen Verein als juristische Person?

   d) Welche Regelungen für den eingetragenen Verein bestehen für den Vorstand, die Vertretungsmacht und die Haftung?

12 Der Unternehmer K. will für die Förderung des Berufsschulunterrichts eine Stiftung gründen. Er will 3 Mio. EUR zur Verfügung stellen.

Wie erhält diese Stiftung ihre Rechtsfähigkeit?

Neben den juristischen Personen des privaten Rechts bestehen die **juristischen Personen des öffentlichen Rechts.** Das sind die Träger der öffentlichen Verwaltung. Sie entstehen durch Gesetz oder durch Verwaltungsakt.

Hauptarten der juristischen Personen des öffentlichen Rechts sind Körperschaften sowie Anstalten und Stiftungen des öffentlichen Rechts.

Eine **öffentlich-rechtliche Körperschaft** ist ein **Verband** aus einer Vielzahl von **Mitgliedern,** die ihrerseits natürliche oder juristische Personen sein können.

Eine selbstständige **Anstalt** ist eine Zusammenfassung sächlicher und persönlicher Mittel (Vermögen und Verwaltungsapparat), die einem bestimmten **Verwaltungszweck** dienen sollen. Anstalten haben **Benutzer.**

Die rechtsfähige **Stiftung des öffentlichen Rechts** ist eine Zusammenfassung von Vermögen, die durch Vorstände verwaltet wird. Sie hat keine Mitglieder, keine Benutzer, sondern „Nutznießer".

13 a) Geben Sie an, ob es sich bei den folgenden Personen um natürliche Personen oder um juristische Personen des privaten bzw. des öffentlichen Rechts handelt.

b) Geben Sie bei den juristischen Personen des öffentlichen Rechts an, ob es sich um eine Körperschaft oder eine Anstalt handelt!

	Art der Person	Körperschaft/Anstalt
1. Anton Hirschmann		
2. Kegelklub Gut Holz e.V.		
3. Deutsche Bank AG		
4. Stadt Frankfurt am Main		
5. Freistaat Bayern		
6. Berufsgenossenschaft für den Einzelhandel		
7. Industrie- und Handelskammer		
8. Hessischer Rundfunk		
9. Rechtsanwaltskammer		
10. Bundesanstalt für Arbeit		

LZ: Gegenstände des Rechtsverkehrs (Rechtsobjekte) unterscheiden

Sachen, Rechte

BGB § 90. [Begriff]
Sachen im Sinne des Gesetzes sind nur körperliche Gegenstände.

§ 90 a. [Tiere]
Tiere sind keine Sachen. Sie werden durch besondere Gesetze geschützt. Auf sie sind die für Sachen geltenden Vorschriften entsprechend anzuwenden, soweit nicht etwas anderes bestimmt ist.

§ 91. [Vertretbare Sachen]
Vertretbare Sachen im Sinne des Gesetzes sind bewegliche Sachen, die im Verkehre nach Zahl, Maß oder Gewicht bestimmt zu werden pflegen.

> **BGB § 92. [Verbrauchbare Sachen]**
>
> (1) Verbrauchbare Sachen im Sinne des Gesetzes sind bewegliche Sachen, deren bestimmungsmäßiger Gebrauch in dem Verbrauch oder in der Veräußerung besteht.
>
> (2) Als verbrauchbar gelten auch bewegliche Sachen, die zu einem Warenlager oder einem sonstigen Sachinbegriffe gehören, dessen bestimmungsmäßiger Gebrauch in der Veräußerung der einzelnen Sachen besteht.

14 Auf dem Jahrmarkt kauft sich Ilse H. einen Ball.

Handelt es sich bei dem Kaufobjekt um eine Sache?

15 Die Metallbau GmbH erwirbt in den USA eine Lizenz zum Bau einer elektronisch gesteuerten Drehbank.

a) Was ist Gegenstand (Objekt) dieses Vertrages?
b) Nennen Sie drei weitere Beispiele für diese Art von Rechtsobjekten!

16 Bestimmen Sie, ob es sich bei den folgenden Rechtsobjekten um vertretbare Sachen (= Gattungssachen) oder um nicht vertretbare Sachen (= Speziessachen) handelt bzw. wie solche behandelt werden müssen!

Rechtsobjekt	Zuordnung des Rechtsobjektes
1. Milch	
2. Originalbrautkleid Lady Diana	
3. Zigaretten Marke „Gift"	
4. Originalgemälde „Nachtwache"	
5. Kunstdruck der „Nachtwache"	
6. Rennpferd „Morgenluft"	
7. Shetlandpony	
8. Hose	
9. Spezialdrehbank (Sonderanfertigung)	
10. Benzin	
11. Grundstück, Hamburg, Am Alstersteg 127	

Besitz, Eigentum

> **BGB § 854. [Erwerb des Besitzes]**
>
> (1) Der Besitz einer Sache wird durch die Erlangung der tatsächlichen Gewalt über die Sache erworben.
>
> (2) Die Einigung des bisherigen Besitzers und des Erwerbers genügt zum Erwerbe, wenn der Erwerber in der Lage ist, die Gewalt über die Sache auszuüben.
>
> **§ 903. [Befugnisse des Eigentümers]**
>
> Der Eigentümer einer Sache kann, soweit nicht das Gesetz oder Rechte Dritter entgegenstehen, mit der Sache nach Belieben verfahren und andere von jeder Einwirkung ausschließen.

17 Hilde leiht sich in der BWL-Stunde von ihrer Nachbarin Anna ein Lineal, das diese geschenkt bekommen hatte.

a) Wer ist Besitzer und wer ist Eigentümer des Lineals?
b) Wer war vor der Leihe Besitzer und Eigentümer des Lineals?
c) Wer ist Besitzer und Eigentümer des Lineals, wenn es Hilde an Anna zurückgibt?
d) Was versteht man unter
   da) Eigentum,
   db) Besitz?

Handlungsfähigkeit

Unter **Handlungsfähigkeit** wird die Fähigkeit einer Person verstanden, Rechte und Pflichten zu begründen, zu verändern oder aufzuheben.

Die Handlungsfähigkeit gliedert sich in die

● **Geschäftsfähigkeit**, das ist die Fähigkeit, durch rechtsgeschäftliche Erklärungen bestimmte Rechte und Pflichten herbeizuführen,

sowie in die

● **Deliktsfähigkeit**, das ist die Fähigkeit, seine Haftung aus einer unerlaubten Handlung zu begründen.

Die Stufen der Deliktsfähigkeit decken sich zeitlich mit denen der Geschäftsfähigkeit. Bei der beschränkten Deliktsfähigkeit muss geprüft werden, ob der Schadensverursacher einsichtsfähig ist.

Dritter Abschnitt. Rechtsgeschäfte
Erster Titel. Geschäftsfähigkeit

BGB § 104. [Geschäftsunfähigkeit]

Geschäftsunfähig ist:

1. wer nicht das siebente Lebensjahr vollendet hat;
2. wer sich in einem die freie Willensbestimmung ausschließenden Zustande krankhafter Störung der Geistestätigkeit befindet, sofern nicht der Zustand seiner Natur nach ein vorübergehender ist.

§ 105. [Nichtigkeit der Willenserklärung]

(1) Die Willenserklärung eines Geschäftsunfähigen ist nichtig.

(2) Nichtig ist auch eine Willenserklärung, die im Zustande der Bewusstlosigkeit oder vorübergehender Störung der Geistestätigkeit abgegeben wird.

§ 106. [Beschränkte Geschäftsfähigkeit Minderjähriger]

Ein Minderjähriger, der das siebente Lebensjahr vollendet hat, ist nach Maßgabe der §§ 107 bis 113 in der Geschäftsfähigkeit beschränkt.

§ 107. [Einwilligung des gesetzlichen Vertreters]

Der Minderjährige bedarf zu einer Willenserklärung, durch die er nicht lediglich einen rechtlichen Vorteil erlangt, der Einwilligung seines gesetzlichen Vertreters.

§ 108. [Vertragsschluß ohne Einwilligung]

(1) Schließt der Minderjährige einen Vertrag ohne die erforderliche Einwilligung des gesetzlichen Vertreters, so hängt die Wirksamkeit des Vertrags von der Genehmigung des Vertreters ab.

(2) [1]Fordert der andere Teil den Vertreter zur Erklärung über die Genehmigung auf, so kann die Erklärung nur ihm gegenüber erfolgen; eine vor der Aufforderung dem Minderjährigen gegenüber erklärte Genehmigung oder Verweigerung der Genehmigung wird unwirksam. [2]Die Genehmigung kann nur bis zum Ablaufe von zwei Wochen nach dem Empfange der Aufforderung erklärt werden; wird sie nicht erklärt, so gilt sie als verweigert.

(3) Ist der Minderjährige unbeschränkt geschäftsfähig geworden, so tritt seine Genehmigung an die Stelle der Genehmigung des Vertreters.

§ 109. [Widerrufsrecht des anderen Teils]

(1) [1]Bis zur Genehmigung des Vertrags ist der andere Teil zum Widerrufe berechtigt. [2] Der Widerruf kann auch dem Minderjährigen gegenüber erklärt werden.

BGB (2) Hat der andere Teil die Minderjährigkeit gekannt, so kann er nur widerrufen, wenn der Minderjährige der Wahrheit zuwider die Einwilligung des Vertreters behauptet hat; er kann auch in diesem Falle nicht widerrufen, wenn ihm das Fehlen der Einwilligung bei dem Abschlusse des Vertrags bekannt war.

§ 110. [„Taschengeldparagraph"]

Ein von dem Minderjährigen ohne Zustimmung des gesetzlichen Vertreters geschlossener Vertrag gilt als von Anfang an wirksam, wenn der Minderjährige die vertragsgemäße Leistung mit Mitteln bewirkt, die ihm zu diesem Zwecke oder zu freier Verfügung von dem Vertreter oder mit dessen Zustimmung von einem Dritten überlassen worden sind.

§ 111. [Einseitige Rechtsgeschäfte]

[1]Ein einseitiges Rechtsgeschäft, das der Minderjährige ohne die erforderliche Einwilligung des gesetzlichen Vertreters vornimmt, ist unwirksam. [2]Nimmt der Minderjährige mit dieser Einwilligung ein solches Rechtsgeschäft einem anderen gegenüber vor, so ist das Rechtsgeschäft unwirksam, wenn der Minderjährige die Einwilligung nicht in schriftlicher Form vorlegt und der andere das Rechtsgeschäft aus diesem Grunde unverzüglich zurückweist. [3]Die Zurückweisung ist ausgeschlossen, wenn der Vertreter den anderen von der Einwilligung in Kenntnis gesetzt hatte.

§ 112. [Selbstständiger Betrieb eines Erwerbsgeschäfts]

(1) [1]Ermächtigt der gesetzliche Vertreter mit Genehmigung des Vormundschaftsgerichts den Minderjährigen zum selbstständigen Betrieb eines Erwerbsgeschäfts, so ist der Minderjährige für solche Rechtsgeschäfte unbeschränkt geschäftsfähig, welche der Geschäftsbetrieb mit sich bringt. [2]Ausgenommen sind Rechtsgeschäfte, zu denen der Vertreter der Genehmigung des Vormundschaftsgerichts bedarf.

(2) Die Ermächtigung kann von dem Vertreter nur mit Genehmigung des Vormundschaftsgerichts zurückgenommen werden.

§ 113. [Eingehung eines Dienst- oder Arbeitsverhältnisses]

(1) [1]Ermächtigt der gesetzliche Vertreter den Minderjährigen, in Dienst oder in Arbeit zu treten, so ist der Minderjährige für solche Rechtsgeschäfte unbeschränkt geschäftsfähig, welche die Eingehung oder Aufhebung eines Dienst- oder Arbeitsverhältnisses der gestatteten Art oder die Erfüllung der sich aus einem solchen Verhältnis ergebenden Verpflichtungen betreffen. [2]Ausgenommen sind Verträge, zu denen der Vertreter der Genehmigung des Vormundschaftsgerichts bedarf.

(2) Die Ermächtigung kann von dem Vertreter zurückgenommen oder eingeschränkt werden.

(3) [1]Ist der gesetzliche Vertreter ein Vormund, so kann die Ermächtigung, wenn sie von ihm verweigert wird, auf Antrag des Minderjährigen durch das Vormundschaftsgericht ersetzt werden. [2]Das Vormundschaftsgericht hat die Ermächtigung zu ersetzen, wenn sie im Interesse des Mündels liegt.

(4) Die für einen einzelnen Fall erteilte Ermächtigung gilt im Zweifel als allgemeine Ermächtigung zur Eingehung von Verhältnissen derselben Art.

§ 1643. [Genehmigungspflichtige Rechtsgeschäfte]

(1) Zu Rechtsgeschäften für das Kind bedürfen die Eltern der Genehmigung des Vormundschaftsgerichts in den Fällen, in denen nach § 1821 und nach § 1822 Nr. 1, 3, 5, 8 bis 11 ein Vormund der Genehmigung bedarf.

(2) [1]Das Gleiche gilt für die Ausschlagung einer Erbschaft oder eines Vermächtnisses sowie für den Verzicht auf einen Pflichtteil. [2]Tritt der Anfall an das Kind erst infolge der Ausschlagung eines Elternteils ein, der das Kind allein oder gemeinsam mit dem anderen Elternteil vertritt, so ist die Genehmigung nur erforderlich, wenn dieser neben dem Kinde berufen war.

(3) Die Vorschriften der §§ 1825, 1828 bis 1831 sind entsprechend anzuwenden.

BGB § 1821. [Genehmigung für Grundstücksgeschäfte]

(1) Der Vormund bedarf der Genehmigung des Vormundschaftsgerichts:

1. zur Verfügung über ein Grundstück oder über ein Recht an einem Grundstück;

2. zur Verfügung über eine Forderung, die auf Übertragung des Eigentums an einem Grundstück oder auf Begründung oder Übertragung eines Rechts an einem Grundstück oder auf Befreiung eines Grundstücks von einem solchen Recht gerichtet ist;

3. zur Verfügung über ein eingetragenes Schiff oder Schiffsbauwerk oder über eine Forderung, die auf Übertragung des Eigentums an einem eingetragenen Schiff oder Schiffsbauwerk gerichtet ist;

4. zur Eingehung einer Verpflichtung zu einer der in den Nummern 1 bis 3 bezeichneten Verfügungen;

5. zu einem Vertrage, der auf den entgeltlichen Erwerb eines Grundstücks, eines eingetragenen Schiffs oder Schiffsbauwerks oder eines Rechts an einem Grundstück gerichtet ist.

(2) Zu den Rechten an einem Grundstück im Sinne dieser Vorschriften gehören nicht Hypotheken, Grundschulden und Rentenschulden.

§ 1822. [Genehmigung für sonstige Geschäfte]

Der Vormund bedarf der Genehmigung des Vormundschaftsgerichts:

1. zu einem Rechtsgeschäfte, durch das der Mündel zu einer Verfügung über sein Vermögen im Ganzen oder über eine ihm angefallene Erbschaft oder über seinen künftigen gesetzlichen Erbteil oder seinen künftigen Pflichtteil verpflichtet wird, sowie zu einer Verfügung über den Anteil des Mündels an einer Erbschaft;

2. zur Ausschlagung einer Erbschaft oder eines Vermächtnisses, zum Verzicht auf einen Pflichtteil sowie zu einem Erbteilungsvertrage;

3. zu einem Vertrage, der auf den entgeltlichen Erwerb oder die Veräußerung eines Erwerbsgeschäfts gerichtet ist, sowie zu einem Gesellschaftsvertrage, der zum Betrieb eines Erwerbsgeschäfts eingegangen wird;

4. zu einem Pachtvertrag über ein Landgut oder einen gewerblichen Betrieb;

5. zu einem Miet- oder Pachtvertrag oder einem anderen Vertrage, durch den der Mündel zu wiederkehrenden Leistungen verpflichtet wird, wenn das Vertragsverhältnis länger als ein Jahr nach dem Eintritt der Volljährigkeit des Mündels fortdauern soll;

6. zu einem Lehrvertrage, der für längere Zeit als ein Jahr geschlossen wird;

7. zu einem auf die Eingehung eines Dienst- oder Arbeitsverhältnisses gerichteten Vertrage, wenn der Mündel zu persönlichen Leistungen für längere Zeit als ein Jahr verpflichtet werden soll;

8. zur Aufnahme von Geld auf den Kredit des Mündels;

9. zur Ausstellung einer Schuldverschreibung auf den Inhaber oder zur Eingehung einer Verbindlichkeit aus einem Wechsel oder einem anderen Papiere, das durch Indossament übertragen werden kann;

10. zur Übernahme einer fremden Verbindlichkeit, insbesondere zur Eingehung einer Bürgschaft;

11. zur Erteilung einer Prokura;

12. zu einem Vergleich oder einem Schiedsvertrag, es sei denn, dass der Gegenstand des Streites oder der Ungewissheit in Geld schätzbar ist und den Wert von dreitausend Euro nicht übersteigt oder der Vergleich einem schriftlichen oder protokollierten gerichtlichen Vergleichsvorschlag entspricht;

13. zu einem Rechtsgeschäfte, durch das die für eine Forderung des Mündels bestehende Sicherheit aufgehoben oder gemindert oder die Verpflichtung dazu begründet wird.

BGB § 1896. [Voraussetzungen der Betreuung]

(1) [1]Kann ein Volljähriger auf Grund einer psychischen Krankheit oder einer körperlichen, geistigen oder seelischen Behinderung seine Angelegenheiten ganz oder teilweise nicht besorgen, so bestellt das Vormundschaftsgericht auf seinen Antrag oder von Amts wegen für ihn einen Betreuer. [2]Den Antrag kann auch ein Geschäftsunfähiger stellen. [3]Soweit der Volljährige auf Grund einer körperlichen Behinderung seine Angelegenheiten nicht besorgen kann, darf der Betreuer nur auf Antrag des Volljährigen bestellt werden, es sei denn, dass dieser seinen Willen nicht kundtun kann.

(2) [1]Ein Betreuer darf nur für Aufgabenkreise bestellt werden, in denen die Betreuung erforderlich ist. [2]Die Betreuung ist nicht erforderlich, soweit die Angelegenheiten des Volljährigen durch einen Bevollmächtigten oder durch andere Hilfen, bei denen kein gesetzlicher Vertreter bestellt wird, ebenso gut wie durch einen Betreuer besorgt werden können.

(3) Als Aufgabenkreis kann auch die Geltendmachung von Rechten des Betreuten gegenüber seinem Bevollmächtigten bestimmt werden.

(4) Die Entscheidung über den Fernmeldeverkehr des Betreuten und über die Entgegennahme, das Öffnen und das Anhalten seiner Post werden vom Aufgabenkreis des Betreuers nur dann erfasst, wenn das Gericht dies ausdrücklich angeordnet hat.

§ 1901. [Pflichten des Betreuers]

(1) [1]Der Betreuer hat die Angelegenheiten des Betreuten so zu besorgen, wie es dessen Wohl entspricht. [2]Zum Wohl des Betreuten gehört auch die Möglichkeit, im Rahmen seiner Fähigkeiten sein Leben nach seinen eigenen Wünschen und Vorstellungen zu gestalten.

(2) [1]Der Betreuer hat Wünschen des Betreuten zu entsprechen, soweit dies dessen Wohl nicht zuwiderläuft und dem Betreuer zuzumuten ist. [2]Dies gilt auch für Wünsche, die der Betreute vor der Bestellung des Betreuers geäußert hat, es sei denn, dass er an diesen Wünschen erkennbar nicht festhalten will. [3]Ehe der Betreuer wichtige Angelegenheiten erledigt, bespricht er sie mit dem Betreuten, sofern dies dessen Wohl nicht zuwiderläuft.

(3) Innerhalb seines Aufgabenkreises hat der Betreuer dazu beizutragen, dass Möglichkeiten genutzt werden, die Krankheit oder Behinderung des Betreuten zu beseitigen, zu bessern, ihre Verschlimmerung zu verhüten oder ihre Folgen zu mildern.

(4) [1]Werden dem Betreuer Umstände bekannt, die eine Aufhebung der Betreuung ermöglichen, so hat er dies dem Vormundschaftsgericht mitzuteilen. [2]Gleiches gilt für Umstände, die eine Einschränkung des Aufgabenkreises ermöglichen oder dessen Erweiterung, die Bestellung eines weiteren Betreuers oder die Anordnung eines Einwilligungsvorbehalts (§ 1903) erfordern.

§ 1902. [Vertretung des Betreuten]

In seinem Aufgabenkreis vertritt der Betreuer den Betreuten gerichtlich und außergerichtlich.

§ 1903. [Einwilligungsvorbehalt]

(1) [1]Soweit dies zur Abwendung einer erheblichen Gefahr für die Person oder das Vermögen des Betreuten erforderlich ist, ordnet das Vormundschaftsgericht an, dass der Betreute zu einer Willenserklärung, die den Aufgabenkreis des Betreuers betrifft, dessen Einwilligung bedarf (Einwilligungsvorbehalt). [2]Die §§ 108 bis 113, 131 Abs. 2 und § 206 gelten entsprechend.

(2) Ein Einwilligungsvorbehalt kann sich nicht erstrecken auf Willenserklärungen, die auf Eingehung einer Ehe gerichtet sind, auf Verfügungen von Todes wegen und auf Willenserklärungen, zu denen ein beschränkt Geschäftsfähiger nach den Vorschriften des Vierten und Fünften Buches nicht der Zustimmung seines gesetzlichen Vertreters bedarf.

(3) [1]Ist ein Einwilligungsvorbehalt angeordnet, so bedarf der Betreute dennoch nicht der Einwilligung seines Betreuers, wenn die Willenserklärung dem Betreuten lediglich einen rechtlichen Vorteil bringt. [2]Soweit das Gericht nichts anderes anordnet, gilt dies auch, wenn die Willenserklärung eine geringfügige Angelegenheit des täglichen Lebens betrifft.

(4) § 1901 Abs. 4 gilt entsprechend.

18 Der 14-jährige Karl besucht seinen Onkel an der Ostsee. Er entdeckt seine Liebe zum Wind-surfing. Kurz entschlossen belegt er einen Kurs zum Erlernen des Surfens. Die Kursgebühr beträgt 490,00 EUR, von denen 200,00 EUR sofort bei Anmeldung zu zahlen sind. Der Rest ist vor der Ablegung der Abschlussprüfung am Ende des Kurses zu entrichten.

Die Eltern halten Windsurfing für gefährlich und lehnen deshalb diese Ausbildung strikt ab.

a) Kann Karl diesen Vertrag mit der Surfschule selbstständig rechtswirksam abschließen?

b) Welche Stufen der Geschäftsfähigkeit unterscheidet das BGB?

19 Die 5-jährige Claudia kauft sich ohne Wissen der Eltern von ihrem Taschengeld drei Tafeln Schokolade für zusammen 4,50 EUR.

a) Kann Claudia diesen Kaufvertrag rechtswirksam abschließen?

b) Die Eltern bestehen darauf, daß der Verkäufer die Schokolade zurücknimmt und den Kaufpreis herausgibt. Der Verkäufer lehnt das ab, da Lebensmittel grundsätzlich nicht zurückgenommen werden können.

Können die Eltern auf der Herausgabe des Geldes bestehen?

20 Der 8-jährige Oskar kauft sich mit seinem Taschengeld einen Fußball für 52,00 EUR. Er bezahlt sofort. Seine Eltern sind gegen diesen Kauf.

Hat Oskar den Kaufvertrag rechtswirksam abgeschlossen?

21 Die 15-jährige Ingrid erhielt von einer Tante zum Geburtstag 100,00 EUR geschenkt.

a) Darf Ingrid diese Schenkung selbstständig annehmen?

b) Darf Ingrid bei einem Kreditinstitut selbstständig einen Vertrag zur Führung eines Spar-kontos abschließen und diese 100,00 EUR auf das Sparkonto einzahlen?

c) Ingrid will sich an ihrem 17. Geburtstag ein Zimmer mieten. Die Miete kann sie aus ihren bisherigen Ersparnissen in gleichen Monatsraten bezahlen. Die Eltern sind nicht mit der Entscheidung ihrer Tochter einverstanden.

Kann Ingrid den Mietvertrag rechtswirksam abschließen?

22 Der 17-jährige Norbert will ein Schallplattengeschäft eröffnen.

a) Unter welchen Bedingungen könnte er dies rechtswirksam tun?

b) Wäre Norbert berechtigt, falls die Bedingungen zu a) erfüllt wären, selbstständig Schall-platten von einem Großhändler einzukaufen?

c) Könnte Norbert selbstständig einen Bankkredit zur Finanzierung des Geschäftsbetriebes aufnehmen?

23 Die Zwillinge Hans und Lore, 17 Jahre, haben die Schule mit dem mittleren Bildungsabschluss verlassen.

Hans will bei einem Kreditinstitut einen Ausbildungsvertrag abschließen.

Lore beabsichtigt, als Schreibkraft bei einem Rechtsanwalt zu arbeiten.

Der gesetzliche Vertreter erteilt die Ermächtigung zum Abschluss des Ausbildungs- bzw. Arbeitsvertrages.

a) Können Hans und Lore nun rechtswirksam die jeweiligen Verträge abschließen?

b) Könnte sich Lore eine Wohnung mieten, wenn dies für die Erfüllung ihres Arbeitsverhält-nisses zweckmäßig ist?

24 Lisa O. wurde durch einen Verkehrsunfall querschnittsgelähmt. Sie bedarf ständiger Hilfe.

Um insbesondere Erledigungen außerhalb ihrer Wohnung besser abwickeln zu können, entschließt sie sich, durch das Gericht ihren Onkel Friedrich zu ihrem Betreuer bestellen zu lassen.

a) Welche Voraussetzungen müssen für die Bestellung eines Betreuers vorliegen?
b) Halten Sie die Voraussetzungen für die Bestellung eines Betreuers nach § 1896 BGB für gegeben?
c) Welche Auswirkungen hätte die Bestellung des Betreuers für die Geschäftsfähigkeit von Lisa?
d) Welche Pflichten hat ein Betreuer nach § 1901 BGB?
e) In welchem Umfang ist ein Betreuer gesetzlicher Vertreter des Betreuten?
f) Suchen Sie Beispiele, bei denen die Bestellung eines Betreuers erforderlich wird!

25 Der Vorsitzende der Numismatikerfreunde Batzen e.V. will 500 Blatt Schreibmaschinenpapier für den Verein kaufen. Der Vorstand besteht aus einer Person.
a) Kann der Vorsitzende diesen Kaufvertrag rechtswirksam abschließen?
b) In welchem Zeitpunkt beginnt die Geschäftsfähigkeit des Vereins?
c) Wer ist als gesetzlicher Vertreter des Vereins anzusehen?

26 Karl, 17 Jahre, wird bei einem Kreditinstitut zum Bankkaufmann ausgebildet. Er erzählt seiner Freundin, dass er im Betrieb gehört habe, die Geschäftsentwicklung der Firma Weber laufe immer schlechter.

Die Freundin erzählt das ihrem Vater, der als Geschäftsführer einer Großhandlung einen Lieferantenkredit von 120 000,00 EUR an die Firma Weber gewährt hat.

Der Vater kündigt diesen Kredit, obwohl die Darstellung von Karl nicht der Wahrheit entspricht. Der Firma Weber wird durch die Kündigung Schaden zugefügt.

Kann die Firma Weber von Karl Schadensersatz wegen Kreditgefährdung verlangen?

BGB § 823. [Schadensersatzpflicht]

(1) Wer vorsätzlich oder fahrlässig das Leben, den Körper, die Gesundheit, die Freiheit, das Eigentum oder ein sonstiges Recht eines anderen widerrechtlich verletzt, ist dem anderen zum Ersatze des daraus entstehenden Schadens verpflichtet.

(2) Die gleiche Verpflichtung trifft auch denjenigen, welcher gegen ein den Schutz eines anderen bezweckendes Gesetz verstößt. Ist nach dem Inhalte des Gesetzes ein Verstoß gegen dieses auch ohne Verschulden möglich, so tritt die Ersatzpflicht nur im Falle des Verschuldens ein.

§ 824. [Kreditgefährdung]

(1) Wer der Wahrheit zuwider eine Tatsache behauptet oder verbreitet, die geeignet ist, den Kredit eines anderen zu gefährden oder sonstige Nachteile für dessen Erwerb oder Fortkommen herbeizuführen, hat dem anderen den daraus entstehenden Schaden auch dann zu ersetzen, wenn er die Unwahrheit zwar nicht kennt, aber kennen muss.

(2) Durch eine Mitteilung, deren Unwahrheit dem Mitteilenden unbekannt ist, wird dieser nicht zum Schadensersatze verpflichtet, wenn er oder der Empfänger der Mitteilung an ihr ein berechtigtes Interesse hat.

§ 828. [Minderjährige; Taubstumme]

(1) Wer nicht das siebente Lebensjahr vollendet hat, ist für einen Schaden, den er einem anderen zufügt, nicht verantwortlich.

(2) [1]Wer das siebente, aber nicht das achtzehnte Lebensjahr vollendet hat, ist für einen Schaden, den er einem anderen zufügt, nicht verantwortlich, wenn er bei der Begehung der schädigenden Handlung nicht die zur Erkenntnis der Verantwortlichkeit erforderliche Einsicht hat. [2]Das Gleiche gilt von einem Taubstummen.

§ 829. [Ersatzpflicht aus Billigkeitsgründen]

Wer in einem der in den §§ 823 bis 826 bezeichneten Fälle für einen von ihm verursachten Schaden auf Grund der §§ 827, 828 nicht verantwortlich ist, hat gleichwohl, sofern der Ersatz des Schadens nicht von einem aufsichtspflichtigen Dritten erlangt werden kann, den Schaden insoweit zu ersetzen, als die Billigkeit nach den Umständen, insbesondere nach den Verhältnissen der Beteiligten, eine Schadloshaltung erfordert und ihm nicht die Mittel entzogen werden, deren er zum angemessenen Unterhalte sowie zur Erfüllung seiner gesetzlichen Unterhaltspflichten bedarf.

Kaufvertrag

BGB § 145. [Bindung an den Antrag]

Wer einem anderen die Schließung eines Vertrags anträgt, ist an den Antrag gebunden, es sei denn, dass er die Gebundenheit ausgeschlossen hat.

§ 146. [Erlöschen des Antrags]

Der Antrag erlischt, wenn er dem Antragenden gegenüber abgelehnt oder wenn er nicht diesem gegenüber nach den §§ 147 bis 149 rechtzeitig angenommen wird.

§ 147. [Annahmefrist]

(1) [1]Der einem Anwesenden gemachte Antrag kann nur sofort angenommen werden. [2]Dies gilt auch von einem mittels Fernsprechers von Person zu Person gemachten Antrage.

(2) Der einem Abwesenden gemachte Antrag kann nur bis zu dem Zeitpunkt angenommen werden, in welchem der Antragende den Eingang der Antwort unter regelmäßigen Umständen erwarten darf.

§ 148. [Bestimmung einer Annahmefrist]

Hat der Antragende für die Annahme des Antrags eine Frist bestimmt, so kann die Annahme nur innerhalb der Frist erfolgen.

§ 149. [Verspätet zugegangene Annahmeerklärung]

[1]Ist eine dem Antragenden verspätet zugegangene Annahmeerklärung dergestalt abgesendet worden, dass sie bei regelmäßiger Beförderung ihm rechtzeitig zugegangen sein würde, und musste der Antragende dies erkennen, so hat er die Verspätung dem Annehmenden unverzüglich nach dem Empfange der Erklärung anzuzeigen, sofern es nicht schon vorher geschehen ist. [2]Verzögert er die Absendung der Anzeige, so gilt die Annahme als nicht verspätet.

§ 150. [Verspätete und abgeänderte Annahme]

(1) Die verspätete Annahme eines Antrags gilt als neuer Antrag.

(2) Eine Annahme unter Erweiterungen, Einschränkungen oder sonstigen Änderungen gilt als Ablehnung verbunden mit einem neuen Antrage.

§ 151. [Annahme ohne Erklärung an den Antragenden]

[1]Der Vertrag kommt durch die Annahme des Antrags zustande, ohne dass die Annahme dem Antragenden gegenüber erklärt zu werden braucht, wenn eine solche Erklärung nach der Verkehrssitte nicht zu erwarten ist oder der Antragende auf sie verzichtet hat. [2]Der Zeitpunkt, in welchem der Antrag erlischt, bestimmt sich nach dem aus dem Antrag oder den Umständen zu entnehmenden Willen des Antragenden.

§ 154. [Offener Einigungsmangel; fehlende Beurkundung]

(1) [1]Solange nicht die Parteien sich über alle Punkte eines Vertrags geeinigt haben, über die nach der Erklärung auch nur einer Partei eine Vereinbarung getroffen werden soll, ist im Zweifel der Vertrag nicht geschlossen. [2]Die Verständigung über einzelne Punkte ist auch dann nicht bindend, wenn eine Aufzeichnung stattgefunden hat.

(2) Ist eine Beurkundung des beabsichtigten Vertrags verabredet worden, so ist im Zweifel der Vertrag nicht geschlossen, bis die Beurkundung erfolgt ist.

§ 157. [Auslegung von Verträgen]

Verträge sind so auszulegen, wie Treu und Glauben mit Rücksicht auf die Verkehrssitte es erfordern.

§ 433. [Grundpflichten des Verkäufers und des Käufers]

(1) [1]Durch den Kaufvertrag wird der Verkäufer einer Sache verpflichtet, dem Käufer die Sache zu übergeben und das Eigentum an der Sache zu verschaffen. [2]Der Verkäufer eines Rechtes ist

> verpflichtet, dem Käufer das Recht zu verschaffen und, wenn das Recht zum Besitz einer Sache berechtigt, die Sache zu übergeben.
>
> (2) Der Käufer ist verpflichtet, dem Verkäufer den vereinbarten Kaufpreis zu zahlen und die gekaufte Sache abzunehmen.

27 Hans bietet seinem Bekannten Edwin bei einem Besuch eine Taschenuhr zum Preis von 150,00 EUR zum Kauf an. Edwin ist sofort damit einverstanden. Beide sind voll geschäftsfähig.

   a) Kommt ein Kaufvertrag zwischen Hans und Edwin zustande?

   b) Welche Verpflichtungen gehen beide im Falle des Zustandekommens eines Kaufvertrages ein?

28 In welchen Fällen liegt ein verbindlicher Antrag = Angebot vor?

   a) Schaufensterauslage ☐

   b) Persönlich adressierter Werbebrief ☐

   c) Angebot auf einem Flugblatt, das auf der Straße verteilt wird ☐

   d) Waren liegen im Kaufhaus auf einer allgemein zugänglichen Gondel ☐

   e) Verkäufer legt in einem Fachgeschäft einem Kunden die Ware vor ☐

   f) Goldmünzen in einem Schaukasten im Geschäftsraum eines Kreditinstituts ☐

29 An ihrem 18. Geburtstag erhält Hanne Iser ihren Führerschein. Jetzt will sie sich einen eigenen Pkw kaufen. Sie findet in einer Tageszeitung diese Anzeige:

> VW Golf, Bj. 19..
> gepflegt, 2 J. TÜV,
> 57 000 km, VB 8 900,00 EUR
> H. Weber, Löwengasse 4,
> 35390 Gießen

Hanne hat 7 500,00 EUR gespart. Sie will versuchen, dieses Auto mit ihren Ersparnissen zu kaufen. Sie geht am selben Tag zu Weber.

   a) Wer trägt in diesem Falle den Antrag zum Abschluss eines Kaufvertrages vor? (§ 145 BGB)

   b) Wann kommt in diesem Falle ein Kaufvertrag zustande?

   c) Nehmen Sie an, Hanne Iser und H. Weber einigten sich. Sie vereinbaren einen Kaufpreis von 8 000,00 EUR. Welche Verpflichtungen haben die beiden Vertragspartner jeweils übernommen?

   d) Der Abschluss des Kaufvertrages wird wegen der den Vertragsparteien entstehenden Pflichten als **Verpflichtungsgeschäft** bezeichnet. Diesem folgt das **Erfüllungsgeschäft.**

   Wann gilt ein Kaufvertrag als erfüllt?

30 Der Großhändler Hansmayer bietet dem Einzelhändler Mater per Brief Pullover, Größe 40, weiß, zum Preis von 27,80 EUR an.

Mater bestellt sofort 10 Stück zum Preis von 25,00 EUR.

   a) Kommt der Kaufvertrag zustande?

   b) Wie wäre die Situation rechtlich zu beurteilen, wenn Hansmayer die bestellten Pullover zum Preis von 25,00 EUR pro Stück lieferte?

31 Am 15. Sept. d. J. erhielt Anna L. ein briefliches Angebot der Firma Weber zum Kauf einer Waschmaschine, Typ „Sauber de Luxe", Preis 1 380,00 EUR.

Am 30. Sept. d. J. bestellt Anna L. diese Waschmaschine.

Die Firma Weber will sich nicht mehr an das Angebot halten, da ihre Einkaufspreise in der Zwischenzeit um 8 % gestiegen seien.

a) Mit Recht?

b) Wie wäre die Rechtslage, wenn Anna L. am 18. September d. J. bestellt hätte?

c) Wie lange hat ein Käufer zur Annahme eines telefonisch übermittelten Antrags (Angebots) Zeit?

32 Am 30. August erhielt der Einzelhändler H. Schulze ein briefliches Angebot der Großhandlung Schröder & Söhne über Teppichboden. Auf dem Angebot steht der Vermerk: Gültig bis 31. August.

Schulze bestellt am 1. September 100 m² Teppichboden zu den angebotenen Bedingungen, da er erst an diesem Tag aus dem Urlaub zurück kam.

Muss die Großhandlung die Ware liefern?

33 Anton H. bietet Inge R. ein Fahrrad zum Preis von 270,00 EUR an. Inge erklärt durch Kopfnicken ihre Bereitschaft zum Kauf des Fahrrades.

a) Kam dieser Kaufvertrag zustande?

b) In welcher Form wurden in den Fällen 27 und 30 die Willenserklärungen abgegeben?

LZ: Rechtsgeschäfte unterscheiden

Rechtsgeschäfte

> **BGB § 387. [Voraussetzungen]**
> Schulden zwei Personen einander Leistungen, die ihrem Gegenstande nach gleichartig sind, so kann jeder Teil seine Forderung gegen die Forderung des anderen Teiles aufrechnen, sobald er die ihm gebührende Leistung fordern und die ihm obliegende Leistung bewirken kann.
>
> **§ 388. [Erklärung der Aufrechnung]**
> [1]Die Aufrechnung erfolgt durch Erklärung gegenüber dem anderen Teile. [2]Die Erklärung ist unwirksam, wenn sie unter einer Bedingung oder einer Zeitbestimmung abgegeben wird.
>
> **§ 389. [Wirkung der Aufrechnung]**
> Die Aufrechnung bewirkt, dass die Forderungen, soweit sie sich decken, als in dem Zeitpunkt erloschen gelten, in welchem sie zur Aufrechnung geeignet einander gegenübergetreten sind.
>
> **§ 2065. [Keine Bestimmung durch Dritte]**
> (1) Der Erblasser kann eine letztwillige Verfügung nicht in der Weise treffen, dass ein anderer zu bestimmen hat, ob sie gelten oder nicht gelten soll.
>
> (2) Der Erblasser kann die Bestimmung der Person, die eine Zuwendung erhalten soll, sowie die Bestimmung des Gegenstandes der Zuwendung nicht einem anderen überlassen.

Je nachdem, ob ein **Rechtsgeschäft** durch die **Willenserklärung** einer Person zustande kommt oder zweier übereinstimmender Willenserklärungen bedarf, spricht man von ein- bzw. zweiseitigen Rechtsgeschäften oder Verträgen.

Hängt die **Wirksamkeit einer Willenserklärung** davon ab, dass sie einer bestimmten Person gegenüber abgegeben werden muss, so liegt eine empfangsbedürftige Willenserklärung vor.

34 Hans, 20 Jahre, kauft an einem Kiosk von dem Inhaber eine Tafel Schokolade.

Durch wie viel Willenserklärungen kommt dieser Vertrag zustande?

35 Anna Hansen hat eine fällige Geldforderung von 300,00 EUR an Egon Will. Dieser hat seinerseits eine fällige Geldforderung von 300,00 EUR an Anna Hansen.

Egon Will will seine Forderung gegen Frau Hansen aufrechnen.

a) Wie viel Willenserklärungen sind für diese Aufrechnung erforderlich?

b) Wann wird die Aufrechnung wirksam?

36 Oskar W. setzt seinen Bruder Kurt W. in seinem Testament als Alleinerben ein.

Wie viel Willenserklärungen sind bei dem Testament erforderlich?

37 Welche der obigen Rechtsgeschäfte sind einseitige, welche sind zweiseitige Rechtsgeschäfte?

38 Welche der in obigen Fällen (34–36) abgegebenen Willenserklärungen sind, um wirksam zu werden, einer bestimmten Person gegenüber abzugeben (= empfangsbedürftig)?

LZ: Bedeutung von Formvorschriften für Rechtsgeschäfte darstellen

Formvorschriften

BGB § 77. [Form der Anmeldungen]

Die Anmeldungen zum Vereinsregister sind von den Mitgliedern des Vorstandes sowie von den Liquidatoren mittels öffentlich beglaubigter Erklärung zu bewirken.

§ 125. [Nichtigkeit wegen Formmangels]

[1]Ein Rechtsgeschäft, welches der durch Gesetz vorgeschriebenen Form ermangelt, ist nichtig. [2]Der Mangel der durch Rechtsgeschäft bestimmten Form hat im Zweifel gleichfalls Nichtigkeit zur Folge.

§ 126. [Gesetzliche Schriftform]

(1) Ist durch Gesetz schriftliche Form vorgeschrieben, so muss die Urkunde von dem Aussteller eigenhändig durch Namensunterschrift oder mittels notariell beglaubigten Handzeichens unterzeichnet werden.

(2) [1]Bei einem Vertrage muss die Unterzeichnung der Parteien auf derselben Urkunde erfolgen. [2]Werden über den Vertrag mehrere gleich lautende Urkunden aufgenommen, so genügt es, wenn jede Partei die für die andere Partei bestimmte Urkunde unterzeichnet.

(3) Die schriftliche Form wird durch die notarielle Beurkundung ersetzt.

§ 127. [Gewillkürte Schriftform]

[1]Die Vorschriften des § 126 gelten im Zweifel auch für die durch Rechtsgeschäft bestimmte schriftliche Form. [2]Zur Wahrung der Form genügt jedoch, soweit nicht ein anderer Wille anzunehmen ist, telegrafische Übermittlung und bei einem Vertrage Briefwechsel; wird eine solche Form gewählt, so kann nachträglich eine dem § 126 entsprechende Beurkundung verlangt werden.

§ 127a. [Ersatz für notarielle Beurkundung]

Die notarielle Beurkundung wird bei einem gerichtlichen Vergleich durch die Aufnahme der Erklärungen in ein nach den Vorschriften der Zivilprozessordnung errichtetes Protokoll ersetzt.

§ 128. [Notarielle Beurkundung]

Ist durch Gesetz notarielle Beurkundung eines Vertrages vorgeschrieben, so genügt es, wenn zunächst der Antrag und sodann die Annahme des Antrags von einem Notar beurkundet wird.

39 Eduard A., 19 Jahre, will sein Studium aufnehmen. Er sucht sich ein Zimmer, das er für die gesamte Studiendauer mieten will. Mit einer Vermieterin schließt er vier Wochen vor Studienbeginn mündlich einen Mietvertrag. Als er nach vier Wochen in das Zimmer einziehen will, teilt ihm die Vermieterin mit, dass sie das Zimmer anderweitig vermietet habe, da der Mietvertrag nicht rechtswirksam zustande gekommen sei.

Wie ist die Rechtslage?

40 A, B und C sind befreundet. A ist in Geldnot und bittet B um ein Darlehen von 500,00 EUR, das er in drei Monaten zurückzahlen will.

B ist damit einverstanden, falls C für A bürge. C ist dazu bereit. Er verbürgt sich durch Handschlag gegenüber B. Dieser übergibt A die 500,00 EUR.

A zahlt das Darlehen nicht zurück. B verlangt nun von C das Geld. Dieser verweigert die Zahlung mit dem Hinweis, dass der Bürgschaftsvertrag nicht rechtswirksam sei.

Hat C Recht?

41 Die Numismatikfreunde Gießen treffen sich seit Jahren, um Münzen zu tauschen. Nun wollen sie einen Verein gründen, der in das Vereinsregister eingetragen werden soll. Die zwölf Vereinsmitglieder wählen Dieter Schneider zu ihrem alleinigen Vorstand.

a) In welcher Form hat Schneider den Verein zum Vereinsregister anzumelden?

b) Wie kann Schneider die Formerfordernisse erfüllen?

42 Die Eheleute Hans und Irma Holzmann besitzen mehrere Grundstücke. Sie wollen ihrer Tochter Heike an deren 18. Geburtstag ein Grundstück übertragen.

Welcher Form bedarf die Übertragung des Grundstücks?

43 Welche vier Möglichkeiten über die Form von Rechtsgeschäften sind zu unterscheiden?

Nichtigkeit, Anfechtbarkeit

Dritter Abschnitt. Rechtsgeschäfte

Zweiter Titel. Willenserklärung

BGB **§ 116. [Geheimer Vorbehalt]**

[1]Eine Willenserklärung ist nicht deshalb nichtig, weil sich der Erklärende insgeheim vorbehält, das Erklärte nicht zu wollen. [2]Die Erklärung ist nichtig, wenn sie einem anderen gegenüber abzugeben ist und dieser den Vorbehalt kennt.

§ 117. [Scheingeschäft]

(1) Wird eine Willenserklärung, die einem anderen gegenüber abzugeben ist, mit dessen Einverständnisse nur zum Schein abgegeben, so ist sie nichtig.

(2) Wird durch ein Scheingeschäft ein anderes Rechtsgeschäft verdeckt, so finden die für das verdeckte Rechtsgeschäft geltenden Vorschriften Anwendung.

§ 118. [Mangel der Ernstlichkeit]

Eine nicht ernstlich gemeinte Willenserklärung, die in der Erwartung abgegeben wird, der Mangel der Ernstlichkeit werde nicht verkannt werden, ist nichtig.

§ 119. [Anfechtbarkeit wegen Irrtums]

(1) Wer bei der Abgabe einer Willenserklärung über deren Inhalt im Irrtume war oder eine Erklärung dieses Inhalts überhaupt nicht abgeben wollte, kann die Erklärung anfechten, wenn anzunehmen ist, dass er sie bei Kenntnis der Sachlage und bei verständiger Würdigung des Falles nicht abgegeben haben würde.

(2) Als Irrtum über den Inhalt der Erklärung gilt auch der Irrtum über solche Eigenschaften der Person oder der Sache, die im Verkehr als wesentlich angesehen werden.

§ 120. [Anfechtbarkeit wegen falscher Übermittlung]

Eine Willenserklärung, welche durch die zur Übermittlung verwendete Person oder Anstalt unrichtig übermittelt worden ist, kann unter der gleichen Voraussetzung angefochten werden wie nach § 119 eine irrtümlich abgegebene Willenserklärung.

§ 121. [Anfechtungsfrist]

(1) [1]Die Anfechtung muss in den Fällen der §§ 119, 120 ohne schuldhaftes Zögern (unverzüglich) erfolgen, nachdem der Anfechtungsberechtigte von dem Anfechtungsgrunde Kenntnis erlangt hat. [2]Die einem Abwesenden gegenüber erfolgte Anfechtung gilt als rechtzeitig erfolgt, wenn die Anfechtungserklärung unverzüglich abgesendet worden ist.

(2) Die Anfechtung ist ausgeschlossen, wenn seit der Abgabe der Willenserklärung dreißig Jahre verstrichen sind.

§ 122. [Schadensersatzpflicht des Anfechtenden]

(1) Ist eine Willenserklärung nach § 118 nichtig oder auf Grund der §§ 119, 120 angefochten, so hat der Erklärende, wenn die Erklärung einem anderen gegenüber abzugeben war, diesem, andernfalls jedem Dritten den Schaden zu ersetzen, den der andere oder der Dritte dadurch erleidet, dass er auf die Gültigkeit der Erklärung vertraut, jedoch nicht über den Betrag des Interesses hinaus, welches der andere oder der Dritte an der Gültigkeit der Erklärung hat.

(2) Die Schadensersatzpflicht tritt nicht ein, wenn der Beschädigte den Grund der Nichtigkeit oder der Anfechtbarkeit kannte oder infolge von Fahrlässigkeit nicht kannte (kennen musste).

BGB § 123. [Anfechtbarkeit wegen Täuschung oder Drohung]

(1) Wer zur Abgabe einer Willenserklärung durch arglistige Täuschung oder widerrechtlich durch Drohung bestimmt worden ist, kann die Erklärung anfechten.

(2) [1]Hat ein Dritter die Täuschung verübt, so ist eine Erklärung, die einem anderen gegenüber abzugeben war, nur dann anfechtbar, wenn dieser die Täuschung kannte oder kennen musste. [2]Soweit ein anderer als derjenige, welchem gegenüber die Erklärung abzugeben war, aus der Erklärung unmittelbar ein Recht erworben hat, ist die Erklärung ihm gegenüber anfechtbar, wenn er die Täuschung kannte oder kennen musste.

§ 124. [Anfechtungsfrist]

(1) Die Anfechtung einer nach § 123 anfechtbaren Willenserklärung kann nur binnen Jahresfrist erfolgen.

(2) [1]Die Frist beginnt im Falle der arglistigen Täuschung mit dem Zeitpunkt, in welchem der Anfechtungsberechtigte die Täuschung entdeckt, im Falle der Drohung mit dem Zeitpunkt, in welchem die Zwangslage aufhört. [2]Auf den Lauf der Frist finden die für die Verjährung geltenden Vorschriften des § 203 Abs. 2 und der §§ 206, 207 entsprechende Anwendung.

(3) Die Anfechtung ist ausgeschlossen, wenn seit der Abgabe der Willenserklärung dreißig Jahre verstrichen sind.

§ 133. [Auslegung einer Willenserklärung]

Bei der Auslegung einer Willenserklärung ist der wirkliche Wille zu erforschen und nicht an dem buchstäblichen Sinne des Ausdrucks zu haften.

§ 134. [Gesetzliches Verbot]

Ein Rechtsgeschäft, das gegen ein gesetzliches Verbot verstößt, ist nichtig, wenn sich nicht aus dem Gesetz ein anderes ergibt.

§ 135. [Gesetzliches Veräußerungsverbot]

(1) [1]Verstößt die Verfügung über einen Gegenstand gegen ein gesetzliches Veräußerungsverbot, das nur den Schutz bestimmter Personen bezweckt, so ist sie nur diesen Personen gegenüber unwirksam. [2]Der rechtsgeschäftlichen Verfügung steht eine Verfügung gleich, die im Wege der Zwangsvollstreckung oder der Arrestvollziehung erfolgt.

(2) Die Vorschriften zugunsten derjenigen, welche Rechte von einem Nichtberechtigten herleiten, finden entsprechende Anwendung.

§ 136. [Behördliches Veräußerungsverbot]

Ein Veräußerungsverbot, das von einem Gericht oder von einer anderen Behörde innerhalb ihrer Zuständigkeit erlassen wird, steht einem gesetzlichen Veräußerungsverbote der im § 135 bezeichneten Art gleich.

§ 137. [Rechtsgeschäftliches Veräußerungsverbot]

[1]Die Befugnis zur Verfügung über ein veräußerliches Recht kann nicht durch Rechtsgeschäft ausgeschlossen oder beschränkt werden. [2]Die Wirksamkeit einer Verpflichtung, über ein solches Recht nicht zu verfügen, wird durch diese Vorschrift nicht berührt.

§ 138. [Sittenwidriges Rechtsgeschäft; Wucher]

(1) Ein Rechtsgeschäft, das gegen die guten Sitten verstößt, ist nichtig.

(2) Nichtig ist insbesondere ein Rechtsgeschäft, durch das jemand unter Ausbeutung der Zwangslage, der Unerfahrenheit, des Mangels an Urteilsvermögen oder der erheblichen Willensschwäche eines anderen sich oder einem Dritten für eine Leistung Vermögensvorteile versprechen oder gewähren lässt, die in einem auffälligen Missverhältnis zu der Leistung stehen.

§ 248. [Zinseszinsen]

(1) Eine im Voraus getroffene Vereinbarung, dass fällige Zinsen wieder Zinsen tragen sollen, ist nichtig.

44 Hans Lehmann gewährt seinem Neffen Oskar Wilms ein Darlehen von 10 000,00 EUR. Er vereinbart im Darlehensvertrag einen Zinssatz von 10 % p. a. Die Zinsen sollen monatlich fällig
sein. Hans Lehmann ist berechtigt, von den fälligen, aber noch nicht bezahlten Zinsen ebenfalls 10 % zu berechnen.

Nach 30 Zinstagen berechnet Lehmann 83,33 EUR Zinsen. Da Wilms die Zinsen nicht bezahlt,
erhöht Lehmann die Darlehenssumme um die Zinsen.

Als Wilms bemerkt, dass der monatliche Zinsbetrag steigt, verweigert er die Zahlung der Zinsen und bittet um Neuberechnung.

Kann Lehmann die Zinszahlung in der vereinbarten Form verlangen?

45 Anna Weber, ledig, hat einen monatlichen Nettolohn von 1 500,00 EUR. Als Sicherheit für ein
aufgenommenes Darlehen von 20 000,00 EUR tritt sie einem privaten Geldverleiher als
Sicherheit 800,00 EUR ihres monatlichen Arbeitseinkommens ab.

Prüfen Sie die Wirksamkeit dieses Rechtsgeschäftes!

46 Karl König benötigt zur Einlösung eines am 25. Januar 19. . fälligen Wechsels über 5 000,00 EUR
Geld. Kreditinstitute sind nicht bereit, das Geld als Darlehen zur Verfügung zu stellen, da König
keine ausreichenden Sicherheiten für die Rückzahlung des Darlehens stellen kann.

Der Geldverleiher A., an den sich König in höchster Not wendet, ist bereit, ihm das Geld zu einem
Zinssatz von 1 % pro Tag für 6 Monate zu leihen.

König akzeptiert diese Konditionen und löst mit dem Darlehensbetrag den Wechsel ein.

Als A. nach sechs Monaten das Darlehen einschließlich der Zinsen (5 000,00 EUR +
9 000,00 EUR Zinsen = 14 000,00 EUR) verlangt, verweigert König die Zahlung der Zinsen, da der
Zinssatz zu hoch sei.

Der Zinssatz bei Kreditinstituten lag zu dieser Zeit bei 12 % p. a.

Handelt König richtig?

47 Eberhard L. will seinen Gebrauchtwagen verkaufen. Der Schätzpreis liegt bei 8 000,00 EUR. Um
den Verkaufspreis möglichst hochzuschrauben, bittet er seinen Bekannten Hans B., ihm
schriftlich ein bindendes Kaufangebot über 12 000,00 EUR zu geben, das er anderen Interessierten zeigen wolle, um diese zu höheren Angeboten zu treiben. B. geht auf diesen Wunsch ein.

Als L. keinen Käufer für den Gebrauchtwagen findet, nimmt er das Angebot von B. an. Er verlangt
die Abnahme des Pkws und die Zahlung des Kaufpreises.

Mit Recht?

48 Gegen Ende einer Geburtstagsfeier sagt Ingrid zu ihrer Freundin Helga: „Deine Uhr gefällt mir,
was hat sie denn gekostet?" „200,00 EUR", antwortet Helga, „für 600,00 EUR kannst du sie
haben!" Ingrid sagt: „In Ordnung! Morgen bringe ich dir das Geld!"

Am nächsten Tag verlangt Helga von Ingrid die Abnahme der Uhr und die Zahlung des Kaufpreises.

Ingrid erinnert sich nicht mehr an das Gespräch und verweigert die Zahlung.

Mit Recht?

Auszug aus Tabelle zu § 850 c ZPO

Nettolohn monatlich in DM	Pfändbarer Betrag bei Unterhaltspflicht*) für					
	0	1	2	3	4	5 und mehr Personen
	in DM					
bis 1 219,99	—	—	—	—	—	—
1 220,00 bis 1 239,99	7,70	—	—	—	—	—
1 240,00 bis 1 259,99	21,70	—	—	—	—	—
1 260,00 bis 1 279,99	35,70	—	—	—	—	—
1 280,00 bis 1 299,99	49,70	—	—	—	—	—
1 300,00 bis 1 319,99	63,70	—	—	—	—	—
1 320,00 bis 1 339,99	77,70	—	—	—	—	—
1 340,00 bis 1 359,99	91,70	—	—	—	—	—
1 360,00 bis 1 379,99	105,70	—	—	—	—	—
1 380,00 bis 1 399,99	119,70	—	—	—	—	—
1 400,00 bis 1 419,99	133,70	—	—	—	—	—
1 420,00 bis 1 439,99	147,70	—	—	—	—	—
1 440,00 bis 1 459,99	161,70	—	—	—	—	—
1 460,00 bis 1 479,99	175,70	—	—	—	—	—
1 480,00 bis 1 499,99	189,70	—	—	—	—	—
1 500,00 bis 1 519,99	203,70	—	—	—	—	—
1 520,00 bis 1 539,99	217,70	—	—	—	—	—
1 540,00 bis 1 559,99	231,70	—	—	—	—	—
1 560,00 bis 1 579,99	245,70	—	—	—	—	—
1 580,00 bis 1 599,99	259,70	—	—	—	—	—
1 600,00 bis 1 619,99	273,70	—	—	—	—	—
1 620,00 bis 1 639,99	287,70	—	—	—	—	—
1 640,00 bis 1 659,99	301,70	—	—	—	—	—
1 660,00 bis 1 679,99	315,70	—	—	—	—	—
1 680,00 bis 1 699,99	329,70	1,50	—	—	—	—
1 700,00 bis 1 719,99	343,70	11,50	—	—	—	—
1 720,00 bis 1 739,99	357,70	21,50	—	—	—	—
1 740,00 bis 1 759,99	371,70	31,50	—	—	—	—
1 760,00 bis 1 779,99	385,70	41,50	—	—	—	—
1 780,00 bis 1 799,99	399,70	51,50	—	—	—	—
1 800,00 bis 1 819,99	413,70	61,50	—	—	—	—
1 820,00 bis 1 839,99	427,70	71,50	—	—	—	—
1 840,00 bis 1 859,99	441,70	81,50	—	—	—	—
1 860,00 bis 1 879,99	455,70	91,50	—	—	—	—
1 880,00 bis 1 899,99	469,70	101,50	—	—	—	—
1 900,00 bis 1 919,99	483,70	111,50	—	—	—	—
1 920,00 bis 1 939,99	497,70	121,50	—	—	—	—
1 940,00 bis 1 959,99	511,70	131,50	—	—	—	—
1 960,00 bis 1 979,99	525,70	141,50	—	—	—	—
1 980,00 bis 1 999,99	539,70	151,50	—	—	—	—
2 000,00 bis 2 019,99	553,70	161,50	—	—	—	—
2 020,00 bis 2 039,99	567,70	171,50	—	—	—	—
2 040,00 bis 2 059,99	581,70	181,50	4,80	—	—	—
2 060,00 bis 2 079,99	595,70	191,50	12,80	—	—	—
2 080,00 bis 2 099,99	609,70	201,50	20,80	—	—	—
2 100,00 bis 2 119,99	623,70	211,50	28,80	—	—	—
2 120,00 bis 2 139,99	637,70	221,50	36,80	—	—	—
2 140,00 bis 2 159,99	651,70	231,50	44,80	—	—	—
2 160,00 bis 2 179,99	665,70	241,50	52,80	—	—	—
2 180,00 bis 2 199,99	679,70	251,50	60,80	—	—	—
2 200,00 bis 2 219,99	693,70	261,50	68,80	—	—	—
2 220,00 bis 2 239,99	707,70	271,50	76,80	—	—	—
2 240,00 bis 2 259,99	721,70	281,50	84,80	—	—	—
2 260,00 bis 2 279,99	735,70	291,50	92,80	—	—	—
2 280,00 bis 2 299,99	749,70	301,50	100,80	—	—	—

*) Zu berücksichtigen sind Unterhaltsleistungen des Schuldners gegenüber seinem Ehegatten, einem früheren Ehegatten, einem Verwandten oder der Mutter eines nichtehelichen Kindes nach §§ 1615l, 1615n des Bürgerlichen Gesetzbuchs.

49 Inge W. kauft einen Pkw für 6 000,00 EUR, der in einer Zeitungsanzeige als unfallfreier Garagenwagen angeboten worden war.

Als Inge drei Wochen später den Wagen zu einer Inspektion in eine Werkstatt bringt, erzählt ihr der Werkstattinhaber, dass der Wagen bei einem Verkehrsunfall stark beschädigt worden sei.

Kann Inge den Vertrag anfechten?

50 Hans O. ist bei einem Kreditinstitut in der Effektenabteilung beschäftigt. Im Arbeitsvertrag musste sich O. verpflichten, keine Spekulationsgeschäfte auf eigene Rechnung vorzunehmen. O. spekuliert trotzdem. Er erzielt einen Spekulationsgewinn von 8 750,00 EUR.

Die Angestellte H. erfährt von diesem Geschäft. Sie verlangt von O., dass er ihr für ihr Schweigen die Hälfte des Gewinns schenkt. O. willigt ein. Nach einer Woche verlangt O. das Geld wieder zurück.

Kann O. den Schenkungsvertrag anfechten?

51 Rechtsgeschäfte können aus verschiedenen Gründen nichtig bzw. anfechtbar sein.

a) Stellen Sie die Gründe für die Nichtigkeit bzw. Anfechtbarkeit in einem Schaubild dar! Nennen Sie Beispiele! Ergänzen Sie das Schaubild!

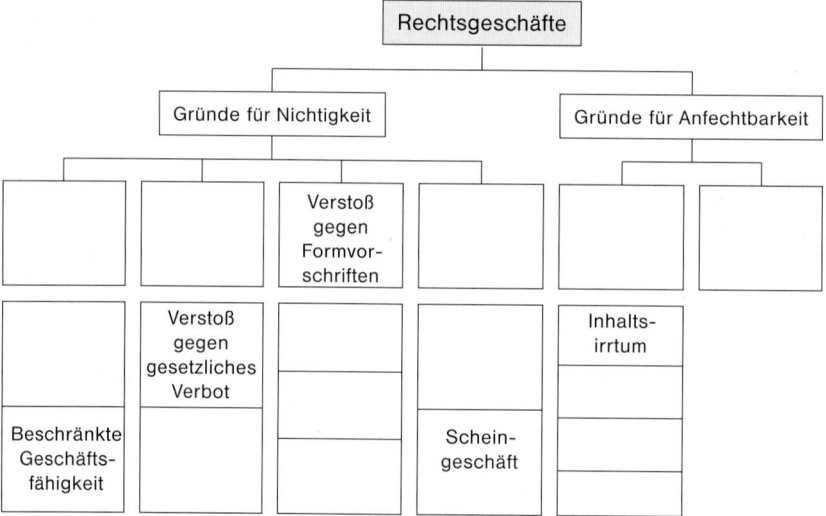

b) Was bedeutet die Nichtigkeit eines Rechtsgeschäftes?
c) Was bedeutet die Anfechtbarkeit eines Rechtsgeschäftes?
d) Welche fünf Bedingungen müssen erfüllt sein, damit ein Kaufvertrag rechtswirksam ist?
e) Welche Wirkungen hat ein Irrtum im Motiv (Beweggrund) für die Wirksamkeit eines Rechtsgeschäftes?

Vertragsarten

Siebenter Abschnitt. Einzelne Schuldverhältnisse

Dritter Titel. Miete. Pacht

I. Miete

BGB **§ 535. [Wesen des Mietvertrags]**

[1]Durch den Mietvertrag wird der Vermieter verpflichtet, dem Mieter den Gebrauch der vermieteten Sache während der Mietzeit zu gewähren. [2]Der Mieter ist verpflichtet, dem Vermieter den vereinbarten Mietzins zu entrichten.

§ 536. [Pflichten des Vermieters]

Der Vermieter hat die vermietete Sache dem Mieter in einem zu dem vertragsmäßigen Gebrauche geeigneten Zustande zu überlassen und sie während der Mietzeit in diesem Zustande zu erhalten.

§ 551. [Entrichtung des Mietzinses]

(1) [1]Der Mietzins ist am Ende der Mietzeit zu entrichten. [2]Ist der Mietzins nach Zeitabschnitten bemessen, so ist er nach dem Ablaufe der einzelnen Zeitabschnitte zu entrichten.

(2) Der Mietzins für ein Grundstück ist, sofern er nicht nach kürzeren Zeitabschnitten bemessen ist, nach dem Ablaufe je eines Kalendervierteljahrs am ersten Werktage des folgenden Monats zu entrichten.

II. Pacht

§ 581. [Wesen des Pachtvertrags]

(1) [1]Durch den Pachtvertrag wird der Verpächter verpflichtet, dem Pächter den Gebrauch des verpachteten Gegenstandes und den Genuss der Früchte, soweit sie nach den Regeln einer ordnungsmäßigen Wirtschaft als Ertrag anzusehen sind, während der Pachtzeit zu gewähren. [2]Der Pächter ist verpflichtet, dem Verpächter den vereinbarten Pachtzins zu entrichten.

(2) Auf die Pacht finden, soweit sich nicht aus den §§ 582 bis 597 ein anderes ergibt, die Vorschriften über die Miete entsprechende Anwendung.

§ 584. [Entrichtung des Pachtzinses]

Ist bei der Pacht eines landwirtschaftlichen Grundstücks der Pachtzins nach Jahren bemessen, so ist er nach dem Ablaufe je eines Pachtjahrs am ersten Werktage des folgenden Jahres zu entrichten.

§ 586. [Verpachtung von Grundstücken mit Inventar]

(1) Wird ein Grundstück samt Inventar verpachtet, so liegt dem Pächter die Erhaltung der einzelnen Inventarstücke ob.

(2) [1]Der Verpächter ist verpflichtet, Inventarstücke, die infolge eines von dem Pächter nicht zu vertretenden Umstandes in Abgang kommen, zu ergänzen. [2]Der Pächter hat jedoch den gewöhnlichen Abgang der zu dem Inventar gehörenden Tiere aus den Jungen insoweit zu ersetzen, als dies einer ordnungsmäßigen Wirtschaft entspricht.

Vierter Teil. Leihe

§ 598. [Wesen der Leihe]

Durch den Leihvertrag wird der Verleiher einer Sache verpflichtet, dem Entleiher den Gebrauch der Sache unentgeltlich zu gestatten.

§ 601. [Erhaltungskosten; Ersatz anderer Verwendungen]

(1) Der Entleiher hat die gewöhnlichen Kosten der Erhaltung der geliehenen Sache, bei der Leihe eines Tieres insbesondere die Fütterungskosten, zu tragen.

BGB (2) [1]Die Verpflichtung des Verleihers zum Ersatz anderer Verwendungen bestimmt sich nach den Vorschriften über die Geschäftsführung ohne Auftrag. [2]Der Entleiher ist berechtigt, eine Einrichtung, mit der er die Sache versehen hat, wegzunehmen.

§ 603. [Vertragsmäßiger Gebrauch]

[1]Der Entleiher darf von der geliehenen Sache keinen anderen als den vertragsmäßigen Gebrauch machen. [2]Er ist ohne die Erlaubnis des Verleihers nicht berechtigt, den Gebrauch der Sache einem Dritten zu überlassen.

§ 604. [Rückgabepflicht]

(1) Der Entleiher ist verpflichtet, die geliehene Sache nach dem Ablaufe der für die Leihe bestimmten Zeit zurückzugeben.

(2) [1]Ist eine Zeit nicht bestimmt, so ist die Sache zurückzugeben, nachdem der Entleiher den sich aus dem Zwecke der Leihe ergebenden Gebrauch gemacht hat. [2]Der Verleiher kann die Sache schon vorher zurückfordern, wenn so viel Zeit verstrichen ist, dass der Entleiher den Gebrauch hätte machen können.

(3) Ist die Dauer der Leihe weder bestimmt noch aus dem Zwecke zu entnehmen, so kann der Verleiher die Sache jederzeit zurückfordern.

(4) Überlässt der Entleiher den Gebrauch der Sache einem Dritten, so kann der Verleiher sie nach der Beendigung der Leihe auch von dem Dritten zurückfordern.

Fünfter Titel. Darlehen

§ 607. [Wesen des Darlehens]

(1) Wer Geld oder andere vertretbare Sachen als Darlehen empfangen hat, ist verpflichtet, dem Darleiher das Empfangene in Sachen von gleicher Art, Güte und Menge zurückzuerstatten.

(2) Wer Geld oder andere vertretbare Sachen aus einem anderen Grunde schuldet, kann mit dem Gläubiger vereinbaren, dass das Geld oder die Sachen als Darlehen geschuldet werden sollen.

Sechster Titel. Dienstvertrag

§ 611. [Wesen des Dienstvertrags]

(1) Durch den Dienstvertrag wird derjenige, welcher Dienste zusagt, zur Leistung der versprochenen Dienste, der andere Teil zur Gewährung der vereinbarten Vergütung verpflichtet.

(2) Gegenstand des Dienstvertrags können Dienste jeder Art sein.

§ 611 a. [Benachteiligungsverbot]

(1) [1]Der Arbeitgeber darf einen Arbeitnehmer bei einer Vereinbarung oder einer Maßnahme, insbesondere bei der Begründung des Arbeitsverhältnisses, beim beruflichen Aufstieg, bei einer Weisung oder einer Kündigung, nicht wegen seines Geschlechts benachteiligen. [2]Eine unterschiedliche Behandlung wegen des Geschlechts ist jedoch zulässig, soweit eine Vereinbarung oder eine Maßnahme die Art der vom Arbeitnehmer auszuübenden Tätigkeit zum Gegenstand hat und ein bestimmtes Geschlecht unverzichtbare Voraussetzung für diese Tätigkeit ist. [3]Wenn im Streitfall der Arbeitnehmer Tatsachen glaubhaft macht, die eine Benachteiligung wegen des Geschlechts vermuten lassen, trägt der Arbeitgeber die Beweislast dafür, dass nicht auf das Geschlecht bezogene, sachliche Gründe eine unterschiedliche Behandlung rechtfertigen oder das Geschlecht unverzichtbare Voraussetzung für die auszuübende Tätigkeit ist.

(2) [1]Ist ein Arbeitsverhältnis wegen eines von dem Arbeitgeber zu vertretenden Verstoßes gegen das Benachteiligungsverbot des Absatzes 1 nicht begründet worden, so ist er zum Ersatz des Schadens verpflichtet, den der Arbeitnehmer dadurch erleidet, dass er darauf vertraut, die Begründung des Arbeitsverhältnisses werde nicht wegen eines solchen Verstoßes unterbleiben. [2]Satz 1 gilt beim beruflichen Aufstieg entsprechend, wenn auf den Aufstieg kein Anspruch besteht.

(3) [1]Der Anspruch auf Schadensersatz wegen eines Verstoßes gegen das Benachteiligungsverbot verjährt in zwei Jahren. [2] § 201 ist entsprechend anzuwenden.

§ 611 b. [Arbeitsplatzausschreibung]

Der Arbeitgeber soll einen Arbeitsplatz weder öffentlich noch innerhalb des Betriebs nur für Männer oder nur für Frauen ausschreiben, es sei denn, dass ein Fall des § 611 a Abs. 1 Satz 2 vorliegt.

Siebenter Titel. Werkvertrag und ähnliche Verträge

I. Werkvertrag

BGB § 631. [Wesen des Werkvertrags]

(1) Durch den Werkvertrag wird der Unternehmer zur Herstellung des versprochenen Werkes, der Besteller zur Entrichtung der vereinbarten Vergütung verpflichtet.

(2) Gegenstand des Werkvertrags kann sowohl die Herstellung oder Veränderung einer Sache als ein anderer durch Arbeit oder Dienstleistung herbeizuführender Erfolg sein.

§ 632a. [Abschlagszahlungen]

Der Unternehmer kann von dem Besteller für in sich abgeschlossene Teile des Werkes Abschlagszahlungen für die erbrachten vertragsmäßigen Leistungen verlangen. Dies gilt auch für erforderliche Stoffe oder Bauteile, die eigens angefertigt oder angeliefert sind. Der Anspruch besteht nur, wenn dem Besteller Eigentum an den Teilen des Werkes, an den Stoffen oder Bauteilen übertragen oder Sicherheit hierfür geleistet wird.

§ 640. [Abnahme]

(1) Der Besteller ist verpflichtet, das vertragsmäßig hergestellte Werk abzunehmen, sofern nicht nach der Beschaffenheit des Werkes die Abnahme ausgeschlossen ist. Wegen unwesentlicher Mängel kann die Abnahme nicht verweigert werden. Der Abnahme steht es gleich, wenn der Besteller das Werk nicht innerhalb einer ihm vom Unternehmer bestimmten angemessenen Frist abnimmt, obwohl er dazu verpflichtet ist.

(2) Nimmt der Besteller ein mangelhaftes Werk gemäß Absatz 1 Satz 1 ab, obschon er den Mangel kennt, so stehen ihm die in den §§ 633, 634 bestimmten Ansprüche nur zu, wenn er sich seine Rechte wegen des Mangels bei der Abnahme vorbehält.

§ 651. [Werklieferungsvertrag]

(1) [1]Verpflichtet sich der Unternehmer, das Werk aus einem von ihm zu beschaffenden Stoffe herzustellen, so hat er dem Besteller die hergestellte Sache zu übergeben und das Eigentum an der Sache zu verschaffen. [2]Auf einen solchen Vertrag finden die Vorschriften über den Kauf Anwendung; ist eine nicht vertretbare Sache herzustellen, so treten an die Stelle des § 433, des § 446 Abs. 1 Satz 1 und der §§ 447, 459, 460, 462 bis 464, 477 bis 479 die Vorschriften über den Werkvertrag mit Ausnahme der §§ 647, 648 a.

(2) Verpflichtet sich der Unternehmer nur zur Beschaffung von Zutaten oder sonstigen Nebensachen, so finden ausschließlich die Vorschriften über den Werkvertrag Anwendung.

II. Reisevertrag

§ 651 a. [Reisevertrag]

(1) [1]Durch den Reisevertrag wird der Reiseveranstalter verpflichtet, dem Reisenden eine Gesamtheit von Reiseleistungen (Reise) zu erbringen. [2]Der Reisende ist verpflichtet, dem Reiseveranstalter den vereinbarten Reisepreis zu zahlen.

(2) Die Erklärung, nur Verträge mit den Personen zu vermitteln, welche die einzelnen Reiseleistungen ausführen sollen (Leistungsträger), bleibt unberücksichtigt, wenn nach den sonstigen Umständen der Anschein begründet wird, dass der Erklärende vertraglich vorgesehene Reiseleistungen in eigener Verantwortung erbringt.

---

52 Anton Maier schließt mit Anna Weber einen Vertrag, durch den er zunächst für zwei Jahre deren Gaststätte betreiben darf. Als Entgelt hat Anton Maier monatlich 2 470,00 EUR zu entrichten.

a) Was ist Gegenstand dieses Vertrages?

b) Welche Rechte und Pflichten haben die Vertragsparteien?

c) Welche Vertragsart liegt hier vor?

53 Gisela Müller nimmt nach ihrer Lehre in Gießen ihr Studium der Betriebswirtschaftslehre auf.

Bei Anna Krüger findet sie ein Zimmer, das ihr während der Studienzeit für monatlich 120,00 EUR zur Verfügung gestellt wird.
   a) Was ist Gegenstand dieses Vertrages?
   b) Welche Rechte und Pflichten haben die Vertragsparteien?
   c) Welche Vertragsart liegt vor?

54 Holger Wißmann sieht bei seinem Freund Günter dessen Gitarre. Holger überredet seinen Freund, ihm diese Gitarre bis zum nächsten Tag zum Üben mitzugeben. Der Freund ist damit einverstanden.
   a) Was ist Gegenstand des Vertrages?
   b) Welche Rechte und Pflichten haben die Vertragsparteien?
   c) Welche Vertragsart liegt vor?

55 Ingrid Abermann lässt sich bei dem Schneidermeister Dieter Zingel einen Wintermantel um 10 cm kürzen, da lange Mäntel nicht mehr modern sind.
   a) Was ist Gegenstand des Vertrages?
   b) Welche Rechte und Pflichten haben die Vertragsparteien?
   c) Welche Vertragsart liegt vor?

56 Hans Schneider lässt sich für seine Kaufmannsgehilfenprüfung einen Maßanzug schneidern.

Hans Schneider wählt beim Schneidermeister Gregor Böhm den gewünschten Stoff aus einem Musterbuch aus. Der Schneidermeister beschafft diesen Stoff bei seinem Lieferanten.
   a) Was ist Gegenstand des Vertrages?
   b) Welche Rechte und Pflichten haben die Vertragsparteien?
   c) Welche Vertragsart liegt vor?

57 Nach erfolgreich bestandener Kaufmannsgehilfenprüfung wird Inge Allers bei der Volksbank Schledorf als Bankkauffrau beschäftigt.
   a) Was ist Gegenstand des Vertrages?
   b) Welche Rechte und Pflichten haben die Vertragsparteien?
   c) Welche Vertragsart liegt vor?

58 Günter Kasser benötigt zum Kauf eines Pkws noch 6 400,00 EUR. Seine Freundin Ina ist bereit, ihm dieses Geld für drei Jahre zum Zinssatz von 6 % p. a. als Darlehen zur Verfügung zu stellen.
   a) Was ist Gegenstand des Vertrages?
   b) Welche Rechte und Pflichten haben die Vertragsparteien?
   c) Welche Vertragsart liegt vor?

LZ: Leistungsstörungen bei der Erfüllung des Kaufvertrages aufzeigen

Leistungsstörungen

BGB § 195. [Regelmäßige Verjährungsfrist]
Die regelmäßige Verjährungsfrist beträgt dreißig Jahre.

§ 320. [Einrede des nichterfüllten Vertrags]
(1) [1]Wer aus einem gegenseitigen Vertrage verpflichtet ist, kann die ihm obliegende Leistung bis zur Bewirkung der Gegenleistung verweigern, es sei denn, dass er vorzuleisten verpflichtet ist. [. . .]

BGB (2) Ist von der einen Seite teilweise geleistet worden, so kann die Gegenleistung insoweit nicht verweigert werden, als die Verweigerung nach den Umständen, insbesondere wegen verhältnismäßiger Geringfügigkeit des rückständigen Teiles, gegen Treu und Glauben verstoßen würde.

§ 324. [Vom Gläubiger zu vertretendes Unmöglichwerden]

(1) [1]Wird die aus einem gegenseitigen Vertrage dem einen Teile obliegende Leistung infolge eines Umstandes, den der andere Teil zu vertreten hat, unmöglich, so behält er den Anspruch auf die Gegenleistung erspart oder durch anderweitige Verwendung seiner Arbeitskraft erwirbt oder zu erwerben böswillig unterlässt.

(2) Das Gleiche gilt, wenn die dem einen Teile obliegende Leistung infolge eines von ihm nicht zu vertretenden Umstandes zu einer Zeit unmöglich wird, zu welcher der andere Teil im Verzuge der Annahme ist.

§ 325. [Vom Schuldner zu vertretendes Unmöglichwerden]

(1) [1]Wird die aus einem gegenseitigen Vertrage dem einen Teile obliegende Leistung infolge eines Umstandes, den er zu vertreten hat, unmöglich, so kann der andere Teil Schadensersatz wegen Nichterfüllung verlangen oder von dem Vertrage zurücktreten. [2]Bei teilweiser Unmöglichkeit ist er, wenn die teilweise Erfüllung des Vertrags für ihn kein Interesse hat, berechtigt, Schadensersatz wegen Nichterfüllung der ganzen Verbindlichkeit nach Maßgabe des § 280 Abs. 2 zu verlangen oder von dem ganzen Vertrage zurückzutreten. [3]Statt des Anspruchs auf Schadensersatz und des Rücktrittsrechts kann er auch die für den Fall des § 323 bestimmten Rechte geltend machen.

(2) Das Gleiche gilt in dem Falle des § 283, wenn nicht die Leistung bis zum Ablaufe der Frist bewirkt wird oder wenn sie zu dieser Zeit teilweise nicht bewirkt ist.

§ 346. [Wirkung des Rücktritts]

[1]Hat sich in einem Vertrag ein Teil den Rücktritt vorbehalten, so sind die Parteien, wenn der Rücktritt erfolgt, verpflichtet, einander die empfangenen Leistungen zurückzugewähren. [2]Für geleistete Dienste sowie für die Überlassung der Benutzung einer Sache ist der Wert zu vergüten oder, falls in dem Vertrag eine Gegenleistung in Geld bestimmt ist, diese zu entrichten.

§ 361a. [Widerrufsrecht bei Verbraucherverträgen]

(1) Wird einem Verbraucher durch Gesetz ein Widerrufsrecht nach dieser Vorschrift eingeräumt, so ist er an seine auf den Abschluss eines Vertrages mit einem Unternehmer gerichtete Willenserklärung nicht mehr gebunden, wenn er sie fristgerecht widerrufen hat. Der Widerruf muss keine Begründung enthalten und schriftlich, auf einem anderen dauerhaften Datenträger oder durch Rücksendung der Sache innerhalb von zwei Wochen erfolgen; zur Fristwahrung genügt die rechtzeitige Absendung. Die Frist beginnt mit dem Zeitpunkt, zu dem dem Verbraucher eine deutlich gestaltete Belehrung über sein Widerrufsrecht, die ihm entsprechend den Erfordernissen des eingesetzten Kommunikationsmittels seine Rechte deutlich macht, auf einem dauerhaften Datenträger zur Verfügung gestellt worden ist, die auch Namen und Anschrift des Widerrufsempfängers und einen Hinweis auf den Fristbeginn und die Regelung des Satzes 2 enthält. Sie ist vom Verbraucher bei anderen als notariell beurkundeten Verträgen gesondert zu unterschreiben oder mit einer qualifizierten elektronischen Signatur zu versehen. Ist der Vertrag schriftlich abzuschließen, so muss dem Verbraucher auch eine Vertragsurkunde, der schriftliche Antrag des Verbrauchers oder des Antrags ausgehändigt werden. Ist der Fristbeginn streitig, so trifft die Beweislast den Unternehmer.

(2) Auf das Widerrufsrecht finden die Vorschriften dieses Titels, soweit nicht anderes bestimmt ist, entsprechende Anwendung. Die in § 284 Abs. 3 Satz 1 bestimmte Frist beginnt mit der Erklärung des Verbrauchers nach § 349. Der Verbraucher ist vorbehaltlich abweichender Vorschriften zur Rücksendung auf Kosten und Gefahr des Unternehmers verpflichtet; dem Verbraucher dürfen bei einer Bestellung bis zu einem Betrag von 40 Euro die regelmäßigen Kosten der Rücksendung vertraglich auferlegt werden, es sei denn, dass die gelieferte Ware nicht der bestellten entspricht. Hat der Verbraucher die Verschlechterung, den Untergang oder die anderweitige Unmöglichkeit zu vertreten, so hat der Unternehmer die Wertminderung oder den Wert zu ersetzen; die §§ 351 bis 353 sind nicht anzuwenden. In den Fällen des Satzes 4 haftet der Verbraucher nur für Vorsatz und grobe Fahrlässigkeit, wenn er über sein Widerrufsrecht nicht ordnungsgemäß belehrt worden ist und auch keine anderweitige Kenntnis hiervon erlangt hat. Für die Überlassung des Gebrauchs oder die Benutzung einer Sache sowie für sonstige Leistungen

BGB bis zu dem Zeitpunkt der Ausübung des Widerrufs ist deren Wert zu vergüten; die durch die bestimmungsgemäße Ingebrauchnahme einer Sache oder Inanspruchnahme einer sonstigen Leistung eingetretene Wertminderung bleibt außer Betracht. Weitergehende Ansprüche bestehen nicht.

(3) Informationen oder Erklärungen sind dem Verbraucher auf einem dauerhaften Datenträger zur Verfügung gestellt, wenn sie ihm in einer Urkunde oder in einer anderen lesbaren Form zugegangen sind, die dem Verbraucher für eine den Erfordernissen des Rechtsgeschäfts entsprechende Zeit die inhaltlich unveränderte Wiedergabe der Informationen erlaubt. Die Beweislast für den Informations- oder Erklärungsinhalt trifft den Unternehmer. Dies gilt für Erklärungen des Verbrauchers gegenüber dem Unternehmer sinngemäß.

§ 361b. [Rückgaberecht bei Verbraucherverträgen]

(1) Das Widerrufsrecht nach § 361a kann, soweit dies ausdrücklich durch Gesetz zugelassen ist, beim Vertragsschluss auf Grund eines Verkaufsprospekts im Vertrag durch ein uneingeschränktes Rückgaberecht ersetzt werden. Voraussetzung ist, dass

1. im Verkaufsprospekt eine deutlich gestaltete Belehrung über das Rückgaberecht enthalten ist,
2. der Verbraucher den Verkaufsprospekt in Abwesenheit des Unternehmers eingehend zur Kenntnis nehmen konnte und
3. dem Verbraucher auf einem dauerhaften Datenträger das Rückgaberecht eingeräumt wird.

(2) Das Rückgaberecht kann nur durch Rücksendung der Sache, deren Kosten und Gefahr der Unternehmer zu tragen hat, oder, wenn diese nicht als Paket versandt werden kann, durch Rücknahmeverlangen innerhalb der in § 361a Abs. 1 bestimmten und danach zu berechnenden Frist ausgeübt werden, die jedoch nicht vor Erhalt der Sache beginnt. § 361a Abs. 2 gilt entsprechend; die Kosten der Rücksendung dürfen dem Verbraucher nicht auferlegt werden. Das Rücknahmeverlangen muss schriftlich oder auf einem anderen dauerhaften Datenträger erfolgen. Eine Begründung ist nicht erforderlich.

Siebenter Abschnitt. Einzelne Schuldverhältnisse

Erster Titel. Kauf. Tausch

I. Allgemeine Vorschriften

§ 433. [Grundpflichten des Verkäufers und des Käufers]

(1) [1]Durch den Kaufvertrag wird der Verkäufer einer Sache verpflichtet, dem Käufer die Sache zu übergeben und das Eigentum an der Sache zu verschaffen. [2]Der Verkäufer eines Rechtes ist verpflichtet, dem Käufer das Recht zu verschaffen und, wenn das Recht zum Besitz einer Sache berechtigt, die Sache zu übergeben.

(2) Der Käufer ist verpflichtet, dem Verkäufer den vereinbarten Kaufpreis zu zahlen und die gekaufte Sache abzunehmen.

§ 434. [Gewährleistung wegen Rechtsmängel]

Der Verkäufer ist verpflichtet, dem Käufer den verkauften Gegenstand frei von Rechten zu verschaffen, die von Dritten gegen den Käufer geltend gemacht werden können.

§ 437. [Gewährleistung bei Rechtskauf]

(1) Der Verkäufer einer Forderung oder eines sonstigen Rechtes haftet für den rechtlichen Bestand der Forderung oder des Rechtes.

(2) Der Verkäufer eines Wertpapiers haftet auch dafür, dass es nicht zum Zwecke der Kraftloserklärung aufgeboten ist.

§ 439. [Kenntnis des Käufers vom Rechtsmangel]

(1) Der Verkäufer hat einen Mangel im Rechte nicht zu vertreten, wenn der Käufer den Mangel bei dem Abschlusse des Kaufes kennt.

(2) [1]Eine Hypothek, eine Grundschuld, eine Rentenschuld, eine Schiffshypothek oder ein Pfandrecht hat der Verkäufer zu beseitigen, auch wenn der Käufer die Belastung kennt. [2]Das Gleiche gilt von einer Vormerkung zur Sicherung des Anspruchs auf Bestellung eines dieser Rechte.

BGB § 440. [Rechte des Käufers]

(1) Erfüllt der Verkäufer die ihm nach den §§ 433 bis 437, 439 obliegenden Verpflichtungen nicht, so bestimmen sich die Rechte des Käufers nach den Vorschriften der §§ 320 bis 327.

(2) Ist eine bewegliche Sache verkauft und dem Käufer zum Zwecke der Eigentumsübertragung übergeben worden, so kann der Käufer wegen des Rechtes eines Dritten, das zum Besitze der Sache berechtigt, Schadensersatz wegen Nichterfüllung nur verlangen, wenn er die Sache dem Dritten mit Rücksicht auf dessen Recht herausgegeben hat oder sie dem Verkäufer zurückgewährt oder wenn die Sache untergegangen ist.

(3) Der Herausgabe der Sache an den Dritten steht es gleich, wenn der Dritte den Käufer oder dieser den Dritten beerbt oder wenn der Käufer das Recht des Dritten anderweit erwirbt oder den Dritten abfindet.

II. Gewährleistung wegen Mängel der Sache

§ 459. [Haftung für Sachmängel]

(1) ^{1}Der Verkäufer einer Sache haftet dem Käufer dafür, dass sie zu der Zeit, zu welcher die Gefahr auf den Käufer übergeht, nicht mit Fehlern behaftet ist, die den Wert oder die Tauglichkeit zu dem gewöhnlichen oder dem nach dem Vertrage vorausgesetzten Gebrauch aufheben oder mindern. ^{2}Eine unerhebliche Minderung des Wertes oder der Tauglichkeit kommt nicht in Betracht.

(2) Der Verkäufer haftet auch dafür, dass die Sache zur Zeit des Überganges der Gefahr die zugesicherten Eigenschaften hat.

§ 460. [Kenntnis des Käufers]

^{1}Der Verkäufer hat einen Mangel der verkauften Sache nicht zu vertreten, wenn der Käufer den Mangel bei dem Abschlusse des Kaufes kennt. ^{2}Ist dem Käufer ein Mangel der im § 459 Abs. 1 bezeichneten Art infolge grober Fahrlässigkeit unbekannt geblieben, so haftet der Verkäufer, sofern er nicht die Abwesenheit des Fehlers zugesichert hat, nur, wenn er den Fehler arglistig verschwiegen hat.

§ 462. [Wandelung; Minderung]

Wegen eines Mangels, den der Verkäufer nach den Vorschriften der §§ 459, 460 zu vertreten hat, kann der Käufer Rückgängigmachung des Kaufes (Wandelung) oder Herabsetzung des Kaufpreises (Minderung) verlangen.

§ 463. [Schadensersatz wegen Nichterfüllung]

Fehlt der verkauften Sache zur Zeit des Kaufes eine zugesicherte Eigenschaft, so kann der Käufer statt der Wandelung oder der Minderung Schadensersatz wegen Nichterfüllung verlangen. Das Gleiche gilt, wenn der Verkäufer einen Fehler arglistig verschwiegen hat.

§ 464. [Vorbehalt bei Annahme]

Nimmt der Käufer eine mangelhafte Sache an, obschon er den Mangel kennt, so stehen ihm die in den §§ 462, 463 bestimmten Ansprüche nur zu, wenn er sich seine Rechte wegen des Mangels bei der Annahme vorbehält.

§ 465. [Vollziehung der Wandelung oder Minderung]

Die Wandelung oder die Minderung ist vollzogen, wenn sich der Verkäufer auf Verlangen des Käufers mit ihr einverstanden erklärt.

§ 469. [Wandelung bei Verkauf mehrerer Sachen]

Sind von mehreren verkauften Sachen nur einzelne mangelhaft, so kann nur in Ansehung dieser Wandelung verlangt werden, auch wenn ein Gesamtpreis für alle Sachen festgesetzt ist. Sind jedoch die Sachen als zusammengehörend verkauft, so kann jeder Teil verlangen, dass die Wandelung auf alle Sachen erstreckt wird, wenn die mangelhaften Sachen nicht ohne Nachteil für ihn von den übrigen getrennt werden können.

§ 477. [Verjährung der Gewährleistungsansprüche]

(1) ^{1}Der Anspruch auf Wandelung oder auf Minderung sowie der Anspruch auf Schadensersatz wegen Mangels einer zugesicherten Eigenschaft verjährt, sofern nicht der Verkäufer den Mangel arglistig verschwiegen hat, bei beweglichen Sachen in sechs Monaten von der Ablieferung, bei Grundstücken in einem Jahre von der Übergabe an. ^{2}Die Verjährungsfrist kann durch Vertrag verlängert werden.

BGB (2) [1]Beantragt der Käufer gerichtliche Beweisaufnahme zur Sicherung des Beweises, so wird die Verjährung unterbrochen. [2]Die Unterbrechung dauert bis zur Beendigung des Verfahrens fort. [3]Die Vorschriften des § 211 Abs. 2 und des § 212 finden entsprechende Anwendung.

(3) Die Hemmung oder Unterbrechung der Verjährung eines der im Absatz 1 bezeichneten Ansprüche bewirkt auch die Hemmung oder Unterbrechung der Verjährung der anderen Ansprüche.

§ 478. [Erhaltung der Mängeleinrede]

(1) [1]Hat der Käufer den Mangel dem Verkäufer angezeigt oder die Anzeige an ihn abgesendet, bevor der Anspruch auf Wandelung oder auf Minderung verjährt war, so kann er auch nach der Vollendung der Verjährung die Zahlung des Kaufpreises insoweit verweigern, als er auf Grund der Wandelung oder der Minderung dazu berechtigt sein würde. [2]Das Gleiche gilt, wenn der Käufer vor der Vollendung der Verjährung gerichtliche Beweisaufnahme zur Sicherung des Beweises beantragt oder in einem zwischen ihm und einem späteren Erwerber der Sache wegen des Mangels anhängigen Rechtsstreite dem Verkäufer den Streit verkündet hat.

(2) Hat der Verkäufer den Mangel arglistig verschwiegen, so bedarf es der Anzeige oder einer ihr nach Absatz 1 gleichstehenden Handlung nicht.

§ 480. [Gattungskauf]

(1) [1]Der Käufer einer nur der Gattung nach bestimmten Sache kann statt der Wandelung oder der Minderung verlangen, dass ihm an Stelle der mangelhaften Sache eine mangelfreie geliefert wird. [. . .]

(2) Fehlt der Sache zu der Zeit, zu welcher die Gefahr auf den Käufer übergeht, eine zugesicherte Eigenschaft oder hat der Verkäufer einen Fehler arglistig verschwiegen, so kann der Käufer statt der Wandelung, der Minderung oder der Lieferung einer mangelfreien Sache Schadensersatz wegen Nichterfüllung verlangen.

HGB ### § 377. [Untersuchungs- und Rügepflicht]

(1) Ist der Kauf für beide Teile ein Handelsgeschäft, so hat der Käufer die Ware unverzüglich nach der Ablieferung durch den Verkäufer, soweit dies nach ordnungsmäßigem Geschäftsgange tunlich ist, zu untersuchen und, wenn sich ein Mangel zeigt, dem Verkäufer unverzüglich Anzeige zu machen.

(2) Unterlässt der Käufer die Anzeige, so gilt die Ware als genehmigt, es sei denn, dass es sich um einen Mangel handelt, der bei der Untersuchung nicht erkennbar war.

(3) Zeigt sich später ein solcher Mangel, so muss die Anzeige unverzüglich nach der Entdeckung gemacht werden; anderenfalls gilt die Ware auch in Ansehung dieses Mangels als genehmigt.

(4) Zur Erhaltung der Rechte des Käufers genügt die rechtzeitige Absendung der Anzeige.

(5) Hat der Verkäufer den Mangel arglistig verschwiegen, so kann er sich auf diese Vorschriften nicht berufen.

§ 378. [Untersuchungs- und Rügepflicht bei Falschlieferung oder Mengenfehlern]

Die Vorschriften des § 377 finden auch dann Anwendung, wenn eine andere als die bedungene Ware oder eine andere als die bedungene Menge von Waren geliefert ist, sofern die gelieferte Ware nicht offensichtlich von der Bestellung so erheblich abweicht, dass der Verkäufer die Genehmigung des Käufers als ausgeschlossen betrachten musste.

§ 379. [Einstweilige Aufbewahrung; Notverkauf]

(1) Ist der Kauf für beide Teile ein Handelsgeschäft, so ist der Käufer, wenn er die ihm von einem anderen Orte übersendete Ware beanstandet, verpflichtet, für ihre einstweilige Aufbewahrung zu sorgen.

(2) Er kann die Ware, wenn sie dem Verderb ausgesetzt und Gefahr im Verzug ist, unter Beobachtung der Vorschriften des § 373 verkaufen lassen.

Mangelhafte Lieferung

59 Ingrid Schneider kauft bei dem Kaufhaus S. Schneider GmbH Aussteuerwaren, die erst nach der Hochzeit geliefert werden sollen. Bei Lieferung stellt die Kundin an den gelieferten Waren folgende Mängel fest:

1. Zwei der drei Handtücher Marke „Flauschi" weisen Webfehler auf.

2. Zwei der bestellten 12 Weingläser weisen Sprünge auf.

3. Nach der ersten Wäsche gehen zwei als kochfest gelieferte Schlafanzüge um ca. ein Drittel ein.

a) Welche Arten von Mängeln haben die gelieferten Sachen?

b) Welche Rechte kann Ingrid **grundsätzlich** nach dem BGB geltend machen?

c) Welche Rechte würden Sie in diesem Falle ausüben?

d) In welcher Zeit kann Ingrid ihre Rechte geltend machen?

e) Unter welchen Voraussetzungen besteht nach den §§ 459, 460 BGB die Gewährleistungspflicht des Verkäufers wegen Mängel in der Sache?

f) Nach ihrer Entdeckbarkeit werden offene Mängel, versteckte Mängel und arglistig verschwiegene Mängel unterschieden.

Welcher Gruppe sind die oben festgestellten Mängel zuzuordnen?

60 Im Gästeraum seiner Urlaubspension entdeckt Hans Schneider ein Gemälde, das mit dem Namen Karl August Brem signiert ist. Schneider, der Gemälde Brems schätzt, kauft dem Pensionsinhaber Müller das Gemälde als Original für 1 700,00 EUR ab. Am Ende des Urlaubs nimmt er das Bild mit nach Hause.

Einen Monat später besucht der Kunsthändler Kaltschnee seinen Freund Schneider, der ihm seine Neuerwerbung sofort vorführt. Kaltschnee, ein Brem-Experte, hegt Zweifel an der Echtheit des Gemäldes. Mit dem Einverständnis Schneiders nimmt er es zur näheren Untersuchung mit in seine Galerie.

Nach acht Tagen teilt Kaltschnee seinem Freund Schneider mit, dass es sich um eine gelungene, aber wertlose Imitation handelt.

Schneider informiert unverzüglich den Pensionsinhaber Müller über die neue Situation und fordert die Rückgabe des Kaufpreises. Letzterer zeigt sich überrascht, da er das Gemälde selbst als Original gekauft hatte.

a) Welcher Mangel liegt bei dem Gemälde vor?

b) Welche Art von Mangel im Hinblick auf die Entdeckbarkeit liegt vor?

c) Welche Rechte kann Schneider gegenüber dem Pensionsinhaber geltend machen?

61 Hans besucht seine Bekannte Irma und sieht bei ihr eine antike Kaminuhr. Irma hat diese Uhr im Wert von ca. 3 500,00 EUR als Pfand für ein an Oskar B. gewährtes Darlehen von 2 500,00 EUR erhalten.

Hans kauft von Irma diese Uhr für 3 000,00 EUR. Er nimmt sie sofort mit. Der Kaufpreis soll in einer Woche bezahlt werden.

a) Welche Art von Mangel liegt bei diesem Vertrag vor?

b) Am nächsten Tag erfährt Hans, dass Irma die Uhr nicht gehörte. Er will daher den Kaufpreis nicht bezahlen.

Welche Rechte hat Hans?

62 Die Büromaschinenhandlung Dieter Braun OHG, Gießen, bestellt bei der Bürobedarfsgroßhandlung Eberhard Schreiner, Frankfurt, folgende Waren:

Nr.	Stück	Artikel	Preis pro Stück
1	5	PC, Best.-Nr. 2741	2 470,00 EUR
2	10	Rechenmaschinen, Best.-Nr. 874	315,00 EUR
3	3	Schreibtische, Best.-Nr. 17	850,00 EUR

Nach 14 Tagen trifft die Lieferung ein.

a) Welche Pflichten hat die Dieter Braun OHG nach dem Eintreffen der Ware?

b) Die Dieter Braun OHG stellt fest, dass

   1. statt 5 PC, Best.-Nr. 2741, 7 PC geliefert wurden;

   2. statt der Rechenmaschinen, Best.-Nr. 874, 10 Rechenmaschinen, Best.-Nr. 879, geliefert wurden;

   3. bei einem der Schreibtische die Schreibtischplatte einen tiefen Kratzer aufweist.

   ba) Anhand welcher Unterlagen konnte die Braun OHG die Prüfung der Lieferung durchführen?

   bb) Welche Arten von Mängeln liegen vor?

   bc) Wie lange hat die Braun OHG Zeit, die Mängel zu rügen?

   bd) Die Braun OHG rügt nur die Mängel der Waren Nr. 2 und 3, obwohl auf dem Lieferschein bei Ware 1 sieben PC angegeben waren. Als die Rechnung eine Woche nach der Lieferung eintrifft und ebenfalls über sieben PC lautet, holt die Braun OHG die Mängelrüge nach. Der Lieferant besteht auf der Bezahlung der sieben PCs. Mit Recht?

   be) Was hat die Braun OHG mit der beanstandeten Ware zu tun?

c) Welche Rechte hätte die Braun OHG bei einer rechtswirksamen Mängelrüge jeweils geltend machen können?

d) Welche Arten von Kaufverträgen liegen in den Fällen 59 – 62 vor?

63 Ergänzen Sie das Schaubild über die Arten von Mängeln!

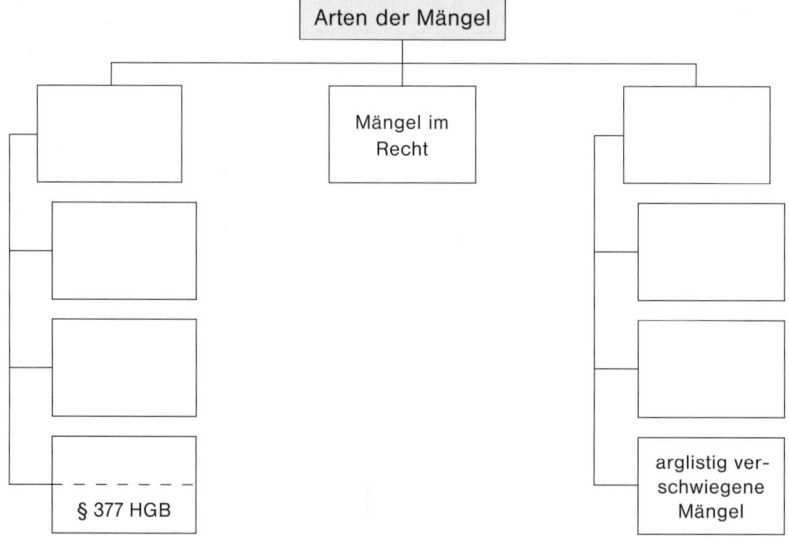

64 Ergänzen Sie das Schaubild über die Prüf- und Rügepflichten einschließlich der entsprechenden Fristen!

Art des Kaufs / Art des Mangels	Bürgerlicher Kauf Einseitiger Handelskauf	Zweiseitiger Handelskauf
Offener Mangel		
Versteckter Mangel		
Arglistig verschwiegener Mangel		

Schuldnerverzug[1]

Lieferungsverzug

BGB §241. [Schuldverhältnis und Leistungspflicht]

Kraft des Schuldverhältnisses ist der Gläubiger berechtigt, von dem Schuldner eine Leistung zu fordern. Die Leistung kann auch in einem Unterlassen bestehen.

§241a. [Lieferung unbestellter Sachen]

(1) Durch die Lieferung unbestellter Sachen oder durch die Erbringung unbestellter Leistungen durch einen Unternehmer an einen Verbraucher wird ein Anspruch gegen diesen nicht begründet.

(2) Gesetzliche Ansprüche sind nicht ausgeschlossen, wenn die Leistung nicht für den Empfänger bestimmt war oder in der irrigen Vorstellung einer Bestellung erfolgte und der Empfänger dies erkannt hat oder bei Anwendung oder im Verkehr erforderlichen Sorgfalt hätte erkennen können.

(3) Eine unbestellte Leistung liegt nicht vor, wenn dem Verbraucher statt der bestellten eine nach Qualität und Preis gleichwertige Leistung angeboten und er darauf hingewiesen wird, dass er zur Annahme nicht verpflichtet ist und die Kosten der Rücksendung nicht zu tragen hat.

§271. [Leistungszeit]

(1) Ist eine Zeit für die Leistung weder bestimmt noch aus den Umständen zu entnehmen, so kann der Gläubiger die Leistung sofort verlangen, der Schuldner sie sofort bewirken.

(2) Ist eine Zeit bestimmt, so ist im Zweifel anzunehmen, dass der Gläubiger die Leistung nicht vor dieser Zeit verlangen, der Schuldner aber sie vorher bewirken kann.

§275. [Nicht zu vertretende Unmöglichkeit]

(1) Der Schuldner wird von der Verpflichtung zur Leistung frei, soweit die Leistung infolge eines nach der Entstehung des Schuldverhältnisses eintretenden Umstandes, den er nicht zu vertreten hat, unmöglich wird.

(2) Einer nach der Entstehung des Schuldverhältnisses eintretenden Unmöglichkeit steht das nachträglich eintretende Unvermögen des Schuldners zur Leistung gleich.

§276. [Haftung für eigenes Verschulden]

(1) Der Schuldner hat, sofern nicht ein anderes bestimmt ist, Vorsatz und Fahrlässigkeit zu vertreten. Fahrlässig handelt, wer die im Verkehr erforderliche Sorgfalt außer Acht lässt. Die Vorschriften der §§ 827, 828 finden Anwendung.

(2) Die Haftung wegen Vorsatzes kann dem Schuldner nicht im Voraus erlassen werden.

§277. [Sorgfalt in eigenen Angelegenheiten]

Wer nur für diejenige Sorgfalt einzustehen hat, welche er in eigenen Angelegenheiten anzuwenden pflegt, ist von der Haftung wegen grober Fahrlässigkeit nicht befreit.

---

1 Insolvenzverfahren siehe Seite 343 ff.

BGB § 278. [Verschulden des Erfüllungsgehilfen]

Der Schuldner hat ein Verschulden seines gesetzlichen Vertreters und der Personen, deren er sich zur Erfüllung seiner Verbindlichkeit bedient, in gleichem Umfange zu vertreten wie eigenes Verschulden. Die Vorschrift des § 276 Abs. 2 findet keine Anwendung.

§ 279. [Unvermögen bei Gattungsschuld]

Ist der geschuldete Gegenstand nur der Gattung nach bestimmt, so hat der Schuldner, solange die Leistung aus der Gattung möglich ist, sein Unvermögen zur Leistung auch dann zu vertreten, wenn ihm ein Verschulden nicht zur Last fällt.

§ 284. [Verzug des Schuldners]

(1) [1]Leistet der Schuldner auf eine Mahnung des Gläubigers nicht, die nach dem Eintritte der Fälligkeit erfolgt, so kommt er durch die Mahnung in Verzug. [2]Der Mahnung steht die Erhebung der Klage auf die Leistung sowie die Zustellung eines Mahnbescheids im Mahnverfahren gleich.

(2) [1]Ist für die Leistung eine Zeit nach dem Kalender bestimmt, so kommt der Schuldner ohne Mahnung in Verzug, wenn er nicht zu der bestimmten Zeit leistet. [2]Das Gleiche gilt, wenn der Leistung eine Kündigung vorauszugehen hat und die Zeit für die Leistung in der Weise bestimmt ist, dass sie sich von der Kündigung ab nach dem Kalender berechnen lässt.

(3) Abweichend von den Absätzen 1 und 2 kommt der Schuldner einer Geldforderung 30 Tage nach Fälligkeit und Zugang einer Rechnung oder einer gleichwertigen Zahlungsaufforderung in Verzug. Bei Schuldverhältnissen, die wiederkehrende Geldleistungen zum Gegenstand haben, bleibt Absatz 2 unberührt.

§ 285. [Kein Verzug ohne Verschulden]

Der Schuldner kommt nicht in Verzug, solange die Leistung infolge eines Umstandes unterbleibt, den er nicht zu vertreten hat.

§ 286. [Verzugsschaden]

(1) Der Schuldner hat dem Gläubiger den durch den Verzug entstehenden Schaden zu ersetzen.

(2) [1]Hat die Leistung infolge des Verzugs für den Gläubiger kein Interesse, so kann dieser unter Ablehnung der Leistung Schadensersatz wegen Nichterfüllung verlangen. [2]Die für das vertragsmäßige Rücktrittsrecht geltenden Vorschriften der §§ 346 bis 356 finden entsprechende Anwendung.

§ 287. [Erweiterte Haftung]

[1]Der Schuldner hat während des Verzugs jede Fahrlässigkeit zu vertreten. [2]Er ist auch für die während des Verzugs durch Zufall eintretende Unmöglichkeit der Leistung verantwortlich, es sei denn, dass der Schaden auch bei rechtzeitiger Lieferung eingetreten sein würde.

§ 288. [Verzugszinsen]

(1) [1]Eine Geldschuld ist während des Verzugs für das Jahr mit fünf Prozentpunkten über dem Basiszinssatz nach § 1 des Diskontsatz-Überleitungs-Gesetzes vom 9. Juni 1998 (BGBl. I S. 1242) zu verzinsen[1]. [2]Kann der Gläubiger aus einem anderen Rechtsgrunde höhere Zinsen verlangen, so sind diese fortzuentrichten.

(2) Die Geltendmachung eines weiteren Schadens ist nicht ausgeschlossen.

§ 326. [Verzug; Fristsetzung mit Ablehnungsandrohung]

(1) [1]Ist bei einem gegenseitigen Vertrage der eine Teil mit der ihm obliegenden Leistung im Verzuge, so kann ihm der andere Teil zur Bewirkung der Leistung eine angemessene Frist mit der Erklärung bestimmen, dass er die Annahme der Leistung nach dem Ablaufe der Frist ablehne. [2]Nach dem Ablaufe der Frist ist er berechtigt, Schadensersatz wegen Nichterfüllung zu verlangen oder von dem Vertrage zurückzutreten, wenn nicht die Leistung rechtzeitig erfolgt ist; der Anspruch auf Erfüllung ist ausgeschlossen. [3]Wird die Leistung bis zum Ablaufe der Frist teilweise nicht bewirkt, so findet die Vorschrift des § 325 Abs. 1 Satz 2 entsprechende Anwendung.

(2) Hat die Erfüllung des Vertrags infolge des Verzugs für den anderen Teil kein Interesse, so stehen ihm die im Absatz 1 bezeichneten Rechte zu, ohne dass es der Bestimmung einer Frist bedarf.

---

1 Der Basiszinssatz ersetzt gemäß Diskontsatz-Überleitungs-Gesetz (DÜG) i.V. mit der Basiszinssatz-Bezugsgrößen-Verordnung ab 1. Januar 1999 den Diskontsatz, soweit dieser in Verträgen und Vorschriften als Bezugsgröße für Zinsen und andere Leistungen verwendet wird. Dieser Basiszinssatz ist der am 31. Dezember 1998 geltende Diskontsatz der Deutschen Bundesbank. Er verändert sich mit Beginn des 1. Januar, 1. Mai und 1. September eines jeden Jahres, erstmals mit Beginn des 1. Mai 1999, und zwar dann, wenn sich der Zinssatz der EZB für längerfristige Refinanzierungsgeschäfte (marginaler LRG-Satz) um mindestens 0,5 Prozentpunkte verändert hat.

65 Der Weinhändler Hansen bestellt am 15. April 20.. bei dem Weingroßhändler Lehmann 200 Flaschen „Oestricher Lehnchen", Kabinett, zum Preis von 4,20 EUR pro Flasche. Die Lieferung soll unverzüglich erfolgen.

Nach vier Wochen ist der Wein noch immer nicht bei Hansen eingetroffen, weil die Bestellung in der Weingroßhandlung versehentlich bereits als erledigt abgelegt wurde.

a) Befindet sich der Weingroßhändler Lehmann in Lieferungsverzug?

b) Was empfehlen Sie Hansen, wenn er sich den Wein wegen einer mittlerweile eingetretenen Preissenkung um 10 % bei einem anderen Weinhändler beschaffen will?

c) Was empfehlen Sie Hansen, wenn der Preis dieses Weines mittlerweile um 10 % gestiegen ist?

d) Welche Voraussetzungen müssen für den Eintritt des Lieferungsverzuges

   da) im Allgemeinen,

   db) bei einem gegenseitigen Vertrag vorliegen?

66 Die Volksbank Dutenhofen eG bestellte am 12. Juli 20.. bei der Druckerei Müller in Gießen 5 000 Formulare. Die Lieferung soll spätestens Ende Juni des gleichen Jahres erfolgen.

Am 10. Juli sind die Formulare noch nicht geliefert, da die Druckerei dringendere Aufträge vorgezogen hat.

a) Liegt Lieferungsverzug vor?

b) Kann die Volksbank Dutenhofen eG die Formulare sofort von einer anderen Druckerei beschaffen und gleichzeitig vom Vertrag mit der Druckerei Müller zurücktreten?

67 Das Kaufhaus Olk, Gießen, bestellte im August bei der Lebkuchenfabrik Süß in Nürnberg 1 000 Pakete Lebkuchen à 4,90 EUR je Stück.

Die Pakete sollen in der speziellen Weihnachtsverpackung bis spätestens 15. November d. J. geliefert werden. Am 15. Dezember ist die Lieferung noch nicht erfolgt.

Der zuständige Einkäufer des Kaufhauses Olk teilt am selben Tag der Firma Süß mit, dass das Kaufhaus von dem Vertrag zurücktritt.

a) Handelt der Einkäufer rechtmäßig?

b) Hätten Sie ebenso gehandelt?

68a In welchen Fällen kommt der Schuldner ohne Mahnung in Verzug, falls der Schuldner nicht leistet?

Vereinbarung der Lieferzeit	Eintritt des Verzuges ohne Mahnung
1. bis spätestens 5. Juli 20..	
2. drei Wochen nach Fertigstellung des Lagergebäudes	
3. vier Wochen nach Abschluss des Kaufvertrages (5. April)	
4. acht Tage nach Abruf	
5. 12 Tage nach Karfreitag 20..	
6. vier Wochen nach voraussichtlicher Eheschließung	

68b Vereinbarung über die Zahlung | Eintritt des Verzuges

1. Ein Installateur hat am 15. April d. J. eine Armatur in der Heizung erneuert. Beim Weggehen fordert er den Eigentümer auf, 75,30 EUR auf sein Konto 223 300 bei der Handelsbank AG zu überweisen.

2. Am 5. Mai d. J. liefert ein Möbelhändler einen Tisch. Der Lieferung fügt er eine Rechnung bei. Zahlungsbedingung: Zahlbar bei Auslieferung.

3. Am 15. Juni d. J. mahnte die Autohaus Nord GmbH bei Gunda Neumann die Reparaturrechnung vom 15. Mai d. J. an. An diesem Tag wurde Frau Neumann eine Rechnung, zahlbar spätestens innerhalb von acht Tagen, übergeben.

4. Doris Mai hat die am 1. Juni d. J. fällige Zahlung für das Zeitungs-Abonnement in Höhe von 40,00 EUR nicht überwiesen. Am 15. Juni d. J. mahnt der Verlag die Zahlung an.

69

Fritz Maier   35390 Gießen
Groß- und Einzelhandel   Ederstraße 8

Herrn
Horst Wegmann
Talstraße 17

35394 Gießen   14. Januar 20..

Rechnung Nr. 5510

Siemens Gefrierschrank GS 2628   <u>netto 790,00 EUR</u>

Der Rechnungsbetrag ist zahlbar innerhalb von 14 Tagen ab Rechnungsdatum.

a) Wegmann hat diese Rechnung bis zum 2. Februar d. J. noch nicht bezahlt. Prüfen Sie, ob Wegmann in Schuldnerverzug (Zahlungsverzug) gekommen ist! Gehen Sie davon aus, dass Wegmann die Überweisung des Rechnungsbetrages vergessen hatte.

b) Wie würden Sie zunächst vorgehen, um – als Angestellter des Fritz Maier – die Zahlung zu erhalten?

c) Welche weiteren Schritte würden Sie unternehmen, falls Wegmann nach Ihrem Vorgehen zu b) immer noch nicht gezahlt hat?

d) Welche Zinsen könnte die Firma Maier geltend machen?

e) Wie hätten Sie vorgehen müssen, um den Termin des Eintritts des Zahlungsverzugs zu ermitteln, falls auf der Rechnung als Zahlungsbedingung

„Spätestens 8 Tage nach Lieferung"

angegeben worden wäre?

Der Antrag wird gerichtet
an das

Amtsgericht

Plz, Ort

Geschäftsnummer des Gerichts
Bei Schreiben an das Gericht stets angeben

② **Antragsgegner**/ges. Vertreter

↓ Raum für Kostenmarken/Freistempler (falls nicht →
ausreichend, unteres Viertel der Rückseite benutzen)

Plz   Ort

– Graue Felder bitte nicht beschriften! –

Mahnbescheid

← Datum des Mahnbescheids

③ **Antragsteller,** ges. Vertreter, Prozeßbevollmächtigter; Bankverbindung

④ **macht gegen Sie**

☐ als Gesamt-
schuldner

⑤ **folgenden Anspruch geltend** (genaue Bezeichnung, insbes. mit Zeitangabe):

Geschäftszeichen
des Antragstellers:

⑥ Hauptforderung		Zinsen, Bezeichnung der Nebenforderung				
	DM					
⑦ Nebenforderung	DM					
⑧ Kosten dieses Verfahrens (Summe ① bis ⑤) DM		① Gerichtskosten	② Auslagen d. Antragst.	③ Gebühr d. Prozeßbev.	④ Auslagen d. Prozeßbev.	⑤ MwSt. d. Prozeßbev.
		DM	DM	DM	DM	DM

⑨ Gesamtbetrag		zuzüglich der laufenden Zinsen	Der Antragsteller hat erklärt, daß der Anspruch von einer Gegenleistung
	DM		☐ nicht abhänge. ☐ abhänge, diese aber erbracht sei.

Das Gericht hat nicht geprüft, ob dem Antragsteller der Anspruch zusteht.
Es fordert Sie hiermit auf, innerhalb von z w e i W o c h e n seit der Zustellung dieses Bescheids e n t w e d e r die vorstehend bezeichneten Beträge, soweit Sie den geltend gemachten Anspruch als begründet ansehen, zu begleichen o d e r dem Gericht auf dem beigefügten Vordruck mitzuteilen, ob und in welchem Umfang Sie dem Anspruch widersprechen.

Wenn Sie die geforderten Beträge nicht begleichen und wenn Sie auch nicht Widerspruch erheben, kann der Antragsteller nach Ablauf der Frist einen **Vollstreckungsbescheid** erwirken und aus diesem die Zwangsvollstreckung betreiben.
Der Antragsteller hat angegeben, ein streitiges Verfahren sei durchzuführen vor dem

⑩

An dieses Gericht, dem eine Prüfung seiner Zuständigkeit vorbehalten bleibt, wird die Sache im Falle Ihres Widerspruchs abgegeben.

Rechtspfleger

Anschrift des Antragstellers/Vertreters/Prozeßbevollmächtigten

Antrag

Ort, Datum

⑪

Eingangsstempel des Gerichts

Ich beantrage, aufgrund der vorstehenden Angaben einen Mahnbescheid zu erlassen.

⑫ Im Falle des Widerspruchs beantrage ich die Durchführung des streitigen Verfahrens.

⑬ Ordnungsgemäße Bevollmächtigung versichere ich.   Antragsteller ist nicht zum Vorsteuerabzug berechtigt.

⑭ Hier die Zahl der ausgefüllten Vordrucke angeben, falls sich der Antrag gegen mehrere Antragsgegner richtet.

Plz   Ort

Blatt 1: Antrag und Urschrift

Unterschrift des Antragstellers/Vertreters/Prozeßbevollmächtigten

Verlags-Nr. 701A Fassung 1.1.92

58

Vordruck für den Mahn- und den Vollstreckungsbescheid

– Nur für Gerichte, die die **Mahnverfahren nicht maschinell** bearbeiten –

Im gerichtlichen Mahnverfahren können Sie schnell und einfach einen Vollstreckungstitel (Vollstreckungsbescheid) über eine Geldforderung erwirken, wenn Einwendungen Ihres Antragsgegners nicht zu erwarten sind. Bevor Sie einen Mahnbescheid beantragen, sollten Sie prüfen, ob Sie dem Antragsgegner Ihre Forderungen in klarer, übersichtlicher Form in Rechnung gestellt haben. Holen Sie dies nötigenfalls nach. Sonst könnte der Antragsgegner dem Mahnbescheid allein deshalb widersprechen, weil er nicht nachprüfen kann, welche Beträge für welche Leistungen im einzelnen Sie von ihm verlangen.

Ausfüllhinweise für den Mahnbescheid

Der Vordrucksatz kann **nur mit einer Schreibmaschine** ordnungsgemäß ausgefüllt werden. Sollte Ihnen eine solche nicht zur Verfügung stehen, trennen Sie bitte das Blatt 1 ab und füllen nur dieses in **Blockschrift** aus. Reichen Sie dann das Blatt 1 und den restlichen Vordrucksatz mit dem Kohlepapier (s. dazu unten unter „Weiteres Verfahren") ein.

Von Ihnen **auszufüllen** sind die **hellen Felder. Die dunkleren** mit Raster unterlegten **Felder** bitte nicht beschriften.

Bei ausnahmsweise **nicht ausreichendem Schreibraum** können Sie ein besonderes Blatt benutzen. Dieses bitte 4fach beifügen und in dem betreffenden Feld auf das Blatt hinweisen.

Zu den Nummern auf Blatt 1 des Vordrucksatzes

① Hier sind Postleitzahl und Ort des **für das Mahnverfahren zuständigen Gerichts** einzutragen. Zuständig ist in der Regel das Gericht, in dessen Bezirk der **Antragsteller** seinen Wohnsitz bzw. Sitz hat.

② Zur **Bezeichnung des Antragsgegners** in Form der Postanschrift bitte Vorname und Name (wenn nötig auch Beruf, Zusätze wie „Rentner", „jun." u. dgl.) bzw. Firma oder Behördenname sowie Straße, Hausnummer, Postleitzahl, Ort (Zustellpostamt) so genau angeben, daß Verwechslungen ausscheiden. Postfachangabe ist unzulässig.

Bei **Gesellschaften** und **juristischen Personen** (z. B. oHG, KG, GmbH, AG) ist der **Vertretungsberechtigte** im Anschriftenfeld mit anzuführen, und zwar anschließend an die Firma oder den Namen überleitend mit den Worten „vertreten durch...".

Bei **nicht prozeßfähigen natürlichen Personen** (z. B. Minderjährigen) im Anschriftenfeld nur den gesetzlichen Vertreter (z. B. die Eltern) bezeichnen. Der Antragsgegner wird in diesen Fällen in dem Leerfeld in der Zeile bei ④ bezeichnet (z. B. mit den Worten „gegen Ihren bei Ihnen wohnenden Sohn..."). Das Wort „Sie" in der Zeile bei ④ ist in diesen Fällen zu streichen.

Richtet sich der Antrag gegen **mehrere Antragsgegner** (z. B. gegen Eheleute), so ist für **jeden der Antragsgegner** ein eigener Vordrucksatz auszufüllen und in dem Kästchen bei ⑭ jeweils die Zahl der ausgefüllten Vordrucksätze (z. B. bei Eheleuten als Antragsgegner die Zahl „2") anzugeben. Im Anschriftenfeld ② wird in jedem Vordrucksatz nur **ein** Antragsgegner bezeichnet. Auf die übrigen Gegner wird in der Zeile bei ④ hingewiesen, und zwar anschließend an das Wort „Sie" mit dem Wort „und...", so daß es z. B. bei Eheleuten im Vordrucksatz für den Mann heißt „gegen Sie und Ihre Ehefrau...", in dem Vordrucksatz für die Frau „gegen Sie und Ihren Ehemann...". Beachten Sie bitte auch die weiteren Hinweise unten zu ④ und zu ⑧ unter ①.

Anspruch eines Dritten gegen die Mitglieder einer Wohnungseigentümergemeinschaft: Wenn Sie in Zeile ⑩ für ein etwaiges streitiges Verfahren das Gericht angeben, in dessen Bezirk das gemeinschaftliche Grundstück liegt (§ 29 b der Zivilprozeßordnung), genügt es, einen Vordrucksatz auszufüllen. Bezeichnen Sie bitte in diesem Falle den zustellungsbevollmächtigten Verwalter der Gemeinschaft im Anschriftenfeld ②, die Wohnungseigentümer nach Streichung des Wortes „Sie" in Zeile ④ unter Bezugnahme auf eine 4fach beizufügende Liste mit den Worten „die in anl. Liste bezeichneten Mitglieder der Wohnungseigentümergemeinschaft... (Straße, PLZ, Ort)".

③ Bitte den **Antragsteller** mit Vornamen und Namen bzw. Firma, ferner nach Straße, Hausnummer, Postleitzahl, Ort genau bezeichnen, desgleichen etwaigen gesetzlichen Vertreter und Prozeßbevollmächtigten. Eine Bezugnahme auf die Bezeichnung

im Anschriftenfeld bei ⑪ ist unzulässig. **Vergessen Sie bitte nicht, Ihr Konto mit Bankleitzahl anzugeben.** Sie können hier auch Ihre Telefonverbindung angeben.

④ Vgl. die Erläuterungen zu ②. **Gesamtschuldnerschaft** (§ 421 BGB) kann **nur bei mehreren Schuldnern** in Betracht kommen; sie kann in der Regel angenommen werden, wenn sich die Antragsgegner gemeinschaftlich zur Zahlung verpflichtet hatten. In diesem Falle können Sie die ganze Forderung einschl. Zinsen und Kosten (s. bei ⑧) gegen jeden Antragsgegner geltend machen, bis die Zahlung bewirkt ist.

⑤ **Haupt- und Nebenforderungen** sind gesondert und einzeln zu bezeichnen.

Typische Bezeichnungen der Hauptforderung sind z. B.:

„Warenkauf wie Rechnung/Kontoauszug vom..."
„Versicherungsprämien für die Zeit vom... bis..."
„Dienst-/Werkleistung gemäß Rechnung vom..."
„Reparaturen gemäß Rechnung vom..."
„Miete/Pacht für Wohnung/Geschäftsräume in... (Straße, PLZ, Ort) für die Zeit vom... bis..."
„Ärztliche/Zahnärztliche Leistung gemäß Rechnung vom..."
„Lehrgang/Unterricht gemäß Vertrag vom... für die Zeit vom... bis..."
„Darlehnsrückzahlung gemäß Vertrag vom..."
„Schaden aus Unfall/Vorfall vom..."
„Schaden aus Verletzung/Nichterfüllung des Vertrags vom..."
„Rückständiger Unterhalt für die Zeit vom... bis...."
„Mitgliedsbeitrag für die Zeit vom... bis..."
„Zeitungs-/Zeitschriftenbezug für die Zeit vom... bis..."

Auch sonstige Forderung unverwechselbar, d. h. vor allem mit Zeitangabe, **so genau wie möglich** bezeichnen.

Nur für Kreditgeber oder Zessionar bei Anspruch aus Vertrag, für das Verbraucherkreditgesetz gilt: Bitte machen Sie die zusätzlich vorgeschriebene Angabe in der Form „Anspruch aus Vertrag vom... für den das VerbrKrG gilt". Effektiver/Anfänglicher effektiver Jahreszins... %". Im Falle des § 5 VerbrKrG genügt die Form „Anspruch aus Vertrag, für den das VerbrKrG gilt".

⑥ Bei **mehreren** Hauptforderungen ist deren Gesamtsumme einzutragen; bitte geben Sie die Einzelbeträge in Feld 5 an, soweit es sich bei diesen nicht um Rechnungsposten einer dem Antragsgegner bereits vorliegenden Zusammenstellung (z. B. Rechnung, Kontoauszug) handelt. **Zinsen** geben Sie bitte genau bezeichnen nach dem **Zinsfuß** („... % jährlich/monatlich"), dem **zu verzinsenden Geldbetrag** („aus... DM") und dem **Zeitraum** („vom... bis...", „ab...").

⑦ Als **Nebenforderung** können hier auch für einen zurückliegenden Zeitraum ausgerechnete Zinsen angegeben werden.

⑧ **Kosten des Verfahrens**

① Die **Gerichtskosten** – dies sind die **Gerichtsgebühr** und **Auftragsentgelt von 9 DM** für die Zustellung des Mahnbescheids an den Antragsgegner – sind **vorauszuentrichten.** Es empfiehlt sich, dafür **Kostenmarken** zu benutzen. Diese sind bei allen Gerichten erhältlich und sollen rechts oben auf Blatt 1 des Vordrucksatzes in dem dafür vorgesehenen Feld aufgeklebt werden. Die Gerichtsgebühr (s. die folgende Tabelle) richtet sich nach dem Wert der Hauptforderung ohne Zinsen und Kosten.

Bei **mehreren Antragsgegnern** (s. oben zu ② und ④) entsteht die Gerichtsgebühr nur einmal, jedoch sind je Antragsgegner 9 DM für die Zustellung hinzuzurechnen und vorauszuentrichten; der Gesamtbetrag (Gerichtsgebühr zuzüglich der Zustellungsauslagen für sämtliche Antragsgegner) ist in jeden Vordrucksatz aufzunehmen.

– Bitte wenden –

59

Wert der Hauptforderung bis einschl.	Gerichtsgebühr	Wert der Hauptforderung bis einschl.	Gerichtsgebühr	Wert der Hauptforderung bis einschl.	Gerichtsgebühr
*) 600	15,—	3 500	52,50	8 000	93,—
900	16,50	4 000	57,—	8 500	97,50
1 200	21,—	4 500	61,50	9 000	102,—
1 500	25,50	5 000	66,—	9 500	106,50
1 800	30,—	5 500	70,50	10 000	111,—
2 100	34,50	6 000	75,—		
				über 10 000	Gebühr bei Gericht erfragen
2 400	39,—	6 500	79,50		
2 700	43,50	7 000	84,—		
3 000	48,—	7 500	88,50		

Alle Angaben in DM

② **Auslagen des Antragstellers** sind z. B. die Kosten dieses Vordrucksatzes und das Porto für die Einsendung an das Gericht.

③ bis ⑤ Nur von Rechtsanwälten oder Rechtsbeiständen auszufüllen.

⑨ Bitte prüfen Sie, ob Ihr Anspruch von einer Leistung abhängt, die Sie dem Antragsgegner gegenüber noch zu erbringen haben. Zu der Frage müssen Sie sich erklären, Ihr Antrag kann sonst zurückgewiesen werden.

⑩ Das für ein streitiges Verfahren **sachlich** und **örtlich** zuständige Gericht bitte mit Postleitzahl und Ort (z. B. „Amtsgericht in 3000 Hannover." oder „Kreisgericht Cottbus-Stadt in O-7500 Cottbus.") bezeichnen, ggf. auch nach dem Spruchkörper (z. B. „Landgericht-Kammer für Handelssachen in 3000 Hannover."). *Sachlich* zuständig ist für Ansprüche bis 10 000 DM, für Ansprüche aus Wohnraummietverhältnissen und für Unterhaltsansprüche das **Amts**gericht, sonst grundsätzlich das **Land**gericht. Das **Kreis**gericht ist, unabhängig von der Höhe des Anspruchs, das sachlich zuständige Gericht. *Örtlich* ist grundsätzlich das Gericht zuständig, in dessen Bezirk der Antragsgegner wohnt bzw. seinen Sitz hat. Abweichend von diesen Grundsätzen kann eine besondere oder ausschließliche Zuständigkeit gegeben sein. Hierzu sollten Sie im Einzelfall *Rechtsrat* einholen. Haben Sie ein unzuständiges Gericht angegeben, drohen *Kostennachteile.*

⑪ Auf die Angaben bei ③ darf nicht Bezug genommen werden. Bitte füllen Sie das Feld in der Form der Postanschrift mit Ihrem Vor- und Nachnamen und Ihrer Anschrift aus. Das Gericht kann dann Blatt 3 und 4 des Vordrucks in Fensterbriefhüllen versenden.

⑫ Anzukreuzen, wenn im Falle des Widerspruchs das streitige Verfahren durchgeführt werden soll.

⑬ Nur von einem Prozeßbevollmächtigten anzukreuzen.

⑭ Nur bei mehreren Antragsgegnern auszufüllen (s. oben letzter Absatz zu ②).

Im **Urkunden-, Wechsel- oder Scheckmahnverfahren** wird **über** der Überschrift „Mahnbescheid" das Wort „Urkunden-", „Wechsel-" oder „Scheck-" hinzugefügt. Die Urkunde ist in dem Feld für die Bezeichnung des Anspruchs zu bezeichnen.

Weiteres Verfahren

Sollten Sie den Vordrucksatz durch die Post an das Gericht übermitteln, trennen Sie bitte die einliegenden **Kohlepapierblätter** an dem Abriß (etwa 2 cm unter dem oberen Rand) heraus. Reststreifen bitte in dem Vordrucksatz lassen. Verbleiben die Kohlepapierblätter im Vordrucksatz oder besteht dieser aus selbstdurchschreibendem Papier, **schützen Sie den Vordrucksatz bitte durch eine geeignete Verpackung (Kartoneinlage) vor Durchdrucken während der Übermittlung.**

Vom Gericht erhalten Sie, wenn Ihr Antrag ordnungsgemäß ausgefüllt ist und keine Schwierigkeiten bei der Zustellung an den Antragsgegner auftreten, zunächst die **Zustellungsnachricht** (siehe rechts oben auf Blatt 3 des Vordrucksatzes).

Wie dann zu verfahren ist, entnehmen Sie dieser Nachricht.

*) Angepaßte Tabelle mit den gemäß Anlage I Kapitel III Sachgebiet A Abschnitt III Nr. 19 Buchstabe a des Einigungsvertrages um 20 vom Hundert ermäßigten Gerichtsgebühren:

Wert der Hauptforderung bis einschl.	Gerichtsgebühr	Wert der Hauptforderung bis einschl.	Gerichtsgebühr
900	15,—	5 500	56,40
1 200	16,80	6 000	60,—
1 500	20,40	6 500	63,60
1 800	24,—	7 000	67,20
2 100	27,60	7 500	70,80
2 400	31,20	8 000	74,40
2 700	34,80	8 500	78,—
3 000	38,40	9 000	81,60
3 500	42,—	9 500	85,20
4 000	45,60	10 000	88,80
4 500	49,20	über 10 000	Gebühr bei Gericht erfragen
5 000	52,80		

Alle Angaben in DM

Ausfüllhinweise für den Vollstreckungsbescheid

Der Vordruck kann **handschriftlich** ausgefüllt werden. Auszufüllen sind die mit den Nummern ① bis ⑧ bezeichneten Felder. **Die dunkleren (mit Raster unterlegten) Felder bitte nicht beschriften.**

① **Der Antrag darf erst nach Ablauf von zwei Wochen seit der Zustellung des Mahnbescheids** (Zustellungsdatum umseitig) **gestellt werden.** Ist der Tag der Zustellung ein Sonnabend, endet die Frist nicht am Sonnabend der zweiten folgenden Woche, sondern erst mit Ablauf des darauf folgenden nächsten Werktages. Beachten Sie ferner, daß die Wirkung des Mahnbescheids wegfällt, wenn Sie den Vollstreckungsbescheid nicht innerhalb von **sechs Monaten** seit der Zustellung des Mahnbescheids beantragen.

② Hat der **Antragsgegner nichts gezahlt**, sind das Kästchen bei ② und das erste Kästchen bei ⑥ anzukreuzen.

③ Hier kann in anderen Fällen als Teilzahlung (vgl. dazu ④), insbesondere bei **Teilwiderspruch** und **Aufrechnung** durch den Antragsgegner, der Teil des Anspruchs bezeichnet werden, für den der Vollstreckungsbescheid beantragt wird.

④ Hat der **Antragsgegner Teilzahlungen geleistet**, bitte Kästchen ② und das zweite Kästchen bei ⑥ ankreuzen. Die Zahlungen sind in Zeile ④ nach Betrag und Daten ihres Eingangs einzeln (... DM am ..., ... DM am ... , ... DM am ... usw.) zu bezeichnen.

⑤ **Weitere Kosten des Verfahrens**

① In dieses Feld, falls das Gericht die Zustellung des Vollstreckungsbescheids veranlassen soll (s. dazu unten zu ⑦), bitte das vorauszuentrichtende **Auftragsentgelt von 9 DM** für die Zustellung eintragen. Etwaige andere Auslagen (z. B. Porto für die Übersendung dieses Antrags an das Gericht) können Sie hinzurechnen. Soll gegen **mehrere Antragsgegner** (vgl. dazu die Erläuterung im Vorblatt zu ④) Vollstreckungsbescheid ergehen, ist in jedes Vordruckblatt der **Gesamt**betrag der für die Zustellung vorauszuentrichtenden Auslagenbeträge einzutragen.

② bis ④ Nur von Rechtsanwälten oder Rechtsbeiständen auszufüllen.

⑥ Vgl. die Erläuterung zu ② und zu ④.

⑦ Wenn Sie wünschen, daß die **Zustellung des Vollstreckungsbescheids** an den Antragsgegner **vom Gericht** veranlaßt wird, ist dieses Feld anzukreuzen. Für die Zustellung ist dann noch ein **Auftragsentgelt von 9 DM vorauszuentrichten.** Sie können den Betrag hierneben auf der Rückseite in **Kostenmarken** aufkleben. Wird die **Zahlung nicht rechtzeitig nachgewiesen,** übermittelt Ihnen das Gericht den Vollstreckungsbescheid zur **Zustellung im Parteibetrieb** (s. dazu den folgenden Hinweis zu ⑧).

⑧ In diesem Fall bleibt es Ihrer Entscheidung vorbehalten, ob Sie die **Zustellung durch einen** dann gegebenenfalls **von Ihnen zu beauftragenden Gerichtsvollzieher** vornehmen lassen.

Gläubigerverzug (Annahmeverzug)

BGB § 293. [Annahmeverzug]

Der Gläubiger kommt in Verzug, wenn er die ihm angebotene Leistung nicht annimmt.

§ 294. [Tatsächliches Angebot]

Die Leistung muss dem Gläubiger so, wie sie zu bewirken ist, tatsächlich angeboten werden.

§ 295. [Wörtliches Angebot]

[1]Ein wörtliches Angebot des Schuldners genügt, wenn der Gläubiger ihm erklärt hat, dass er die Leistung nicht annehmen werde, oder wenn zur Bewirkung der Leistung eine Handlung des Gläubigers erforderlich ist, insbesondere wenn der Gläubiger die geschuldete Sache abzuholen hat. [2]Dem Angebote der Leistung steht die Aufforderung an den Gläubiger gleich, die erforderliche Handlung vorzunehmen.

§ 296. [Überflüssiges Angebot]

[1]Ist für die von dem Gläubiger vorzunehmende Handlung eine Zeit nach dem Kalender bestimmt, so bedarf es des Angebots nur, wenn der Gläubiger die Handlung rechtzeitig vornimmt. [2]Das Gleiche gilt, wenn der Handlung eine Kündigung vorauszugehen hat und die Zeit für die Handlung in der Weise bestimmt ist, dass sie sich von der Kündigung ab nach dem Kalender berechnen lässt.

§ 297. [Unvermögen des Schuldners]

Der Gläubiger kommt nicht in Verzug, wenn der Schuldner zur Zeit des Angebots oder im Falle des § 296 zu der für die Handlung des Gläubigers bestimmten Zeit außerstande ist, die Leistung zu bewirken.

§ 298. [Zug-um-Zug-Leistungen]

Ist der Schuldner nur gegen eine Leistung des Gläubigers zu leisten verpflichtet, so kommt der Gläubiger in Verzug, wenn er zwar die angebotene Leistung anzunehmen bereit ist, die verlangte Gegenleistung aber nicht anbietet.

§ 299. [Vorübergehende Annahmeverhinderung]

Ist die Leistungszeit nicht bestimmt oder ist der Schuldner berechtigt, vor der bestimmten Zeit zu leisten, so kommt der Gläubiger nicht dadurch in Verzug, dass er vorübergehend an der Annahme der angebotenen Leistung verhindert ist, es sei denn, dass der Schuldner ihm die Leistung eine angemessene Zeit vorher angekündigt hat.

§ 300. [Wirkungen des Gläubigerverzugs; Haftungsminderung; Gefahrenübergang]

(1) Der Schuldner hat während des Verzugs des Gläubigers nur Vorsatz und grobe Fahrlässigkeit zu vertreten.

(2) Wird eine nur der Gattung nach bestimmte Sache geschuldet, so geht die Gefahr mit dem Zeitpunkt auf den Gläubiger über, in welchem er dadurch in Verzug kommt, dass er die angebotene Sache nicht annimmt.

§ 301. [Wegfall der Verzinsung]

Von einer verzinslichen Geldschuld hat der Schuldner während des Verzugs des Gläubigers Zinsen nicht zu entrichten.

§ 302. [Nutzungen]

Hat der Schuldner die Nutzungen eines Gegenstandes herauszugeben oder zu ersetzen, so beschränkt sich seine Verpflichtung während des Verzugs des Gläubigers auf die Nutzungen, welche er zieht.

§ 303. [Recht zur Besitzaufgabe]

[1]Ist der Schuldner zur Herausgabe eines Grundstücks oder eines eingetragenen Schiffs oder Schiffsbauwerks verpflichtet, so kann er nach dem Eintritte des Verzugs des Gläubigers den Besitz aufgeben. [2]Das Aufgeben muss dem Gläubiger vorher angedroht werden, es sei denn, dass die Androhung untunlich ist.

BGB § 304. [Ersatz von Mehraufwendungen]

Der Schuldner kann im Falle des Verzugs des Gläubigers Ersatz der Mehraufwendungen verlangen, die er für das erfolglose Angebot sowie für die Aufbewahrung und Erhaltung des geschuldeten Gegenstandes machen musste.

Hinterlegung

§ 372. [Voraussetzungen]

[1]Geld, Wertpapiere und sonstige Urkunden sowie Kostbarkeiten kann der Schuldner bei einer dazu bestimmten öffentlichen Stelle für den Gläubiger hinterlegen, wenn der Gläubiger im Verzuge der Annahme ist. [2]Das Gleiche gilt, wenn der Schuldner aus einem anderen in der Person des Gläubigers liegenden Grunde oder infolge einer nicht auf Fahrlässigkeit beruhenden Ungewissheit über die Person des Gläubigers seine Verbindlichkeit nicht oder nicht mit Sicherheit erfüllen kann.

§ 373. [Zug-um-Zug-Leistung]

Ist der Schuldner nur gegen eine Leistung des Gläubigers zu leisten verpflichtet, so kann er das Recht des Gläubigers zum Empfange der hinterlegten Sache von der Bewirkung der Gegenleistung abhängig machen.

§ 374. [Hinterlegungsort; Anzeigepflicht]

(1) Die Hinterlegung hat bei der Hinterlegungsstelle des Leistungsorts zu erfolgen; hinterlegt der Schuldner bei einer anderen Stelle, so hat er dem Gläubiger den daraus entstehenden Schaden zu ersetzen.

(2) [1]Der Schuldner hat dem Gläubiger die Hinterlegung unverzüglich anzuzeigen; im Falle der Unterlassung ist er zum Schadensersatze verpflichtet. [2]Die Anzeige darf unterbleiben, wenn sie untunlich ist.

§ 381. [Kosten der Hinterlegung]

Die Kosten der Hinterlegung fallen dem Gläubiger zur Last, sofern nicht der Schuldner die hinterlegte Sache zurücknimmt.

§ 383. [Versteigerung hinterlegungsunfähiger Sachen]

(1) [1]Ist die geschuldete bewegliche Sache zur Hinterlegung nicht geeignet, so kann der Schuldner sie im Falle des Verzugs des Gläubigers am Leistungsorte versteigern lassen und den Erlös hinterlegen. [2]Das Gleiche gilt in den Fällen des § 372 Satz 2, wenn der Verderb der Sache zu besorgen oder die Aufbewahrung mit unverhältnismäßigen Kosten verbunden ist.

(2) Ist von der Versteigerung am Leistungsort ein angemessener Erfolg nicht zu erwarten, so ist die Sache an einem geeigneten anderen Orte zu versteigern.

(3) [1]Die Versteigerung hat durch einen für den Versteigerungsort bestellten Gerichtsvollzieher oder zu Versteigerungen befugten anderen Beamten oder öffentlich angestellten Versteigerer öffentlich zu erfolgen (öffentliche Versteigerung). [2]Zeit und Ort der Versteigerung sind unter allgemeiner Bezeichnung der Sache öffentlich bekannt zu machen.

(4) Die Vorschriften der Absätze 1 bis 3 gelten nicht für eingetragene Schiffe und Schiffsbauwerke.

§ 384. [Androhung der Versteigerung]

(1) Die Versteigerung ist erst zulässig, nachdem sie dem Gläubiger angedroht worden ist; die Androhung darf unterbleiben, wenn die Sache dem Verderb ausgesetzt und mit dem Aufschube der Versteigerung Gefahr verbunden ist.

(2) Der Schuldner hat den Gläubiger von der Versteigerung unverzüglich zu benachrichtigen; im Falle der Unterlassung ist er zum Schadensersatze verpflichtet.

(3) Die Androhung und die Benachrichtigung dürfen unterbleiben, wenn sie untunlich sind.

§ 385. [Freihändiger Verkauf]

Hat die Sache einen Börsen- oder Marktpreis, so kann der Schuldner den Verkauf aus freier Hand durch einen zu solchen Verkäufen öffentlich ermächtigten Handelsmäkler oder durch eine zur öffentlichen Versteigerung befugte Person zum laufenden Preise bewirken.

§ 386. [Kosten der Versteigerung]

Die Kosten der Versteigerung oder des nach § 385 erfolgten Verkaufs fallen dem Gläubiger zur Last, sofern nicht der Schuldner den hinterlegten Erlös zurücknimmt.

HGB § 369. [Kaufmännisches Zurückbehaltungsrecht]

(1) [1]Ein Kaufmann hat wegen der fälligen Forderungen, welche ihm gegen einen anderen Kaufmann aus den zwischen ihnen geschlossenen beiderseitigen Handelsgeschäften zustehen, ein Zurückbehaltungsrecht an den beweglichen Sachen und Wertpapieren des Schuldners, welche mit dessen Willen auf Grund von Handelsgeschäften in seinen Besitz gelangt sind, sofern er sie noch im Besitze hat, insbesondere mittels Konnossements, Ladescheins oder Lagerscheins darüber verfügen kann. [2]Das Zurückbehaltungsrecht ist auch dann begründet, wenn das Eigentum an dem Gegenstande von dem Schuldner auf den Gläubiger übergegangen oder von einem Dritten für den Schuldner auf den Gläubiger übertragen, aber auf den Schuldner zurückzuübertragen ist.

§ 371. [Befriedigungsrecht]

(1) [1]Der Gläubiger ist kraft des Zurückbehaltungsrechts befugt, sich aus dem zurückbehaltenen Gegenstande für seine Forderung zu befriedigen. [2]Steht einem Dritten ein Recht an dem Gegenstande zu, gegen welches das Zurückbehaltungsrecht nach § 369 Abs. 2 geltend gemacht werden kann, so hat der Gläubiger in Ansehen der Befriedigung aus dem Gegenstande den Vorrang.

Handelskauf

§ 373. [Annahmeverzug des Käufers]

(1) Ist der Käufer mit der Annahme der Ware im Verzug, so kann der Verkäufer die Ware auf Gefahr und Kosten des Käufers in einem öffentlichen Lagerhaus oder sonst in sicherer Weise hinterlegen.

(2) [1]Er ist ferner befugt, nach vorgängiger Androhung die Ware öffentlich versteigern zu lassen; er kann, wenn die Ware einen Börsen- oder Marktpreis hat, nach vorgängiger Androhung den Verkauf auch aus freier Hand durch einen zu solchen Verkäufen öffentlich ermächtigten Handelsmakler oder durch eine zur öffentlichen Versteigerung befugte Person zum laufenden Preise bewirken. [2]Ist die Ware dem Verderb ausgesetzt und Gefahr im Verzuge, so bedarf es der vorgängigen Androhung nicht; dasselbe gilt, wenn die Androhung aus anderen Gründen untunlich ist.

(3) Der Selbsthilfeverkauf erfolgt für Rechnung des säumigen Käufers.

(4) Der Verkäufer und der Käufer können bei der öffentlichen Versteigerung mitbieten.

(5) [1]Im Falle der öffentlichen Versteigerung hat der Verkäufer den Käufer von der Zeit und dem Orte der Versteigerung vorher zu benachrichtigen; von dem vollzogenen Verkaufe hat er bei jeder Art des Verkaufs dem Käufer unverzüglich Nachricht zu geben. [2]Im Falle der Unterlassung ist er zum Schadensersatze verpflichtet. [3]Die Benachrichtigungen dürfen unterbleiben, wenn sie untunlich sind.

§ 374. [Vorschriften des BGB über Annahmeverzug]

Durch die Vorschriften des § 373 werden die Befugnisse nicht berührt, welche dem Verkäufer nach dem Bürgerlichen Gesetzbuche zustehen, wenn der Käufer im Verzuge der Annahme ist.

---

70 Hans Weber, Gießen, kauft am 15. Januar 20.. von Klara Hansen, Wetzlar, einen gebrauchten Pkw, Marke VW Golf, für 8 900,00 EUR. Der Pkw soll am 30. Januar desselben Monats frei Haus geliefert werden, da Frau Hansen zu diesem Termin einen Neuwagen geliefert bekommen soll.

Als Klara Hansen am 30. Januar d. J. mit dem Pkw bei Weber vorfährt, um diesen abzuliefern, erklärt ihr Weber, dass er in der Zwischenzeit bereits einen anderen Wagen gekauft habe, da dieser preisgünstiger gewesen sei. Frau Hansen solle doch den Wagen an einen anderen verkaufen.

a) Prüfen Sie, ob sich Hans Weber im Gläubigerverzug (Annahmeverzug) befindet!

b) Welche Rechte kann Klara Hansen u. U. geltend machen?

c) Frau Hansen entschließt sich, den Pkw versteigern zu lassen.

ca) Wer kann die Versteigerung vornehmen?

cb) Wo kann die Versteigerung durchgeführt werden?

cc) Unter welchen Voraussetzungen darf die Versteigerung erst vorgenommen werden?

d) Die Versteigerung des Pkws erbringt 4 700,00 EUR. Die Kosten der Versteigerung betragen 210,00 EUR. Frau Hansen macht weitere 75,00 EUR als Mehraufwendungen für die nicht erfolgte Abnahme geltend.

da) Wer erhält welche Erlöse aus der Versteigerung?

db) Wie ist die Restforderung zu behandeln?

dc) Wie wäre der Versteigerungserlös zu verteilen, wenn 10 000,00 EUR erzielt worden wären?

71 Erna Schäfer kauft im Kaufhaus Hinterlang eine Waschmaschine, Typ „Sauber", für 635,00 EUR. Die Lieferung soll frei Haus am 4. Juli d. J. erfolgen. Zahlung bei Lieferung.

Am 4. Juli d. J. liefert das Kaufhaus die Waschmaschine wie vereinbart. Frau Schäfer teilt dem zur Auslieferung beauftragten Fahrer K. Wegener mit, dass sie nicht mehr an der Waschmaschine interessiert sei, da sie sich bereits eine andere, billigere Waschmaschine gekauft habe.

a) Welche Art der Leistungsstörung liegt vor?

b) Welche Möglichkeiten der Verwahrung und Verwertung der Waschmaschine hat das Kaufhaus?

c) Welche Möglichkeiten der Verwertung hätte das Kaufhaus, wenn es sich bei dem Abnehmer um einen Konditor gehandelt hätte, der 50 kg Erdbeeren bestellt hatte, die er nicht abnehmen will?

72 Alwin Münch beauftragt ein Kreditinstitut zum Kauf von 5 Goldbarren à 100 g. Die Lieferung soll nach Eintreffen der Goldbarren bei dem Kreditinstitut, spätestens am 20. Juli d. J. erfolgen. Am 18. Juli d. J. teilt das Kreditinstitut dem Kunden telefonisch mit, dass er die bestellten Goldbarren abholen könne. Alwin Münch entgegnet, dass er jetzt nicht mehr an den Goldbarren interessiert sei, da er nun mit einem sinkenden Goldpreis rechne.

a) Wie ist diese Situation rechtlich zu beurteilen?

b) Welche Möglichkeiten der Verwertung der Goldbarren hat das Kreditinstitut?

72a Sie kaufen bei der Möbelhandlung Karl Schreiner e. Kfm. einen Schrank für 1 865,00 EUR. Die Lieferfrist soll voraussichtlich sechs Wochen betragen. Die Zahlung des Kaufpreises soll sofort bei Lieferung erfolgen. Nach sieben Wochen liefert die Möbelhandlung den Schrank. Dieser wird von einem Monteur sofort beim Käufer aufgestellt. Äußerlich sind keine Mängel am Schrank zu erkennen. Auf der Rechnung steht u. a.:

„Die Ware bleibt bis zur vollständigen Bezahlung im Eigentum des Lieferers." Sie stellen fest, dass dieser Satz auch in den Geschäftsbedingungen steht, die Sie beim Abschluss des Kaufvertrages anerkannt haben.

a) Prüfen Sie, ob von Seiten der Möbelhandlung eine Leistungsstörung vorliegt?

b) Welche Bedeutung hat der Eigentumsvorbehalt für den Lieferer?

c) Sie können den Kaufpreis nicht wie vereinbart bezahlen. Nach 14 Tagen steht die mit der Zustellung der Ware beauftragte Person vor Ihrer Tür und verlangt die sofortige Herausgabe des Schrankes.

Sind Sie zur sofortigen Herausgabe verpflichtet?

Verjährung

BGB § 194. [Gegenstand der Verjährung]

(1) Das Recht, von einem anderen ein Tun oder ein Unterlassen zu verlangen (Anspruch), unterliegt der Verjährung.

(2) Der Anspruch aus einem familienrechtlichen Verhältnis unterliegt der Verjährung nicht, soweit er auf die Herstellung des dem Verhältnis entsprechenden Zustandes für die Zukunft gerichtet ist.

§ 195. [Regelmäßige Verjährungsfrist]

Die regelmäßige Verjährungsfrist beträgt dreißig Jahre.

§ 196. [Zweijährige Verjährungsfrist]

(1) In zwei Jahren verjähren die Ansprüche:

1. der Kaufleute, Fabrikanten, Handwerker und derjenigen, welche ein Kunstgewerbe betreiben, für Lieferung von Waren, Ausführung von Arbeiten und Besorgung fremder Geschäfte, mit Einschluss der Auslagen, es sei denn, dass die Leistung für den Gewerbebetrieb des Schuldners erfolgt;

2. derjenigen, welche Land- oder Forstwirtschaft betreiben, für Lieferung von land- oder forstwirtschaftlichen Erzeugnissen, sofern die Lieferung zur Verwendung im Haushalte des Schuldners erfolgt;

3. der Eisenbahnunternehmungen, Frachtfuhrleute, Schiffer, Lohnkutscher und Boten wegen des Fahrgeldes, der Fracht, des Fuhr- und Botenlohns, mit Einschluss der Auslagen;

4. der Gastwirte und derjenigen, welche Speisen oder Getränke gewerbsmäßig verabreichen, für Gewährung von Wohnung und Beköstigung sowie für andere den Gästen zur Befriedigung ihrer Bedürfnisse gewährte Leistungen, mit Einschluss der Auslagen;

5. derjenigen, welche Lotterielose vertreiben, aus dem Vertriebe der Lose, es sei denn, dass die Lose zum Weitervertriebe geliefert werden;

6. derjenigen, welche bewegliche Sachen gewerbsmäßig vermieten, wegen des Mietzinses;

7. derjenigen, welche, ohne zu den in Nummer 1 bezeichneten Personen zu gehören, die Besorgung fremder Geschäfte oder die Leistung von Diensten gewerbsmäßig betreiben, wegen der ihnen aus dem Gewerbebetriebe gebührenden Vergütungen, mit Einschluss der Auslagen;

8. derjenigen, welche im Privatdienste stehen, wegen des Gehalts, Lohnes oder anderer Dienstbezüge, mit Einschluss der Auslagen, sowie der Dienstberechtigten wegen der auf solche Ansprüche gewährten Vorschüsse;

9. der gewerblichen Arbeiter – Gesellen, Gehilfen, Lehrlinge, Fabrikarbeiter –, der Tagelöhner und Handarbeiter wegen des Lohnes und anderer anstelle oder als Teil des Lohnes vereinbarten Leistungen, mit Einschluss der Auslagen, sowie der Arbeitgeber wegen der auf solche Ansprüche gewährten Vorschüsse;

10. der Lehrherren und Lehrmeister wegen des Lehrgeldes und anderer im Lehrvertrage vereinbarten Leistungen sowie wegen der für die Lehrlinge bestrittenen Auslagen;

11. der öffentlichen Anstalten, welche dem Unterrichte, der Erziehung, Verpflegung oder Heilung dienen, sowie der Inhaber von Privatanstalten solcher Art für Gewährung von Unterricht, Verpflegung oder Heilung und für die damit zusammenhängenden Aufwendungen;

12. derjenigen, welche Personen zur Verpflegung oder zur Erziehung aufnehmen, für Leistungen und Aufwendungen der in Nummer 11 bezeichneten Art;

13. der öffentlichen Lehrer und der Privatlehrer wegen ihrer Honorare, die Ansprüche der öffentlichen Lehrer jedoch nicht, wenn sie auf Grund besonderer Einrichtungen gestundet sind;

BGB 14. der Ärzte, insbesondere auch der Wundärzte, Geburtshelfer, Zahnärzte und Tierärzte, sowie der Hebammen für ihre Dienstleistungen, mit Einschluss der Auslagen;

15. der Rechtsanwälte, Notare sowie aller Personen, die zur Besorgung gewisser Geschäfte öffentlich bestellt oder zugelassen sind, wegen ihrer Gebühren und Auslagen, soweit nicht diese zur Staatskasse fließen;

16. der Parteien wegen der ihren Rechtsanwälten geleisteten Vorschüsse;

17. der Zeugen und Sachverständigen wegen ihrer Gebühren und Auslagen.

(2) Soweit die im Absatz 1 Nr. 1, 2, 5 bezeichneten Ansprüche nicht der Verjährung von zwei Jahren unterliegen, verjähren sie in vier Jahren.

§ 197. [Vierjährige Verjährungsfrist]

In vier Jahren verjähren die Ansprüche auf Rückstände von Zinsen, mit Einschluß der als Zuschlag zu den Zinsen zum Zwecke allmählicher Tilgung des Kapitals zu entrichtenden Beträge, die Ansprüche auf Rückstände von Miet- und Pachtzinsen, soweit sie nicht unter die Vorschrift des § 196 Abs. 1 Nr. 6 fallen, und die Ansprüche auf Rückstände von Renten, Auszugsleistungen, Besoldungen, Wartegeldern, Ruhegehalten, Unterhaltsbeiträgen und allen anderen regelmäßig wiederkehrenden Leistungen.

§ 198. [Regelmäßiger Verjährungsbeginn]

Die Verjährung beginnt mit der Entstehung des Anspruchs. Geht der Anspruch auf ein Unterlassen, so beginnt die Verjährung mit der Zuwiderhandlung.

§ 199. [Verjährungsbeginn bei Kündigung]

[1]Kann der Berechtigte die Leistung erst verlangen, wenn er dem Verpflichteten gekündigt hat, so beginnt die Verjährung mit dem Zeitpunkte, von welchem an die Kündigung zulässig ist. [2]Hat der Verpflichtete die Leistung erst zu bewirken, wenn seit der Kündigung eine bestimmte Frist verstrichen ist, so wird der Beginn der Verjährung um die Dauer der Frist hinausgeschoben.

§ 200. [Verjährungsbeginn bei Anfechtung]

[1]Hängt die Entstehung eines Anspruchs davon ab, dass der Berechtigte von einem ihm zustehenden Anfechtungsrechte Gebrauch macht, so beginnt die Verjährung mit dem Zeitpunkte, von welchem an die Anfechtung zulässig ist. [2]Dies gilt jedoch nicht, wenn die Anfechtung sich auf ein familienrechtliches Verhältnis bezieht.

§ 201. [Beginn der kurzen Verjährung]

[1]Die Verjährung der in den §§ 196, 197 bezeichneten Ansprüche beginnt mit dem Schlusse des Jahres, in welchem der nach den §§ 198 bis 200 maßgebende Zeitpunkt eintritt. [2]Kann die Leistung erst nach dem Ablauf einer über diesen Zeitpunkt hinausreichenden Frist verlangt werden, so beginnt die Verjährung mit dem Schlusse des Jahres, in welchem die Frist abläuft.

§ 202. [Hemmung der Verjährung aus Rechtsgründen]

(1) Die Verjährung ist gehemmt, solange die Leistung gestundet oder der Verpflichtete aus einem anderen Grunde vorübergehend zur Verweigerung der Leistung berechtigt ist.

(2) Diese Vorschrift findet keine Anwendung auf die Einrede des Zurückbehaltungsrechts, des nicht erfüllten Vertrags, der mangelnden Sicherheitsleistung, der Vorausklage sowie auf die nach § 770 dem Bürgen und nach den §§ 2014, 2015 den Erben zustehenden Einreden.

§ 203. [Hemmung aus tatsächlichen Gründen]

(1) Die Verjährung ist gehemmt, solange der Berechtigte durch Stillstand der Rechtspflege innerhalb der letzten sechs Monate der Verjährungsfrist an der Rechtsverfolgung verhindert ist.

(2) Das Gleiche gilt, wenn eine solche Verhinderung in anderer Weise durch höhere Gewalt herbeigeführt wird.

BGB § 204. [Hemmung aus familiären Gründen]

Die Verjährung von Ansprüchen zwischen Ehegatten ist gehemmt, solange die Ehe besteht. Das Gleiche gilt von Ansprüchen zwischen Eltern und Kindern während der Minderjährigkeit der Kinder und von Ansprüchen zwischen dem Vormund und dem Mündel während der Dauer des Vormundschaftsverhältnisses.

§ 205. [Wirkung der Hemmung]

Der Zeitraum, während dessen die Verjährung gehemmt ist, wird in die Verjährungsfrist nicht eingerechnet.

§ 206. [Ablaufhemmung bei nicht voll Geschäftsfähigen]

(1) Ist eine geschäftsunfähige oder in der Geschäftsfähigkeit beschränkte Person ohne gesetzlichen Vertreter, so wird die gegen sie laufende Verjährung nicht vor dem Ablaufe von sechs Monaten nach dem Zeitpunkte vollendet, in welchem die Person unbeschränkt geschäftsfähig wird oder der Mangel der Vertretung aufhört. Ist die Verjährungsfrist kürzer als sechs Monate, so tritt der für die Verjährung bestimmte Zeitraum an die Stelle der sechs Monate.

(2) Diese Vorschriften finden keine Anwendung, soweit eine in der Geschäftsfähigkeit beschränkte Person prozessfähig ist.

§ 207. [Ablaufhemmung bei Nachlasssachen]

[1]Die Verjährung eines Anspruchs, der zu einem Nachlasse gehört oder sich gegen einen Nachlass richtet, wird nicht vor dem Ablaufe von sechs Monaten nach dem Zeitpunkte vollendet, in welchem die Erbschaft von dem Erben angenommen oder der Konkurs über den Nachlass eröffnet wird oder von welchem an der Anspruch von einem Vertreter oder gegen einen Vertreter geltend gemacht werden kann. [2]Ist die Verjährungsfrist kürzer als sechs Monate, so tritt der für die Verjährung bestimmte Zeitraum an die Stelle der sechs Monate.

§ 208. [Unterbrechung der Verjährung durch Anerkenntnis]

Die Verjährung wird unterbrochen, wenn der Verpflichtete dem Berechtigten gegenüber den Anspruch durch Abschlagszahlung, Zinszahlung, Sicherheitsleistung oder in anderer Weise anerkennt.

§ 209. [Unterbrechung durch gerichtliche Geltendmachung]

(1) Die Verjährung wird unterbrochen, wenn der Berechtigte auf Befriedigung oder auf Feststellung des Anspruchs, auf Erteilung der Vollstreckungsklausel oder auf Erlassung des Vollstreckungsurteils Klage erhebt.

(2) Der Erhebung der Klage stehen gleich:

1.   die Zustellung eines Mahnbescheids im Mahnverfahren;

1a. die Geltendmachung eines Anspruchs durch Anbringung eines Güteantrags bei einer Gütestelle der im § 794 Abs. 1 Nr. 1 der Zivilprozessordnung bezeichneten Art;

2.   die Anmeldung des Anspruchs im Konkurse;

3.   die Geltendmachung der Aufrechnung des Anspruchs im Prozesse;

4.   die Streitverkündung in dem Prozesse, von dessen Ausgange der Anspruch abhängt;

5.   die Vornahme einer Vollstreckungshandlung und, soweit die Zwangsvollstreckung den Gerichten oder anderen Behörden zugewiesen ist, die Stellung des Antrags auf Zwangsvollstreckung.

§ 217. [Wirkung der Unterbrechung]

Wird die Verjährung unterbrochen, so kommt die bis zur Unterbrechung verstrichene Zeit nicht in Betracht; eine neue Verjährung kann erst nach der Beendigung der Unterbrechung beginnen.

§ 218. [Verjährung des rechtskräftigen Anspruchs]

(1) [1]Ein rechtskräftig festgestellter Anspruch verjährt in dreißig Jahren, auch wenn er an sich einer kürzeren Verjährung unterliegt. [2]Das Gleiche gilt von dem Anspruch aus einem vollstreckbaren Vergleich oder einer vollstreckbaren Urkunde sowie von einem Anspruche, welcher durch die im Konkurs erfolgte Feststellung vollstreckbar geworden ist.

73 Dieter Schneider bestellte am 15. März 2000 bei dem Teppichhändler Orientladen GmbH eine Brücke für 1 740,00 EUR.

Der Orientladen lieferte die Brücke durch einen Boten am 20. März 2000 aus. Gleichzeitig übergab der Bote die Rechnung, die 10 Tage nach Auslieferung fällig war. Schneider bezahlte nicht.

Am 20. Mai 2000 mahnte die Orientladen GmbH mit einem eingeschriebenen Brief mit Rückschein die Zahlung an. Obwohl Schneider nicht zahlte, vergaß die Orientladen GmbH zunächst weitere Mahnungen. Erst am 20. Dezember 2002 wird bei einer Revision die offene Rechnung festgestellt.

a) Prüfen Sie, ob die Forderung der Orientladen GmbH gegen Schneider verjährt ist!

b) Wann verjähren Forderungen der vorgenannten Art grundsätzlich?

c) Was bedeutet Verjährung?

d) Wodurch kann der Ablauf der Verjährung unterbrochen oder gehemmt werden?

e) Welche Wirkung hat die Unterbrechung bzw. die Hemmung der Verjährung auf die Verjährungsfrist?

f) Am 29. Dezember 2002 unterschreibt Schneider ein Schuldanerkenntnis, das ihm von der Orientladen GmbH vorgelegt wurde.

   fa) Welche Wirkung hat dieses Schuldanerkenntnis für die Verjährungsfrist?

   fb) Wann endet die Verjährungsfrist in diesem Falle?

74 Bestimmen Sie, wann Ansprüche in den folgenden Fällen verjähren!

Fall	Verjährung
a) Die Elektrobau GmbH hat seit dem 20. Juli 2000 eine Forderung an den Lehrer Hans Weber über 5 430,00 EUR.	
b) Die Sanitärgroßhandlung Hansen & Söhne lieferte am 23. September 2000 Waren für 17 645,00 EUR an die Firma Albrecht Harms.	
c) Die Studentin Inge Schneider schuldet Anna Aber 290,00 EUR Miete für März 2000 für die gemietete Einliegerwohnung im Zweifamilienhaus.	
d) Dieter Weber schuldet dem Zahnarzt Hans Karies 1 270,00 EUR gemäß der Rechnung vom 18. Oktober 2000.	
e) Heike Müller besitzt Zinsscheine der Münchener Hypothekenbank in Höhe von 270,00 EUR, die am 1. April 2000 fällig sind.	
f) Die Kfz-Leasing KG hat eine am 1. Oktober 2000 fällige Leasingforderung über 350,00 EUR gegen Egon Schreiner.	
g) Hilde Lehmann erwarb am 17. März 2000 einen Pkw von dem Kfz-Händler Lange. Die am 1. Oktober 2000 fällige Rate von 1 000,00 EUR wurde ihr bis zum 16. Januar 2001 gestundet. Eine Zahlung zu diesem Termin erfolgte nicht.	
h) Das Kaufhaus Körber verkauft Edith Keller am 18. September 2000 einen Pelzmantel für 3 970,00 EUR. 1 000,00 EUR zahlte sie sofort an. Der Rest war am 15. Dezember 2000 fällig. Eine Zahlung erfolgte nicht. Am 9. Januar 2001 sandte das Kaufhaus mit eingeschriebenem Brief eine letzte Mahnung.	
i) Nach Abschluss eines Konkursverfahrens am 16. April 1998 steht der Großhandlung Optimax GmbH eine Forderung von 12 741,00 EUR gegen den Einzelhändler Olaf Wetzel zu.	

LZ: Grundsatz der Vertragsfreiheit undseine Einschränkung durch das AGB-Gesetz erläutern.

Anmerkungen zum Recht der Allgemeinen Geschäftsbedingungen	
Rechtsgrundlage	Gesetz zur Regelung des Rechts der Allgemeinen Geschäftsbedingungen (AGB-Gesetz) mit Änderungen vom 20. Juni 2000 (BGBl. I, S. 947 ff.).
Begriffsbestimmung (§ 1):	**Allgemeine Geschäftsbedingungen** sind alle für eine **Vielzahl** von Verträgen **vorformulierten** Vertragsbedingungen, die eine Vertragspartei (Verwender) der anderen Vertragspartei bei Abschluss eines Vertrages stellt.
Voraussetzungen für die Wirksamkeit der AGB als Vertragsbestandteil (§ 2):	Der Verwender muss 1. die andere Vertragspartei **ausdrücklich** oder, wenn dies nur unter unverhältnismäßigen Schwierigkeiten möglich ist, durch **deutlich sichtbaren Aushang** am Ort des Vertragsabschlusses darauf hinweisen **und** 2. der anderen Vertragspartei die Möglichkeit verschaffen, in zumutbarer Weise von ihrem Inhalt Kenntnis zu nehmen, **und** die andere Vertragspartei muss mit ihrer Geltung einverstanden sein. Unter Beachtung dieser Regelungen können die AGB im Voraus für eine bestimmte Art von Rechtsgeschäften vereinbart werden.
Überraschende Klauseln (§ 3):	Sind sie **so ungewöhnlich,** dass der Vertragspartner des Verwenders mit ihnen **nicht** zu rechnen braucht, werden sie nicht Vertragsbestandteil.
Individuelle Vertragsabreden (§ 4):	Sie gehen den AGB vor.
Unklarheiten (§ 5):	Sie gehen zu Lasten des Verwenders.
Rechtsfolgen bei Nichteinbeziehung und Unwirksamkeit (§ 6):	Sind AGB ganz oder teilweise nicht Vertragsbestandteil geworden oder unwirksam, so **bleibt der Vertrag im Übrigen wirksam.** Soweit die Bestimmungen nicht Vertragsbestandteil geworden oder unwirksam sind, richtet sich der Inhalt des Vertrages nach den gesetzlichen Vorschriften. Der Vertrag ist unwirksam, wenn er trotzdem für eine Vertragspartei eine unzumutbare Härte darstellen würde.
Unwirksame Klauseln (§ 9):	Generell sind Bestimmungen in AGB unwirksam, wenn sie den Vertragspartner des Verwenders **entgegen den Geboten von Treu und Glauben unangemessen** benachteiligen.
Klauselverbote mit Wertungsmöglichkeit (§ 10):	Hier werden **unbestimmte Rechtsbegriffe** verwendet, deren Feststellung der Unwirksamkeit eine richterliche Wertung erfordert: **Insbesondere unwirksam** sind in den AGB 1. der Vorbehalt **unangemessen langer oder nicht hinreichend bestimmter Fristen** für die Annahme oder Ablehnung eines Angebots **oder** die Erbringung einer Leistung durch den Verwender (Annahme- und Leistungsfrist); **Ausnahme:** Vorbehalt, erst nach der Widerrufs- oder Rückgabefrist nach § 361 b Abs. 2 BGB zu leisten;

	2. die Bestimmung **unangemessen langer oder nicht hinreichend bestimmter Nachfristen** für Leistungen des Verwenders entgegen § 326 Abs. 1 BGB;
	3. **Rücktrittsvorbehalte des Verwenders** von seiner Leistungspflicht ohne sachlich gerechtfertigten und im Vertrag angegebenen Grund (**ausgenommen:** Dauerschuldverhältnisse);
	4. **Vorbehalte des Verwenders,** die versprochene **Leistung zu ändern oder** von ihr **abzuweichen,** wenn dies nicht für den anderen Vertragsteil zumutbar ist;
	5. eine **Bestimmung, wonach** eine **Erklärung** des Vertragspartners des Verwenders **bei Vornahme oder Unterlassung** einer bestimmten Handlung **als von ihm abgegeben oder nicht abgegeben gilt;** **Ausnahme:** Dem Vertragspartner wird eine angemessene Frist eingeräumt und der Verwender macht ihn auf die vorgesehene Bedeutung seines Verhaltens aufmerksam **(Fingierte Erklärung);**
	6. die **Bestimmung, dass** eine **Erklärung** des Verwenders von besonderer Bedeutung dem anderen Vertragsteil **als zugegangen gilt (Fiktion des Zugangs);**
	7. die **Bestimmung,** die dem Verwender für den **Fall des Rücktritts vom Vertrag oder** der **Kündigung** durch eine Vertragspartei **unangemessen hohe Vergütungen** für die Nutzung **oder** den Gebrauch einer Sache oder eines Rechts, für erbrachte Leistungen oder Ersatz von Aufwendungen **vorsieht;**
	8. die nach Nr. 3 zulässige Vereinbarung eines Vorbehalts des Verwenders, sich von der Verpflichtung zur Erfüllung des Vertrags bei **Nichtverfügbarkeit der Leistung** zu lösen, **wenn** sich der **Verwender nicht verpflichtet,**
	a) den Vertragspartner **unverzüglich** über die Nichtverfügbarkeit zu **informieren und**
	b) **Gegenleistungen** des Vertragspartners **unverzüglich zu erstatten.**
Klauselverbote ohne Wertungs-möglichkeit (§ 11):	**Diese Klauseln sind unabhängig von einer richterlichen Wertung unwirksam.** **Unwirksam** sind in den Allgemeinen Geschäftsbedingungen Bestimmungen über
	1. **Preiserhöhungen** für Waren oder Dienstleistungen, die innerhalb von vier Monaten nach Vertragsabschluss geliefert oder erbracht werden sollen. **Ausnahme:** Dauerschuldverhältnisse;
	2. den **Ausschluss des Leistungsverweigerungsrechts** des Vertragspartners des Verwenders nach § 320 BGB o d e r ein dem Vertragspartner des Verwenders zustehendes Zurückbehaltungsrecht, das insbesondere von der Anerkennung von Mängeln durch den Verwender abhängig gemacht wird;
	3. das **Verbot der Aufrechnung** von unbestrittenen oder rechtskräftig festgestellten Forderungen durch den Vertragspartner des Verwenders;

4. die **Freistellung** des Verwenders **von der Pflicht zu mahnen oder** dem Vertragspartner eine **Nachfrist zu setzen;**

5. die **Pauschalierung von Schadensersatzansprüchen** durch den Verwender;

6. das **Festlegen einer Vertragsstrafe** für den Vertragspartner bei Nichtannahme, verspäteter Annahme, Zahlungsverzug oder Rücktritt vom Vertrag;

7. den **Ausschluss oder** die **Begrenzung der Haftung** für einen Schaden **bei grobem Verschulden** des Verwenders;

8. den **Ausschluss oder** die Einschränkung der Rechte **des Vertragspartners bei Leistungsverzug oder** zu **vertretender Unmöglichkeit** der Leistung durch den Verwender;

9. den **Ausschluss von Schadensersatz wegen Nichterfüllung** der ganzen Verbindlichkeit **oder** den **Rücktritt vom ganzen Vertrag,** wenn teilweise Erfüllung des Vertrages für ihn kein Interesse hat, bei teilweisem Leistungsverzug des Verwenders oder von ihm zu vertretender Unmöglichkeit;

10. den **Ausschluss von Gewährleistungen** bei Verträgen über die Lieferung neu hergestellter Sachen und Leistungen, und zwar

    a) Ausschluss und Verweisung auf Dritte,

    b) Beschränkung auf Nachbesserung,

    c) Aufwendungen bei Nachbesserung den Vertragspartner tragen zu lassen,

    d) Mängelbeseitigung von der Zahlung des vollständigen oder eines unverhältnismäßig hohen Entgelts abhängig zu machen,

    e) Ausschlussfrist bei nicht offensichtlichen Mängeln auf einen Zeitraum, der kürzer als die Verjährungsfrist für den gesetzlichen Gewährleistungsanspruch ist,

    f) Verkürzung der gesetzlichen Gewährleistungsfristen;

11. **Ausschluss oder Einschränkung** wegen **Schadensersatzansprüchen** gegen den Verwender nach den §§ 463, 480 Abs. 2, § 635 des BGB bei Kauf-, Werk- oder Werklieferungsvertrag wegen Fehlens zugesicherter Eigenschaften;

12. **Laufzeit bei Dauerschuldverhältnissen** mit

    a) einer Bindung des Vertragspartners von mehr als zwei Jahren,

    b) bindender stillschweigender Verlängerung um jeweils mehr als ein Jahr,

    c) längerer Kündigungsfrist von mehr als drei Monaten vor Ablauf der zunächst vorgesehenen oder stillschweigend verlängerten Vertragsdauer;

13. **Wechsel der Vertragspartner** bei Kauf-, Dienst- oder Werkverträgen an Stelle des Verwenders, es sei denn,

    a) der Dritte wird namentlich bezeichnet oder

    b) dem anderen Vertragsteil wird das Recht eingeräumt, sich vom Vertrag zu lösen;

	14. eine über die Vorschrift des § 179 BGB hinausgehende **Haftung des Abschlussvertreters;**
	15. **die Änderung der Beweislast zum Nachteil des anderen Vertragsteils,** insbesondere indem er
	a) diesem die Beweislast für Umstände auferlegt, die im Verantwortungsbereich des Verwenders liegen,
	b) den anderen Vertragsteil bestimmte Tatsachen bestätigen lässt (dies gilt nicht für gesondert unterschriebene **oder** gesondert qualifiziert elektronisch signierte Empfangsbekenntnisse);
	16. **Bindungen von Anzeigen oder Erklärungen** an den Verwender **an strengere Form als die Schriftform oder an besondere Zugangserfordernisse.**
Unterlassungs-anspruch bei verbrauchergesetz-widrigen Praktiken (§ 22):	Wer **Vorschriften zuwiderhandelt,** die dem **Schutz der Verbraucher dienen** (Verbraucherschutzgesetze), **kann** im Interesse des Verbraucherschutzes auf **Unterlassung in Anspruch genommen werden.**
Anspruchsberech-tigte:	Die **Ansprüche auf Unterlassung** und auf **Widerruf** können geltend gemacht werden von
	➤ qualifizierten Einrichtungen, die nachweisen, dass sie in die Liste qualifizierter Einrichtungen, die beim Bundesverwaltungsamt geführt wird, eingetragen sind (z. B. **Verbraucherverbände),**
	➤ **rechtsfähigen Verbänden zur Förderung gewerblicher Interessen,** wenn diese **bestimmte Anforderungen** wie Zahl der Mitglieder, personelle, sachliche und finanzielle Ausstattung **erfüllen und** der **Anspruch** eine Handlung betrifft, die den **Wettbewerb** auf diesem Markt **wesentlich** beeinträchtigt, **und**
	Industrie- und Handelskammern oder Handwerkskammern.
Anwendungs-bereich (§ 23):	Das **Gesetz gilt nicht** bei Verträgen auf dem Gebiet des Arbeits-, Erb-, Familien- und Gesellschaftsrechts.
	Beim **Abschluss** von **Bausparverträgen, Versicherungsverträgen** sowie für das **Rechtsverhältnis zwischen** einer **Kapitalanlagegesellschaft und** einem **Anteilseigner** gelten von der zuständigen Behörde genehmigte Allgemeine Geschäftsbedingungen.
Anwendung des AGB-Gesetzes auf Verbraucher-verträge (§ 24a):	**Verbraucherverträge** sind solche Verträge, die ein **Unternehmer mit** einem **Verbraucher** abschließt. Dies können Kauf-, Werk- oder Dienstverträge sein.
	➤ Das AGB-Gesetz findet auch auf Klauseln Anwendung, die nur **für einen einzigen Fall vorformuliert** wurden.
	➤ Es werden **auch solche Klauseln** von diesem Gesetz erfasst, die von **dritter Seite formuliert und** von **einer Partei verwendet** werden.

75 Nach bestandener Gehilfenprüfung heiratet Ingrid. Bei einem Möbelhändler kauft sie ihre Wohnungseinrichtung und unterschreibt dabei einen Kaufvertrag, auf dessen Rückseite die folgenden „Allgemeinen Geschäftsbedingungen" aufgedruckt sind.

Geschäftsbedingungen

1. Abänderungen der in diesem Kaufvertrag getroffenen Vereinbarungen und der nachstehenden Bedingungen sowie alle zusätzlichen Nebenabreden bedürfen der Schriftform. Für Nachbestellungen gelten die nachstehenden Bedingungen, auch wenn darüber keine schriftlichen Abmachungen getroffen sind. Entgegenstehende Geschäftsbedingungen des Käufers finden keine Anwendung.

   Sind oder werden einzelne Vertragsbestimmungen unwirksam, bleibt die Gültigkeit des übrigen Vertragsinhaltes unberührt.

2. Die Preise schließen vorbehaltlich besonderer Vereinbarung (z. B. Mitnahmepreis) die Lieferung frei Haus ein. Der Käufer hat die Abnahme der gekauften Einrichtungsgegenstände zum vereinbarten Liefertermin und den ungehinderten Aufbau sicherzustellen. Der Verkäufer ist berechtigt, die Kosten für vergebliche Anfahrten nach den Sätzen des Spediteurgewerbes zu berechnen.

   Bei Kaufverträgen, deren Lieferzeit 8 Wochen überschreitet, sind die Preise freibleibend.

   Besondere Arbeiten (z. B. Nähen und Hängen von Gardinen, Verlegen von Bodenbelägen sowie sonstige lt. Kaufvertrag kostenpflichtige Einbau- oder Montagearbeiten usw., einschließlich Kleinmaterial) werden nach ihrer Fertigstellung in Rechnung gestellt und sind sofort ohne jeden Abzug zahlbar.

3. Nimmt der Käufer gekaufte Ware nicht innerhalb 4 Wochen nach dem vereinbarten Liefertermin ab, so lagert sie auf Gefahr des Käufers, und der Verkäufer ist berechtigt, vom Liefertermin ab monatliche Lagergebühren in Höhe von 2 % des Kaufpreises zu berechnen. Zur Lagerung über den vereinbarten Liefertermin hinaus ist der Verkäufer auch nach vollständiger Kaufpreiszahlung nicht verpflichtet. Der Verkäufer kann nach einmaliger Abmachung das gekaufte Gut auf Kosten und Gefahr des Käufers anderweitig einlagern.

   Wird statt eines festen Liefertermins für die Abnahme durch den Käufer ein bestimmter Zeitraum vereinbart, so gilt deren letzter Tag als Liefertermin im Sinne der vorstehenden Bestimmungen.

4. Der Verkauf erfolgt bei serienmäßig hergestellten Einrichtungsgegenständen nach Mustern, die nicht Vertragsgegenstand sind.

   Der Verkäufer verpflichtet sich, Stücke desselben Herstellers in gleichartiger Ausführung und Güte zu liefern. Geringfügige Abweichungen der gelieferten Gegenstände von den Mustern in Konstruktion, Abmessung, Form, Farbe und dergl. bleiben vorbehalten.

5. Angaben über Liefertermine werden möglichst eingehalten, sind jedoch stets unverbindlich. Betriebsstörungen jeder Art, insbesondere durch Arbeitskämpfe und höhere Gewalt, sowohl beim Verkäufer, bei dessen Lieferanten als auch bei deren Vorlieferanten verlängern die Lieferzeit entsprechend. Außerdem gilt für alle Lieferungen nach Verstreichen des gemäß Satz 1 zu bestimmenden Liefertermins eine Nachlieferfrist von 8 Wochen als vereinbart. Nach ergebnislosem Ablauf der Frist kann der Käufer vom Vertrag zurücktreten.

   Der Käufer ist verpflichtet, Teillieferungen einzeln abzunehmen und zu bezahlen. Der Verkäufer haftet nie auf Schadensersatz wegen verspäteter oder unterlassener Lieferungen, z. B. infolge Nichtbelieferung durch einen Lieferanten.

6. Gelieferte Ware bleibt bis zur vollständigen Tilgung aller Schulden des Käufers, die gleichviel aus welchem Rechtsgrund irgendwie als Folge dieses oder weiterer Kaufverträge entstanden sind oder noch entstehen, Eigentum des Verkäufers. Der Käufer ist verpflichtet, unter Eigentumsvorbehalt stehende Sachen sorgsam und pfleglich zu behandeln. Er hat dem Verkäufer jeden Wohnungswechsel sowie jede anderweitige Verbringung der gelieferten Gegenstände unverzüglich schriftlich mit der neuen Anschrift anzuzeigen.

   Bei einer Pfändung oder sonstigen Beschlagnahme hat der Käufer auf das Eigentum des Verkäufers hinzuweisen und diesem eine derartige Maßnahme unverzüglich unter Übersendung einer Protokollabschrift anzuzeigen. Der Käufer trägt alle Kosten, die zur Erwirkung der Freigabe und etwaigen Wiederbeschaffung von im Eigentum des Verkäufers stehenden Waren entstehen; er hat für Schäden aufzukommen, die dem Verkäufer infolge unterbliebener oder verspäteter Benachrichtigung von einer Pfändung oder Beschlagnahme entstanden sind.

7. Zahlung hat gemäß den im Kaufvertrag vereinbarten Bedingungen zu erfolgen. Besondere Arbeiten (Ziff. 2 Abs. 3) sind sofort nach Erhalt der Rechnung ohne jeden Abzug zu bezahlen. Eingehende Zahlungen werden wie folgt verrechnet: 1. Prozess- und sonstige Folgekosten aus dem Kaufvertrag, 2. Zinsen, 3. Kaufpreis. Hat der Käufer mehrere Kaufgegenstände – auch aufgrund verschiedener Kaufverträge – erhalten, so bestimmt der Verkäufer, auf welche Einzelgegenstände oder Arbeiten die Zahlungen jeweils anzurechnen sind.

Zahlungen in bar müssen an die Hauptkasse unseres Einrichtungshauses geleistet werden. Gegen Aushändigung einer Quittung sind auch Auslieferungspersonal und Personen mit schriftlicher Inkassovollmacht zur Entgegennahme von Zahlungen befugt.

Der Käufer ist nicht berechtigt, gegenüber Zahlungsansprüchen des Verkäufers ein Zurückbehaltungsrecht geltend zu machen oder Aufrechnung, gleich mit welchen Forderungen, zu erklären. Bei Überschreiten eines Zahlungstermins kann der Verkäufer vorbehaltlich des Nachweises eines höheren Verzugsschadens ohne weitere Mahnung Verzugszinsen zu dem banküblichen Zinssatz für kurzfristige Kredite berechnen.

8. Der Verkäufer verpflichtet sich, bei Lieferung vorhandene Mängel an Kaufgegenständen im Wege der Nachbesserung innerhalb angemessener Frist zu beseitigen oder nach seiner Wahl Ersatz zu leisten. Der Käufer hat Nachbesserung in seinen Räumen oder Abholung der Ware zu gestatten. Kommt der Verkäufer seiner Nachbesserungspflicht nicht nach, so kann der Käufer Wandelung oder Minderung verlangen.

Mängelrügen bezüglich erkennbarer Mängel müssen dem Verkäufer binnen 7 Tagen nach Lieferung schriftlich zugegangen sein. Die Gewährleistungsfrist für sonstige Mängel beträgt 6 Monate. Sie erstreckt sich nicht auf solche Schäden, die beim Käufer durch normale Abnutzung, Feuchtigkeit oder sonstige außergewöhnliche Temperatur- und Witterungoinflüsse entstehen sowie nicht auf Gebrauchtwaren oder Waren, für die handelsüblich keine Garantiepflicht besteht (z.B. Spiegel, Gläser, Maser- und Wurzelfurniere, Textilien usw.).

Bei Bestellungen nach Holz-, Farb- oder sonstigen Mustern wird keine Gewähr für genaues Passen übernommen. Im Übrigen sind Ansprüche auf Wandelung, Minderung, Austausch oder Schadensersatz auch für Schäden, die nicht an dem Liefergegenstand selbst entstanden sind, ausgeschlossen. Mängelrügen berechtigen nicht zur völligen oder teilweisen Nichtzahlung. Eine Überschreitung des vereinbarten Zahlungstermins befreit den Verkäufer von der Pflicht zur Mängelbeseitigung.

9. Erfüllt der Käufer den Kaufvertrag nicht oder wird von ihm nur ein Teil der gekauften Ware abgenommen und bezahlt, so ist der Verkäufer ohne Nachfristsetzung berechtigt, mindestens 25% der Gesamtkaufsumme bzw. des nicht bezahlten Restbetrages als Schadensersatz wegen Nichterfüllung zu verlangen.

Falls der Käufer einen vertraglichen Zahlungstermin nicht einhält, gelieferte Ware vor völliger Bezahlung abhanden kommt, vertragswidrig benutzt oder zerstört wird, ist die gesamte Kaufpreisschuld aus diesem und aus weiteren Verträgen sofort fällig. Der Verkäufer hat in diesen Fällen das Recht, unter Eigentumsvorbehalt stehende Gegenstände auf Kosten des Käufers zurückzuholen, ohne Nachfristsetzung Schadensersatz in Höhe von mindestens 25% des Kaufpreises sowie für Benutzung und Wertminderung der Gegenstände eine Entschädigung nach den Sätzen des Möbeleinzelhandels zu verlangen.

10. Entstehen nach Vertragsabschluss begründete Zweifel an der Zahlungsfähigkeit des Käufers (z.B. bei Ergehen von Zahlungsbefehlen oder Vollstreckungsmaßnahmen), so ist der Verkäufer berechtigt, nach seiner Wahl entweder sofortige Barzahlung zu verlangen oder vom Vertrag zurückzutreten.

11. Erfüllungsort und Gerichtsstand im Mahnverfahren sowie für den Fall, dass im Zeitpunkt einer Klageerhebung der gewöhnliche Aufenthalt des Käufers nicht bekannt ist oder der Käufer seinen Wohnsitz oder gewöhnlichen Aufenthaltsort nicht mehr im Bundesgebiet hat, ist Gießen. Handelt es sich beim Käufer um einen Kaufmann, so ist ohne Einschränkung der Gerichtsstand für alle Rechtsstreitigkeiten Gießen. Nach Wahl des Verkäufers ist ohne Rücksicht auf die Höhe des Streitwertes das Amtsgericht zuständig.

a) In welchen Punkten weichen die Bestimmungen der Allgemeinen Geschäftsbedingungen von den Regelungen des AGB-Gesetzes ab?

b) Welche rechtlichen Konsequenzen ergeben sich aus a) für Ingrid?

c) Warum hat der Gesetzgeber die Vorschriften des AGB-Gesetzes erlassen?

75a Sie nehmen an einer zweitägigen Kaffeefahrt nach Prag teil, die von einem deutschen Veranstalter in einem Flugblatt angeboten wurde. Als Pauschalpreis für diese Fahrt mit Unterkunft, Verpflegung und Besichtigungen waren 80,00 EUR angegeben. Der Veranstalter hat sich von Ihnen ermächtigen lassen, diesen Preis von Ihrem Bankkonto abzubuchen.

Fünf Tage nach der Fahrt wird Ihr Bankkonto mit 225,00 EUR belastet.

Sie reklamieren unverzüglich den überhöhten Preis. Der Veranstalter weist darauf hin, dass in den Bedingungen, die auf der Rückseite der Anmeldung abgedruckt waren, die Klauseln standen:

„Besondere Leistungen vor Ort sind nicht im Pauschalpreis enthalten und werden gesondert berechnet. Bei Streitigkeiten gilt das Recht der tschechischen Republik."

Der Mehrpreis sei durch Serviceleistungen, wie z.B. den Transport des Reisegepäcks vom Bus in das Hotelzimmer, und während der Besichtigungen entstanden.

Was können Sie in diesem Falle unternehmen?

LZ: Kaufmannseigenschaften unterscheiden

Kaufmannseigenschaft

Erstes Buch. Handelsstand

Erster Abschnitt. Kaufleute

HGB § 1. [Istkaufmann]

(1) Kaufmann im Sinne dieses Gesetzbuchs ist, wer ein Handelsgewerbe betreibt.

(2) Handelsgewerbe ist jeder Gewerbebetrieb, es sei denn, dass das Unternehmen nach Art oder Umfang einen in kaufmännischer Weise eingerichteten Geschäftsbetrieb nicht erfordert.

§ 2. [Kannkaufmann]

Ein gewerbliches Unternehmen, dessen Gewerbebetrieb nicht schon nach § 1 Abs. 2 Handelsgewerbe ist, gilt als Handelsgewerbe im Sinne dieses Gesetzbuchs, wenn die Firma des Unternehmens in das Handelsregister eingetragen ist. Der Unternehmer ist berechtigt, aber nicht verpflichtet, die Eintragung nach den für die Eintragung kaufmännischer Firmen geltenden Vorschriften herbeizuführen. Ist die Eintragung erfolgt, so findet eine Löschung der Firma auch auf Antrag des Unternehmens statt, sofern nicht die Voraussetzung des § 1 Abs. 2 eingetreten ist.

§ 3. [Land- und Forstwirtschaft; Kannkaufmann]

(1) Auf den Betrieb der Land- und Forstwirtschaft finden die Vorschriften des § 1 keine Anwendung.

(2) Für ein land- oder forstwirtschaftliches Unternehmen, das nach Art und Umfang einen in kaufmännischer Weise eingerichteten Geschäftsbetrieb erfordert, gilt § 2 mit der Maßgabe, dass nach Eintragung in das Handelsregister eine Löschung der Firma nur nach den allgemeinen Vorschriften stattfindet, welche für die Löschung kaufmännischer Firmen gelten.

(3) Ist mit dem Betrieb der Land- oder Forstwirtschaft ein Unternehmen verbunden, das nur ein Nebengewerbe des land- oder forstwirtschaftlichen Unternehmens darstellt, so finden auf das im Nebengewerbe betriebene Unternehmen die Vorschriften der Absätze 1 und 2 entsprechende Anwendung.

§ 5. [Kaufmann kraft Eintragung]

Ist eine Firma im Handelsregister eingetragen, so kann gegenüber demjenigen, welcher sich auf die Eintragung beruft, nicht geltend gemacht werden, dass das unter der Firma betriebene Gewerbe kein Handelsgewerbe sei.

§ 6. [Handelsgesellschaften; Formkaufmann]

(1) Die in Betreff der Kaufleute gegebenen Vorschriften finden auch auf die Handelsgesellschaften Anwendung.

(2) Die Rechte und Pflichten eines Vereins, dem das Gesetz ohne Rücksicht auf den Gegenstand des Unternehmens die Eigenschaft eines Kaufmanns beilegt, bleiben unberührt, auch wenn die Voraussetzungen des § 1 Abs. 2 nicht vorliegen.

Was ist ein Gewerbebetrieb?

Im Handelsgesetzbuch ist der Gewerbebegriff nicht definiert. Nach der **Rechtsprechung** erfordert der Betrieb eines Gewerbes eine Tätigkeit, die selbstständig, auf Dauer angelegt und planmäßig betrieben wird, auf dem Markt erkennbar nach außen hervortritt und nicht gesetzes- oder sittenwidrig ist. Außerdem wird meist eine Gewinnerzielungsabsicht angenommen.

Wann ist ein in kaufmännischer Weise eingerichteter Geschäftsbetrieb erforderlich?

Auch dieser Tatbestand ist nicht gesetzlich definiert. In der Praxis wird ein Gesamtbild aus mehreren Kriterien zur Beantwortung dieser Frage herangezogen. Berücksichtigt werden

- die **Art der Geschäftstätigkeit,** die sich z. B. in der Vielfalt der Erzeugnisse und Leistungen oder an einer grenzüberschreitenden Tätigkeit zeigt; sowie

- der **Umfang der Geschäftstätigkeit,** der sich z. B. durch Umsatzvolumen, Größe des Anlage- und Betriebskapitals, der Zahl der Mitarbeiter, Größe, Zahl und Organisation der Betriebsstätten messen lässt.

Welche rechtlichen Folgen ergeben sich aus der Kaufmannseigenschaft?

Die Kaufmannseigenschaft ist Voraussetzung für bestimmte Rechte und auch Pflichten von Kaufleuten gegenüber Nichtkaufleuten. Hier nur **einige Beispiele:**

§§ 17 ff. HGB:	Recht und Pflicht zur Führung einer Firma
§ 29 HGB:	Zugang zum Handelsregister
§§ 48 ff. HGB:	Recht zur Erteilung der Prokura
§§ 59 ff. HGB:	Abschluss von Arbeitsverhältnissen nach den Sonderregelungen für Handlungsgehilfen
§ 238 HGB:	Buchführungspflicht
§§ 343 – 345 HGB:	Vorschriften über Handelsgeschäfte
§ 350 HGB:	Formfreiheit von Bürgschaften
§§ 373 ff. HGB:	Besondere Vorschriften zum Handelskauf
§ 377 HGB:	Besondere Untersuchungs- und Rügepflicht beim Handelskauf

76 Hans Meyer verkauft mit mehreren Mitarbeitern auf Jahrmärkten in Europa Blumenzwiebeln, die er selbst importiert hat. Sein Jahresumsatz beträgt mehrere Millionen Euro.

    a)   Prüfen Sie, ob Meyer Kaufmann im Sinne des § 1 HGB ist!

    b)   Nennen Sie die drei Voraussetzungen, an welche das HGB die Kaufmannseigenschaft knüpft!

77 Prüfen Sie, ob bei folgenden Personen die Kaufmannseigenschaft vorliegt!

    a)   Anna Weber vermittelt bei einer günstigen Gelegenheit ein Grundstück und erhält dafür eine Provision.

    b)   Dieter Kolsche verkauft als Angestellter der Firma Hansen Obst und Gemüse.

    c)   Die Aktion Nächstenliebe verkauft an Bedürftige gelegentlich und in geringem Umfang Lebensmittel zum Einkaufspreis.

    d)   Karl Köhn handelt in einem kleinen Laden mit Büchern.

78 Prüfen Sie, ob bzw. welche Kaufmannseigenschaft in den folgenden Beispielen vorliegt!

    a)   Ina Schneider betreibt ein Hotel mit 30 Beschäftigten.

    b)   Oskar Weber eröffnet mit einem Gesellen ein Malergeschäft.

    c)   Karl Schröder unterhält in verschiedenen Orten Kinos. Er beschäftigt 50 Mitarbeiter.

    d)   Die Baukeramik Aktiengesellschaft beschäftigt 900 Arbeiter und Angestellte.

    e)   Landwirtschaftliche Bezugs- und Absatzgenossenschaft Lindau.

    f)   Schneider & Söhne OHG, Getränkehandel.

    g)   Teerwerke GmbH, 20 Beschäftigte.

    h)   Landwirt H. Müller, 100 ha Land, Familienbetrieb mit vier Vollerwerbspersonen.

    i)   Der Winzer H. Bechtel verkauft seine Weine selbst. Er hat 9 Beschäftigte. Sein Weinumsatz beträgt jährlich ca. 50 000 Flaschen. Der Weinhandel ist als Nebengewerbe anzusehen.

    j)   Metzgermeister Karl Müller, 1 Angestellte, 1 Auszubildender, 200 000,00 EUR Jahresumsatz.

79 Der Schreinermeister H. Weber hatte in den vergangenen Jahren bis zu 50 Beschäftigte.

Seit etwa drei Jahren ging der Umsatz sehr stark zurück. Er musste Arbeiter entlassen und beschäftigt jetzt noch zwei Gesellen und einen Auszubildenden.

Seine Firma ist im Handelsregister eingetragen.

Er hat sich für einen Kunden mündlich gegenüber einem Holzlieferanten mit 15 000 EUR verbürgt. Als der Kunde seinen Verpflichtungen gegenüber dem Holzlieferanten nicht nachkommt, will dieser die Firma Weber aus der übernommenen Bürgschaft in Anspruch nehmen. Die Firma Weber wendet dagegen ein, dass sie im Zeitpunkt der Bürgschaftsübernahme bereits Kleingewerbetreibender war. Daher hätte sie rechtswirksam nicht mündlich bürgen können.

Wie beurteilen Sie die rechtliche Situation?

80 Anna Sols betreibt einen Kiosk. Sie hat einen Tagesumsatz von ca. 200,00 EUR.

    a)   Ist Anna Sols Kaufmann nach § 1 HGB?

    b)   Frau Sols möchte von Ihnen wissen, ob sie die Buchführungspflichten nach dem HGB befolgen muss.

    c)   Ist Anna Sols verpflichtet, ihr Unternehmen in das Handelsregister eintragen zu lassen?

    d)   Welche Institution könnte bei der Entscheidung, ob eine Eintragungspflicht besteht, befragt werden?

81 a) Welche Unterschiede bestehen zwischen Kaufleuten und Nichtkaufleuten?

Kriterien	Kaufleute	Nichtkaufleute
Ein in kaufmännischer Weise eingerichteter Geschäftsbetrieb erforderlich?		
Rechtliche Wirkung einer Handelsregister-eintragung des Gewerbebetriebs?		
Firma (§ 17 HGB)?		
Recht zur Ernennung von Prokuristen?		
Führung von Handelsbüchern (§ 238 HGB)?		

b) Stellen Sie in einem Schaubild dar, welche Kaufleute nach dem HGB unterschieden werden können!

LZ: Die Firma nach dem HGB beschreiben

Firma

82 Ingrid Renate Schneider will eine Spielzeuggroßhandlung eröffnen. Sie will mehrere Angestellte einstellen. Das Geschäft soll als Einzelunternehmung betrieben werden.

Ihr Kundenkreis soll sich auf die gesamte Europäische Union erstrecken. Ein in kaufmännischer Weise eingerichteter Geschäftsbetrieb ist erforderlich.

a) Ist dieses Unternehmen Kaufmann im Sinne des HGB?

b) Erarbeiten Sie drei Vorschläge, wie dieses Unternehmen firmieren könnte!

c) Welche rechtliche Bedeutung hat die Firma für das Unternehmen?

83 Der Schreinermeister Kurt Geschwindner macht sich selbstständig. Er will die Schreinerei ohne Gesellschafter betreiben. Vorerst will er das Geschäft nur mit einem Gesellen abwickeln.

Eine Eintragung in das Handelsregister ist zurzeit nicht beabsichtigt.

Wie kann der Schreinermeister firmieren?

84 Anton Abermann und Hilde Buhmann wollen eine Boutique für „Junge Mode" eröffnen. Das Geschäft soll in der Rechtsform der offenen Handelsgesellschaft betrieben werden.

a) Sie werden von den beiden gebeten, bei der Wahl der Firmierung zu helfen. Welche Anforderungen an die Firmenbildung müssen Sie dabei beachten?

b) Unterbreiten Sie drei Vorschläge über eine geeignete Firmierung!

c) Wäre es möglich, den Namen von Hilde Buhmanns bekanntem Vater in die Firma aufzunehmen, ohne diesen selbst am Geschäft zu beteiligen? Hilde Buhmanns Vater ist ein bekannter Modedesigner.

85 Die Sintertechnik GmbH und die Kupferhütte Siegen AG wollen eine gemeinsame Vertriebsgesellschaft gründen. Sie wählen die Rechtsform der offenen Handelsgesellschaft.

Als Firmenbezeichnung liegen zwei Vorschläge vor, und zwar

1. Siegener Sinter- und Kupfertechnikvertrieb OHG oder

2. Metsiehan OHG mit beschränkter Haftung.

a) Prüfen Sie die Eignung der beiden Vorschläge für die Firmierung der neuen Gesellschaft!

b) Welche Gründe könnten den Gesetzgeber veranlasst haben, die von Ihnen hier angewandte Vorschrift zur Firmenbildung vorzuschreiben?

86 Je nachdem, ob ein Personenname, der Gegenstand des Unternehmens oder ein Fantasiename als Firmenname gewählt wird, werden

– Personenfirmen,

– Sachfirmen und

– Fantasiefirmen

unterschieden. Werden diese Elemente kombiniert, so liegt eine **gemischte Firma** vor.

Geben Sie an, um welche Art von Firma es sich handelt!

Firma	Art der Firma
Eugen Greger, e.K.	
Metallwerke Dillenburg GmbH	
Winzergenossenschaft Rüdesheim eG	
Adam Opel AG	
Kelterei Müller OHG	
Sandakiso KG	

LZ: Firmengrundsätze erläutern

Firmengrundsätze

HGB § 21. [Fortführung bei Namensänderung]

Wird ohne eine Änderung der Person der in der Firma enthaltene Name des Geschäftsinhabers oder eines Gesellschafters geändert, so kann die bisherige Firma fortgeführt werden.

§ 22. [Fortführung bei Erwerb des Handelsgeschäfts]

(1) Wer ein bestehendes Handelsgeschäft unter Lebenden oder von Todes wegen erwirbt, darf für das Geschäft die bisherige Firma, auch wenn sie den Namen des bisherigen Geschäftsinhabers enthält, mit oder ohne Beifügung eines das Nachfolgeverhältnis andeutenden Zusatzes fortführen, wenn der bisherige Geschäftsinhaber oder dessen Erben in die Fortführung der Firma ausdrücklich willigen.

(2) Wird ein Handelsgeschäft auf Grund eines Nießbrauchs, eines Pachtvertrags oder eines ähnlichen Verhältnisses übernommen, so finden diese Vorschriften entsprechende Anwendung.

§ 23. [Veräußerungsverbot]

Die Firma kann nicht ohne das Handelsgeschäft, für welches sie geführt wird, veräußert werden.

§ 24. [Fortführung bei Änderungen im Gesellschafterbestand]

(1) Wird jemand in ein bestehendes Handelsgeschäft als Gesellschafter aufgenommen oder tritt ein neuer Gesellschafter in eine Handelsgesellschaft ein oder scheidet aus einer solchen ein Gesellschafter aus, so kann ungeachtet dieser Veränderung die bisherige Firma fortgeführt werden, auch wenn sie den Namen des bisherigen Geschäftsinhabers oder Namen von Gesellschaftern enthält.

(2) Bei dem Ausscheiden eines Gesellschafters, dessen Name in der Firma enthalten ist, bedarf es zur Fortführung der Firma der ausdrücklichen Einwilligung des Gesellschafters oder seiner Erben.

§ 29. [Anmeldung der Firma]

Jeder Kaufmann ist verpflichtet, seine Firma und den Ort seiner Handelsniederlassung bei dem Gericht, in dessen Bezirke sich die Niederlassung befindet, zur Eintragung in das Handelsregister anzumelden; er hat seine Firma zur Aufbewahrung bei dem Gerichte zu zeichnen.

§ 30. [Unterscheidbarkeit]

(1) Jede neue Firma muss sich von allen an demselben Ort oder in derselben Gemeinde bereits bestehenden und in das Handelsregister oder in das Genossenschaftsregister eingetragenen Firmen deutlich unterscheiden.

HGB (2) Hat ein Kaufmann mit einem bereits eingetragenen Kaufmanne die gleichen Vornamen und den gleichen Familiennamen und will auch er sich dieser Namen als seiner Firma bedienen, so muss er der Firma einen Zusatz beifügen, durch den sie sich von der bereits eingetragenen Firma deutlich unterscheidet.

(3) Besteht an dem Orte oder in der Gemeinde, wo eine Zweigniederlassung errichtet wird, bereits eine gleiche eingetragene Firma, so muss der Firma für die Zweigniederlassung ein der Vorschrift des Absatzes 2 entsprechender Zusatz beigefügt werden.

(4) Durch die Landesregierungen kann bestimmt werden, dass benachbarte Orte oder Gemeinden als ein Ort oder als eine Gemeinde im Sinne dieser Vorschriften anzusehen sind.

§ 37. [Unzulässiger Firmengebrauch]

(1) Wer eine nach den Vorschriften dieses Abschnitts ihm nicht zustehende Firma gebraucht, ist von dem Registergerichte zur Unterlassung des Gebrauchs der Firma durch Festsetzung von Ordnungsgeld anzuhalten.

(2) Wer in seinen Rechten dadurch verletzt wird, dass ein anderer eine Firma unbefugt gebraucht, kann von diesem die Unterlassung des Gebrauchs der Firma verlangen. Ein nach sonstigen Vorschriften begründeter Anspruch auf Schadensersatz bleibt unberührt.

§ 37a. [Geschäftsbriefangaben]

(1) Auf allen Geschäftsbriefen des Kaufmanns, die an einen bestimmten Empfänger gerichtet werden, müssen seine Firma, die Bezeichnung nach § 19 Abs. 1 Nr. 1, der Ort seiner Handelsniederlassung, das Registergericht und die Nummer, unter der die Firma in das Handelsregister eingetragen ist, angegeben werden.

(2) Der Angaben nach Absatz 1 bedarf es nicht bei Mitteilungen oder Berichten, die im Rahmen einer bestehenden Geschäftsverbindung ergehen und für die üblicherweise Vordrucke verwendet werden, in denen lediglich die im Einzelfall erforderlichen besonderen Angaben eingefügt zu werden brauchen.

(3) Bestellscheine gelten als Geschäftsbriefe im Sinne des Absatzes 1. Absatz 2 ist auf sie nicht anzuwenden.

(4) Wer seiner Pflicht nach Absatz 1 nicht nachkommt, ist hierzu von dem Registergericht durch Festsetzung von Zwangsgeld anzuhalten. [. . .]

87 Hans Albrecht, Sohn des Fuhrunternehmers Kurt Albrecht, will überregional Handel mit Kraftfahrzeugen aller Art betreiben. Um den Bekanntheitsgrad seines Vaters zu nutzen, will er firmieren:

> Kurt Albrecht junior
> Internationaler Kraftfahrzeughandel

a) Begründen Sie, ob Hans Albrecht so firmieren kann!

b) Welche Firmierung schlagen Sie vor, um eventuelle Probleme bei der Prüfung der Eintragung beim Handelsregister zu vermeiden?

c) Nehmen Sie an, Hans Albrecht habe geheiratet. Er nahm den Namen seiner Ehefrau Julia Damm an. Welche Auswirkungen hat sein neuer Name Hans Damm geb. Albrecht auf die Firmierung?

d) Vier Jahre später will Hans Damm geb. Albrecht das Unternehmen an die Cartrade GmbH verkaufen. Dieses Unternehmen will das gekaufte Unternehmen unter der bisherigen Firma weiterführen. Ist dieses Vorhaben rechtlich zulässig?

e) Welche Konflikte können zwischen dem in a) gegebenen **Grundsatz der Firmenwahrheit und -klarheit** und dem in c) angesprochenen **Grundsatz der Firmenbeständigkeit** entstehen?

f) Welche Gründe gibt es für die Regelung des § 21 HGB?

88 Walter Müller betreibt in Gießen eine chemische Reinigung unter der Firma

> Walter Müller, e. K.
> Chemischreinigung

Ein anderer Mann mit gleichem Namen will am gleichen Ort ebenfalls eine chemische Reinigung unter der Firma

> Walter Müller, e. K.
> Chemischreinigung

betreiben.

a) Ist dies unter dieser Firma möglich?

b) Welche Lösungsmöglichkeit sehen Sie?

c) Welche Gründe gibt es für diesen **Grundsatz der Firmenausschließlichkeit (Unterscheidbarkeit)?**

LZ: Aufgabe und Bedeutung des Handelsregisters aufzeigen

Zweiter Abschnitt. Handelsregister

HGB § 8. [Führung des Registers]

Das Handelsregister wird von den Gerichten geführt.

§ 8 a. [Ermächtigung der Landesregierungen; automatisierte Dateien]

(1) Die Landesregierungen können durch Rechtsverordnung bestimmen, dass und in welchem Umfang das Handelsregister einschließlich der zu seiner Führung erforderlichen Verzeichnisse in maschineller Form als automatisierte Dateien geführt wird …

(2) Die Eintragung wird wirksam, sobald sie in den für die Handelsregistereintragungen bestimmten Datenspeicher aufgenommen ist und auf Dauer inhaltlich unverändert in lesbarer Form wiedergegeben werden kann.

(3) Die zum Handelsregister eingereichten Schriftstücke können zur Ersetzung der Urschrift auch als Wiedergabe auf einem Bildträger oder auf anderen Datenträgern aufbewahrt werden, …

§ 9. [Einsicht des Handelsregisters; Abschriften; Bescheinigungen]

(1) Die Einsicht des Handelsregisters sowie der zum Handelsregister eingereichten Schriftstücke ist jedem gestattet.

(2) [1]Von den Eintragungen und den zum Handelsregister eingereichten Schriftstücken kann eine Abschrift gefordert werden. [2]Werden die Schriftstücke nach § 8 a Abs. 3 aufbewahrt, so kann eine Abschrift nur von der Wiedergabe gefordert werden. [3]Die Abschrift ist von der Geschäftsstelle zu beglaubigen, sofern nicht auf die Beglaubigung verzichtet wird. [4]Wird das Handelsregister in maschineller Form als automatisierte Datei geführt, so tritt an die Stelle der Abschrift der Ausdruck und an die Stelle der beglaubigten Abschrift der amtliche Ausdruck.

(3) [1]Der Nachweis, wer der Inhaber einer in das Handelsregister eingetragenen Firma eines Einzelkaufmanns ist, kann Behörden gegenüber durch ein Zeugnis des Gerichts über die Eintragung geführt werden. [2]Das Gleiche gilt von dem Nachweis der Befugnis zur Vertretung eines Einzelkaufmanns oder einer Handelsgesellschaft.

(4) Das Gericht hat auf Verlangen eine Bescheinigung darüber zu erteilen, dass bezüglich des Gegenstandes einer Eintragung weitere Eintragungen nicht vorhanden sind oder dass eine bestimmte Eintragung nicht erfolgt ist.

§ 10. [Bekanntmachung der Eintragungen]

(1) [1]Das Gericht hat die Eintragungen in das Handelsregister durch den Bundesanzeiger und durch mindestens ein anderes Blatt bekannt zu machen. [2]Soweit nicht das Gesetz ein anderes vorschreibt, werden die Eintragungen ihrem ganzen Inhalte nach veröffentlicht.

HGB (2) Mit dem Ablaufe des Tages, an welchem das letzte der die Bekanntmachung enthaltenden Blätter erschienen ist, gilt die Bekanntmachung als erfolgt.

§ 15. Publizität des Handelsregisters]

(1) Solange eine in das Handelsregister einzutragende Tatsache nicht eingetragen und bekannt gemacht ist, kann sie von demjenigen, in dessen Angelegenheiten sie einzutragen war, einem Dritten nicht entgegengesetzt werden, es sei denn, dass sie diesem bekannt war.

(2) [1]Ist die Tatsache eingetragen und bekannt gemacht worden, so muss ein Dritter sie gegen sich gelten lassen. [2]Dies gilt nicht bei Rechtshandlungen, die innerhalb von fünfzehn Tagen nach der Bekanntmachung vorgenommen werden, sofern der Dritte beweist, dass er die Tatsache weder kannte noch kennen musste.

(3) Ist eine einzutragende Tatsache unrichtig bekannt gemacht, so kann sich ein Dritter demjenigen gegenüber, in dessen Angelegenheit die Tatsache einzutragen war, auf die bekannt gemachte Tatsache berufen, es sei denn, dass er die Unrichtigkeit kannte.

(4) Für den Geschäftsverkehr mit einer in das Handelsregister eingetragenen Zweigniederlassung ist im Sinne dieser Vorschriften die Eintragung und Bekanntmachung durch das Gericht der Zweigniederlassung entscheidend.

§ 33. [Juristische Person]

(1) Eine juristische Person, deren Eintragung in das Handelsregister mit Rücksicht auf den Gegenstand oder auf die Art und den Umfang ihres Gewerbebetriebes zu erfolgen hat, ist von sämtlichen Mitgliedern des Vorstandes zur Eintragung anzumelden.

(2) [1]Der Anmeldung sind die Satzung der juristischen Person und die Urkunden über die Bestellung des Vorstandes in Urschrift oder in öffentlich beglaubigter Abschrift beizufügen. [2]Bei der Eintragung sind die Firma und der Sitz der juristischen Person, der Gegenstand des Unternehmens und die Mitglieder des Vorstandes anzugeben. [3]Besondere Bestimmungen der Satzung über die Befugnis des Vorstandes zur Vertretung der juristischen Person oder über die Zeitdauer des Unternehmens sind gleichfalls einzutragen.

(3) Die Errichtung einer Zweigniederlassung ist durch den Vorstand unter Beifügung einer öffentlich beglaubigten Abschrift der Satzung anzumelden.

 In der Handelsregisterverfügung wurde festgelegt, wie das Handelsregister einzurichten ist. Es besteht aus den zwei Abteilungen A und B.

In **Abteilung A** werden eingetragen:
- Einzelkaufleute
- offene Handelsgesellschaften
- Kommanditgesellschaften
- juristische Personen nach § 33 HGB (z. B. Stiftungen)

In **Abteilung B** werden eingetragen:
- Aktiengesellschaften
- Kommanditgesellschaften auf Aktien
- Gesellschaften mit beschränkter Haftung
- Versicherungsvereine auf Gegenseitigkeit

Werden natürliche Personen zur Eintragung in das Handelsregister angemeldet (insbesondere als Kaufleute, Gesellschafter, Prokuristen, Vorstandsmitglieder, Geschäftsführer, Abwickler), so ist in der Anmeldung deren **Geburtsdatum** anzugeben. Außerdem ist die **Lage** der Geschäftsräume anzugeben.

89

	Amtsgericht Gießen				HR A 221
Nr. der Eintragung	a) Firma b) Ort der Niederlassung c) Gegenstand des Unternehmens (bei juristischen Personen)	Geschäftsinhaber Persönlich haftende Gesellschafter Abwickler	Prokura	Rechtsverhältnisse	a) Tag der Eintragung und Unterschrift b) Bemerkungen
1	a) Anders & Söhne OHG b) Reiskirchen	Karl Anders, 12. Juli 1968, Reiskirchen Ludwig Anders, 1. Februar 1960, Reiskirchen Elisabethe Anders Ww. geb. Laun, 18. Juli 1937, Reiskirchen	——	Offene Handelsgesellschaft. Die Gesellschaft hat am 1. Januar 1999 begonnen. Die Gesellschafterin Elisabethe Anders ist von der Vertretung ausgeschlossen.	a) 12. Januar 1999 *[Unterschrift]* b) ——
2	——	——	Walter Schrill, 5. Mai 1965, und Rudolf Weiß, 4. Juli 1970, in Reiskirchen und Heinz Siebert, 10. August 1968, in Burkhardsfelden ist Gesamtprokura erteilt. Jeder vertritt gemeinsam mit einem pers. haftenden Gesellschafter oder einem anderen Prokuristen.	——	a) 31. März 1999 *[Unterschrift]* b) Bl. 33 d. A.

a) Bei welchen Gerichten wird das Handelsregister geführt?

b) Welche Informationen kann man dem Handelsregister Abteilung A entnehmen?

c) Wer ist berechtigt, Einsicht in das Handelsregister zu nehmen?

d) In welchem Umfang wird Einsicht in das Handelsregister gestattet?

e) Wo erfolgt die Bekanntmachung von Handelsregistereintragungen?

f) Wie lautet die Firma dieses Unternehmens?

	Amtsgericht Gießen					HR B 213
Nr. der Eintragung	a) Firma b) Sitz c) Gegenstand des Unternehmens	Grund- oder Stammkapital DM	Vorstand Persönlich haftende Gesellschafter Geschäftsführer Abwickler	Prokura	Rechtsverhältnisse	a) Tag der Eintragung u. Unterschrift b) Bemerkungen
1	a) Schröder Gesellschaft mit beschränkter Haftung b) Großen-Buseck, Ortsteil Oppenrod c) Die Herstellung und der Vertrieb von Damenoberbekleidung. Die Gesellschaft darf alle Maßnahmen treffen, die geeignet sind, den Gesellschaftszweck zu fördern.	20 000,00	Erika Schröder geb. Weber, Sekretärin, Am Rain 5 in Großen-Buseck, Ortsteil Oppenrod	Franz Wehrum in Großen-Buseck ist Gesamtprokura erteilt.	Gesellschaft mit beschränkter Haftung. Der Gesellschaftsvertrag ist am 20.10.1976 geschlossen worden. Die Gesellschaft hat einen oder mehrere Geschäftsführer bestellt, so wird die Gesellschaft durch 2 Geschäftsführer gemeinsam oder durch einen Geschäftsführer in Gemeinschaft mit einem Prokuristen vertreten. Auch wenn mehrere Geschäftsführer vorhanden sind, kann einem Geschäftsführer die Alleinvertretungsbefugnis zuerkannt werden. Die Geschäftsführerin Erika Schröder ist stets alleinvertretungsberechtigt. Die Gesellschaft ist mit einer Frist von 1 Jahr kündbar, erstmals zum 31.12.1981, sodann zum Schluss eines jeden fünften Geschäftsjahres.	a) 30. Dez. 1976 b) Bl. 4–22 SdBd
2		50 000,00				a) 20. Juli 1981 b) Bl. 23 d. A.

a) Welche zusätzlichen Informationen enthält das Handelsregister in Abteilung B gegenüber der Abteilung A?

b) Welche Bedeutung haben die Informationen des Handelsregisters?

c) Welche Bedeutung hat das rote Unterstreichen des Stammkapitals?

d) Am 15. April 1994 erteilte Erika Schröder dem Angestellten Hans Schreiber Prokura. Gleichzeitig widerrief sie die Prokura des Franz Wehrum.

Wehrum schließt am 18. April 1994 mit der Textilfabrik Hanauer einen Kaufvertrag über 125 000,00 DM ab. Es stellt sich heraus, dass dieses Geschäft für die Schröder GmbH von Nachteil war.

Die Eintragung und Veröffentlichung der Erteilung bzw. Erlöschung der Prokura erfolgte am 4. Mai 1994.

da) Kann die Schröder GmbH unter Hinweis auf den Widerruf der Prokura den Kaufvertrag rückgängig machen?

db) Wann kann sich **jedermann** auf den Bestand der Prokura des Hans Schreiber berufen?

Geschäftsführung und Vertretung

Beispiel

Im Gesellschaftsvertrag einer OHG ist geregelt, dass Rechtsgeschäfte über 20 000,00 Euro der Zustimmung aller Gesellschafter bedürfen.

Der Gesellschafter A schließt einen Kaufvertrag über 40 000,00 Euro ab, weil ihm das Angebot besonders günstig erschien und die anderen Gesellschafter nicht erreichbar waren.

Eine Gesellschaft als solche kann nicht alleine handeln, sondern bedarf dazu einzelner oder aller Gesellschafter.

Deren Tätigkeit zur Verfolgung des **Geschäftszwecks** bezeichnet man als **Geschäftsführung.** Dazu gehören der Abschluss von Rechtsgeschäften, wie auch die Aufgaben der Führung der Unternehmung. **Nicht** dagegen Handlungen, die die Grundlagen der Gesellschaft selbst oder die Beziehungen der Gesellschafter zueinander betreffen.

Neben die Geschäftsführung stellt das Recht die **Vertretung.** Dabei kann es sich um denselben Sachverhalt handeln, der einmal Gegenstand der Geschäftsführung und zum anderen der Vertretung ist. Der **Unterschied** liegt nur darin, dass die Handlung für die Gesellschaft **vom Innenverhältnis her gesehen Geschäftsführung,** vom **Außenverhältnis her gesehen Vertretung ist.**

Im **Innenverhältnis** wird zu prüfen sein, ob ein Gesellschafter die Handlung vornehmen durfte, ohne seine Pflichten gegenüber den anderen Gesellschaftern zu verletzen, im **Außenverhältnis,** ob die Handlung gegenüber **Dritten** rechtsgültig ist.

Das Gesetz sieht unterschiedliche Regelungen für die Geschäftsführung und Vertretung vor, und zwar

Einzelgeschäftsführung bzw. **Gesamtgeschäftsführung;**

Einzelvertretung bzw. **Gesamtvertretung.**

Im ersten Fall stehen die Rechte den Gesellschaftern einzeln zu, im zweiten Fall müssen die Gesellschafter gemeinsam handeln.

Der **Gesellschaftsvertrag** kann beliebige **Abweichungen** vorsehen.

Lösung des Einstiegsfalles

Im **Innenverhältnis** hat der Gesellschafter gegen seine Geschäftsführungsbefugnis verstoßen. Im **Außenverhältnis** dagegen ist der Vertrag rechtswirksam, da er bei dieser Rechtsform alleine vertretungsberechtigt ist und dieses Recht nicht beschränkt werden kann.

LZ: Rechtsformen von Unternehmen nach rechtlichen und betriebswirtschaftlichen Kriterien unterscheiden

Name/ Rechtsform Vergleichskriterien	Gesellschaft bürgerlichen Rechts	Einzelkaufleute (eingetragener Kaufmann, eingetragene Kauffrau)	Offene Handelsgesellschaft	Kommanditgesellschaft
Rechtspersönlichkeit/Firma	keine eigene Rechtspersönlichkeit; keine Firma	Personen-, Sach- oder Phantasiefirmen		
Namens-/Firmenzusatz (Abkürzung)	entfällt	e. K.; e. Kfm. oder e. Kfr.	z. B. OHG	z. B. KG
Kapitelaufbringung – Mindestzahl der Gründer	zwei Personen	eine Person	zwei (natürliche oder juristische Personen)	ein Vollhafter (Komplementär), ein Teilhafter (Kommanditist)
– Mindestkapital	nicht vorgeschrieben	nicht vorgeschrieben	nicht vorgeschrieben	nicht vorgeschrieben
– Mindesteinlage	nicht vorgeschrieben	nicht vorgeschrieben	nicht vorgeschrieben	nicht vorgeschrieben
Haftung	alle Gesellschafter als Gesamtschuldner (§ 427 BGB) mit ihrem ganzen Vermögen	unbeschränkt mit Privat- und Geschäftsvermögen	unbeschränkt unmittelbare und gesamtschuldnerische (solidarische) Haftung der Gesellschafter (§ 128 HGB)	Komplementär: wie OHG-Gesellschafter Kommanditist: unmittelbare Haftung bis zur Höhe der Einlage, falls diese noch nicht erbracht wurde (§ 171 HGB) Mit Eintragung in das Handelsregister beschränkte Haftung auf den eingetragenen Betrag (§ 172 HGB)
Geschäftsführung (Innenverhältnis)	Durch alle Gesellschafter gemeinsam. Vertragliche Regelung kann davon abweichen und ist üblich	Einzelgeschäftsführung des Inhabers. Vertraglich kann Geschäftsführungsbefugnis auf Angestellte übertragen werden.	Einzelgeschäftsführung der Gesellschafter bei gewöhnlichen Geschäften (§ 114 HGB); Gesamtgeschäftsführung bei außergewöhnlichen Geschäften (§ 116 HGB)	Komplementär: wie OHG-Gesellschafter Kommanditist: keine Geschäftsführungsbefugnis, Widerspruchsrecht bei außergewöhnlichen Geschäften (§ 164 HGB)
Vertretung (Außenverhältnis)	Gesamtvertretung durch alle Gesellschafter Vertragliche Einschränkung ist möglich und üblich.	Alleinvertretung des Inhabers. Vertraglich kann Vertretungsbefugnis auf Angestellte übertragen werden.	Grundsätzlich Einzelvertretungsbefugnis der Gesellschafter (§ 125 I HGB). Gesamtvertretungsbefugnis kann im Gesellschaftsvertrag vereinbart werden, ebenso Ausschluss von Gesellschaftern von der Vertretung (§ 125 II u. IV HGB).	Komplementär: wie OHG-Gesellschafter Kommanditist: kein Vertretungsrecht
Ergebnisverteilung	Nach Vertrag; falls keine Regelung, gleichmäßige Verteilung von Gewinn bzw. Verlust auf die Gesellschafter	Gewinn und Verlust für Inhaber	Regel: Vereinbarung im Gesellschaftsvertrag. Falls keine Regelung: § 121 HGB: 4 % Verzinsung der Kapitalanteile, Rest wird unter den Gesellschaftern nach Köpfen verteilt.	Regel: gesellschaftsvertragliche Vereinbarung. Falls keine Regelung, § 168 HGB: 4 % Verzinsung der Kapitalanteile, Rest wird in angemessenem Verhältnis verteilt.

Gesellschaft mit beschränkter Haftung	Aktiengesellschaft	Genossenschaft	Partnerschaftsgesellschaft	Vergleichskriterien / Name/Rechtsform
	Personen-, Sach- oder Fantasiefirmen		Rechtsfähige Personengesellschaft. Name der Partnerschaft muss den Namen mind. eines Partners sowie die Berufsbezeichnung aller in der Partnerschaft vertretenen Berufe enthalten. Vorname nicht erforderlich.	Rechtspersönlichkeit/Firma
z. B. *GmbH*	z. B. *AG*	z. B. *eG*	*und Partner* oder *Partnerschaft*	Namens-/Firmenzusatz (Abkürzung)
eine oder mehrere Personen Mindeststammkapital 25 000 Euro; Nennbetrag eines Geschäftsanteils mindestens 50 Euro Stammeinlage eines Gesellschafters mindestens 100 Euro	mindestens 1 Person (natürliche oder juristische) Grundkapital mindestens 50 000 Euro; Stückelung in Nennbetragsaktien (mindestens 1 Euro bzw. höhere volle Eurobeträge) oder Stückaktien ohne Nennbetrag	mindestens 7 Genossen kein Mindestkapital Geschäftsanteil Mindesteinzahlung	zwei natürliche Personen nicht vorgeschrieben nicht vorgeschrieben	Kapitalaufbringung – Mindestzahl der Gründer – Mindestkapital – Mindesteinlage
Gegenüber den Gläubigern haftet die Gesellschaft mit Gesellschaftsvermögen § 13 II GmbHG). Wenn im Gesellschaftsvertrag vorgesehen, können Gesellschafter beschließen, dass über die Stammeinlagen hinaus weitere Einzahlungen (Nachschüsse) erbracht werden müssen.	nur das Gesellschaftsvermögen (§ 1 AktG)	Gläubigern haftet nur das Vermögen der Genossenschaft (§ 2 GenG) Genossen können u. U. im Konkursfalle zu Nachschüssen herangezogen werden, und zwar – unbeschränkt, – beschränkt auf bestimmte Summe (Haftsumme), – überhaupt nicht. Regelung im Statut.	Neben dem Vermögen der Partnerschaft haften die Partner als Gesamtschuldner. Die Haftung aus Schäden wegen fehlerhafter Berufsausübung kann auf den beschränkt werden, der innerhalb der Partnerschaft die berufliche Leistung zu erbringen oder verantwortlich zu leiten oder zu überwachen hat. Durch Gesetz kann für einzelne Berufe eine Beschränkung der Haftung für Ansprüche wegen fehlerhafter Berufsausübung auf bestimmte Höchstbeträge beschränkt werden, wenn zugleich eine Berufshaftpflichtversicherung abgeschlossen werden muss.	Haftung
durch einen oder mehrere Geschäftsführer (natürliche Personen); Gesamtgeschäftsführungsbefugnis.	Vorstand; Gesamtgeschäftsführung. Abweichende Regelungen durch Satzung möglich (§ 77 AktG)	Vorstand; Gesamtgeschäftsführung	Partner erbringen ihre beruflichen Leistungen nach Berufsrecht. Einzelne Partner können im Partnerschaftsvertrag nur von der Führung der sonstigen Geschäfte ausgeschlossen werden. Im Übrigen steht die Geschäftsführung allen zu, falls keine vertragliche Regelung getroffen wurde.	Geschäftsführung (Innenverhältnis)
Gesamtvertretungsmacht aller Geschäftsführer. Einzelvertretungsbefugnis kann im Gesellschaftsvertrag vereinbart werden (§ 35 GmbHG).	Vorstand, Gesamtvertretung. Abweichende Regelungen durch Satzung möglich (§ 78 AktG)	Vorstand. Gemeinschaftliche Vertretung. Abweichende Regelung im Statut möglich (§ 25 GenG).	Regelung durch Partnerschaftsvertrag. Sonst Vertretung der Partnerschaft durch jeden Partner einzeln.	Vertretung (Außenverhältnis)
Gewinn: Verteilung des Bilanzgewinns nach Anteilen (§ 29 GmbHG)	Hauptversammlung beschließt über Verwendung des Bilanzgewinns (§ 174 AktG). Verzinsung im Verhältnis der Anteile.	Anteilig nach Geschäftsguthaben (§ 19 GenG).	Nach Vertrag; sonst gleiche Verteilung von Gewinn bzw. Verlust unter die Partner.	Ergebnisverteilung

91 a) Erklären Sie den Inhalt der Vergleichskriterien!

   b) Lesen Sie die rechtlichen Grundlagen der verschiedenen Unternehmensformen durch!

92 Karl Keller und Sabine Schiller sind Gesellschafter einer OHG. Als Keller im Urlaub war, änderte Schiller den Gesellschaftsvertrag dahingehend, dass Keller zukünftig von der Geschäftsführung ausgeschlossen sein soll.

Hat Sabine Schiller im Rahmen ihrer Geschäftsführungsbefugnis gehandelt?

93 Anita Keller und Hans Meyer sind Gesellschafter einer OHG. Im Gesellschaftsvertrag haben sie nur die gesetzlichen Regelungen für die Geschäftsführung und Vertretung übernommen.

Beim Besuch eines Pkw-Händlers schließt Anita Keller für die OHG einen Kaufvertrag für einen neuen Firmenwagen ab. Kaufpreis 36 000,00 EUR.

   a) Erläutern Sie, was bei diesem Geschäft unter die Geschäftsführung und was unter die Vertretung fällt!

   b) Hans Meyer ist gegen diesen Kauf, weil der vorhandene Pkw den Anforderungen noch voll genügt. Kann er diesen Kauf rückgängig machen, wenn Anita Keller und der Verkäufer damit nicht einverstanden sind?

94 A, B und C wollen gemeinsam ein Unternehmen betreiben, das den An- und Verkauf von Obst und Gemüse zum Gegenstand hat. C ist nicht bereit, über einen bestimmten Betrag hinaus für die Verbindlichkeiten der Gesellschaft zu haften.

   a) Welche Rechtsform empfehlen Sie für dieses Unternehmen?

   b) Welche Vorteile bietet die von Ihnen gewählte Rechtsform für die Beschaffung von Fremd-kapital?

95 Mayer und Scherer sind Gesellschafter einer OHG. Als sich der Gläubiger Heilmann wegen einer Forderung an die OHG über 5 460,00 EUR direkt an Scherer wendet, verweigert dieser die Zahlung mit der Begründung, dass Mayer zunächst seinen Anteil an der Verbindlichkeit bezahlen müsse.

Hat Scherer richtig gehandelt?

96 Neumann ist Gesellschafter einer KG, an der auch Müller als Kommanditist beteiligt ist. Neumann bestellt auf einer Geschäftsreise einen neuen Lkw für 180 000,00 EUR. Damit soll der vor vier Jahren gekaufte Lkw ersetzt werden. Als Müller von diesem Kauf erfährt, wirft er Neumann vor, er hätte vor dem Kauf gehört werden müssen, um seine Zustimmung zu geben. Der Kaufvertrag sei nicht wirksam geworden. Als die ersten Wechsel für diesen Lkw zur Zahlung vorgelegt werden, verweigert Müller die Einlösung.

Mit Recht?

97 Neumanns Ehefrau Hilda will sich an einem Unternehmen beteiligen. Dabei möchte sie auf keinen Fall zu Zahlungen außer der Zahlung der Stammeinlage bzw. des Geschäftsanteils herangezogen werden können.

Welche Rechtsformen kommen bei dieser Bedingung in Frage? (OHG, KG, GmbH, AG, eG?)

98 Hellmann will sich an einer Gesellschaft beteiligen, die es ihm erlaubt, möglichst leicht die Gesellschaftsanteile wieder zu einem amtlich festgestellten Preis veräußern zu können.

Welche Rechtsform ermöglicht ihm diesen Wunsch?

99 In der Zeitung steht eine Anzeige, in der Kapitalgeber gesucht werden. Diese sollen sich als Kommanditisten an einer GmbH & Co. KG beteiligen.

    a)   Erläutern Sie diese Rechtsform!

    b)   Nennen Sie mögliche Risiken für Gläubiger von Unternehmen in dieser Rechtsform!

100 Adorf, Becker und Mayer beabsichtigen, ein Unternehmen für den Verkauf von Büromöbeln zu gründen. Es stehen als Rechtsformen BGB-Gesellschaft, OHG, KG und stille Gesellschaft zur Wahl.

Welche Rechtsform schlagen Sie unter den folgenden Bedingungen vor?

    a)   Adorf ist vermögend, will aber selbst nicht Geschäftsführer sein. Er ist bereit, bis zu 40 000,00 EUR einzubringen.

    b)   Becker, ein EDV-Spezialist, kann 25 000,00 EUR Einlage aufbringen. Weiteres Privatvermögen besitzt er nicht.

    c)   Mayer, ein erfolgreicher Verkäufer, kann 5 000,00 EUR aufbringen. Zusätzliches Vermögen ist bereits anderweitig belastet.

Die Kreditbasis soll möglichst breit sein.

101 Weber, Zirke und Oppermann betreiben eine Heizöl-Großhandlung in der Rechtsform der OHG.

Weber ist mit 40 000,00 EUR, Zirke mit 80 000,00 EUR und Oppermann mit 20 000,00 EUR beteiligt. Der Gesellschaftsvertrag ist gemäß HGB geregelt.

    a)   Als Zirke und Oppermann zur Kur gefahren waren, verspürte auch Weber Reiselust. Er ernennt den Angestellten Warnke zum Prokuristen und fährt in Urlaub, nachdem er seine Geschäftspartner von der Ernennung Warnkes in einem Rundschreiben informiert hat.

        Warnke schließt nach 4 Tagen mit einer Mineralölgesellschaft, mit der bereits seit langem Geschäftsbeziehungen bestehen, einen 2-jährigen Liefervertrag ab.

        Nach 14 Tagen trifft die erste Teillieferung ein.

        Als Zirke als erster aus der Kur zurückkommt, stellt er fest, dass der von Warnke abgeschlossene Vertrag äußerst ungünstig für seine Gesellschaft ist. In einem Fernschreiben erklärt er den von Warnke geschlossenen Vertrag für nichtig und fordert die Rücknahme des gelieferten Heizöls. Der Lieferant lehnt dieses Ansinnen unverzüglich unter Hinweis auf die Prokura Warnkes ab. Wer ist im Recht? Begründen Sie Ihre Antwort!

    b)   Erbost über das Verhalten Webers, beschließen die beiden anderen Gesellschafter, ihn aus der Gesellschaft auszuschließen und ihm seine Einlage von 40 000,00 EUR zurückzuzahlen.

        Ist das möglich?

    c)   In dem abgelaufenen Geschäftsjahr verbleibt dennoch ein Gewinn von 120 000,00 EUR. Verteilen Sie den Gewinn nach den Regelungen des HGB!

    d)   Wie ist der Gewinn zu versteuern?

102 A, B und C wollen einen Verlag gründen. A verfügt über 15 000,00 EUR, B über 10 000,00 EUR und C über 27 500,00 EUR.

Weitere Gesellschafter können notfalls aufgenommen werden.

A, B und C stellen unterschiedliche Anforderungen an die zu wählende Rechtsform. Ihre Bewertungen der jeweiligen Forderungen sind in Punkten in der folgenden Aufstellung angegeben.

Welche Rechtsform werden Sie wählen?

(Kreuzen Sie zunächst die Alternativen, die den Gesellschaftern genügen, an!)

Forderung	Rechtsform			Bewertung		
	OHG	GmbH	AG	A	B	C
Gründungskapital muss ausreichen				1	1	1
Gesellschaftsanteile sollen leicht übertragbar sein				1	2	0
Gesellschaftsanteile sollen möglichst an der Börse gehandelt werden können				0	2	0
Fremdkapitalbeschaffung soll grundsätzlich durch die Emission von Gläubigerpapieren möglich sein				1	1	0
Es sollen keine Publizitätsvorschriften bestehen				2	2	2
Die Haftung soll auf die Einlage beschränkt sein				2	2	0
Mitbestimmung der Arbeitnehmer soll möglichst gering sein				0	1	2

103 An der Schneider & Söhne OHG sind K., D. und E. Schneider mit Kapitalanteilen von 150 000,00 EUR, 250 000,00 EUR und 320 000,00 EUR beteiligt. Es wurde ein Jahresüberschuss von 1 576 800,00 EUR erzielt.

  a) Wie ist dieser Gewinn nach den Vorschriften des HGB zu verteilen?

  b) Warum wird im Gesellschaftsvertrag häufig eine von dem HGB abweichende Regelung für die Gewinnverteilung getroffen?

  c) Welche Gewinnverteilung hätte sich ergeben, wenn der Gesellschafter K. Schneider wegen seiner Mitarbeit im Unternehmen vorweg 80 000,00 EUR erhalten hätte?

104 a) Welche Regelung gilt nach dem HGB für die Gewinnverteilung einer KG?

  b) Welche Gründe gibt es für diese von der OHG abweichende Regelung?

105 Karl Schneider ist mit einer Einlage von 25 000,00 EUR an einer OHG beteiligt. Lisa Müller ist mit einer Kommanditeinlage von 50 000,00 EUR an einer KG beteiligt. Anna Hansen ist mit zwei Anteilen im Nennwert von je 500,00 EUR an einer GmbH beteiligt. Den Nennwert hat sie eingezahlt.

Dieter Meister hat sich mit 50 Aktien à 50,00 EUR Nennwert an einer AG beteiligt. Meister hat die Aktien zum Kurs von 145 an der Börse erworben.

  a) Welches Risiko gehen die verschiedenen Anleger jeweils ein?

  b) Welche Mitspracherechte haben diese Anleger jeweils?

  c) Welche Möglichkeiten bestehen für die Beteiligten, ihre Beteiligungen wieder zu veräußern?

106 A. ist an der Alederwerke AG mit 2 000 Stückaktien beteiligt. Die Gesellschaft hat folgende Bilanz (in Euro):

A	Bilanz Alederwerke AG		P
Verschiedene Aktiva	14 500 000,00	Gezeichnetes Kapital	2 000 000,00
		Kapitalrücklage	4 000 000,00
		Gewinnrücklagen	
		1. gesetzliche Rücklage	200 000,00
		2. Rücklage für eigene Anteile	0,00
		3. satzungsmäßige Rücklagen	800 000,00
		4. andere Gewinnrücklagen	2 500 000,00
		Verbindlichkeiten	
		gegenüber KI	5 000 000,00

a) Welchen Kurs hat eine Aktie, wenn das Papier zum Bilanzkurs (innerer Wert) bewertet wird? Das Grundkapital ist in 200 000 Stückaktien eingeteilt.

b) Welche Gründe können dazu führen, dass die Aktie zu einem Kurs bewertet wird, der
  ba) unter und
  bb) über dem Bilanzkurs liegt?

107 20 Landwirte gründen am 1. Februar 20. . einen Maschinenring in der Rechtsform einer Genossenschaft. Der Geschäftsanteil jedes Genossen wird auf 4 000,00 EUR festgelegt, die Haftsumme auf 6 000,00 EUR im Statut vereinbart. Die Genossen leisten bis zum 1. April 20. . ihre Mindesteinlage in bar.

a) Wie sieht die Bilanz der Genossenschaft am 2. April 20. . aus, wenn 500,00 EUR Gründungskosten entstanden sind und bar bezahlt wurden?

b) Erklären Sie die folgenden Begriffe: Mindesteinzahlung, Geschäftsanteil, Geschäftsguthaben, Haftsumme.

c) Im ersten Geschäftsjahr entsteht ein Gewinn von 4 000,00 EUR. Einzahlungen wurden von den Genossen während des Jahres nicht geleistet.
Wie wird der Gewinn unter die Genossen verteilt?

d) Bis zu welcher Summe können die Genossen im Konkursfalle einzeln zu zusätzlichen Nachschusspflichten herangezogen werden?

e) Nach drei Jahren erwarb ein Genosse zwei zusätzliche Genossenschaftsanteile.
Wie viel Stimmen hat der Genosse jetzt in der Generalversammlung?

108 Drei Kapitalgeber wollen einen Handelsbetrieb gründen. Als Rechtsform soll eine Personengesellschaft gewählt werden. Die Haftung soll auf die Einlage beschränkt sein. Die Geschäftsführung soll von den Gesellschaftern ausgeübt werden.

Welche Rechtsform bietet sich als sinnvoll an?

109 Ein Großhändler erhält erstmalig einen Auftrag von der Foruri OHGmbH.

Erläutern Sie diese Rechtsform!

110 Der Journalist Dieter Eisberger, Löberstraße 20, 35390 Gießen, und die Fotografin Karin Klauer, Eisenmarkt 13, 35578 Wetzlar, üben ihre Tätigkeiten freiberuflich aus. Sie haben sich in einem Krisengebiet kennengelernt und wollen in Zukunft gemeinsam eine Buchreihe über „Krisengebiete dieser Welt" veröffentlichen. Zu diesem Zweck wollen sie gemeinsam mit Verlagen verhandeln und suchen dafür eine geeignete Rechtsform.

a) Welche Rechtsform empfehlen Sie den beiden?

b) Erarbeiten Sie einen Vertrag, den die beiden anschließend unterschreiben könnten!

c) Geben Sie an, was nach der Unterzeichnung des Vertrags zu unternehmen ist, um das Vorhaben zu realisieren!

d) Ab welchem Zeitpunkt könnten die Vertragspartner gegenüber den Verlegern unter der gewählten Rechtsform auftreten?

e) Unter welchem Namen könnten die beiden die Gesellschaft betreiben?

f) Zur Einrichtung eines Büros für diese Gesellschaft soll bei einem Kreditinstitut ein Darlehen von 75 000,00 EUR aufgenommen werden. Jeder der beiden Partner besitzt ein Privatvermögen von 40 000,00 EUR bzw. 180 000,00 EUR.
Wie beurteilen Sie das Risiko des Kreditinstituts aus dieser Kreditgewährung?

III. Menschliche Arbeit im Betrieb/Arbeitsrecht, Mitbestimmung/Personalwirtschaft

LZ: Den Menschen als Leistungsfaktor darstellen

Tätigkeitsbeschreibungen/Arbeitsplatzgestaltung

1 In einem Kreditinstitut wurden die Aufgabenstellungen der einzelnen Arbeitsplätze in Arbeitsplatzbeschreibungen festgelegt.

Hier zwei Auszüge aus diesen Tätigkeitsbeschreibungen:

Arbeitsplatz I

„Aufgabe des Stelleninhabers ist es, die Mitarbeiter in allen Personal- und Sozialangelegenheiten zu beraten und ihre Aus- und Weiterbildung zu organisieren.

Ziel der Stelle ist es, durch entsprechende Maßnahmen das Betriebsklima zu pflegen, die bestmögliche fachliche Qualifikation und optimale Leistung der Mitarbeiter zu schaffen.

Spezielle Aufgaben:
Planung des Personalbedarfs und des Personaleinsatzes
Urlaubsplan erstellen
Personaleinsatzplan mit der Personalbedarfsmeldung der Sachgebietsleiter abstimmen und der Geschäftsleitung vorlegen
Überwachung der Lohn- und Gehaltsabrechnung"

Arbeitsplatz II

„Aufgabe des Stelleninhabers ist es, die mit dem Kassenverkehr auftretenden Tätigkeiten auszuführen.

Ziel der Stelle ist die reibungslose Abwicklung des Kassenverkehrs.

Spezielle Aufgaben:
Halten eines vorgegebenen Kassenbestandes
Abwicklung von Ein- und Auszahlungen in bar
Kassenabstimmung
Vorbereitung von Einzahlungen auf das LZB-Konto sowie von Abhebungen vom LZB-Konto"

a) Welche Art von Tätigkeiten hat der Stelleninhaber des Arbeitsplatzes I zu erfüllen?
b) Welche Art von Tätigkeiten hat der Stelleninhaber des Arbeitsplatzes II zu erfüllen?
c) Wie kann man die den beiden Arbeitsplätzen zugewiesenen Tätigkeiten generell kennzeichnen?

LZ: Zusammenhänge zwischen Arbeitsbedingungen und Arbeitsleistung darstellen

2 In einer Untersuchung, und zwar der sog. Pittsburgh-Studie (1959), stellte Herzberg 16 Faktoren für das Entstehen von Arbeitszufriedenheit bzw. -unzufriedenheit fest.

Herzberg unterteilte diese Faktoren in Motivatoren (1.–5.), Zwischenkategorien (6.–9.) und Hygienefaktoren (10.–16.).

Motivatoren

1. Selbstbestätigung (Leistungserfolg)
2. Anerkennung
3. Aufgabe

4. Verantwortung
5. Beförderung

Beeinflussen langfristig positiv Arbeitszufriedenheit

Zwischenkategorien

6. Entwicklungsmöglichkeiten
7. Bezahlung

8. Beziehung zu Untergebenen
9. Status

Zufriedenmacher oder Unzufriedenmacher

Hygienefaktoren

10. Beziehungen zu Vorgesetzten
11. Beziehung zu Kollegen
12. Führungstechnik
13. Organisation/Management

14. Arbeitsbedingungen
15. Privatleben
16. Arbeitsplatz-Sicherheit

Beeinflussen nur kurzfristig Arbeitszufriedenheit, bei Fehlen tritt Unzufriedenheit auf

a) Was ist unter den einzelnen Faktoren zu verstehen?

b) Welche Faktoren beeinflussen Ihre eigene Leistungsbereitschaft am meisten?

3 In einer 1980 durchgeführten Untersuchung der co op-Handelsgesellschaft über die Gründe für den Arbeitsplatzwechsel nannten die Befragten als Austrittsgründe:

Bezahlung	53,7%
Arbeitszeitregelung	45,5%
Private Gründe	39,7%
Berufliche Fortentwicklung	33%
Führungsverhalten der Vorgesetzten	26,7%

Mehrfachnennungen waren möglich

a) Inwieweit haben Motivatoren den Arbeitsplatzwechsel beeinflusst?

b) Wie wirkten die Zwischenkategorien beim Arbeitsplatzwechsel mit?

c) Welchen Einfluss hatten Hygienefaktoren beim Arbeitsplatzwechsel?

d) Wie beurteilen Sie Ihre eigene Zufriedenheit bzw. Unzufriedenheit am Arbeitsplatz unter Berücksichtigung der Kriterien von Herzberg?

e) Welche Maßnahmen würden Sie der co op-Handelsgesellschaft vorschlagen, um die Fluktuation zu vermindern?

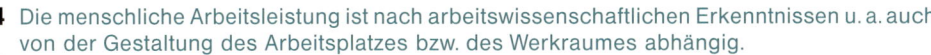

4 Die menschliche Arbeitsleistung ist nach arbeitswissenschaftlichen Erkenntnissen u. a. auch von der Gestaltung des Arbeitsplatzes bzw. des Werkraumes abhängig.

Dabei sind die Bereiche Lärm, Beleuchtung, Farbgebung, Raumklima sowie die physiologische Gestaltung des Arbeitsplatzes (Körperstellung, Körpermaße) zu berücksichtigen.

a) Erarbeiten Sie einen Vorschlag für die Gestaltung eines Büros für eine Sekretärin!

b) Prüfen Sie, ob Ihr Arbeitsplatz im Betrieb und in der Schule den Anforderungen hinsichtlich einer optimalen Gestaltung entspricht!

 **Lärm**

Höchst zulässige Schallintensitäten an Arbeitsplätzen

Tätigkeit	Beurteilungspegel und Bemerkung
Überwiegend geistige Tätigkeit sowie in Pausen-, Bereitschafts-, Liege- und Sanitätsräumen	55 dB(A)
Einfache oder überwiegend mechanisierte Bürotätigkeit sowie vergleichbare andere Tätigkeit	70 dB(A)
Alle sonstigen Tätigkeiten	85 dB(A)
Alle sonstigen Tätigkeiten, bei denen der Beurteilungspegel von 85 dB(A) mit betrieblich möglichen Lärmminderungsmaßnahmen nicht eingehalten werden kann	85 bis 90 dB(A) Persönlicher Gehörschutz muss gestellt werden
	über 90 dB(A) Persönlicher Gehörschutz muss getragen werden

Quellennachweis: Unfallverhütungsvorschrift „Lärm" (VBG 121) Arbeitsstättenverordnung

Beispiele unterschiedlicher Schallintensitäten

Schallintensität in dB(A)	Geräuschart	
140	Düsenmotor	Schmerzbereich
130	Niethammer	
----------------------------SCHMERZSCHWELLE----------------------------		
120	Propellermaschine	
110	Bohrmaschine	Schädigungsbereich
100	Metallverarbeitungsbetrieb	
90	Schweres Fahrzeug	
80	Starker Straßenverkehr	Belästigungsbereich
70	Personenwagen	
60	Normales Gespräch	
50		Sicherer Bereich
40	Leise Radiomusik	
30	Flüstern	
20	Blätterrauschen	
0	HÖRSCHWELLE	

Quellen-Nachweis: Bilsom-Information

Wirkung des Lärms auf den Menschen

Lärmstufe IV	**120 dB(A)**	**Mechanische Schäden**
Lärmstufe III	**90–120 dB(A)**	**Gefahr einer Lärmschwerhörigkeit**
Lärmstufe II	**65– 90 dB(A)**	**Physiologisch-vegetative Wirkungen**
Lärmstufe I	**30– 65 dB(A)**	**Psychische Wirkungen**

Quellen-Nachweis: Unfallverhütungsvorschrift „Lärm" (VBG 121) Arbeitsstättenverordnung

Richtlinien für die Anordnung von Lichtquellen

Direktblendung vermeiden, Lichtquellen nicht im Gesichtsfeld anordnen. Reflexionsblendung durch Spiegelung im Gesichtsfeld vermeiden.

Leuchtdichte: Unterschiede der umgebenden großen Flächen gering halten. Gleichmäßige Ausleuchtung des Raumes durch Anordnen mehrerer Lichtquellen. Lichtquellen grundsätzlich nur mit Abschirmungen verwenden.

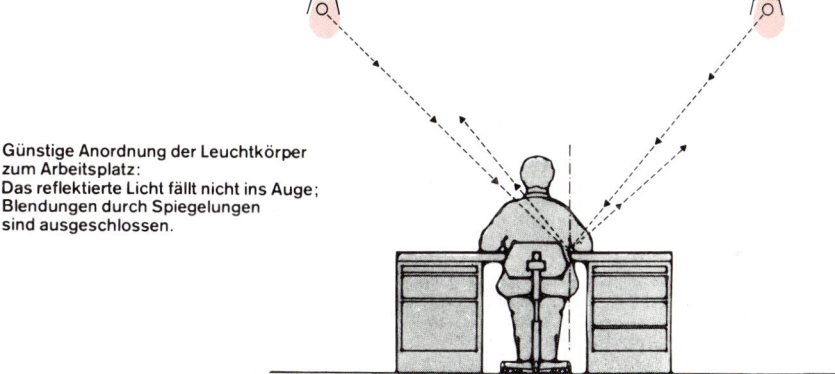

Günstige Anordnung der Leuchtkörper zum Arbeitsplatz:
Das reflektierte Licht fällt nicht ins Auge;
Blendungen durch Spiegelungen sind ausgeschlossen.

Quellen-Nachweis: E. Grandjean „Physiologische Arbeitsgestaltung"

Güte der Beleuchtung

Beleuchtungsstärke, Anordnung und Gleichförmigkeit des Lichtes, Farbzusammensetzung und Schattigkeit bestimmen die Güte der Beleuchtung am Arbeitsplatz. Dadurch werden Wahrnehmung, Konzentration und Aufmerksamkeit beeinflusst.

7 Schuster – ISBN 3-8120-0060-1

Auswirkungen der Beleuchtungsstärke:

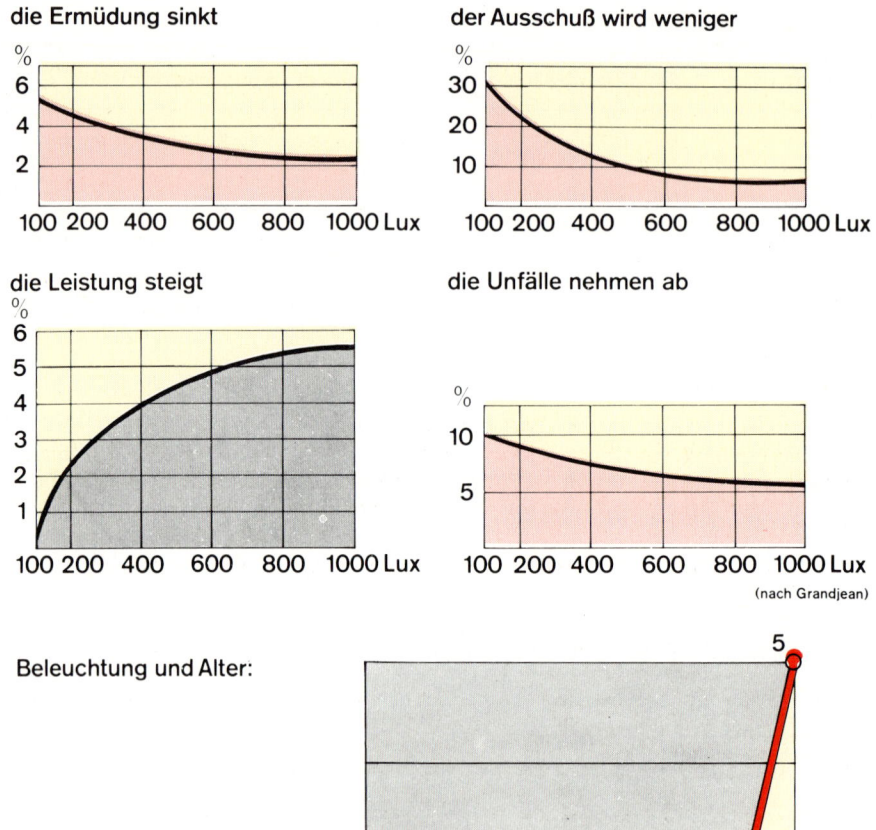

die Ermüdung sinkt

der Ausschuß wird weniger

die Leistung steigt

die Unfälle nehmen ab

(nach Grandjean)

Beleuchtung und Alter:

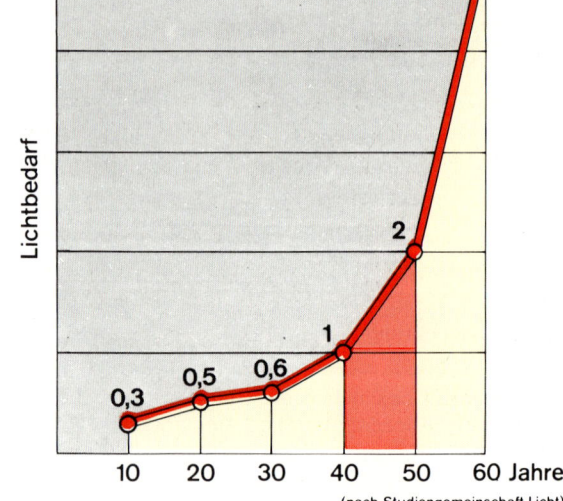

(nach Studiengemeinschaft Licht)

Der Lichtbedarf mit 50 Jahren ist doppelt so hoch wie mit 40 Jahren.

Beleuchtungsstärke

Richtwerte:

Arbeiten an Mischern	60 Lux	Glasmosaikarbeiten	500 Lux
Arbeiten an Kalandern	120 Lux	Blechkontrolle	500 Lux
Schmieden	120 Lux	Löten	500 Lux
Arbeiten in Schalter- und Kassenhallen	250 Lux	Haarfärben und Tönen	750 Lux
Vulkanisieren	250 Lux	Handdruck	750 Lux
Analysen	250 Lux	Nähen	750 Lux
Wickeln von Spulen und Ankern mit grobem Draht	250 Lux	Technisches Zeichnen	1 000 Lux
		Farbprüfung	1 000 Lux
Buchführungsarbeiten	500 Lux	Wickeln feiner Drahtspulen	1 000 Lux
Stenogrammaufnahme	500 Lux	Montage elektronischer Bauteile	1 500 Lux
Forschungslaboratorium	500 Lux	Kunststopfen	1 500 Lux
Wickeln von Spulen und Ankern mit mittlerem Draht	500 Lux	Stahl- und Kupferstich	2 000 Lux
		Montage von Subminiaturteilen	2 000 Lux

Quellen-Nachweis: „Menschengerechte Arbeitsgestaltung", Informationsschrift des DGB, ÖGB, SGB

Farbgebung im Arbeitsraum

Ein Arbeitsplatz ist auch unter Beachtung **psychologischer Wirkungen von Farben** zu gestalten. **Monotone Arbeit** erfordert einige anregende Farbelemente, z. B. bei der Farbgestaltung von Säulen, Türen oder Trennungsflächen. Bei Arbeiten, die eine **hohe Konzentration** erfordern, müssen Ablenkungen und Beunruhigungen vermieden werden. Daher sind dann helle, unauffällige Farben zu verwenden.

Zur Orientierung kann auf den **Farbenschlüssel** von Kurt Görsdorf zurückgegriffen werden. Daraus einige Beispiele für die Farbwirkungen.

Farbton	Seelische Wirkung	Raumbeziehung	Symbolart
Gelb	Lebhaft, frisch, erleichternd, anregend	Raum auflösend, strahlend	Licht, Geistigkeit
Orange	Vergnügt, festlich, wärmend	Nähernd, konturbildend	Sonne, Gold, Land
Beige	Erdhaft, warm, trocken, fest	Statisch, ausformend, räumlich	Geld, Geselligkeit, „fester Boden"
Weinrot	Mächtig, kräftigend, stark	Raumbildend, ausdrucksvoll	Blut, Macht, Kraft
Purpurrot	Würdig, prächtig, gebieterisch	Raumstreckend, Verinnerlichung	Rechtlichkeit, Sittenstrenge
Rosa	Zart, distanziert, kraftlos	Schönes Raumgefühl, leicht auflösend	Aroma, Süße, Mädchen
Hellblau (Königsblau)	Hart, gemütskräftig,	Strahlend, raumgebend	Stahl, Festigkeit, Klarheit
Moosgrün	Naturhaft, vital, begehrend	Neutralisierend, weitend	Zurückgezogenheit, Mond, Fremdheit
Schwarz	Unsicher, feierlich, einsaugend	Begenzend auslösend, raumfeindlich	Dunkelheit, „Loch"
Weiß	Schwebend, unirdisch, „unbefleckt"	Hervortretend, wandbildend	Glätte, „Jungfrau"

Behaglichkeit, Raumklima

Der Klimabereich, in dem sich der Mensch behaglich fühlt, ist individuell verschieden. Der Mensch empfindet einen Klimazustand als behaglich, wenn die Wärmebilanz des Körpers ohne Beteiligung der körpereigenen Regulationsmechanismen (z.B. Schwitzen bei Wärme, Gänsehaut bei Kälte) ausgeglichen ist.

Empfohlene Lufttemperaturen für verschiedene Tätigkeiten

sitzend, geistige Arbeit (Büro, Überwachungstätigkeit)	18 bis 24° C
sitzend, leichte Arbeit (Sortieren kleiner Teile, Steuerungstätigkeit)	18 bis 24° C
stehend, leichte Arbeit (Drehen, Fräsen)	17 bis 22° C
stehend, schwere Arbeit (Montage schwerer Teile)	16 bis 21° C
sehr schwere Arbeit	15 bis 21° C

Physiologische Gestaltung

Forderungen der Arbeitsmedizin an anatomisch richtiges Sitzen:

Der Sitz soll höhenverstellbar sein, die Rückenlehne soll horizontal und vertikal verstellbar sein, die Tiefe der Sitzfläche sollte mindestens 35 cm betragen, der Arbeitsstuhl muss eine ausreichende Bewegungsfreiheit entsprechend der Tätigkeit seines Benutzers gewährleisten, die Rückenlehne sollte (um größtmögliche Bewegungsfreiheit zu erlauben) nicht zu breit sein, Armlehnen dürfen die Bewegungsfreiheit nicht einschränken, Druckerscheinungen an den Oberschenkeln lassen sich durch richtige Sitzhöhe vermeiden. Dazu eine Faustregel: Die Sitzhöhe entspricht der Länge der Unterschenkel (Absatz bis Kniekehle). Als zusätzlicher Schutz sollte die Vorderkante des Sitzes abgerundet sein.

EU-Richtlinie für Bildschirmarbeitsplätze

Pflichten der Arbeitgeber

Diese EU-Richtlinie verpflichtet jeden Arbeitgeber zu einer Analyse aller Bildschirmarbeitsplätze, um die Gefahren einer möglichen Gefährdung des Sehvermögens, körperlicher Schädigungen und psychischer Belastungen der Arbeitnehmer zu ermitteln und die Gefahren abzustellen. Er muss die Arbeitnehmer außerdem über alle gesundheits- und sicherheitsrelevanten Fragen im Zusammenhang mit ihrem Arbeitsplatz unterrichten.

Die ergonomischen Anforderungen an die **Arbeitsgeräte**, die Anforderungen an die **Arbeitsumgebung** wie Platzbedarf, Beleuchtung, Lärmschutz, Strahlenschutz und Raumklima und an die **Software** wie Benutzerfreundlichkeit, Verzicht auf Vorrichtungen für die quantitative oder qualitative Kontrolle der Benutzer ohne deren Einwilligung, sind zu beachten.

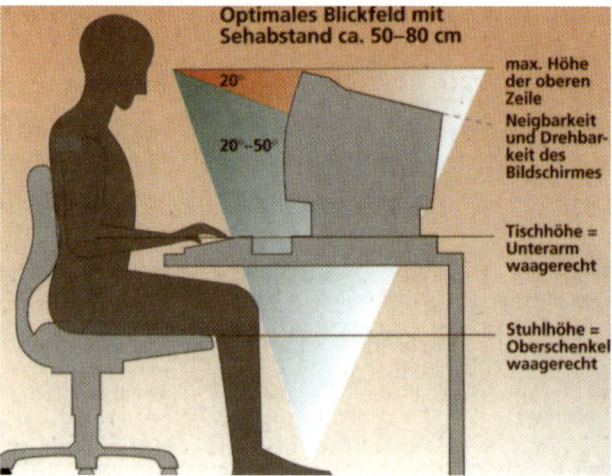

Quellen-Nachweis: Voho Edition, Band 2, Arbeiten am Bildschirm. Die EU-Richtlinie für Bildschirmarbeitsplätze, S. 12

Rechte der Arbeitnehmer

● Arbeitnehmer haben das Recht, vor Aufnahme der Tätigkeit am Bildschirm und bei jeder wesentlichen Veränderung der Organisation des Arbeitsplatzes im Umgang mit dem Gerät unterwiesen zu werden.

● Die Tätigkeit muss so organisiert werden, dass die tägliche Arbeit am Bildschirm regelmäßig durch Pausen und andere Tätigkeiten unterbrochen wird, um die Belastung zu verringern.

● Sie haben das Recht, **vor** Aufnahme der Bildschirmtätigkeit eine Untersuchung der Augen und des Sehvermögens vornehmen zu lassen. **Später** in regelmäßigen Abständen und wenn Sehbeschwerden auftreten, die auf die Bildschirmarbeit zurückgeführt werden können.

● Eventuell erforderliche spezielle Sehhilfen müssen ihm zur Verfügung gestellt werden.

5 Auch die Gestaltung der Arbeitszeit und der Pausen wirken sich auf die menschliche Arbeitsleistung aus.

Welche Formen der Arbeitszeit schlagen Sie für die Beschäftigten in den folgenden Fällen vor?

a) Lehrer, die mit der Durchführung von Aus- und Weiterbildungsveranstaltungen in jeweils 8-tägigen Kursen beauftragt sind.

b) Ein Unternehmen mit ca. 2 000 Beschäftigten befindet sich in zentraler Lage einer Großstadt. In seinen vier Betriebsteilen mit ca. 800 Beschäftigten arbeiten die Mitarbeiter jeweils an einem eigenen Montageband.

Die Arbeitnehmer klagen häufig über die schwierigen Verkehrsverhältnisse.

c) Für die Mitarbeiter in der Verwaltung eines Industrieunternehmens.

d) Für Forscher in der Abteilung „Forschung und Entwicklung" eines Chemieunternehmens, die mit Grundlagenforschung beauftragt sind.

6 Die unterschiedlichen Leistungskurven von Arbeitnehmern sind in dem folgenden Schaubild dargestellt.

a) In einem Unternehmen sollen am Vormittag und am Nachmittag jeweils eine Pause von 30 Minuten eingeplant werden. Die Mittagspause beträgt 60 Minuten.

Wann würden Sie aus der Sicht des Unternehmens diese Pausen einplanen?

b) Welchen Einfluss haben gymnastische Übungen am Arbeitsplatz auf den Verlauf der Leistungskurve?

c) Wie würden Sie entscheiden, wenn die Frage diskutiert wird, ob gymnastische Übungen für Büroangestellte eingeführt werden sollten?

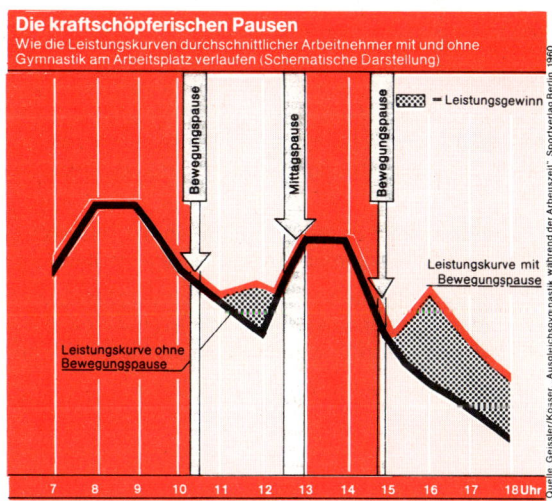

Quelle: Wirtschaftswoche Nr. 41 · 30.09.1977

Mitarbeiter im Betrieb

7 In der Ölimport GmbH sind Anton Wilms als Geschäftsführer, Eva Meier und Dieter Weber als kaufmännische Angestellte, Erhard Bauer als Lagerarbeiter und Inge Seelmann als kaufmännische Auszubildende tätig.

   a) Welche Arten von Mitarbeitern hat die Ölimport GmbH beschäftigt?

   b) Welche rechtlichen Unterschiede bestehen zwischen den im Unternehmen beschäftigten Mitarbeitern im Einzelnen?

HGB § 59. [Handlungsgehilfe]

[1]Wer in einem Handelsgewerbe zur Leistung kaufmännischer Dienste gegen Entgelt angestellt ist (Handlungsgehilfe), hat, soweit nicht besondere Vereinbarungen über die Art und den Umfang seiner Dienstleistungen oder über die ihm zukommende Vergütung getroffen sind, die dem Ortsgebrauch entsprechenden Dienste zu leisten sowie die dem Ortsgebrauch entsprechende Vergütung zu beanspruchen. [2]In Ermangelung eines Ortsgebrauchs gelten die den Umständen nach angemessenen Leistungen als vereinbart.

BBiG § 3. [Vertrag]

(1) Wer einen anderen zur Berufsausbildung einstellt (Ausbildender), hat mit dem Auszubildenden einen Berufsausbildungsvertrag zu schließen.

(2) Auf den Berufsausbildungsvertrag sind, soweit sich aus seinem Wesen und Zweck und aus diesem Gesetz nichts anderes ergibt, die für den Arbeitsvertrag geltenden Rechtsvorschriften und Rechtsgrundsätze anzuwenden.

(3) Schließen Eltern mit ihrem Kind einen Berufsausbildungsvertrag, so sind sie von dem Verbot des § 181 des Bürgerlichen Gesetzbuches befreit.

(4) Ein Mangel in der Berechtigung, Auszubildende einzustellen oder auszubilden, berührt die Wirksamkeit des Berufsausbildungsvertrages nicht.

Arbeiter oder Angestellter?

Die Frage, ob ein Arbeitnehmer Arbeiter oder Angestellter ist, richtet sich danach, ob seine Beschäftigung der Versicherungspflicht der Angestellten- oder Arbeiterrenten-Versicherung unterliegt. Aus den für beide Versicherungen geltenden Gesetzen (§ 3 AVG, § 165 b RVO) lässt sich die Zuordnung aber nicht direkt ableiten, es werden nur beispielhafte Erläuterungen gegeben.

Im Zweifelsfalle ist daher zu prüfen, ob die Beschäftigung nach der im Bundesgebiet herrschenden Verkehrsanschauung als Angestelltentätigkeit zu betrachten ist.

Hat sich (noch) keine Verkehrsanschauung herausgebildet, hängt die Entscheidung, ob ein Arbeitnehmer Angestellter oder Arbeiter ist, davon ab, ob er eine überwiegend geistige Beschäftigung verrichtet oder ob er vorwiegend körperlich tätig ist.

(Urteil des Bundessozialgerichts vom 24. Oktober 1978 – 12 RK 60/76 –)

Prokura

HGB **§ 48. [Erteilung der Prokura; Gesamtprokura]**

(1) Die Prokura kann nur von dem Inhaber des Handelsgeschäfts oder seinem gesetzlichen Vertreter und nur mittels ausdrücklicher Erklärung erteilt werden.

(2) Die Erteilung kann an mehrere Personen gemeinschaftlich erfolgen (Gesamtprokura).

§ 49. [Umfang der Prokura]

(1) Die Prokura ermächtigt zu allen Arten von gerichtlichen und außergerichtlichen Geschäften und Rechtshandlungen, die der Betrieb eines Handelsgewerbes mit sich bringt.

(2) Zur Veräußerung und Belastung von Grundstücken ist der Prokurist nur ermächtigt, wenn ihm diese Befugnis besonders erteilt ist.

§ 50. [Beschränkung des Umfanges]

(1) Eine Beschränkung des Umfanges der Prokura ist Dritten gegenüber unwirksam.

(2) Dies gilt insbesondere von der Beschränkung, dass die Prokura nur für gewisse Geschäfte oder gewisse Arten von Geschäften oder nur unter gewissen Umständen oder für eine gewisse Zeit oder an einzelnen Orten ausgeübt werden soll.

(3) [1]Eine Beschränkung der Prokura auf den Betrieb einer von mehreren Niederlassungen des Geschäftsinhabers ist Dritten gegenüber nur wirksam, wenn die Niederlassungen unter verschiedenen Firmen betrieben werden. [2]Eine Verschiedenheit der Firmen im Sinne dieser Vorschrift wird auch dadurch begründet, dass für eine Zweigniederlassung der Firma ein Zusatz beigefügt wird, der sie als Firma der Zweigniederlassung bezeichnet.

§ 51. [Zeichnung des Prokuristen]

Der Prokurist hat in der Weise zu zeichnen, dass er der Firma seinen Namen mit einem die Prokura andeutenden Zusatz beifügt.

§ 52. [Widerruflichkeit; Unübertragbarkeit; Tod des Inhabers]

(1) Die Prokura ist ohne Rücksicht auf das der Erteilung zugrunde liegende Rechtsverhältnis jederzeit widerruflich, unbeschadet des Anspruchs auf die vertragsmäßige Vergütung.

(2) Die Prokura ist nicht übertragbar.

(3) Die Prokura erlischt nicht durch den Tod des Inhabers des Handelsgeschäfts.

§ 53. [Anmeldung der Erteilung und des Erlöschens; Zeichnung des Prokuristen]

(1) [1]Die Erteilung der Prokura ist von dem Inhaber des Handelsgeschäfts zur Eintragung in das Handelsregister anzumelden. [2]Ist die Prokura als Gesamtprokura erteilt, so muss auch dies zur Eintragung angemeldet werden.

(2) Der Prokurist hat seine Namensunterschrift unter Angabe der Firma und eines die Prokura andeutenden Zusatzes zur Aufbewahrung bei dem Gericht zu zeichnen.

(3) Das Erlöschen der Prokura ist in gleicher Weise wie die Erteilung zur Eintragung anzumelden.

8 Im Handelsregister beim Amtsgericht Gießen sind u. a. folgende Eintragungen enthalten:

Amtsgericht Gießen					HR A 221
Nr. der Eintragung	a) Firma b) Ort der Niederlassung c) Gegenstand des Unternehmens (bei juristischen Personen)	Geschäftsinhaber Persönlich haftende Gesellschafter Abwickler	Prokura	Rechtsverhältnisse	a) Tag der Eintragung und Unterschrift b) Bemerkungen
1	a) Karl Schneider, e. K. b) Linden	Karl Schneider, 17. März 1951, Linden	Ewald May, 1. Aug. 1957, in Linden ist Einzelprokura erteilt	——	a) 20 Juli 1999 *[Unterschrift]* b) Bl. 3–10 d. A.

Amtsgericht Gießen					HR A 171
Nr. der Eintragung	a) Firma b) Ort der Niederlassung c) Gegenstand des Unternehmens (bei juristischen Personen)	Geschäftsinhaber Persönlich haftende Gesellschafter Abwickler	Prokura	Rechtsverhältnisse	a) Tag der Eintragung und Unterschrift b) Bemerkungen
1	a) Neu und Mann offene Handelsgesellschaft b) Gießen	Anna Neu, 22. Nov. 1965, Gießen Emil Mann, 1. April 1962, Gießen	Hans Alt, 19. Sept. 1959, in Buseck 1 und Dieter Bamm, 31. Jan. 1970, in Linden ist Gesamtprokura erteilt. Jeder vertritt gemeinsam mit einem pers. haftenden Gesellschafter o. einem anderen Prokuristen.	——	a) 13. Mai 1999 *[Unterschrift]* b) Bl. 2–17 d. A.

Amtsgericht Gießen					HR B 213
Nr. der Eintragung	a) Firma b) Sitz c) Gegenstand des Unternehmens	Grund- oder Stammkapital Euro	Vorstand Persönlich haftende Gesellschafter Geschäftsführer Abwickler	Prokura	Rechtsverhältnisse	a) Tag der Eintragung u. Unterschrift b) Bemerkungen
1	a) Keramik Gesellschaft mit beschränkter Haftung b) Mettnang, Filiale Gießen c) Die Herstellung und der Vertrieb von Keramikerzeugnissen aller Art.	150 000,00	Knut Mayer, Kaufmann, Mettnang, Am Anger 13	Fritz Müller in Buseck-Altenbuseck ist Einzelprokura für den Bereich der Filiale Gießen erteilt.	Gesellschaft mit beschränkter Haftung. Der Gesellschaftsvertrag ist am 21.11.1962 geschlossen.	a) 30. Dez. 1962 *[Unterschrift]* b) Bl. 4–31 d. A.

a) Welche Arten der Prokura wurden in diesen Unternehmen jeweils erteilt?

b) Wodurch unterscheiden sich diese Arten der Prokura?

c) Wer kann in den obigen Fällen jeweils Prokura erteilen, und wie lautet die generelle Regelung für die Erteilung der Prokura nach dem HGB?

d) Welche Rechte hat ein Prokurist?

e) Welche Geschäfte sind dem Prokuristen nach dem HGB untersagt?

f) Wie zeichnen Prokuristen bei den verschiedenen Arten der Prokura?

g) Wie wird eine Prokura erteilt und wie erlischt diese?

9 Am 15. Februar erteilt der OHG-Gesellschafter Heinze dem Angestellten Hans Mark mündlich eine Einzelprokura. Diese Erteilung wird von der Gesellschaft noch am selben Tag telefonisch der Textilgroßhandlung Hansmüller in München mitgeteilt. Die Anmeldung zum Handelsregister erfolgt am 20. Februar, die Veröffentlichung der Eintragung in das Handelsregister geschieht am 24. Februar.

Am 16. Februar bestellt Mark bei der Firma Hansmüller Waren für 25 000,00 EUR. Bereits bei Lieferung der Ware am 25. Februar teilt Heinze der Firma Hansmüller mit, dass er die Waren wieder zurücksenden werde, da

1. die bestellten Waren nahezu unverkäuflich seien,

2. Herr Mark nicht zum Abschluss des Kaufvertrages befugt gewesen sei, da er zum Zeitpunkt der Bestellung noch nicht Prokurist gewesen sei.

Prüfen Sie, ob Heinze im Recht ist!

10 Hans Baum, Inhaber eines Unternehmens für Bürobedarf, hat Anita Kinkel und Eberhard Lienen Gesamtprokura erteilt.

Als Hans Baum und Eberhard Lienen auf der Rückfahrt von einem Messebesuch tödlich verunglücken, ernennt Anita Kinkel den Leiter der Reparaturwerkstatt, Dieter Blecher, zum Prokuristen, um die Geschäfte des Unternehmens vorläufig weiterführen zu können. Am Tag der Erteilung der Prokura meldet sie diesen Tatbestand zur Eintragung beim Handelsregister an.

a) Ist Frau Kinkel im Zeitpunkt des Todes des Inhabers des Unternehmens noch Prokuristin?

b) Prüfen Sie, ob Sie als zuständiger Sachbearbeiter beim Registergericht die Eintragung und Veröffentlichung veranlassen würden!

11 Helga Zinsmann wurde von der Scheller & Co. KG Einzelprokura erteilt. In einer Zusatzvereinbarung wurde zwischen der Gesellschaft und der Prokuristin festgelegt, dass sämtliche Rechtsgeschäfte, die einen Wert von 30 000,00 EUR im Einzelfall übersteigen, nur nach vorheriger Rücksprache mit einem der Komplementäre vorgenommen werden dürfen.

Als Frau Zinsmann auf der Frankfurter Herbstmesse von der Firma Caldora GmbH ein sehr günstiges Angebot für Waren im Wert von 50 000,00 EUR erhält, versucht sie zunächst telefonisch die Zustimmung eines Komplementärs zu erhalten. Sie kann aber keine Telefonverbindung bekommen. Jetzt entschließt sie sich, den Vertrag trotzdem abzuschließen.

Als der Komplementär Jonas von dem Geschäftsabschluß erfährt, teilt er der Caldora GmbH unverzüglich mit, dass er die Lieferung nicht annehmen werde, da Frau Zinsmann ihre Befugnisse überschritten habe.

Wie ist die Rechtslage?

Handlungsvollmacht

HGB § 54. [Handlungsvollmacht]

(1) Ist jemand ohne Erteilung der Prokura zum Betrieb eines Handelsgewerbes oder zur Vornahme einer bestimmten zu einem Handelsgewerbe gehörigen Art von Geschäften oder zur Vornahme einzelner zu einem Handelsgewerbe gehöriger Geschäfte ermächtigt, so erstreckt sich die Vollmacht (Handlungsvollmacht) auf alle Geschäfte und Rechtshandlungen, die der Betrieb eines derartigen Handelsgewerbes oder die Vornahme derartiger Geschäfte gewöhnlich mit sich bringt.

(2) Zur Veräußerung oder Belastung von Grundstücken, zur Eingehung von Wechselverbindlichkeiten, zur Aufnahme von Darlehen und zur Prozessführung ist der Handlungsbevollmächtigte nur ermächtigt, wenn ihm eine solche Befugnis besonders erteilt ist.

(3) Sonstige Beschränkungen der Handlungsvollmacht braucht ein Dritter nur dann gegen sich gelten zu lassen, wenn er sie kannte oder kennen musste.

§ 55. [Abschlussvertreter]

(1) Die Vorschriften des § 54 finden auch Anwendung auf Handlungsbevollmächtigte, die Handelsvertreter sind oder die als Handlungsgehilfen damit betraut sind, außerhalb des Betriebes des Prinzipals Geschäfte in dessen Namen abzuschließen.

(2) Die ihnen erteilte Vollmacht zum Abschluss von Geschäften bevollmächtigt sie nicht, abgeschlossene Verträge zu ändern, insbesondere Zahlungsfristen zu gewähren.

(3) Zur Annahme von Zahlungen sind sie nur berechtigt, wenn sie dazu bevollmächtigt sind.

(4) Sie gelten als ermächtigt, die Anzeige von Mängeln einer Ware, die Erklärung, dass eine Ware zur Verfügung gestellt werde, sowie ähnliche Erklärungen, durch die ein Dritter seine Rechte aus mangelhafter Leistung geltend macht oder sie vorbehält, entgegenzunehmen; sie können die dem Unternehmer (Prinzipal) zustehenden Rechte auf Sicherung des Beweises geltend machen.

§ 56. [Angestellte in Laden oder Warenlager]

Wer in einem Laden oder in einem offenen Warenlager angestellt ist, gilt als ermächtigt zu Verkäufen und Empfangnahmen, die in einem derartigen Laden oder Warenlager gewöhnlich geschehen.

§ 57. [Zeichnung des Handlungsbevollmächtigten]

Der Handlungsbevollmächtigte hat sich bei der Zeichnung jedes eine Prokura andeutenden Zusatzes zu enthalten; er hat mit einem das Vollmachtsverhältnis ausdrückenden Zusatze zu zeichnen.

§ 58. [Unübertragbarkeit der Handlungsvollmacht]

Der Handlungsbevollmächtigte kann ohne Zustimmung des Inhabers des Handelsgeschäfts seine Handlungsvollmacht auf einen anderen nicht übertragen.

12 Im Arbeitsvertrag der Angestellten Irene Iser mit dem Einzelhändler Karl Weber steht u. a.:
„Die Angestellte ist bevollmächtigt, insbesondere in Abwesenheit des Firmenleiters, regelmäßig auftretende Geschäftsfälle im Sinne des § 54 I HGB selbstständig abzuwickeln."

a) Worum handelt es sich rechtlich bei dieser Formulierung im Arbeitsvertrag?

b) Welche Geschäfte darf die Angestellte nach dem HGB **nicht** tätigen?

c) Welche Geschäfte und Rechtshandlungen sind der Angestellten erlaubt?

d) Irene Iser bestellt bei einem Lieferer schriftlich Waren für 2 755,00 EUR. Sie unterschreibt die Bestellung wie folgt:

> Karl Weber, e. K.
> Einzelhandel
>
> ppa.　　*Irene Iser*

Wie beurteilen Sie diese Zeichnung?

e) Wie hätte Frau Iser die Bestellung unterzeichnen können?

13 Kurt Seiler, Angestellter der Bautechnik GmbH, Gießen, wurde allgemeine Handlungsvollmacht erteilt. Er ist als Hauptbuchhalter beschäftigt.

Am 14. März ruft der Kreditsachbearbeiter Müller der Handelsbank eG Gießen bei dem Prokuristen der Bautechnik GmbH, Herrn Weber, an und bittet diesen, den telefonisch gestellten Kreditantrag umgehend zu unterzeichnen. Da der Einzelprokurist Weber keine Zeit hat, erteilt er Seiler schriftlich die Vollmacht, sofort zur Bank zu fahren, um den Kreditantrag zu unterzeichnen.

a) Darf der Prokurist Weber den Angestellten Seiler zu dieser Handlung bevollmächtigen?

b) Für welchen Zeitraum gilt gegebenenfalls diese Vollmacht?

c) Um welche Art von Vollmacht handelt es sich in diesem Fall für Seiler?

14 Im Kassenraum eines Kreditinstitutes befindet sich ein Aushang mit der Überschrift: „Zeichnungsberechtigte".

Darin steht u. a.:

Kasse   **Unterschrift**

Anton Mettler   i. A. Anton Mettler

Anna Albert   i. A. Anna Albert

Es genügt eine Unterschrift im Zusammenhang mit einem Aufdruck auf den Belegen.

a) Welche Art von Vollmacht haben diese Kassierer?

b) Als Anton Mettler kurzfristig seine Kasse verlassen muss, beauftragt er den Angestellten Erwin Zach mit seiner Vertretung.

Kann Zach rechtsverbindlich für das Kreditinstitut handeln?

15 Edmund Heger ist als Reisender (Abschlußvertreter) für die Firma Nimm, Kindernahrung, Dortmund, tätig.

Am 17. Januar besucht er das Kaufhaus Oskar Kaufmann OHG, Darmstadt.

Der zuständige Einkäufer des Kaufhauses, Hammermann, beklagt sich zunächst über die Mängel, die bei der letzten Lieferung aufgetreten sind.

a) Darf Heger rechtsverbindlich die Mängelrüge für seinen Arbeitgeber annehmen?

b) Gleichzeitig erklärt sich Hammermann bereit, auch in Zukunft Waren bei dieser Firma zu bestellen, wenn die Zahlungsfrist für die Lieferung vom 3. Dezember des vergangenen Jahres über 5 217,40 EUR, fällig am 2. Januar d. J., um weitere zwei Monate verlängert wird, da das Weihnachtsgeschäft nicht den gewünschten Verlauf nahm. Heger ist damit einverstanden.

Kann sich das Kaufhaus auf diese Zusage berufen?

c) Eine ebenfalls fällige Rechnung über 1 725,30 EUR will der Einkäufer bei dem Reisenden bar bezahlen. Unter welcher Bedingung kann der Reisende den Rechnungsbetrag rechtswirksam annehmen?

16 Ilse K. ist als Verkäuferin im Schuhhaus Schwan angestellt. Welche Rechtshandlungen darf sie im Regelfall vornehmen?

Mitarbeiter des Kaufmanns außerhalb des Unternehmens

Handelsvertreter

HGB **§ 1. [Istkaufmann]**

(1) Kaufmann im Sinne dieses Gesetzbuchs ist, wer ein Handelsgewerbe betreibt.

(2) Handelsgewerbe ist jeder Gewerbebetrieb, es sei denn, dass das Unternehmen nach Art oder Umfang einen in kaufmännischer Weise eingerichteten Geschäftsbetrieb nicht erfordert.

§ 84. [Begriff des Handelsvertreters]

(1) [1]Handelsvertreter ist, wer als selbstständiger Gewerbetreibender ständig damit betraut ist, für einen anderen Unternehmer (Unternehmer) Geschäfte zu vermitteln oder in dessen Namen abzuschließen. [2]Selbstständig ist, wer im Wesentlichen frei seine Tätigkeit gestalten und seine Arbeitszeit bestimmen kann.

(2) Wer, ohne selbstständig im Sinne des Absatzes 1 zu sein, ständig damit betraut ist, für einen Unternehmer Geschäfte zu vermitteln oder in dessen Namen abzuschließen, gilt als Angestellter.

(3) Der Unternehmer kann auch ein Handelsvertreter sein.

(4) Die Vorschriften dieses Abschnittes finden auch Anwendung, wenn das Unternehmen des Handelsvertreters nach Art oder Umfang einen in kaufmännischer Weise eingerichteten Geschäftsbetrieb nicht erfordert.

§ 86. [Pflichten des Handelsvertreters]

(1) Der Handelsvertreter hat sich um die Vermittlung oder den Abschluss von Geschäften zu bemühen; er hat hierbei das Interesse des Unternehmers wahrzunehmen.

(2) Er hat dem Unternehmer die erforderlichen Nachrichten zu geben, namentlich ihm von jeder Geschäftsvermittlung und von jedem Geschäftsabschluss unverzüglich Mitteilung zu machen.

(3) Er hat seine Pflichten mit der Sorgfalt eines ordentlichen Kaufmanns wahrzunehmen.

§ 86 a. [Pflichten des Unternehmers]

(1) Der Unternehmer hat dem Handelsvertreter die zur Ausübung seiner Tätigkeit erforderlichen Unterlagen, wie Muster, Zeichnungen, Preislisten, Werbedrucksachen, Geschäftsbedingungen, zur Verfügung zu stellen.

(2) [1]Der Unternehmer hat dem Handelsvertreter die erforderlichen Nachrichten zu geben. [2]Er hat ihm unverzüglich die Annahme oder Ablehnung eines vermittelten oder ohne Vertretungsmacht abgeschlossenen Geschäfts mitzuteilen. [3]Er hat ihn zu unterrichten, wenn er Geschäfte voraussichtlich nur in erheblich geringerem Umfange abschließen kann oder will, als nach den Umständen zu erwarten ist; dieser Anspruch kann nicht ausgeschlossen werden.

§ 86 b. [Delkredereprovision]

(1) [1]Verpflichtet sich ein Handelsvertreter, für die Erfüllung der Verbindlichkeit aus einem Geschäft einzustehen, so kann er eine besondere Vergütung (Delkredereprovision) beanspruchen; der Anspruch kann im Voraus nicht ausgeschlossen werden. [2]Die Verpflichtung kann nur für ein bestimmtes Geschäft oder für solche Geschäfte mit bestimmten Dritten übernommen werden, die der Handelsvertreter vermittelt oder abschließt. [3]Die Übernahme bedarf der Schriftform.

(2) Der Anspruch auf die Delkredereprovision entsteht mit dem Abschluss des Geschäfts.

(3) [1]Absatz 1 gilt nicht, wenn der Unternehmer oder der Dritte seine Niederlassung oder beim Fehlen einer solchen seinen Wohnsitz im Ausland hat. [2]Er gilt ferner nicht für Geschäfte, zu deren Abschluss und Ausführung der Handelsvertreter unbeschränkt bevollmächtigt ist.

HGB § 87. [Provisionspflichtige Geschäfte]

(1) ¹Der Handelsvertreter hat Anspruch auf Provision für alle während des Vertragsverhältnisses abgeschlossenen Geschäfte, die auf seine Tätigkeit zurückzuführen sind oder mit Dritten abgeschlossen werden, die er als Kunden für Geschäfte der gleichen Art geworben hat. ²Ein Anspruch auf Provision besteht für ihn nicht, wenn die Provision nach Absatz 3 dem ausgeschiedenen Handelsvertreter zusteht.

(2) ¹Ist dem Handelsvertreter ein bestimmter Bezirk oder ein bestimmter Kundenkreis zugewiesen, so hat er Anspruch auf Provision auch für die Geschäfte, die ohne seine Mitwirkung mit Personen seines Bezirkes oder seines Kundenkreises während des Vertragsverhältnisses abgeschlossen sind. ²Dies gilt nicht, wenn die Provision nach Absatz 3 dem ausgeschiedenen Handelsvertreter zusteht.

(3) Für ein Geschäft, das erst nach Beendigung des Vertragsverhältnisses abgeschlossen ist, hat der Handelsvertreter Anspruch auf Provision nur, wenn er es vermittelt hat oder es eingeleitet und so vorbereitet hat, dass der Abschluss überwiegend auf seine Tätigkeit zurückzuführen ist, und wenn das Geschäft innerhalb einer angemessenen Frist nach Beendigung des Vertragsverhältnisses abgeschlossen worden ist.

(4) Neben dem Anspruch auf Provision für abgeschlossene Geschäfte hat der Handelsvertreter Anspruch auf Inkassoprovision für die von ihm auftragsgemäß eingezogenen Beträge.

§ 89 a. [Fristlose Kündigung]

(1) ¹Das Vertragsverhältnis kann von jedem Teil aus wichtigem Grunde ohne Einhaltung einer Kündigungsfrist gekündigt werden. ²Dieses Recht kann nicht ausgeschlossen oder beschränkt werden.

(2) Wird die Kündigung durch ein Verhalten veranlasst, das der andere Teil zu vertreten hat, so ist dieser zum Ersatz des durch die Aufhebung des Vertragsverhältnisses entstehenden Schadens verpflichtet.

17 Die Schokoladenfabrik Süß AG überprüft ihr Vertriebssystem in der Bundesrepublik Deutschland.

Seither wurden die Erzeugnisse der Gesellschaft mit Hilfe von Reisenden abgesetzt. Nun soll geprüft werden, ob anstelle der Reisenden der Vertrieb auf Handelsvertreter übertragen werden soll.

a) Wodurch unterscheidet sich die rechtliche Stellung eines Reisenden von der eines Handelsvertreters?

b) Wodurch unterscheidet sich die Form des Entgeltes von Leistungen eines Reisenden von der eines Handelsvertreters?

c) Welche Pflichten hat ein Handelsvertreter?

d) Welche Pflichten hat der Unternehmer gegenüber einem Handelsvertreter?

e) In welchem Fall hat ein Handelsvertreter Anspruch auf eine Delkredereprovision?

f) Welche Vorteile hat der Einsatz von Handelsvertretern gegenüber dem Einsatz von Reisenden?

g) Welche Überlegungen müssten bei der Festlegung der Vertreterbezirke angestellt werden?

18 Einem Reisenden müsste neben einem jährlichen Fixum von 24 000,00 EUR eine Umsatzprovision von 5 % gezahlt werden.

Ein Handelsvertreter wäre bereit, die Vertretung bei einem jährlichen Fixum von 1 000,00 EUR und einer Umsatzprovision von 30 % zu übernehmen.

Ab welchem Jahresumsatz lohnt sich der Einsatz von Reisenden?

19 Der Handelsvertreter Schneider, der bisher nur Zahnpasta der Firma Zahnweiß vertritt, will zusätzlich die Vertretung des Zahnbürstenherstellers Karl Borst übernehmen. Im Vertrag mit der Firma Zahnweiß gibt es keine Regelungen über die Zahl der Vertretungen durch Schneider.

a) Kann Schneider die Vertretung von Borst übernehmen?

b) Welche Möglichkeit hätte die Firma Zahnweiß, falls sie mit dieser Übernahme nicht einverstanden wäre?

Handelsmakler

HGB § 93. [Begriff]

(1) Wer gewerbsmäßig für andere Personen, ohne von ihnen auf Grund eines Vertragsverhältnisses ständig damit betraut zu sein, die Vermittlung von Verträgen über Anschaffung oder Veräußerung von Waren oder Wertpapieren, über Versicherungen, Güterbeförderungen, Schiffsmiete oder sonstige Gegenstände des Handelsverkehrs übernimmt, hat die Rechte und Pflichten eines Handelsmaklers.

(2) Auf die Vermittlung anderer als der bezeichneten Geschäfte, insbesondere auf die Vermittlung von Geschäften über unbewegliche Sachen, finden, auch wenn die Vermittlung durch einen Handelsmakler erfolgt, die Vorschriften dieses Abschnitts keine Anwendung.

(3) Die Vorschriften dieses Abschnittes finden auch Anwendung, wenn das Unternehmen des Handelsmaklers nach Art oder Umfang einen in kaufmännischer Weise eingerichteten Geschäftsbetrieb nicht erfordert.

§ 94. [Schlussnote]

(1) Der Handelsmakler hat, sofern nicht die Parteien ihm dies erlassen oder der Ortsgebrauch mit Rücksicht auf die Gattung der Ware davon entbindet, unverzüglich nach dem Abschlusse des Geschäfts jeder Partei eine von ihm unterzeichnete Schlussnote zuzustellen, welche die Parteien, den Gegenstand und die Bedingungen des Geschäfts, insbesondere bei Verkäufen von Waren oder Wertpapieren deren Gattung und Menge sowie den Preis und die Zeit der Lieferung, enthält.

(2) Bei Geschäften, die nicht sofort erfüllt werden sollen, ist die Schlussnote den Parteien zu ihrer Unterschrift zuzustellen und jeder Partei die von der anderen unterschriebene Schlussnote zu übersenden.

(3) Verweigert eine Partei die Annahme oder Unterschrift der Schlussnote, so hat der Handelsmakler davon der anderen Partei unverzüglich Anzeige zu machen.

§ 97. [Keine Inkassovollmacht]

Der Handelsmakler gilt nicht als ermächtigt, eine Zahlung oder eine andere im Vertrage bedungene Leistung in Empfang zu nehmen.

§ 98. [Haftung gegenüber beiden Parteien]

Der Handelsmakler haftet jeder der beiden Parteien für den durch sein Verschulden entstehenden Schaden.

§ 99. [Lohnanspruch gegen beide Parteien]

Ist unter den Parteien nichts darüber vereinbart, wer den Maklerlohn bezahlen soll, so ist er in Ermangelung eines abweichenden Ortsgebrauchs von jeder Partei zur Hälfte zu entrichten.

20 Die Werkzeugmaschinenfabrik Zahn AG will eine Werkzeugmaschine an ihren Kunden in Colombo (Sri Lanka) ausliefern.

Wegen der Verschiffung wendet sich die Werkzeugmaschinenfabrik an den Schiffsmakler Christiansen, um ein geeignetes Schiff zur Versendung der Maschine nachgewiesen zu bekommen.

a) Was ist ein Makler?

b) Wodurch unterscheidet sich der Makler vom Handelsvertreter?

c) Welche Aufgabe soll der Schiffsmakler Christiansen übernehmen?

d) In welcher Form hat der Handelsmakler die Vertragspartner über den Vertragsabschluss zu unterrichten?

e) Von wem erhält der Makler das Entgelt für seine Leistung?

f) In welchem Umfang haftet der Makler den Vertragsparteien?

21 a) Es werden Handelsmakler und Zivilmakler unterschieden. Um welche Art von Makler handelt es sich bei diesen Maklern?

Versicherungsmakler   Effektenmakler
Grundstücksmakler   Produkten-(Waren)-Makler
Frachtenmakler   Devisenmakler
Ehemakler

b) Wann wird ein Makler beim Abschluss von Geschäften eingeschaltet?

c) Dürfen Makler Zahlungen für die im Vertrag vereinbarten Leistungen annehmen?

Kommissionär

HGB § 383. [Kommissionär; Kommissionsvertrag]

Kommissionär ist, wer es gewerbsmäßig übernimmt, Waren oder Wertpapiere für Rechnung eines anderen (des Kommittenten) in eigenem Namen zu kaufen oder zu verkaufen.

§ 384. [Pflichten des Kommissionärs]

(1) Der Kommissionär ist verpflichtet, das übernommene Geschäft mit der Sorgfalt eines ordentlichen Kaufmanns auszuführen; er hat hierbei das Interesse des Kommittenten wahrzunehmen und dessen Weisungen zu befolgen.

(2) Er hat dem Kommittenten die erforderlichen Nachrichten zu geben, insbesondere von der Ausführung der Kommission unverzüglich Anzeige zu machen; er ist verpflichtet, dem Kommittenten über das Geschäft Rechenschaft abzulegen und ihm dasjenige herauszugeben, was er aus der Geschäftsbesorgung erlangt hat.

(3) Der Kommissionär haftet dem Kommittenten für die Erfüllung des Geschäfts, wenn er ihm nicht zugleich mit der Anzeige von der Ausführung der Kommission den Dritten namhaft macht, mit dem er das Geschäft abgeschlossen hat.

§ 386. [Preisgrenzen]

(1) Hat der Kommissionär unter dem ihm gesetzten Preise verkauft oder hat er den ihm für den Einkauf gesetzten Preis überschritten, so muss der Kommittent, falls er das Geschäft als nicht für seine Rechnung abgeschlossen zurückweisen will, dies unverzüglich auf die Anzeige von der Ausführung des Geschäfts erklären; anderenfalls gilt die Abweichung von der Preisbestimmung als genehmigt.

(2) [1]Erbietet sich der Kommissionär zugleich mit der Anzeige von der Ausführung des Geschäfts zur Deckung des Preisunterschieds, so ist der Kommittent zur Zurückweisung nicht berechtigt. [2]Der Anspruch des Kommittenten auf den Ersatz eines den Preisunterschied übersteigenden Schadens bleibt unberührt.

§ 394. [Delkredere]

(1) Der Kommissionär hat für die Erfüllung der Verbindlichkeit des Dritten, mit dem er das Geschäft für Rechnung des Kommittenten abschließt, einzustehen, wenn dies von ihm übernommen oder am Orte seiner Niederlassung Handelsgebrauch ist.

(2) [1]Der Kommissionär, der für den Dritten einzustehen hat, ist dem Kommittenten für die Erfüllung im Zeitpunkte des Verfalls unmittelbar insoweit verhaftet, als die Erfüllung aus dem Vertragsverhältnisse gefordert werden kann. [2]Er kann eine besondere Vergütung (Delkredereprovision) beanspruchen.

§ 396. [Provision des Kommissionärs; Ersatz von Aufwendungen]

(1) [1]Der Kommissionär kann die Provision fordern, wenn das Geschäft zur Ausführung gekommen ist. [2]Ist das Geschäft nicht zur Ausführung gekommen, so hat er gleichwohl den

22 Der Winzer Hans Müller-Thurgau ist nicht Mitglied einer Winzergenossenschaft. Er beauftragt daher den Weinkommissionär Öchsle mit dem Verkauf seines Weines an den Großhandel.

   a) Was ist ein Kommissionär?

   b) Welche Pflichten hat der Kommissionär?

   c) Welches Entgelt kann der Kommissionär bei Ausführung seines Auftrages verlangen?

   d) Der Winzer hat dem Weinkommissionär einen Mindestpreis vorgeschrieben. Darf Öchsle diesen Mindestpreis unterschreiten, wenn dies aufgrund der Marktlage erforderlich ist, um den Wein abzusetzen? (Vgl. § 386 I und II HGB.)

23 Der Textilgroßhändler Schill bietet dem Einzelhändler Maier an, Bettücher aus der neusten Kollektion „in Kommission" zu nehmen.

   a) Wer ist in diesem Fall Kommissionär, wer ist Kommittent?

   b) Welche Vorteile hat der Einzelhändler bei diesem Geschäft?

   c) Welche Vorteile hat die Textilgroßhandlung von der Kommissionsware?

LZ: Bestimmungsfaktoren des Personalbedarfs und Möglichkeiten der Personalbeschaffung und Personalauswahl kennen

---

Planung des Personalbedarfs

Bestimmung des quantitativen Personalbedarfs

24 Ein Kreditinstitut ermittelt aufgrund langjähriger Erfahrung seinen mengenmäßigen Bedarf an Mitarbeitern aus der Summe des zu erwartenden Bilanzvolumens, des voraussichtlichen reinen Umsatzes und der Zahl der voraussichtlichen Buchungsposten, dividiert durch die Zahl 3.

Es geht dabei von folgenden Orientierungswerten aus:

je 1 Mio. EUR Bilanzvolumen   0,6 Mitarbeiter
je 1 Mio. EUR bereinigter Umsatz 0,15 Mitarbeiter
je 10 Tsd. Buchungsposten   0,5 Mitarbeiter

   a) Wie viel Mitarbeiter müssen in diesem Kreditinstitut im nächsten Geschäftsjahr zur Verfügung stehen, wenn diese Werte erwartet werden:

      237   Mio. EUR Bilanzvolumen
        2,4   Mrd. EUR bereinigter Umsatz
        2,73 Mio.   Buchungsposten

   b) Wie verändert sich der quantitative Personalbedarf des Kreditinstituts, wenn das Bilanzvolumen, der Umsatz und die Zahl der Buchungsposten um 10% steigen sollen und durch Rationalisierungsmaßnahmen je 10 Tsd. Buchungsposten nur noch 0,3 Mitarbeiter benötigt werden?

c) Nennen Sie Faktoren, die für die Ermittlung des langfristigen quantitativen Personalbedarfs bedeutsam sind!

25 Ein Kaufhaus plant seinen Personalbedarf für das Verkaufspersonal im nächsten Halbjahr.

Es orientiert seinen Personalbedarf am geplanten Monatsumsatz pro Beschäftigten, wobei folgende Richtwerte für die Pro-Kopf-Leistung eines Vollbeschäftigten zugrunde gelegt werden:

Abteilung	Monatl. Pro-Kopf-Umsatz	Erwarteter Umsatz pro Monat
Hartwaren	15 470,00 EUR	127 500,00 EUR
Textilwaren	23 280,00 EUR	395 300,00 EUR
Süßwaren	12 125,00 EUR	54 000,00 EUR
Zeitschriften, Druckerzeugnisse	8 270,00 EUR	20 000,00 EUR

Es ist mit einem durchschnittlichen Ausfall von 5 % der Beschäftigten zu rechnen.

a) Wie viel Verkaufspersonal (Vollbeschäftigte) ergibt sich rechnerisch aus den zu erwartenden Umsatzzahlen?

b) Welche Probleme ergeben sich bei der Einteilung des Personals auf die einzelnen Arbeitsplätze?

c) Erarbeiten Sie einen Vorschlag für die Einteilung des Personals in diesem Fall!

26 Der Personalbestand eines Kaufhauses zeigt folgenden Jahresverlauf:

Monatsdurchschnitt	Vollbeschäftigte	Monatsdurchschnitt	Vollbeschäftigte
Januar	117	Juli	125
Februar	115	August	134
März	125	September	137
April	134	Oktober	144
Mai	133	November	150
Juni	128	Dezember	155

a) Welche Ursachen können diesen unterschiedlichen Personalbestand veranlasst haben?

b) Welche dieser Ursachen ist in der Planung am leichtesten, welche am schwierigsten zu berücksichtigen?

c) Welche Möglichkeit sehen Sie, bei freiwilligem Ausscheiden von Arbeitnehmern Nutzen für die zukünftige Personalpolitik zu ziehen?

27 Ein Industrieunternehmen hat am 31. Dezember lt. Stellenplan 537 Beschäftigte. Davon sind 528 Stellen besetzt.

Im folgenden Geschäftsjahr rechnet man mit einer Steigerung der Betriebsleistung von 10 %, die voraussichtlich einen Mehrbedarf an Arbeitskräften von 6 % bedingen wird.

In der Vergangenheit betrug die jährliche Fluktuation ca. 4 % der Beschäftigten.

a) Wie viel Beschäftigte können zusätzlich zum derzeitigen Planbedarf eingestellt werden?

b) Wie viel Beschäftigte müssen ersetzt werden?

c) Wie viel Beschäftigte müssen insgesamt neu eingestellt werden?

8 Schuster – ISBN 3-8120-0060-1

Bestimmung des qualitativen Personalbedarfs

28 Ein Filial-Unternehmen des Einzelhandels entschließt sich, in Hannover eine neue Filiale zu eröffnen, nachdem eine Marktuntersuchung diesen Standort als geeignet erscheinen ließ.

Ein Vergleich des geplanten Umsatzes mit dem Umsatz bestehender Filialen ergab einen rechnerischen Personalbedarf von insgesamt 22 Personen.

Es soll nun festgelegt werden, welche qualitativen Anforderungen diese Personen erfüllen sollen.

a) Wie könnten Sie bei der Ermittlung des qualitativen Bedarfs vorgehen?

b) Welche qualitativen Unterschiede lassen sich bei den Arbeitskräften nach der Art der Ausbildung unterscheiden?

c) Wie würden Sie den zukünftigen qualitativen Bedarf an Arbeitskräften in einem Industriebetrieb bestimmen, wenn ein völlig neuartiges Produkt, das mit neuartigen Produktionsmethoden erzeugt werden muss, in zirka zwei Jahren auf den Markt gebracht werden soll?

29 In Kreditinstituten führten und führen organisatorische Veränderungen zu qualitativen Veränderungen der Personalstruktur.

Welche Qualifikationen werden an Mitarbeiter im Marktbereich (Kundenberater) gestellt?

Wege zur Beschaffung von Personal

30 Wegen des zu erwartenden Wachstums des Unternehmens und des Ausscheidens einiger Mitarbeiter aus Altersgründen rechnet ein Unternehmen mit einem zusätzlichen Personalbedarf von 12 Arbeitskräften im nächsten Jahr, darunter befinden sich zwei Abteilungsleiterstellen.

a) Welche Wege bestehen grundsätzlich für das Unternehmen, diesen Personalbedarf zu decken?

b) Bei der Besetzung von Aufstiegspositionen wird der Grundsatz verfolgt, dass bei gleicher Qualifikation interne Bewerber den Vorzug erhalten. Welche Vor- und Nachteile hat dieser Grundsatz für das Unternehmen?

Stellenausschreibung

30a Die SAR AG hat eine Stelle im Controlling zu besetzen. Die Personalabteilung schaltet deshalb in einer überregionalen Tageszeitung folgende Anzeige:

SAR AG

Wir suchen eine engagierte

Mitarbeiterin im Controlling

Aufgabenbereiche:	Schwachstellenanalyse, Ergebnissimulationen und betriebswirtschaftliche Auswertungen
Grundvoraussetzungen:	Fundierte betriebswirtschaftliche Kenntnisse. Sehr gute PC-Kenntnisse (MS-Office). Praktische Erfahrung aus Controllingtätigkeiten wäre von Vorteil.

Wenn Sie neben fachlichem Know-how hohe Motivation, Belastbarkeit, Flexibilität und Einsatzbereitschaft mitbringen, sollten wir uns kennen lernen.

Wir freuen uns auf Ihre aussagefähigen Bewerbungsunterlagen mit Angabe Ihres Gehaltswunsches und des möglichen Eintrittstermins.

SAR AG, Personalwesen, Am Rosswall 13, 35390 Gießen

---

a) Prüfen Sie, ob diese Anzeige den Anforderungen des § 611b BGB an Arbeitsplatzaus-schreibungen genügt!

b) Dieter Helm, der als Controller tätig war und zurzeit arbeitslos ist, liest diese Anzeige. Er bewirbt sich, obwohl er sich durch diese Anzeige geschlechtlich diskriminiert fühlt. Als er nicht ausgewählt wurde, verlangt er von der SAR AG einen Schadensersatz von 2 000,00 EUR. Die SAR AG hat die Stelle mit einer sehr erfahrenen, hoch qualifizierten Mitarbeiterin besetzt, die sich ebenfalls beworben hatte.

  ba) Halten Sie diesen Anspruch des Herrn Helm für begründet?

  bb) Wie würden Sie in diesem Fall als Arbeitsrichter/in entscheiden?

c) Wie würden Sie als Arbeitgeber reagieren, wenn ein Arbeitsgericht dem Anspruch des Herrn Helm entsprechen würde?

BGB § 611a. [Benachteiligungsverbot]

(1) [1]Der Arbeitgeber darf einen Arbeitnehmer bei einer Vereinbarung oder einer Maßnahme, insbesondere bei der Begründung des Arbeitsverhältnisses, beim beruflichen Aufstieg, bei einer Weisung oder einer Kündigung, nicht wegen seines Geschlechts benachteiligen. [2]Eine unterschiedliche Behandlung wegen des Geschlechts ist jedoch zulässig, soweit eine Verein-barung oder eine Maßnahme die Art der vom Arbeitnehmer auszuübenden Tätigkeit zum Gegen-stand hat und ein bestimmtes Geschlecht unverzichtbare Voraussetzung für diese Tätigkeit ist. [3]Wenn im Streitfall der Arbeitnehmer Tatsachen glaubhaft macht, die eine Benachteiligung wegen des Geschlechts vermuten lassen, trägt der Arbeitgeber die Beweislast dafür, dass nicht auf das Geschlecht bezogene, sachliche Gründe eine unterschiedliche Behandlung rechferti-gen oder das Geschlecht unverzichtbare Voraussetzung für die auszuübende Tätigkeit ist.

(2) Verstößt der Arbeitgeber gegen das in Absatz 1 geregelte Benachteiligungsverbot bei der Begründung eines Arbeitsverhältnisses, so kann der hierdurch benachteiligte Bewerber eine angemessene Entschädigung in Geld verlangen; ein Anspruch auf Begründung eines Arbeits-verhältnisses besteht nicht.

(3) [1]Wäre der Bewerber auch bei benachteiligungsfreier Auswahl nicht eingestellt worden, so hat der Arbeitgeber eine angemessene Entschädigung in Höhe von höchstens drei Monatsver-diensten zu leisten. [2]Als Monatsverdienst gilt, was dem Bewerber bei regelmäßiger Arbeitszeit in dem Monat, in dem das Arbeitsverhältnis hätte begründet werden sollen, an Geld- und Sach-bezügen zugestanden hätte.

(4) [1]Ein Anspruch nach den Absätzen 2 und 3 muss innerhalb einer Frist, die mit Zugang der Ablehnung der Bewerbung beginnt, schriftlich geltend gemacht werden. [2]Die Länge der Frist bemisst sich nach einer für die Geltendmachung von Schadensersatzansprüchen im ange-strebten Arbeitsverhältnis vorgesehenen Ausschlussfrist; sie beträgt mindestens zwei Monate. [3]Ist eine solche Frist für das angestrebte Arbeitsverhältnis nicht bestimmt, so beträgt die Frist sechs Monate.

(5) Die Absätze 2 bis 4 gelten beim beruflichen Aufstieg entsprechend, wenn auf den Aufstieg kein Anspruch besteht.

§ 611b. [Arbeitsplatzausschreibung]

Der Arbeitgeber darf einen Arbeitsplatz weder öffentlich noch innerhalb des Betriebs nur für Männer oder nur für Frauen ausschreiben, es sei denn, dass ein Fall des § 611a Abs. 1 Satz 2 vorliegt.

Personalauswahl

Bewerbungsunterlagen, Zeugnisse

31 a) Welche Unterlagen werden von einem Bewerber in der Anzeige (Aufgabe 30a) erwartet?

    b) Welche Probleme bestehen bei der Auswertung von Schulzeugnissen?

HGB § 73. [Anspruch auf Zeugnis]

[1]Bei der Beendigung des Dienstverhältnisses kann der Handlungsgehilfe ein schriftliches Zeugnis über die Art und Dauer der Beschäftigung fordern. [2]Das Zeugnis ist auf Verlangen des Handlungsgehilfen auch auf die Führung und die Leistungen auszudehnen.

c) Wann hat ein Angestellter (Handlungsgehilfe) Anspruch auf ein Arbeitszeugnis?

d) Welche Arten von Arbeitszeugnissen lassen sich beim Handlungsgehilfen unterscheiden?

 32

> **BBiG § 8. [Zeugnis]**
>
> (1) [1]Der Ausbildende hat dem Auszubildenden bei Beendigung des Berufsausbildungsverhältnisses ein Zeugnis auszustellen. [2]Hat der Ausbildende die Berufsausbildung nicht selbst durchgeführt, so soll auch der Ausbilder das Zeugnis unterschreiben.
>
> (2) [1]Das Zeugnis muss Angaben enthalten über Art, Dauer und Ziel der Berufsausbildung sowie über die erworbenen Fertigkeiten und Kenntnisse des Auszubildenden. [2]Auf Verlangen des Auszubildenden sind auch Angaben über Führung, Leistung und besondere fachliche Fähigkeiten aufzunehmen.

a) Wann kann ein Auszubildender ein Zeugnis vom Ausbildenden verlangen?

b) In welchen Formen kann der Auszubildende ein Zeugnis vom Ausbildenden verlangen?

Zwischenzeugnis

Anlässe zur Anforderung eines Zwischenzeugnisses	Immer dann, wenn sich im Betrieb etwas ändert, z.B. • der Vorgesetzte geht in den Ruhestand, • der Vorgesetzte oder der Mitarbeiter gehen ins Ausland, • Mitarbeiter gehen in Erziehungsurlaub, • Umorganisation im Unternehmen, • Unternehmen wird fusioniert.
Rechtsgrundlage	Rechtsprechung des Bundesarbeitsgerichts.
Unterschied zur internen Beurteilung	Eine interne Beurteilung ist nicht rechtsverbindlich.
Wirkung des Zwischenzeugnisses	In einem späteren Schlusszeugnis darf kein Widerspruch zum Zwischenzeugnis bestehen, es sei denn, in der Zwischenzeit sind gravierende Ereignisse vorgefallen, wie z.B. Unterschlagung durch den Mitarbeiter.
Referenzzeugnis	Beurteilung auf privatem Briefpapier des Exvorgesetzten, wenn dieser z.B. das Unternehmen überstürzt verlassen hat.

33 Bei der Formulierung von Arbeitszeugnissen haben sich im Laufe der Zeit für die Bewertung der Leistungen bestimmte Formulierungen herausgebildet.

Sprachcodes bei Zeugnissen

Aussage	Deutung
Seine Toleranz war im Kollegenkreise bekannt.	Für Vorgesetzte war er ein schwieriger Mitarbeiter.
Er war tüchtig und wusste sich gut zu verkaufen.	Er ist ein unangenehmer und aufdringlicher Mitarbeiter.
Er hat die Aufgabe zu seinem und im Interesse der Firma gelöst.	Er hat gestohlen oder andere schwere Unkorrektheiten begangen.
Wir bedauern, ihn aus Arbeitsmangel entlassen zu müssen.	Er ist leicht zu ersetzen.
Sein Verhalten gegenüber Mitarbeitern und Vorgesetzten war stets vorbildlich.	Es gab Probleme mit Vorgesetzten. Die normale Reihenfolge hätte erst den Vorgesetzten genannt.
Er erledigte die Arbeiten mit beachtlichem Fleiß und Interesse.	Er hat sich angestrengt, aber es ist wenig dabei herausgekommen. Man kann ihm zwar nichts Konkretes vorwerfen – aber eben auch nichts von ihm erwarten.

Weitere Formulierungen, die sich häufig in Zeugnissen finden, sind wie folgt zu beurteilen:

ZEUGNISSE

Leistungsbewertung in Zeugnissen – Gesamturteil –

6
Nicht zufriedenstellend

. . . hat sich stets bemüht . . .

Er hat sich bemüht, die ihm übertragenen Arbeiten zu unserer Zufriedenheit
zu erledigen.

5
Zufriedenstellend

Mit seinen Leistungen waren wir zufrieden.

Er hat die ihm übertragenen Arbeiten zu unserer Zufriedenheit erledigt.

. . . hat zufriedenstellend gearbeitet . . .

4
Zufriedenstellend/gut

. . . Jederzeit/stets zu unserer Zufriedenheit . . .

Wir waren mit seinen Leistungen jederzeit/stets zufrieden.

3
Gut

Seine Leistungen waren gut.

Er hat die ihm übertragenen Arbeiten stets zu unserer vollen Zufriedenheit
erledigt.

2
Sehr gut

Seine Leistungen haben unsere volle Anerkennung gefunden.

Seine Leistungen waren sehr gut.

Wir waren mit seinen Leistungen stets sehr zufrieden.

1
Außergewöhnlich

Wir waren mit seinen Leistungen in jeder Hinsicht außerordentlich zufrieden.

Seine Leistungen haben in jeder Hinsicht unsere volle Anerkennung gefunden.

Auf eine Stellenanzeige bewerben sich die Angestellten Weber und Langner.

In einem Arbeitszeugnis von Weber lesen Sie u. a.:

„Herr Weber war in unserem Unternehmen als kaufmännischer Angestellter tätig. Er hat sich
bemüht, die ihm übertragenen Arbeiten zu unserer Zufriedenheit zu erledigen."

Ein Arbeitszeugnis von Langner lautet u. a.:

„Herr Langner war bei uns vom 1. April 1990 bis zu seinem Ausscheiden als Sachbearbeiter
für den Einkauf von Betriebsmitteln eingesetzt. Er hat die ihm übertragenen Arbeiten stets zu
unserer vollsten Zufriedenheit erledigt."

a) Entsprechen die beiden Arbeitszeugnisse den gestellten Anforderungen?

b) Welchen Bewerber würden Sie vorziehen, wenn nur die vorliegenden Zeugnisse berücksichtigt werden?

Vorstellungsgespräch

34 Die Inter KG hat für die Bewerberauswahl folgendes Verfahren eingeführt:

Nach Auswertung der Bewerbungsunterlagen werden die als geeignet erscheinenden
Bewerber zu einem Einführungsinterview eingeladen, das der Vorauswahl dienen soll.

Die verbleibenden Bewerber werden einem Einstellungstest unterzogen. Für die besten
Bewerber folgt schließlich ein Einstellungsinterview. Nach der medizinischen Untersuchung
erfolgt die Entscheidung über die Einstellung.

Für die Interviews sind folgende Verfahren vereinbart:

Das Einführungsinterview erfolgt nach einem festgelegten Fragenkatalog. Die Einstellungsinterviews führen unabhängig voneinander der Geschäftsführer und der Personalleiter als
freie Interviews mit jedem Bewerber durch. Die beiden Interviewer legen ihr Ergebnis schriftlich nieder. Anschließend werden die Ergebnisse der Einzelinterviews verglichen. Die vier
besten Bewerber werden nun gemeinsam von dem Geschäftsführer und dem Personalleiter
zu einem Gespräch gebeten.

Der auszuwählende Bewerber muss von beiden Beurteilern akzeptiert werden.

a) In welcher Reihenfolge wird die Personalauswahl durchgeführt?

b) Welche Interviewformen werden von diesem Unternehmen eingesetzt?

c) Nennen Sie Vor- und Nachteile der obigen Interviewformen!

35 Auch die „Körpersprache" wird bei den Einstellungsinterviews berücksichtigt.

Wie der Körper spricht

Wenn der Gesprächspartner plötzlich	... dann ist er
die Füße um die Stuhlbeine legt	unsicher und sucht Halt
die Füße nach hinten nimmt	lehnt er Sie ab
sich an die Nase greift	verlegen
keinen Blickkontakt mehr hält	verlegen
mit den Händen ein Spitzdach formt	arrogant und wehrt sich gegen Einwände
als Mann die Arme verschränkt	verschlossen
als Frau die Arme verschränkt	ängstlich und sucht Schutz
sich die Hände reibt	selbstgefällig
den Kopf einzieht	ängstlich und nervös
mit dem Oberkörper sich nach vorne lehnt	interessiert und will Sie unterbrechen
mit dem Bleistift spielt	ängstlich und sucht Halt
mit dem Finger auf Sie zeigt	wütend und will Sie angreifen
die Hand zur Faust ballt	zornig
die Oberlippe hochzieht	voller Verachtung für Sie
häufig die Lider bewegt	nervös
den Oberkörper weit zurücklehnt	desinteressiert und lehnt Sie ab
die Augenbrauen hebt	ungläubig oder arrogant
die Finger zum Mund nimmt	verlegen und unsicher
das Kinn streichelt	nachdenklich oder zufrieden
mit den Füßen wippt	arrogant und selbstsicher
weite Armbewegungen macht	sicher
mit den Fingern trommelt	nervös und will zur Sache kommen
die Brille hastig abnimmt	nervös und nicht mit Ihnen einverstanden
immer leiser oder langsamer spricht	unsicher und erbittet Aufschub
sich die Nase reibt	nachdenklich

Quelle: management heute

Wie beurteilen Sie diese „Körpersprache"?

Tests

36 In manchen Unternehmen werden die Bewerber vor der Einstellung Eignungstests unterworfen. Eignungstests gelten als sinnvoll, wenn sie diese vier Hauptforderungen erfüllen:

1. **Der Test muss geeicht sein.**

   Eine genügend große Zahl von Untersuchungen, in aller Regel viele Tausend, müssen vor
   der Anwendung durchgeführt worden sein.

2. **Der Test muss objektiv sein.**

Das bedeutet völlige Unabhängigkeit vom Untersucher und vom Auswerter.

3. **Der Test muss zuverlässig sein.**

Der Test muss beweisen, dass er bei einer Wiederholung die gleichen Ergebnisse erbringt. Ein Maß dafür ist die Korrelation mit sich selbst.

4. **Der Test muss gültig sein.**

Er muss auch das messen, was er zu messen vorgibt. Maßstäbe dafür sind Korrelationen mit entsprechenden Außenkriterien.

Prüfen Sie, ob der „Käsetest" die an Tests gestellten Bedingungen erfüllt:

„Ein junger Mann will heiraten. Er kann sich aber nicht zwischen drei Mädchen entscheiden. Er bittet deshalb seine Mutter um Rat. Diese schlägt ihm vor, die Mädchen nacheinander zu einer Käsemahlzeit einzuladen. Dies geschieht. Das Ergebnis:

Das erste Mädchen schneidet den Käse, ohne die Rinde zu entfernen.
Das zweite Mädchen schneidet mit der Rinde zu viel Käse weg.
Das dritte Mädchen trennt säuberlich die Rinde vom Käse."

37 Ein seit Jahrzehnten benutzter Test bei Einstellungen ist der **Intelligenz-Struktur-Test (I-S-T)** von Amthauer.

In neun Aufgabengruppen mit insgesamt 180 Einzelaufgaben werden folgende Leistungen oder Fähigkeiten ermittelt:

SE „Praktische Urteilsbildung"
Common sense, konkret-praktisches Denken, Selbstständigkeit im Denken, Wirklichkeitssinn.

WA „Sprachliches Denken"
Sprachgefühl, Erfassen von sprachlichen Bedeutungsgehalten, induktives sprachliches Denken, Einfühlungsfähigkeit, semantische Komponenten gehen mit ein.

AN „Kombinationsfähigkeit"
Beweglichkeit und Umstellfähigkeit im Denken, Erfassen und Übertragen von Beziehungen, Klarheit und Folgerichtigkeit im Denken, Widerstand gegen Ungefährlösungen, wichtige Voraussetzung für wissenschaftliches Studium, wenn man will, Studierfähigkeit.

GE „Sprachliche Abstraktionsfähigkeit"
Begriffsbildung, sprachlogisches Denken.

ME „Merkfähigkeit"
Gelernte Wörter behalten können, längerfristiges Behalten, Gedächtnis.

RA „Praktisch-rechnerisches Denken"
Sachlogisches, mathematisches Denken, reasoning, schlussfolgerndes Denken.

ZR „Theoretisch-rechnerisches Denken"
Induktives Denken mit Zahlen, Beweglichkeit und Umstellfähigkeit im Denken, rhythmische Komponenten gehen mit ein.

FA „Vorstellungsfähigkeit"
Vorstellungsreichtum, anschaulich-ganzheitliches Denken, gestaltend-konstruktive Komponenten gehen mit ein.

WÜ „Räumliche Vorstellung"
Räumliches Vorstellen-Können, technische-konstruktive und analytische Momente können beteiligt sein, von konventioneller Bildung weitestgehend unabhängig.

Die Ergebnisse der Einzelperson werden mit denen gleichartiger Personen verglichen und in Standardwerten (SW) übertragen, um weitere Vergleiche anstellen zu können (z. B. mit Personen, die denselben Schulabschluss erreicht haben oder mit Angehörigen bestimmter Berufsgruppen).

119

Zwei Ergebnisse dieses I-S-T sind folgende:

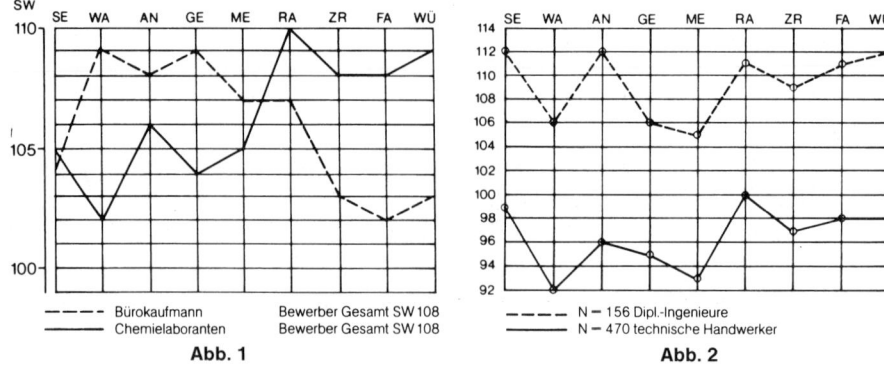

--- - - Bürokaufmann   Bewerber Gesamt SW 108
——— Chemielaboranten   Bewerber Gesamt SW 108

Abb. 1

--- - - N = 156 Dipl.-Ingenieure
——— N = 470 technische Handwerker

Abb. 2

Quelle: Amthauer, R., Test für Bildung und Beruf, FAZ 1980

a) Welche Leistungen oder Fähigkeiten werden bei dem I-S-T berücksichtigt?

b) Interpretieren Sie die Ergebnisse des Tests, die in Abb. 1 und 2 dargestellt sind!

38 Mit dem I-S-T wurden auch Zusammenhänge zwischen Intelligenz-Struktur und Beruf überprüft.

Ein Vergleich von Humanwissenschaftlern (Ärzte und Psychologen) und Wirtschaftswissenschaftlern (Dipl.-Kaufleute, Volks- und Betriebswirte) ergab:

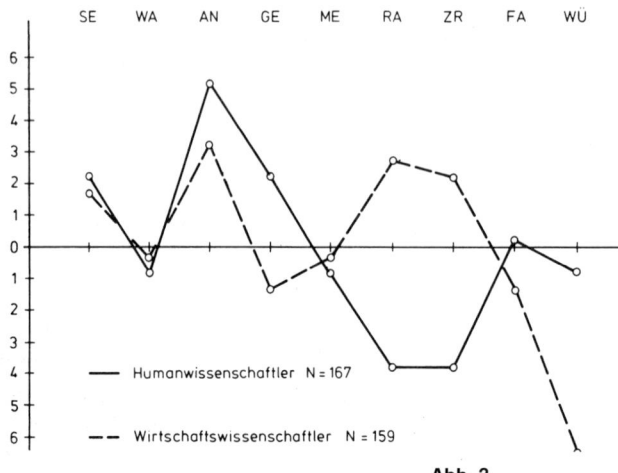

——— Humanwissenschaftler N = 167

– – Wirtschaftswissenschaftler N = 159

Abb. 3

Welche Begabungsschwerpunkte lassen sich aus dieser Abbildung der Testergebnisse ableiten?

39 In Stellenanzeigen wird mitunter ein handgeschriebener Lebenslauf verlangt.

a) Aus welchem Grunde wird die Handschrift des Bewerbers verlangt?

b) Schildern Sie gegebenenfalls Ihre eigenen Erfahrungen mit handschriftlichen Bewerbungsunterlagen!

Arbeitsvertrag

40 Zwischen dem Kaufhaus Hans Schneider OHG, Gießen, und Frau Ingrid Schäfer wurde der folgende Arbeitsvertrag geschlossen:

KAUFHAUS HANS SCHNEIDER OHG · GIESSEN

Arbeitsvertrag für Angestellte

Zwischen der Firma

Kaufhaus Hans Schneider OHG, Gießen

als Arbeitgeber

und

~~Herr~~/Frau/~~Fräulein~~ _Ingrid Schäfer geb. Müller_ geb. am _22. Aug. 1969_

wohnhaft in _Allendorf/Lda._ Telefon

als Arbeitnehmer

wird folgender Vertrag geschlossen :

§ 1 Probezeit und Anstellung

Der Arbeitnehmer wird mit Wirkung vom _1. Okt. 20.._

als _Personalsachbearbeiterin_ eingestellt.

Das Arbeitsverhältnis wird zunächst für die Zeit vom _1. 10. 20.._ bis _31. 12. 20.._ (höchstens drei Monate) zur Probe eingegangen und endet mit Ablauf dieser Probezeit. Eine beabsichtigte Beendigung ist mindestens 14 Tage vor Ablauf der Probezeit mitzuteilen. Während der Probezeit kann das Arbeitsverhältnis beiderseits mit einmonatiger Frist zum Monatsende gekündigt werden. Wird das Arbeitsverhältnis über die Probezeit hinaus fortgesetzt, so geht es in ein Arbeitsverhältnis auf unbestimmte Zeit über.

§ 2 Allgemeine Pflichten

Der Arbeitnehmer verpflichtet sich, alle ihm übertragenen Arbeiten sorgfältig und gewissenhaft auszuführen, nach Bedarf auch andere Arbeiten zu übernehmen und sich gegebenenfalls in eine andere Abteilung oder Betriebsstätte des Arbeitgebers versetzen zu lassen. Der Arbeitnehmer darf Nebenbeschäftigungen nur mit ausdrücklicher schriftlicher Zustimmung des Arbeitgebers ausüben.

Er verpflichtet sich, Verschwiegenheit über die geschäftlichen und betrieblichen Angelegenheiten zu wahren. Diese Verpflichtung erstreckt sich auf die Zeit nach Beendigung des Arbeitsverhältnisses.

§ 3 Gehaltszahlung

Der Arbeitnehmer versichert, dass er im . . . . . Berufsjahr/im . . 3. . Tätigkeitsjahr steht; Ausbildungsjahre sind dabei nicht mitgezählt. Der Arbeitnehmer wird in die Gehaltsgruppe . I I . eingestuft. Das monatliche Bruttogehalt setzt sich zusammen aus:

Tarifgehalt	1 775 , 00 EUR
etwaige übertarifliche Zulage	
insgesamt	1 775 , 00 EUR

Für Teilzeitbeschäftigte:

Vereinbarte Arbeitszeit: .

Die Bezüge werden nachträglich am Ende des betriebsüblichen Gehaltszahlungszeitraums gezahlt. Die Zahlung kann auch bargeldlos erfolgen.

Vor Fälligkeit auf die Vergütung geleistete Zahlungen sind Vorschüsse, auch wenn für die Rückzahlung Raten vereinbart werden. Bei Beendigung des Arbeitsverhältnisses ist ein zuviel gezahlter Vorschuss sofort zurückzuzahlen. Der Gegenwert aus unbezahlten Warenbezügen des Arbeitnehmers gilt als Vorschuss.

Übertarifliche Bezüge sind bei Tariferhöhungen, bei Aufrücken in ein anderes Berufs- oder Tätigkeitsjahr oder bei Einstufung in eine höhere Beschäftigungsgruppe anrechenbar. Sie können im Übrigen unter Einhaltung der' in § 10 vereinbarten Frist gekündigt werden.

Der Arbeitnehmer verpflichtet sich, zu viel gezahlte Bezüge zurückzuzahlen.

Die Abtretung von Gehaltsansprüchen ist nur mit ausdrücklicher Zustimmung des Arbeitgebers zulässig.

§ 4 Mehrarbeit

Ansprüche aus der Leistung von Mehrarbeit bestehen nur, wenn die Mehrarbeit von der Geschäftsleitung angeordnet oder genehmigt worden ist.

Über Beginn und Ende der Mehrarbeit hat der Arbeitnehmer täglich Aufzeichnungen zu machen und diese spätestens am folgenden Tage vom Arbeitgeber oder dessen Beauftragten gegenzeichnen zu lassen.

§ 5 Sonderzuwendungen

Gratifikationen, Jahrestantiemen oder sonstige Sonderzuwendungen sind, auch wenn sie wiederholt gezahlt werden, jederzeit widerrufliche freiwillige Leistungen des Arbeitgebers; ein Anspruch des Arbeitnehmers auf solche Leistungen oder auf eine bestimmte Höhe dieser Leistungen besteht nicht.

§ 6 Urlaub

Der Urlaub richtet sich nach den tarifvertraglichen Bestimmungen. Er beträgt demnach zur Zeit ....32.... Werktage im Jahr.

§ 7 Arbeitsverhinderung und Krankheit

Arbeitsverhinderung ist dem Arbeitgeber unverzüglich, möglichst am ersten Tage des Arbeitsausfalls, unter Angabe der Gründe mitzuteilen; ist die Arbeitsverhinderung vorher bekannt, so ist rechtzeitig die Einwilligung des Arbeitgebers einzuholen.

Im Falle einer Erkrankung hat der Arbeitnehmer darüber hinaus unverzüglich, spätestens innerhalb von drei Tagen, eine ärztliche Bescheinigung nachzureichen, aus der die Arbeitsunfähigkeit sowie deren Beginn und voraussichtliche Dauer ersichtlich sind. Dauert die Arbeitsunfähigkeit länger als in der Bescheinigung angegeben, so ist der Arbeitnehmer verpflichtet, eine neue ärztliche Bescheinigung vorzulegen. Der Arbeitnehmer ist verpflichtet, sich auf Verlangen und Kosten des Arbeitgebers von einem vom Arbeitgeber zu benennenden Arzt untersuchen zu lassen.

Stellt der Arbeitnehmer einen Antrag auf ein Kur- oder Heilverfahren, so hat er dem Arbeitgeber unverzüglich davon Kenntnis zu geben. Wird das Kur- oder Heilverfahren bewilligt, ist dem Arbeitgeber unverzüglich eine entsprechende Bescheinigung vorzulegen und der Zeitpunkt des Kurantritts mitzuteilen.

§ 8 Abtretung von Schadensersatzansprüchen

Schadensersatzansprüche, die der Arbeitnehmer bei Unfall oder Krankheit wegen des Verdienstausfalls gegen Dritte erwirbt, werden hiermit an den Arbeitgeber bis zur Höhe der Beträge abgetreten, die der Arbeitgeber auf Grund gesetzlicher, tariflicher oder vertraglicher Bestimmungen für die Dauer der Arbeitsunfähigkeit gewährt. Der Arbeitnehmer hat dem Arbeitgeber unverzüglich die zur Geltendmachung der Schadensersatzansprüche erforderlichen Angaben zu machen.

§ 9 Abstellen von Fahrzeugen

Abstellen von Fahrzeugen des Arbeitnehmers auf dem Gelände des Arbeitgebers ist nur mit besonderer Erlaubnis des Arbeitgebers gestattet und geschieht ausschließlich auf Gefahr des Arbeitnehmers.

§ 10 Kündigung

Das Arbeitsverhältnis kann beiderseits mit einer Frist von ~~einem Monat zum Monatsende*~~

sechs Wochen zum Schluss eines Kalendervierteljahres*

gekündigt werden.

Soweit dem Arbeitnehmer auf Grund gesetzlicher Vorschriften nur mit einer verlängerten Frist gekündigt werden darf, gilt diese verlängerte Kündigungsfrist auch für eine Kündigung seitens des Arbeitnehmers. Eine verspätet zugegangene Kündigung gilt als Kündigung für den nächstzulässigen Zeitpunkt. Eine fristlose Kündigung gilt vorsorglich auch als fristgemäße Kündigung für den nächstzulässigen Zeitpunkt. Eine Kündigung vor Beginn des Arbeitsverhältnisses ist unzulässig.

Das Arbeitsverhältnis endet spätestens mit Ablauf des Monats, der auf die Vollendung des 65. Lebensjahres folgt, ohne dass es einer Kündigung bedarf.

§ 11 Vertragsstrafe

Tritt der Arbeitnehmer das Arbeitsverhältnis nicht an, löst er das Arbeitsverhältnis unter Vertragsbruch oder wird der Arbeitgeber durch schuldhaft vertragswidriges Verhalten des Arbeitnehmers zur fristlosen Kündigung des Arbeitsverhältnisses veranlasst, so hat der Arbeitnehmer an den Arbeitgeber eine Vertragsstrafe

* Nichtzutreffendes streichen

in Höhe eines Bruttomonatsgehaltes zu zahlen. Der Arbeitgeber kann einen weitergehenden Schaden geltend machen.

§ 12 Rückgabe des Arbeitsmaterials

Der Arbeitnehmer hat beim Ausscheiden sämtliche betrieblichen Arbeitsmittel und Unterlagen zurückzugeben, die ihm während seiner Tätigkeit ausgehändigt wurden oder auf andere Weise zugängig geworden sind. Dazu gehören auch selbst angefertigte Aufzeichnungen.

§ 13 Personalfragebogen

Der zu diesem Arbeitsvertrag gehörende Personalfragebogen ist wesentliche Grundlage dieses Vertrages. Unrichtige Angaben berechtigen den Arbeitgeber zur Anfechtung oder fristlosen Kündigung des Vertrages.

§ 14 Tarifverträge und Betriebsordnung

Soweit sich aus diesem Vertrag nichts anderes ergibt, finden die Tarifverträge für den Einzelhandel in ihrer zuletzt gültigen Fassung sowie die Betriebsordnung Anwendung. Der Arbeitnehmer erklärt, dass er von diesen Bestimmungen Kenntnis genommen hat.

§ 15 Vertragsänderungen

Ergänzungen und Änderungen dieses Vertrages bedürfen der Schriftform.

§ 16 Sonstige Vereinbarungen

_____

_____

_____

Gießen, _____ · , den   14. Sept.   20..

Kaufhaus Hans Schneider OHG, Gießen

_____   _____
Unterschrift des Arbeitgebers   Unterschrift des Arbeitnehmers

a) Was versteht man unter einem Arbeitsverhältnis?

b) Was wird zwischen den Vertragsparteien durch den Arbeitsvertrag im Einzelnen geregelt?

c) Welche ergänzenden Regelungen sind bei Streitigkeiten zwischen den Vertragsparteien zu berücksichtigen?

41 Dem Arbeitsvertrag kann ein Personalfragebogen beigefügt werden.

Personalfragebogen

Lichtbild

Familienname: _____ bei Frauen Mädchenname: _____

Vorname: _____ geb. am _____ in: _____

Wohnort: _____ Straße und Nr.: _____

Telefon: _____ evtl. Untermieter bei: _____

Staatsangehörigkeit: _____ Familienstand: ledig - verh. - verw. - gesch.

Anzahl und Geburtsdatum der Kinder: _____

Ich lebe im eigenen Haushalt - in Untermiete - bei Angehörigen
Ich habe zu versorgen:

_____ Klein-, schulpflichtige, in der Berufsausbildung stehende Kinder;
_____ arbeitsunfähige Personen mit amtsärztlich nachgewiesener außergewöhnlicher körperlicher Hilfsbedürftigkeit

Name des Ehegatten (bei Minderjährigen der Eltern): _____

Beruf: _____ beschäftigt bei: _____

Allgemeine Schulbildung:

von	bis	Schulart
von	bis	Schulart
von	bis	Schulart

Sonstige Schulbesuche:

Handelsschule von	bis	in
Berufsschule von	bis	in

Besuch von Berufsförderungskursen:

Art des Kurses:	in	Dauer
Art des Kurses:	in	Dauer
Art des Kurses:	in	Dauer

Berufsausbildung von	bis
bei Firma	in

Ausbildungsberuf: _____ Fachzweig _____

Abschlussprüfung wann? _____ mit welcher Note? _____

Sonstige Prüfungen, Spezialkenntnisse oder Fertigkeiten:

_____

_____

Haben Sie Ihren **Wehrdienst abgeleistet?** ja / nein   Sind Sie zur **Bundeswehr gemustert?** ja / nein

Voraussichtlicher Einberufungstermin:

Bisherige Beschäftigung:

Firma	Branche	beschäftigt als	von	bis

Im wievielten Berufsjahr stehen Sie ohne Berücksichtigung der Ausbildungsjahre?

Ist Ihnen die jetzige Stellung gekündigt: ja / nein Wenn ja, warum?

Letztes Arbeitsentgelt DM   Wann können Sie frühestens bei uns anfangen?

Wie viel Urlaubstage haben Sie für das laufende Kalenderjahr von Ihrem früheren Arbeitgeber bereits erhalten (bzw. sind abgegolten worden)?

Vorstrafen und schwebende Verfahren (soweit für die vorgesehene Beschäftigung von Bedeutung)

Welcher Krankenkasse gehören Sie an?

Leiden Sie an einer chronischen oder organischen Krankheit? ja / nein

Waren Sie in den letzten 12 Monaten arbeitsunfähig krank geschrieben? ja / nein. Wenn ja, aus welchem Grund?

Ist eine Vorbeugungs-, Heil- oder Genesungskur beantragt? ja / nein

Sind Sie schwerbehindert, Schwerbehinderten gleichgestellt od. sonst körperbehindert? ja / nein, ggf. Prozentsatz

Bescheid der Hauptfürsorgestelle in   vom

Liegen gegen Sie Gehalts- / Lohnpfändungen vor oder haben Sie Ihre Ansprüche auf Arbeitsentgelt abgetreten oder verpfändet? ja / nein

Zusatzfrage für weibliche Bewerber: Besteht zur Zeit bei Ihnen eine Schwangerschaft? ja - nein

Wollen Sie Referenzen angeben (ggf. welche)?

Ich versichere, dass die vorstehenden Angaben vollständig und wahrheitsgemäß sind. Mir ist bewusst, dass unvollständige oder unwahre Angaben zur fristlosen Auflösung des Arbeitsverhältnisses berechtigen.

Ort, Datum

Unterschrift des Arbeitnehmers

und   Unterschrift des/der gesetzl. Vertreter(s)

Bei Minderjährigen

Als gesetzliche(r) Vertreter des minderjährigen Arbeitnehmers stimme(n) ich/wir diesem Vertrag zu und ermächtige(n) den Arbeitnehmer, die ihm zustehenden Bezüge sowie etwaige Willenserklärungen entgegenzunehmen und abzugeben. Diese Ermächtigung kann nur gegenüber dem Arbeitgeber widerrufen werden.

Ort, Datum

Unterschrift des/der gesetzl. Vertreter(s)

a) Welche Hauptgebiete umfasst der abgebildete Personalfragebogen?

b) Welchem Zweck dienen die im Personalfragebogen gestellten Fragen?

c) Welche Folgen ergeben sich für den Arbeitnehmer bei unwahren Angaben im Personalfragebogen?

d) Halten Sie die **Zusatzfrage** für weibliche Bewerber für rechtens?

Berufsausbildungsvertrag

INDUSTRIE- UND HANDELSKAMMER
GIESSEN

Berufsausbildungsvertrag

(§§ 3, 4 Berufsbildungsgesetz — BBiG)

Dieser Vertrag ist in das Verzeichnis der Berufsausbildungsverhältnisse eingetragen

am .... unter Nr. ....

**INDUSTRIE- UND HANDELSKAMMER
GIESSEN**

(Siegel)

Vorgemerkt zur Prüfung für ....

Zwischen dem

Ausbildenden (Unternehmen)

und Auszubildenden

(PLZ, Ort)

Änderungen des wesentlichen Vertragsinhaltes sind unverzüglich zur Eintragung in das Verzeichnis der Berufsausbildungsverhältnisse bei der Industrie- und Handelskammer anzuzeigen.

geb. am ....

gesetzlich (Vater bzw. Vormund)
vertreten
durch ¹)   (Mutter)

Straße

in

wird nachstehender Vertrag zur Ausbildung im
Ausbildungsberuf

....

nach Maßgabe der Ausbildungsordnung ²) geschlossen:

A. Die Ausbildungszeit beträgt nach der Ausbildungsord-

nung .... Jahre.

Hierauf wird die Berufsausbildung zum

eine Vorbildung/Ausbildung in

mit .... Monaten angerechnet.

Das Berufsausbildungsverhältnis beginnt am ....

und endet am ....

B. Die Probezeit beträgt .... Monate ³).

C. Die Ausbildung findet vorbehaltlich der Regelungen nach

§ 3 Nr. 12 in

und den mit dem Betriebssitz für die Ausbildung üblicherweise zusammenhängenden Bau-, Montage- und sonstigen
Arbeitsstellen statt.

D. Ausbildungsmaßnahmen außerhalb der Ausbildungs-

stätte ....

E. Der Ausbildende zahlt dem Auszubildenden eine angemessene Vergütung; sie beträgt zurzeit monatlich

DM .... brutto im ersten Ausbildungsjahr

DM .... brutto im zweiten Ausbildungsjahr

DM .... brutto im dritten Ausbildungsjahr

DM .... brutto im vierten Ausbildungsjahr
Soweit Vergütungen tariflich geregelt sind, gelten mindestens
die tariflichen Sätze.

F. Die regelmäßige tägliche Ausbildungszeit beträgt

.... Stunden ⁴).

G. Der Ausbildende gewährt dem Auszubildenden Urlaub
nach den geltenden Bestimmungen. Es besteht ein Urlaubs-
anspruch

auf .... Werktage oder .... Arbeitstage im Jahre ....

auf .... Werktage oder .... Arbeitstage im Jahre ....

auf .... Werktage oder .... Arbeitstage im Jahre ....

auf .... Werktage oder .... Arbeitstage im Jahre ....

auf .... Werktage oder .... Arbeitstage im Jahre ....

H. Hinweis auf anzuwendende Tarifverträge und Betriebsvereinbarungen, sonstige Vereinbarungen.

....

....

....

....

....

¹) Vertretungsberechtigt sind beide Eltern gemeinsam, soweit nicht die Vertretungsberechtigung nur einem Elternteil zusteht. Ist ein Vormund bestellt, so bedarf
dieser zum Abschluss des Berufsausbildungsvertrages der Genehmigung des Vormundschaftsgerichtes.
²) Solange die Ausbildungsordnung nicht erlassen ist, sind gem. § 108 Abs. 1 BBiG und § 122 Abs. 5 HwO die bisherigen Ordnungsmittel anzuwenden.
³) Die Probezeit muss mindestens einen Monat und darf höchstens drei Monate betragen.
⁴) Nach dem Jugendarbeitsschutzgesetz beträgt die höchstzulässige tägliche Arbeitszeit (Ausbildungszeit) bei noch nicht 18 Jahre alten Personen 8 Stunden. Im
übrigen sind die Vorschriften des Jugendarbeitsschutzgesetzes über die höchstzulässige Wochenarbeitszeit (im Normalfall 40 Stunden) zu beachten

W Bertelsmann Verlag KG Bielefeld 12/92/9

§ 1 — Ausbildungszeit

1. (Dauer) siehe A *).

2. (Probezeit) siehe B *).

Wird die Ausbildung während der Probezeit um mehr als ein Drittel dieser Zeit unterbrochen, so verlängert sich die Probezeit um den Zeitraum der Unterbrechung.

3. (Vorzeitige Beendigung des Berufsausbildungsverhältnisses)

Besteht der Auszubildende vor Ablauf der unter Nr. 1 vereinbarten Ausbildungszeit die Abschlussprüfung, so endet das Berufsausbildungsverhältnis mit Bestehen der Abschlussprüfung.

4. (Verlängerung des Berufsausbildungsverhältnisses) prüfung.

Besteht der Auszubildende die Abschlussprüfung nicht, so verlängert sich das Berufsausbildungsverhältnis auf sein Verlangen bis zur nächstmöglichen Wiederholungsprüfung, höchstens um ein Jahr.

§ 2 — Ausbildungsstätte(n)

siehe C *).

§ 3 — Pflichten des Ausbildenden

Der Ausbildende verpflichtet sich,

1. (Ausbildungsziel)

dafür zu sorgen, daß dem Auszubildenden die Fertigkeiten und Kenntnisse vermittelt werden, die zum Erreichen des Ausbildungszieles nach der Ausbildungsordnung erforderlich sind, und die Berufsausbildung nach den beigefügten Angaben zur sachlichen und zeitlichen Gliederung des Ausbildungsablaufs so durchzuführen, dass das Ausbildungsziel in der vorgesehenen Ausbildungszeit erreicht werden kann;

2. (Ausbilder)

selbst auszubilden oder einen persönlich und fachlich geeigneten Ausbilder ausdrücklich damit zu beauftragen und diesen dem Auszubildenden jeweils schriftlich bekannt zu geben;

3. (Ausbildungsordnung)

dem Auszubildenden vor Beginn der Ausbildung die Ausbildungsordnung kostenlos auszuhändigen;

4. (Ausbildungsmittel)

dem Auszubildenden kostenlos die Ausbildungsmittel, insbesondere Werkzeuge, Werkstoffe und Fachliteratur zur Verfügung zu stellen, die für die Ausbildung in den betrieblichen und überbetrieblichen Ausbildungsstätten und zum Ablegen von Zwischen- und Abschlussprüfungen, auch soweit solche nach Beendigung des Berufsausbildungsverhältnisses und in zeitlichem Zusammenhang damit stattfinden, erforderlich sind ᵉ);

5. (Besuch der Berufsschule und von Ausbildungsmaßnahmen außerhalb der Ausbildungsstätte)

den Auszubildenden zum Besuch der Berufsschule anzuhalten und freizustellen. Das Gleiche gilt, wenn Ausbildungsmaßnahmen außerhalb der Ausbildungsstätte vorgeschrieben oder nach Nr. 12 durchzuführen sind;

6. (Berichtsheftführung)

dem Auszubildenden vor Ausbildungsbeginn und später die Berichtshefte für die Berufsausbildung kostenfrei auszuhändigen und ihm Gelegenheit zu geben, das Berichtsheft in Form eines Ausbildungsnachweises während der Ausbildungszeit zu führen, sowie die ordnungsgemäße Führung durch regelmäßige Abzeichnung zu überwachen, soweit Berichtshefte im Rahmen der Berufsausbildung verlangt werden;

7. (Ausbildungsbezogene Tätigkeiten)

dem Auszubildenden nur Verrichtungen zu übertragen, die dem Ausbildungszweck dienen und seinen körperlichen Kräften angemessen sind;

8. (Sorgepflicht)

dafür zu sorgen, dass der Auszubildende charakterlich gefördert sowie sittlich und körperlich nicht gefährdet wird;

9. (Ärztliche Untersuchungen)

von dem jugendlichen Auszubildenden sich Bescheinigungen gemäß §§ 32, 33 Jugendarbeitsschutzgesetz darüber vorlegen zu lassen, dass dieser

    a) vor der Aufnahme der Ausbildung untersucht und

    b) vor Ablauf des ersten Ausbildungsjahres nachuntersucht worden ist;

10. (Eintragungsantrag)

unverzüglich nach Abschluss des Berufsausbildungsvertrages die Eintragung in das Verzeichnis der Berufsausbildungsverhältnisse bei der zuständigen Stelle unter Beifügung der Vertragsniederschriften und — bei Auszubildenden unter 18 Jahren — einer Kopie oder Mehrfertigung der ärztlichen Bescheinigung über die Erstuntersuchung gemäß § 32 Jugendarbeitsschutzgesetz zu beantragen; entsprechendes gilt bei späteren Änderungen des wesentlichen Vertragsinhaltes;

11. (Anmeldung zu Prüfungen)

den Auszubildenden rechtzeitig zu den angesetzten Zwischen- und Abschlussprüfungen anzumelden und für die Teilnahme freizustellen sowie der Anmeldung zur Zwischenprüfung bei Auszubildenden unter 18 Jahren eine Kopie oder Mehrfertigung der ärztlichen Bescheinigung über die erste Nachuntersuchung gemäß § 33 Jugendarbeitsschutzgesetz beizufügen;

12. (Ausbildungsmaßnahmen außerhalb der Ausbildungsstätte) siehe D *).

§ 4 — Pflichten des Auszubildenden

Der Auszubildende hat sich zu bemühen, die Fertigkeiten und Kenntnisse zu erwerben, die erforderlich sind, um das Ausbildungsziel zu erreichen. Er verpflichtet sich insbesondere,

1. (Lernpflicht)

die ihm im Rahmen seiner Berufsausbildung übertragenen Verrichtungen und Aufgaben sorgfältig auszuführen;

2. (Berufsschulunterricht, Prüfungen und sonstige Maßnahmen)

am Berufsschulunterricht und an Prüfungen sowie an Ausbildungsmaßnahmen außerhalb der Ausbildungsstätte teilzunehmen, für die er nach § 3 Nr. 5 und 12 freigestellt wird;

ᵉ) Der Auszubildende kann das Prüfungsstück gegen Erstattung der Materialselbstkosten erwerben.

*) Die Buchstaben verweisen auf den entsprechenden Text der ersten Seite.

3. **(Weisungsgebundenheit)**
den Weisungen zu folgen, die ihm im Rahmen der Berufsausbildung vom Ausbildenden, vom Ausbilder oder von anderen weisungsberechtigten Personen, soweit sie als weisungsberechtigt bekannt gemacht worden sind, erteilt werden;

4. **(Betriebliche Ordnung)**
die für die Ausbildungsstätte geltende Ordnung zu beachten;

5. **(Sorgfaltspflicht)**
Werkzeug, Maschinen und sonstige Einrichtungen pfleglich zu behandeln und sie nur zu den ihm übertragenen Arbeiten zu verwenden;

6. **(Betriebsgeheimnisse)**
über Betriebs- und Geschäftsgeheimnisse Stillschweigen zu wahren;

7. **(Berichtsheftführung)**
ein vorgeschriebenes Berichtsheft ordnungsgemäß zu führen und regelmäßig vorzulegen;

8. **(Benachrichtigung)**
bei Fernbleiben von der betrieblichen Ausbildung vom Berufsschulunterricht oder von sonstigen Ausbildungsveranstaltungen dem Ausbildenden unter Angabe von Gründen unverzüglich Nachricht zu geben und ihm bei Krankheit oder Unfall spätestens am dritten Tag eine ärztliche Bescheinigung zuzuleiten;

9. **(Ärztliche Untersuchungen)**
soweit auf ihn die Bestimmungen des Jugendarbeitsschutzgesetzes Anwendung finden, sich gemäß §§ 32 und 33 dieses Gesetzes ärztlich   a) vor Beginn der Ausbildung untersuchen,
                        b) vor Ablauf des ersten Ausbildungsjahres nachuntersuchen zu lassen
und die Bescheinigungen hierüber dem Ausbildenden vorzulegen.

§ 5 – Vergütung und sonstige Leistungen

1. **(Höhe und Fälligkeit)** siehe E *).
Eine über die vereinbarte regelmäßige Ausbildungszeit hinausgehende Beschäftigung wird besonders vergütet.
Die Vergütung wird spätestens am letzten Arbeitstag des Monats gezahlt. Das auf die Urlaubszeit entfallende Entgelt (Urlaubsentgelt) wird vor Antritt des Urlaubs ausgezahlt.
Die Beiträge für die Sozialversicherung tragen die Vertragschließenden nach Maßgabe der gesetzlichen Bestimmungen.

2. **(Sachleistungen)**
Soweit der Ausbildende dem Auszubildenden Kost und/oder Wohnung gewährt, gilt die in der Anlage beigefügte Regelung.

3. **(Kosten für Maßnahmen außerhalb der Ausbildungsstätte)**
Der Ausbildende trägt die Kosten für Maßnahmen außerhalb der Ausbildungsstätte gemäß § 3 Nr. 5, soweit sie nicht anderweitig gedeckt sind. Ist eine auswärtige Unterbringung erforderlich, so können dem Auszubildenden anteilige Kosten für Verpflegung in dem Umfang in Rechnung gestellt werden, in dem dieser Kosten einspart. Die Anrechnung von anteiligen Kosten und Sachbezugswerten nach § 10 (2) BBiG darf 75 % der vereinbarten Bruttovergütung nicht übersteigen.

4. **(Berufskleidung)**
Wird vom Ausbildenden eine besondere Berufskleidung vorgeschrieben, so wird sie von ihm zur Verfügung gestellt.

5. **(Fortzahlung der Vergütung)**
Dem Auszubildenden wird die Vergütung auch gezahlt
a) für die Zeit der Freistellung gem. § 3 Nr. 5 und 11 dieses Vertrages sowie gemäß § 10 Abs. 1 Nr. 2 und § 43 Jugendarbeitsschutzgesetz
b) bis zur Dauer von 6 Wochen, wenn er
    aa) sich für die Berufsausbildung bereithält, diese aber ausfällt
    bb) infolge unverschuldeter Krankheit nicht an der Berufsausbildung teilnehmen kann o d e r
    cc) aus einem sonstigen, in seiner Person liegenden Grund unverschuldet verhindert ist, seine Pflichten aus dem Berufsausbildungsverhältnis zu erfüllen.

§ 6 – Ausbildungszeit und Urlaub

1. **(Tägliche Ausbildungszeit)** siehe F *).

2. **(Urlaub)** siehe G *).

3. **(Lage des Urlaubs)**
Der Urlaub soll zusammenhängend und in der Zeit der Berufsschulferien erteilt und genommen werden. Während des Urlaubs darf der Auszubildende keine dem Urlaubszweck widersprechende Erwerbstätigkeit leisten.

§ 7 – Kündigung

1. **(Kündigung während der Probezeit)**
Während der Probezeit kann das Berufsausbildungsverhältnis ohne Einhaltung einer Kündigungsfrist und ohne Angabe von Gründen gekündigt werden.

2. **(Kündigungsgründe)**
Nach der Probezeit kann das Berufsausbildungsverhältnis nur gekündigt werden
a) aus einem wichtigen Grund ohne Einhalten einer Kündigungsfrist,
b) vom Auszubildenden mit einer Kündigungsfrist von 4 Wochen, wenn er die Berufsausbildung aufgeben oder sich für eine andere Berufstätigkeit ausbilden lassen will.

3. **(Form der Kündigung)**
Die Kündigung muss schriftlich, im Falle der Nr. 2 unter Angabe der Kündigungsgründe erfolgen.

4. **(Unwirksamkeit einer Kündigung)**
Eine Kündigung aus einem wichtigen Grund ist unwirksam, wenn die ihr zugrunde liegenden Tatsachen dem zur Kündigung Berechtigten länger als 2 Wochen bekannt sind. Ist ein Schlichtungsverfahren gem. § 9 eingeleitet, so wird bis zu dessen Beendigung der Lauf dieser Frist gehemmt.

*) Die Buchstaben verweisen auf den entsprechenden Text der ersten Seite.

9 Schuster – ISBN 3-8120-0060-1

5. **(Schadensersatz bei vorzeitiger Beendigung)**

Wird das Berufsausbildungsverhältnis nach Ablauf der Probezeit vorzeitig gelöst, so kann der Ausbildende oder der Auszubildende Ersatz des Schadens verlangen, wenn der andere den Grund für die Auflösung zu vertreten hat. Das gilt nicht bei Kündigung wegen Aufgabe oder Wechsels der Berufsausbildung (Nr. 2 b). Der Anspruch erlischt, wenn er nicht innerhalb von 3 Monaten nach Beendigung des Berufsausbildungsverhältnisses geltend gemacht wird.

6. **(Aufgabe des Betriebes, Wegfall der Ausbildungseignung)**

Bei Kündigung des Berufsausbildungsverhältnisses wegen Betriebsaufgabe oder wegen Wegfalls der Ausbildungseignung verpflichtet sich der Ausbildende, sich mit Hilfe der Berufsberatung des zuständigen Arbeitsamtes rechtzeitig um eine weitere Ausbildung im bisherigen Ausbildungsberuf in einer anderen geeigneten Ausbildungsstätte zu bemühen.

§ 8 — Zeugnis

Der Ausbildende stellt dem Auszubildenden bei Beendigung des Berufsausbildungsverhältnisses ein Zeugnis aus. Hat der Ausbildende die Berufsausbildung nicht selbst durchgeführt, so soll auch der Ausbilder das Zeugnis unterschreiben. Es muss Angaben enthalten über Art, Dauer und Ziel der Berufsausbildung sowie über die erworbenen Fertigkeiten und Kenntnisse des Auszubildenden, auf Verlangen des Auszubildenden auch Angaben über Führung, Leistung und besondere fachliche Fähigkeiten.

§ 9 — Beilegung von Streitigkeiten

Bei Streitigkeiten aus dem bestehenden Berufsausbildungsverhältnis ist vor Inanspruchnahme des Arbeitsgerichts der nach § 111 Abs. 2 des Arbeitsgerichtsgesetzes errichtete Ausschuss anzurufen.

§ 10 — Erfüllungsort

Erfüllungsort für alle Ansprüche aus diesem Vertrag ist der Ort der Ausbildungsstätte.

§ 11 – Hinweis auf anzuwendende Tarifverträge und Betriebsvereinbarungen, sonstige Vereinbarungen *

siehe H *).

Rechtswirksame Nebenabreden, die das Berufsausbildungsverhältnis betreffen, können nur durch schriftliche Ergänzung im Rahmen des § 11 dieses Berufsausbildungsvertrages getroffen werden.

Vorstehender Vertrag ist in zwei gleich lautenden Ausfertigungen (bei Mündeln dreifach) ausgestellt und von den Vertragsschließenden eigenhändig unterschrieben worden.

...., den ....

Der Ausbildende: **Der Auszubildende:**

....
(Stempel und Unterschrift)   (Voller Vor- und Zuname)

Die gesetzlichen Vertreter des Auszubildenden:
(Falls ein Elternteil verstorben, bitte vermerken)

Vater: .... und Mutter: ....

oder

Vormund: ....
(Volle Vor- und Zunamen)

*) Die Buchstaben verweisen auf den entsprechenden Text der ersten Seite.

Fünfter Titel. Gesundheitliche Betreuung

JArbSchG **§ 32. Erstuntersuchung**

(1) Ein Jugendlicher, der in das Berufsleben eintritt, darf nur beschäftigt werden, wenn
1. er innerhalb der letzten vierzehn Monate von einem Arzt untersucht worden ist (Erstuntersuchung) und
2. dem Arbeitgeber eine von diesem Arzt ausgestellte Bescheinigung vorliegt.

(2) Absatz 1 gilt nicht für eine nur geringfügige oder eine nicht länger als zwei Monate dauernde Beschäftigung mit leichten Arbeiten, von denen keine gesundheitlichen Nachteile für den Jugendlichen zu befürchten sind.

§ 33. Erste Nachuntersuchung

(1) Ein Jahr nach Aufnahme der ersten Beschäftigung hat sich der Arbeitgeber die Bescheinigung eines Arztes darüber vorlegen zu lassen, dass der Jugendliche nachuntersucht worden ist (erste Nachuntersuchung). Die Nachuntersuchung darf nicht länger als drei Monate zurückliegen. Der Arbeitgeber soll den Jugendlichen neun Monate nach Aufnahme der ersten Beschäftigung nachdrücklich auf den Zeitpunkt, bis zu dem der Jugendliche ihm die ärztliche Bescheinigung nach Satz 1 vorzulegen hat, hinweisen und ihn auffordern, die Nachuntersuchung bis dahin durchführen zu lassen.

(2) Legt der Jugendliche die Bescheinigung nicht nach Ablauf eines Jahres vor, hat ihn der Arbeitgeber innerhalb eines Monats unter Hinweis auf das Beschäftigungsverbot nach Absatz 3 schriftlich aufzufordern, ihm die Bescheinigung vorzulegen. Je eine Durchschrift des Aufforderungsschreibens hat der Arbeitgeber dem Personensorgeberechtigten und dem Betriebs- oder Personalrat zuzusenden.

(3) Der Jugendliche darf nach Ablauf von 14 Monaten nach Aufnahme der ersten Beschäftigung nicht weiterbeschäftigt werden, solange er die Bescheinigung nicht vorgelegt hat.

§ 34. Weitere Nachuntersuchungen

Nach Ablauf jedes weiteren Jahres nach der ersten Nachuntersuchung kann sich der Jugendliche erneut nachuntersuchen lassen (weitere Nachuntersuchungen). Der Arbeitgeber soll ihn auf diese Möglichkeit rechtzeitig hinweisen und darauf hinwirken, dass der Jugendliche ihm die Bescheinigung über die weitere Nachuntersuchung vorlegt.

§ 35. Außerordentliche Nachuntersuchung

(1) Der Arzt soll eine außerordentliche Nachuntersuchung anordnen, wenn eine Untersuchung ergibt, dass
1. ein Jugendlicher hinter dem seinem Alter entsprechenden Entwicklungsstand zurückgeblieben ist,
2. gesundheitliche Schwächen oder Schäden vorhanden sind,
3. die Auswirkungen der Beschäftigung auf die Gesundheit oder Entwicklung des Jugendlichen noch nicht zu übersehen sind.

(2) Die in § 33 Abs. 1 festgelegten Fristen werden durch die Anordnung einer außerordentlichen Nachuntersuchung nicht berührt.

42 Petra möchte Bankkauffrau werden. Ein Kreditinstitut ist bereit, sie als Auszubildende einzustellen.

a) Wie kommt der Ausbildungsvertrag zustande, wenn Petra 17 Jahre alt ist?

b) Was wird im Ausbildungsvertrag geregelt?

43 Petra will eine Schreibmaschine in ein anderes Zimmer tragen. Dabei stolpert sie und lässt die Maschine fallen. Diese wird dabei stark beschädigt. Muss Petra den Schaden ersetzen?

44 In der Dispositionsliste sieht Petra, dass ihr Nachbar sein Konto bei dem Kreditinstitut erheblich überzogen hat. Sie erzählt das am Abend ihren Eltern, die mit dem Nachbarn schon länger im Streit liegen. Bei der nächsten Gelegenheit wirft die Mutter der Nachbarin vor, dass sich diese bei diesen Schulden nicht so „aufblasen" solle.

Die Nachbarin beschwert sich daraufhin bei dem Kreditinstitut, das Petra fristlos entlässt. Erfolgte die fristlose Kündigung von Petra zu Recht?

45 Petra hat am Montag von 8:00 bis 12:00 Uhr und am Donnerstag von 8:00 bis 14:00 Uhr Berufsschule.

    a) Kann der Arbeitgeber verlangen, dass Petra nach dem Ende der Berufsschule wieder zur Arbeit kommt?

    b) Kann der Arbeitgeber verlangen, dass die in der Berufsschule verbrachte Zeit am arbeitsfreien Samstag nachgeholt wird?

46 Petra hat den Ausbildungsvertrag für 2 ½ Jahre abgeschlossen. Bereits nach 2 Jahren möchte sie die Kaufmannsgehilfenprüfung ablegen.

    a) Ist das möglich?

    b) Wie ist die Rechtslage, wenn der Arbeitgeber bzw. die Berufsschule gegen eine Verkürzung der Ausbildungsdauer sind?

47 Der Ausbildungsvertrag von Petra endet am 31. Juli 20 . . Bereits am 5. Juli 20 . . legt sie ihre Kaufmannsgehilfenprüfung mit Erfolg ab.

Ab welchem Tag kann sie statt der Ausbildungsvergütung Gehilfenlohn erhalten?

48 Petra ist mit der Art der Ausbildung unzufrieden. Welche Möglichkeiten hat sie, für eine Beseitigung der Mängel in der Ausbildung zu sorgen?

49 Während der Ausbildung hat sich der Arbeitgeber über den Gesundheitszustand des Auszubildenden zu informieren.

Welche Vorschriften sind dabei zu beachten?

50 Wodurch unterscheidet sich das Ausbildungsverhältnis von einem regelrechten Arbeitsverhältnis?

LZ: Individuelles und kollektives Arbeitsrecht unterscheiden
Tarifparteien nennen
Über Inhalt und Bedeutung des Tarifvertrages Auskunft geben

---

51 Im Arbeitsvertrag zwischen dem Kaufhaus Hans Schneider OHG und Frau Ingrid Schäfer, siehe Aufgabe 40, Seite 121 ff., wurde neben den Regelungen im Arbeitsvertrag auch auf die Regelungen im Tarifvertrag hingewiesen.

    a) Für wen gelten die im Tarifvertrag getroffenen Regelungen, für wen gelten die zwischen dem Kaufhaus Schneider und Frau Schäfer getroffenen Vereinbarungen?

Beachten Sie die Bestimmungen des Tarifvertragsgesetzes (TVG)!

TVG **§ 1. Inhalt und Form des Tarifvertrages.**

(1) Der Tarifvertrag regelt die Rechte und Pflichten der Tarifvertragsparteien und enthält Rechtsnormen, die den Inhalt, den Abschluss und die Beendigung von Arbeitsverhältnissen sowie betriebliche und betriebsverfassungsrechtliche Fragen ordnen können.

(2) Tarifverträge bedürfen der Schriftform.

§ 2. Tarifvertragsparteien.

(1) Tarifvertragsparteien sind Gewerkschaften, einzelne Arbeitgeber sowie Vereinigungen von Arbeitgebern.

(2) Zusammenschlüsse von Gewerkschaften und von Vereinigungen von Arbeitgebern (Spitzenorganisationen) können im Namen der ihnen angeschlossenen Verbände Tarifverträge abschließen, wenn sie eine entsprechende Vollmacht haben.

(3) Spitzenorganisationen können selbst Parteien eines Tarifvertrages sein, wenn der Abschluss von Tarifverträgen zu ihren satzungsgemäßen Aufgaben gehört.

(4) In den Fällen der Absätze 2 und 3 haften sowohl die Spitzenorganisationen wie die ihnen angeschlossenen Verbände für die Erfüllung der gegenseitigen Verpflichtungen der Tarifvertragsparteien.

§ 3. Tarifgebundenheit.

(1) Tarifgebunden sind die Mitglieder der Tarifvertragsparteien und der Arbeitgeber, der selbst Partei des Tarifvertrages ist.

(2) Rechtsnormen des Tarifvertrages über betriebliche und betriebsverfassungsrechtliche Fragen gelten für alle Betriebe, deren Arbeitgeber tarifgebunden ist.

(3) Die Tarifgebundenheit bleibt bestehen, bis der Tarifvertrag endet.

§ 4. Wirkung der Rechtsnormen.

(1) [1]Die Rechtsnormen des Tarifvertrages, die den Inhalt, den Abschluss oder die Beendigung von Arbeitsverhältnissen ordnen, gelten unmittelbar und zwingend zwischen den beiderseits Tarifgebundenen, die unter den Geltungsbereich des Tarifvertrages fallen. [2]Diese Vorschrift gilt entsprechend für Rechtsnormen des Tarifvertrages über betriebliche und betriebsverfassungsrechtliche Fragen.

(2) Sind im Tarifvertrag gemeinsame Einrichtungen der Tarifvertragsparteien vorgesehen und geregelt (Lohnausgleichskassen, Urlaubskassen usw.), so gelten diese Regelungen auch unmittelbar und zwingend für die Satzung dieser Einrichtung und das Verhältnis der Einrichtung zu den tarifgebundenen Arbeitgebern und Arbeitnehmern.

(3) Abweichende Abmachungen sind nur zulässig, soweit sie durch den Tarifvertrag gestattet sind oder eine Änderung der Regelungen zugunsten des Arbeitnehmers enthalten.

(4) [1]Ein Verzicht auf entstandene tarifliche Rechte ist nur in einem von den Tarifvertragsparteien gebilligten Vergleich zulässig. [2]Die Verwirkung von tariflichen Rechten ist ausgeschlossen. [3]Ausschlussfristen für die Geltendmachung tariflicher Rechte können nur im Tarifvertrag vereinbart werden.

(5) Nach Ablauf des Tarifvertrages gelten seine Rechtsnormen weiter, bis sie durch eine andere Abmachung ersetzt werden.

§ 5. Allgemeinverbindlichkeit.

(1) [1]Der Bundesminister für Arbeit und Sozialordnung kann einen Tarifvertrag im Einvernehmen mit einem aus je drei Vertretern der Spitzenorganisationen der Arbeitgeber und der Arbeitnehmer bestehenden Ausschuss auf Antrag einer Tarifvertragspartei für allgemein verbindlich erklären, wenn
1. die tarifgebundenen Arbeitgeber nicht weniger als 50 vom Hundert der unter den Geltungsbereich des Tarifvertrages fallenden Arbeitnehmer beschäftigen und
2. die Allgemeinverbindlicherklärung im öffentlichen Interesse geboten erscheint.

[2]Von den Voraussetzungen der Ziffern 1 und 2 kann abgesehen werden, wenn die Allgemeinverbindlicherklärung zur Behebung eines sozialen Notstandes erforderlich erscheint.

(2) Vor der Entscheidung über den Antrag ist Arbeitgebern und Arbeitnehmern, die von der Allgemeinverbindlicherklärung betroffen werden würden, den am Ausgang des Verfahrens interessierten Gewerkschaften und Vereinigungen der Arbeitgeber sowie den obersten Arbeitsbehörden der Länder, auf deren Bereich sich der Tarifvertrag erstreckt, Gelegenheit zur schriftlichen Stellungnahme sowie zur Äußerung in einer mündlichen und öffentlichen Verhandlung zu geben.

(3) Erhebt die oberste Arbeitsbehörde eines beteiligten Landes Einspruch gegen die beantragte Allgemeinverbindlicherklärung, so kann der Bundesminister für Arbeit und Sozialordnung dem Antrag nur mit Zustimmung der Bundesregierung stattgeben.

(4) Mit der Allgemeinverbindlicherklärung erfassen die Rechtsnormen des Tarifvertrages in seinem Geltungsbereich auch die bisher nicht tarifgebundenen Arbeitgeber und Arbeitnehmer.

TVG (5) [1]Der Bundesminister für Arbeit und Sozialordnung kann die Allgemeinverbindlicherklärung eines Tarifvertrages im Einvernehmen mit dem in Absatz 1 genannten Ausschuss aufheben, wenn die Aufhebung im öffentlichen Interesse geboten erscheint. [2]Die Absätze 2 und 3 gelten entsprechend. [3]Im Übrigen endet die Allgemeinverbindlichkeit eines Tarifvertrages mit dessen Ablauf.

(6) Der Bundesminister für Arbeit und Sozialordnung kann der obersten Arbeitsbehörde eines Landes für einzelne Fälle das Recht zur Allgemeinverbindlicherklärung sowie zur Aufhebung der Allgemeinverbindlichkeit übertragen.

(7) Die Allgemeinverbindlicherklärung und die Aufhebung der Allgemeinverbindlichkeit bedürfen der öffentlichen Bekanntmachung.

§ 6. Tarifregister.

Bei dem Bundesminister für Arbeit und Sozialordnung wird ein Tarifregister geführt, in das der Abschluss, die Änderung und die Aufhebung der Tarifverträge sowie der Beginn und die Beendigung der Allgemeinverbindlichkeit eingetragen werden.

§ 8. Bekanntgabe des Tarifvertrages.

Die Arbeitgeber sind verpflichtet, die für ihren Betrieb maßgebenden Tarifverträge an geeigneter Stelle im Betrieb auszulegen.

b) Was regelt ein Tarifvertrag?

c) Wer ist berechtigt, Tarifverträge abzuschließen?

d) Für wen gelten die Regelungen eines Tarifvertrages?

e) Was versteht man unter Allgemeinverbindlichkeit eines Tarifvertrages?

f) Wo könnte man Auskunft über die in der Bundesrepublik Deutschland abgeschlossenen Tarifverträge erhalten?

g) Wo kann sich ein einzelner Arbeitnehmer über den für ihn geltenden Tarifvertrag informieren?

h) Was versteht man unter der Tarifautonomie der Sozialpartner?

52 Die Sozialpartner sind privatrechtliche Zusammenschlüsse der Arbeitgeber (Arbeitgeberverbände) und der Arbeitnehmer (Gewerkschaften), die zur Wahrung und Förderung der Arbeits- und Wirtschaftsbedingungen beitragen sollen. Für die Tariffähigkeit eines Verbandes müssen im Einzelnen folgende Voraussetzungen erfüllt sein:

– Es dürfen nur Arbeitgeber oder nur Arbeitnehmer Mitglieder des Verbandes sein.

– Die Vereinigung muss neben ihren sonstigen Zwecken auch das Ziel verfolgen, auf die Löhne und sonstigen Arbeitsbedingungen einzuwirken.

– Die Vereinigung muss die Eigenschaft eines „sozialen Gegenspielers" der anderen Seite haben.

Berufsverbände, die diese Anforderungen erfüllen, haben noch folgende arbeitsrechtliche Vorzugsstellung:

– Sie sind tariffähig.

– Sie sind vor den Gerichten für Arbeitssachen stets aktiv und passiv parteifähig, d. h., sie können klagen und verklagt werden.

– Sie haben ein Vorschlagsrecht bei der Besetzung gewisser Behörden und öffentlich-rechtlicher Körperschaften (z. B. Arbeitsgerichte, Organe der Bundesanstalt für Arbeit, Träger der Sozialversicherung), ebenso zum Teil auch Mitwirkungsrechte bei der Berufung der Aufsichtsräte bei bestimmten Unternehmen.

a) Prüfen Sie, ob die folgenden Vereinigungen tariffähig sind:
1. Industrie- und Handelskammer,
2. Kolpingfamilie (das ist eine kulturelle Organisation katholischer Arbeitnehmer),
3. Hausfrauenverein, der auch die wirtschaftliche Situation der Hausgehilfinnen verbessern will.

b) An wen könnten Sie sich wenden, wenn Sie – ein bestimmtes Alter vorausgesetzt - Beisitzer bei einem Arbeitsgericht werden wollten?

c) Nennen Sie die für Ihren Arbeitsbereich zuständigen Sozialpartner!

53 Lesen Sie den **Auszug** aus den Tarifverträgen für das Bankgewerbe:

Auszüge aus den Tarifverträgen für das Bankgewerbe

Teil I: Manteltarifvertrag in der ab März 20.. geltenden Fassung

I. Geltungsbereich

§ 1 Geltungsbereich

Dieser Tarifvertrag gilt:

1. räumlich
   für das Gebiet der Bundesrepublik Deutschland;

2. fachlich
   für alle privaten Kreditinstitute oder Dienstleistungsunternehmen, die Leistungen auf dem Gebiet des Geld- und Kreditwesens oder bestimmungsgemäß für Kreditinstitute erbringen,
   für die in der Anlage aufgeführten öffentlichen Banken und sonstigen Einrichtungen,

3. persönlich
   für alle Arbeitnehmer einschließlich der Auszubildenden.

Der Tarifvertrag findet keine Anwendung auf

a) Arbeitnehmer, die nebenberuflich tätig sind; nebenberuflich ist eine Tätigkeit jedenfalls dann, wenn die vereinbarte Arbeitszeit nicht mehr als ein Drittel der regelmäßigen tariflichen Arbeitszeit beträgt;

b) das nicht vollbeschäftigte Reinigungspersonal,

c) Aushilfskräfte ohne einschlägige Berufserfahrung mit einer Beschäftigungsdauer bis zu 2 Monaten.

Angestellte in leitender Stellung oder solche Angestellte, die durch ihre Stellung berufen sind, selbstständig Entscheidungen von besonderer Wichtigkeit und Tragweite zu treffen (z. B. Prokuristen/-innen, Leiter/-innen größerer Zweigstellen, Abteilungsleiter/-innen), fallen nicht unter die Bestimmungen dieses Tarifvertrages, vorausgesetzt, dass ihr laufendes Monatsgehalt (ausschließlich Sozialzulagen, Mehrarbeits- und Sondervergütungen) das Endgehalt der höchsten Tarifgruppe überschreitet und dass die sonstigen Bedingungen ihrer Arbeitsverträge nicht schlechter sind als die entsprechenden Bedingungen des Tarifvertrages.

. . .

II. Arbeitszeit

§ 2 Regelmäßige Arbeitszeit

1. Die regelmäßige wöchentliche Arbeitszeit (ohne Pausen gerechnet) beträgt 39 Stunden. Ihre Verteilung auf die einzelnen Wochentage (z. B. Beginn und Ende der täglichen Arbeitszeit, gleitende Arbeitszeit, versetzte Arbeitszeiten) ist unter Beachtung von § 87 BetrVG bzw. der entsprechenden Bestimmungen der Personalvertretungsgesetze betrieblich zu regeln.

   Eine ungleichmäßige Verteilung der regelmäßigen Arbeitszeit unter Beachtung von § 87 BetrVG bzw. der entsprechenden Bestimmungen der Personalvertretungsgesetze ist zulässig, wenn innerhalb von sechs Monaten eine durchschnittliche wöchentliche Arbeitszeit von 39 Stunden erreicht wird; dabei darf die wöchentliche Arbeitszeit 45 Stunden nicht überschreiten. Im Falle von Bündelungsmodellen entstandene Freizeitblöcke werden von Ausfallzeiten nicht berührt.

   Notwendige Vor- und Nachrüstzeiten für Arbeitnehmer im Schalter- und Kundenbereich sind unabhängig von den Schalteröffnungszeiten Arbeitszeit.

   Unbezahlte Pausen oder Arbeitsunterbrechungen sollen arbeitstäglich 1 Stunde nicht überschreiten; hiervon kann nur mit Zustimmung des Betriebs-/Personalrats, in Betrieben ohne Betriebs-/Personalrat nur mit Zustimmung der Arbeitnehmer abgewichen werden.

   Die Sonnabende sind dienstfrei. Übergreifende Schichtarbeit zum Sonnabend ist zulässig.

2. Arbeitnehmer dürfen an Sonnabenden beschäftigt werden:

   a) in Wechselstuben oder bei Instituten in Grenzorten,

   b) bei Instituten in Orten, in denen andere im engeren Wettbewerb stehende Kreditinstitute an den dienstfreien Sonnabenden für den Publikumsverkehr geöffnet bleiben,

   c) zur Aufrechterhaltung der Funktionsfähigkeit von Datennetzen und Rechnersystemen oder in Rechenzentren,

   d) [...].

3. Für Arbeitnehmer, in deren Arbeitszeit regelmäßig und in erheblichem Umfang Arbeitsbereitschaft fällt, wie es z. B. bei Kraftfahrern, Pförtnern, Hausmeistern und Wächtern der Fall sein kann, ist eine andere Regelung der Arbeitszeit zulässig. Sie darf jedoch 12 Stunden täglich bzw. 156 Stunden innerhalb von vier Wochen ausschließlich der Ruhepausen nicht überschreiten. Der Dienst am Steuer darf für Kraftfahrer nicht mehr als 8 Stunden täglich betragen.

4. Gleitende Arbeitszeit kann durch Betriebs-/Dienstvereinbarung eingeführt werden. [...]

5. Die gesetzlichen Arbeitszeit- und Arbeitsschutzvorschriften bleiben unberührt.

§ 3 24. Dezember/31. Dezember

1. Am 24. Dezember ist dienstfrei (Bankfeiertag).

   Arbeitnehmer dürfen jedoch an diesem Tag bei Instituten in Orten beschäftigt werden, in denen andere im engeren Wettbewerb stehende Kreditinstitute am 24. Dezember für den Publikumsverkehr geöffnet bleiben.

2. Am 31. Dezember ist grundsätzlich dienstfrei. Die Geschäftsstellen bleiben geschlossen. Arbeitnehmer können für erforderliche Arbeiten - vorrangig Abschlussarbeiten – im Rahmen der regelmäßigen Arbeitszeit an diesem Tag beschäftigt werden. Diese Arbeitnehmer erhalten dafür an einem anderen Arbeitstag einen zusammenhängenden Freizeitausgleich in gleicher Höhe.

§ 4 Mehrarbeit

1. Mehrarbeit ist soweit wie irgend möglich zu vermeiden. Sie ist nur ausnahmsweise und im Rahmen der gesetzlichen Vorschriften und der Bestimmungen dieses Tarifvertrages zulässig.

...

III. Arbeitsentgelt

§ 6 Tarifgruppen

Für die Feststellung der tariflichen Mindestgehälter gelten folgende Tarifgruppen:

Tarifgruppe 1

Tätigkeiten, die Vorkenntnisse nicht erfordern, z. B.:

- Küchenhilfen
- vollbeschäftigtes Reinigungspersonal

Tarifgruppe 2

Tätigkeiten, die Kenntnisse oder Fertigkeiten erfordern, wie sie in der Regel durch eine kurze Einarbeitung erworben werden, z. B.:

- Arbeitnehmer mit einfacher Tätigkeit
  - im Zahlungs-, Überweisungs- und Abrechnungsverkehr
  - in der Belegaufbereitung
  - in Registraturen, Expeditionen und Materialverwaltungen
  - in Fachabteilungen (Sortierarbeiten)
  - im Kantinenbereich (z. B. Anrichten)
- Boten
- Pförtner
- Wächter

Tarifgruppe 3

Tätigkeiten, die Kenntnisse und/oder Fertigkeiten erfordern, wie sie in der Regel durch eine Zweckausbildung oder eine längere Einarbeitung erworben werden, z. B.:

- Arbeitnehmer mit Tätigkeiten in Kontokorrent- und Sparabteilungen
- Geldzähler
- Geldboten mit Inkassovollmacht
- Arbeitnehmer für EDV-Hilfsmaschinen, Mikrofilm, Adressiermaschinen und Archivverfilmung
- Datentypistinnen/Codiererinnen
- Phonotypistinnen
- Fernschreiberinnen
- Telefonistinnen
- Registratoren
- Expedienten
- Materiallageristen
- Hausmeister
- Kraftfahrer
- Arbeitnehmer an umfangreichen technischen Sicherheitseinrichtungen
- Empfangspersonal
- Büfett- und Bedienungspersonal mit erhöhten Anforderungen
- Beiköche

Tarifgruppe 4

Tätigkeiten, die Kenntnisse und/oder Fertigkeiten erfordern, wie sie in der Regel durch eine abgeschlossene Berufsausbildung oder durch eine um entsprechende Berufserfahrung ergänzte Zweckausbildung oder längere Einarbeitung erworben werden, z.B.:

- Kontoführer/Disponenten
- Schalterangestellte mit Bedienungstätigkeit
- Kassierer an kleinen Kassen mit einfachem Kassenverkehr
- Sachbearbeiter in der Belegaufbereitung, im Zahlungs-, Überweisungs– und Abrechnungsverkehr
- Arbeitnehmer in Kredit-, Wertpapier-, Auslands- und Stabsabteilungen (z.B. Personal-, Organisations-, Rechtsabteilung, Rechnungswesen)
- Arbeitnehmer in der EDV-Arbeitsnachbereitung mit Kontrolltätigkeit
- Operator-Assistenten
- Band- und Magnetplattenverwalter
- Datentypistinnen/Codiererinnen mit schwierigen Arbeiten und/oder Prüfarbeiten
- Stenotypistinnen
- Phonotypistinnen mit erhöhten Anforderungen
- Fernschreiberinnen mit erhöhten Anforderungen
- Telefonistinnen mit erhöhten Anforderungen
- Materialverwalter
- Handwerker/Facharbeiter
- Hausmeister mit erhöhten Anforderungen
- Kraftfahrer mit erhöhten Anforderungen
- Beiköche mit erhöhten Anforderungen

Tarifgruppe 5

Tätigkeiten, die gründliche oder vielseitige Kenntnisse erfordern, wie sie in der Regel auf dem in Gruppe 4 angegebenen Wege – ergänzt durch weitere Berufserfahrung, Berufsfortbildung oder die Aneignung zusätzlicher Kenntnisse im jeweiligen Sachgebiet – erworben werden, z.B.:

- Kontoführer/Disponenten mit schwierigeren Arbeiten oder mit beratender Tätigkeit
- Schalterangestellte mit beratender Tätigkeit
- Kassierer
- Sachbearbeiter mit erhöhten Anforderungen in der Belegaufbereitung, im Zahlungs-, Überweisungs- und Abrechnungsverkehr sowie in der Datenerfassung
- Sachbearbeiter mit einfacheren Tätigkeiten in Kredit-, Wertpapier-, Auslands- und Stabsabteilungen
- Sachbearbeiter mit einfachen Tätigkeiten in der EDV-Arbeitsvorbereitung
- Arbeitnehmer in der EDV-Nachbereitung mit erhöhten Anforderungen (z.B. Abstimmungstätigkeit)
- Peripherie-Operators
- Datenarchivare
- Stenotypistinnen mit erhöhten Anforderungen – Fremdsprachen-Stenotypistinnen

- Fernschreiberinnen mit besonderen Anforderungen
- Sekretärinnen
- Leiter von Registraturen, Expeditionen und Materialverwaltungen
- Handwerker/Facharbeiter mit hochwertigen Arbeiten
- Leiter gewerblicher Arbeitsgruppen (auch Hausmeister)
- Botenmeister
- Köche

Tarifgruppe 6

Tätigkeiten, die vertiefte gründliche und/oder vielseitige Kenntnisse voraussetzen und deren Ausführung in begrenztem Umfang eigene Entscheidungen erfordern, z.B.:

- Schalterangestellte/Kontoführer/Disponenten mit abschließender Beratung für bestimmte Sparten wie programmierte Kredite bzw. Dienstleistungen
- Kassierer mit erhöhten Anforderungen
- Gruppenleiter in der Belegaufbereitung, im Zahlungs-, Überweisungs-, Abrechnungsverkehr sowie in der Datenerfassung – Sachbearbeiter in Kredit-, Wertpapier-, Auslands- und Stabsabteilungen
- Sachbearbeiter in der EDV-Arbeitsvorbereitung
- Leiter der EDV-Nachbereitung
- Konsol-Operators
- Datenarchivare mit erhöhten Anforderungen
- Fremdsprachen-Stenotypistinnen mit erhöhten Anforderungen
- Sekretärinnen mit erhöhten Anforderungen
- Leiter(innen) von Schreibdiensten
- Leiter größerer Registraturen, Expeditionen, Materialverwaltungen, FS-Stellen und gewerblicher Arbeitsgruppen
- Arbeitnehmer mit Verantwortung für hochwertige technische Anlagen
- Erste Köche
- Küchenleiter

Tarifgruppe 7

Tätigkeiten, die umfassende Kenntnisse voraussetzen und deren Ausführung überwiegend eigene Entscheidungen und ein entsprechendes Maß an Verantwortung erfordern, z.B.:

- Kundenberater
- Leiter von Zahlstellen
- Kassierer mit besonderen Anforderungen (wie Gelddisposition für angeschlossene Stellen, Fremdsprachen)
- Gruppenleiter in der Belegaufbereitung, im Zahlungs-, Überweisungs-, Abrechnungsverkehr sowie in der Datenerfassung in großen Stellen
- Sachbearbeiter mit erhöhten Anforderungen in Kredit-, Wertpapier-, Auslands- und Stabsabteilungen sowie in Außenstellen
- Hauptamtliche Ausbilder
- Sachbearbeiter mit erhöhten Anforderungen in der EDV-Arbeitsvorbereitung
- Erste Operators
- Konsol-Operators mit erhöhten Anforderungen
- Schichtleiter
- Programmierer-Assistent
- EDV-Organisations-Assistent
- Sekretärinnen in besonderer Vertrauensstellung
- Leiter(innen) großer Schreibdienste
- Arbeitnehmer mit Verantwortung für hochwertige technische Anlagen in Großbetrieben
- Küchenleiter in Großbetrieben
- Wirtschaftsleiter

Tarifgruppe 8

Tätigkeiten, die besondere Anforderungen an das fachliche Können stellen und/oder mit erhöhter Verantwortung verbunden sind, z.B.:

- Kundenberater mit erhöhten Anforderungen (z.B. inkl. Spezialberatung im Individualgeschäft)
- Leiter kleinerer Geschäfts-/Zweigstellen

- Hauptkassierer (in größeren Stellen)
- Sachbearbeiter mit besonderen Anforderungen in Kredit-, Wertpapier-, Auslands- und Stabsabteilungen sowie in Außenstellen
- Revisoren mit selbstständiger, vielseitiger Prüfungstätigkeit
- Hauptamtliche Ausbilder mit erhöhten Anforderungen (z.B. in der Fort- und Weiterbildung)
- Sachbearbeiter mit besonderen Anforderungen in der EDV-Arbeitsvorbereitung (z.B. Steuerung von komplexen Systemen)
- Programmierer
- EDV-Organisator
- Schichtleiter mit erhöhten Anforderungen
- Sekretärinnen der Geschäftsleitung großer Banken
- Wirtschaftsleiter in Großbetrieben

Tarifgruppe 9

Tätigkeiten, die sich durch Schwierigkeit und/oder Verantwortung offenbar über Gruppe 8 hinausheben, z.B.:

- Kundenberater mit besonderen Anforderungen
- Geschäfts-/Zweigstellenleiter
- Schichtleister mit besonderen Anforderung

§ 7 Eingruppierung in die Tarifgruppen

1. Die Arbeitnehmer werden nach der von ihnen ausgeübten Tätigkeit in die Tarifgruppen eingruppiert.
   Für die Tarifgruppen gelten die in Teil II festgelegten Mindestmonatsgehaltssätze.
   Die Eingruppierung ist den Arbeitnehmern schriftlich mitzuteilen.
2. Arbeitnehmer, deren Tätigkeit als Beispiel in einer Tarifgruppe aufgeführt ist, sind in diese Tarifgruppe einzugruppieren.
3. Arbeitnehmer mit einem Arbeitsgebiet, das Tätigkeiten verschiedener Tarifgruppen umfasst, sind nach der von ihnen überwiegend ausgeübten Tätigkeit oder, wenn eine andere Tätigkeit der Gesamttätigkeit das Gepräge gibt, nach dieser einzugruppieren.
4. Hat ein Arbeitnehmer vorübergehend aushilfs- oder vertretungsweise eine Tätigkeit auszuüben, die einer höheren Tarifgruppe entspricht, so hat er, wenn die Tätigkeit ohne Unterbrechung länger als 2 Monate dauert, von Beginn der Tätigkeit an für deren Dauer Anspruch auf eine Zulage in Höhe der Differenz zwischen dem Gehalt seiner derzeitigen und dem der höheren Tarifgruppe.
   Dauert die aushilfs- oder vertretungsweise Tätigkeit ununterbrochen länger als 6 Monate, so ist der Arbeitnehmer von dem Beginn des darauffolgenden Monats ab in die entsprechende höhere Tarifgruppe einzugruppieren.
5. Wenn Arbeitnehmern, die das 50. Lebensjahr vollendet haben und dem Betrieb mindestens 10 Jahre angehören, aus Gründen, die sie nicht zu vertreten haben, eine Tätigkeit übertragen wird, die einer niedrigeren Tarifgruppe entspricht als der, in die sie in den vorangegangenen 3 Jahren eingruppiert waren, ist ihnen weiter das Tarifgehalt ihrer bisherigen Tarifgruppe zu zahlen.
   Leistungsminderung infolge Alters oder Krankheit ist kein von ihnen zu vertretender Grund.

Protokollnotiz

Zwischen den Tarifparteien besteht Einigkeit, dass als Besitzstand das Tarifgehalt zu garantieren ist, das der Mindesteingruppierung der vorangegangenen 3 Jahre entspricht.

§ 8 Einstufung in die Berufsjahre

1. Das Mindestgehalt aller Arbeitnehmer richtet sich nach Berufsjahren.
   Jugendliche Arbeitnehmer erhalten bis zur Vollendung des 20. Lebensjahres das Gehalt des 1. Berufsjahres der betreffenden Tarifgruppe. In den Tarifgruppen 6 bis 9 ist unabhängig von den Berufsjahren mindestens das ausgewiesene Eingangsgehalt zu zahlen.
2. Das Aufrücken in ein höheres Berufsjahr erfolgt am 1. Januar.
3. Als Berufsjahre gelten die Jahre, in denen der Arbeitnehmer bei einem Bank- oder Kreditinstitut tätig war. Ausbildungsjahre rechnen dann nicht mit, wenn sie vor der Vollendung des 20. Lebensjahres liegen. Das erste Berufsjahr beginnt frühestens mit dem 1. Januar des Kalenderjahres, in dem der Arbeitnehmer sein 20. Lebensjahr vollendet.

4. Einem Angestellten, der nach vollendetem 20. Lebensjahr in ein Bank- oder Kreditinstitut eingetreten ist oder eintritt, werden ihm die nach dem 20. Lebensjahr in anderen kaufmännischen Berufen und bei Behörden als Auszubildender oder im Bürodienst verbrachten Jahre angerechnet. Das Gleiche gilt für gewerbliche Arbeitnehmer hinsichtlich der in gleicher Dienststellung bei anderen Betrieben verbrachten Jahre. In den Tarifgruppen 1 bis 3 werden alle nach dem 20. Lebensjahr verbrachten Berufsjahre angerechnet, unabhängig von der Art der Tätigkeit.

5. Den Arbeitnehmern, die aus einem Bank- oder Kreditinstitut unverschuldet und unfreiwillig ausgeschieden sind, werden die Zeiten nachgewiesener Arbeitslosigkeit nach einjähriger Zugehörigkeit zum Betrieb voll angerechnet. Als anrechenbare Arbeitslosigkeit soll auch jede infolge der Arbeitslosigkeit ausgeübte nicht gleichwertige Tätigkeit behandelt werden.

6. Arbeitnehmer, die aufgrund ihrer Tätigkeit in eine höhere Tarifgruppe übernommen werden, sind in das gleiche Berufsjahr der höheren Tarifgruppe einzureihen.

Protokollnotiz

Für ab dem 1. April 1992 neu eintretende bzw. ins Angestelltenverhältnis übernommene Tarifangestellte rechnen als Berufsjahre - mit Ausnahme von Ausbildungszeiten - auch Tätigkeitszeiten gem. Ziff. 3 und 4, die vor Vollendung des 20. Lebensjahres liegen.

§ 9 Teilzeitarbeit

Die Tarifvertragsparteien wollen gemeinsam die Einrichtung von Teilzeitarbeitsplätzen fördern und regeln. . . .

1. Teilzeitbeschäftigten stehen die Tarifgehälter und die sonstigen tariflichen Leistungen anteilmäßig entsprechend der mit ihnen vereinbarten Wochenarbeitszeit im Verhältnis zu der regelmäßigen tariflichen Arbeitszeit zu.

2. Teilzeitbeschäftigte erhalten einen schriftlichen Arbeitsvertrag. Er soll mindestens Angaben über den Arbeitszeitanteil, die Arbeitszeitlage, die tarifliche Eingruppierung und evtl. Zulagen enthalten. Für Ultimokräfte kann davon abweichend die Arbeitszeitlage jeweils mindestens vier Tage im Voraus mitgeteilt werden.

. . .

4. Arbeitnehmer, die Teilzeitarbeit anstreben, haben das Recht, über die in ihrem Betrieb aktuell zu besetzenden Teilzeitarbeitsplätze informiert zu werden.

. . .

6. Bei der Besetzung von Teilzeitarbeitsplätzen sollen bei gleicher persönlicher und fachlicher Eignung interne Bewerber vor externen Bewerbern vorrangig berücksichtigt werden.

7. Teilzeitbeschäftigte sollen in Fragen der beruflichen Entwicklung sowie im Bereich der Weiterbildung wie Vollzeitkräfte entsprechend den betrieblichen und persönlichen Möglichkeiten sowie den Anforderungen des Arbeitsplatzes gefördert werden.

. . .

§ 9 a Chancengleichheit, Familie und Beruf

Die Tarifparteien sind gemeinsam der Auffassung, durch eine Sicherung der Chancengleichheit von Männern und Frauen und eine Verbesserung der Vereinbarkeit von Familie und Beruf in den Betrieben zur Förderung der Berufstätigkeit und der beruflichen Entwicklungsmöglichkeiten insbesondere von Frauen beizutragen. Dazu sollen unter Einbeziehung der Arbeitnehmervertretung konkrete betriebliche Vorgehensweisen erarbeitet werden, die die erforderliche Information und Motivation aller Mitarbeiter/innen und der Führungskräfte ermöglichen.

1. Frauen und Männer sollen bei der Besetzung von offenen Stellen entsprechend ihrer persönlichen und fachlichen Eignung gleichberechtigt berücksichtigt werden. Dementsprechend sollen Ausschreibungen für Stellen so gestaltet werden, dass Männer und Frauen gleichermaßen angesprochen werden.

2. Die beruflichen Leistungen von Männern und Frauen sollen in gleicher Weise gefordert und gefördert werden. Zur Sicherung gleicher Voraussetzungen für die Entfaltung individueller Begabungen und Anlagen sollen sich die Möglichkeiten zur beruflichen Weiterentwicklung und -qualifizierung ausschließlich an den betrieblichen und persönlichen Möglichkeiten sowie den Arbeitsplatzanforderungen orientieren.

3. Voll- und teilzeitbeschäftigte Frauen und Männer mit einer Betriebszugehörigkeit von mindestens 5 Jahren, die nach der Inanspruchnahme des gesetzlichen Erziehungsurlaubs ausgeschieden

sind und zwischenzeitlich keine andere Tätigkeit außerhalb des Unternehmens ausgeübt haben, werden innerhalb von 3 $\frac{1}{2}$ Jahren nach der Geburt des Kindes wieder eingestellt, sofern die geforderte Qualifikation und Eignung für die zu besetzende Stelle im selben Betrieb oder einem anderen nahe gelegenen Betrieb des Unternehmens besteht oder entwickelt werden kann. Dabei sollen Wünsche der Arbeitnehmer hinsichtlich des Arbeitszeitvolumens im Rahmen der betrieblichen Möglichkeiten berücksichtigt werden.

Der beabsichtigte Wiedereintritt ist der Bank mindestens 6 Monate vorher schriftlich mitzuteilen. Die Arbeitnehmervertretung ist davon in Kenntnis zu setzen. Im Falle der Wiedereinstellung werden frühere Betriebszugehörigkeitsjahre angerechnet.

Während der Familienphase sollten im beiderseitigen Interesse Möglichkeiten der Sicherung und Weiterentwicklung der Qualifizierung geprüft und genutzt werden.

4. Die gesetzlichen Mitbestimmungsrechte des Betriebs-/Personalrats bleiben unberührt.

. . .

§ 11 Auszubildende

1. Auszubildende im Sinne des § 3 Berufsbildungsgesetz erhalten die im Teil II festgelegten Vergütungen.

2. Wird die Ausbildungszeit auf weniger als 3 Jahre verkürzt, so gilt für die Höhe der Vergütungen der Zeitraum, um den die Ausbildungszeit verkürzt wird, als abgeleistete Ausbildungszeit.

3. Spätestens 3 Monate vor der voraussichtlichen Beendigung der Ausbildungsverhältnisse prüft der Arbeitgeber, wie viele Auszubildende voraussichtlich in ein Arbeitsverhältnis übernommen werden können und berät hierüber im Rahmen der Personalplanung mit der Arbeitnehmervertretung. Arbeitgeber und Auszubildende unterrichten sich gegenseitig möglichst frühzeitig – spätestens jedoch 1 Monat vor der voraussichtlichen Beendigung des Ausbildungsverhältnisses – darüber, ob im Anschluss an die Ausbildung die Eingehung eines Arbeitsverhältnisses beabsichtigt ist. Mitwirkungsrechte der Arbeitnehmervertretungen gem. §§ 92 ff. und 99 BetrVG und den entsprechenden Bestimmungen der Personalvertretungsgesetze sind zu beachten.

4. Im Rahmen ihrer Ausbildung sind die Auszubildenden in geeigneter Form auf die Abschlussprüfung vorzubereiten. Zu diesem Zweck haben die Auszubildenden im letzten Ausbildungshalbjahr Anspruch auf entsprechenden innerbetrieblichen Unterricht, spezielle (auch überbetriebliche) Vorbereitungskurse oder ggf. Zeiten zum Selbststudium prüfungsrelevanten Stoffes – soweit möglich im Betrieb – im Umfang von insgesamt mindestens 3 Arbeitstagen.

§ 12 Entgeltfortzahlung/Krankengeldzuschuss

1. Die Entgeltfortzahlung im Krankheitsfall und bei Maßnahmen der medizinischen Vorsorge oder Rehabilitation richtet sich nach dem Entgeltfortzahlungsgesetz in der jeweils geltenden Fassung. Der Arbeitgeber stockt diese Leistung um 20 Prozentpunkte, höchstens aber auf 100 Prozent des laufenden Entgelts auf.

   Bei der Entgeltfestsetzung bleiben Vergütung für Mehrarbeit/Überstunden und entsprechende Zuschläge außer Ansatz.

2. Im Anschluss an die Entgeltfortzahlung gem. Ziff. 1 erhalten Arbeitnehmer, wenn sie dem Betrieb mindestens zwei Jahre angehören, den Unterschiedsbetrag zwischen ihrem Nettogehalt und dem Bruttokrankengeld aus der gesetzlichen Krankenversicherung bzw. dem Übergangsgeld aus der gesetzlichen Unfall- und Rentenversicherung (im Folgenden kurz „Krankengeldzuschuss" genannt).

3. . . .

IV. Sozialzulagen

. . .

V. Urlaub

§ 15 Erholungsurlaub

1. Der Erholungsurlaub wird für das laufende Kalenderjahr gewährt. Er beträgt – unabhängig von individuellen Arbeitszeitschwankungen – 30 Arbeitstage.

   Als Arbeitstage gelten alle Werktage mit Ausnahme der Sonnabende.

. . .

§ 16 Arbeitsbefreiung

1. Arbeitnehmern, die öffentliche Ehrenämter bekleiden, ist zur Ausübung ihres Ehrenamtes Arbeitsbefreiung zu gewähren, auch wenn dies nicht bereits gesetzlich vorgeschrieben ist. Eine Anrechnung auf den Erholungsurlaub ist nicht zulässig.

2. Den in verantwortlicher leitender Stellung bei den vertragschließenden Angestelltenorganisationen tätigen Arbeitnehmern ist zur Teilnahme an Sitzungen in Gewerkschaftsangelegenheiten Arbeitsbefreiung zu gewähren. Die Gesamtbeanspruchung darf jährlich nicht mehr als 12 Tage umfassen. Die Arbeitsbefreiung erfolgt unter Fortzahlung des Gehalts und ohne Anrechnung auf den Erholungsurlaub.

3. Arbeitsbefreiung unter Fortzahlung des Gehalts und ohne Anrechnung auf den Erholungsurlaub ist ferner zu gewähren bei:

eigener Eheschließung	für 2 Arbeitstage,
Hochzeit der Kinder	für 1 Arbeitstag,
Goldener Hochzeit der Eltern	für 1 Arbeitstag,
Niederkunft der Ehefrau	für 1 Arbeitstag,
Tod des Ehegatten	für 2 Arbeitstage,
Tod der Eltern, Schwiegereltern, Kinder, Geschwister oder Großeltern	für 1 Arbeitstag,
Umzug (bei ungekünd. Dienstverh.)	für 1 Arbeitstag,
Umzug aus dienstlichen Gründen	für 2 Arbeitstage,
25., 40., 50. Dienstjubiläum	für 1 Arbeitstag.

4. In den Fällen des § 45 SGB V wird unbezahlte Arbeitsbefreiung gewährt.

. . .

VI. Kündigung und Entlassung

§ 17 Kündigung und Entlassung

1. Die Arbeitsverhältnisse der Angestellten und gewerblichen Arbeitnehmer, mit Ausnahme der zur Aushilfe oder auf Probe angestellten, können beiderseits unter Einhaltung einer Kündigungsfrist von 6 Wochen zum Schluss eines Kalendervierteljahres gekündigt werden. Eine kürzere Kündigungsfrist kann für sie einzelvertraglich nur vereinbart werden, wenn sie einen Monat nicht unterschreitet und die Kündigung nur für den Schluss eines Kalendermonats zugelassen wird. Für Probe- und Aushilfsarbeitsverhältnisse gelten die gesetzlichen Bestimmungen.
Der Arbeitgeber darf einem Arbeitnehmer, den er oder im Falle einer Rechtsnachfolge er und sein Rechtsvorgänger mindestens 5 Jahre beschäftigt haben, nur mit einer dreimonatigen Frist für den Schluss eines Kalendervierteljahres kündigen. Die Kündigungsfrist erhöht sich nach einer Beschäftigungsdauer von acht Jahren auf vier Monate, nach einer Beschäftigungsdauer von 10 Jahren auf 5 Monate und nach einer Beschäftigungsdauer von 12 Jahren auf 6 Monate. Bei der Berechnung der Beschäftigungsdauer werden Dienstjahre, die vor Vollendung des 25. Lebensjahres liegen, nicht berücksichtigt.

2. Anhaltende Krankheit oder Arbeitsunfähigkeit infolge unverschuldeten Unglücks sind kein wichtiger Grund zur fristlosen Lösung des Arbeitsverhältnisses.

3. Arbeitnehmer, die das 50. Lebensjahr vollendet haben und dem Betrieb mindestens 10 Jahre ununterbrochen angehören, sind nur bei Vorliegen eines wichtigen Grundes und bei Betriebsänderungen im Sinne des § 111 BetrVG kündbar.
Das gilt nicht, wenn ein Anspruch auf Altersruhegeld bzw. vorgezogenes Altersruhegeld aus der gesetzlichen Rentenversicherung oder Rente wegen Erwerbs- oder Berufsunfähigkeit geltend gemacht werden kann. Im Falle der Berufsunfähigkeit entfällt der Kündigungsschutz nur unter der weiteren Voraussetzung, dass für den Arbeitnehmer kein vergleichbarer Arbeitsplatz zur Verfügung gestellt werden kann.

Die Möglichkeit der Änderungskündigung bleibt unberührt. Für die Verdienstsicherung gilt § 7 Ziff. 5 MTV.

. . .

VII. Schlussbestimmungen

. . .

Gehaltstarifvertrag in der ab März 20.. geltenden Fassung

§ 1 Geltungsbereich

Der Geltungsbereich des Gehaltstarifvertrags entspricht dem des Manteltarifvertrags.

. . .

b) **Gehaltstabelle** (Banken)

Berufsjahr	TG* 1	TG 2	TG 3	TG 4	TG 5	TG 6	TG 7	TG 8	TG 9
im 1.– 2.	2776	2874	3019	3148	3275	—	—	—	—
im 3.– 4.	2930	3050	3166	3307	3450	3636	—	—	—
im 5.– 6.	3085	3224	3312	3464	3629	3859	4123	—	—
im 7.– 8.	3275	3434	3459	3623	3810	4082	4397	4753	—
im 9.	—	—	3641	3780	3988	4312	4666	5059	5448
im 10.	—	—	—	3935	4168	4542	4939	5362	5790
im 11.	—	—	—	—	4356	4774	5213	5670	6130

TG = Tarifgruppe

Steht das Gehalt nicht für den ganzen Monat zu, so ist für jeden Kalendertag $\frac{1}{30}$ des Monatsgehalts zu zahlen.

§ 3 Vergütungen für Auszubildende

Die Ausbildungsvergütungen betragen monatlich:

im 1. Ausbildungsjahr 1 034,00 DM
im 2. Ausbildungsjahr 1 129,00 DM
im 3. Ausbildungsjahr 1 234,00 DM

. . .

§ 5 Schlussbestimmungen

1. Dieser Gehaltstarifvertrag tritt ab 1. März 20.. in Kraft. Er kann frühestens zum 31. März 20.. mit einer Frist von einem Monat gekündigt werden.
2. Günstigere Arbeitsbedingungen, auf die ein Arbeitnehmer durch Betriebsvereinbarungen oder kraft eines besonderen Arbeitsvertrages Anspruch hat, bleiben bestehen.

Tarifvertrag
über Leistungen nach dem Vermögensbildungsgesetz in der ab 1. April 20.. geltenden Fassung

§ 1 Geltungsbereich

Dieser Tarifvertrag hat den gleichen Geltungsbereich wie der Manteltarifvertrag (MTV).

§ 2 Höhe der Leistungen

Die Arbeitnehmer und Auszubildenden – im Folgenden kurz „Arbeitnehmer" genannt – erhalten für jeden Kalendermonat, für den sie mindestens 15 Kalendertage Gehalt bzw. Vergütung für Auszubildende oder Zuschuss zum Mutterschaftsgeld gem. § 14 MuSchG beziehen, oder Anspruch auf Krankengeldzuschuss gem. § 12 MTV haben, 78,00 DM (39,88 EUR) monatlich als Leistungen im Sinne des 5. Vermögensbildungsgesetzes i. d. F. vom 21. 12. 1993 (VermBG). Für teilzeitbeschäftigte Arbeitnehmer findet § 9 Ziff. 1 MTV entsprechende Anwendung.

Der Anspruch auf Leistungen nach diesem Tarifvertrag ist insoweit ausgeschlossen, als Arbeitnehmer für denselben Zeitraum schon von einem anderen Arbeitgeber Leistungen nach dem Vermögensbildungsgesetz erhalten oder zu beanspruchen haben.

. . .

a) Welche Arten von Tarifverträgen sind hier angesprochen?
b) Welche Hauptgebiete sind im Manteltarifvertrag geregelt?
c) Was regelt ein Gehaltstarifvertrag?
d) Für wen gelten die Regelungen in diesen Tarifverträgen?
e) Suchen Sie weitere Arten von Tarifverträgen!

Entlohnung, Lohnformen

54 Dem Geschäftsbericht der Alcoa GmbH entnehmen Sie, dass die Arbeitnehmer in der Produktion im Akkordlohn und diejenigen in der Verwaltung im Zeitlohn entlohnt werden.

Um eine größere Sorgfalt bei der Arbeitsausführung zu erreichen, soll demnächst versucht werden, entsprechende Änderungen in der Entlohnungsform einzuführen.

a) Der Akkordlohn wird als Leistungslohn im engeren Sinne bezeichnet. Worin unterscheidet sich diese „Leistung" von der „Leistung" beim Zeitlohn?

b) In welchen Bereichen sind Akkordlöhne für die Entlohnung ungeeignet?

c) Wodurch kann erreicht werden, dass bei der Entlohnung im Zeitlohn bestimmte Leistungsziele erreicht werden?

55 Lesen Sie diesen Artikel zum Thema Leistungslohn!

LEISTUNGSLOHN

Motivation oder Zwang?

Der Leistungslohn ist zwischen zwei Mühlsteine geraten. Auf der einen Seite erzwingt die technologische Entwicklung methodische Änderungen, auf der anderen Seite attackieren verschiedene Einzelgewerkschaften den Leistungslohn an sich und versuchen, ihn auszuhöhlen. Der Trend auf Gewerkschaftsseite geht hin zur Bezahlung für Anwesenheit, sprich zum Zeitlohn.

Um hier zu differenzieren, um Leistung adäquat zu belohnen, war einst der Akkord eingeführt worden. Da aber dafür menschenwürdigere Maßstäbe angelegt werden sollten, als sie mancher Taylorist praktizierte, entstanden – vorwiegend auf Refa-Erfahrungen basierend – unterschiedliche Arbeitszeitmessungen.

Die Grundlage bildet die Stoppuhr, die noch keineswegs überall abgeschafft ist. Dabei spielen zunehmend Pausenzeiten und selbst die Minuten eine Rolle, die pro Stunde oder Halbtag für den Gang zur Toilette einkalkuliert werden.

Seit Mitte der sechziger Jahre werden die Anwendungssysteme von Methoden wie Refa (Reichsausschuss für Arbeitszeitermittlung) oder MTM (Methods Time Measurement) ständig verfeinert und auf die einzelbetrieblichen Bedürfnisse zugeschnitten. Sie erfassen – und entlohnen – den individuellen Einsatz einer jeden Arbeitskraft, wodurch wiederum die Motivation der Mitarbeiter erhöht und nicht selten ein besseres Gesamtergebnis erzielt wird. Umgekehrt senkte die Abschaffung des Leistungslohnes in Schweden die Produktivität um durchschnittlich 30 Prozent.

Genau das aber, die Möglichkeit des Produktivitätsanstiegs durch Leistungsanreize, sehen die Gewerkschaften als Ausbeutungsprinzip an. Allerdings: Je näher ihre Vertreter der Praxis der Arbeitswelt stehen, vor allem aber je besser es der Branche geht, für die sie zuständig sind, umso weniger ablehnend verhalten sie sich gegenüber dem Leistungslohnprinzip.

Eine harte Ablehnungsfront baut Erich Hermann, stellvertretender Vorsitzender der sonst eher als moderat geltenden Gewerkschaft Nahrung-Genuss-Gaststätten (NGG), auf. „Die mit individuellem Spielraum für die Unternehmen als Motivationsfaktor und Leistungsanreiz umschriebenen Leistungsprämien und Beurteilungssysteme stellen in Wirklichkeit Verfügungsräume der Unternehmen dar. Sie dienen rein ökonomischen Interessen und führen zu Leistungsverdichtung und Rationalisierung." Daraus resultiere der „Konflikt zwischen dem Rentabilitätsinteresse auf Seiten der Arbeitgeber und dem Einkommensinteresse auf Seiten der Arbeitnehmer".

Quelle: Wirtschaftswoche, 47/1982

a) Worauf liegt der Schwerpunkt der Kritik der Gewerkschaft am Leistungslohn im engeren Sinne?

b) Wie beurteilen Sie das Problem des Leistungslohns?

c) Welche Vor- und Nachteile sehen Sie in der folgenden Form der Entlohnung?

Andere Akzente setzt die Klöckner-Humboldt-Deutz-AG, und zwar mit dem so genannten Pensumlohn. Der Pensumlohn gilt als eine der großen Zukunftshoffnungen für jene, die den Leistungslohn befürworten, da er ihn praktisch gegen alle Attacken absichert und dennoch zu einem echten Anreiz macht. Mit dem Mitarbeiter wird drei Monate im Voraus eine bestimmte Leistung und deren Entlohnung abgesprochen. Dieser Lohn wird ihm ausbezahlt, auch wenn er die Leistung nicht erreicht. Danach wird ein seinen bisherigen Leistungen eher entsprechender Vorgaberahmen erneut für ein weiteres Vierteljahr festgelegt und so fort.

56 Maßstab für den Akkordlohn ist die Leistung (in Stück).

Man unterscheidet nach der Art und Weise der Lohnberechnung Geldakkord und Zeitakkord.

Beim Geldakkord ergibt sich:

$$\text{Geldsatz pro Mengeneinheit} = \frac{\text{Akkordrichtsatz}}{\text{Normalleistung pro Stunde}}$$

Der Bruttolohn errechnet sich aus Geldsatz · Stückzahl.

a) Berechnen Sie den Geldsatz pro Stück, wenn der Akkordrichtsatz 12,00 EUR beträgt und die Normalleistung pro Stunde 3 Stück beträgt!

b) Welchen Bruttolohn erhält ein Arbeiter am Tag (8 Std.), wenn er 26 Stück hergestellt hat?

c) Welche Probleme bestehen bei der Festsetzung der Normalleistung?

57 Beim Zeitakkord wird ein Minutenfaktor pro erstelltem Stück ermittelt.

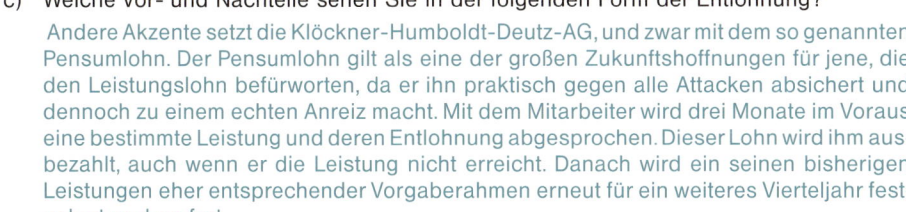

$$\text{Minutenfaktor} = \frac{\text{Akkordrichtsatz}}{60}$$

Für jedes erstellte Stück wird eine Minutenzahl für die Leistungseinheit (Stück) ermittelt, die sog. Normalzeit.

$$\text{Normalzeit} = \frac{60}{\text{Normalleistung pro Stunde}}$$

Die tatsächlich erreichten Normalminuten errechnen sich:

$$\text{Normalminuten} = \text{Tatsächlich erreichte Stückzahl} \cdot \text{Normalzeit}$$

Der Bruttolohn = erreichte Normalminuten · Minutenfaktor.

a) Berechnen Sie den Minutenfaktor bei einem Akkordrichtsatz von 12,00 EUR!

b) Welche Normalzeit ergibt sich bei einer Normalleistung von 3 Stück pro Stunde?

c) Wie viel Normalminuten erreicht ein Arbeiter, der in 8 Stunden 26 Stück hergestellt hat?

d) Wie viel Lohn steht diesem Arbeiter für diese Leistung zu?

58 Vergleichen Sie die Entlohnung in den Aufgaben 56 und 57!

a) Was stellen Sie fest?

b) Welche dieser Entlohnungsformen ist für die praktische Abwicklung vorteilhafter?

59 Die X AG stellt optische Geräte her. Ein neues Produkt, das mit höchster Präzision gefertigt werden muss, soll in Produktion gehen.

Welche Lohnform schlagen Sie vor?

10 Schuster – ISBN 3-8120-0060-1

60 Bei der Fertigung von Kleinserien sollen Qualitätsgesichtspunkte und ein hoher Nutzungsgrad des Fertigungsmaterials durch das Lohnsystem gefördert werden.

Welche Lohnart schlagen Sie vor?

Erfolgsbeteiligung

61

So werden Arbeitnehmer Kapitalisten

Was Mitarbeiterkapital
    bezweckt,   wie es aufgebracht,   und wie es verwendet wird

TYP I
Reine Kapitalbeteiligung
Der Gewinnanspruch
steht nur
dem Kapital zu

Erfolgslohn

Unternehmensleistung
ohne Erfolgsbezug
(Jubilaumspramie)

TYP II
„Laboristische
Kapitalbeteiligung"
Gewinnanteil steht Arbeit und
Kapital zu, muß jedoch wieder im
Unternehmen investiert werden

Eigenleistung
des Mitarbeiters

Anlage im arbeitgebenden Betrieb

nicht
gesellschafts-
rechtliche
Beteiligung

Darlehen
Obligation
stille Beteilig — typische / atypische

gesellschafts-
rechtliche
Beteiligung

Kommandit
beteiligung
Aktien-Beteiligung
GmbH-
Gesellschafter
stille
Beteiligung

In der Bundesrepublik beteiligen knapp 3000 Unternehmen ihre Mitarbeiter über rund
300 verschiedene Modelle am Gewinn und Kapital. Diese Modelle basieren auf zwei Typen:
Die reine Kapitalbeteiligung und die laboristische Kapitalbeteiligung. Sie unterscheiden
sich im ideologischen Ansatz.

Quelle: Wirtschaftswoche 9/76

a) Welche Formen der Erfolgsbeteiligung werden in diesem Schaubild aufgezeigt?

b) Welche Vor- und Nachteile haben die verschiedenen Lösungsmöglichkeiten?

62 In der Presse lesen Sie, dass ein Politiker die Einführung eines Investivlohnes gefordert hat.

a) Was ist darunter zu verstehen?

b) Welche Auswirkungen hätte dieser Lohn auf Arbeitnehmer und Arbeitgeber?

63 In einigen Unternehmen werden die Arbeitnehmer am Gewinn des Unternehmens beteiligt. Dabei wird meist neben einer Barausschüttung ein Arbeitnehmerdarlehen begründet.

Wie beurteilen Sie diese Form der Gewinnbeteiligung auf betrieblicher Ebene?

64 Von verschiedenen Gruppen wird eine Gewinnbeteiligung auf überbetrieblicher Ebene gefordert.

Diskutieren Sie diese Form der Gewinnbeteiligung!

Arbeitsbewertung

Es werden folgende Verfahren der Arbeitsbewertung unterschieden:

Summarische Verfahren		Analytische Verfahren	
Rangfolgeverfahren	Lohn- bzw. Gehalts- gruppenverfahren	Rangreihenverfahren	Stufenwertzahl- verfahren
Die einzelnen zu be- wertenden Arbeits- plätze werden mitein- ander verglichen **und** entsprechend ihrem geschätzten Schwie- rigkeitsgrad in eine Rangfolge gebracht.	Die einzelnen Lohnstu- fen werden durch abstrakt definierte Ein- stufungskriterien er- läutert, die die Einstu- fung der Arbeitnehmer ermöglichen und die Stufen gegeneinander abgrenzen sollen. Werden den Definitio- nen Richtbeispiele zugeordnet, so spricht man vom **Katalogver- fahren**.	Es werden Bewer- tungsmerkmale in An- lehnung an das **Genfer Schema** festgelegt. Für jedes Merkmal gibt es eine Skala von 0 – 100, und zwar in Stufen von je 5. Da- durch entstehen 21 Rangplätze. Jeder aus- gewählte Arbeitsplatz (Schlüsselarbeits- platz) wird nach jedem Merkmal eingeordnet. Die Arbeitsmerkmale werden gewichtet. Durch Addition der Rangplätze wird eine Punktwertsumme pro Arbeitsplatz ermittelt.	Es werden in Anleh- nung an das Genfer Schema Anforde- rungsarten festgelegt. Für jede Anforde- rungsart werden Anforderungsstufen festgelegt, z.B. keine, niedrige, mittlere bzw. hohe Anforderungen. Jeder Anforderungs- stufe werden Wertzah- len (Punkte) zugeord- net, z. B. 0 – 2; 3 – 6 usw. Aus den Wertzahlen ergibt sich eine Gewichtung jeder Anforderungsart. Die Summe der Wertzah- len gibt Auskunft über das „Gewicht" des Arbeitsplatzes.

65 In einem Manteltarifvertrag lesen Sie:

„Tarifgruppe 1

Tätigkeitsmerkmale:

Beaufsichtigungs- und Anweisungsbefugnis für eine Gruppe von Arbeitnehmern mit hand- werklicher Tätigkeit außerhalb der Fertigung des Betriebes.

Hierunter fallen z. B.:

Platzmeister, Wiegemeister und Meister mit entsprechenden Funktionen."

a) Welche Methode der Arbeitsbewertung wird in diesem Bereich verwendet?

b) Nennen Sie Vor- und Nachteile dieser Form der Arbeitsbewertung!

66 Ein Unternehmen beabsichtigt, für seine 150 Angestellten bei der Lohnfindung auf die analy- tische Arbeitsbewertung zurückzugreifen.

a) Nennen Sie zunächst die grundsätzlichen Schwierigkeiten, die bei diesem Vorhaben bestehen!

b) Welche Verfahren kommen für eine Durchführung in Betracht?

c) Beschreiben Sie **ein** Verfahren genauer und geben Sie dessen Vor- und Nachteile an!

d) Wie verhalten Sie sich, wenn sich als Ergebnis der Arbeitsbewertung herausstellt, dass der Arbeitsplatz X zur Zeit rund 45 % höher bewertet wird als ihm nach der Arbeitsbewer- tung zusteht?

Berücksichtigen Sie dabei, dass dieser Arbeitsplatz mit einem Angestellten im Alter von 54 Jahren besetzt ist. Der Angestellte ist bereits seit 25 Jahren in diesem Unternehmen beschäftigt.

67 Ein Unternehmen entschließt sich, für seine Angestellten Leistungszulagen bis zu 20 % des jeweiligen Tariflohnes zu zahlen.

a) Wie könnten Sie diese Leistungszulagen möglichst objektiv ermitteln?

b) Welche Schwierigkeiten bestehen bei der Festsetzung dieser Leistungszulagen?

> **LZ:** Streik und Aussperrung als Mittel zur Durchsetzung tarifrechtlicher Forderungen beschreiben sowie ihre Wirksamkeit und Auswirkung erläutern

GG   Art. 9 [Vereinigungsfreiheit, Verbot von Maßnahmen gegen Arbeitskämpfe]

(1) Alle Deutschen haben das Recht, Vereine und Gesellschaften zu bilden.

(2) Vereinigungen, deren Zwecke oder deren Tätigkeit den Strafgesetzen zuwiderlaufen oder die sich gegen die verfassungsmäßige Ordnung oder gegen den Gedanken der Völkerverständigung richten, sind verboten.

(3) [1]Das Recht, zur Wahrung und Förderung der Arbeits- und Wirtschaftsbedingungen Vereinigungen zu bilden, ist für jedermann und für alle Berufe gewährleistet. [2]Abreden, die dieses Recht einschränken oder zu behindern suchen, sind nichtig, hierauf gerichtete Maßnahmen sind rechtswidrig. [3]Maßnahmen nach den Artikeln 12 a, 35 Abs. 2 und 3, Artikel 87 a Abs. 4 und Artikel 91 dürfen sich nicht gegen Arbeitskämpfe richten, die zur Wahrung und Förderung der Arbeits- und Wirtschaftsbedingungen von Vereinigungen im Sinne des Satzes 1 geführt werden.

68 Lesen Sie die folgenden Auszüge aus Presseartikeln:

11. März „Bereits vor Ablauf der Friedenspflicht kam es in einzelnen Betrieben der hessischen Metallindustrie, die in der diesjährigen Tarifrunde die Rolle des Vorreiters spielen soll, zu einzelnen Arbeitsniederlegungen . . ."

18. März „Die Tarifparteien der hess. Metallindustrie trafen sich in Bad Nauheim zur ersten Tarifrunde. Die Arbeitgeber legten kein Verhandlungsangebot vor. Die Gewerkschaft forderte eine Lohnerhöhung um 5 % und eine Vorabanhebung in den unteren Lohngruppen um 3 Pf pro Stunde. Eine weitere Verhandlung wurde für den 25. März vereinbart."

26. März „Die gestrigen Tarifverhandlungen in der hess. Metallindustrie sind nach einstündiger Verhandlungsdauer beendet worden. Ein Vertreter der Gewerkschaft bezeichnete das Angebot der Arbeitgeber von 1,5 % Lohnerhöhung für alle Arbeitnehmer als Provokation. Er schloss Kampfmaßnahmen nicht aus. Begleitet waren die Tarifverhandlungen von zahlreichen kurzzeitigen Arbeitsniederlegungen in den Betrieben. Die nächste Verhandlungsrunde soll am 3. April an gleicher Stelle stattfinden."

4. April „Auch bei der gestrigen Tarifverhandlung kam es zu keiner Einigung. Die Arbeitgeber verharrten auf ihrem Angebot über den Satz der Lohnerhöhung, boten jedoch für den Herbst Verhandlungen über die Verkürzung der Wochenarbeitszeit an.

Die Gewerkschaft stellte das Scheitern der Tarifverhandlungen fest. Für den kommenden Donnerstag wurde eine Urabstimmung über Kampfmaßnahmen angesetzt."

8. April „85 % der an der Urabstimmung teilnehmenden Gewerkschaftsmitglieder sprachen sich für Kampfmaßnahmen aus. Es liegt nun am Hauptvorstand der Gewerkschaft, Kampfmaßnahmen zu beschließen."

10. April „Der Hauptvorstand der Gewerkschaft bevollmächtigt ihren hessischen Landesverband zu Kampfmaßnahmen. Beobachter gehen davon aus, dass die Gewerkschaft zunächst Schwerpunktstreiks in größeren Betrieben beschließen wird.

Ein Vertreter des Arbeitgeberverbandes teilte mit, dass die Arbeitgeber Streiks mit Aussperrungen beantworten werden. Obwohl Aussperrungen nach der hess. Verfassung nicht erlaubt seien, sei dieses Recht durch das Grundgesetz garantiert.

Mit Spannung erwartet man die nächste Verhandlung der Tarifpartner am 13. April"

14. April „Auch der letzte Versuch zur friedlichen Beilegung des Tarifkonflikts in der hessischen Metallindustrie ist gescheitert.

Die IG Metall setzt den Beginn von Schwerpunktstreiks in ausgewählten Unternehmen für den 16. April 6:00 Uhr fest."

17. April „Schwerpunktstreiks haben begonnen."

19. April „Tarifverhandlung in Bad Nauheim ohne Erfolg. Schwerpunktstreiks weiten sich aus. Arbeitgeber antworten mit Aussperrungen in den bestreikten Betrieben. Ein Gespräch der Tarifpartner wurde für morgen vereinbart."

21. April „Bei anhaltenden Schwerpunktstreiks und Aussperrungen kam es zu einer leichten Annäherung der Tarifparteien. Für die am 23. April angesetzte Verhandlungsrunde kündigten die Arbeitgeber ein neues Angebot an.

Erstmals in dem diesjährigen Tarifkonflikt kam es in verschiedenen Betrieben der Bundesrepublik zu einstündigen Sympathiestreiks für die streikenden hessischen Arbeitnehmer der Metallindustrie.

Ein Vertreter der Arbeitgeber warnte vor einer Ausweitung der Streiks."

24. April „Tarifkonflikt beendet. Die Verhandlungspartner der hessischen Metallindustrie einigten sich auf eine Lohnerhöhung um 3,2 %. Laufzeit des Tarifvertrags 12 Monate. Die Arbeitnehmer werden am 27. April über die Annahme des Lohnabschlusses abstimmen."

28. April „Arbeitnehmer stimmen dem Lohnabschluss zu. Auch die Arbeitgebergremien haben den Abschluss gebilligt. Damit ist der diesjährige Tarifabschluss unter Dach und Fach. Beobachter gehen davon aus, dass der hessische Abschluss auch Modellcharakter für die anderen Tarifgebiete haben wird."

a) Welchem Ziel dient der Arbeitskampf?
b) Was ist ein Streik?
c) Welche Formen von Streiks wurden in diesem Arbeitskampf gewählt?
d) Welches Gegenstück zum Teilstreik gibt es?
e) Vergleichen Sie die verschiedenen Formen von Streiks!
f) Was ist eine Aussperrung?
g) Welche rechtliche Wirkung hat eine Aussperrung für die betroffenen Arbeitnehmer?
h) Welche Arten der Aussperrung können unterschieden werden?
i) Welche Rolle soll der Staat während der Tarifauseinandersetzung einnehmen?
j) Stellen Sie den Ablauf des Tarifkonflikts stichwortartig dar!
k) Diskutieren Sie Vor- und Nachteile der Tarifautonomie gegenüber einer staatlichen Lohnfestsetzung!
l) Diskutieren Sie über das Verbot der Aussperrung als Kampfmittel der Arbeitgeber!

68a Die Firma Hansen unterhält an den vier Standorten in der Bundesrepublik Deutschland (Siegen, Gießen, Erfurt und Dresden) Produktions- oder Verwaltungsstätten. Um die Produktionskosten zu senken, beabsichtigt die Unternehmensleitung die Zusammenlegung der Standorte Siegen und Gießen am Standort Siegen.

Die zuständige Gewerkschaft will zur Sicherung des Standortes Gießen mit dem Unternehmen einen Tarifvertrag abschließen. Dazu ist die Unternehmensleitung nicht bereit. Jetzt soll die gewerkschaftliche Forderung durch einen Streik durchgesetzt werden.

Halten Sie einen Streik für diese Zielsetzung für zulässig? Begründen Sie Ihre Entscheidung!

69 In der Tageszeitung finden Sie folgenden Artikel:

„Gewerkschaftsjugend fordert Boykott der Fa. Müller

Wegen unerträglicher Ausnutzung von Auszubildenden fordert die Gewerkschaftsjugend die Mitglieder und die Bevölkerung auf, Erzeugnisse der Fa. Müller nicht mehr zu kaufen, bis diese ihre unzulängliche Ausbildung verbessert hat . . .“

a) Ist der Boykott als Mittel des Arbeitskampfes anzusehen?
b) Halten Sie den Boykott für zulässig?
c) Wodurch unterscheidet sich ein Boykott von einem Streik?

LZ: Zur betrieblichen Mitbestimmung aus der Sicht der Arbeitnehmer und Arbeitgeber Stellung nehmen

Wichtige Regelungen zur Mitbestimmung und Mitwirkung der Arbeitnehmer nach dem Betriebsverfassungsgesetz (BetrVG) und dem Mitbestimmungsgesetz erläutern

---

Betriebsverfassungsgesetz
Vom 23. Dezember 1988 (Stand 2000)

BetrVG

§ 1. Errichtung von Betriebsräten.

In Betrieben mit in der Regel mindestens fünf ständigen wahlberechtigten Arbeitnehmern, von denen drei wählbar sind, werden Betriebsräte gewählt.

§ 5. Arbeitnehmer.

(1) Arbeitnehmer im Sinne dieses Gesetzes sind Arbeiter und Angestellte einschließlich der zu ihrer Berufsausbildung Beschäftigten.

(2) Als Arbeitnehmer im Sinne dieses Gesetzes gelten nicht

1. in Betrieben einer juristischen Person die Mitglieder des Organs, das zur gesetzlichen Vertretung der juristischen Person berufen ist;
2. die Gesellschafter einer offenen Handelsgesellschaft oder die Mitglieder einer anderen Personengesamtheit, soweit sie durch Gesetz, Satzung oder Gesellschaftsvertrag zur Vertretung der Personengesamtheit oder zur Geschäftsführung berufen sind, in deren Betrieben;
3. Personen, deren Beschäftigung nicht in erster Linie ihrem Erwerb dient, sondern vorwiegend durch Beweggründe karitativer oder religiöser Art bestimmt ist;
4. Personen, deren Beschäftigung nicht in erster Linie ihrem Erwerb dient und die vorwiegend zu ihrer Heilung, Wiedereingewöhnung, sittlichen Besserung oder Erziehung beschäftigt werden;
5. der Ehegatte, Verwandte oder Verschwägerte ersten Grades, die in häuslicher Gemeinschaft mit dem Arbeitgeber leben.

(3) Dieses Gesetz findet, soweit in ihm nicht ausdrücklich etwas anderes bestimmt ist, keine Anwendung auf leitende Angestellte. Leitender Angestellter ist, wer nach Arbeitsvertrag und Stellung im Unternehmen oder im Betrieb

1. zur selbstständigen Einstellung und Entlassung von im Betrieb oder in der Betriebsabteilung beschäftigten Arbeitnehmern berechtigt ist oder
2. Generalvollmacht oder Prokura hat und die Prokura auch im Verhältnis zum Arbeitgeber nicht unbedeutend ist oder
3. regelmäßig sonstige Aufgaben wahrnimmt, die für den Bestand und die Entwicklung des Unternehmens oder eines Betriebs von Bedeutung sind und deren Erfüllung besondere Erfahrungen und Kenntnisse voraussetzt, wenn er dabei entweder die Entscheidungen im Wesentlichen frei von Weisungen trifft oder sie maßgeblich beeinflusst; dies kann auch bei Vorgaben insbesondere auf Grund von Rechtsvorschriften, Plänen und Richtlinien sowie bei Zusammenarbeit mit anderen leitenden Angestellten gegeben sein.

(4) Leitender Angestellter nach Absatz 3 Nr. 3 ist im Zweifel, wer

1. aus Anlass der letzten Wahl des Betriebsrats, des Sprecherausschusses oder von Aufsichtsrats-mitgliedern der Arbeitnehmer oder durch rechtskräftige gerichtliche Entscheidung den leitenden Angestellten zugeordnet worden ist oder
2. einer Leitungsebene angehört, auf der in dem Unternehmen überwiegend leitende Angestellte vertreten sind, oder
3. ein regelmäßiges Jahresarbeitsentgelt erhält, das für leitende Angestellte in dem Unternehmen üblich ist, oder,
4. falls auch bei der Anwendung der Nummer 3 noch Zweifel bleiben, ein regelmäßiges Jahresar-beitsentgelt erhält, das das Dreifache der Bezugsgröße nach § 18 des Vierten Buches des Sozial-gesetzbuches überschreitet.

§ 6. Arbeiter und Angestellte.

(1) [1]Arbeiter im Sinne dieses Gesetzes sind Arbeitnehmer einschließlich der zu ihrer Berufsausbil-dung Beschäftigten, die eine arbeiterrentenversicherungspflichtige Beschäftigung ausüben, auch wenn sie nicht versicherungspflichtig sind. [2]Als Arbeiter gelten auch die in Heimarbeit Beschäftigten, die in der Hauptsache für den Betrieb arbeiten.

(2) [1]Angestellte im Sinne dieses Gesetzes sind Arbeitnehmer, die eine durch § 3 Abs. 1 des Ange-stelltenversicherungsgesetzes und die hierzu erlassenen Vorschriften über die Versicherungspflicht der Angestellten als Angestelltentätigkeit bezeichnete Beschäftigung ausüben, auch wenn sie nicht versicherungspflichtig sind. [2]Als Angestellte gelten auch Beschäftigte, die sich in Ausbildung zu einem Angestelltenberuf befinden, sowie die in Heimarbeit Beschäftigten, die in der Hauptsache für den Betrieb Angestelltentätigkeit verrichten.

§ 7. Wahlberechtigung.

Wahlberechtigt sind alle Arbeitnehmer, die das 18. Lebensjahr vollendet haben.

§ 8. Wählbarkeit.

(1) [1]Wählbar sind alle Wahlberechtigten, die sechs Monate dem Betrieb angehören oder als in Heim-arbeit Beschäftigte in der Hauptsache für den Betrieb gearbeitet haben. [2]Auf diese sechsmonatige Betriebszugehörigkeit werden Zeiten angerechnet, in denen der Arbeitnehmer unmittelbar vorher einem anderen Betrieb desselben Unternehmens oder Konzerns (§ 18 Abs. 1 des Aktiengesetzes) angehört hat. [3]Nicht wählbar ist, wer infolge strafrechtlicher Verurteilung die Fähigkeit, Rechte aus öffentlichen Wahlen zu erlangen, nicht besitzt.

(2) [. . .]

§ 9. Zahl der Betriebsratsmitglieder.

Der Betriebsrat besteht in Betrieben mit in der Regel

5 bis	20 wahlberechtigten Arbeitnehmern	aus einer Person (Betriebsobmann),
21 bis	50 wahlberechtigten Arbeitnehmern	aus 3 Mitgliedern,
51	wahlberechtigten Arbeitnehmern	
bis	150 Arbeitnehmern	aus 5 Mitgliedern,
151 bis	300 Arbeitnehmern	aus 7 Mitgliedern,
301 bis	600 Arbeitnehmern	aus 9 Mitgliedern,
601 bis	1 000 Arbeitnehmern	aus 11 Mitgliedern,
1 001 bis	2 000 Arbeitnehmern	aus 15 Mitgliedern,
2 001 bis	3 000 Arbeitnehmern	aus 19 Mitgliedern,
3 001 bis	4 000 Arbeitnehmern	aus 23 Mitgliedern,
4 001 bis	5 000 Arbeitnehmern	aus 27 Mitgliedern,
5 001 bis	7 000 Arbeitnehmern	aus 29 Mitgliedern,
7 001 bis	9 000 Arbeitnehmern	aus 31 Mitgliedern.

In Betrieben mit mehr als 9 000 Arbeitnehmern erhöht sich die Zahl der Mitglieder des Betriebsrats für je angefangene weitere 3 000 Arbeitnehmer um 2 Mitglieder.

§ 21. Amtszeit.

Die regelmäßige Amtszeit des Betriebsrats beträgt vier Jahre. [. . .]

§ 38. Freistellungen.

(1) [1]Von ihrer beruflichen Tätigkeit sind mindestens freizustellen in Betrieben mit in der Regel

300 bis	600 Arbeitnehmern	ein Betriebsratsmitglied,
601 bis	1 000 Arbeitnehmern	2 Betriebsratsmitglieder,
1 001 bis	2 000 Arbeitnehmern	3 Betriebsratsmitglieder,
2 001 bis	3 000 Arbeitnehmern	4 Betriebsratsmitglieder,
3 001 bis	4 000 Arbeitnehmern	5 Betriebsratsmitglieder,
4 001 bis	5 000 Arbeitnehmern	6 Betriebsratsmitglieder,
5 001 bis	6 000 Arbeitnehmern	7 Betriebsratsmitglieder,
6 001 bis	7 000 Arbeitnehmern	8 Betriebsratsmitglieder,
7 001 bis	8 000 Arbeitnehmern	9 Betriebsratsmitglieder,
8 001 bis	9 000 Arbeitnehmern	10 Betriebsratsmitglieder,
9 001 bis	10 000 Arbeitnehmern	11 Betriebsratsmitglieder.

[2]In Betrieben mit über 10 000 Arbeitnehmern ist für je angefangene weitere 2 000 Arbeitnehmer ein weiteres Betriebsratsmitglied freizustellen. [3]Durch Tarifvertrag oder Betriebsvereinbarung können anderweitige Regelungen über die Freistellung vereinbart werden.

(2) Die freizustellenden Betriebsratsmitglieder werden nach Beratung mit dem Arbeitgeber vom Betriebsrat aus seiner Mitte in geheimer Wahl und nach den Grundsätzen der Verhältniswahl gewählt. Wird nur ein Wahlvorschlag gemacht, so erfolgt die Wahl nach den Grundsätzen der Mehrheitswahl; ist nur ein Betriebsratsmitglied freizustellen, so wird dieses mit einfacher Stimmenmehrheit gewählt.

Die Gruppen sind entsprechend dem Verhältnis ihrer Vertretung im Betriebsrat zu berücksichtigen. Gehört jeder Gruppe im Betriebsrat mindestens ein Drittel der Mitglieder an, so wählt jede Gruppe die auf sie entfallenden freizustellenden Betriebsratsmitglieder; Sätze 1 und 2 gelten entsprechend. Der Betriebsrat hat die Namen der Freizustellenden dem Arbeitgeber bekannt zu geben. Hält der Arbeitgeber eine Freistellung für sachlich nicht vertretbar, so kann er innerhalb einer Frist von zwei Wochen nach der Bekanntgabe die Einigungsstelle anrufen. Der Spruch der Einigungsstelle ersetzt die Einigung zwischen Arbeitgeber und Betriebsrat. Bestätigt die Einigungsstelle die Bedenken des Arbeitgebers, so hat sie bei der Bestimmung eines anderen freizustellenden Betriebsratsmitglieds auch den Minderheitenschutz im Sinne der Sätze 1 bis 3 zu beachten. Ruft der Arbeitgeber die Einigungsstelle nicht an, so gilt sein Einverständnis mit den Freistellungen nach Ablauf der zweiwöchigen Frist als erteilt. Für die Abberufung gilt § 27 Abs. 1 Satz 5 und Abs. 2 Satz 5 entsprechend.

(3) Der Zeitraum für die Weiterzahlung des nach § 37 Abs. 4 zu bemessenden Arbeitsentgelts und für die Beschäftigung nach § 37 Abs. 5 erhöht sich für Mitglieder des Betriebsrats, die drei volle aufeinanderfolgende Amtszeiten freigestellt waren, auf zwei Jahre nach Ablauf der Amtszeit.

(4) [. . .]

§ 45. Themen der Betriebs- und Abteilungsversammlungen.

Die Betriebs- und Abteilungsversammlungen können Angelegenheiten einschließlich solcher tarifpolitischer, sozialpolitischer und wirtschaftlicher Art behandeln, die den Betrieb oder seine Arbeitnehmer unmittelbar betreffen; die Grundsätze des § 74 Abs. 2 finden Anwendung. Die Betriebs- und Abteilungsversammlungen können dem Betriebsrat Anträge unterbreiten und zu seinen Beschlüssen Stellung nehmen.

§ 46. Beauftragte der Verbände.

(1) An den Betriebs- oder Abteilungsversammlungen können Beauftragte der im Betrieb vertretenen Gewerkschaften beratend teilnehmen. Nimmt der Arbeitgeber an Betriebs- oder Abteilungsversammlungen teil, so kann er einen Beauftragten der Vereinigung der Arbeitgeber, der er angehört, hinzuziehen.

(2) [. . .]

Betriebliche Jugend- und Auszubildendenvertretung

§ 60. Errichtung und Aufgabe.

(1) In Betrieben mit in der Regel mindestens fünf Arbeitnehmern, die das 18. Lebensjahr noch nicht vollendet haben (jugendliche Arbeitnehmer) oder die zu ihrer Berufsausbildung beschäftigt sind und das 25. Lebensjahr noch nicht vollendet haben, werden Jugend- und Auszubildendenvertretungen gewählt.

(2) Die Jugend- und Auszubildendenvertretung nimmt nach Maßgabe der folgenden Vorschriften die besonderen Belange der in Absatz 1 genannten Arbeitnehmer wahr.

§ 61. Wahlberechtigung und Wählbarkeit.

(1) Wahlberechtigt sind alle in § 60 Abs. 1 genannten Arbeitnehmer des Betriebs.

(2) ¹Wählbar sind alle Arbeitnehmer des Betriebs, die das 25. Lebensjahr noch nicht vollendet haben; § 8 Abs. 1 Satz 3 findet Anwendung. ²Mitglieder des Betriebsrats können nicht zu Jugend- und Auszubildendenvertretern gewählt werden.

§ 62. Zahl der Jugend- und Auszubildendenvertreter, Zusammensetzung der Jugend- und Auszubildendenvertretung.

(1) Die Jugend- und Auszubildendenvertretung besteht in Betrieben mit in der Regel

5 bis	20	der in § 60 Abs. 1 genannten Arbeitnehmer aus	1	Jugend- und Auszubildendenvertreter,
21 bis	50	der in § 60 Abs. 1 genannten Arbeitnehmer aus	3	Jugend- und Auszubildendenvertretern,
51 bis	200	der in § 60 Abs. 1 genannten Arbeitnehmer aus	5	Jugend- und Auszubildendenvertretern,
201 bis	300	der in § 60 Abs. 1 genannten Arbeitnehmer aus	7	Jugend- und Auszubildendenvertretern,
301 bis	600	der in § 60 Abs. 1 genannten Arbeitnehmer aus	9	Jugend- und Auszubildendenvertretern,
601 bis	1 000	der in § 60 Abs. 1 genannten Arbeitnehmer aus	11	Jugend- und Auszubildendenvertretern,
mehr als	1 000	der in § 60 Abs. 1 genannten Arbeitnehmer aus	13	Jugend- und Auszubildendenvertretern.

(2) Die Jugend- und Auszubildendenvertretung soll sich möglichst aus Vertretern der verschiedenen Beschäftigungsarten und Ausbildungsberufe der im Betrieb tätigen in § 60 Abs. 1 genannten Arbeitnehmer zusammensetzen.

§ 63. Wahlvorschriften.

(1) Die Jugend- und Auszubildendenvertretung wird in geheimer, unmittelbarer und gemeinsamer Wahl gewählt.

(2) u. (3) [. . .]

§ 64. Zeitpunkt der Wahlen und Amtszeit.

(1) Die regelmäßigen Wahlen der Jugend- und Auszubildendenvertretung finden alle zwei Jahre in der Zeit vom 1. Oktober bis zum 30. November statt. [. . .]

(2) Die regelmäßige Amtszeit der Jugend- und Auszubildendenvertretung beträgt zwei Jahre. [. . .]

(3) [. . .]

§ 66. Aussetzung von Beschlüssen des Betriebsrats.

(1) Erachtet die Mehrheit der Jugend- und Auszubildendenvertreter einen Beschluss des Betriebsrats als eine erhebliche Beeinträchtigung wichtiger Interessen der im § 60 Abs. 1 genannten Arbeitnehmer, so ist auf ihren Antrag der Beschluss auf die Dauer von einer Woche auszusetzen, damit in dieser Frist eine Verständigung, gegebenenfalls mit der Hilfe der im Betrieb vertretenen Gewerkschaften, versucht werden kann.

(2) Wird der erste Beschluss bestätigt, so kann der Antrag auf Aussetzung nicht wiederholt werden; dies gilt auch, wenn der erste Beschluss nur unerheblich geändert wird.

§ 67. Teilnahme an Betriebsratssitzungen.

(1) ¹Die Jugend- und Auszubildendenvertretung kann zu allen Betriebsratssitzungen einen Vertreter entsenden. ²Werden Angelegenheiten behandelt, die besonders die in § 60 Abs. 1 genannten Arbeitnehmer betreffen, so hat zu diesen Tagesordnungspunkten die gesamte Jugend- und Auszubildendenvertretung ein Teilnahmerecht.

(2) Die Jugend- und Auszubildendenvertreter haben Stimmrecht, soweit die zu fassenden Beschlüsse des Betriebsrats überwiegend die in § 60 Abs. 1 genannten Arbeitnehmer betreffen.

(3) [1]Die Jugend- und Auszubildendenvertretung kann beim Betriebsrat beantragen, Angelegenheiten, die besonders die in § 60 Abs. 1 genannten Arbeitnehmer betreffen und über die sie beraten hat, auf die nächste Tagesordnung zu setzen. [2]Der Betriebsrat soll Angelegenheiten, die besonders die in § 60 Abs. 1 genannten Arbeitnehmer betreffen, der Jugend- und Auszubildendenvertretung zur Beratung zuleiten.

§ 68. Teilnahme an gemeinsamen Besprechungen.

Der Betriebsrat hat die Jugend- und Auszubildendenvertretung zu Besprechungen zwischen Arbeitgeber und Betriebsrat beizuziehen, wenn Angelegenheiten behandelt werden, die besonders die in § 60 Abs. 1 genannten Arbeitnehmer betreffen.

§ 70. Allgemeine Aufgaben.

(1) Die Jugend- und Auszubildendenvertretung hat folgende allgemeine Aufgaben:

1. Maßnahmen, die den in § 60 Abs. 1 genannten Arbeitnehmern dienen, insbesondere in Fragen der Berufsbildung, beim Betriebsrat zu beantragen;
2. darüber zu wachen, dass die zugunsten der in § 60 Abs. 1 genannten Arbeitnehmer geltenden Gesetze, Verordnungen, Unfallverhütungsvorschriften, Tarifverträge und Betriebsvereinbarungen durchgeführt werden;
3. Anregungen von in § 60 Abs. 1 genannten Arbeitnehmern, insbesondere in Fragen der Berufsbildung, entgegenzunehmen und falls sie berechtigt erscheinen, beim Betriebsrat auf eine Erledigung hinzuwirken. Die Jugend- und Auszubildendenvertretung kann verlangen, dass ihr der Betriebsrat die zur Durchführung ihrer Aufgaben erforderlichen Unterlagen zur Verfügung stellt.

(2) [1]Zur Durchführung ihrer Aufgaben ist die Jugend- und Auszubildendenvertretung durch den Betriebsrat rechtzeitig und umfassend zu unterrichten. [2]Die Jugend- und Auszubildendenvertretung kann verlangen, dass ihr der Betriebsrat die zur Durchführung ihrer Aufgaben erforderlichen Unterlagen zur Verfügung stellt.

§ 71. Jugend- und Auszubildendenversammlung.

Die Jugend- und Auszubildendenvertretung kann vor oder nach jeder Betriebsversammlung im Einvernehmen mit dem Betriebsrat eine betriebliche Jugend- und Auszubildendenversammlung einberufen. [. . .]

Mitwirkung und Mitbestimmung der Arbeitnehmer
Erster Abschnitt. Allgemeines

§ 74. Grundsätze für die Zusammenarbeit.

(1) [1]Arbeitgeber und Betriebsrat sollen mindestens einmal im Monat zu einer Besprechung zusammentreten. [2]Sie haben über strittige Fragen mit dem ernsten Willen zur Einigung zu verhandeln und Vorschläge für die Beilegung von Meinungsverschiedenheiten zu machen.

(2) [1]Maßnahmen des Arbeitskampfes zwischen Arbeitgeber und Betriebsrat sind unzulässig; Arbeitskämpfe tariffähiger Parteien werden hierdurch nicht berührt. [2]Arbeitgeber und Betriebsrat haben Betätigungen zu unterlassen, durch die der Arbeitsablauf oder der Frieden des Betriebs beeinträchtigt werden. [3]Sie haben jede parteipolitische Betätigung im Betrieb zu unterlassen; die Behandlung von Angelegenheiten tarifpolitischer, sozialpolitischer und wirtschaftlicher Art, die den Betrieb oder seine Arbeitnehmer unmittelbar betreffen, wird hierdurch nicht berührt.

(3) [. . .]

§ 75. Grundsätze für die Behandlung der Betriebsangehörigen.

(1) [1]Arbeitgeber und Betriebsrat haben darüber zu wachen, dass alle im Betrieb tätigen Personen nach den Grundsätzen von Recht und Billigkeit behandelt werden, insbesondere, dass jede unterschiedliche Behandlung von Personen wegen ihrer Abstammung, Religion, Nationalität, Herkunft, politischen oder gewerkschaftlichen Betätigung oder Einstellung oder wegen ihres Geschlechts unterbleibt. [2]Sie haben darauf zu achten, dass Arbeitnehmer nicht wegen Überschreitung bestimmter Altersstufen benachteiligt werden.

(2) Arbeitgeber und Betriebsrat haben die freie Entfaltung der Persönlichkeit der im Betrieb beschäftigten Arbeitnehmer zu schützen und zu fördern.

§ 76. Einigungsstelle.

(1) [1]Zur Beilegung von Meinungsverschiedenheiten zwischen Arbeitgeber und Betriebsrat, Gesamtbetriebsrat oder Konzernbetriebsrat ist bei Bedarf eine Einigungsstelle zu bilden. [2]Durch Betriebsvereinbarung kann eine ständige Einigungsstelle errichtet werden.

(2) [1]Die Einigungsstelle besteht aus einer gleichen Anzahl von Beisitzern, die vom Arbeitgeber und Betriebsrat bestellt werden, und einem unparteiischen Vorsitzenden, auf dessen Person sich beide Seiten einigen müssen. [2]Kommt eine Einigung über die Person des Vorsitzenden nicht zustande, so bestellt ihn das Arbeitsgericht. [3]Dieses entscheidet auch, wenn kein Einverständnis über die Zahl der Beisitzer erzielt wird.

(3) Die Einigungsstelle fasst ihre Beschlüsse nach mündlicher Beratung mit Stimmenmehrheit. [. . .]

(4) bis (8) [. . .]

§ 77. Durchführung gemeinsamer Beschlüsse, Betriebsvereinbarungen.

(1) Vereinbarungen zwischen Betriebsrat und Arbeitgeber, auch soweit sie auf einem Spruch der Einigungsstelle beruhen, führt der Arbeitgeber durch, es sei denn, dass im Einzelfall etwas anderes vereinbart ist. Der Betriebsrat darf nicht durch einseitige Handlungen in die Leitung des Betriebs eingreifen.

(2) Betriebsvereinbarungen sind von Betriebsrat und Arbeitgeber gemeinsam zu beschließen und schriftlich niederzulegen. Sie sind von beiden Seiten zu unterzeichnen; dies gilt nicht, soweit Betriebsvereinbarungen auf einem Spruch der Einigungsstelle beruhen. Der Arbeitgeber hat die Betriebsvereinbarungen an geeigneter Stelle im Betrieb auszulegen.

(3) Arbeitsentgelte und sonstige Arbeitsbedingungen, die durch Tarifvertrag geregelt sind oder üblicherweise geregelt werden, können nicht Gegenstand einer Betriebsvereinbarung sein. Dies gilt nicht, wenn ein Tarifvertrag den Abschluss ergänzender Betriebsvereinbarungen ausdrücklich zulässt.

(4) Betriebsvereinbarungen gelten unmittelbar und zwingend. Werden Arbeitnehmern durch die Betriebsvereinbarung Rechte eingeräumt, so ist ein Verzicht auf sie nur mit Zustimmung des Betriebsrats zulässig. Die Verwirkung dieser Rechte ist ausgeschlossen. Ausschlussfristen für ihre Geltendmachung sind nur insoweit zulässig, als sie in einem Tarifvertrag oder einer Betriebsvereinbarung vereinbart werden; dasselbe gilt für die Abkürzung der Verjährungsfristen.

(5) Betriebsvereinbarungen können, soweit nichts anderes vereinbart ist, mit einer Frist von drei Monaten gekündigt werden.

(6) Nach Ablauf einer Betriebsvereinbarung gelten ihre Regelungen in Angelegenheiten, in denen ein Spruch der Einigungsstelle die Einigung zwischen Arbeitgeber und Betriebsrat ersetzen kann, weiter, bis sie durch eine andere Abmachung ersetzt werden.

§ 80. Allgemeine Aufgaben.

(1) Der Betriebsrat hat folgende allgemeine Aufgaben:

1. darüber zu wachen, dass die zugunsten der Arbeitnehmer geltenden Gesetze, Verordnungen, Unfallverhütungsvorschriften, Tarifverträge und Betriebsvereinbarungen durchgeführt werden;
2. Maßnahmen, die dem Betrieb und der Belegschaft dienen, beim Arbeitgeber zu beantragen;
2a. die Durchsetzung der tatsächlichen Gleichberechtigung von Frauen und Männern, insbesondere bei der Einstellung, Beschäftigung, Aus-, Fort- und Weiterbildung und dem beruflichen Aufstieg, zu fördern;
3. Anregungen von Arbeitnehmern und der Jugendvertretung entgegenzunehmen und, falls sie berechtigt erscheinen, durch Verhandlungen mit dem Arbeitgeber auf eine Erledigung hinzuwirken; er hat die betreffenden Arbeitnehmer über den Stand und das Ergebnis der Verhandlungen zu unterrichten;
4. die Eingliederung Schwerbeschädigter und sonstiger besonders schutzbedürftiger Personen zu fördern;
5. die Wahl einer Jugendvertretung vorzubereiten und durchzuführen und mit dieser zur Förderung der Belange der jugendlichen Arbeitnehmer eng zusammenzuarbeiten; er kann von der Jugendvertretung Vorschläge und Stellungnahmen anfordern;
6. die Beschäftigung älterer Arbeitnehmer im Betrieb zu fördern;
7. die Eingliederung ausländischer Arbeitnehmer im Betrieb und das Verständnis zwischen ihnen und den deutschen Arbeitnehmern zu fördern.

(2) Zur Durchführung seiner Aufgaben nach diesem Gesetz ist der Betriebsrat rechtzeitig und umfassend vom Arbeitgeber zu unterrichten. Ihm sind auf Verlangen jederzeit die zur Durchführung seiner Aufgaben erforderlichen Unterlagen zur Verfügung zu stellen; in diesem Rahmen ist der Betriebsausschuß oder ein nach § 28 gebildeter Ausschuss berechtigt, in die Listen über die Bruttolöhne und -gehälter Einblick zu nehmen.

(3) [. . .]

§ 83. Einsicht in die Personalakten.

(1) [1]Der Arbeitnehmer hat das Recht, in die über ihn geführten Personalakten Einsicht zu nehmen. [2]Er kann hierzu ein Mitglied des Betriebsrats hinzuziehen. [3]Das Mitglied des Betriebsrats hat über den Inhalt der Personalakte Stillschweigen zu bewahren, soweit es vom Arbeitnehmer im Einzelfall nicht von dieser Verpflichtung entbunden wird.

(2) Erklärungen des Arbeitnehmers zum Inhalt der Personalakte sind dieser auf sein Verlangen beizufügen.

Soziale Angelegenheiten

§ 87. Mitbestimmungsrechte.

(1) Der Betriebsrat hat, soweit eine gesetzliche oder tarifliche Regelung nicht besteht, in folgenden Angelegenheiten mitzubestimmen:

1. Fragen der Ordnung des Betriebs und des Verhaltens der Arbeitnehmer im Betrieb;
2. Beginn und Ende der täglichen Arbeitszeit einschließlich der Pausen sowie Verteilung der Arbeitszeit auf die einzelnen Wochentage;
3. vorübergehende Verkürzung oder Verlängerung der betriebsüblichen Arbeitszeit;
4. Zeit, Ort und Art der Auszahlung der Arbeitsentgelte;
5. Aufstellung allgemeiner Urlaubsgrundsätze und des Urlaubsplans sowie die Festsetzung der zeitlichen Lage des Urlaubs für einzelne Arbeitnehmer, wenn zwischen dem Arbeitgeber und den beteiligten Arbeitnehmern kein Einverständnis erzielt wird;
6. Einführung und Anwendung von technischen Einrichtungen, die dazu bestimmt sind, das Verhalten oder die Leistung der Arbeitnehmer zu überwachen;
7. Regelungen über die Verhütung von Arbeitsunfällen und Berufskrankheiten sowie über den Gesundheitsschutz im Rahmen der gesetzlichen Vorschriften oder der Unfallverhütungsvorschriften;
8. Form, Ausgestaltung und Verwaltung von Sozialeinrichtungen, deren Wirkungsbereich auf den Betrieb, das Unternehmen oder den Konzern beschränkt ist;
9. Zuweisung und Kündigung von Wohnräumen, die den Arbeitnehmern mit Rücksicht auf das Bestehen eines Arbeitsverhältnisses vermietet werden, sowie die allgemeine Festlegung der Nutzungsbedingungen;
10. Fragen der betrieblichen Lohngestaltung, insbesondere die Aufstellung von Entlohnungsmethoden sowie deren Änderung;
11. Festsetzung der Akkord- und Prämiensätze und vergleichbarer leistungsbezogener Entgelte, einschließlich der Geldfaktoren;
12. Grundsätze über das betriebliche Vorschlagswesen.

(2) [1]Kommt eine Einigung über eine Angelegenheit nach Absatz 1 nicht zustande, so entscheidet die Einigungsstelle. [2]Der Spruch der Einigungsstelle ersetzt die Einigung zwischen Arbeitgeber und Betriebsrat.

Gestaltung von Arbeitsplatz, Arbeitsablauf und Arbeitsumgebung

§ 90. Unterrichtungs- und Beratungsrechte.

[1]Der Arbeitgeber hat den Betriebsrat über die Planung

1. von Neu-, Um- und Erweiterungsbauten von Fabrikations-, Verwaltungs- und sonstigen betrieblichen Räumen,
2. von technischen Anlagen,
3. von Arbeitsverfahren und Arbeitsabläufen oder
4. der Arbeitsplätze

rechtzeitig unter Vorlage der erforderlichen Unterlagen zu unterrichten. [2]Der Arbeitgeber hat mit dem Betriebsrat die vorgesehenen Maßnahmen und ihre Auswirkungen auf die Arbeitnehmer, insbesondere auf die Art ihrer Arbeit sowie die sich daraus ergebenden Anforderungen an die Arbeitnehmer so rechtzeitig zu beraten, dass Vorschläge und Bedenken des Betriebsrats bei der Planung berücksichtigt werden können. Arbeitgeber und Betriebsrat sollen dabei auch die gesicherten arbeitswissenschaftlichen Erkenntnisse über die menschengerechte Gestaltung der Arbeit berücksichtigen.

§ 91. Mitbestimmungsrecht.

[1]Werden die Arbeitnehmer durch Änderungen der Arbeitsplätze, des Arbeitsablaufs oder der Arbeitsumgebung, die den gesicherten arbeitswissenschaftlichen Erkenntnissen über die menschengerechte Gestaltung der Arbeit offensichtlich widersprechen, in besonderer Weise belastet, so kann der Betriebsrat angemessene Maßnahmen zur Abwendung, Milderung oder zum Ausgleich der Belastung verlangen. [2]Kommt eine Einigung nicht zustande, so entscheidet die Einigungsstelle. [3]Der Spruch der Einigungsstelle ersetzt die Einigung zwischen Arbeitgeber und Betriebsrat.

Personelle Angelegenheiten
Allgemeine personelle Angelegenheiten

§ 92. Personalplanung.

(1) [1]Der Arbeitgeber hat den Betriebsrat über die Personalplanung, insbesondere über den gegenwärtigen und künftigen Personalbedarf sowie über die sich daraus ergebenden personellen Maßnahmen und Maßnahmen der Berufsbildung an Hand von Unterlagen rechtzeitig und umfassend zu unterrichten. [2]Er hat mit dem Betriebsrat über Art und Umfang der erforderlichen Maßnahmen und über die Vermeidung von Härten zu beraten.

(2) Der Betriebsrat kann dem Arbeitgeber Vorschläge für die Einführung einer Personalplanung einschließlich Maßnahmen im Sinne des § 80 Abs. 1 Nr. 2a und ihre Durchführung machen.

§ 93. Ausschreibung von Arbeitsplätzen.

[1]Der Betriebsrat kann verlangen, dass Arbeitsplätze, die besetzt werden sollen, allgemein oder für bestimmte Arten von Tätigkeiten vor ihrer Besetzung innerhalb des Betriebs ausgeschrieben werden. [2]Er kann anregen, dass sie auch als Teilzeitarbeitsplätze ausgeschrieben werden. [3] Ist der Arbeitgeber bereit, Arbeitsplätze auch mit Teilzeitbeschäftigten zu besetzen, ist hierauf in der Ausschreibung hinzuweisen.

§ 94. Personalfragebogen, Beurteilungsgrundsätze.

(1) [1]Personalfragebogen bedürfen der Zustimmung des Betriebsrats. [2]Kommt eine Einigung über ihren Inhalt nicht zustande, so entscheidet die Einigungsstelle. [3]Der Spruch der Einigungsstelle ersetzt die Einigung zwischen Arbeitgeber und Betriebsrat.

(2) Absatz 1 gilt entsprechend für persönliche Angaben in schriftlichen Arbeitsverträgen, die allgemein für den Betrieb verwendet werden sollen, sowie für die Aufstellung allgemeiner Beurteilungsgrundsätze.

§ 95. Auswahlrichtlinien.

(1) [1]Richtlinien über die personelle Auswahl bei Einstellungen, Versetzungen, Umgruppierungen und Kündigungen bedürfen der Zustimmung des Betriebsrats. [2]Kommt eine Einigung über die Richtlinien oder ihren Inhalt nicht zustande, so entscheidet auf Antrag des Arbeitgebers die Einigungsstelle. [3]Der Spruch der Einigungsstelle ersetzt die Einigung zwischen Arbeitgeber und Betriebsrat.

(2) u. (3) [. . .]

Berufsbildung

§ 96. Förderung der Berufsbildung.

(1) [1]Arbeitgeber und Betriebsrat haben im Rahmen der betrieblichen Personalplanung und in Zusammenarbeit mit den für die Berufsbildung und den für die Förderung der Berufsbildung zuständigen Stellen die Berufsbildung der Arbeitnehmer zu fördern. [2]Der Arbeitgeber hat auf Verlangen des Betriebsrats mit diesem Fragen der Berufsbildung der Arbeitnehmer des Betriebs zu beraten. [3]Hierzu kann der Betriebsrat Vorschläge machen.

(2) [1]Arbeitgeber und Betriebsrat haben darauf zu achten, dass unter Berücksichtigung der betrieblichen Notwendigkeiten den Arbeitnehmern die Teilnahme an betrieblichen oder außerbetrieblichen Maßnahmen der Berufsbildung ermöglicht wird. [2]Sie haben dabei auch die Belange älterer Arbeitnehmer, Teilzeitbeschäftigter und von Arbeitnehmern mit Familienpflichten zu berücksichtigen.

§ 98. Durchführung betrieblicher Bildungsmaßnahmen.

(1) Der Betriebsrat hat bei der Durchführung von Maßnahmen der betrieblichen Berufsbildung mitzubestimmen.

(2) Der Betriebsrat kann der Bestellung einer mit der Durchführung der betrieblichen Berufsbildung beauftragten Person widersprechen oder ihre Abberufung verlangen, wenn diese die persönliche oder fachliche, insbesondere die berufs- und arbeitspädagogische Eignung im Sinne des Berufsbildungsgesetzes nicht besitzt oder ihre Aufgaben vernachlässigt.

(3) bis (6) [. . .]

Personelle Einzelmaßnahmen

§ 99. Mitbestimmung bei personellen Einzelmaßnahmen.

(1) [1]In Betrieben mit in der Regel mehr als zwanzig wahlberechtigten Arbeitnehmern hat der Arbeitgeber den Betriebsrat vor jeder Einstellung, Eingruppierung, Umgruppierung und Versetzung zu unterrichten, ihm die erforderlichen Bewerbungsunterlagen vorzulegen und Auskunft über die Person der Beteiligten zu geben; er hat dem Betriebsrat unter Vorlage der erforderlichen Unterlagen Auskunft über die Auswirkungen der geplanten Maßnahme zu geben und die Zustimmung des Betriebsrats zu der geplanten Maßnahme einzuholen. [2]Bei Einstellungen und Versetzungen hat der Arbeitgeber insbesondere den in Aussicht genommenen Arbeitsplatz und die vorgesehene Eingruppierung mitzuteilen. [. . .]

§ 102. Mitbestimmung bei Kündigungen.

(1) [1]Der Betriebsrat ist vor jeder Kündigung zu hören. [2]Der Arbeitgeber hat ihm die Gründe für die Kündigung mitzuteilen. [3]Eine ohne Anhörung des Betriebsrats ausgesprochene Kündigung ist unwirksam.

(2) bis (7) [. . .]

Wirtschaftliche Angelegenheiten
Unterrichtung in wirtschaftlichen Angelegenheiten

§ 106. Wirtschaftsausschuss.

(1) [1]In allen Unternehmen mit in der Regel mehr als einhundert ständig beschäftigten Arbeitnehmern ist ein Wirtschaftsausschuss zu bilden. [2]Der Wirtschaftsausschuss hat die Aufgabe, wirtschaftliche Angelegenheiten mit dem Unternehmer zu beraten und den Betriebsrat zu unterrichten.

(2) [. . .]

(3) Zu den wirtschaftlichen Angelegenheiten im Sinne dieser Vorschrift gehören insbesondere
1. die wirtschaftliche und finanzielle Lage des Unternehmens;
2. die Produktions- und Absatzlage;
3. das Produktions- und Investitionsprogramm;
4. Rationalisierungsvorhaben;
5. Fabrikations- und Arbeitsmethoden, insbesondere die Einführung neuer Arbeitsmethoden;
6. die Einschränkung oder Stilllegung von Betrieben oder von Betriebsteilen;
7. die Verlegung von Betrieben oder Betriebsteilen;
8. der Zusammenschluss von Betrieben;
9. die Änderung der Betriebsorganisation oder des Betriebszwecks sowie
10. sonstige Vorgänge und Vorhaben, welche die Interessen der Arbeitnehmer des Unternehmens wesentlich berühren können.

Betriebsänderungen

§ 111. Betriebsänderungen.

[1]Der Unternehmer hat in Betrieben mit in der Regel mehr als zwanzig wahlberechtigten Arbeitnehmern den Betriebsrat über geplante Betriebsänderungen, die wesentliche Nachteile für die Beleg-

schaft oder erhebliche Teile der Belegschaft zur Folge haben können, rechtzeitig und umfassend zu unterrichten und die geplanten Betriebsänderungen mit dem Betriebsrat zu beraten. [2]Als Betriebsänderungen im Sinne des Satzes 1 gelten

1. Einschränkung und Stilllegung des ganzen Betriebs oder von wesentlichen Betriebsteilen,
2. Verlegung des ganzen Betriebs oder von wesentlichen Betriebsteilen,
3. Zusammenschluss mit anderen Betrieben,
4. grundlegende Änderungen der Betriebsorganisation, des Betriebszwecks oder der Betriebsanlagen,
5. Einführung grundlegend neuer Arbeitsmethoden und Fertigungsverfahren.

70 In welchen Betrieben können Betriebsräte gewählt werden?

71 Wer gilt als Arbeiter und Angestellter im Sinne des BetrVG, und wer gilt als „leitender Angestellter"?

72 Der Unternehmer Oskar Schlaumeier beschäftigt in seinem Betrieb 20 Arbeitnehmer. Es ist ihm bisher gelungen, diese von einem Beitritt zu einer Gewerkschaft abzuhalten. Darüber ärgert sich der Gewerkschaftssekretär Oskar Wurm. Er beschließt deshalb, die Arbeitnehmer in Schlaumeiers Betrieb an ihrem Arbeitsplatz vom Sinn eines Gewerkschaftsbeitritts zu überzeugen.

Kann er seine Werbeaktion am vorgesehenen Ort starten?

73 Welche Vertretungsorgane der Arbeitnehmer können in einem Unternehmen mit 600 Beschäftigten, darunter 50 Auszubildende, bestehen?

74 Kurt Eifrig ist Mitglied des Betriebsrates der Freizeit GmbH, die 420 Arbeitnehmer beschäftigt. Durch die Betriebsratsarbeit ist besonders Eifrig stark beansprucht. Er überzeugt deshalb seine übrigen Betriebsratskollegen davon, dass es am besten sei, ihn von seiner beruflichen Tätigkeit freistellen zu lassen.

a) Besteht diese Möglichkeit?

b) Wer bezahlt seinen Lohn während der Freistellungszeit?

c) Was kann der Arbeitgeber tun, um diese Freistellung zu verhindern?

75 August Schlau ist Vorsitzender des Betriebsrates der Metallverarbeitungs-AG, die 9 000 Beschäftigte hat. Schlau will Mitglied des Bundestages werden. Er lässt sich als Kandidat einer Partei aufstellen. Kurz vor der Wahl beruft er eine Betriebsversammlung ein. Dazu lädt er den Ministerpräsidenten ein, der seiner Partei angehört. Dieser soll zum Thema „Die soziale Stellung des Industriearbeiters" referieren.

Beurteilen Sie dieses Vorgehen unter Beachtung des BetrVG!

76 Wann kann eine betriebliche Jugend- und Auszubildendenvertretung gewählt werden und welche Aufgaben hat diese?

77 Der Betriebsrat will sich über die Gehaltsstruktur des Unternehmens informieren, um gegebenenfalls im Rahmen einer Betriebsvereinbarung eine neue Arbeitsplatzbewertung vorzuschlagen. Zu diesem Zweck fordert er Einsicht in die Lohn- und Gehaltslisten des Unternehmens.

a) Ist der Betriebsrat zu dieser Einsichtnahme befugt?

b) Fünf Mitarbeiter dieses Unternehmens sind mit der Arbeit des Betriebsrats unzufrieden. Sie beschließen daher, selbst mit dem Arbeitgeber eine Betriebsvereinbarung zur Einführung eines neuen Verfahrens der Arbeitsplatzbewertung zu schließen.

Wie beurteilen Sie dieses Vorhaben?

c) In diesem Unternehmen besteht eine rechtswirksam abgeschlossene Betriebsvereinbarung über zusätzliche Unterstützungszahlungen des Unternehmens bei unverschuldeten Notlagen der Mitarbeiter. Mehrere Mitarbeiter sehen in dieser Regelung ein Mittel, von anderen Verpflichtungen des Unternehmens abzulenken. Sie erklären daher gegenüber ihrem Arbeitgeber ihren Verzicht auf die Regelungen der Betriebsvereinbarung.

Wie beurteilen Sie dieses Vorgehen?

78 Der Arbeiter Karl Friedlich hatte sich um eine ausgeschriebene Stelle im gleichen Unternehmen beworben. Er wurde nicht ausgewählt. Er vermutet, dass dies auf eine negative Beurteilung durch einen früheren Vorgesetzten zurückzuführen ist. Er fordert Einsichtnahme in seine Personalakte.

Ist er dazu berechtigt?

79 Welche Mitbestimmungsrechte hat der Betriebsrat nach § 87 BetrVG?

80 In einem Unternehmen mit 800 Beschäftigten sind zwei Abteilungsleiterstellen zu besetzen. Der Betriebsrat verlangt, dass diese Stellen innerbetrieblich ausgeschrieben werden sollen. Der Arbeitgeber zieht es vor, in überregionalen Zeitungen zu annoncieren. Es bewerben sich 10 Personen. Der Arbeitgeber wählt zwei qualifizierte Bewerber aus und schließt mit diesen Arbeitsverträge. Der Betriebsrat stimmt diesen nicht zu.

a) Kann der Betriebsrat ablehnen?

b) Welche Konsequenzen ergeben sich, wenn der Arbeitgeber auf seiner Entscheidung besteht?

81 Hans Stümper ist Ausbilder bei der Export GmbH. Diese Gesellschaft hat 25 Auszubildende. Als der Auszubildende Fritz Tapsich eine wertvolle Maschine erheblich beschädigt, erhält er vom Ausbilder Stümper mehrere Ohrfeigen.

Als der Betriebsrat von dieser Angelegenheit erfährt, fordert er die Abberufung des Ausbilders Stümper.

a) Ist der Betriebsrat dazu befugt?

b) Was geschieht, wenn der Arbeitgeber das Verhalten Stümpers als pädagogisch gerechtfertigt ansieht und ihn deckt?

82 Ein Arbeitgeber kündigt der Angestellten Christa Langsam fristgemäß. Am letzten Arbeitstag erhält sie vom Personalbüro telefonisch die Mitteilung, sie könne sich ihre Papiere abholen. Schnell teilt Frau Langsam ihrem Gesprächspartner mit, dass sie noch weiterhin auf ihrem Arbeitsplatz arbeiten werde, da ihr nicht rechtswirksam gekündigt worden sei.

Ist Frau Langsam im Recht?

83 In einigen Unternehmen hat der Betriebsrat das Recht, sich über wirtschaftliche Angelegenheiten unterrichten zu lassen.

a) Welches Organ kann hierfür gebildet werden?

b) Was versteht das BetrVG unter „wirtschaftlichen Angelegenheiten"?

c) Was kann der Auskunftsberechtigte tun, wenn ihm der Arbeitgeber nur ungenaue Auskünfte erteilt?

84 Wegen schlechter Absatzlage ist die Allround AG gezwungen, einen Betriebsteil stillzulegen. Dadurch müssen 40 Arbeitnehmer entlassen werden, was etwa 33 % der Belegschaft entspricht.

Welches Recht des Betriebsrats kommt in diesem Falle zum Tragen?

85 a) Vervollständigen Sie die Tabelle mit den Regelungen des Betriebsverfassungsgesetzes!

Kurzbeschreibung des Betriebs	Betriebsrat möglich? ja/nein	Zahl der BR-Mitglieder	Jugend- und Auszubildendenvertretung möglich? ja/nein	Wirtschaftsausschuss nach § 106 BetrVG ja/nein	Zahl der Wahlberechtigten
Friseurbetrieb, Meister (Inh.); 2 Gesellen (20 und 22 Jahre alt), 1 Auszubildender (16 Jahre)					
Karl Grüner, Kfz-Bedarf, Geschäftsinhaber; 2 Angestellte (23 und 25 Jahre); 2 Arbeiter (19 und 24 Jahre); 3 Azubis (16, 17 und 19 Jahre)					
Elektrofix GmbH, 1 Geschäftsführer; 13 Angestellte über 18 Jahre; 27 Arbeiter, davon 3 unter 18 Jahren; 8 Azubis, davon 6 unter 25 Jahren					
Heller Import-Export GmbH & Co. KG 2 Komplementäre als Geschäftsführer, 5 Kommanditisten; 127 Angestellte, davon 5 unter 18 Jahren; 87 Arbeiter, davon 4 unter 18 Jahren; 17 Azubis, davon 15 unter 25 Jahren					

b) Wer besitzt bei der Betriebsratswahl das passive Wahlrecht?

c) Wer besitzt bei der Wahl zur Jugend- und Auszubildendenvertretung das passive Wahlrecht?

d) Nach welchen Grundsätzen wird die Wahl zur Jugend- und Auszubildendenvertretung durchgeführt?

e) Die Amtszeit des Betriebsrats beträgt vier Jahre, wie lang ist die Amtszeit der Jugend- und Auszubildendenvertretung?

11 Schuster – ISBN 3-8120-00601

86 Die wichtigsten Regelungen der Mitbestimmung der Arbeitnehmer in der Eisen und Stahl erzeugenden Industrie und im Bergbau (Montan-Mitbestimmung) sowie in den Organen von Unternehmen nach dem Mitbestimmungsgesetz von 1976 sind aus den beiden folgenden Schaubildern ersichtlich.

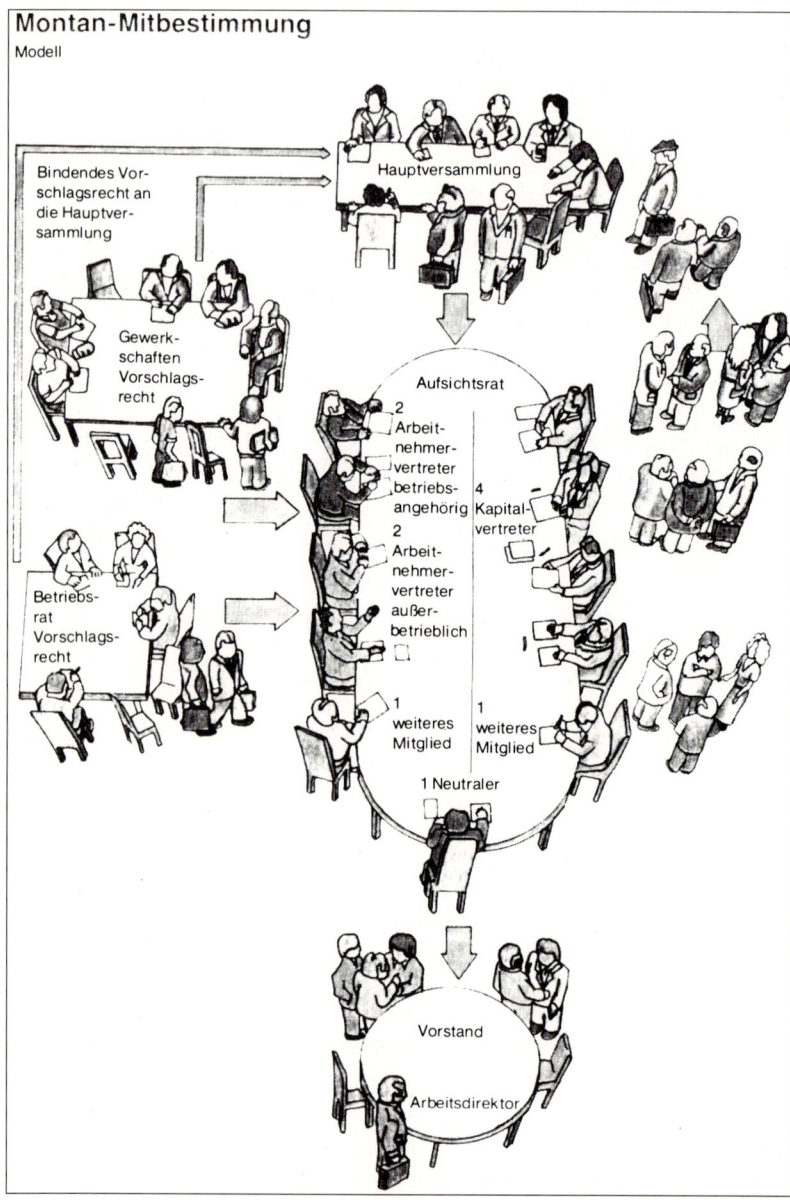

Montan-Mitbestimmung
Modell

Bindendes Vor-
schlagsrecht an
die Hauptver-
sammlung

Hauptversammlung

Gewerk-
schaften
Vorschlags-
recht

Aufsichtsrat

2 Arbeit-
nehmer-
vertreter
betriebs-
angehörig

4 Kapital-
vertreter

2 Arbeit-
nehmer-
vertreter
außer-
betrieblich

Betriebs-
rat
Vorschlags-
recht

1 weiteres
Mitglied

1 weiteres
Mitglied

1 Neutraler

Vorstand

Arbeitsdirektor

Quelle: Presse- und Informationsamt der Bundesregierung (Hg.): Tips für Arbeitnehmer 1979

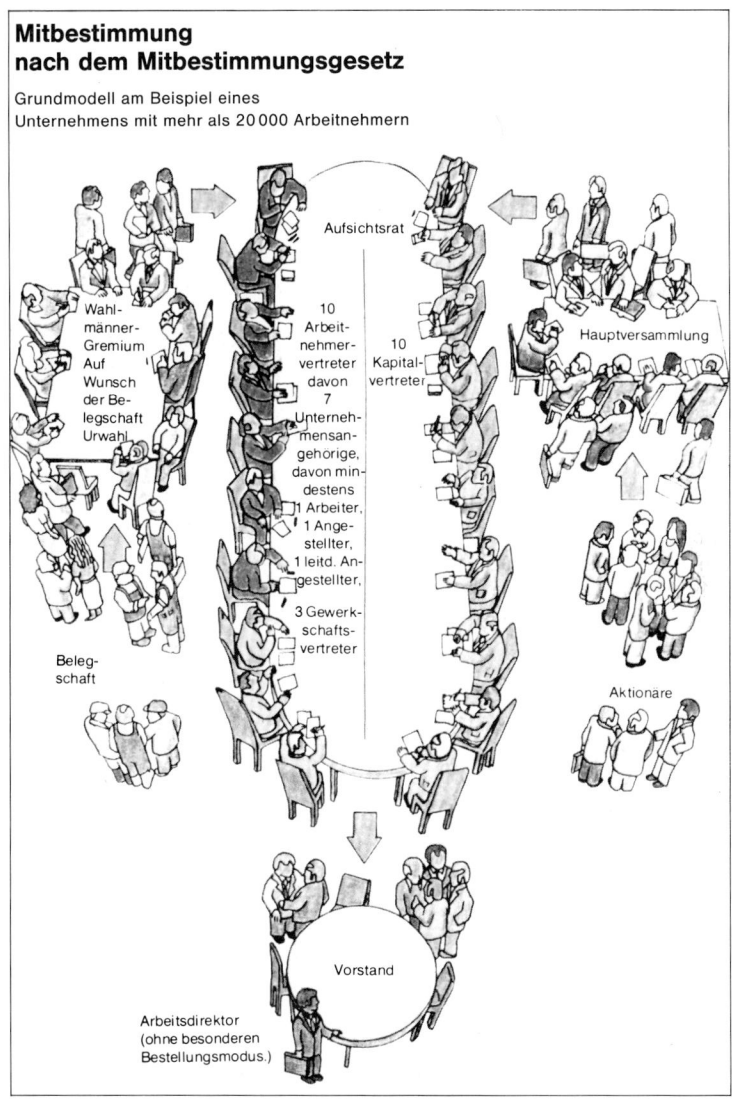

**Mitbestimmung
nach dem Mitbestimmungsgesetz**

Grundmodell am Beispiel eines
Unternehmens mit mehr als 20000 Arbeitnehmern

Aufsichtsrat

Wahl-
männer-
Gremium
Auf
Wunsch
der Be-
legschaft
Urwahl

10
Arbeit-
nehmer-
vertreter
davon
7
Unterneh-
mensan-
gehörige,
davon min-
destens
1 Arbeiter,
1 Ange-
stellter,
1 leitd. An-
gestellter,

10
Kapital-
vertreter

3 Gewerk-
schafts-
vertreter

Hauptversammlung

Beleg-
schaft

Aktionäre

Vorstand

Arbeitsdirektor
(ohne besonderen
Bestellungsmodus.)

Quelle: Presse- und Informationsamt der Bundesregierung (Hg.): Tips für Arbeitnehmer 1979

a) Die Montan-Mitbestimmung wird als paritätische Mitbestimmung bezeichnet. Woraus ergibt sich diese Kennzeichnung?

b) Nehmen Sie Stellung zur Zusammensetzung der Arbeitgeberseite und der Arbeitnehmerseite im Aufsichtsrat nach der Montan-Mitbestimmung!

c) Wodurch erhält der Arbeitsdirektor nach der Montan-Mitbestimmungsregelung eine besondere Stellung gegenüber den anderen Vorstandsmitgliedern?

d) Wie können die Arbeitnehmervertreter im Aufsichtsrat nach dem Mitbestimmungsgesetz von 1976 gewählt werden?

e) Nehmen Sie Stellung zur Arbeitnehmervertretung im Aufsichtsrat nach dem Mitbestimmungsgesetz von 1976!

f) Wer wählt die Kapitalvertreter im Aufsichtsrat nach dem Mitbestimmungsgesetz von 1976?

Gesetz über die Mitbestimmung der Arbeitnehmer
(Mitbestimmungsgesetz – MitbestG)
Vom 4. Mai 1976

Erster Teil. Geltungsbereich

MitbestG § 1. Erfasste Unternehmen.

(1) In Unternehmen, die

1. in der Rechtsform einer Aktiengesellschaft, einer Kommanditgesellschaft auf Aktien, einer Gesellschaft mit beschränkter Haftung, einer bergrechtlichen Gewerkschaft mit eigener Rechtspersönlichkeit oder einer Erwerbs- und Wirtschaftsgenossenschaft betrieben werden und

2. in der Regel mehr als 2 000 Arbeitnehmer beschäftigen,

haben die Arbeitnehmer ein Mitbestimmungsrecht nach Maßgabe dieses Gesetzes.

(2) bis (4) [. . .]

§ 8.

(1) Die Aufsichtsratsmitglieder der Anteilseigner werden durch das nach Gesetz, Satzung, Gesellschaftsvertrag oder Statut zur Wahl von Mitgliedern des Aufsichtsrats befugte Organ (Wahlorgan) und, soweit gesetzliche Vorschriften dem nicht entgegenstehen, nach Maßgabe der Satzung, des Gesellschaftsvertrags oder des Statuts bestellt.

(2) § 101 Abs. 2 des Aktiengesetzes bleibt unberührt.

Zweiter Unterabschnitt. Aufsichtsratsmitglieder der Arbeitnehmer, Grundsatz

§ 9.

(1) Die Aufsichtsratsmitglieder der Arbeitnehmer (§ 7 Abs. 2) eines Unternehmens mit in der Regel mehr als 8 000 Arbeitnehmern werden durch Wahlmänner gewählt, sofern nicht die wahlberechtigten Arbeitnehmer die unmittelbare Wahl beschließen.

(2) Die Aufsichtsratsmitglieder der Arbeitnehmer (§ 7 Abs. 2) eines Unternehmens mit in der Regel nicht mehr als 8 000 Arbeitnehmern werden in unmittelbarer Wahl gewählt, sofern nicht die wahlberechtigten Arbeitnehmer die Wahl durch Wahlmänner beschließen.

(3) [1]Zur Abstimmung darüber, ob die Wahl durch Wahlmänner oder unmittelbar erfolgen soll, bedarf es eines Antrags, der von einem Zwanzigstel der wahlberechtigten Arbeitnehmer des Unternehmens unterzeichnet sein muss. [2]Die Abstimmung ist geheim. [3]Ein Beschluss nach Absatz 1 oder 2 kann nur unter Beteiligung von mindestens der Hälfte der wahlberechtigten Arbeitnehmer und nur mit der Mehrheit der abgegebenen Stimmen gefasst werden.

§ 16. Wahl der Vertreter der Gewerkschaften in den Aufsichtsrat.

(1) Die Wahlmänner wählen die Aufsichtsratsmitglieder, die nach §7 Abs. 2 Vertreter von Gewerkschaften sind, in gemeinsamer Wahl, geheim und nach den Grundsätzen der Verhältniswahl für die in § 15 Abs. 1 bestimmte Zeit.

(2) [1]Die Wahl erfolgt auf Grund von Wahlvorschlägen der Gewerkschaften, die in dem Unternehmen selbst oder in einem anderen Unternehmen vertreten sind, dessen Arbeitnehmer nach diesem Gesetz an der Wahl von Aufsichtsratsmitgliedern des Unternehmens teilnehmen. [2]Wird nur ein Wahlvorschlag gemacht, so findet abweichend von Satz 1 Mehrheitswahl statt. [3]In diesem Falle muss der Wahlvorschlag mindestens doppelt so viele Bewerber enthalten, wie Vertreter von Gewerkschaften in den Aufsichtsrat zu wählen sind.

Jugendarbeitsschutz

Merkblatt zum Jugendarbeitsschutzgesetz
(Stand 01.01.2000)

1 Geltungsbereich; Kind/Jugendlicher

Das Gesetz ist auf alle Beschäftigungsverhältnisse von Personen anzuwenden, die noch nicht 18 Jahre alt sind. Kind ist, wer noch nicht 15 Jahre alt ist. Jugendlicher ist, wer 15, aber noch nicht 18 Jahre alt ist. Jugendliche, die der Vollzeitschulpflicht unterliegen, gelten als Kinder.

2 Beschäftigung von nicht vollzeitschulpflichtigen Kindern

Die Beschäftigung von Kindern ist verboten. Kinder, die der Vollzeitschulpflicht nicht mehr unterliegen, dürfen beschäftigt werden

1. im Berufsausbildungsverhältnis,
2. außerhalb des Berufsausbildungsverhältnisses nur mit leichten und für sie geeigneten Tätigkeiten bis zu 7 Stunden täglich und 35 Stunden wöchentlich.

3 Grenze der Beschäftigungszeit

Jugendliche dürfen

nur an 5 Tagen in der Woche,
nicht mehr als 8 Stunden täglich und
nicht mehr als 40 Stunden wöchentlich

beschäftigt werden.

Die tägliche Arbeitszeit unter Hinzurechnung der Ruhepausen darf 10 Stunden, im Bergbau unter Tage 8 Stunden und im Gaststättengewerbe, in der Landwirtschaft, in der Tierhaltung, auf Bau- und Montagestellen 11 Stunden nicht überschreiten (Schichtzeit).

Wenn in einem Betrieb in Verbindung mit Feiertagen an Werktagen nicht gearbeitet wird, damit die Beschäftigten eine längere zusammenhängende Freizeit haben, so kann die ausgefallene Arbeitszeit der Jugendlichen auf andere Werktage verteilt werden. Die Verteilung ist innerhalb von 5 zusammenhängenden, die Ausfalltage einschließenden Wochen vorzunehmen. Dabei darf die Wochenarbeitszeit im Durchschnitt dieser 5 Wochen 40 Stunden, die tägliche Arbeitszeit $8\frac{1}{2}$ Stunden nicht überschreiten.

Wenn an einzelnen Werktagen die Arbeitszeit auf weniger als 8 Stunden verkürzt ist, können Jugendliche an den übrigen Werktagen derselben Woche $8\frac{1}{2}$ Stunden beschäftigt werden.

Auf die höchstzulässigen Beschäftigungszeiten werden die Ruhepausen nicht angerechnet.

4 Beschäftigung an Samstagen

An Samstagen dürfen Jugendliche nicht beschäftigt werden. Dieses Verbot gilt u.a. nicht für eine Beschäftigung

1. in Krankenanstalten sowie in Alten-, Pflege- und Kinderheimen,
2. in offenen Verkaufsstellen, in Betrieben mit offenen Verkaufsstellen, in Bäckereien und Konditoreien, im Friseurhandwerk und im Marktverkehr,
3. im Verkehrswesen,
4. im Gaststätten- und Schaustellergewerbe,
5. in der Landwirtschaft und Tierhaltung,
6. bei Musikaufführungen, Theatervorstellungen und anderen Aufführungen, bei Aufnahmen im Rundfunk (Hörfunk und Fernsehen), auf Ton- und Bildträger sowie bei Film- und Fotoaufnahmen,
7. bei außerbetrieblichen Ausbildungsmaßnahmen,
8. beim Sport,
9. im ärztlichen Notdienst,
10. in Reparaturwerkstätten für Kraftfahrzeuge.

Mindestens zwei Samstage im Monat sollen beschäftigungsfrei bleiben.

Werden Jugendliche am Samstag beschäftigt, ist ihnen die Fünf-Tage-Woche durch Freistellung an einem anderen berufsschulfreien Arbeitstag derselben Woche sicherzustellen. In Betrieben mit einem Betriebsruhetag in der Woche kann die Freistellung auch an diesem Tage erfolgen, wenn die Jugendlichen an diesem Tage keinen Berufsschulunterricht haben.

Können Jugendliche in den Fällen der Nr. 2 am Samstag nicht 8 Stunden beschäftigt werden, so kann die fehlende Arbeitszeit an dem Tag der Freistellung bis 13 Uhr ausgeglichen werden.

5 Beschäftigung an Sonntagen

An Sonntagen dürfen Jugendliche nicht beschäftigt werden. Dieses Verbot gilt jedoch nicht für die Beschäftigung

1. in Krankenanstalten sowie in Alten-, Pflege- und Kinderheimen,
2. in der Landwirtschaft und Tierhaltung mit Arbeiten, die auch an Sonn- und Feiertagen naturnotwendig vorgenommen werden müssen,

3. im Schaustellergewerbe,
4. bei Musikaufführungen, Theatervorstellungen und anderen Aufführungen sowie bei Direktsendungen im Rundfunk (Hörfunk und Fernsehen),
5. beim Sport,
6. im ärztlichen Notdienst,
7. im Gaststättengewerbe.

Jeder zweite Sonntag soll, mindestens zwei Sonntage im Monat müssen beschäftigungsfrei bleiben.

Die Regelung für den Ersatzruhetag erfolgt wie bei der Beschäftigung an Samstagen (vgl. Ziff. 4).

6 Beschäftigung an Feiertagen

Am 24. und 31. Dezember nach 14:00 Uhr dürfen Jugendliche nicht beschäftigt werden, desgleichen nicht an folgenden gesetzlichen Feiertagen: 1. Weihnachtsfeiertag, 1. Januar, 1. Osterfeiertag, 1. Mai.

An den sonstigen gesetzlichen Feiertagen dürfen nur die Jugendlichen beschäftigt werden, die auch an Sonntagen beschäftigt werden dürfen.

Für die Beschäftigung an einem gesetzlichen Feiertag, der auf einen Werktag fällt, ist der Jugendliche an einem anderen berufsschulfreien Arbeitstag derselben oder der folgenden Woche freizustellen. In Betrieben mit einem Betriebsruhetag in der Woche kann die Freistellung auch an diesem Tag erfolgen, wenn die Jugendlichen an diesem Tag keinen Berufsschulunterricht haben.

7 Berufsschule

Der Arbeitgeber hat den Jugendlichen für die Teilnahme am Berufsschulunterricht freizustellen. Er darf den Jugendlichen nicht beschäftigen

1. vor einem vor 9 Uhr beginnenden Unterricht,
2. an einem Berufsschultag mit mehr als 5 Unterrichtsstunden von mindestens je 45 Minuten, einmal in der Woche,
3. in Berufsschulwochen mit einem planmäßigen Blockunterricht von mindestens 25 Stunden an mindestens 5 Tagen; zusätzliche betriebliche Ausbildungsveranstaltungen bis zu zwei Stunden wöchentlich sind zulässig.

Berufsschultage nach Nr. 2 werden mit 8 Stunden, Berufsschulwochen nach Nr. 3 mit 40 Stunden auf die Arbeitszeit angerechnet. Im Übrigen wird die Unterrichtszeit einschließlich der Pausen angerechnet.

Ein Entgeltausfall darf durch den Besuch der Berufsschule nicht eintreten.

8 Prüfungen und außerbetriebliche Ausbildungsmaßnahmen

Der Arbeitgeber hat den Jugendlichen freizustellen

1. für die Teilnahme an Prüfungen und Ausbildungsmaßnahmen, die aufgrund öffentlich-rechtlicher oder vertraglicher Bestimmungen außerhalb der Ausbildungsstätte durchzuführen sind,
2. an dem Arbeitstag, der der schriftlichen Abschlussprüfung unmittelbar vorangeht.

Die Freistellung nach Nr. 1 wird mit der Zeit der Teilnahme einschließlich der Pausen, die Freistellung nach Nr. 2 mit acht Stunden auf die Arbeitszeit angerechnet.

Ein Entgeltausfall darf nicht eintreten.

9 Ruhepausen

Dem Jugendlichen ist bei einer Beschäftigungszeit von

1. mehr als $4^1/_2$ bis 6 Stunden eine Pause von 30 Minuten,
2. mehr als sechs Stunden eine Pause von 60 Minuten zu gewähren.

Die Pausen müssen jeweils mindestens 15 Minuten betragen und im Voraus festgelegt werden. Ruhepausen dürfen frühestens eine Stunde nach Beginn und spätestens eine Stunde vor Ende der Arbeitszeit gewährt werden. Länger als viereinhalb Stunden hintereinander dürfen Jugendliche nicht ohne Pause beschäftigt werden.

10 Tägliche Freizeit

Nach Beendigung der täglichen Arbeitszeit dürfen Jugendliche nicht vor Ablauf einer ununterbrochenen Freizeit von mindestens 12 Stunden beschäftigt werden.

11 Nachtruhe

Jugendliche dürfen grundsätzlich nur in der Zeit von 6 bis 20 Uhr beschäftigt werden.

Jugendliche über 16 Jahren dürfen

1. im Gaststätten- und Schaustellergewerbe bis 22 Uhr,
2. in mehrschichtigen Betrieben bis 23:00 Uhr,
3. in der Landwirtschaft ab 5:00 Uhr oder bis 21:00 Uhr,
4. in Bäckereien und Konditoreien ab 5:00 Uhr beschäftigt werden.

Jugendliche über 17 Jahren dürfen in Bäckereien ab 4:00 Uhr beschäftigt werden.

An dem einem Berufsschultag unmittelbar vorangehenden Tag dürfen die Jugendlichen auch im Gaststätten- und Schaustellergewerbe, in mehrschichtigen Betrieben und in der Landwirtschaft nicht nach 20:00 Uhr beschäftigt werden, wenn der Berufsschulunterricht vor 9:00 Uhr beginnt.

Nach vorheriger Anzeige an die Aufsichtsbehörde dürfen in Betrieben, in denen die übliche Arbeitszeit aus verkehrstechnischen Gründen nach 20:00 Uhr endet, Jugendliche bis 21:00 Uhr beschäftigt werden, soweit sie hierdurch unnötige Wartezeiten vermeiden können. Nach vorheriger Anzeige an die Aufsichtsbehörde dürfen ferner in mehrschichtigen Betrieben Jugendliche über 16 Jahre ab 5:30 Uhr oder bis 23:30 Uhr beschäftigt werden, soweit sie hierdurch unnötige Wartezeiten vermeiden können.

In Betrieben, in denen die Beschäftigten in außergewöhnlichem Grade der Einwirkung von Hitze ausgesetzt sind, können Jugendliche in der warmen Jahreszeit mit Genehmigung der Aufsichtsbehörde bereits ab 5:00 Uhr beschäftigt werden.

12 Urlaub

Der Arbeitgeber hat Jugendlichen für jedes Kalenderjahr einen bezahlten Erholungsurlaub zu gewähren. Der Urlaub beträgt jährlich

1. mindestens 30 Werktage, wenn der Jugendliche zu Beginn des Kalenderjahres noch nicht 16 Jahre alt ist,
2. mindestens 27 Werktage, wenn der Jugendliche zu Beginn des Kalenderjahres noch nicht 17 Jahre alt ist,
3. mindestens 25 Werktage, wenn der Jugendliche zu Beginn des Kalenderjahres noch nicht 18 Jahre alt ist.

Jugendliche, die im Bergbau unter Tage beschäftigt werden, erhalten in jeder Altersgruppe einen zusätzlichen Urlaub von drei Werktagen.

Der Urlaub soll Berufsschülern in der Zeit der Berufsschulferien gegeben werden. Soweit er nicht in den Berufsschulferien gegeben wird, ist für jeden Berufsschultag, an dem die Berufsschule während des Urlaubs besucht wird, ein weiterer Urlaubstag zu gewähren.

13 Gefährliche Arbeiten

Jugendliche dürfen nicht beschäftigt werden

1. mit Arbeiten, die ihre physische oder psychische Leistungsfähigkeit übersteigen,
2. mit Arbeiten, bei denen sie sittlichen Gefahren ausgesetzt sind,
3. mit Arbeiten, die mit Unfallgefahren verbunden sind, von denen anzunehmen ist, dass Jugendliche sie wegen mangelnden Sicherheitsbewusstseins oder mangelhafter Erfahrung nicht erkennen oder nicht abwenden können,
4. mit Arbeiten, bei denen ihre Gesundheit durch außergewöhnliche Hitze oder Kälte oder starke Nässe gefährdet wird,
5. mit Arbeiten, bei denen sie schädlichen Einwirkungen von Lärm, Erschütterungen, Strahlen oder von giftigen, ätzenden oder reizenden Stoffen ausgesetzt sind,
6. mit Arbeiten, bei denen sie schädlichen Einwirkungen von gefährlichen Stoffen oder Zubereitungen im Sinne des Chemikaliengesetzes ausgesetzt sind,
7. mit Arbeiten, bei denen sie schädlichen Einwirkungen von biologischen Arbeitsstoffen [...] ausgesetzt sind.

Die Nummern 3 bis 7 gelten nicht für die Beschäftigung Jugendlicher, soweit dies zur Erreichung ihres Ausbildungszieles erforderlich ist, ihr Schutz durch die Aufsicht eines Fachkundigen gewährleistet ist und der Luftgrenzwert bei gefährlichen Stoffen unterschritten wird. Werden sie in einem Betrieb beschäftigt, für den ein Betriebsarzt oder eine Fachkraft für Arbeitssicherheit verpflichtet ist, muss ihre betriebsärztliche oder sicherheitstechnische Betreuung sichergestellt sein.

14 Akkordarbeit

Jugendliche dürfen nicht beschäftigt werden

1. mit Akkordarbeit und sonstigen Arbeiten, bei denen durch ein gesteigertes Arbeitstempo ein höheres Entgelt erzielt werden kann,
2. in einer Arbeitsgruppe mit erwachsenen Arbeitnehmern, die mit Arbeiten nach Nr. 1 beschäftigt werden,
3. mit Arbeiten, bei denen ihr Arbeitstempo nicht nur gelegentlich vorgeschrieben, vorgegeben oder auf andere Weise erzwungen wird.

Abweichend von Nr. 2 dürfen Jugendliche beschäftigt werden, soweit dies zur Erreichung ihres Ausbildungszieles erforderlich ist oder wenn sie eine Berufsausbildung für diese Beschäftigung abgeschlossen haben; dabei muss der Schutz durch die Aufsicht eines Fachkundigen gewährleistet sein.

Für Jugendliche über 16 Jahre kann die Aufsichtsbehörde Ausnahmen von den Verboten der Nr. 2 und 3 bewilligen, wenn die Art der Arbeit oder das Arbeitstempo eine Beeinträchtigung der Gesundheit oder der körperlichen oder der seelisch-geistigen Entwicklung des Jugendlichen nicht befürchten lassen. Außerdem muss eine nicht länger als vor 3 Monaten ausgestellte ärztliche Bescheinigung vorgelegt werden, nach der gesundheitliche Bedenken gegen die Beschäftigung nicht bestehen.

15 Menschengerechte Gestaltung der Arbeit

Der Arbeitgeber hat bei der Einrichtung und der Unterhaltung der Arbeitsstätte einschließlich der Maschinen, Werkzeuge und Geräte und bei der Regelung der Beschäftigung die Vorkehrungen und Maßnahmen zu treffen, die zum Schutze der Jugendlichen gegen Gefahren für Leben und Gesundheit sowie zur Vermeidung einer Beeinträchtigung der körperlichen oder seelisch-geistigen Entwicklung der Jugendlichen erforderlich sind. Hierbei sind das mangelnde Sicherheitsbewußtsein, die mangelnde Erfahrung und der Entwicklungsstand der Jugendlichen zu berücksichtigen und die allgemein anerkannten sicherheitstechnischen und arbeitsmedizinischen Regeln sowie die sonstigen gesicherten arbeitswissenschaftlichen Erkenntnisse zu beachten.

16 Unterweisung über Gefahren

Der Arbeitgeber hat die Jugendlichen vor Beginn der Beschäftigung über die Unfall- und Gesundheitsgefahren, denen sie bei der Beschäftigung ausgesetzt sind, sowie über die Einrichtungen und Maßnahmen zur Abwendung dieser Gefahren zu unterweisen. Er hat die Jugendlichen vor der erstmaligen Beschäftigung an Maschinen oder gefährlichen Arbeitsstellen oder mit Arbeiten, bei denen sie mit gesundheitsgefährdenden Stoffen in Berührung kommen, über die besonderen Gefahren dieser Arbeiten sowie über das bei ihrer Verrichtung erforderliche Verhalten zu unterweisen.

Die Unterweisungen sind in angemessenen Zeitabständen, mindestens aber halbjährlich, zu wiederholen.

17 Häusliche Gemeinschaft

Hat der Arbeitgeber einen Jugendlichen in die häusliche Gemeinschaft aufgenommen, so muss er

1. ihm eine Unterkunft zur Verfügung stellen und dafür sorgen, dass sie so beschaffen, ausgestattet und belegt ist und so benutzt wird, dass die Gesundheit des Jugendlichen nicht beeinträchtigt wird und
2. ihm bei einer Erkrankung, jedoch nicht über die Beendigung der Beschäftigung hinaus, die erforderliche Pflege und ärztliche Behandlung zuteil werden lassen, soweit diese nicht von einem Sozialversicherungsträger geleistet wird.

18 Züchtigungsverbot, Verbot der Abgabe von Alkohol und Tabak

Es ist verboten, Jugendliche zu züchtigen.

Wer Jugendliche beschäftigt, muss sie vor körperlicher Züchtigung und Misshandlung und vor sittlicher Gefährdung durch andere bei ihm Beschäftigte und durch Mitglieder seines Haushalts an der Arbeitsstätte und in seinem Hause schützen. Er darf Jugendlichen unter 16 Jahren keine alkoholischen Getränke und Tabakwaren, Jugendlichen über 16 Jahre keinen Branntwein geben.

19 Gesundheitliche Betreuung

In folgenden Fällen ist eine ärztliche Untersuchung der Jugendlichen vorgesehen:

1. Ein Jugendlicher, der in das Berufsleben eintritt, darf nur beschäftigt werden, wenn er innerhalb der letzten vierzehn Monate von einem Arzt untersucht worden ist (Erstuntersuchung) und dem Arbeitgeber eine von diesem Arzt ausgestellte Bescheinigung vorlegt.

2. Ein Jahr nach Aufnahme der ersten Beschäftigung hat sich der Arbeitgeber die Bescheinigung eines Arztes darüber vorlegen zu lassen, dass der Jugendliche nachuntersucht worden ist (erste Nachuntersuchung). Die Nachuntersuchung darf nicht länger als drei Monate zurückliegen. Der Arbeitgeber soll den Jugendlichen neun Monate nach Aufnahme der ersten Beschäftigung nachdrücklich auf den Zeitpunkt, bis zu dem der Jugendliche ihm die ärztliche Bescheinigung nach Satz 1 vorzulegen hat, hinweisen und ihn auffordern, die Nachuntersuchung bis dahin durchführen zu lassen.

   Legt der Jugendliche die Bescheinigung nicht nach Ablauf eines Jahres vor, hat ihn der Arbeitgeber innerhalb eines Monats unter Hinweis auf das Beschäftigungsverbot schriftlich aufzufordern, ihm die Bescheinigung vorzulegen. Je eine Durchschrift des Aufforderungsschreibens hat der Arbeitgeber dem Personensorgeberechtigten, dem Betriebs- oder Personalrat und der Aufsichtsbehörde zuzusenden.

   Der Jugendliche darf nach Ablauf von vierzehn Monaten nach Aufnahme der ersten Beschäftigung nicht weiterbeschäftigt werden, solange er die Bescheinigung nicht vorgelegt hat.

3. Nach Ablauf jedes weiteren Jahres nach der ersten Nachuntersuchung kann sich der Jugendliche erneut nachuntersuchen lassen (weitere Nachuntersuchungen). Der Arbeitgeber soll ihn auf diese Möglichkeit rechtzeitig hinweisen und darauf hinwirken, dass der Jugendliche ihm die Bescheinigung über die weitere Nachuntersuchung vorlegt.

4. Der Arzt soll, sofern sich bei einer Untersuchung die Notwendigkeit dafür ergibt, eine außerordentliche Nachuntersuchung anordnen.

Wechselt der Jugendliche den Arbeitgeber, so darf ihn der neue Arbeitgeber erst beschäftigen, wenn ihm die Bescheinigung über die Erstuntersuchung und, falls seit der Aufnahme der Beschäftigung ein Jahr vergangen ist, die Bescheinigung über die erste Nachuntersuchung vorliegen. Mit Rücksicht auf die ärztlichen Untersuchungen der Jugendlichen ergeben sich für den Arbeitgeber folgende Pflichten:

1. Enthält die Bescheinigung des Arztes einen Vermerk über Arbeiten, durch deren Ausführung er die Gesundheit oder die Entwicklung des Jugendlichen für gefährdet hält, so darf der Jugendliche mit solchen Arbeiten nicht beschäftigt werden.

2. Der Arbeitgeber hat die ärztlichen Bescheinigungen bis zur Beendigung der Beschäftigung, längstens jedoch bis zur Vollendung des 18. Lebensjahres des Jugendlichen, aufzubewahren und der Aufsichtsbehörde sowie der Berufsgenossenschaft auf Verlangen zur Einsicht vorzulegen oder einzusenden.

Scheidet der Jugendliche aus dem Beschäftigungsverhältnis aus, so hat ihm der Arbeitgeber die Bescheinigungen auszuhändigen.

3. Der Arbeitgeber hat den Jugendlichen für die Durchführung der ärztlichen Untersuchungen nach diesem Abschnitt freizustellen. Ein Entgeltausfall darf hierdurch nicht eintreten. Die Kosten der Untersuchungen trägt das Land.

20 Aushänge und Verzeichnisse

Arbeitgeber, die regelmäßig mindestens 3 Jugendliche beschäftigen, haben einen Aushang über Beginn und Ende der regelmäßigen täglichen Arbeitszeit und der Pausen der Jugendlichen an geeigneter Stelle im Betrieb anzubringen.

Der Arbeitgeber ist verpflichtet, der Aufsichtsbehörde auf Verlangen

1. die zur Erfüllung ihrer Aufgaben erforderlichen Angaben wahrheitsgemäß und vollständig zu machen,
2. die Verzeichnisse der Jugendlichen, die Unterlagen, aus denen Name, Beschäftigungsart und -zeiten der Jugendlichen sowie Lohn- und Gehaltszahlungen ersichtlich sind, und allen sonstigen Unterlagen, die sich auf die nach Nr. 1 zu machenden Angaben beziehen, zur Einsicht vorzulegen oder einzusenden.

Die Verzeichnisse und Unterlagen sind mindestens bis zum Ablauf von zwei Jahren nach der letzten Eintragung aufzubewahren.

21 Sonderregelungen

Sonderregelungen für die Beschäftigung von Kindern im Bergbau, in der Binnenschiffahrt und auf Kauffahrteischiffen sind zu beachten.

Sonderregelungen der Arbeitszeit Jugendlicher sind in Tarifverträgen oder aufgrund von Tarifverträgen möglich. Der Bundesminister für Arbeit und Sozialordnung kann durch Rechtsverordnung ebenfalls weitere Ausnahmen zulassen.

87 Fritz, 6 Jahre alt, soll im Betrieb seines Onkels, der eine Bäckerei betreibt, nachmittags leichte Arbeiten ausführen.

Darf der Onkel den Fritz beschäftigen?

88 Fritz, 6 Jahre alt, ist aber auch ein guter Klavierspieler. Seine Klavierlehrerin möchte ihn am Abend in einem Konzert auftreten lassen.

Ist ihm dieser Auftritt gestattet?

89 Karl, 13 Jahre, wird gelegentlich in der Landwirtschaft seiner Eltern zu leichten und für Kinder geeigneten Hilfeleistungen eingesetzt.

Sind diese Tätigkeiten erlaubt?

90 Hanne tritt in ein kaufmännisches Ausbildungsverhältnis. Der Ausbilder sagt ihr, dass sie von 8:00 bis 19:00 Uhr an jedem Arbeitstag im Geschäft zu erscheinen habe. Die tägliche Arbeitspause liegt von 12:00 bis 12:30 Uhr.

Kann der Ausbilder diese Regelung treffen?

91 Die Auszubildende Karin will an zwei Tagen die Berufsschule jeweils 7 bzw. 5 Unterrichtsstunden von 45 Minuten besuchen. Der Ausbilder hält dies für vergeudete Zeit, da eine wirkliche Ausbildung nur im Betrieb stattfinden könne.

Darf der Ausbilder Karin im Betrieb zurückhalten?

92 Helga, 17 Jahre, hat von 8:00 bis 15:00 Uhr Unterricht in der Berufsschule. Kann der Ausbilder verlangen, dass Helga anschließend noch im Ausbildungsbetrieb erscheint?

93 Darf der Ausbilder von Helga (Fall 92) den auf den Berufsschultag entfallenden Anteil an der Ausbildungsvergütung einbehalten?

94 Inge ist 19 Jahre und noch berufsschulpflichtig. Welche Regelungen gelten für sie bezüglich der Freistellung für den Berufsschulunterricht?

95 Während seines Urlaubs, der ausnahmsweise nicht in den Schulferien genommen werden konnte, besucht der Auszubildende die Berufsschule. Er verlangt anschließend von seinem Ausbilder, dass ihm die Berufsschultage als zusätzliche Urlaubstage gewährt werden.

Darf er das verlangen?

96 Fritz wird von seinem Ausbilder aufgefordert, eine leere Kiste in den Lagerraum zu tragen. Als Fritz dies nicht sofort tut, erhält er von seinem Ausbilder eine Ohrfeige.

Ist dieser dazu berechtigt?

97 Welche Vorschriften bestehen für die ärztliche Untersuchung von Auszubildenden?

Mutterschutz

MuSchG (2) Werdende Mütter dürfen insbesondere nicht beschäftigt werden

1. mit Arbeiten, bei denen regelmäßig Lasten von mehr als 5 kg Gewicht oder gelegentlich Lasten von mehr als 10 kg Gewicht ohne mechanische Hilfsmittel von Hand gehoben, bewegt oder befördert werden. Sollen größere Lasten mit mechanischen Hilfsmitteln von Hand gehoben, bewegt oder befördert werden, so darf die körperliche Beanspruchung der werdenden Mutter nicht größer sein als bei Arbeiten nach Satz 1,
2. nach Ablauf des fünften Monats der Schwangerschaft mit Arbeiten, bei denen sie ständig stehen müssen, soweit diese Beschäftigung täglich vier Stunden überschreitet,
3. mit Arbeiten, bei denen sie sich häufig erheblich strecken oder beugen oder bei denen sie dauernd hocken oder sich gebückt halten müssen. [. . .]

(3) ¹Die Beschäftigung von werdenden Müttern mit

1. Akkordarbeit und sonstigen Arbeiten, bei denen durch ein gesteigertes Arbeitstempo ein höheres Entgelt erzielt werden kann,
2. Fließarbeit mit vorgeschriebenem Arbeitstempo

ist verboten. [. . .]

§ 5. Mitteilungspflicht, ärztliches Zeugnis.

(1) ¹Werdende Mütter sollen dem Arbeitgeber ihre Schwangerschaft und den mutmaßlichen Tag der Entbindung mitteilen, sobald ihnen ihr Zustand bekannt ist. ²Auf Verlangen des Arbeitgebers sollen sie das Zeugnis eines Arztes oder einer Hebamme vorlegen. ³Der Arbeitgeber hat die Aufsichtsbehörde unverzüglich von der Mitteilung der werdenden Mutter zu benachrichtigen. ⁴Er darf die Mitteilung der werdenden Mutter Dritten nicht unbefugt bekannt geben.

(2) u. (3) [. . .]

§ 6. Beschäftigungsverbote nach der Entbindung.

(1) ¹Wöchnerinnen dürfen bis zum Ablauf von acht Wochen nach der Entbindung nicht beschäftigt werden. ²Für Mütter nach Früh- und Mehrlingsgeburten verlängert sich diese Frist auf zwölf Wochen. Für Mütter nach Frühgeburten verlängert sich die Mutterschutzfrist zusätzlich noch um den Zeitraum, um den sich die Schutzfrist im Einzelfall vor der Entbindung durch die Frühgeburt verkürzt.

(2) Frauen, die in den ersten Monaten nach der Entbindung nach ärztlichem Zeugnis nicht voll leistungsfähig sind, dürfen nicht zu einer ihre Leistungsfähigkeit übersteigenden Arbeit herangezogen werden.

§ 7. Stillzeit.

(1) ¹Stillenden Müttern ist auf ihr Verlangen die zum Stillen erforderliche Zeit, mindestens aber zweimal täglich eine halbe Stunde oder einmal täglich eine Stunde freizugeben. [. . .]

(2) ¹Durch die Gewährung der Stillzeit darf ein Verdienstausfall nicht eintreten. [. . .]

(3) u. (4) [. . .]

§ 13. Mutterschaftsgeld.

(1) Frauen, die in der gesetzlichen Krankenversicherung versichert sind, erhalten für die Zeit der Schutzfristen des § 3 Abs. 2 und des § 6 Abs. 1 Mutterschaftsgeld nach den Vorschriften der Reichsversicherungsordnung oder des Gesetzes über die Krankenversicherung der Landwirte über das Mutterschaftsgeld.

(2) ¹Frauen, die nicht in der gesetzlichen Krankenversicherung versichert sind, erhalten, wenn sie bei Beginn der Schutzfrist nach § 3 Abs. 2 in einem Arbeitsverhältnis stehen oder in Heimarbeit beschäftigt sind oder ihr Arbeitsverhältnis während ihrer Schwangerschaft vom Arbeitgeber zulässig aufgelöst worden ist, für die Zeit der Schutzfristen des § 3 Abs. 2 und des § 6 Abs. 1 Mutterschaftsgeld zu Lasten des Bundes in entsprechender Anwendung der Vorschriften der Reichsversicherungsordnung über das Mutterschaftsgeld, höchstens jedoch insgesamt vierhundert Deutsche Mark. ²Das Mutterschaftsgeld wird diesen Frauen vom Bundesversicherungsamt gezahlt.

Gesetz über die Gewährung von Erziehungsgeld und Erziehungsurlaub
(Bundeserziehungsgeldgesetz) vom 31. Januar 1994 i. d. F. vom 29. Sept. 2000
Erziehungsgeld

BErzGG **§ 1. Berechtigte.**

(1) Anspruch auf Erziehungsgeld hat, wer

1. einen Wohnsitz oder seinen gewöhnlichen Aufenthalt in Deutschland hat,
2. mit einem Kind, für das ihm die Personensorge zusteht, in einem Haushalt lebt,
3. dieses Kind selbst betreut und erzieht und
4. keine oder keine volle Erwerbstätigkeit ausübt.

Die Anspruchsvoraussetzungen müssen bei Beginn des Leistungszeitraums vorliegen....

(2) – (7) ...

§ 4. Beginn und Ende des Anspruchs.

(1) Erziehungsgeld wird vom Tag der Geburt bis zur Vollendung des vierundzwanzigsten Lebensmonats gewährt. [...]

(2) Erziehungsgeld ist schriftlich für jeweils ein Lebensjahr zu beantragen. Der Antrag für das zweite Lebensjahr kann frühestens ab dem neunten Lebensmonat des Kindes gestellt werden. Rückwirkend wird Erziehungsgeld höchstens für sechs Monate vor der Antragstellung bewilligt. [...]

(3) ...

§ 5. Höhe des Erziehungsgeldes; Einkommensgrenzen.

(1) Das monatliche Erziehungsgeld beträgt bei einer beantragten Zahlung für längstens bis zur Vollendung des

1. zwölften Lebensmonats 900 Deutsche Mark/460 Euro[1] (Budget),
2. vierundzwanzigsten Lebensmonats 600 Deutsche Mark/307 Euro.

Soweit Erziehungsgeld **wegen der Einkommensgrenzen nach Absatz 2** nur für die ersten sechs Lebensmonate **möglich ist oder war**, entfällt das Budget. Der nach Satz 2 zu Unrecht gezahlte Budgetanteil von bis zu 1 800 Deutsche Mark/920 Euro ist zu erstatten. Die Entscheidung des Antragstellers für das Erziehungsgeld nach Satz 1 Nr. 1 oder 2 ist für die volle Bezugsdauer verbindlich; **in Fällen besonderer Härte (§ 1 Abs. 5) ist eine einmalige Änderung möglich.** Entscheidet er sich nicht, gilt die Regelung nach Nr. 2.

(2) In den ersten sechs Lebensmonaten des Kindes entfällt das Erziehungsgeld, wenn das Einkommen nach § 6 bei Ehegatten, die nicht dauernd getrennt leben, 100 000 Deutsche Mark/51 130 Euro und bei anderen Berechtigten 75 000 Deutsche Mark/38 350 Euro übersteigt. Vom Beginn des siebten Lebensmonats an verringert sich das Erziehungsgeld, wenn das Einkommen nach § 6 bei Ehegatten, die nicht dauernd getrennt leben, 32 200 Deutsche Mark/16 470 Euro und bei anderen Berechtigten 26 400 Deutsche Mark/13 498 Euro übersteigt. Die Beträge dieser Einkommensgrenzen erhöhen sich um 4 800 Deutsche Mark/2 454 Euro für jedes weitere Kind des Berechtigten oder seines nicht dauernd von ihm getrennt lebenden Ehegatten, für das ihm oder seinem Ehegatten Kindergeld gezahlt wird oder ohne die Anwendung des § 65 Abs. 1 des Einkommensteuergesetzes oder des § 4 Abs. 1 des Einkommensteuergesetzes oder des § 4 Abs. 1 des Bundeskindergeldgesetzes gezahlt würde. Maßgeblich sind, abgesehen von ausdrücklich abweichenden Regelungen dieses Gesetzes, die Verhältnisse zum Zeitpunkt der Antragstellung. Für Eltern in einer eheähnlichen Gemeinschaft gelten die Vorschriften zur Einkommensgrenze für Verheiratete, die nicht dauernd getrennt leben.

(3) Das Erziehungsgeld nach Absatz 1 Satz 1 Nr. 1 (Budget) verringert sich um 6,2 Prozent des Einkommens, das die in Absatz 2 Satz 2, 3 geregelten Grenzen übersteigt, das Erziehungsgeld nach Absatz 1 Satz 1 Nr. 2 verringert sich um 4,2 Prozent dieses Einkommens.

(4) Das Erziehungsgeld wird im Laufe des Lebensmonats gezahlt, für den es bestimmt ist. Soweit Erziehungsgeld für Teile von Monaten zu leisten ist, beträgt es für einen Kalendertag ein Dreißigstel des jeweiligen Monatsbetrages. Ein Betrag von monatlich weniger als 20 Deutsche Mark/10 Euro wird nicht gewährt. Auszuzahlende Beträge sind auf Deutsche Mark/Euro zu runden, und zwar unter 50 Deutsche Pfennig/50 Cent nach unten, sonst nach oben.

---

1 Die Euro-Angaben gelten ab 1. Januar 2002.

BErzGG (5) In Absatz 2 Satz 3 tritt an die Stelle des Betrages von 4 800 Deutsche Mark/2 454 Euro

1. **für Geburten im Jahr** 2002 der Betrag von 5 470 Deutsche Mark/2 797 Euro,
2. **für Geburten ab dem Jahr** 2003 der Betrag von 6 140 Deutsche Mark/3 140 Euro.

Erziehungsurlaub für Arbeitnehmer

§ 15. Anspruch auf Erziehungsurlaub.

(1) Arbeitnehmerinnen und Arbeitnehmer haben Anspruch auf Erziehungsurlaub, wenn sie mit einem Kind

1. a) für das ihnen die Personensorge zusteht,
   b) des Ehegatten,
   c) das sie mit dem Ziel der Annahme als Kind in ihre Obhut aufgenommen haben, oder
   d) für das sie auch ohne Personensorgerecht in den Fällen des § 1 Abs. 1 Satz 3 oder Abs. 3 Nr. 3 oder im besonderen Härtefall des § 1 Abs. 5 Erziehungsgeld beziehen können,

   in einem Haushalt leben und

2. dieses Kind selbst betreuen und erziehen.
   Bei einem leiblichen Kind eines nicht sorgeberechtigten Elternteils ist die Zustimmung des sorgeberechtigten Elternteils erforderlich.

(2) Der Anspruch auf Erziehungsurlaub besteht bis zur Vollendung des dritten Lebensjahres eines Kindes; ein Anteil von bis zu zwölf Monaten ist mit Zustimmung des Arbeitgebers auf die Zeit bis zur Vollendung des achten Lebensjahres übertragbar. Bei einem angenommenen Kind und bei einem Kind in Adoptionspflege kann Erziehungsurlaub von insgesamt bis zu drei Jahren ab der Inobhutnahme, längstens is zur Vollendung des achten Lebensjahres des Kindes genommen werden. Satz 1 Halbsatz 2 ist entsprechend anwendbar, soweit er die zeitliche Aufteilung regelt. Der Anspruch kann nicht durch Vertrag ausgeschlossen oder beschränkt werden.

(3) Der Erziehungsurlaub kann, auch anteilig, von jedem Elternteil allein oder von beiden Elternteilen gemeinsam genommen werden, er ist jedoch auf bis zu drei Jahre für jedes Kind begrenzt. Die Zeit der Mutterschutzfrist nach § 6 Abs. 1 des Mutterschutzgesetzes wird auf diese Begrenzung angerechnet, soweit nicht die Anrechnung wegen eines besonderen Härtefalles (§ 1 Abs. 5) unbillig ist. Satz 1 gilt entsprechend für Adoptiveltern und Adoptivpflegeeltern.

(4) Während des Erziehungsurlaubs ist Erwerbstätigkeit zulässig, wenn die vereinbarte wöchentliche Arbeitszeit für jeden Elternteil im Erziehungsurlaub nicht 30 Stunden übersteigt. Teilzeitarbeit bei einem anderen Arbeitgeber oder als Selbstständiger bedarf der Zustimmung des Arbeitgebers. Er kann sie nur innerhalb von vier Wochen aus dringenden betrieblichen Gründen schriftlich ablehnen.

(5) Über den Antrag auf eine Verringerung der Arbeitszeit und ihre Ausgestaltung sollen sich Arbeitnehmer und Arbeitgeber innerhalb von vier Wochen einigen. Unberührt bleibt das Recht des Arbeitnehmers, sowohl seine vor dem Erziehungsurlaub bestehende Teilzeitarbeit unverändert während des Erziehungsurlaubs fortzusetzen, soweit Absatz 4 beachtet ist, als auch nach dem Erziehungsurlaub zu der Arbeitszeit zurückzukehren, die er vor Beginn des Erziehungsurlaubs hatte.

(6) Der Arbeitnehmer kann gegenüber dem Arbeitgeber, soweit eine Einigung nach Absatz 5 nicht möglich ist, unter den Voraussetzungen des Absatzes 7 während der Gesamtdauer des Erziehungsurlaubs zweimal eine Verringerung seiner Arbeitszeit beanspruchen.

(7) Für den Anspruch auf Verringerung der Arbeitszeit gelten folgende Voraussetzungen:

1. Der Arbeitgeber beschäftigt, unabhängig von der Anzahl der Personen in Berufsbildung, in der Regel mehr als 15 Arbeitnehmer;
2. das Arbeitsverhältnis des Arbeitnehmers in demselben Betrieb oder Unternehmen besteht ohne Unterbrechung länger als sechs Monate;
3. die vertraglich vereinbarte regelmäßige Arbeitszeit soll für mindestens drei Monate auf einen Umfang zwischen 15 und 30 Wochenstunden verringert werden;

BErzGG   4. dem Anspruch stehen keine dringenden betrieblichen Gründe entgegen und
5. der Anspruch wurde dem Arbeitgeber acht Wochen vorher schriftlich mitgeteilt.

Falls der Arbeitgeber die beanspruchte Verringerung der Arbeitszeit ablehnen will, muss er dies innerhalb von vier Wochen mit schriftlicher Begründung tun. Der Arbeitnehmer kann, soweit der Arbeitgeber der Verringerung der Arbeitszeit nicht oder nicht rechtzeitig zustimmt, Klage vor den Gerichten für Arbeitssachen erheben.

§ 16. Inanspruchnahme des Erziehungsurlaubs.

(1) Arbeitnehmerinnen und Arbeitnehmer müssen den Erziehungsurlaub, wenn er unmittelbar nach der Geburt des Kindes oder nach der Mutterschutzfrist (§ 15 Abs. 3 Satz 2) beginnen soll, spätestens sechs Wochen, sonst spätestens acht Wochen vor Beginn schriftlich vom Arbeitgeber verlangen und gleichzeitig erklären, für welche Zeiten innerhalb von zwei Jahren sie Erziehungsurlaub nehmen werden. Bei dringenden Gründen ist ausnahmsweise auch eine angemessene kürzere Frist möglich. Der Arbeitgeber soll den Erziehungsurlaub bescheinigen. Der von den Elternteilen allein oder gemeinsam genommene Erziehungsurlaub darf insgesamt auf bis zu **vier** Zeitabschnitte verteilt werden. Bei Zweifeln hat die Erziehungsgeldstelle auf Antrag des Arbeitgebers zu der Frage Stellung zu nehmen, ob die Voraussetzungen für den Erziehungsurlaub vorliegen. Der Antrag des Arbeitgebers bedarf der Zustimmung des Arbeitnehmers, wenn die Erziehungsgeldstelle Einzelangaben über persönliche oder sachliche Verhältnisse des Arbeitnehmers benötigt. Die Erziehungsgeldstelle kann für ihre Stellungnahme vom Arbeitgeber und Arbeitnehmer die Abgabe von Erklärungen und die Vorlage von Bescheinigungen verlangen. Die Bundesregierung kann mit Zustimmung des Bundesrates allgemeine Verwaltungsvorschriften zur Durchführung der Sätze 5 bis 7 erlassen.

(2) Können Arbeitnehmerinnen und Arbeitnehmer aus einem von ihnen nicht zu vertretenden Grund einen sich unmittelbar an die Mutterschutzfrist des § 6 Abs. 1 des Mutterschutzgesetzes anschließenden Erziehungsurlaub nicht rechtzeitig verlangen, können sie dies innerhalb einer Woche nach Wegfall des Grundes nachholen.

(3) Der Erziehungsurlaub kann vorzeitig beendet oder im Rahmen des § 15 Abs. 1 verlängert werden, wenn der Arbeitgeber zustimmt. Die vorzeitige Beendigung wegen der Geburt eines weiteren Kindes oder wegen eines besonderen Härtefalles [...] kann der Arbeitgeber nur innerhalb von vier Wochen aus dringenden betrieblichen Gründen schriftlich ablehnen. Die Arbeitnehmerin kann ihren Erziehungsurlaub nicht wegen der Mutterschutzfristen [...] vorzeitig beenden; dies gilt nicht während ihrer zulässigen Teilzeitarbeit.

§ 20. Zur Berufsbildung Beschäftigte.

(1) Die zu ihrer Berufsbildung Beschäftigten gelten als Arbeitnehmer im Sinne dieses Gesetzes. Die Zeit des Erziehungsurlaubs wird auf Berufsbildungszeiten nicht angerechnet.

(2) ...

98 Jutta Lehmann ist bei der Karl Holsten OHG als Verkäuferin, Heike Weber als Datenerfasserin beschäftigt. Beide werden schwanger.

a) Welche Anforderungen an die Gestaltung der beiden Arbeitsplätze bestehen nach § 2 Mutterschutzgesetz?

b) In welcher Zeit dürfen die beiden nicht beschäftigt werden, falls die Schwangerschaft und die Entbindung eines Kindes normal verlaufen?

c) Wie kann sich ein Arbeitgeber über das Bestehen einer Schwangerschaft bzw. die Entbindung zweifelsfrei informieren lassen?

d) Wen hat ein Arbeitgeber vom Bestehen einer Schwangerschaft zu benachrichtigen?

99 Anne B. übergibt ihrem Arbeitgeber eine ärztliche Bescheinigung, dass sie schwanger ist und voraussichtlich am 1. Oktober entbinden wird. Anne ist allein erziehend.

a) An welchem Tag beginnt die Mutterschutzfrist?

b) Wann endet die Mutterschutzfrist, falls Anne am 4. Oktober Zwillinge zur Welt bringt?

c) Für welchen Zeitraum hat Anne Anspruch auf Erziehungsurlaub?

d) Anne B. will unmittelbar nach Ende der Mutterschutzfrist Erziehungsurlaub nehmen. Bis zu welchem Zeitpunkt und in welcher Form müsste Anne den Erziehungsurlaub verlangen, falls kein besonderer Grund für eine spätere Mitteilung vorliegt?

e) Bis zu welchem Zeitpunkt soll Anne auf Verlangen des Arbeitgebers diesem mitteilen, ob sie beabsichtigt, das Arbeitsverhältnis nach Beendigung des Erziehungsurlaubs fortzusetzen (vgl. § 19 BErzGG, S. 183)?

f) Für welchen Zeitraum könnte Anne nach §5 BErzGG maximal Erziehungsgeld erhalten, wenn ihr Einkommen 15 000,00 EUR beträgt?

99a Die Eheleute Claudia und Dieter Weller erwarten die Geburt ihres ersten Kindes. Claudia ist bei der Kreditbank AG angestellt, Dieter bei der Metallbau Müller GmbH. Beide Unternehmen haben jeweils mehr als 100 Beschäftigte. Beide sind mehr als drei Jahre in den Unternehmen beschäftigt. Claudia und Dieter haben die Absicht, gemeinsam Erziehungsurlaub zu nehmen. Sie überlegen sich dafür folgende Aufteilung: Im ersten halben Jahr nach der Geburt wollen beide Eheleute in Erziehungsurlaub gehen. Im zweiten und dritten Halbjahr will nur Claudia Erziehungsurlaub beantragen. Außerdem will sie 12 Monate vor dem Besuch der Schule ihres Kindes einen Erziehungsurlaub beanspruchen.

a) Prüfen Sie, ob die geplante Regelung des Erziehungsurlaubs rechtlich möglich ist!

b) Claudia will wissen, ob und gegebenenfalls in welchem Umfang sie während des Erziehungsurlaubs einer Erwerbstätigkeit nachgehen kann!

c) Dieter Weller teilt seinem Arbeitgeber vor der Geburt des Kindes sein Verlangen nach Erziehungsurlaub mit. Dieser ist damit nicht einverstanden, da bei der vorliegenden Auftragslage seine Anwesenheit im Unternehmen unerlässlich sei. Es reiche aus, dass seine Ehefrau Claudia Erziehungsurlaub habe. Wie beurteilen Sie diese Situation?

d) Die Eheleute haben im Kalenderjahr der Geburt des Kindes ein Einkommen gemäß §5 BErzGG von 63 000,00 EUR. Prüfen Sie, ob und gegebenenfalls wie lange ein Anspruch auf Erziehungsgeld besteht!

LZ: Gesetze zum Schutze der Arbeitnehmer kennen und ihre Bestimmungen anwenden

---

Kündigung von Arbeitsverhältnissen

BGB **§ 622. [Kündigungsfrist bei Arbeitsverhältnissen]**

(1) Das Arbeitsverhältnis eines Arbeiters oder eines Angestellten (Arbeitnehmers) kann mit einer Frist von vier Wochen zum Fünfzehnten oder zum Ende eines Kalendermonats gekündigt werden.

(2) Für eine Kündigung durch den Arbeitgeber beträgt die Kündigungsfrist, wenn das Arbeitsverhältnis in dem Betrieb oder Unternehmen

1. zwei Jahre bestanden hat, einen Monat zum Ende eines Kalendermonats,
2. fünf Jahre bestanden hat, zwei Monate zum Ende eines Kalendermonats,
3. acht Jahre bestanden hat, drei Monate zum Ende eines Kalendermonats,
4. zehn Jahre bestanden hat, vier Monate zum Ende eines Kalendermonats,
5. zwölf Jahre bestanden hat, fünf Monate zum Ende eines Kalendermonats,
6. fünfzehn Jahre bestanden hat, sechs Monate zum Ende eines Kalendermonats,
7. zwanzig Jahre bestanden hat, sieben Monate zum Ende eines Kalendermonats.

Bei der Berechnung der Beschäftigungsdauer werden Zeiten, die vor der Vollendung des fünfundzwanzigsten Lebensjahres des Arbeitnehmers liegen, nicht berücksichtigt.

BGB (3) Während einer vereinbarten Probezeit, längstens für die Dauer von sechs Monaten, kann das Arbeitsverhältnis mit einer Frist von zwei Wochen gekündigt werden.

(4) Von den Absätzen 1 bis 3 abweichende Regelungen können durch Tarifvertrag vereinbart werden. Im Geltungsbereich eines solchen Tarifvertrages gelten die abweichenden tarifvertraglichen Bestimmungen zwischen nicht tarifgebundenen Arbeitgebern und Arbeitnehmern, wenn ihre Anwendung zwischen ihnen vereinbart ist.

(5) Einzelvertraglich kann eine kürzere als die in Absatz 1 genannte Kündigungsfrist nur vereinbart werden,

1. wenn ein Arbeitnehmer zur vorübergehenden Aushilfe eingestellt ist; dies gilt nicht, wenn das Arbeitsverhältnis über die Zeit von drei Monaten hinaus fortgesetzt wird;
2. wenn der Arbeitgeber in der Regel nicht mehr als zwanzig Arbeitnehmer ausschließlich der zu ihrer Berufsbildung Beschäftigten beschäftigt und die Kündigungsfrist vier Wochen nicht unterschreitet. Bei der Feststellung der Zahl der beschäftigten Arbeitnehmer sind teilzeitbeschäftigte Arbeitnehmer mit einer regelmäßigen wöchentlichen Arbeitszeit von nicht mehr als 20 Stunden mit 0,5 und nicht mehr als 30 Stunden mit 0,75 zu berücksichtigen.

Die einzelvertragliche Vereinbarung längerer als der in den Absätzen 1 bis 3 genannten Kündigungsfristen bleibt hiervon unberührt.

(6) Für die Kündigung des Arbeitsverhältnisses durch den Arbeitnehmer darf keine längere Frist vereinbart werden als für die Kündigung durch den Arbeitgeber.

§ 623. [Schriftform]

Die Beendigung von Arbeitsverhältnissen durch Kündigung oder Auflösungsvertrag bedürfen zu ihrer Wirksamkeit der Schriftform.

§ 626. [Fristlose Kündigung aus wichtigem Grund]

(1) Das Dienstverhältnis kann von jedem Vertragsteil aus wichtigem Grund ohne Einhaltung einer Kündigungsfrist gekündigt werden, wenn Tatsachen vorliegen, auf Grund derer dem Kündigenden unter Berücksichtigung aller Umstände des Einzelfalles und unter Abwägung der Interessen beider Vertragsteile die Fortsetzung des Dienstverhältnisses bis zum Ablauf der Kündigungsfrist oder bis zu der vereinbarten Beendigung des Dienstverhältnisses nicht zugemutet werden kann.

(2) [1]Die Kündigung kann nur innerhalb von zwei Wochen erfolgen. [2]Die Frist beginnt mit dem Zeitpunkt, in dem der Kündigungsberechtigte von den für die Kündigung maßgebenden Tatsachen Kenntnis erlangt. [3]Der Kündigende muss dem anderen Teil auf Verlangen den Kündigungsgrund unverzüglich schriftlich mitteilen.

Kündigungsschutzgesetz
(Auszug)
Erster Abschnitt. Allgemeiner Kündigungsschutz

KSchG **§ 1. Sozial ungerechtfertigte Kündigungen.**

(1) Die Kündigung des Arbeitsverhältnisses gegenüber einem Arbeitnehmer, dessen Arbeitsverhältnis in demselben Betrieb oder Unternehmen ohne Unterbrechung länger als sechs Monate bestanden hat, ist rechtsunwirksam, wenn sie sozial ungerechtfertigt ist.

(2) [1]Sozial ungerechtfertigt ist die Kündigung, wenn sie nicht durch Gründe, die in der Person oder in dem Verhalten des Arbeitnehmers liegen, oder durch dringende betriebliche Erfordernisse, die einer Weiterbeschäftigung des Arbeitnehmers in diesem Betrieb entgegenstehen, bedingt ist. [2]Die Kündigung ist auch sozial ungerechtfertigt, wenn

1. in Betrieben des privaten Rechts
   a) die Kündigung gegen eine Richtlinie nach § 95 des Betriebsverfassungsgesetzes[1] verstößt,
   b) der Arbeitnehmer an einem anderen Arbeitsplatz in demselben Betrieb oder in einem anderen Betrieb des Unternehmens weiterbeschäftigt werden kann

---

1 Siehe S. 157.

und der Betriebsrat oder eine andere nach dem Betriebsverfassungsgesetz insoweit zuständige Vertretung der Arbeitnehmer aus einem dieser Gründe der Kündigung innerhalb der Frist des § 102 Abs. 2 Satz 1 des Betriebsverfassungsgesetzes schriftlich widersprochen hat,

2. in Betrieben und Verwaltungen des öffentlichen Rechts

   a) die Kündigung gegen eine Richtlinie über die personelle Auswahl bei Kündigungen verstößt,

   b) der Arbeitnehmer an einem anderen Arbeitsplatz in derselben Dienststelle oder in einer anderen Dienststelle desselben Verwaltungszweiges an demselben Dienstort einschließlich seines Einzugsgebietes weiterbeschäftigt werden kann

   und die zuständige Personalvertretung aus einem dieser Gründe fristgerecht gegen die Kündigung Einwendungen erhoben hat, es sei denn, dass die Stufenvertretung in der Verhandlung mit der übergeordneten Dienststelle die Einwendungen nicht aufrechterhalten hat.

[3]Satz 2 gilt entsprechend, wenn die Weiterbeschäftigung des Arbeitnehmers nach zumutbaren Umschulungs- oder Fortbildungsmaßnahmen oder eine Weiterbeschäftigung des Arbeitnehmers unter geänderten Arbeitsbedingungen möglich ist und der Arbeitnehmer sein Einverständnis hiermit erklärt hat. [4]Der Arbeitgeber hat die Tatsachen zu beweisen, die die Kündigung bedingen.

(3) [1]Ist einem Arbeitnehmer aus dringenden betrieblichen Erfordernissen im Sinne des Absatzes 2 gekündigt worden, so ist die Kündigung trotzdem sozial ungerechtfertigt, wenn der Arbeitgeber bei der Auswahl des Arbeitnehmers soziale Gesichtspunkte nicht oder nicht ausreichend berücksichtigt hat; auf Verlangen des Arbeitnehmers hat der Arbeitgeber dem Arbeitnehmer die Gründe anzugeben, die zu der getroffenen sozialen Auswahl geführt haben. [2] Satz 1 gilt nicht, wenn betriebstechnische, wirtschaftliche oder sonstige berechtigte betriebliche Bedürfnisse die Weiterbeschäftigung eines oder mehrerer bestimmter Arbeitnehmer bedingen und damit der Auswahl nach sozialen Gesichtspunkten entgegenstehen. [3]Der Arbeitnehmer hat die Tatsachen zu beweisen, die die Kündigung als sozial ungerechtfertigt im Sinne des Satzes 1 erscheinen lassen.

(4) Ist in einem Tarifvertrag, in einer Betriebsvereinbarung nach § 95 des Betriebsverfassungsgesetzes oder in einer entsprechenden Richtlinie nach den Personalvertretungsgesetzen festgelegt, welche sozialen Gesichtspunkte nach Absatz 3 Satz 1 zu berücksichtigen sind und wie diese Gesichtspunkte im Verhältnis zueinander zu bewerten sind, so kann die soziale Auswahl der Arbeitnehmer nur auf grobe Fehlerhaftigkeit überprüft werden.

(5) [...]

§ 2. Änderungskündigung.

[1]Kündigt der Arbeitgeber das Arbeitsverhältnis und bietet er dem Arbeitnehmer im Zusammenhang mit der Kündigung die Fortsetzung des Arbeitsverhältnisses zu geänderten Arbeitsbedingungen an, so kann der Arbeitnehmer dieses Angebot unter dem Vorbehalt annehmen, dass die Änderung der Arbeitsbedingungen nicht sozial ungerechtfertigt ist (§ 1 Abs. 2 Satz 1 bis 3, Abs. 3 Satz 1 und 2). [2]Diesen Vorbehalt muss der Arbeitnehmer dem Arbeitgeber innerhalb der Kündigungsfrist, spätestens jedoch innerhalb von drei Wochen nach Zugang der Kündigung erklären.

§ 3. Kündigungseinspruch.

[1]Hält der Arbeitnehmer eine Kündigung für sozial ungerechtfertigt, so kann er binnen einer Woche nach der Kündigung Einspruch beim Betriebsrat einlegen [2]Erachtet der Betriebsrat den Einspruch für begründet, so hat er zu versuchen, eine Verständigung mit dem Arbeitgeber herbeizuführen. [3]Er hat seine Stellungnahme zu dem Einspruch dem Arbeitnehmer und dem Arbeitgeber auf Verlangen schriftlich mitzuteilen.

§ 4. Anrufung des Arbeitsgerichtes.

[1]Will ein Arbeitnehmer geltend machen, dass eine Kündigung sozial ungerechtfertigt ist, so muss er innerhalb von drei Wochen nach Zugang der Kündigung Klage beim Arbeitsgericht auf Feststellung erheben, dass das Arbeitsverhältnis durch die Kündigung nicht aufgelöst ist. [2]Im Falle des § 2 ist die Klage auf Feststellung zu erheben, dass die Änderung der

Arbeitsbedingungen sozial ungerechtfertigt ist. [3]Hat der Arbeitnehmer Einspruch beim Betriebsrat eingelegt (§ 3), so soll er der Klage die Stellungnahme des Betriebsrats beifügen. [4]Soweit die Kündigung der Zustimmung einer Behörde bedarf, läuft die Frist zur Anrufung des Arbeitsgerichtes erst von der Bekanntgabe der Entscheidung der Behörde an den Arbeitnehmer ab.

§ 7. Wirksamwerden der Kündigung.

Wird die Rechtsunwirksamkeit einer sozial ungerechtfertigten Kündigung nicht rechtzeitig geltend gemacht (§ 4 Satz 1, §§ 5 und 6), so gilt die Kündigung, wenn sie nicht aus anderem Grunde rechtsunwirksam ist, als von Anfang an rechtswirksam; ein vom Arbeitnehmer nach § 2 erklärter Vorbehalt erlischt.

§ 8. Wiederherstellung der früheren Arbeitsbedingungen.

Stellt das Gericht im Falle des § 2 fest, dass die Änderung der Arbeitsbedingungen sozial ungerechtfertigt ist, so gilt die Änderungskündigung als von Anfang an rechtsunwirksam.

§ 9. Auflösung des Arbeitsverhältnisses durch Urteil des Gerichts; Abfindung des Arbeitnehmers.

(1) [1]Stellt das Gericht fest, dass das Arbeitsverhältnis durch die Kündigung nicht aufgelöst ist, ist jedoch dem Arbeitnehmer die Fortsetzung des Arbeitsverhältnisses nicht zuzumuten, so hat das Gericht auf Antrag des Arbeitnehmers das Arbeitsverhältnis aufzulösen und den Arbeitgeber zur Zahlung einer angemessenen Abfindung zu verurteilen. [2]Die gleiche Entscheidung hat das Gericht auf Antrag des Arbeitgebers zu treffen, wenn Gründe vorliegen, die eine den Betriebszwecken dienliche weitere Zusammenarbeit zwischen Arbeitgeber und Arbeitnehmer nicht erwarten lassen. [3]Arbeitnehmer und Arbeitgeber können den Antrag auf Auflösung des Arbeitsverhältnisses bis zum Schluss der letzten mündlichen Verhandlung in der Berufungsinstanz stellen.

(2) [. . .]

Zweiter Abschnitt. Kündigungsschutz im Rahmen der Betriebsverfassung und Personalvertretung

§ 15. Unzulässigkeit der Kündigung.

(1) [1]Die Kündigung eines Mitglieds eines Betriebsrats, einer Jugend- und Auszubildendenvertretung, einer Bordvertretung oder eines Seebetriebsrats ist unzulässig, es sei denn, dass Tatsachen vorliegen, die den Arbeitgeber zur Kündigung aus wichtigem Grund ohne Einhaltung einer Kündigungsfrist berechtigen, und dass die nach § 103 des Betriebsverfassungsgesetzes erforderliche Zustimmung vorliegt oder durch gerichtliche Entscheidung ersetzt ist. [2]Nach Beendigung der Amtszeit ist die Kündigung eines Mitglieds eines Betriebsrats, einer Jugend- und Auszubildendenvertretung oder eines Seebetriebsrats innerhalb eines Jahres, die Kündigung eines Mitglieds einer Bordvertretung innerhalb von sechs Monaten, jeweils vom Zeitpunkt der Beendigung der Amtszeit an gerechnet, unzulässig, es sei denn, dass Tatsachen vorliegen, die den Arbeitgeber zur Kündigung aus wichtigem Grund ohne Einhaltung einer Kündigungsfrist berechtigen; dies gilt nicht, wenn die Beendigung der Mitgliedschaft auf einer gerichtlichen Entscheidung beruht.

(2) [1]Die Kündigung eines Mitglieds einer Personalvertretung oder einer Jugend- und Auszubildendenvertretung ist unzulässig, es sei denn, dass Tatsachen vorliegen, die den Arbeitgeber zur Kündigung aus wichtigem Grund ohne Einhaltung einer Kündigungsfrist berechtigen, und dass die nach dem Personalvertretungsrecht erforderliche Zustimmung vorliegt oder durch gerichtliche Entscheidung ersetzt ist. [2]Nach Beendigung der Amtszeit der in Satz 1 genannten Personen ist ihre Kündigung innerhalb eines Jahres, vom Zeitpunkt der Beendigung der Amtszeit an gerechnet, unzulässig, es sei denn, dass Tatsachen vorliegen, die den Arbeitgeber zur Kündigung aus wichtigem Grund ohne Einhaltung einer Kündigungsfrist berechtigen; dies gilt nicht, wenn die Beendigung der Mitgliedschaft auf einer gerichtlichen Entscheidung beruht.

(3) [1]Die Kündigung eines Mitglieds eines Wahlvorstands ist vom Zeitpunkt seiner Bestellung an, die Kündigung eines Wahlbewerbers vom Zeitpunkt der Aufstellung des Wahlvorschlags an, jeweils bis zur Bekanntgabe des Wahlergebnisses unzulässig, es sei denn, dass Tatsachen vorliegen, die den Arbeitgeber zur Kündigung aus wichtigem Grund ohne

Einhaltung einer Kündigungsfrist berechtigen, und dass die nach § 103 des Betriebsverfassungsgesetzes oder nach dem Personalvertretungsrecht erforderliche Zustimmung vorliegt oder durch eine gerichtliche Entscheidung ersetzt ist. [2]Innerhalb von sechs Monaten nach Bekanntgabe des Wahlergebnisses ist die Kündigung unzulässig, es sei denn, dass Tatsachen vorliegen, die den Arbeitgeber zur Kündigung aus wichtigem Grund ohne Einhaltung einer Kündigungsfrist berechtigen; dies gilt nicht für Mitglieder des Wahlvorstands, wenn dieser durch gerichtliche Entscheidung durch einen anderen Wahlvorstand ersetzt worden ist.

(4) Wird der Betrieb stillgelegt, so ist die Kündigung der in den Absätzen 1 bis 3 genannten Personen frühestens zum Zeitpunkt der Stilllegung zulässig, es sei denn, dass ihre Kündigung zu einem früheren Zeitpunkt durch zwingende betriebliche Erfordernisse bedingt ist.

(5) [1]Wird eine der in den Absätzen 1 bis 3 genannten Personen in einer Betriebsabteilung beschäftigt, die stillgelegt wird, so ist sie in eine andere Betriebsabteilung zu übernehmen. [2]Ist dies aus betrieblichen Gründen nicht möglich, so findet auf ihre Kündigung die Vorschrift des Absatzes 4 über die Kündigung bei Stilllegung des Betriebs sinngemäß Anwendung.

Dritter Abschnitt. Anzeigepflichtige Entlassungen

§ 17. Anzeigepflicht.

(1) Der Arbeitgeber ist verpflichtet, dem Arbeitsamt Anzeige zu erstatten, bevor er

1. in Betrieben mit in der Regel mehr als 20 und weniger als 60 Arbeitnehmern mehr als 5 Arbeitnehmer,
2. in Betrieben mit in der Regel mindestens 60 und weniger als 500 Arbeitnehmern 10 vom Hundert der im Betrieb regelmäßig beschäftigten Arbeitnehmer oder aber mehr als 25 Arbeitnehmer,
3. in Betrieben mit in der Regel mindestens 500 Arbeitnehmern mindestens 30 Arbeitnehmer

innerhalb von 30 Kalendertagen entlässt.

Den Entlassungen stehen andere Beendigungen des Arbeitsverhältnisses gleich, die vom Arbeitgeber veranlasst werden.

(2) [1]Beabsichtigt der Arbeitgeber, nach Absatz 1 anzeigepflichtige Entlassungen vorzunehmen, hat er dem Betriebsrat rechtzeitig die zweckdienlichen Auskünfte zu erteilen und ihn schriftlich insbesondere zu unterrichten über

1. die Gründe für die geplanten Entlassungen,
2. die Zahl und die Berufsgruppen der zu entlassenden Arbeitnehmer,
3. die Zahl und die Berufsgruppen der in der Regel beschäftigten Arbeitnehmer,
4. den Zeitraum, in dem die Entlassungen vorgenommen werden sollen,
5. die vorgesehenen Kriterien für die Auswahl der zu entlassenden Arbeitnehmer,
6. die für die Berechnung etwaiger Abfindungen vorgesehenen Kriterien.

[2]Arbeitgeber und Betriebsrat haben insbesondere die Möglichkeiten zu beraten, Entlassungen zu vermeiden oder einzuschränken und ihre Folgen zu mildern.

(3) [1]Der Arbeitgeber hat gleichzeitig dem Arbeitsamt eine Abschrift der Mitteilung an den Betriebsrat zuzuleiten; sie muss zumindest die in Absatz 2 Satz 1 Nr. 1 bis 5 vorgeschriebenen Angaben enthalten. [2]Die Anzeige nach Absatz 1 ist schriftlich unter Beifügung der Stellungnahme des Betriebsrates zu den Entlassungen zu erstatten. [3]Liegt eine Stellungnahme des Betriebsrates nicht vor, so ist die Anzeige wirksam, wenn der Arbeitgeber glaubhaft macht, dass er den Betriebsrat mindestens zwei Wochen vor Erstattung der Anzeige nach Absatz 2 Satz 1 unterrichtet hat, und er den Stand der Beratungen darlegt. [4]Die Anzeige muss Angaben über den Namen des Arbeitgebers, den Sitz und die Art des Betriebes enthalten, ferner die Gründe für die geplanten Entlassungen, die Zahl und die Berufsgruppen der zu entlassenden und der in der Regel beschäftigten Arbeitnehmer, den Zeitraum, in dem die Entlassungen vorgenommen werden sollen und die vorgesehenen Kriterien für die Auswahl der zu entlassenden Arbeitnehmer. [5]In der Anzeige sollen ferner im Einvernehmen mit dem Betriebsrat für die Arbeitsvermittlung Angaben über Geschlecht, Alter, Beruf und Staatsangehörigkeit der zu entlassenden Arbeitnehmer gemacht werden. [6]Der Arbeitgeber

KSchG hat dem Betriebsrat eine Abschrift der Anzeige zuzuleiten. [7]Der Betriebsrat kann gegenüber dem Arbeitsamt weitere Stellungnahmen abgeben. [8]Er hat dem Arbeitgeber eine Abschrift der Stellungnahme zuzuleiten.

(3a) [...]

(4) [1]Das Recht zur fristlosen Entlassung bleibt unberührt. [2]Fristlose Entlassungen werden bei Berechnung der Mindestzahl der Entlassungen nach Absatz 1 nicht mitgerechnet.

(5) [...]

§ 18. Entlassungssperre.

(1) Entlassungen, die nach § 17 anzuzeigen sind, werden vor Ablauf eines Monats nach Eingang der Anzeige beim Arbeitsamt nur mit Zustimmung des Landesarbeitsamtes wirksam; die Zustimmung kann auch rückwirkend bis zum Tage der Antragstellung erteilt werden.

(2) Das Landesarbeitsamt kann im Einzelfall bestimmen, dass die Entlassungen nicht vor Ablauf von längstens zwei Monaten nach Eingang der Anzeige beim Arbeitsamt wirksam werden.

(3) [1]Das Landesarbeitsamt hat vor seinen Entscheidungen nach den Absätzen 1 und 2 zu prüfen, ob der Arbeitgeber die Entlassungen rechtzeitig nach § 8 des Arbeitsförderungsgesetzes angezeigt oder aus welchen Gründen er die Anzeige unterlassen hatte. [2]Das Landesarbeitsamt soll das Ergebnis dieser Prüfung bei seinen Entscheidungen berücksichtigen.

(4) Soweit die Entlassungen nicht innerhalb eines Monats nach dem Zeitpunkt, zu dem sie nach den Absätzen 1 und 2 zulässig sind, durchgeführt werden, bedarf es unter den Voraussetzungen des § 17 Abs. 1 einer erneuten Anzeige.

§ 19. Zulässigkeit von Kurzarbeit.

(1) Ist der Arbeitgeber nicht in der Lage, die Arbeitnehmer bis zu dem in § 18 Abs. 1 und 2 bezeichneten Zeitpunkt voll zu beschäftigen, so kann das Landesarbeitsamt zulassen, dass der Arbeitgeber für die Zwischenzeit Kurzarbeit einführt.

(2) Der Arbeitgeber ist im Falle der Kurzarbeit berechtigt, Lohn oder Gehalt der mit verkürzter Arbeitszeit beschäftigten Arbeitnehmer entsprechend zu kürzen; die Kürzung des Arbeitsentgelts wird jedoch erst von dem Zeitpunkt an wirksam, an dem das Arbeitsverhältnis nach den allgemeinen gesetzlichen oder den vereinbarten Bestimmungen enden würde.

(3) Tarifvertragliche Bestimmungen über die Einführung, das Ausmaß und die Bezahlung von Kurzarbeit werden durch die Absätze 1 und 2 nicht berührt.

Vierter Abschnitt. Schlussbestimmungen
§ 23. Geltungsbereich.

(1) [1]Die Vorschriften des Ersten und Zweiten Abschnitts gelten für Betriebe und Verwaltungen des privaten und des öffentlichen Rechts, vorbehaltlich der Vorschriften des § 24 für die Seeschifffahrts-, Binnenschifffahrts- und Luftverkehrsbetriebe. [2]Die Vorschriften des Ersten Abschnitts gelten nicht für Betriebe und Verwaltungen, in denen in der Regel fünf oder weniger Arbeitnehmer ausschließlich der zu ihrer Berufsbildung Beschäftigten beschäftigt werden. [...]

(2) [1]Die Vorschriften des Dritten Abschnitts gelten für Betriebe und Verwaltungen des privaten Rechts sowie für Betriebe, die von einer öffentlichen Verwaltung geführt werden, soweit sie wirtschaftliche Zwecke verfolgen. [2]Sie gelten nicht für Seeschiffe und ihre Besatzung.

Betriebsverfassungsgesetz
BetrVG § 102. Mitbestimmung bei Kündigungen.

(1) [1]Der Betriebsrat ist vor jeder Kündigung zu hören. [2]Der Arbeitgeber hat ihm die Gründe für die Kündigung mitzuteilen. [3]Eine ohne Anhörung des Betriebsrats ausgesprochene Kündigung ist unwirksam.

KSchG (2) [1]Hat der Betriebsrat gegen eine ordentliche Kündigung Bedenken, so hat er diese unter Angabe der Gründe dem Arbeitgeber spätestens innerhalb einer Woche schriftlich mitzuteilen. [2]Äußert er sich innerhalb dieser Frist nicht, gilt seine Zustimmung zur Kündigung als erteilt. [3]Hat der Betriebsrat gegen eine außerordentliche Kündigung Bedenken, so hat er diese unter Angabe der Gründe dem Arbeitgeber unverzüglich, spätestens jedoch innerhalb von drei Tagen, schriftlich mitzuteilen. [4]Der Betriebsrat soll, soweit dies erforderlich erscheint, vor seiner Stellungnahme den betroffenen Arbeitnehmer hören. [. . .]

(3) Der Betriebsrat kann innerhalb der Frist des Absatzes 2 Satz 1 der ordentlichen Kündigung widersprechen, wenn

1. der Arbeitgeber bei der Auswahl des zu kündigenden Arbeitnehmers soziale Gesichtspunkte nicht oder nicht ausreichend berücksichtigt hat,
2. die Kündigung gegen eine Richtlinie nach § 95[1] verstößt,
3. der zu kündigende Arbeitnehmer an einem anderen Arbeitsplatz im selben Betrieb oder in einem anderen Betrieb des Unternehmens weiterbeschäftigt werden kann,
4. die Weiterbeschäftigung des Arbeitnehmers nach zumutbaren Umschulungs- oder Fortbildungsmaßnahmen möglich ist oder
5. eine Weiterbeschäftigung des Arbeitnehmers unter geänderten Vertragsbedingungen möglich ist und der Arbeitnehmer sein Einverständnis hiermit erklärt hat.

(4) Kündigt der Arbeitgeber, obwohl der Betriebsrat nach Absatz 3 der Kündigung widersprochen hat, so hat er dem Arbeitnehmer mit der Kündigung eine Abschrift der Stellungnahme des Betriebsrats zuzuleiten.

(5) [1]Hat der Betriebsrat einer ordentlichen Kündigung frist- und ordnungsgemäß widersprochen, und hat der Arbeitnehmer nach dem Kündigungsschutzgesetz Klage auf Feststellung erhoben, dass das Arbeitsverhältnis durch die Kündigung nicht aufgelöst ist, so muss der Arbeitgeber auf Verlangen des Arbeitnehmers diesen nach Ablauf der Kündigungsfrist bis zum rechtskräftigen Abschluß des Rechtsstreits bei unveränderten Arbeitsbedingungen weiterbeschäftigen. [2]Auf Antrag des Arbeitgebers kann das Gericht ihn durch einstweilige Verfügung von der Verpflichtung zur Weiterbeschäftigung nach Satz 1 entbinden, wenn

1. die Klage des Arbeitnehmers keine hinreichende Aussicht auf Erfolg bietet oder mutwillig erscheint oder
2. die Weiterbeschäftigung des Arbeitnehmers zu einer unzumutbaren wirtschaftlichen Belastung des Arbeitgebers führen würde oder
3. der Widerspruch des Betriebsrats offensichtlich unbegründet war.

(6) Arbeitgeber und Betriebsrat können vereinbaren, dass Kündigungen der Zustimmung des Betriebsrats bedürfen und dass bei Meinungsverschiedenheiten über die Berechtigung der Nichterteilung der Zustimmung die Einigungsstelle entscheidet.

(7) [. . .]

§

Schwerbehindertengesetz
Vierter Abschnitt. Kündigungsschutz

SchwbG **§ 12. Erfordernis der Zustimmung.**

Die Kündigung des Arbeitsverhältnisses eines Schwerbehinderten durch den Arbeitgeber bedarf der vorherigen Zustimmung der Hauptfürsorgestelle.

§ 13. Kündigungsfrist.

Die Kündigungsfrist beträgt mindestens vier Wochen.

---

1 Siehe S. 157.

SchwbG **§ 14. Antragsverfahren.**

(1) [1]Die Zustimmung zur Kündigung hat der Arbeitgeber bei der für den Sitz des Betriebes oder der Dienststelle zuständigen Hauptfürsorgestelle schriftlich, und zwar in doppelter Ausfertigung, zu beantragen. [2]Der Begriff des Betriebs und der Begriff der Dienststelle im Sinne dieses Gesetzes bestimmen sich nach dem Betriebsverfassungsgesetz und dem Personalvertretungsrecht.

(2) [1]Die Hauptfürsorgestelle holt eine Stellungnahme des zuständigen Arbeitsamtes, des Betriebsrates oder Personalrates und des Vertrauensmannes der Schwerbehinderten ein. [2]Sie hat ferner den Schwerbehinderten zu hören.

(3) Die Hauptfürsorgestelle hat in jeder Lage des Verfahrens auf eine gütliche Einigung hinzuwirken.

§ 15. Entscheidung der Hauptfürsorgestelle.

(1) Die Hauptfürsorgestelle soll die Entscheidung, falls erforderlich auf Grund mündlicher Verhandlung, innerhalb eines Monats vom Tage des Eingangs des Antrages an treffen.

(2) [1]Die Entscheidung ist dem Arbeitgeber und dem Schwerbehinderten zuzustellen. [2]Dem Arbeitsamt ist eine Abschrift der Entscheidung zu übersenden.

(3) Erteilt die Hauptfürsorgestelle die Zustimmung zur Kündigung, kann der Arbeitgeber die Kündigung nur innerhalb eines Monats nach Zustellung erklären.

Mutterschutzgesetz

Dritter Abschnitt. Kündigung

MuSchG **§ 9. Kündigungsverbot.**

(1) [1]Die Kündigung gegenüber einer Frau während der Schwangerschaft und bis zum Ablauf von vier Monaten nach der Entbindung ist unzulässig, wenn dem Arbeitgeber zur Zeit der Kündigung die Schwangerschaft oder Entbindung bekannt war oder innerhalb zweier Wochen nach Zugang der Kündigung mitgeteilt wird. [2]Die Vorschrift des Satzes 1 gilt nicht für Frauen, die von demselben Arbeitgeber im Familienhaushalt mit hauswirtschaftlichen, erzieherischen oder pflegerischen Arbeiten in einer ihre Arbeitskraft voll in Anspruch nehmenden Weise beschäftigt werden, nach Ablauf des fünften Monats der Schwangerschaft; sie gilt für Frauen, die den in Heimarbeit Beschäftigten gleichgestellt sind, nur, wenn sich die Gleichstellung auch auf den Neunten Abschnitt – Kündigung – des Heimarbeitsgesetzes vom 14. März 1951 (Bundesgesetzbl. I S. 191) erstreckt.

(2) Kündigt eine schwangere Frau, gilt § 5 Abs. 1 Satz 3 entsprechend.

(3) [1]Die für den Arbeitsschutz zuständige oberste Landesbehörde oder die von ihr bestimmte Stelle kann in besonderen Fällen ausnahmsweise die Kündigung für zulässig erklären. [2]Der Bundesminister für Arbeit und Sozialordnung wird ermächtigt, mit Zustimmung des Bundesrates allgemeine Verwaltungsvorschriften zur Durchführung des Satzes 1 zu erlassen.

(4) In Heimarbeit Beschäftigte und ihnen Gleichgestellte dürfen während der Schwangerschaft und bis zum Ablauf von vier Monaten nach der Entbindung nicht gegen ihren Willen bei der Ausgabe von Heimarbeit ausgeschlossen werden, die Vorschriften der §§ 3, 4, 6 und 8 Abs. 5 bleiben unberührt.

§ 10. Erhaltung von Rechten.

(1) Eine Frau kann während der Schwangerschaft und während der Schutzfrist nach der Entbindung (§ 6 Abs. 1) das Arbeitsverhältnis ohne Einhaltung einer Frist zum Ende der Schutzfrist nach der Entbindung kündigen.

MuSchG (2) ^{1}Wird das Arbeitsverhältnis nach Absatz 1 aufgelöst und wird die Frau innerhalb eines Jahres nach der Entbindung in ihrem bisherigen Betrieb wieder eingestellt, so gilt, soweit Rechte aus dem Arbeitsverhältnis von der Dauer der Betriebs- oder Berufszugehörigkeit oder von der Dauer der Beschäftigungs- oder Dienstzeit abhängen, das Arbeitsverhältnis als nicht unterbrochen. ^{2}Dies gilt nicht, wenn die Frau in der Zeit von der Auflösung des Arbeitsverhältnisses bis zur Wiedereinstellung bei einem anderen Arbeitgeber beschäftigt war.

Gesetz über die Gewährung von Erziehungsgeld und Erziehungsurlaub

BErzGG **§ 18. Kündigungsschutz.**

(1) Der Arbeitgeber darf das Arbeitsverhältnis ab dem Zeitpunkt, von dem an Erziehungsurlaub verlangt worden ist, höchstens jedoch sechs Wochen vor Beginn des Erziehungsurlaubs, und während des Erziehungsurlaubs nicht kündigen. In besonderen Fällen kann ausnahmsweise eine Kündigung für zulässig erklärt werden. Die Zulässigkeitserklärung erfolgt durch die für den Arbeitsschutz zuständige oberste Landesbehörde oder die von ihr bestimmte Stelle. Die Bundesregierung kann mit Zustimmung des Bundesrates allgemeine Verwaltungsvorschriften zur Durchführung des Satzes 2 zu erlassen.

(2) Absatz 1 gilt entsprechend, wenn der Arbeitnehmer

1. während des Erziehungsurlaubs bei seinem Arbeitgeber Teilzeitarbeit leistet oder
2. ohne Erziehungsurlaub in Anspruch zu nehmen, bei seinem Arbeitgeber Teilzeitarbeit leistet und Anspruch auf Erziehungsgeld hat oder nur deshalb nicht hat, weil das Einkommen die Einkommensgrenze übersteigt. Der Kündigungsschutz nach Nummer 2 besteht nicht, solange kein Anspruch auf Erziehungsurlaub nach § 15 besteht.

§ 19. Kündigung durch den Erziehungsurlaubsberechtigten.

Der Arbeitnehmer kann das Arbeitsverhältnis zum Ende des Erziehungsurlaubs nur unter Einhaltung einer Kündigungsfrist von drei Monaten kündigen oder zu einem anderen Zeitpunkt während des Erziehungsurlaubs. Dann ist die gesetzliche bzw. vertragliche Kündigungsfrist einzuhalten.

Berufsbildungsgesetz

BBiG **§ 15. Kündigung.**

(1) Während der Probezeit kann das Berufsausbildungsverhältnis jederzeit ohne Einhalten einer Kündigungsfrist gekündigt werden.

(2) Nach der Probezeit kann das Berufsausbildungsverhältnis nur gekündigt werden

1. aus einem wichtigen Grund ohne Einhalten einer Kündigungsfrist,
2. vom Auszubildenden mit einer Kündigungsfrist von vier Wochen, wenn er die Berufsausbildung aufgeben oder sich für eine andere Berufstätigkeit ausbilden lassen will.

(3) Die Kündigung muss schriftlich und in den Fällen des Absatzes 2 unter Angabe der Kündigungsgründe erfolgen.

(4) ^{1}Eine Kündigung aus einem wichtigen Grund ist unwirksam, wenn die ihr zugrunde liegenden Tatsachen dem zur Kündigung Berechtigten länger als zwei Wochen bekannt sind. ^{2}Ist ein vorgesehenes Güteverfahren vor einer außergerichtlichen Stelle eingeleitet, so wird bis zu dessen Beendigung der Lauf dieser Frist gehemmt.

Ordentliche Kündigung von Arbeitsverhältnissen

100 In der Hansa-Bau GmbH, Düsseldorf, sind am 8. Juli 2000 unter den 125 Beschäftigten u. a. die folgenden Arbeitnehmer beschäftigt:

Name	Geb.-Datum	Art des Arbeits- verhältnisses	Eintritt in das Unternehmen
Abel, Hans	17.04.1948	Arbeiter	08.06.1972
Bierbaum, Lothar	23.07.1956	Arbeiter	22.03.1984
Caesar, Hilde	08.10.1955	Angestellte	14.08.1992
Daum, Hanne	03.01.1972	Angestellte	01.09.1998
Schreiner, Dieter	08.11.1950	Angestellter	20.02.1987
Zimmer, Claudia	10.11.1975	Arbeiterin	01.07.1999

Bestimmen Sie jeweils den frühesten Termin, zu welchem a) die Arbeitnehmer und b) der Arbeitgeber das Arbeitsverhältnis kündigen können. In dem anzuwendenden Tarifvertrag sind keine vom Gesetz abweichenden Regelungen vereinbart. Es bestehen keine vom Gesetz abweichenden einzelvertraglichen Regelungen der Kündigungsfristen.

101 Die Hansa-Bau GmbH (125 Beschäftigte) schließt mit der neu einzustellenden Angestellten Anita Schreiner einen Arbeitsvertrag, der bezüglich der Kündigung die folgende Vereinbarung enthält:

„Der Arbeitnehmer ist nur berechtigt, das Arbeitsverhältnis mit einer Kündigungsfrist von sechs Monaten zum 1. Juli eines Jahres zu kündigen. Für den Arbeitgeber gelten die gesetzlichen Regelungen."

a) Wie beurteilen Sie rechtlich diese Vereinbarung?

b) Die Hansa-Bau GmbH stellt zum 1. März 2000 Martin Grießhuber als Angestellten in der Auftragsbearbeitung ein. Es wird eine Probezeit von sechs Monaten vereinbart. Am 13. März 2000 (Montag) entschließt sich der Arbeitgeber, den Arbeitsvertrag zum frühesten Termin zu kündigen.

Entwerfen Sie für diesen Fall das Kündigungsschreiben!

c) Wie beurteilen Sie die Absicht der Hansa-Bau GmbH, die Kündigungsfrist generell auf eine Woche festzulegen?

Kündigungsschutz

102 Am 15. Mai teilt Oskar Mayer, Inhaber der Buchhandlung Hans Mayer e. Kfm., der dort seit 3 $\frac{1}{2}$ Jahren als Angestellte beschäftigten Ingrid Stoll mündlich mit, dass er das Arbeitsverhältnis zum 30. Juni des Jahres kündigt.

Zur Begründung der Entlassung gibt Mayer an, dass er wegen des schlechten Absatzes eine seiner vier Beschäftigten entlassen muss.

Begründen Sie, ob die in dieser Form ausgesprochene Kündigung wirksam ist!

103 Anton H. ist seit drei Jahren bei einem Kreditinstitut mit insgesamt 23 Beschäftigten angestellt.

Er erhält am 15. Mai folgendes Schreiben:

Sehr geehrter Herr H.!

Nachdem Sie trotz zahlreicher mündlicher und schriftlicher Ermahnungen den Alkoholgenuss vor und während der Arbeitszeit nicht einstellten und dadurch mehrere Beschwerden der Kunden eingingen, sehen wir uns gezwungen, das Dienstverhältnis zum 30. Juni dieses Jahres zu kündigen.

Der Betriebsrat wurde gehört.

Wir wünschen Ihnen für die Zukunft alles Gute.

Hochachtungsvoll Handelsbank A-Dorf

a) Prüfen Sie, ob der Angestellte H., der seit drei Jahren bei diesem Kreditinstitut beschäftigt ist, gegen die Kündigung mit der Begründung vorgehen kann, diese sei sozial ungerechtfertigt!

Berücksichtigen Sie bei Ihrer Entscheidung, dass in den letzten beiden Jahren anfänglich monatlich zwei, im letzten Halbjahr wöchentlich bis zu vier Mahnungen wegen dieses Sachverhaltes an H. ergangen sind. Seine Fehlzeiten waren sehr gering.

b) Welche Voraussetzungen gelten für den allgemeinen Kündigungsschutz nach den §§ 1 und 23 des Kündigungsschutzgesetzes?

c) Suchen Sie zu den Gründen für eine sozial gerechtfertigte Kündigung jeweils zwei Beispiele!

Besonderer Kündigungsschutz

104 In der Handelsbank AG, Hamburg, sind u. a. beschäftigt:

Hans Rühl, Auszubildender im 2. Ausbildungsjahr.

Erna Wege, Angestellte, seit einem Jahr. Frau Wege hat durch ärztliches Attest ihre Schwangerschaft angezeigt. Voraussichtliche Niederkunft 1. Oktober d. J.

Ilse Höhn, Angestellte, seit einem Jahr Mitglied des Betriebsrates.

Dieter Schneider, Angestellter. Wegen eines Unfalls ist seine Erwerbsfähigkeit um 65 % gemindert.

Edith Reuter, 3. Ausbildungsjahr, gewähltes Mitglied der Jugendvertretung.

Welche Regelungen für den Kündigungsschutz gelten in den vorgenannten Fällen?

Änderungskündigung

105 Claudia Weber ist seit 10 Jahren in der Wertpapierverwaltung der Handelsbank AG, Düsseldorf, beschäftigt. Seit zwei Jahren ist sie stellvertretende Abteilungsleiterin.

Am 6. Mai d. J. erhielt sie von der Handelsbank AG einen Brief folgenden Inhalts:

Sehr geehrte Frau Weber!

Wir kündigen Ihren Arbeitsvertrag zum 31. Oktober dieses Jahres.

Gleichzeitig bieten wir Ihnen eine Beschäftigung im Angestelltenverhältnis in der Auslandsabteilung an. Ihre jetzige Bezahlung soll so lange weiterbestehen, bis sie der tariflichen Entlohnung des neuen Arbeitsplatzes entspricht. Der Unterschied in der Bewertung der beiden Arbeitsplätze beträgt zurzeit 475,00 EUR monatlich.

Wir hoffen, Sie auch weiterhin als Mitarbeiterin zu behalten.

Mit freundlichen Grüßen

Handelsbank AG

ppa.   i. V.

a) Wodurch unterscheidet sich diese Änderungskündigung von einer „gewöhnlichen" Kündigung?

b) Welche Möglichkeiten hat Frau Weber, falls sie mit dieser Kündigung nicht einverstanden ist?

Verfahren bei Kündigungseinspruch

106 Erna Maier, die nicht als besonders fleißig gilt, wurde am 15. Mai fristgerecht zum 30. Juni eines Jahres gekündigt.

Der Arbeitgeber gibt an, dass die Zahl der Beschäftigten wegen Auftragsmangels vermindert werden muss. Der Betriebsrat wurde gehört.

Frau Maier hat von einem Bekannten in der Personalabteilung erfahren, dass für diesen Arbeitsplatz ein neuer Mitarbeiter eingestellt werden soll. Frau Maier hält die Kündigung als sozial nicht gerechtfertigt.

Was hat Frau Maier zu tun, wenn sie gegen diese Kündigung vorgehen will? Stellen Sie die möglichen Schritte des Vorgehens in einem Schaubild dar!

Außerordentliche Kündigung

107 Inge L. ist als Verkäuferin in einem Kaufhaus angestellt. Bei einer Kontrolle beim Verlassen des Kaufhauses wird Inge des Diebstahls einer Armbanduhr überführt.

Unverzüglich wird ihr nahegelegt, das Arbeitsverhältnis im gegenseitigen Einvernehmen sofort zu kündigen, da sonst vom Kaufhaus am nächsten Tag eine fristlose Kündigung ausgesprochen werden soll.

a) Welche Voraussetzungen müssen für eine fristlose Kündigung erfüllt sein?

b) Halten Sie die Voraussetzungen im obigen Falle für erfüllt bzw. erfüllbar?

c) Wie beurteilen Sie das Vorgehen des Kaufhauses in diesem Falle?

d) Nennen Sie fünf Gründe, die eine außerordentliche Kündigung rechtfertigen!

e) Beschreiben Sie das mögliche Vorgehen eines Gekündigten gegen eine außerordentliche Kündigung!

107a Der Angestellte Oskar L. stellt in das Intranet der Schäffer GmbH regelmäßig Witze ein, die teilweise auch einen sexistischen oder rassistischen Bezug haben. Als sich ein anderer Mitarbeiter darüber beschwert, ist der Geschäftsführer sehr erbost über diesen Tatbestand. Er kündigt Oskar L. sofort unter Hinweis auf § 626 BGB.

Oskar L. widerspricht der außerordentlichen Kündigung. Derartige Witze seien durchaus üblich und daher kein Grund, eine Kündigung auszusprechen.

a) Prüfen Sie den Einwand von Oskar L.!

b) Treffen Sie eine begründete Entscheidung über die Gültigkeit der außerordentlichen Kündigung dieses Arbeitsverhältnisses!

Massenentlassungen

108 Das Bauunternehmen Grün & Schwarz in Frankfurt am Main hat 87 Beschäftigte. Wegen eines weggefallenen Großauftrages will das Bauunternehmen 15 Beschäftigten zum nächstmöglichen Zeitpunkt kündigen.

Der Betriebsrat wurde angehört.

a) Prüfen Sie, ob das Bauunternehmen Pflichten nach § 17 KSchG hat!

b) Zu welchem Zeitpunkt könnte die Kündigung wirksam werden, wenn das Arbeitsamt am 15. November informiert wurde?

c) Wie wäre zu verfahren, wenn das Bauunternehmen angibt, dass es die Arbeitnehmer bereits jetzt nicht mehr beschäftigen kann?

d) Halten Sie die Vorschriften der §§ 17 ff. KSchG für berechtigt?

Arbeitsgerichtsbarkeit

109 a) Lesen Sie den Artikel über die Arbeitsgerichtsbarkeit!

In den Ländern gibt es **Arbeitsgerichte** für die Entscheidungen erster Instanz und **Landesarbeitsgerichte** für die Berufung gegen die Entscheidungen der Arbeitsgerichte. Das **Bundesarbeitsgericht** mit Sitz in Erfurt entscheidet über die Revisionen und Rechtsbeschwerden gegen die Entscheidungen der Landesarbeitsgerichte.

Die Gerichte der Arbeitsgerichtsbarkeit befassen sich vor allem mit Streitigkeiten aus dem Arbeitsverhältnis zwischen Arbeitgebern (Unternehmern) und Arbeitnehmern (Arbeitern und Angestellten). Sie sind auch zuständig für Klagen zwischen Tarifvertragsparteien, also Gewerkschaften auf der einen Seite und Arbeitgebervereinigungen oder einzelnen Arbeitgebern auf der anderen Seite. Sie entscheiden ferner über Streitigkeiten aus der Anwendung des Betriebsverfassungsgesetzes.

Besetzung und Verfahren

Die Arbeitsgerichte entscheiden in **Kammern**. Jede Kammer ist mit einem Vorsitzenden (Richter) mit besonderen Erfahrungen im Arbeitsrecht und im Arbeitsleben und je einem Arbeitsrichter aus Kreisen der Arbeitnehmer und Arbeitgeber besetzt. Bei Streitigkeiten zwischen Tarifvertragsparteien in Bezug auf Tarifverträge wird die Kammer in der Besetzung mit einem Vorsitzenden und je zwei Arbeitnehmer- und Arbeitgeberbeisitzern tätig. Das Landesarbeitsgericht tagt in Kammern in gleicher Besetzung wie das Arbeitsgericht.

Das Bundesarbeitsgericht (Sitz Erfurt) besteht aus **Senaten**. Jeder Senat wird in der Besetzung mit einem Vorsitzenden, zwei Bundesrichtern und je einem Bundesarbeitsrichter aus den Kreisen der Arbeitnehmer und Arbeitgeber tätig.

Das Verfahren entspricht im Prinzip einem gewöhnlichen Zivilprozess. Durch eine Reihe von Sondervorschriften ist jedoch dafür Sorge getragen, dass das Verfahren schnell zu einem Abschluss kommt, einfach gestaltet ist und keine großen Kosten verursacht. Die Gerichte sind verpflichtet, besonders darauf hinzuwirken, dass die Beteiligten sich gütlich einigen. – Berufung gegen die Urteile des Arbeitsgerichts grundsätzlich nur bei einem Streitwert von mindestens 1 200 DM oder Rechtsstreitigkeiten über das Bestehen oder die Kündigung eines Arbeitsverhältnisses. Revision an das Bundesarbeitsgericht ist nur unter einschränkenden Voraussetzungen zulässig. – Die betriebsverfassungsrechtlichen Streitigkeiten werden in einem besonders ausgestalteten Beschlussverfahren entschieden.

b) Für welche Streitigkeiten ist die Arbeitsgerichtsbarkeit hauptsächlich zuständig?

c) Welche Instanzen gibt es bei den Arbeitsgerichten?

d) Wie sind die Kammern bei den verschiedenen Instanzen jeweils besetzt?

e) Von welchem Grundsatz sollen die Verfahren bei Arbeitsgerichten geleitet sein?

f) Wann kann von dem Recht auf Berufung bzw. auf Revision Gebrauch gemacht werden?

110 Als Beginn der deutschen Sozialversicherung wird die Kaiserliche Botschaft Wilhelms I., Deutscher Kaiser, König von Preußen, vom 17. November 1881 bezeichnet.

In dieser Botschaft heißt es u. a.:

„Schon im Februar d. J. haben Wir Unsere Überzeugung aussprechen lassen, daß die Heilung der sozialen Schäden nicht ausschließlich im Wege der Repression sozialdemokratischer Ausschreitungen, sondern gleichmäßig auf dem der positiven Förderung des Wohles der Arbeiter zu suchen sein werde. Wir halten es für Unsere Kaiserliche Pflicht, dem Reichstage diese Aufgabe von Neuem ans Herz zu legen, und würden Wir mit um so größerer Befriedigung auf alle Erfolge, mit denen Gott Unsere Regierung sichtlich gesegnet hat, zurückblicken, wenn es Uns gelänge, dereinst das Bewußtsein mitzunehmen, dem Vaterlande neue und dauernde Bürgschaften seines inneren Friedens und den Hilfsbedürftigen größere Sicherheit und Ergiebigkeit des Beistandes, auf den sie Anspruch haben, zu hinterlassen. In Unseren darauf gerichteten Bestrebungen sind Wir der Zustimmung aller verbündeten Regierungen gewiß und vertrauen auf die Unterstützung des Reichstages ohne Unterschied der Parteistellungen.

In diesem Sinne wird zunächst der von den verbündeten Regierungen in der vorigen Session vorgelegte Entwurf eines Gesetzes über die Versicherung der Arbeiter gegen Betriebsunfälle mit Rücksicht auf die im Reichstage stattgehabten Verhandlungen über denselben einer Umarbeitung unterzogen, um die erneute Berathung desselben vorzubereiten. Ergänzend wird ihm eine Vorlage zur Seite treten, welche sich eine gleichmäßige Organisation des gewerblichen Krankenkassenwesens zur Aufgabe stellt. Aber auch diejenigen, welche durch Alter oder Invalidität erwerbsunfähig werden, haben der Gesamtheit gegenüber begründeten Anspruch auf ein höheres Maß staatlicher Fürsorge, als ihnen bisher hat zu Theil werden können.

Für diese Fürsorge die rechten Mittel und Wege zu finden, ist eine schwierige, aber auch eine der höchsten Aufgaben jedes Gemeinwesens, welches auf den sittlichen Fundamenten des christlichen Volkslebens steht. Der engere Anschluß an die realen Kräfte dieses Volkslebens und das Zusammenfassen der letzteren in der Form kooperativer Genossenschaften unter staatlichem Schutz und staatlicher Förderung werden, wie Wir hoffen, die Lösung auch von Aufgaben möglich machen, denen die Staatsgewalt allein in gleichem Umfange nicht gewachsen sein würde. Immerhin aber wird auch auf diesem Wege das Ziel nicht ohne die Aufwendung erheblicher Mittel zu erreichen sein."

a) In welcher sozialpolitischen Lage befand sich das Deutsche Reich in dieser Zeit?

b) Welche Bereiche sollten durch soziale Gesetze abgedeckt werden?

c) Welches Risiko der Arbeitnehmer war durch die Vorschläge der „kaiserlichen Botschaft" noch nicht abgedeckt?

Informationen zu den Formen der Sozialversicherung

Krankenversicherung

Die Krankenversicherung ist eine Versicherung zum Schutze des Einzelnen und der Familie. Sie tritt in erster Linie dann ein, wenn es gilt, die Gesundheit zu erhalten, wiederherzustellen oder den Gesundheitszustand zu verbessern. **Gesetzliche Grundlage** ist das fünfte Buch des Sozialgesetzbuches.

Es gibt drei Arten der **Mitgliedschaft**, und zwar entweder als

- Pflichtmitglied (Pflichtversicherter),
- freiwilliges Mitglied (freiwillig Versicherter) oder
- Familienversicherter.

Pflichtversicherter wird man ohne Rücksicht auf seinen eigenen Willen oder den des Arbeitgebers. Die Pflichtversicherung ist eine Zwangsversicherung.

Pflichtversichert sind u.a. die Arbeiter, die Angestellten, die Rentner, wenn sie während ihres Arbeitslebens hauptsächlich der gesetzlichen Krankenversicherung angehört haben, Studenten, Arbeitslose, selbstständige Landwirte.

Arbeiter und Angestellte sind nicht pflichtversichert, wenn ihr Einkommen 75 % der Beitragsbemessungsgrenze der Rentenversicherung der Arbeiter und der Angestellten überschreitet.

Die freiwillige Versicherung ist weitgehend vom eigenen Willen abhängig.

Zur freiwilligen Versicherung ist **nur berechtigt:**

- wer aus der Versicherungspflicht ausgeschieden ist und in den letzten fünf Jahren vor dem Ausscheiden mindestens zwölf Monate oder unmittelbar vor dem Ausscheiden ununterbrochen mindestens sechs Monate versichert war,
- wer aus der Familienversicherung ausgeschieden ist,
- wer erstmals eine Beschäftigung aufnimmt und von Anfang an wegen Überschreitens der Jahresarbeitsentgeltgrenze versicherungsfrei ist.

Der freiwillige Beitritt ist der Krankenkasse innerhalb von drei Monaten anzuzeigen.

Wer nach Vollendung des 55. Lebensjahres versicherungspflichtig wird und keinen ausreichenden Bezug zur gesetzlichen Krankenversicherung nachweisen kann, bleibt von der Pflichtversicherung ausgeschlossen. Betroffen sind Personen, die in den letzten fünf Jahren nicht gesetzlich versichert waren.

Die **Familienversicherung** begründet für den Ehegatten und die Kinder eines Mitglieds der gesetzlichen Krankenversicherung unter bestimmten Bedingungen eine eigene Mitgliedschaft.

Die **Finanzierung** der Krankenversicherung erfolgt im Wesentlichen durch Beiträge der Versicherten und der Arbeitgeber. Wer pflichtversichert ist, braucht seinen Beitrag nicht allein zu tragen. Arbeitgeber und Pflichtversicherter tragen den Beitrag je zur Hälfte. Der Beitragsanteil des Pflichtversicherten wird monatlich vom Lohn oder Gehalt abgezogen; der Arbeitgeber legt seinen Anteil dazu.

Pflichtversicherte Arbeitnehmer, die wegen Vollendung des 55. Lebensjahres keinen Zugang zur gesetzlichen Krankenversichrung mehr haben, können ab 1. Juli 2000 einen Beitragszuschuss in Höhe des 1/2 durchschnittlichen Beitragssatzes von ihrem Arbeitgeber beanspruchen. Maximal beträgt dieser Beitragssatz die Hälfte der tatsächlichen Aufwendungen für die private Krankenversicherung.

Familienversicherte zahlen keine Beiträge.

Beitragsbemessungsgrenzen 2001   alte **und** neue Bundesländer

Krankenversicherung		
	Jahr	78 300,00 DM
	Monat	6 525,00 DM

Leistungen dürfen nur erbracht werden, wenn der Versicherte seine Versichertenkarte oder einen Berechtigungsschein vorgelegt hat.

Leistungen werden erbracht

– zur Förderung der Gesundheit und Verhütung von Krankheiten:	Aufklärung und Beratung über Gesundheitsgefährdungen und die Verhütung von Krankheiten, z.B. Verhütung von Zahnerkrankungen, Vorsorgekuren.

– zur Früherkennung von Krankheiten:	● Zur Früherkennung von Krebserkrankungen jährlich einmal Anspruch auf Untersuchung.
	● Alle Versicherten haben ab dem 35. Lebensjahr alle zwei Jahre Anspruch auf eine Untersuchung zur Früherkennung von Herz-, Kreislauf- und Nierenerkrankungen.

– zur Behandlung einer Krankheit:

1. Leistungen für **Krankenbehandlung**
   - ● ärztliche Behandlung
   - ● zahnärztliche Behandlung
   - ● Versorgung mit Arznei-, Verband-, Heil- und Hilfsmitteln
     - – für **Zahnersatz** nur Festzuschüsse
     - – Arzneimittel und Verbandsmittel: Zuzahlungen je Medikament, gestaffelt nach Packungsgrößen, und zwar

bei Kleinpackungen (N1)	8,00 DM,
bei mittleren Packungen (N2)	9,00 DM,
bei Großpackungen (N3)	10,00 DM.

   - ● häusliche Krankenpflege und Haushaltshilfe
   - ● Krankenhausbehandlung
   - ● Maßnahmen zur Rehabilitation.

2. Krankengeld

   Zahlung bei Arbeitsunfähigkeit oder während einer stationären Behandlung in einem Krankenhaus oder einer Vorsorge- oder Rehabilitationseinrichtung. Keine zeitliche Begrenzung.

– bei Schwangerschaft und Mutterschaft:	Ärztliche Betreuung und Hebammenhilfe; Vorsorge mit Arznei-, Verband- und Heilmitteln; stationäre Entbindung; häusliche Pflege; Haushaltshilfe; Mutterschaftsgeld, Entbindungsgeld.
– sonstige Hilfen:	z.B. ärztliche Beratung über Fragen der Empfängnisregelung und Leistungen bei einer nicht rechtswidrigen Sterilisation und bei einem nicht rechtswidrigen Abbruch der Schwangerschaft.
	Sterbegeld wird nur gezahlt, wenn der Verstorbene am 1. Januar 1989 versichert war.

Da die Gesetzliche Krankenversicherung die Kosten für verschiedene Leistungen nur teilweise übernimmt, wurden **Härtefallregelungen** eingeführt, und zwar

1. die **Sozialklausel:**	– Bei geringem Einkommen sind Versicherte von der Zuzahlung zu Arznei-, Verband-, Heil- und Hilfsmitteln, Fahrtkosten, Zahnersatz sowie zu stationären Vorsorge- und Rehabilitationskuren vollständig befreit.
	– Vollständig befreit ist auch, wer z.B. Sozialhilfe, Arbeitslosenhilfe, Bafög erhält.
	– Gleiches gilt für Kinder unter 18 Jahren.
2. die **Überforderungsklausel:**	– Kein Versicherter muss mehr als zwei Prozent seines Jahresbruttoeinkommens an Eigenbeteiligung für Arznei-, Verband- und Heilmittel sowie Fahrtkosten leisten.
	– Die Zuzahlung beim Krankenhausaufenthalt ist auf höchstens 14 Tage im Jahr begrenzt.

Besondere Regelungen gelten für chronisch Kranke.

Träger der Krankenversicherung sind die Krankenkassen. Sie verwalten sich selbst durch ihre Organe (Vertreterversammlung und Vorstand). Diese Organe der Selbstverwaltung setzen sich je zur Hälfte aus ehrenamtlichen Vertretern der Versicherten und der Arbeitgeber zusammen.

Es gibt folgende Kassenarten:

Allgemeine Ortskrankenkassen (AOK)   Bundesknappschaft
Betriebskrankenkassen (BKK)   See-Krankenkasse
Innungskrankenkassen (IKK)   Landwirtschaftliche Krankenkassen
Ersatzkassen

Die Mitgliedschaft zu einer Ersatzkasse ist hauptsächlich vom Willen des Einzelnen abhängig, also freiwillig. Entschließt sich der Versicherte zum Eintritt in eine Ersatzkasse, wird zwischen ihm und der Ersatzkasse ein Versicherungsvertrag geschlossen. Er hat dann das Recht, sich von der gesetzlichen Mitgliedschaft bei der zuständigen Pflichtkrankenkasse (RVO-Krankenkassen: AOK, BKK, IKK) befreien zu
lassen.

Unfallversicherung

Wichtigste Aufgabe der Unfallversicherung ist es, Arbeitsunfälle zu verhüten. Sollte dennoch ein
Arbeitsunfall eintreten, so hat die Unfallversicherung die weitere Aufgabe, die Folgen eines Unfalls zu
mindern oder zu beseitigen.

Man kann der Unfallversicherung angehören als

– Pflichtversicherter oder

– freiwillig Versicherter.

Pflichtversicherte sind alle Arbeitnehmer unabhängig von der Art und Dauer der Beschäftigung und der
Höhe des Einkommens sowie kleinere Unternehmer (Arbeitgeber), und zwar nach ausdrücklicher
gesetzlicher Vorschrift oder nach der Satzung der Träger der Unfallversicherung.

Außerdem: Heimarbeiter, Hausgewerbetreibende, Artisten, Arbeitslose, Hebammen, Masseure und Personen, die bei Unglücksfällen Hilfe leisten, Blutspender, Ehrenamtsträger, Kinder während des Besu-
ches von Kindergärten, Schüler und Studenten, Entwicklungshelfer und Gefangene, Rehabilitanden.

Freiwillig Versicherte sind hauptsächlich Unternehmer, die nicht versicherungspflichtig sind.

Die **Finanzierung** der Unfallversicherung erfolgt durch Beiträge der Unternehmer. Die Höhe der Beiträge
wird in der Regel nach dem Arbeitsverdienst der Versicherten und nach dem Grad der Unfallgefahr des
Betriebes bemessen.

Die **Leistungen** der Unfallversicherung betreffen die Unfallverhütung und die Unfallfolgen.

Wichtigste Aufgabe ist die Verhütung von Arbeitsunfällen. Dazu sollen auch die **Unfallverhütungsvorschriften** beitragen. Das Einhalten dieser Vorschriften wird durch technische Aufsichtsbeamte der
Berufsgenossenschaften überwacht. In Unternehmen mit mehr als 20 Beschäftigten hat der Unternehmer
einen oder mehrere Sicherheitsbeauftragte zu stellen.

Bei Verstößen gegen die Unfallverhütungsvorschriften können Bußgelder bis zu 20 000,00 DM festgesetzt werden.

Leistungen können begründet werden durch Arbeitsunfall, Wegeunfall oder Berufskrankheit.

Als **Arbeitsunfall** bezeichnet man einen Unfall, den ein Versicherter während seiner beruflichen Tätigkeit
erleidet.

Als **Wegeunfall** bezeichnet man einen Unfall, der sich auf dem Weg von der Wohnung des Versicherten
zur Arbeitsstätte (oder umgekehrt) ereignet. Geschützt sind die Unfälle, die sich auf dem kürzesten Weg
zwischen Wohnung und Arbeitsstätte (oder umgekehrt) ereignen.

Berufskrankheiten sind Krankheiten, die durch bestimmte Tätigkeiten hervorgerufen werden, z.B.
Staublunge.

Art und Umfang der Leistungen:

Heilbehandlung: Dazu gehören insbesondere ärztliche und zahnärztliche Behandlung, Arznei- und
Verbandsmittel, Heilmittel einschließlich Krankengymnastik, Ausstattung mit Körperersatzstücken
und orthopädischen Hilfsmitteln sowie Gewährung von Pflege, ferner Belastungserprobung und
Arbeitstherapie.

Verletztengeld, das dem Krankengeld aus der Krankenversicherung entspricht.

Berufshilfe, diese wird mit dem Ziel der vollen Wiedereingliederung eines Verletzten in das Arbeitsleben
gewährt.

Verletztenrente, wenn die Erwerbsfähigkeit nicht wiederhergestellt werden kann. Die Erwerbsfähigkeit
des Versicherten muss länger als 13 Wochen um mindestens 20% gemindert sein.

Sterbegeld, wenn der Tod als Folge eines Unfalls oder einer Berufskrankheit eingetreten ist.

Hinterbliebenenrente, falls der Versicherte an den Folgen eines Unfalls oder einer Berufskrankheit gestorben ist.

Ansprüche aus der Verletztenrente, Witwenrente, Witwerrente und Geschiedenenrente können unter bestimmten Voraussetzungen auch abgefunden (kapitalisiert) werden.

Versicherungsträger:
Die Unfallversicherung gliedert sich in die allgemeine Unfallversicherung, die landwirtschaftliche Unfallversicherung und die See-Unfallversicherung.

Träger der Unfallversicherung sind die Berufsgenossenschaften. Alle Träger der Unfallversicherung werden selbstverwaltet. **Organe der Selbstverwaltung** sind die Vertreterversammlung und der Vorstand. Sie setzen sich je zur Hälfte aus Vertretern der Versicherten und der Arbeitgeber zusammen.

Rentenversicherung

Die Rentenversicherung ist eine Versicherung zum Schutze des Einzelnen und seiner Familie, die bei Erwerbsminderung, Alter und Tod Renten zahlt.

Jedermann (Arbeiter, Angestellte, Selbstständige und auch Hausfrauen) kann der Rentenversicherung beitreten. Man unterscheidet Pflichtversicherte und freiwillig Versicherte.

Pflichtversicherter wird man als Arbeiter oder Angestellter ohne Rücksicht auf seinen eigenen Willen oder den Willen des Arbeitgebers.

Wer überwiegend körperlich tätig ist, gehört der Arbeiterrentenversicherung an; wer überwiegend geistig tätig ist, der Angestelltenversicherung.

Selbstständige (z. B. Ärzte, Apotheker, Rechtsanwälte, Einzelhändler) können auch pflichtversichert sein. Ihnen ist es aber überlassen, ob sie pflichtversichert sein wollen. Wenn sie es wollen, müssen sie einen Aufnahmeantrag stellen.

Jedermann kann der Rentenversicherung freiwillig beitreten.

Die **Finanzierung** der Rentenversicherung erfolgt durch Beiträge der Versicherten und der Arbeitgeber. Der Bund leistet zu den Ausgaben der Rentenversicherung der Angestellten, die nicht Leistungen der Alterssicherung sind, einen Zuschuss.

Merkmale des Finanzierungssystems sind: das Umlageverfahren und der Generationenvertrag.

Unter dem **Umlageverfahren** ist zu verstehen: Was heute als Beitrag von den Versicherten und den Arbeitgebern eingezahlt wird, wird sogleich als Rente an die Rentner ausgezahlt („umgelegt"). Die Beiträge werden nicht für den Einzelnen als Rücklage angesammelt, sondern sofort wieder ausgegeben.

Der **Generationenvertrag** ist ein unausgesprochener und nicht schriftlich festgelegter Vertrag zwischen der beitragszahlenden und der rentenempfangenden Generation. Inhalt des Vertrages ist die Verpflichtung der heutigen Generation, durch ihre Beiträge die Renten der voraufgehenden Generation zu sichern, in der Erwartung, dass die ihr folgende Generation die gleiche Verpflichtung übernimmt.

Die **Höhe des Beitrages** richtet sich bei **Pflichtversicherten** nach dem Arbeitsverdienst: 19,1 % des Arbeitsverdienstes sind zurzeit (2001) als Pflichtbeitrag zu zahlen, jeweils zur Hälfte vom Arbeitnehmer und Arbeitgeber. Der Prozentsatz für die Pflichtbeiträge gilt nur bis zu einer bestimmten Höhe des Arbeitsverdienstes, der sog. **Beitragsbemessungsgrenze.**

Beitragsbemessungsgrenzen/Versicherungspflichtgrenzen 2001

		alte Bundesländer			neue Bundesländer	
		in DM	in Euro		in DM	in Euro
Rentenversicherung/	Jahr	104 400,00	53 378,87	Jahr	87 600,00	44 789,17
Arbeitslosenversicherung	Monat	8 700,00	4 448,24	Monat	7 300,00	3 732,43
Krankenversicherung/	Jahr	78 300,00	40 034,15	Jahr	78 300,00	40 034,15
Pflegeversicherung*	Monat	6 525,00	3 336,18	Monat	6 525,00	3 336,18
Geringfügigkeitsgrenze	Monat	630,00	322,11	Monat	630,00	322,11

* Ab dem 1. Januar 2001 ist die Beitragsbemessungsgrenze für die Kranken- und Pflegeversicherung in allen Bundesländern gleich.

Beitragssätze (2001)	Rentenversicherung	19,1 %
	Arbeitslosenversicherung	6,5 %
	Pflegeversicherung	1,7 %

192

Dem freiwillig Versicherten steht es völlig frei, in welcher Höhe er seine Beiträge entrichten will.

Leistungen der Rentenversicherung umfassen zunächst Maßnahmen zur medizinischen und berufs-fördernden Rehabilitation. Damit soll die Gesundheit wiederhergestellt werden. Die berufsfördernde Rehabilitation hat zum Ziel, den Betreuten möglichst auf Dauer beruflich wiedereinzugliedern. Ergänzende Leistungen umfassen im Wesentlichen die Zahlung von Geld während der Rehabilitationsmaßnahmen. Es gilt der **Grundsatz**: Rehabilitation geht vor Rente.

Renten werden gezahlt, wenn der Rentenfall eingetreten und die Wartezeit erfüllt ist.

Der Versicherte kann Rente erhalten wegen Kindererziehung, Berufs- oder Erwerbsunfähigkeit oder nach Erreichen der Altersgrenze.

Hinterbliebenenrenten können erhalten: die Witwe, der Witwer, der frühere Ehegatte und die Waisen, wenn die kleine Wartezeit erfüllt ist.

Leistungen aus der Rentenversicherung können nur beansprucht werden, wenn der Versicherte mindestens eine Zeitlang (sog. Wartezeit) der Versicherung angehört.

Die **Wartezeit** beträgt für die Rente wegen Kindererziehung, Berufsunfähigkeit oder Erwerbsunfähigkeit und für die Hinterbliebenenrenten 60 Monate (5 Jahre = so genannte kleine Wartezeit), für die Altersruhe-gelder 180 Monate (15 Jahre = so genannte große Wartezeit). Für die Rente wegen Erwerbsunfähigkeit gibt es auch eine Wartezeit von 240 Monaten (20 Jahre = besondere Wartezeit). Die Wartezeit kann nur mit Beitragszeiten, Ersatzzeiten und Zeiten aus dem Versorgungsausgleich erfüllt werden. In bestimmten Ausnahmefällen (z. B. Arbeitsunfall) gilt die Wartezeit auch bei weniger als 60 Monaten als erfüllt.

Unter Beitragszeiten versteht man die Zeiten, in denen Beiträge gezahlt worden sind.

Die Altersgrenzen für den Bezug der Rente aus der Rentenversicherung wurde für Männer und Frauen auf das 65. Lebensjahr festgelegt. Für **Frauen** erfolgt ab dem Jahr 2000 bis zum 31. Dezember 2004 die stufenweise Anhebung vom 60. auf das 65. Lebensjahr. Für langjährig versicherte **Männer** wird die stufenweise Anhebung vom 63. auf das 65. Lebensjahr ab dem Jahr 2000 bis zum 31. Dezember 2001 durchgeführt.

Kindererziehungszeiten bis Dezember 1985

Für Mütter oder Väter, die bis Dezember 1985 ein Kind erzogen haben, sind 12 Monate nach der Geburt des Kindes anzurechnen. Das gilt aber nur, wenn der Vater oder die Mutter ab 1921 geboren ist.

Ersatzzeiten sind Zeiten, in denen der Versicherte keine Beiträge zahlen konnte, z.B. die Zeiten des Kriegsdienstes und der Gefangenschaft, Zeiten, in denen der Versicherte durch den nationalsozialistischen Staat verfolgt wurde, Zeiten der Vertreibung und der Flucht.

Zeiten aus dem Versorgungsausgleich sind Zeiten, die sich aus Rentenanwartschaften ergeben, die im Rahmen eines Versorgungsausgleichs für einen (nach dem 30. Juni 1977) geschiedenen Ehegatten übertragen oder begründet worden sind.

Träger der Rentenversicherung sind die Bundesversicherungsanstalt für Angestellte (BfA), die Landesversicherungsanstalten (für die Rentenversicherung der Arbeiter, LVA) und Sonderanstalten (für Bundesbahnarbeiter und die Seekasse). Die Träger sind öffentlich-rechtliche Körperschaften. Sie verwalten sich selbst.

Arbeitsförderung / Arbeitslosenversicherung

Dieser Zweig der Sozialversicherung befasste sich **früher ausschließlich** mit der **Arbeitslosenversicherung. Heute** steht die Arbeitsförderung (Sozialgesetzbuch III) im Vordergrund. Durch Leistungen der Arbeitsförderung soll vor allem

● der **Ausgleich am Arbeitsmarkt** unterstützt werden, indem Ausbildungs- und Arbeitsuchende über Lage und Entwicklung des Arbeitsmarktes und der Berufe beraten, offene Stellen zügig besetzt und die Möglichkeiten von benachteiligten Ausbildungs- und Arbeitsuchenden für eine Erwerbstätigkeit verbessert und Zeiten der Arbeitslosigkeit sowie des Bezugs von Arbeitslosengeld, Teilarbeitslosengeld und Arbeitslosenhilfe vermieden oder verkürzt werden (§ 1 SGB III).

Die **Bundesanstalt für Arbeit** in Nürnberg mit ihren Arbeitsämtern setzt das SGB III in der Praxis um.

13 Schuster – ISBN 3-8120-0060-1

Eine besondere Verantwortung für die Vermeidung von Arbeitslosigkeit haben

Arbeitgeber	Dazu gehört u.a. ● die Mitverantwortung zur Erhaltung der beruflichen Leistungsfähigkeit der Arbeitnehmer, ● die mögliche Vermeidung von Leistungen der Arbeitsförderung sowie von Entlassungen und ● durch frühzeitige Meldung von freien Arbeitsplätzen deren zügige Besetzung zu ermöglichen.
Arbeitnehmer	Diese haben **insbesondere** die Pflicht, ihre beruflichen Anforderungen den sich ändernden Anforderungen anzupassen **und** zur Vermeidung von Arbeitslosigkeit 1. jede zumutbare Möglichkeit bei der Suche und Aufnahme einer Beschäftigung zu nutzen, 2. ein Beschäftigungsverhältnis, dessen Fortsetzung ihnen zumutbar ist, nicht zu beenden, bevor sie eine neue Beschäftigung haben und 3. jede zumutbare Beschäftigung anzunehmen.

Leistungen der Arbeitsförderung können Arbeitnehmer, Arbeitgeber und Träger von Arbeitsförderungsmaßnahmen erhalten. Dabei gelten die **Grundsätze**, dass
● die **Vermittlung** in Ausbildung und Arbeit **und**
● die **aktive Arbeitsförderung**
Vorrang vor Leistungen zum Ersatz des Arbeitsentgelts bei Arbeitslosigkeit haben.

Leistungen der aktiven Arbeitsförderung sind alle Leistungen der Arbeitsförderung mit Ausnahme von Arbeitslosengeld, Teilarbeitslosengeld, Arbeitslosenhilfe und Insolvenzgeld.

Wichtige Leistungen der aktiven Arbeitsförderung an Arbeitnehmer (nach SGB III) sind u.a.
● **Unterstützung der Beratung und Vermittlung**

   Arbeitslose und von Arbeitslosigkeit bedrohte Arbeitsuchende sowie Auszubildende können zur Beratung und Vermittlung **unterstützende Leistungen** erhalten, soweit der Arbeitgeber gleichartige Leistungen nicht oder voraussichtlich nicht erbringen wird und sie die erforderlichen Mittel nicht selbst aufbringen können. Zum **Beispiel** Bewerbungskosten, Reisekosten.
● **Trainingsmaßnahmen**
   Für Arbeitslose können die **Kosten für Trainingsmaßnahmen** übernommen werden, die deren Eingliederungsaussichten am Arbeitsmarkt verbessern.
   Beispiele: Maßnahmen zur Eignungsfeststellung; Bewerbertraining; Vermittlung von Kenntnissen und Fertigkeiten zur Verbesserung der Vermittlungsaussichten.
● **Mobilitätshilfen**
   Arbeitslose, die eine versicherungspflichtige Beschäftigung aufnehmen, können durch Mobilitätshilfen gefördert werden, soweit dies zur Aufnahme der Beschäftigung notwendig ist und sie die erforderlichen Mittel nicht selbst aufbringen können.
   Beispiele: Leistungen für
   – den Lebensunterhalt bis zur ersten Arbeitsentgeltzahlung,
   – Arbeitskleidung und Arbeitsgerät,
   – Fahrtkostenbeihilfe,
   – Trennungskostenbeihilfe.
● **Förderung der Aufnahme einer selbstständigen Tätigkeit**
   Arbeitnehmer, die durch Aufnahme einer selbstständigen Tätigkeit die **Arbeitslosigkeit beenden** oder **vermeiden,** können zur Sicherung des Lebensunterhalts und zur sozialen Sicherung in der Zeit nach der Existenzgründung **Überbrückungsgeld** erhalten.
● **Berufsausbildungsbeihilfe**
   Bedürftige Auszubildende haben Anspruch auf Ausbildungsbeihilfe während einer beruflichen Ausbildung oder eine berufsvorbereitenden Bildungsmaßnahme. Die Förderung erfolgt nur, wenn die Auszubildenden wegen der Entfernung nicht im Haushalt der Eltern wohnen.
● **Berufliche Weiterbildung**
   Arbeitnehmer können bei Teilnahme an Maßnahmen der beruflichen Weiterbildung durch Übernahme der Weiterbildungskosten und Leistung von Unterhaltsgeld gefördert werden, wenn

- die Weiterbildung notwendig ist, um sie bei Arbeitslosigkeit wieder einzugliedern, eine drohende Arbeitslosigkeit abzuwenden oder weil wegen eines fehlenden Berufsabschlusses die Notwendigkeit der Weiterbildung anerkannt ist,
- die Vorbeschäftigungszeit erfüllt ist,
- vor Beginn der Maßnahme das Arbeitsamt beraten und zugestimmt hat und
- die Maßnahme vom Arbeitsamt anerkannt ist.

● **Berufliche Eingliederung Behinderter**

Behinderten können Leistungen zur Förderung der beruflichen Eingliederung erbracht werden, die wegen Art oder Schwere der Behinderung erforderlich sind, um ihre Erwerbsfähigkeit entsprechend ihrer Leistungsfähigkeit zu erhalten, zu verbessern, herzustellen oder wiederherzustellen und ihre berufliche Wiedereingliederung zu sichern.

Nachrangig erbringen die Arbeitsämter **Lohnersatzleistungen**. Deren wichtigsten **Leistungsarten** sind:

● **Arbeitslosengeld**

Anspruch auf Arbeitslosengeld haben Arbeitnehmer, die
1. **arbeitslos** sind,
2. sich beim zuständigen Arbeitsamt **persönlich** arbeitslos gemeldet und
3. die **Anwartschaftszeit** erfüllt haben.

Arbeitslos ist ein Arbeitnehmer, der
1. **vorübergehend** nicht in einem Beschäftigungsverhältnis steht **und**
2. eine versicherungspflichtige, mindestens 15 Stunden wöchentlich umfassende Beschäftigung **sucht.**

Eine Beschäftigung sucht, wer
1. alle Möglichkeiten nutzt und nutzen will, um seine Beschäftigungslosigkeit zu beenden **und**
2. den Vermittlungsbemühungen des Arbeitsamtes zur **Verfügung steht,** d.h. arbeitsfähig und arbeitswillig ist.

Einem Arbeitslosen sind alle seiner Arbeitsfähigkeit entsprechenden Beschäftigungen **zumutbar,** soweit allgemeine oder personenbezogene Gründe nicht entgegenstehen. Letzteres liegt zum Beispiel dann vor, wenn das erzielbare Arbeitsentgelt erheblich niedriger als das der Bemessung des Arbeitslosengeldes zugrunde liegende Arbeitsentgelt ist. Gleiches gilt für unverhältnismäßig lange Pendelzeiten.

Die **Anwartschaftszeit** hat erfüllt, wer **innerhalb der letzten drei Jahre vor der Arbeitslosenmeldung** (Rahmenfrist) mindestens 12 Monate in einem Versicherungspflichtverhältnis zur Bundesanstalt für Arbeit gestanden hat.

Die **Höhe des Arbeitslosengeldes** richtet sich grundsätzlich nach dem durchschnittlichen pauschalierten **Nettoentgelt** (Leistungsentgelt), das sich aus dem Bruttoentgelt ergibt, das der Arbeitslose **während der letzten 52 Wochen vor** der Entstehung des Leistungsanspruchs in der Woche verdient hat. Ein Arbeitsloser mit mindestens einem Kind erhält 67 %, alle übrigen 60 % des Nettoentgelt als Arbeitslosengeld.

Die **Dauer des Anspruchs a**uf Zahlung von Arbeitslosengeld richtet sich nach der Dauer der Versicherungszeiten während der letzten sieben Jahre vor Arbeitslosmeldung und dem Lebensalter des Betroffenen. Die Anspruchsdauer beträgt zurzeit maximal 32 Monate.

● **Arbeitslosenhilfe**

Anspruch auf Arbeitslosenhilfe haben Arbeitnehmer, die
- **arbeitslos** sind,
- sich beim Arbeitsamt **arbeitslos gemeldet** haben,
- **keinen Anspruch auf Arbeitslosengeld** haben, weil sie die Anwartschaftszeit nicht erfüllt haben,
- in der **Vorfrist Arbeitslosengeld** bezogen haben, ohne dass der Anspruch wegen des Eintritts von Sperrzeiten mit einer Dauer von insgesamt 24 Wochen erloschen ist **und**
- **bedürftig** sind.

Die Arbeitslosenhilfe soll für **längstens ein Jahr** bewilligt werden. Der Anspruch endet mit Vollendung des 65. Lebensjahres.

Die **Vorfrist** beträgt ein Jahr. **Bedürftigkeit** liegt vor, wenn ein Arbeitsloser seinen Lebensunterhalt nicht auf andere Weise als durch Arbeitslosenhilfe bestreitet oder bestreiten kann **und** das zu berücksichtigende Einkommen die Arbeitslosenhilfe nicht erreicht.

Bei der **Ermittlung des zu berücksichtenden Einkommens** sind das
- Einkommen des Arbeitslosen **und**

– Einkommen des vom Arbeitslosen nicht dauernd getrennt lebenden Ehegatten **oder** einer Person, mit der er in eheähnlicher Gemeinschaft lebt, soweit es einen individuell bestimmten Freibetrag übersteigt.

Außerdem ist das **Vermögen** des Arbeitslosen, seines Ehegatten bzw. des Partners, mit dem er in eheähnlicher Gemeinschaft lebt, zu berücksichtigen.

Die **Höhe der Arbeitslosenhilfe** beträgt bei Arbeitslosen mit mindestens einem Kind 57 %, sonst 53 % des Leistungsentgelts (früheres pauschaliertes Netto-Arbeitsentgelt). Es kann durch Abschläge nach der Bedürftigkeitsprüfung vermindert werden.

- **Kurzarbeitergeld**
Anspruch auf Kurzarbeitergeld haben Arbeitnehmer, wenn
  – ein erheblicher Arbeitsausfall mit Entgeltausfall vorliegt,
  – die betrieblichen Voraussetzungen erfüllt sind,
  – die persönlichen Voraussetzungen erfüllt sind und
  – der Arbeitsausfall dem Arbeitsamt angezeigt worden ist.

Ein **Arbeitsausfall ist erheblich,** wenn er auf **wirtschaftlichen Gründen** oder einem **unabweisbaren Ereignis** beruht, **vorübergehend** und **nicht vermeidbar** ist **und** im jeweiligen Kalendermonat mindestens ein Drittel der im Betrieb beschäftigten Arbeitnehmer von einem **Entgeltausfall** von jeweils mehr als zehn Prozent ihres monatlichen Bruttoentgelts betroffen ist.

Das Kurzarbeitergeld wird auf der Grundlage des **Differenzbetrags** zwischen dem pauschalierten Nettoentgelt aus dem Sollentgelt und dem pauschalierten Nettoentgelt aus dem Istentgelt ermittelt. Es beträgt 67 % bzw. 60 % der Nettoentgeltdifferenz im Anspruchszeitraum.

- **Insolvenzgeld**
Arbeitnehmer haben **Anspruch** auf Insolvenzgeld, wenn sie bei
  – **Eröffnung des Insolvenzverfahrens** über das Vermögen ihres Arbeitgebers,
  – **Abweisung des Antrags** auf Eröffnung des Insolvenzverfahrens mangels Masse **oder**
  – **vollständiger Beendigung der Betriebstätigkeit,** wenn ein Antrag auf Eröffnung des Insovenzverfahrens nicht gestellt oder ein Insolvenzverfahren offensichtlich mangels Masse nicht in Betracht kommt,

für die **vorausgehenden drei Monate** des Arbeitsverhältnisses noch Ansprüche auf Arbeitsentgelt haben.

Insolvenzgeld wird in **Höhe des Nettoarbeitsentgelts** geleistet, das sich ergibt, wenn das Arbeitsentgelt um die gesetzlichen Abzüge vermindert wird.

Das Insolvenzgeld ist beim Arbeitsamt zu **beantragen.** Dieses kann einen **Vorschuss** gewähren.

- **Förderung der ganzjährigen Beschäftigung in der Bauwirtschaft**
Arbeitnehmer in der Bauwirtschaft haben
1. **Anspruch auf Wintergeld**
   a) in der **Förderungszeit** (15. Dez. bis zum letzten Kalendertag des Monats Feb.) zur Abgeltung witterungsbedingter Mehraufwendungen für geleistete Arbeitsstunden **(Mehraufwands-Wintergeld) und**
   b) in der **Schlechtwetterzeit** (1. Nov. bis 31. März) als Zuschuss zu einer Winterausfallgeld-Vorausleistung **(Zuschuss-Wintergeld).**

Das **Mehraufwands-Wintergeld** beträgt 2,00 DM je Arbeitsstunde. Es wird nicht für Überstunden gezahlt.

Das **Zuschuss-Wintergeld** wird gezahlt, wenn die Winterausfallgeld-Vorausleistung geringer ist als das Arbeitsentgelt für die ausgefallenen Arbeitsstunden. Das Zuschuss-Wintergeld beträgt 2,00 DM je Ausfallstunde.

Winterausfallgeld-Vorausleistung ist eine Leistung, die das Arbeitsentgelt bei witterungsbedingtem Arbeitsausfall in der Schlechtwetterzeit für mindestens 100 Stunden ersetzt, in angemessener Höhe im Verhältnis zum Winterausfallgeld steht und durch Tarifvertrag, Betriebsvereinbarung oder Arbeitsvertrag geregelt ist.

Sie liegt **auch** vor, wenn das Arbeitsentgelt für weniger als 100, mindestens jedoch für 30 Stunden in voller Höhe ersetzt wird und ein über 30 Stunden hinausgehendes Arbeitszeitguthaben des Arbeitnehmers für die Schlechtwetterzeit nicht vorhanden ist.

2. **Anspruch auf Winterausfallgeld**

   besteht bei witterungsbedingtem Arbeitsausfall in der Schlechtwetterzeit im Anschluss an eine Winterausfallgeld-Vorausleistung.

   Winterausfallgeld wird meist durch den Betrieb ausgezahlt und auf Antrag des Arbeitgebers oder des Betriebsrates vom zuständigen Arbeitsamt erstattet.

Pflegeversicherung

Die **Soziale Pflegeversicherung** bietet Versicherungsschutz bei Pflegebedürftigkeit. Dabei soll vorrangig die häusliche Pflege gestärkt werden, andererseits soll die Rehabilitation Vorrang vor der Pflege haben.

Der **Personenkreis der Versicherten** umfasst alle Personen, die in der gesetzlichen Krankenversicherung versichert sind, dies gilt auch für in der gesetzlichen Krankenversicherung freiwillig Versicherte.

Personen, die bei einem **privaten Krankenversicherungsunternehmen** versichert sind und Anspruch auf allgemeine Krankenhausleistungen haben, müssen bei diesem Unternehmen grundsätzlich auch einen **Pflegeversicherungsvertrag** abschließen.

Unterhaltsberechtigte Kinder und Ehegatten, deren monatliches Einkommen die Geringfügigkeitsgrenze nicht übersteigt, sind im Rahmen der Familienversicherung beitragsfrei mitversichert. **Kinder** sind grundsätzlich

– bis zur Vollendung des 18. Lebensjahres,
– bis zur Vollendung des 23. Lebensjahres, wenn sie nicht erwerbstätig sind,
– bis zur Vollendung des 25. Lebensjahres, wenn sie sich in Schul- oder Berufsausbildung befinden oder ein freiwilliges soziales Jahr leisten,
– ohne Altersgrenze, wenn das Kind wegen körperlicher, geistiger oder seelischer Behinderung außerstande ist, sich selbst zu unterhalten

in der Sozialen Pflegeversicherung mitversichert.

Wird die Schul- oder Berufsausbildung durch Erfüllung einer gesetzlichen Dienstpflicht des Kindes unterbrochen oder verzögert, verlängert sich die Mitversicherung um den entsprechenden Zeitraum über das 25. Lebensjahr hinaus.

Pflegebedürftig sind Personen, die wegen einer körperlichen, geistigen oder seelischen Krankheit oder Behinderung für die gewöhnlichen und regelmäßig wiederkehrenden Verrichtungen im Ablauf des täglichen Lebens auf Dauer, voraussichtlich für mindestens sechs Monate, in erheblichem oder höherem Maße der Hilfe bedürfen.

Für die Gewährung von **Leistungen** sind die pflegebedürftigen Personen einer der **drei Pflegestufen** zuzuordnen:

Pflegestufe I **(Erheblich Pflegebedürftige)**	Personen, die bei der Körperpflege, der Ernährung oder der Mobilität für wenigstens zwei Verrichtungen aus einem oder mehreren Bereichen mindestens einmal täglich der Hilfe bedürfen und zusätzlich mehrfach in der Woche Hilfen bei der hauswirtschaftlichen Versorgung benötigen.
Pflegestufe II **(Schwerpflegebedürftige)**	Personen, die bei der Körperpflege, der Ernährung oder der Mobilität mindestens dreimal täglich zu verschiedenen Tageszeiten der Hilfe bedürfen und zusätzlich mehrfach in der Woche Hilfen bei der hauswirtschaftlichen Versorgung benötigen.
Pflegestufe III **(Schwerstpflegebedürftige)**	Personen, die bei der Körperpflege, der Ernährung oder der Mobilität täglich rund um die Uhr, auch nachts, der Hilfe bedürfen und zusätzlich mehrfach in der Woche Hilfen bei der hauswirtschaftlichen Versorgung benötigen.

Leistungen erbringt die Pflegeversicherung seit 1. April 1995 für **ambulante (häusliche) Pflege** und seit 1. Juli 1996 für **stationäre Pflege**.

a) Häusliche Pflege

Die Leistungen können wahlweise in **Sachleistungen** (z. B. Pflegeeinsätze für ambulante Dienste) und/oder **Geldleistungen** bestehen. Ihre Höhe ist vom **Schweregrad der Pflegebedürftigkeit** (I, II oder III) abhängig. Wird die Sachleistung nicht in voller Höhe beansprucht, so kann ein entsprechend gemindertes Pflegegeld gezahlt werden.

Die folgenden Leistungen werden für die **häusliche Pflege** erbracht:

Pflegestufe / Art der Leistung	I	II	III	Besondere Härtefälle
Sachleistung – **Pflegeeinsätze durch ambulante Dienste** bis DM pro Monat	750,00	1 800,00	2 800,00	3 750,00
Geldleistung – **Pflegegeld** bis DM pro Monat	400,00	800,00	1 300,00	
Sonstige Leistungen – **Pflegevertretung**	Bei Urlaub oder sonstiger Verhinderung der Pflegeperson bis zu vier Wochen im Gesamtwert bis zu 2 800,00 DM pro Jahr			
– **Tages- und Nachtpflege** bis DM pro Monat	Wenn sich häusliche Pflege nicht ausreichend sicherstellen lässt, ist teilstationäre Pflege in Einrichtungen der Tages- und Nachtpflege möglich. 750,00 1 800,00 2 800,00			
– **Kurzzeitpflege**	In Fällen, in denen weder häusliche Pflege noch teilstationäre Pflege möglich ist, kann der Pflegebedürftige in eine Kurzzeitpflegeeinrichtung aufgenommen werden. Längstens für vier Wochen im Gesamtwert von bis zu 2 800,00 DM im Kalenderjahr.			
– **Pflegehilfsmittel**	Pflegehilfsmittel, z. B. Pflegebetten, Rollstühle, Gehwagen, Hebegeräte, soweit diese nicht von der Krankenversicherung oder anderen Leistungsträgern zu finanzieren sind.			
– **Umbaumaßnahmen**	der Wohnung, falls diese pflegebedingt sind. Zuschüsse bis zu 5 000,00 DM je Maßnahme.			
– **Pflegekurse**	zur Unterstützung der Pflegepersonen und zur Verbesserung der Qualität der häuslichen Pflege sollen von den Pflegekassen unentgeltlich angeboten werden.			

b) Stationäre Pflege

Die Pflegeversicherung übernimmt die **pflegebedingten Aufwendungen** bis zu 2 800,00 DM monatlich. Bei **Schwerstpflegebedürftigen** werden zur Vermeidung von Härtefällen ausnahmsweise bis zu 3 300,00 DM zur Verfügung gestellt.

Die Kosten für Unterkunft und Verpflegung trägt der Pflegebedürftige selbst.

Die **Pflegekassen** haben die **Pflegebedürftigkeit** durch den **Medizinischen Dienst** der Krankenkassen prüfen zu lassen, ob die Voraussetzungen der Pflegebedürftigkeit erfüllt sind und welche Stufe der Pflegebedürftigkeit vorliegt.

Soziale Sicherung der häuslichen Pflegepersonen

Für Personen, die wegen der Pflege nicht mehr als 30 Stunden wöchentlich erwerbstätig sind, zahlt die Pflegeversicherung Beiträge zur gesetzlichen Rentenversicherung. Dabei richtet sich die Höhe der Beiträge nach dem Schweregrad der Pflegebedürftigkeit und dem sich daraus ergebenden Umfang notwendiger Pflegetätigkeit. Darüber hinaus werden die Pflegepersonen während der pflegerischen Tätigkeit beitragsfrei in den Schutz der gesetzlichen Unfallversicherung einbezogen. **Pflegepersonen sind Personen**, die nicht erwerbsmäßig einen Pflegebedürftigen wenigstens 14 Stunden wöchentlich in seiner häuslichen Umgebung pflegen.

Beiträge zur Pflegeversicherung werden von den Beschäftigten und ihren Arbeitgebern **je zur Hälfte** aufgebracht, wenn der Beschäftigungsort in einem Bundesland liegt, das einen Feiertag abgeschafft hat, der stets auf einen Werktag fällt. Sonst haben die Arbeitnehmer den gesamten Beitrag allein zu tragen.

Die beitragspflichtigen Einnahmen der Mitglieder werden für die Beitragsberechnung bis zur **Beitragsbemessungsgrenze** in der gesetzlichen Krankenversicherung herangezogen. Der **Beitragssatz** beträgt 1,7 %.

Träger der Pflegeversicherung sind die **Pflegekassen**, die bei den Krankenkassen errichtet werden. Die Selbstverwaltungsorgane der Krankenkassen nehmen auch die Selbstverwaltungsaufgaben der Pflegekassen wahr.

111 Lesen Sie die Informationen zu den Formen der Sozialversicherung und füllen Sie ein Schaubild nach folgendem Muster aus:

Kriterien / Formen der Sozialversicherung					
Allgemeine Aufgabe					
Versicherter Personenkreis					
Finanzierung					
Leistungen					
Träger					
Organe					

112 Bestimmen Sie, welcher Zweig der Sozialversicherung in den folgenden Situationen zuständig ist:

Situation	Zweig der Sozialversicherung
a) Ein Auszubildender fällt im Ausbildungsbetrieb und bricht sich einen Arm.	
b) Durch eine nicht beruflich bedingte schwere Krankheit wird ein Arbeitnehmer völlig arbeitsunfähig.	
c) Nach dem Schulabschluss sucht Inge einen Ausbildungsplatz.	
d) Durch Rationalisierungsmaßnahmen wird ein Angestellter arbeitslos.	
e) Durch den Tod eines Arbeitnehmers werden 5 000,00 EUR Bestattungskosten verursacht.	
f) Ein Bäcker bekommt Asthma. Diese Erkrankung wird auf den Umgang mit Mehl zurückgeführt.	
g) Nach einem Schlaganfall kann der bisher ausgeübte Beruf nicht mehr ausgeübt werden, da der Erkrankte nicht mehr lange stehen kann.	
h) Aufgrund technologischer Veränderungen ist ein Arbeitnehmer in seinem bisherigen Beruf nicht mehr einsetzbar. Für einen am Arbeitsmarkt gefragten Beruf fehlen ihm die notwendigen Kenntnisse.	

Situation	Zweig der Sozialversicherung
i) Hanne, 41 Jahre, war Bankkauffrau und ist jetzt Hausfrau. Sie pflegt ihre schwerstpflegebedürftige Mutter.	
j) Wolfgang, 55 Jahre, ledig, kann nach einem Schlaganfall die Hausarbeit nicht mehr selbst erledigen.	

113 In einem Unternehmen in Düsseldorf sind u. a. beschäftigt:

Hans, Jahresgehalt   32 700,00 DM
Inge, Ausbildungsvergütung im Jahr   8 240,00 DM
Peter, Jahresgehalt   182 900,00 DM

a) Prüfen Sie, ob diese Beschäftigten Pflichtmitglieder einer Krankenkasse sein müssen!

b) Wer hat die Beiträge zur gesetzlichen Krankenversicherung zu zahlen?

c) Wer ist berechtigt, sich in der gesetzlichen Krankenversicherung freiwillig zu versichern?

d) Welches Wahlrecht für die Krankenversicherung hat ein Arbeitnehmer grundsätzlich?

e) Was versteht man unter „Selbstverwaltung" der Krankenkasse?

f) Peter entschließt sich, bei der AOK versichert zu werden. Diese erhebt einen Beitragssatz von 14 %. Wie hoch ist der monatliche Krankenversicherungsbeitrag für Peter?

114 Bei einem Arbeitsunfall wird ein Arbeiter schwer verletzt, es muss ihm ein Auge entfernt werden. Seine seitherige Tätigkeit kann er nunmehr nicht mehr ausüben.

Die Erwerbsfähigkeit ist auf Dauer um 40 % gemindert.

a) Welche Sozialversicherung ist für diesen Fall zuständig?

b) Welche Leistungen kann der Arbeiter aus der Sozialversicherung beanspruchen?

c) Der Arbeiter entschließt sich, einen Kiosk zu betreiben. Wäre es möglich, einen Teil der Beschaffungskosten aus Mitteln der Unfallversicherung zu finanzieren?

d) Wer ist Träger dieser Sozialversicherung?

e) Wer zahlt die Beiträge zu dieser Sozialversicherung?

f) Welches ist das vorrangige Ziel dieses Zweiges der Sozialversicherung?

115 Ein Angestellter aus Hannover, 55 Jahre, will sich informieren, wann er in den Ruhestand gehen kann und wie viel DM Rente er erhalten wird.

a) Wo könnte er die entsprechenden Informationen erhalten?

b) Wie weist dieser Angestellte seine Zahlungen an die Rentenversicherung nach?

c) Welche Rente könnte er beanspruchen, falls er jetzt berufsunfähig würde?

d) Wann kann ein Angestellter frühestens

da) Altersruhegeld,

db) Berufsunfähigkeitsrente,

dc) Erwerbsunfähigkeitsrente
beziehen?

e) Erklären Sie die Begriffe

ea) Beitragszeit,

eb) Ersatzzeit,

ec) Zeiten aus Versorgungsausgleich!

f) Der Angestellte hat ein Jahreseinkommen von 117 600,00 DM. Wie hoch ist sein monatlicher Beitrag zur Rentenversicherung?

116 Die Bundesanstalt für Arbeit hat die Aufgabe der Arbeitsförderung und Arbeitslosenversicherung.

a) Welche Mittel der Arbeitsförderung stehen der Bundesanstalt für Arbeit zur Verfügung?

b) Umstritten ist die Lockerung des Monopols der Arbeitsvermittlung für die Bundesanstalt für Arbeit. Suchen Sie Gründe, die für bzw. gegen dieses Monopol sprechen!

c) Welche Bereiche der Förderung der beruflichen Bildung lassen sich unterscheiden?

d) Nennen Sie Maßnahmen zur Sicherung der Arbeitsplätze!

e) Wodurch unterscheiden sich Arbeitslosengeld und Arbeitslosenhilfe?

f) Wie lange wird Arbeitslosengeld gezahlt?

g) Was versteht man unter Sperrzeit?

117 Frau Anna Schulze, 85 Jahre alt, bewohnt noch immer ihre eigene Wohnung. In letzter Zeit wird aber die Beschaffung der Lebensmittel und das Zubereiten der Mahlzeiten für sie immer schwieriger, da sie zunehmend von der Gicht geplagt wird. Kinder hat sie nicht. In ein Altenheim will sie nicht umziehen.

a) Welche Möglichkeit bietet die gesetzliche Pflegeversicherung für Frau Schulze?

b) Stellen Sie fest, welche Möglichkeiten der Versorgung für derartige Fälle in Ihrem Wohnbezirk bestehen. Tragen Sie das Ergebnis Ihrer Recherchen kurz vor!

IV. Der betriebliche Leistungsprozess

> **LZ:** Sach- und Dienstleistungsbetriebe anhand der Grundfunktionen unterscheiden und ihre Einbindung in Beschaffungs- und Absatzmärkte erläutern

● **Sach- und Dienstleistungsbetriebe anhand der Grundfunktionen unterscheiden**

Sachleistungsbetriebe dienen der Rohstoffgewinnung bzw. der Rohstoffverarbeitung unter Einsatz von Hilfs- und Betriebsstoffen (Fertigungsbetriebe).

Dienstleistungsbetriebe erstellen selbstständige marktfähige Leistungen durch die Bereitstellung **und/oder** den Einsatz von Produktionsfaktoren. Die erstellte Leistung kann abstrakter, immaterieller (Know-how) oder materieller Art sein.

Beispiel: Ein *Steuerberater* erstellt eine Bilanz.

immateriell:	materiell:
Beratungsleistung	**Bilanz**

1 Der Erfinder und Konstrukteur Hansmann entwickelte einen Motor, der sich dadurch auszeichnet, dass der Kolben ohne Kurbelwelle oder andere mechanische Aufhängungsvorrichtungen bewegt wird.

Der Kraftstoffverbrauch liegt bei gleicher Leistung gegenüber dem von Ottomotoren um 30 % niedriger. Baugrößen sind fast unbeschränkt. Leistungen von 1 000 PS sind möglich. Der Motor läuft außerdem noch relativ leise. Patente sind in 18 Ländern angemeldet.

Zur wirtschaftlichen Verwertung dieser Erfindung soll ein Unternehmen gegründet werden.

a) Stellen Sie in einem Schaubild dar, in welchen Phasen sich die wirtschaftliche Nutzung der Erfindung von der Gründung bis zur Auflösung dieses Unternehmens vollzieht! Berücksichtigen Sie dabei auch die rechtlichen und finanziellen Voraussetzungen!

Gründung   Auflösung

b) Zeichnen Sie in das Schaubild den eigentlichen betrieblichen Umsatzprozess ein!

c) Welche Aufgaben hat der betriebliche Leistungsprozess zu erfüllen?

2 a) Welcher Art von Betrieben sind folgende Betriebe zuzuordnen?

Betrieb	Art der erstellten Leistung
1. Kohlebergwerk	. . . .
2. Versicherung	. . . .
3. Gerberei	. . . .
4. Maschinenfabrik	. . . .
5. Kreditinstitut	. . . .
6. Bäckerei	. . . .
7. Fischereibetrieb	. . . .
8. Schokoladenfabrik	. . . .
9. Einzelhandlung	. . . .
10. Furnierwerk	. . . .

b) Wie können die Betriebe nach Wirtschaftszweigen (Branchen) gegliedert werden?

c) Welche Gliederung der Betriebe nach der Betriebsgröße ist möglich?

3 Bilden Sie Arbeitsgruppen und suchen Sie Hauptaufgaben (Grundfunktionen), die

1. ein Obsteinzelhändler,
2. eine Versicherung,
3. ein Kreditinstitut,
4. ein Industriebetrieb

jeweils zu erfüllen hat!

4 Die Betriebe bieten ihren Kunden unterschiedliche Leistungen (Produkte) an.

a) Stellen Sie in arbeitsteiligen Gruppen fest, welche Produkte jeweils **ein** in Aufgabe 3 genannter Betriebstyp, der sich in Ihrer Nähe befindet, konkret anbietet!

b) Tragen Sie die Ergebnisse Ihrer Untersuchung in einem Kurzreferat frei vor!

● **Einbindung der Sach- und Dienstleistungsbetriebe in Beschaffungs- und Absatzmärkte**

Um die Betriebsziele zu erreichen, müssen die Betriebe die für die Produktion von Sach- bzw. Dienstleistungen erforderlichen **Produktionsfaktoren** an **Märkten beschaffen**.

Innerhalb des Betriebes erfolgt die **Produktion von Sachleistungen** bzw. von **Dienstleistungen**.

Anschließend werden die erstellten Sach- bzw. Dienstleistungen wieder an **Märkten abgesetzt**.

5 a) Suchen Sie die für einen **Industriebetrieb** typischen Märkte für die **Beschaffung** von Produktionsfaktoren!

b) Suchen Sie Märkte, auf denen ein **Industriebetrieb** seine Sachleistungen verwerten kann!

c) Stellen Sie die Ergebnisse Ihrer Untersuchung in einem Schaubild dar!

6 a) Suchen Sie die für einen **Großhandelsbetrieb** typischen Märkte für die **Beschaffung** von Produktionsfaktoren!

b) Suchen Sie Märkte, auf denen ein **Großhandelsbetrieb** seine Betriebsleistungen verwerten kann!

c) Stellen Sie die Ergebnisse Ihrer Untersuchung in einem Schaubild dar!

7 a) Suchen Sie die für einen **Versicherungsbetrieb** typischen Märkte für die **Beschaffung** von Produktionsfaktoren!

b) Suchen Sie Märkte, auf denen ein **Versicherungsbetrieb** seine Dienstleistungen verwerten kann!

c) Stellen Sie die Ergebnisse Ihrer Untersuchung in einem Schaubild dar!

8 a) Suchen Sie die für einen **Bankbetrieb** typischen Märkte für die **Beschaffung** von Produktionsfaktoren!

b) Suchen Sie Märkte, auf denen ein **Bankbetrieb** seine Dienstleistungen verwerten kann!

c) Stellen Sie die Ergebnisse Ihrer Untersuchung in einem Schaubild dar!

9 Wenden Sie die Fragestellungen zu Aufgabe 8 a) und b) auf Ihren Ausbildungsbetrieb an, falls dieser einer anderen Branche angehört und stellen Sie die Ergebnisse in einem Schaubild dar!

Die **Leistungserstellung** erfolgt zum Beispiel in einem **Industriebetrieb** durch das **Zusammenwirken** der **Produktionsfaktoren** Arbeit, Betriebsmittel (Maschinen und maschinelle Anlagen) unter Einsatz der zur Herstellung der gewünschten Erzeugnisse erforderlichen **Materialien** (z. B. Rohstoffe), von **Informationen** (z. B. über die Methoden der Fertigung) und dem Einsatz von **Energie**.

Eingabe (Input)	**Leistungserstellung**	**Arbeitsergebnis** (Output)
Material – Rohstoffe, – Halbfabrikate usw.		*Erzeugnisse* – Halb- und Fertig- erzeugnisse
Informationen – Arbeits- verfahren, – Zeichnungen usw.	Kombination von Arbeit Betriebs- mitteln Input	*Informationen* – z. B. über Störungen des Fertigungs- prozesses – Arbeitszeit usw.
Energie – Strom, – Gas usw.		*Material und Energie* – z. B. Abfall, – Schadstoffe usw.

Die **Leistungsverwertung** ist Aufgabe der **Absatzwirtschaft**. Sie hat die Aufgabe, die Erzeugnisse und evtl. auch die marktfähigen Restmengen an Materialien und Energie unter Beachtung der Unternehmensziele zu verkaufen. Vergleichen Sie hierzu Abschnitt VI.

10 Stellen Sie den Prozess der Leistungserstellung in einem Dienstleistungsunternehmen dar und geben Sie die Unterschiede zur Leistungserstellung im Industriebetrieb an!

11 Suchen Sie Beispiele, wie in Ihrem Ausbildungsbetrieb der Energie- bzw. Rohstoffeinsatz gemindert werden könnte!

Das wirtschaftliche Handeln in den Betrieben erfolgt in Verbindung mit bestimmten Zielsetzungen. Diese **Ziele** können z. B. sein

– Gewinnziele,
– Umsatzziele,
– Marktanteilziele,
– Versorgungsziele.

Zur Messung des Erreichens der Ziele werden meist **Kennziffern** berechnet.

Das **Gewinnziel** lässt sich durch die Rentabilität messen.

$$\text{Rentabilität} = \frac{\text{Gewinn} \cdot 100}{\text{Kapital}}$$

Der **Umsatz** (Erlös) errechnet sich aus Absatzmenge · Preis.

Als **Marktanteil** bezeichnet man den prozentualen Anteil des Unternehmens am tatsächlichen Marktvolumen. Dieses ist der tatsächliche Umsatz aller Anbieter auf einem bestimmten Markt in einem Zeitraum.

$$\textbf{Marktanteil} = \frac{\text{Unternehmensumsatz} \cdot 100}{\text{Marktvolumen}}$$

12 Ein Unternehmen geht von folgenden Absatzschätzungen für sein Produkt aus:

Stückpreis (EUR)	80	90	100	110	120
absetzbare Menge (Stück)	12 000	11 000	9 000	6 500	3 000
Umsatz (EUR)	960 000	990 000	900 000	715 000	360 000

a) Welchen Preis wird das Unternehmen setzen, wenn es nach dem maximalen Marktanteil (in Mengen) strebt?

b) Welcher Preis wird gewählt, wenn der Umsatz maximiert werden soll?

c) Welcher Preis wird gewählt, wenn das Unternehmen nach Gewinnmaximierung strebt und die zurechenbaren Kosten 50,00 EUR pro Stück betragen?

d) Wie hoch ist der Marktanteil des Unternehmens, wenn auf dem Gesamtmarkt 86 000 Stück abgesetzt sind und das Unternehmen nach Gewinnmaximierung strebt?

e) Wie hoch ist die Rentabilität des Unternehmens, falls es beim Streben nach Gewinnmaximierung einen Gewinn von 170 000,00 EUR erzielt und ein Kapital von 1 349 000,00 EUR eingesetzt werden musste?

f) Suchen Sie noch andere mögliche Unternehmensziele!

13 In der Satzung einer Kreditgenossenschaft ist die Zielsetzung wie folgt beschrieben:

Zweck und Gegenstand

(1) Zweck der Genossenschaft ist die wirtschaftliche Förderung und Betreuung der Mitglieder.

(2) Gegenstand des Unternehmens ist die Durchführung von banküblichen und ergänzenden Geschäften sowie des Waren- und Dienstleistungsgeschäfts, insbesondere

   a) die Pflege des Spargedankens, vor allem durch Annahme von Spareinlagen;

   b) die Annahme von sonstigen Einlagen;

   c) die Gewährung von Krediten aller Art;

   d) die Übernahme von Bürgschaften, Garantien und sonstigen Gewährleistungen sowie die Durchführung von Treuhandgeschäften;

   e) die Durchführung des Zahlungsverkehrs;

   f) die Durchführung des Auslandsgeschäfts einschließlich des An- und Verkaufs von Devisen und Sorten;

   g) die Vermögensberatung, Vermögensvermittlung und Vermögensverwaltung;

   h) der Erwerb und die Veräußerung sowie die Verwahrung und Verwaltung von Wertpapieren und anderen Vermögenswerten;

   i) die Vermittlung oder der Verkauf von Bausparverträgen, Versicherungen und Reisen;

   j) die Pflege des genossenschaftlichen Warengeschäfts.

(3) Der Geschäftsbetrieb kann auf Nichtmitglieder ausgedehnt werden.

a) Verfolgt die Kreditgenossenschaft das Ziel der Gewinnmaximierung?

b) Wie könnte sich das von der Kreditgenossenschaft verfolgte Ziel im wirtschaftlichen Handeln der Genossenschaft äußern?

c) Vergleichen Sie die Zielsetzung der Genossenschaft mit der einer Sparkasse!

Auszug aus der Satzung einer Sparkasse

§ 2   Aufgaben

(1) Die Sparkasse hat die Aufgabe, als dem gemeinen Nutzen dienendes Wirtschaftsunternehmen geld- und kreditwirtschaftliche Leistungen zu erbringen, insbesondere Gelegenheit zur sicheren Anlage von Geldern zu geben. Sie hat den Sparsinn in der Bevölkerung zu wecken und das Sparen zusammen mit den übrigen Formen der Vermögensbildung zu fördern. Zu diesem Zweck trifft sie alle erforderlichen und geeigneten Maßnahmen, um möglichst weite Kreise der Bevölkerung für den Spargedanken zu gewinnen; hierzu gehören auch die Pflege des Sparsinns der Jugend und die Förderung des Schulsparens sowie des Bausparwesens.

(2) Die Sparkasse dient der Befriedigung des örtlichen Kreditbedarfs unter besonderer Berücksichtigung der Arbeitnehmer, des Mittelstandes, der gewerblichen Wirtschaft und der öffentlichen Hand nach Maßgabe dieser Satzung, sie pflegt den bargeldlosen Zahlungsverkehr (Spargiroverkehr), insbesondere den Überweisungsverkehr, und betreibt die weiteren in dieser Satzung vorgesehenen Geschäfte.

(3) Die Spareinlagen sollen unter Berücksichtigung der Liquiditätserfordernisse grundsätzlich lang- oder mittelfristig angelegt werden, die sonstigen Einlagen mit keinen längeren Kündigungsfristen, als sie hereingenommen sind.

(4) Die Geschäfte werden nach wirtschaftlichen Grundsätzen geführt; die Erzielung von Gewinn ist nicht Hauptzweck des Geschäftsbetriebes.

14 Die Gewerkschaften sind an gemeinwirtschaftlichen Unternehmen beteiligt. Deren Zielsetzungen sind im Folgenden dargestellt:

Der Auftrag gemeinwirtschaftlicher Unternehmen

1. Die gemeinwirtschaftlichen Unternehmen zeigen durch ihre Existenz und Leistung, dass mit sozialverpflichtetem Kapital in einer Marktwirtschaft erfolgreich für das Gemeinwohl gearbeitet werden kann. Sie beweisen, daß Unternehmen mit gemeinwirtschaftlichen Verhaltensweisen in bestimmten Bereichen eine zweckmäßige Alternative zu privaten Unternehmen sind. Damit machen sie deutlich, dass an gemeinwirtschaftlichen Zielen orientierte Unternehmen eine Marktwirtschaft funktionsfähiger machen. Die Unternehmen leisten einen Beitrag in der Diskussion über die Fortentwicklung der Wirtschaftsordnung. Deren grundlegende Veränderung können sie jedoch nicht herbeiführen.

2. Die Unternehmen der Gemeinwirtschaft dienen der Erfüllung gewerkschaftlicher Zielvorstellungen dadurch, dass sie mittel- oder unmittelbar die Lebensbedingungen der Arbeitnehmer durch eine verbraucherorientierte Politik verbessern helfen und die Gewerkschaftsorganisation stärken.

3. Die konkreten Aufgaben der gemeinwirtschaftlichen Unternehmen ergeben sich aus den Bedürfnissen der an den Leistungen interessierten Gruppen und im gemeinnützigen Wohnungswesen aus dem Wohnungsgemeinnützigkeitsgesetz. Ein Interesse an den Leistungen gemeinwirtschaftlicher Unternehmen können verschiedene Gruppen haben: Arbeitnehmer und Verbraucher, die Gewerkschaften und ihre Mitglieder sowie die Beschäftigten in den gemeinwirtschaftlichen und in allen übrigen Unternehmen. Die Erwartungen dieser Gruppen und Institutionen können unterschiedlich sein. Über die einzuräumende Priorität entscheiden die Gewerkschaften unter Berücksichtigung der Leistungskraft der Unternehmen. Dabei werden die Bedürfnisse von wirtschaftlich und sozial benachteiligten Arbeitnehmergruppen besonders berücksichtigt.

   Gemeinwirtschaftliche Unternehmen haben auch die Aufgabe, sich zugunsten benachteiligter Arbeitnehmer in anderen Ländern einzusetzen und ihnen Organisationshilfen zu geben. Die Hilfe muss mit den politischen Grundsätzen des DGB vereinbar sein und im ausdrücklichen Interesse und auf Wunsch der Organisationen geschehen, die in diesen Ländern den Arbeitnehmern nahestehen.

   Die Aufgabe der gemeinwirtschaftlichen Unternehmen besteht nicht darin, besondere Vorteilsregelungen für Gewerkschaftsmitglieder anzubieten. Die Erfüllung ihres gemeinwirtschaftlichen

Auftrages würde beeinträchtigt, wenn diese Vorteilsregelungen für den Einzelnen bedeutsam sein sollen. Bei Bestrebungen nach Vorteilsregelungen müssen daher die individuellen und organisationspolitischen Wirkungen einerseits und die gemeinwirtschaftlichen Auswirkungen andererseits abgewogen werden.

4. Der Auftrag der Unternehmen wird durch unternehmensbezogene Programme konkretisiert, an deren Aufstellung die Gewerkschaften als Träger der Unternehmen beteiligt sind.

Die Leistungen der gemeinwirtschaftlichen Unternehmen sollen durch eine gesellschaftsbezogene Rechnungslegung als Bestandteil der allgemeinen Publizität dieser Unternehmen verdeutlicht werden. Eine solche gesellschaftsbezogene Rechnungslegung werden die Gewerkschaften gemeinsam mit den gemeinwirtschaftlichen Unternehmen entwickeln.

Wettbewerbsförderung und die Funktion des Gewinns in gemeinwirtschaftlichen Unternehmen

1. Der Unternehmensauftrag wird durch die unmittelbar erbrachte Unternehmensleistung und mittelbar durch beispielgebendes wettbewerbsförderndes und strukturverbesserndes Verhalten der Unternehmen erfüllt.

2. Die gemeinwirtschaftlichen Unternehmen fördern den Leistungswettbewerb durch Neuerungen, Preis- und Produktpolitik, Servicegestaltung und andere Marktleistungen. Sie tragen den individuellen Kundenbedürfnissen durch Angebotsgestaltung, Beratung und persönliche Dienstleistungsbereitschaft in besonderer Weise Rechnung. Dadurch regen sie private und öffentliche Unternehmen zu einem ebenfalls verbraucherfreundlichen Verhalten an. Die Förderung und Aufrechterhaltung des Wettbewerbs sind wesentliche Mittel zur Verwirklichung des gewerkschaftlichen Auftrages und wirken wirtschaftlichem Machtmißbrauch entgegen. Die staatliche Wettbewerbspolitik muss durch gemeinwirtschaftliche Unternehmen ergänzt, kann jedoch durch sie nicht ersetzt werden.

3. In den gemeinwirtschaftlichen Unternehmen ist Vermögen der Gewerkschaften eingesetzt. Es ist zu erhalten und angemessen zu verzinsen.

4. In den gemeinwirtschaftlichen Unternehmen fällt dem Gewinn eine andere Rolle zu als in den privaten Unternehmen. In Privatunternehmen wird der Gewinn im Interesse der privaten Eigentümer erzielt. In gemeinwirtschaftlichen Unternehmen sind die Gewinnerzielung und die Gewinnverwendung am gemeinwirtschaftlichen Auftrag des Unternehmens orientiert.

Da die am Markt tätigen Unternehmen ihren Auftrag in der Regel auf Dauer nicht ohne Wachstum erfüllen können, ist neben der Kostendeckung auch die Erwirtschaftung von Mitteln zur Selbstfinanzierung und zur Bildung von Rücklagen erforderlich.

Zugunsten übergeordneter Ziele und soweit mit der Finanz- und Ertragskraft der Unternehmen vereinbar, sollen gemeinwirtschaftliche Unternehmen im Rahmen ihres gewerkschaftlichen Auftrages auch auf Gewinnchancen, die der Markt bietet, verzichten können.

Quelle: DGB: Auftrag und Aufgaben gemeinwirtschaftlicher Unternehmen des DGB und seiner Gewerkschaften, Frankfurt 1979.

a) Welchen Nachweis sollen die gemeinwirtschaftlichen Unternehmen der Gewerkschaften erbringen?

b) Welche Gruppen sollen diese gemeinwirtschaftlichen Unternehmen besonders ansprechen?

c) Wie soll der Unternehmensauftrag gemeinwirtschaftlicher Unternehmen erfüllt werden?

d) Welche Rolle hat der Gewinn in gemeinwirtschaftlichen Unternehmen?

e) Nennen Sie gemeinwirtschaftliche Unternehmen der Gewerkschaften in der Bundesrepublik Deutschland!

15 Ein Politiker fordert, die städtische Müllabfuhr in Zukunft einem privaten Unternehmer zu übertragen, da die ständigen Zuschüsse im Haushalt der Stadt nicht mehr zu verkraften seien und ein privater Unternehmer kostengünstiger arbeiten könne.

a) Nach welcher wirtschaftlichen Zielsetzung arbeiten öffentliche Betriebe in der Regel?

b) Nehmen Sie zu dem Vorschlag des Politikers Stellung!

Ein Maßstab für die Überprüfung der Leistungsfähigkeit eines Produktionsfaktors ist die Produktivität. Diese errechnet sich als Quotient von Gesamtertrag (Ausbringungsmenge) und Einsatzmenge eines Produktionsfaktors.

$$\text{Produktivität} = \frac{\text{Gesamtertrag (Ausbringungsmenge)}}{\text{Einsatzmenge eines Produktionsfaktors}}$$

Die Produktivität gibt somit die Produktmenge je Faktoreinheit an.

16 Die Plastic GmbH, die nur ein Produkt fertigt, weist in ihrem Jahresabschluss u. a. folgende Angaben aus:

	1999	2000
Erzeugte Mengen (Stück)	220 700	235 800
Zahl der Beschäftigten	36	41
Jahresüberschuss (EUR)	67 500,00	72 400,00
Verkaufserlös pro Stück (EUR)	3,70	3,75

Bei den Tarifverhandlungen wurden Lohn- und Gehaltserhöhungen einschließlich der Lohnnebenkosten von 8,2 % vereinbart. Bewegt sich diese Lohn- bzw. Gehaltssteigerungsrate im Rahmen der Produktivitätsentwicklung der Plastic GmbH im Jahr 2000?

Unter **Wirtschaftlichkeit** versteht man das Verhältnis von Ausbringungsmenge (Leistungsmenge) zu Kosten.

$$\text{Wirtschaftlichkeit} = \frac{\text{Ausbringungsmenge}}{\text{Kosten}} \quad \text{oder} \quad \frac{\text{Ertrag}}{\text{Aufwand}}$$

Kostenwirtschaftlichkeit   Ertragswirtschaftlichkeit
oder Marktwirtschaftlichkeit

17 Dem Rechnungswesen eines Schubkarrenherstellers wurden für die Monate Januar bis Juni folgende Zahlen entnommen:

Monate	Januar	Februar	März	April	Mai	Juni
Ausbringungs-menge (Stück)	2 700	2 810	2 900	2 950	2 890	2 800
Kosten (EUR)	216 000	223 938	223 300	238 950	235 535	229 600
Arbeitsstunden	1 800	1 800	1 850	1 860	1 850	1 820

a) Wie entwickelte sich die Kostenwirtschaftlichkeit der Produktion in diesem Zeitraum? (Rechnung auf 5 Stellen genau!)

b) Wie entwickelte sich die Arbeitsproduktivität in dieser Zeit?

c) Nennen Sie Faktoren, welche die Wirtschaftlichkeit beeinflussen können!

LZ: Grundfunktionen am Beispiel eines Produktionsbetriebes erläutern und Unterschiede zu Betrieben anderer Wirtschaftszweige erkennen sowie Verfahren der Leistungserstellung unterscheiden

Situation

An einem Ort befinden sich zwei Industriebetriebe. Das **Unternehmen A** fertigt Rasenmäher in **einer** Standardausführung. Davon werden jährlich etwa 90 000 Stück hergestellt.

Das **Unternehmen B** stellt Werkzeugmaschinen her. Es fertigt jeweils nach den besonderen Wünschen der Kunden. Fast jede Maschine unterscheidet sich daher von der anderen.

Welche Tätigkeiten haben beide Unternehmen gleichermaßen zu erfüllen, und worin unterscheiden sich beide Unternehmen bei der Organisation der Leistungserstellung?

Beide Unternehmen müssen zum Erreichen der Produktionsziele Rohstoffe, Hilfs- und Betriebsstoffe beschaffen, um die Produkte zu erzeugen. Bis zum Beginn des Fertigungsprozesses müssen die Roh-, Hilfs- und Betriebsstoffe gelagert werden. Die Fertigung führt über Halberzeugnisse zu den Fertigerzeugnissen. Diese müssen bis zum Verkauf wiederum gelagert werden. Schließlich erfolgt die Auslieferung an den Kunden.

Grundfunktionen	Beschaffung	Lagerung	Produktion	Lagerung	Vertrieb/ Marketing
Objekte	Rohstoffe u. a. m.	Rohstoffe u. a. m.	Halberzeugn. Fertig-erzeugnisse	Fertig-erzeugnisse	Erfüllen von Kunden-aufträgen

Während beide Unternehmen für die Leistungserstellung daher gleiche Grundfunktionen zu erfüllen haben, unterscheiden sie sich jedoch durch die **Wiederholbarkeit eines bestimmten Fertigungsvorganges** und in der **Organisation des Fertigungsprozesses**.

Nach dem **Kriterium der Wiederholbarkeit** des Fertigungsvorganges werden folgende **Produktionstypen** (Fertigungstypen) unterschieden:

```
                    Produktionstypen
           ┌──────────────┴──────────────┐
    Einzelfertigung              Mehrfachfertigung
                        ┌──────────────┼──────────────┐
                 Sortenfertigung  Serienfertigung  Massenfertigung
```

Einzelfertigung liegt vor, wenn der Produktionsapparat auf die Erstellung eines einzelnen Produktes eingestellt ist.

Mehrfachfertigung liegt vor, wenn der Produktionsapparat auf eine mehrfache Fertigung eines Gutes angelegt ist.

Folgende Arten der Mehrfachfertigung werden unterschieden:

Art	Beschreibung
– **Serienfertigung**	Mehrere *Produktvarianten* werden in begrenzter Anzahl hergestellt. Beispiel: Automobilindustrie
– **Sortenfertigung**	Produkte aus dem gleichen *Ausgangsmaterial* werden in begrenzter Anzahl hergestellt. Beispiel: Bekleidungsindustrie
– **Massenfertigung**	Ein Produkt wird in großen Mengen ohne Unterbrechung des Fertigungsprozesses hergestellt. Beispiel: Süßwaren

14 Schuster – ISBN 3-8120-0060-1

Nach dem **Gesichtspunkt der Organisation des Fertigungsprozesses**, d. h. der Anordnung der Betriebsmittel und Arbeitsplätze bzw. der zeitlichen Abstimmung ihrer Nutzung, ergeben sich folgende Organisationstypen:

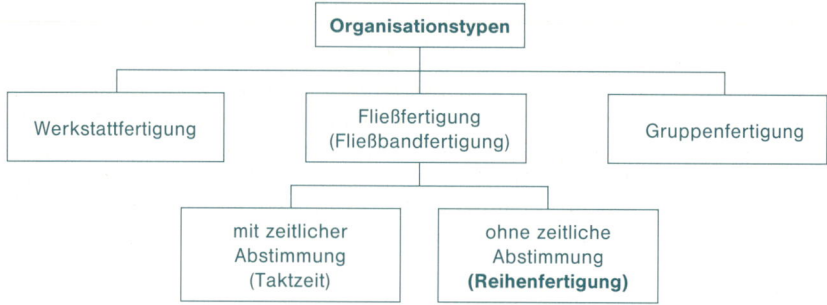

Werkstattfertigung

Organisation der Betriebsmittel

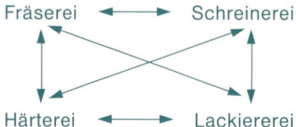

Maschinen mit gleichartigen Funktionen, z.B. Fräs- und Bohrmaschinen, sind in jeweils einer Werkstatt zusammengefasst.

Die Werkstücke müssen für die jeweils erforderlichen Verrichtungen (Bohren, Fräsen) zu den entsprechenden Werkstätten transportiert werden.

Fließfertigung
(Fließbandfertigung)

Organisation der Betriebsmittel

Fräsmaschine → Lackiermaschine → Fräsmaschine → Hobel → Trockenofen → Lackieranlage → Trockenofen

Die Maschinen werden nach dem **Fertigungsablauf** angeordnet. Sie entsprechen der Reihenfolge der erforderlichen Arbeitsgänge.

Werden die einzelnen Arbeitsschritte zeitlich aufeinander abgestimmt, so liegt die **Fließbandfertigung** vor. So kann z.B. jeder Arbeitsschritt 5 Minuten (Taktzeit) erfordern.

Wird auf die exakte zeitliche Abstimmung der einzelnen Arbeitsschritte verzichtet, die Anordnung der Betriebsmittel nach dem Arbeitsablauf aber eingehalten, spricht man von **Reihenfertigung** (Straßenfertigung).

Wird der Arbeitsablauf von Computern selbst gesteuert, spricht man von **Automation**.

Die mit der herkömmlichen *Fließbandarbeit* verbundene einseitige Belastung der Arbeitskräfte, die Wahrscheinlichkeit der Monotonie und die strenge Hierarchie der Leitung kann durch veränderte **Arbeitsstrukturen** gemildert werden, und zwar durch

- **Arbeitsplatzwechsel** (Job Rotation). Die Arbeiter wechseln nach einem vorgegebenen Plan oder nach Vereinbarung untereinander ihre Arbeitsplätze am Montageband.

- **Arbeitserweiterung** (Job Enlargement). Mehrere Arbeitsschritte werden zu größeren Arbeitseinheiten zusammengelegt.

- **Arbeitsbereicherung** (Job Enrichment). Zu den Arbeiten gehören auch Tätigkeiten außerhalb der Montage, z.B. Verpacken, Kontrollieren, Transportieren.

Gruppenfertigung	Sie ist eine Kombination aus Werkstatt- und Fließfertigung. So werden z. B. bestimmte, seltener herzustellende Einzelteile in Werkstattfertigung erzeugt, die Endmontage des Erzeugnisses kann nach dem Fließprinzip gestaltet werden.

Gruppenarbeit ist auch das Grundcharakteristikum der sog. „**Leanproduction**" („schlanke oder straffe Organisation").

Die **Gruppen** erfüllen neben ihren spezifischen Aufgaben, wie z. B. in der Montage, auch Aufgaben wie die Qualitätssicherung, die Durchführung von Reparaturen und Wartungen. Gleichermaßen organisieren die Gruppen selbst die interne Aufgabenverteilung, die Pausen- und Urlaubsregelung, die Einarbeitung neuer Mitarbeiter und Ähnliches.

Lösung der Situation

Für das **Unternehmen A** bietet sich als Produktionstyp die Massenfertigung an. Diese kann in Form der Fließfertigung mit zeitlicher Abstimmung oder auch als Gruppenfertigung organisiert werden.

Für das **Unternehmen B** ist die Einzelfertigung (Auftragsfertigung) als Produktionstyp verbunden mit Werkstattfertigung, Reihenfertigung oder Gruppenfertigung denkbar.

18 Bestimmen Sie für folgende Situationen a) den Produktionstyp und b) den/die Organisationstyp(en):

1. Die Kunstguß GmbH fertigt Kunstgegenstände in Auflagen bis zu 300 Stück.
2. Die Maschinenfabrik Gießen GmbH stellt Pressen für Automobilkarosserien her.
3. Die Tonwerke Müller KG fertigt Keramikfliesen für verschiedene Verwendungen in zahlreichen Designs.
4. Die Präzisionswaagen GmbH erzeugt Waagen für gewerbliche Verwendung im Leistungsbereich zwischen 5 kp und 500 kp. Das Unternehmen will auf die Lagerhaltung aller Art weitestgehend verzichten.
5. Die Automobilwerke Blitz AG stellen Pkw her, die auf einem Grundmodell aufbauen und zahlreiche Modellvarianten zulassen.
6. Die Hansen OHG stellt ausschließlich Tennisbälle einer Qualitätsstufe in großen Mengen her.

19 Ein Unternehmen hat seine Betriebsmittel nach dem Werkstattprinzip organisiert.

a) Welches Hauptproblem hat dieses Unternehmen beim Fertigungsprozess zu lösen?
b) Aus welchen Gründen wird dieses Unternehmen diesen Organisationstyp gewählt haben?
c) Suchen Sie jeweils einen Vor- und einen Nachteil dieses Organisationstyps der Fertigung!

20 a) Bilden Sie zwei Diskussionsgruppen und beauftragen Sie eine Gruppe, sich auf eine Diskussion **für** die Anwendung der Fließfertigung und die andere sich für die **Gegenposition** vorzubereiten.
b) Lassen Sie die beiden Gruppen die Diskussion führen!

21 a) Erläutern Sie den Unterschied zwischen *Job Rotation* und *Job Enlargement*!
b) Warum kann man die Gruppenarbeit als Weiterentwicklung des *Job Enrichment* ansehen?

22

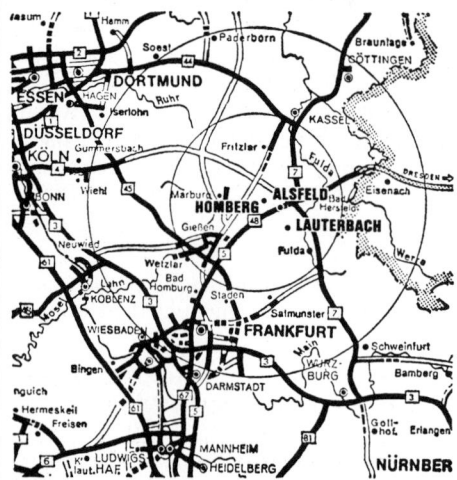
Mit welchen Gesichtspunkten (Kriterien) wirbt der Vogelsbergkreis bei Unternehmen, ihn als industriellen Standort zu wählen?

23

Wo investieren in der EU?
Wichtigste Kriterien für Industrieansiedlung in der EU

	B	D	DK	F	GR	GB	IRL	I	L	NL
1. Wirtschaftliche Aussichten (Wachstum und Beschäftigung, mittel- bis langfristig)	0	0	0	0	+	- -	0*	0*	+*	+
2. Infrastruktur	+	0	+	-	-	0	-	-	+	+
2.1 Binnenverkehrsinfrastruktur	+ +	0	0	0	-	-	-	-	0	+
2.2 Internationale Verkehrsanbindung	0	- -	0	-	+	0	0	-	+	0
2.3 Informationsinfrastruktur	0	+	+ +	-	- -	0	- -	0	+	+
3. Produktionsfaktoren	0	+	-	-	-	+	0	0	-	0
3.1 Arbeitskräftepotential	+	0	0	0	-	0	+	+	-	-
3.2 Arbeitsproduktivität	+	+	0	0	-	-	-	-	+	+
3.3 Lohnkosten	-	0	0	0	+	+	+	0	-	-
3.4 Direkte staatliche Finanzhilfen	-	+ +	-	-	-	+	+	0	-	-
3.5 Fiskalische Anreize	+	+	- -	-	+ +	0	0	0	-	- -
3.6 Steuerliche Belastung von Investitionsaufwand	-	- -	+		n. v.	+ +	+ +	+		- -
3.7 Energiekapazität und -importabhängigkeit	-	0	-	-	-	+	-	-	0	-
3.8 Sonstige Anreizsysteme für Produktionsfaktoren	+	+ +	-	-	- -	-	0	0	-	0
4. Exportchancen vom Auslandsstandort	0	0	0	+	- -	- -	+	0	+	0
4.1 Entfernung zu den Märkten	+ +	+	0	+	- -	- -	+	- -	+ +	+
4.2 Währungssituation und ähnliche Faktoren aus der Sicht von Exporteuren	-	-	0	0	-*	-	0*	+	0*	-
5. Politische Lage	+	+	+	0	0*	0	-	-	+*	+ +
5.1 Stabilität	0	+	+ +	0	-	0	0	-	+	+ +
5.2 Kooperation mit Behörden	+ +	+ +	+	-	0	0	0	-	n. v.	+
5.3 Streikintensität	0	+	0	+	n. v.	- -	-	-	n. v.	+ +
6. Bekundete Präferenz durch ausländische Investoren (Trend)	0	0*	+	-	-*	-	+	0	0	0
6.1 Aus den Vereinigten Staaten	0	0	+ +	- -	n. v.	- -	+ +	-	0	0
6.2 Aus der Bundesrepublik	0	entfällt	+	0	-	-	0	0	0	0
7. Gesamturteil										
7.1 Aus dieser Analyse	0/+	0/+	0/+	0/-	-/0	-/0	0	0/-	+/0	+
7.2 Aus vergleichbaren Analysen	+	+ +	+	0	- -	0	0	0	+	+

- - = sehr gut; + = gut; 0 = befriedigend; - = ausreichend; - - = mangelhaft
* nur eingeschränkt vergleichbar; n. v. = vergleichbare Daten nicht vorhanden

WirtschaftsWoche

Quelle: Nach Wirtschaftswoche

a) Erklären Sie die angeführten Faktoren der Standortwahl!

b) Welche der Faktoren haben für ein exportorientiertes Unternehmen besondere Bedeutung?

c) Welche der Faktoren sind für ein binnenmarktorientiertes Unternehmen besonders wichtig?

d) Welches Land wäre für exportorientierte Unternehmen als Standort am günstigsten und welches am ungünstigsten?

e) Welches Land wäre für ein binnenmarktorientiertes Unternehmen am günstigsten und welches am ungünstigsten?

f) Für welche Unternehmen wäre die Bundesrepublik Deutschland als Standort günstiger?

Standortwahl

24 Die Huntsville Electrical Corp. beabsichtigt die Errichtung eines Zweigwerkes in der Bundesrepublik Deutschland. Hauptaufgaben dieses Werkes sollen die Montage und der Vertrieb von Elektromotoren sein.

Der Gesellschaft stehen in der Bundesrepublik Deutschland die Standorte A, B und C zur Auswahl.

a) Welchen Standort würden Sie zur Wahl vorschlagen, wenn folgende Faktoren zu berücksichtigen sind?

Es ist geplant, jährlich 30 000 Motoren zu montieren und abzusetzen. Die Vorprodukte (Halbfabrikate) werden ausschließlich von der Muttergesellschaft in Containern geliefert.

Ab inländischem Hafen ist jährlich mit folgenden Bahn-km à 0,90 EUR zu den einzelnen Standorten zu rechnen:

Standort A: 15 000 km; Standort B: 32 000 km; Standort C: 50 000 km.

Für den Vertrieb ist mit Transportkosten von 1,30 EUR je Lkw-km zu rechnen.

Die Kunden befinden sich in drei Bezirken der Bundesrepublik Deutschland.

Von den Standorten A, B und C ergäben sich folgende Lkw-km pro Jahr:

Standort A: 50 000 km; Standort B: 30 000 km; Standort C: 35 000 km.

Für die Montage sollen 150 Arbeitskräfte eingestellt werden, die wöchentliche Arbeitszeit beträgt 40 Stunden. Der durchschnittliche Stundenlohn eines Arbeiters wird einschließlich Sozialkosten angenommen mit:

Standort A: 13,70 EUR; Standort B: 14,50 EUR; Standort C: 9,60 EUR.

Die Investitionskosten für das neue Zweigwerk werden auf 5 Mio. EUR geschätzt, die zu 70 % durch Darlehen finanziert werden sollen. Laufzeit 10 Jahre. Der Zinssatz beträgt 9 % p. a. Bei der Wahl des Standortes C kann ein staatlicher Zinszuschuss von 5 % p. a. aus einem Notstandsgebiete-Förderungsprogramm für die gesamte Laufzeit beansprucht werden.

Die gewinnunabhängigen Steuern betragen voraussichtlich jährlich für Standort A 19 000,00 EUR; für Standort B 25 000,00 EUR und für Standort C 12 000,00 EUR.

Wegen der starken Konkurrenz auf diesem Markt lässt sich eine Preisdifferenzierung nicht durchführen.

Sonstige Faktoren sind für alle Standorte gleich.

b) Welche „sonstigen Faktoren" könnten noch in die Standortkalkulation einbezogen werden?

c) Welche Unsicherheiten sind bei den Standortüberlegungen zu berücksichtigen?

V. Beschaffungswesen

> **LZ:** Bedarfsermittlung und Materialdisposition bei Industrie und Handel darstellen

Unter Beschaffung versteht man in der Praxis nur den Einkauf von Sachgütern, die zur Erfüllung der betrieblichen Leistung notwendig sind.

Der Beschaffung wird **nicht** der Einkauf von

– Arbeitskräften,

– Finanzmitteln und

– Rechten (Lizenzen, Patente usw.)

zugeordnet.

Ziel der Beschaffung ist es, die im Betrieb benötigten Sachgüter in der richtigen Art, Menge und Qualität, zur richtigen Zeit, am richtigen Ort zu den wirtschaftlichsten Bedingungen zur Verfügung zu stellen.

1 Ein Schüler erhält zum Beginn eines Schuljahres von seinem Lehrer den Auftrag, sich Schreibmaterial für das kommende Schuljahr zu beschaffen.

   a) Bestehen grundsätzliche Unterschiede zur Beschaffung in einem Industriebetrieb?

   b) Wie müsste der Schüler bei der Beschaffung des Schreibmaterials vorgehen, um das Ziel der Beschaffung zu erreichen?

   c) Welche Möglichkeiten hat ein Unternehmen, um festzustellen, welche Sachgüter beschafft werden müssen?

2 Um den Produktionsprozess störungsfrei zu vollziehen, sind die benötigten Materialmengen rechtzeitig bereitzustellen. Hierzu ist ein enger Kontakt mit dem Beschaffungsmarkt, mit der Fertigung, aber auch mit dem Absatz erforderlich.

   a) Warum kann die Beschaffung nicht isoliert betrachtet werden?

   b) Ein Unternehmer setzt für die Beschaffung das Ziel, jede Bedarfsschwankung in der Fertigung aufzufangen.

      ba) Halten Sie dieses Ziel für sinnvoll?

      bb) Welche Vor- und Nachteile ergeben sich aus einer solchen Zielsetzung?

   c) Formulieren Sie eine Zielvorgabe in Bezug auf die Beschaffungsmenge!

3 Ein Produzent von Fahrrädern schätzt das Marktvolumen für Rennräder für das folgende Halbjahr (Planperiode) auf 140 000 Stück. Er strebt einen Marktanteil von 40 % an. Der Lagerbestand an Rennrädern beträgt am Beginn der Planperiode 500 Stück. Die komplette Gangschaltung soll von einem Zulieferer bezogen werden. Der derzeitige Lagerbestand an Gangschaltungen beträgt 1 200 Stück. Er soll am Ende der Planperiode auf 2 700 Stück erhöht werden, um kurzfristig Nachfragesteigerungen entsprechen zu können.

   a) Wie viel Rennräder will dieses Unternehmen in der Planperiode absetzen?

   b) Wie viel Gangschaltungen müssen in dieser Planperiode beschafft werden?

   c) Worin liegt die wesentliche Unsicherheit in der Planung der Beschaffungsmenge?

4 Die mittelbaren Beschaffungskosten, z. B. Bedarfsmeldung, Angebotseinholung und -prüfung, Bearbeitung der Bestellung, Liefertermüberwachung, Güterannahme und -prüfung, betragen pro Auftrag 40,00 EUR. Die Lagerhaltungskosten sind mit 10 % (Lagerkostensatz) des durchschnittlich im Lager gebundenen Kapitals anzusetzen. Der Einstandspreis pro Stück beträgt 25,00 EUR.

Die jährliche Beschaffungsmenge beträgt 500 Stück.

a) Bestimmen Sie durch Probieren die optimale Bestellmenge! Benutzen Sie zur Lösung das folgende Schema:

Bestell-menge in Stück	Durchschnittl. Lagerbestand in EUR	Lagerhal-tungskosten in EUR	Anzahl der Bestellungen pro Jahr	Mittelbare Beschaffungs-kosten in EUR	Gesamtkosten in EUR

b) Wo liegt nach der Bestellmengenformel die optimale Bestellmenge?

c) Wie hoch sind die Gesamtkosten bei der optimalen Bestellmenge?

d) Stellen Sie die Kostenverläufe grafisch dar und zeichnen Sie die optimale Bestellmenge ein!

5 Ein Unternehmen ließ sich von einem Mitarbeiter in der Materialwirtschaft eine grafische Darstellung über den Zusammenhang zwischen den Lagerkosten und den Bestellkosten bei unterschiedlichen Bestellmengen erstellen.

Der Mitarbeiter legt diese Darstellung vor:

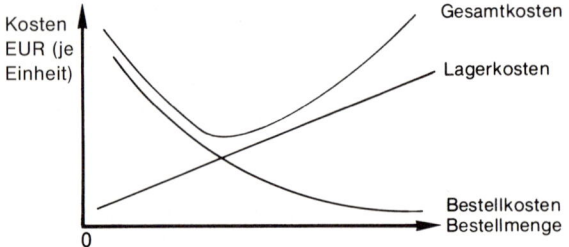

a) Erklären Sie die Verläufe der Lager-, Bestell- und Gesamt-kostenkurve!

b) Welche Bestellmenge wäre in diesem Falle am günstigsten (optimale Bestellmenge)?

c) Erstellen Sie sich ein solches Schaubild und tragen Sie darin die optimale Bestell-menge ein!

6 Rechnerisch lässt sich die optimale Bestellmenge nach folgender Formel ermitteln:

$$\text{Optimale Bestellmenge} = \sqrt{\frac{200 \cdot \text{fixe Bestellkosten} \cdot \text{Jahresbedarf}}{\text{Einstandspreis je Mengeneinheit} \cdot \text{Lagerkostensatz (\%)}}}$$

Diese Formel gilt unter der Voraussetzung, dass

1. der Jahresbedarf in gleich bleibende Bestellmengen aufgeteilt wird,

2. der Einstandspreis pro Stück, unabhängig von der Bestellmenge und dem Bestellzeit-punkt, unverändert ist,

3. die Lagerbestandsabnahme gleich bleibend erfolgt,

4. keine Lieferverzögerungen eintreten,

5. die Bestellkosten als fix angenommen werden,

6. der Lagerkostensatz (= Lagerkosten in v.H. des durchschnittlich im Lager gebundenen Kapitals) abhängig von dem Wert des durchschnittlichen Lagerbestandes ist.

a) Berechnen Sie die optimale Bestellmenge:

Jahresbedarf: 250 000 Stück   Einstandspreis: 12,70 EUR je Stück
Bestellkosten: 60,00 EUR je Bestellung   Lagerkostensatz: 20 %

b) Wann müsste in diesem Falle bestellt werden?

c) Nehmen Sie kritisch zu den Voraussetzungen für diese Formel Stellung!

d) Welche Hilfe kann das Ergebnis ihrer Berechnung dem Unternehmen bieten?

216

7 In einem Unternehmen der Metallindustrie wird alle 14 Tage eine Menge von 15 400 kg Kupferblech bestellt. Der Verbrauch erfolgt kontinuierlich.

a) Ist diese Menge optimal, wenn der geplante Jahresbedarf 400 000 kg, die fixen Bestellkosten 120,00 EUR, der Einstandspreis je kg 15,70 EUR sowie der Lagerkostensatz 18 % betragen?

b) Welche Menge würden Sie in welchem Bestellrhythmus einkaufen?

c) Unter welchen Bedingungen wäre ein Einkauf einer Menge von 40 000 kg sinnvoll?

Zeitplanung

8 Der Einkauf hat dafür zu sorgen, dass die benötigten Güter so rechtzeitig im Betrieb vorhanden sind, dass keine Produktions- bzw. Lieferverzögerungen entstehen.

Bei welchem Lagerbestand (= Meldebestand) müsste der Beschaffungsstelle vom Lager die Notwendigkeit einer Bestellung gemeldet werden, wenn für ein Gut täglich 25 Stück benötigt werden, die Beschaffungszeit 10 Tage beträgt und ein Bestand von 50 Stück ständig am Lager sein soll (= eiserner Bestand), um Bedarfsschwankungen bzw. Lieferverzögerungen ausgleichen zu können?

9 Ein Einzelhändler verkauft täglich drei PCs. Bei welchem Bestand müsste er eine Bestellung spätestens aufgeben, wenn er einen eisernen Bestand von sechs Pcs halten will und für die Ermittlung der Beschaffungszeit folgende Zeiten zu berücksichtigen sind:

Einkaufsvorbereitung und Bestellung	2 Tage	Transport vom Lieferanten	3 Tage
Postweg	2 Tage	Warenannahme und Prüfzeit	2 Tage
Lieferzeit des Lieferanten	4 Tage		

10 Die Materialbeschaffung kann nach den Prinzipien

a) Einzelbeschaffung im Bedarfsfall (= lagerlose Fertigung);

b) Vorratshaltung;

c) fertigungssynchrone Anlieferung (just-in-time)

organisiert sein.

1. Welche Vor- und Nachteile haben diese Prinzipien und in welchen Fällen sind die einzelnen Prinzipien anwendbar?

2. Welche ökologischen Auswirkungen kann die fertigungssynchrone Anlieferung haben?

11 a) Welche Prinzipien der Materialbereitstellung wählen Sie in den folgenden Situationen?

1. Auf dem Beschaffungsmarkt herrscht für das zu beschaffende Gut ein starker Wettbewerb. Es liegt ein Käufermarkt vor.

2. Der Nachfrager hat einen Marktanteil von ca. 80 %.

3. Die Angebotsmengen der zu beschaffenden Güter haben sinkende Tendenz. Mit steigenden Preisen und längeren Lieferfristen ist zu rechnen.

4. Das Angebot ist reichlich. Der Wettbewerb unter den Anbietern ist stark. Es ist damit zu rechnen, dass Streiks im Transportgewerbe mit längerer Dauer bevorstehen.

5. Es ist mit sinkender Nachfrage nach den Erzeugnissen bei gleichzeitigem Preisverfall zu rechnen.

6. Es wird mit einer lebhaften Absatzsteigerung gerechnet, die Auswirkungen auf die Rohstoffpreise werden nicht ausbleiben.

7. Ein Unternehmen der Möbelindustrie will eine gleich bleibende Holzqualität sicherstellen.

8. Ein Unternehmen mit hohem Automationsgrad stellt nur ein Erzeugnis in großen Mengen her, das unmittelbar an Großhändler ausgeliefert wird.

9. Ein Unternehmen mit mittlerem Automationsgrad erzeugt mehrere Produkte, die in Serienfertigung hergestellt werden.

10. Ein Handwerksbetrieb hat für einen Hersteller die Wartung für Umwälzpumpen dieses Herstellers in einem Bezirk übernommen.

11. Ein Unternehmen erzeugt 120 verschiedene Produkte, deren Absatzmengen saisonal starken Schwankungen unterliegen, die aber nicht exakt vorausplanbar sind.

12. Ein Unternehmen produziert Fertigdecken. Die Stahl- und Zementpreise haben stark steigende Tendenz. Der Absatz an Fertigdecken stagniert. Das Unternehmen mußte starke Gewinneinbußen hinnehmen. Der Kreditspielraum ist bereits voll ausgeschöpft.

b) Wo lagen in den Beispielen zu a) jeweils die Hauptursachen für Ihre Entscheidung?

Hilfsmittel der Beschaffungsplanung

 **12** Ein Unternehmen will die Wirtschaftlichkeit seiner Lagerhaltung überprüfen. Dazu sollen zunächst die Lagergüter ermittelt werden, die mengen- und wertmäßig die größte Bedeutung für das Unternehmen haben.

Zu diesem Zweck soll eine **ABC-Analyse** durchgeführt werden. Dazu sind zunächst die Jahresverbrauchsmengen der einzelnen Materialpositionen mit den Einstandspreisen (oder innerbetrieblichen Verrechnungspreisen) je Mengeneinheit zu multiplizieren.

Anschließend werden die Materialpositionen tabellarisch in wertmäßig absteigender Reihenfolge geordnet und die Werte kumulativ aufaddiert.

Die kumulierten Werte werden nun eingeteilt in A-, B- und C-Material. Dabei stellen z.B. die Materialien, die zwischen 70% bis 80% der Jahresverbrauchskosten ausmachen, das A-Material dar, B-Güter sind die Güter mit einem Anteilswert von 10% bis 15%, der Rest ist C-Material.

Das Ergebnis der ABC-Analyse kann tabellarisch oder grafisch dargestellt werden.

a) Erstellen Sie nach folgenden Angaben eine ABC-Analyse!

Kopfspalte des Lösungsformulars

Material	Jahres-verbrauchs-menge (Stück)	Kumulierte Jahres-verbrauchs-menge in Stück	Kumulierte Jahres-verbrauchs-menge in v.H.	Einstands-preis je Stück	Material-kosten pro Jahr in EUR	Kumulierte Material-kosten pro Jahr in EUR	Kumulierte Material-kosten in v.H.	Gruppe

Gruppeneinteilungen: A 70%
B 25%
C 5% der Jahresverbrauchskosten.

Material	Jahresverbrauchs-menge	Einstandspreis je Stück	Materialkosten pro Jahr
LMN	4 350 Stück	5,69 EUR	24 751,50 EUR
OKH	958 Stück	128,95 EUR	123 534,10 EUR
DES	12 596 Stück	0,75 EUR	9 447,00 EUR
WET	236 Stück	983,50 EUR	232 106,00 EUR
PÖÄ	12 Stück	4 298,00 EUR	51 576,00 EUR
QAS	67 841 Stück	22,65 EUR	1 536 598,65 EUR
MTG	985 Stück	1 845,23 EUR	1 817 551,55 EUR
OLB	122 Stück	234,75 EUR	28 639,50 EUR
MNB	3 597 Stück	576,23 EUR	2 072 699,31 EUR
ZGB	18 Stück	12 900,00 EUR	232 200,00 EUR
IJN	197 Stück	4 674,35 EUR	920 846,95 EUR
TRE	24 600 Stück	2,90 EUR	71 340,00 EUR
ÄÖT	8 471 Stück	238,10 EUR	2 016 945,10 EUR
BVS	156 Stück	9 728,55 EUR	1 517 653,80 EUR
			10 655 889,46 EUR

b) Welche Fragestellungen lassen sich mit Hilfe der ABC-Analyse objektivieren?

c) Wo liegen die Grenzen dieses Hilfsmittels bei der betrieblichen Nutzung?

d) Stellen Sie die Ergebnisse dieser Aufgabe grafisch dar!

13 a) Erstellen Sie eine ABC-Analyse unter Beachtung folgender Gruppeneinteilungen:

A 75 %   B 20 %   C 5 % der Jahresverbrauchskosten.

Material	Jahresverbrauchs-menge	Einstandspreis je Stück	Materialkosten pro Jahr
ABX	2 000 Stück	0,20 EUR	400,00 EUR
LZA	17 Stück	185,00 EUR	3 145,00 EUR
BLZ	4 Stück	4 790,00 EUR	19 160,00 EUR
XRA	870 Stück	2,40 EUR	2 088,00 EUR
OMP	110 Stück	25,00 EUR	2 750,00 EUR
BXB	2 Stück	15 490,00 EUR	30 980,00 EUR
ZAB	13 975 Stück	0,50 EUR	6 987,50 EUR
CDE	419 Stück	15,00 EUR	6 285,00 EUR
FGH	35 Stück	317,00 EUR	11 095,00 EUR
IJK	5 150 Stück	0,05 EUR	257,50 EUR
LMN	190 Stück	3,75 EUR	712,50 EUR
OPQ	820 Stück	227,00 EUR	186 140,00 EUR
RST	14 Stück	895,00 EUR	12 530,00 EUR
UVW	1 520 Stück	0,01 EUR	15,20 EUR
			282 545,70 EUR

b) Welchen Nutzen bietet die ABC-Analyse bei der Beschaffungsplanung?

c) Welche Möglichkeiten des Personaleinsatzes bietet die ABC-Analyse?

14 Im folgenden Organisationsschaubild sind die mit einer Beschaffung zusammenhängenden Tätigkeiten dargestellt.

Beschaffungstätigkeiten	Zuständige Abteilungen / Einkauf	Material-annahme	Kreditorenbuchhaltung/ Materialabrechnung	Rechnungsprüfung	Lagerverwaltung	Zahlungsverkehr
1. Eingang der Bedarfsmeldungen						
2. Klärung der Bedarfsmeldungen						
3. Angebotseinholungen						
4. Angebotsprüfung und -vergleich						
5. Lieferantenwahl						
6. Aushandeln der Preise und Bedingungen						
7. Ausschreiben der Bestellung						
8. Überwachung des Eingangs der Auftragsbestätigung, des Liefertermines und des Antransportes						
9. Materialannahme						
10. Mengenmäßige Prüfung						
11. Ausstellen des Materialeingangsscheines (ME)						
12. Qualitätskontrolle (Ergebnis auf ME vermerken)						
13. Eintrag in Emballagenkartei						
14. Ggf. Meldung von Beanstandungen an Einkauf und Rechnungsprüfstelle						
15. Buchung der Lieferantenrechnung und Überwachen der Skontoausnutzung						
16. Rechnungsprüfung aufgrund von Bestellunterlagen und ME-Schein						
17. Erstellung des monatlichen Bestell-Obligos						
18. Einlagerung des Materials						
19. Eintrag des Materialeingangs in die Lagerkartei laut ME-Schein						
20. Materialausgabe gegen quittierten Entnahmeschein (ausgestellt von Betriebsstellen)						
21. Eintrag des Materialausgangs in die Lagerkartei laut Entnahmeschein						
22. Belastung der Kostenstelle und des Kostenträgers durch Betriebsabrechnung laut Entnahmescheinkopie						

a) Geben Sie an, welche Abteilungen bei den verschiedenen Beschaffungstätigkeiten berührt werden!

b) Welche Tätigkeiten sind der Bestellvorbereitung, der Bestellabwicklung, der Material-bereitstellung, der Materialberechnung und der Zahlung zuzuordnen?

c) Welche Tätigkeiten geben Auskünfte über den Beschaffungsmarkt?

LZ: Bezugsquellen für Industrie und Handel nennen

15 Unternehmen müssen sich Informationen über mögliche Bezugsquellen beschaffen.

Als Informationsquellen kommen externe Informationen, das sind solche, die außerhalb des Unternehmens liegen, und interne Informationen, also solche, die im Unternehmen selbst bestehen, in Frage.

Welche internen und externen Informationsquellen können Unternehmen der Industrie und des Handels heranziehen?

intern	Bezugsquellen	extern

LZ: Angebote vergleichen und Kaufentscheidungen begründen

Anfrage

16 Die Werkzeugmaschinenfabrik Holberg & Co. KG, Gießen, will ihre veralteten PC durch neue ersetzen. Die Geschäftsleitung beauftragt den Angestellten Karl Mayer, sich bei den ortsan-sässigen Fachgeschäften für Bürobedarf über das derzeitige Angebot an PC zu erkundigen.

Gleichzeitig soll Mayer Angebote für 100 000 Blatt Umdruckpapier, fein weiß, 70 g/m^2, ein-holen.

a) Wie könnte Mayer feststellen, wer als Lieferant in Frage kommt?

b) Bei Anfragen werden die allgemeine Anfrage und die bestimmte Anfrage unterschieden. Welche Art von Anfrage wird der Angestellte Mayer zu schreiben haben?

c) Welchen Inhalt sollte eine bestimmte Anfrage haben?

d) Entwerfen Sie zu obigem Fall eine Anfrage an die Karl Holz OHG, Büroorganisation, Bahn-hofstr. 37, 35390 Gießen!

e) Welche rechtlichen Folgen hat eine Anfrage für den Anfrager bzw. den Empfänger einer Anfrage?

Angebot

17 Ein Angebot ist eine an eine bestimmte Person gerichtete Willenserklärung.

Entscheiden Sie, in welchen der folgenden Fälle ein Angebot vorliegt!

a) Handzettel werden von Verteilern in den Briefkasten geworfen.

b) Die Elektrogroßhandlung Flieder unterbreitet dem Elektromeister Kornmüller ein Angebot gemäß der von ihm eingereichten Ausschreibungsunterlagen für das Bauobjekt Garten-straße.

c) Zeitungsanzeige des Tim-Großmarktes.

d) Schaufensterangebot des Einzelhändlers Schnauze.

e) Kinoreklame des Zoomarktes Hillermayer.

f) Zusendung des Katalogs des Versandhauses Schneider an Emma Schuster in Ems-hausen.

18 Die Verbindlichkeit eines Angebotes kann von dem Anbieter zeitlich oder inhaltlich beschränkt werden. Die Einschränkung der inhaltlichen Bindung erfolgt durch sog. Freizeichnungsklauseln.

Am 15. August erhielt die Werkzeugmaschinenfabrik Holberg & Co. KG brieflich Angebote von vier Bürobedarfsgeschäften über je 100 000 Blatt Umdruckpapier.

Diese Angebote enthielten u. a. folgende Angaben:

Angebot A: „Angebot gültig bis zum 25. August d. J."
Angebot B: „Preis freibleibend"
Angebot C: „Ohne Obligo"
Angebot D: enthielt keinerlei derartige Angaben.

a) Was bedeuten diese Zusätze der Anbieter?
b) Wie lange hat die Firma Holberg & Co. KG Zeit, um die Angebote annehmen zu können?
c) Welche Gründe führen zum Erlöschen der Bindung eines Anbieters an sein Angebot?

19 Der Weinhändler Most sendet dem Gastwirt Müller am 15. April brieflich ein verbindliches Angebot über 200 Flaschen Niersteiner Domtal, Tafelwein, 1982er, Preis 3,50 EUR je Flasche. Am selben Abend trifft der Weinhändler Most einen anderen Kunden, der ihm den Wein sofort für 3,80 EUR je Flasche abkaufen will.

Kann Most das Angebot an Müller noch widerrufen?

20 Suchen Sie die Freizeichnungsklauseln in folgender Anzeige und geben Sie deren Bedeutung an!

Kaufvertrag

21 Sie gehen in eine Drogerie, um eine Tube Zahnpasta zu kaufen.

a) Wie kommt dieser Kaufvertrag zustande?

b) Welche Pflichten ergeben sich aus diesem Vertrag für den Verkäufer, welche für den Käufer?

22 Entscheiden Sie, ob in den folgenden Situationen

a) ein Kaufvertrag abgeschlossen wird,

b) ein Antrag zum Abschluss eines Kaufvertrages abgegeben wird oder

c) ein Angebot erlischt!

Situationen	Lösung (a, b oder c)

1. Ein Großhändler bietet einem Kreditinstitut telefonisch Toilettenpapier an. Das Kreditinstitut kann sich noch nicht zum Kauf entscheiden.

2. Am folgenden Tag bestellt das Kreditinstitut (siehe 1.) telefonisch 50 000 Blatt.

3. Ein Einzelhändler erfährt von einem besonders günstigen Angebot für Schokolade und er bestellt 1 000 Tafeln beim Großhändler Süß.

4. Ein Einzelhändler bestellt bei der Co-Kauf GmbH 200 kg Reis, ohne vorher von dieser ein Angebot erhalten zu haben. Die Co-Kauf GmbH reagiert nicht umgehend auf diese Bestellung.

5. Der Großhändler Müller sendet ein verbindliches Angbot, gültig bis Ende Mai 20. ., an den Einzelhändler Lehmann. Lehmann bestellt am 3. Juni.

6. Die Molitor AG bietet dem Großhändler Schrotter einen Sonderposten Kaffeemaschinen an. Mindestabnahme 500 Stück. Preis je Stück 17,45 EUR. Schrotter bestellt 1 000 Stück zu 17,00 EUR.

7. Der Großhändler Hansen bietet dem Einzelhändler Alms Sauerkirschen zu 1,75 EUR je 400-g-Glas an. Das Angebot ist freibleibend. Alms bestellt 25 Gläser.

8. Der Einzelhändler Mertens bestellt telefonisch 5 Waschmaschinen, Marke „Alpen", aufgrund eines festen Angebotes des Elektrogroßhändlers Salm, das vor vier Tagen schriftlich eingetroffen ist.

Lieferbedingungen

Verpackungskosten

23 Für die Küche eines Unternehmens soll Reis eingekauft werden.

Drei Lieferanten senden ihr Angebot für Reis gleicher Qualität zu.

Welches Angebot ist für das Unternehmen am günstigsten, wenn 100 kg (Reingewicht) bestellt werden sollen?

Angebot A: Preis 2,50 EUR je kg einschließlich Verpackung
Angebot B: Preis 2,30 EUR je kg. Verpackung zum Selbstkostenpreis von 15,00 EUR je angefangene 100 kg.
Angebot C: Preis 2,40 EUR je kg, brutto für netto. Tara (Verpackungsgewicht) 5 kg.

24 Wie viel EUR sind für eine Ware zu bezahlen, wenn gilt:

Rohgewicht 10 kg, Tara 2 kg, Preis 2,00 EUR je kg? Verpackung brutto für netto.

25 Wählen Sie das günstigste Angebot aus!

Angebot A: Preis je l 0,75 EUR einschließlich Verpackung
Angebot B: Preis für 0,5 l 0,34 EUR zuzüglich 0,03 EUR Verpackungskosten je 0,5 l.

Es sollen 200 Flaschen zu 0,5 l bestellt werden!

Beförderungskosten

26 Wählen Sie das günstigste Angebot aus, wenn 50 Stück Herrenhemden bestellt werden.

Angebot A: Preis 25,00 EUR je Stück, unfrei
Angebot B: Preis 26,00 EUR je Stück, frachtfrei
Angebot C: Preis 27,50 EUR je Stück, frei Haus.

An Transportkosten fallen bei allen Angeboten an:
Rollgeld zum Versandbahnhof 15,00 EUR,
Rollgeld vom Empfangsbahnhof 17,50 EUR.

Die Bahnfracht beträgt bei Angebot A: 37,50 EUR; Angebot B: 15,80 EUR; Angebot C: 32,75 EUR.

27 Welches Angebot ist am günstigsten?

Angebot A: Preis pro Stück 524,00 EUR, unfrei,
Angebot B: Preis pro Stück 483,00 EUR, frei dort.

Es fallen folgende Kosten an:
Frachtkosten A 42,75 EUR; Frachtkosten B 32,90 EUR.
Rollgeld zum Versandbahnhof A 11,80 EUR; Rollgeld zum Versandbahnhof B 15,00 EUR.
Rollgeld vom Empfangsbahnhof A und B jeweils 13,00 EUR.

Es werden 7 Stück der Ware bezogen.

Zahlungsbedingungen

28 Eine Volksbank will einen neuen Schreibtisch kaufen. Sie erhält von zwei Büromöbelhändlern Angebote über einen Schreibtisch gleicher Qualität. Der Angebotspreis beträgt in beiden Fällen 1 700,00 EUR.

Die Zahlungsbedingungen lauten bei Angebot A: rein netto; Angebot B: Ziel 30 Tage netto.

Begründen Sie, welches Angebot für die Volksbank vorteilhafter ist!

29 Am 15. März 20.. trifft bei der Concordia Versicherungsgesellschaft eine Rechnung über 1 790,00 EUR für bezogenes Schreibmaschinenpapier ein.

Im Kaufvertrag wurden keine Regelungen über die Zahlungsbedingungen getroffen.

Wann muß die Versicherung die Rechnung bezahlen?

30 Eine Zahlungsbedingung lautet:

3 % Skonto bei Zahlung innerhalb von 10 Tagen, 30 Tage netto.

a) Was bedeutet diese Zahlungsbedingung?

b) Lohnt es sich, Skonto in Anspruch zu nehmen, wenn zur Bezahlung der Rechnung ein Bankkredit aufgenommen werden muss, der mit 8 % zu verzinsen ist?

31 Ein Textileinzelhändler bezieht Ware für 2 765,00 EUR.

a) Wie viel EUR muss er dem Lieferer überweisen, wenn er 4 $\frac{1}{2}$ % Eilskonto bei Zahlung innerhalb von 8 Tagen beansprucht?

b) Kann der Einzelhändler seinen Kunden bei sofortiger Zahlung ebenfalls Skonto in gleicher Höhe gewähren?

32 In einem Kaufvertrag wurde keine Regelung über die Zahlungsbedingungen getroffen. Der Rechnungspreis beträgt 875,00 EUR. Der Käufer bezahlt 20 Tage nach Rechnungseingang. Er zieht 3 % Skonto und 1,50 EUR Überweisungskosten ab.

a) Hat der Käufer richtig gehandelt oder muss er dem Verkäufer die Differenz zum Rechnungspreis noch vergüten?

b) Welchen Betrag müsste er gegebenenfalls noch überweisen?

33 Ein Eisenwareneinzelhändler will Kühltruhen einkaufen. Der Rechnungspreis beträgt bei vier verschiedenen Großhändlern für eine qualitativ vergleichbare Kühltruhe 530,00 EUR pro Stück. Die Zahlungsbedingungen dieser Anbieter sind verschieden.

Wo kauft der Einzelhändler am günstigsten, wenn er 25 Stück bestellen und Skonto in Anspruch nehmen will?

Angebot A: 25 % Rabatt, 2 $\frac{1}{2}$ % Skonto innerhalb von 8 Tagen
Angebot B: 22 % Rabatt, 4 $\frac{1}{2}$ % Skonto innerhalb von 8 Tagen
Angebot C: Draufgabe je volle 10 Stück Bestellmenge 2 Stück ohne Berechnung; netto Kasse
Angebot D: Dreingabe je volle 10 Stück, 9 für 10; 4 % Skonto innerhalb von 8 Tagen.

34 Ein Großhändler gewährt seinen Kunden Boni nach folgender Staffelung der Jahresumsätze:

bis	20 000,00 EUR	1 %	bis 100 000,00 EUR	6 %
bis	50 000,00 EUR	3 %	über 100 000,00 EUR	10 %.

a) Wie viel EUR Bonus werden den Einzelhändlern bei folgenden Jahresumsätzen gewährt?

Einzelhändler A: 37 900,00 EUR   C: 137 020,30 EUR
B: 56 241,60 EUR   D: 88 431,75 EUR

b) Nennen Sie Gründe für die Gewährung eines Bonus!

Lieferzeit

35 Am 4. August bestellt die Sparkasse Hinterlang bei der Druckerei Kaspar Hunzinger 200 000 Briefumschläge. Eine Vereinbarung über die Lieferzeit wird nicht getroffen.

a) Wann kann die Sparkasse die Lieferung verlangen?

b) Wann kann der Verkäufer liefern?

15 Schuster – ISBN 3-8120-0060-1

36 Ein Lebensmitteleinzelhändler bestellt bei seinem Großhändler am 5. März Waren und vereinbart Lieferung innerhalb von vier Wochen.

Bis zu welchem Zeitpunkt hat der Lieferer Zeit zum Versenden der Ware?

Zusammenfassende Übung

37 Ein Textileinzelhändler erhält für einen Sonderverkauf von drei verschiedenen Herstellern Angebote für Hemden.

Angebot A: 1 000 Hemden, Marke „Bello", Größe 38, 17,50 EUR je Stück, ab Fabrik, Ziel 2 Monate, bei Zahlung innerhalb von 8 Tagen 2 % Skonto, Verpackung zum Selbstkostenpreis (= 100,00 EUR), Erfüllungsort und Gerichtsstand für beide Teile Hamburg.

Angebot B: 1 000 Hemden, Marke „Mallorca", Größe 38, 19,00 EUR je Stück einschließlich Verpackung, unfrei, sofort Kasse.

Angebot C: 1 000 Hemden, Marke „Fix", Größe 38, 18,00 EUR je Stück, frei Haus, Ziel 1 Monat netto oder Zahlung innerhalb von 14 Tagen mit 1 % Skonto.

Alle drei Anbieter liefern die Farbe nach Wahl.

a) Erläutern Sie die Bedingungen der drei Angebote!

b) Welches Angebot ist das günstigste, wenn für Fracht 54,00 EUR, für Rollgeld (An- und Abfuhr) jeweils 10,00 EUR zu berücksichtigen sind?

c) Welche Gründe könnte es geben, nicht beim preisgünstigsten Anbieter zu bestellen?

LZ: Sonderformen des Kaufvertrages unterscheiden

---

38 Für den Weltspartag will ein Kreditinstitut Werbegeschenke einkaufen.

Welche Vereinbarung sollte das Kreditinstitut bezüglich der Lieferfrist treffen?

39 Der Großhändler Oskar Schneider unterbreitet dem Einzelhändler Klaus Weber ein preisgünstiges Angebot für Vollwaschmittel in Großpackungen. Mindestbestellmenge 1 000 Packungen.

Weber möchte von diesem Angebot Gebrauch machen. Leider reicht seine Lagerfläche nicht zum Stapeln dieser Menge.

Sehen Sie einen Ausweg für Weber, wenn dieser damit rechnet, die Ware innerhalb von 4 Monaten verkaufen zu können?

40 Der Reisende der Textilfabrik Brockmeyer bietet dem Einzelhändler Anton Morgensen im Januar die neue Kollektion der Textilfabrik für den kommenden Herbst an.

Morgensen ist besonders an den Kleidern interessiert. Er ist sich aber noch nicht schlüssig, welche Farben er ordern soll. Morgensen weiß, dass erfahrungsgemäß ab Juli keinerlei Ware mehr zu erhalten ist, insbesondere nicht in der gewünschten Sortierung.

a) Welche Vertragsgestaltung schlagen Sie Morgensen vor, wenn er sich noch vier Wochen Bedenkzeit ausbedingen will?

b) Der Reisende bietet auch einen Sonderposten Betttücher für den Sommerschlussverkauf an. Welche Lieferzeit sollte Morgensen vereinbaren, wenn er diese Ware als Lockangebot benutzen will?

c) Morgensen ist ebenfalls an den angebotenen Wintermänteln interessiert. Er will insbesondere den verlockenden Mengenrabatt von 30 % für eine Mindestabnahme von 400 Mänteln beanspruchen. Leider reicht die Lagerfläche wegen der bereits bestellten Sommer- und Herbstware nicht aus. Welche Liefermöglichkeit sollte Morgensen mit dem Reisenden zu vereinbaren versuchen?

41 Die Werkzeugmaschinenfabrik Sellmann GmbH will am 22. Oktober mit der Fertigung einer Spindeldrehbank beginnen. Ein zur Fertigung erforderlicher Spezialstahl wurde am 17. August bei der Gießerei Helmschrot bestellt. Als Liefertermin wurde der 10. Oktober vereinbart.

a) Warum wurden Liefertermin und Beginn der Fertigung nicht auf einen Termin festgelegt?

b) Was muss die Einkaufsabteilung tun, um den rechtzeitigen Beginn der Fertigung sicherzustellen?

42 Das Kaufhaus Schneider bestellte bei der Wirkwarenfabrik Schuster am 17. Juli Strickjacken für Herbst und Winter.

Am 2. August wird diese Ware durch einen Spediteur angeliefert.

Aus dem Lieferschein geht hervor, dass die Sendung aus drei Paketen besteht. Die Pakete sind mit folgendem Aufkleber versehen:

> # Bitte sofort prüfen
> ## Stimmt die **Anzahl** der Packstücke?
> ## Trägt **jeder** Karton dieser Sendung **Ihre** Anschrift?

a) Welchen Sinn hat dieser Aufkleber?

b) Was müsste der Empfänger unternehmen, falls die Prüfung Abweichungen ergibt?

43 Das Kaufhaus Schneider verwendet für den Wareneingang dieses mehrteilige Formular:

Jeder Wareneingang ist in einer Wareneingangsliste zu erfassen.

WARENEINGANGSLISTE vom	19		
WE–Nr.	Firma	WE–Nr.	Firma

---

1 Vertragsverletzungen vgl. LZ Leistungsstörungen, S. 46 ff.

2 AGB, vgl. S. 70 ff.

a) Was müsste in die Wareneingangsliste vom 2. August im Falle der Aufgabe 42 eingetragen werden, wenn das abgebildete Formular für den Wareneingang benutzt würde?

b) Was wird bei der Wareneingangskontrolle festgestellt?

c) Dieser Sendung ist ebenfalls ein Lieferschein beigefügt. Welcher Teil des Wareneingangs-formulars wird auf den Lieferschein geklebt?

d) Welche Tätigkeiten sind mit Hilfe des Lieferscheins auszuführen?

e) Welche zusätzlichen Informationen sind zu verwenden, wenn die Inhaltskontrolle ord-nungsgemäß durchgeführt werden soll?

44 Am 4. August trifft per Post die Rechnung der Wirkwarenfabrik Schuster beim Kaufhaus Schneider ein.

Als Zahlungsbedingung war vereinbart:

4 % Skonto bei Zahlung innerhalb von 8 Tagen, 30 Tage netto.

Für die Berechnung der Zahlungsfrist gilt das Rechnungsdatum 1. August.

Die Lieferanten-Nr. der Wirkwarenfabrik lautet 3146; die Rechnungsnummer 1.007.143; Mehr-wertsteuer 16 %. Der Rechnungsbetrag einschließlich Mehrwertsteuer beträgt 7 540,00 EUR. Die Bezugskosten betragen 28,70 EUR.

a) Lohnt es sich für das Kaufhaus, die Rechnung innerhalb der Skontofrist zu überweisen, wenn ein Bankkredit mit einer Verzinsung von 14 % aufgenommen werden müsste?

b) Wie viel EUR Mehrwertsteuer sind im Rechnungsbetrag enthalten?

c) Welcher Betrag müsste überwiesen werden, falls Skonto beansprucht wird?

d) An welchem Tag (Verfalltag) müsste die Rechnung spätestens überwiesen werden, um Skonto ausnutzen zu können?

e) Wie hoch ist der Einstandspreis der Ware, wenn das Kaufhaus Skonto beansprucht?

f) Welche Prüfungen müssen vorgenommen sein, bevor die Rechnung zur Zahlung ange-wiesen werden kann?

45 Die Volksbank Gießen eG kauft als Geburtstagsgeschenk für einen guten Kunden einen Bild-band über das Thema „Gießen einst und jetzt", Preis 50,00 EUR. Die Buchhandlung liefert auf Rechnung.

Auf dem Rechnungsbeleg bringt die mit dem Kauf beauftragte Sekretärin folgenden Stempel an:

Zweck:
Sachlich richtig:
Rechnerisch richtig:
Zur Zahlung angewiesen:

a) Welchen Sinn haben die durch den Stempelaufdruck verlangten Angaben?

b) Was hat die Sekretärin zu tun, bevor sie die Eintragungen mit ihrem Handzeichen be-stätigt?

46 Unternehmen sind meist bestrebt, die Rechnungen innerhalb der Skontofrist zu bezahlen, wenn entsprechende Bankguthaben oder Bankkredite zur Verfügung stehen.

Wie kann im Unternehmen organisatorisch erreicht werden, dass die Rechnungen stets inner-halb der Skontofrist bezahlt werden?

Bestimmung des Lagerortes

47 Die Hansmann AG stellt in zwei Werken Heizkessel und Radiatoren her.

Es ist zu prüfen, ob das bisher zentral (an einem Ort) geführte Lager für Betriebsmittel in Zukunft dezentral (in den beiden Werken) betrieben werden soll.

a) Suchen Sie Argumente für und wider eine zentrale Lagerung!

b) Welche Gründe könnten für ein Mischsystem von zentraler und dezentraler Lagerung angeführt werden?

48 Die Hansmann AG will außerdem prüfen, ob auch in Zukunft das Lager in Eigenverantwortung geführt werden soll (Eigenlager), oder ob einem Fremden das Lager zur selbstständigen Führung übertragen werden soll (Fremdlager).

a) Welche Gesichtspunkte sind bei der Überprüfung zu berücksichtigen?

b) Im Zusammenhang mit der Eigen- oder Fremdlagerung soll die kritische Lagermenge bestimmt werden. Eine Untersuchung über die Beziehung zwischen den Kosten und der Lagermenge kam zu folgendem Ergebnis:

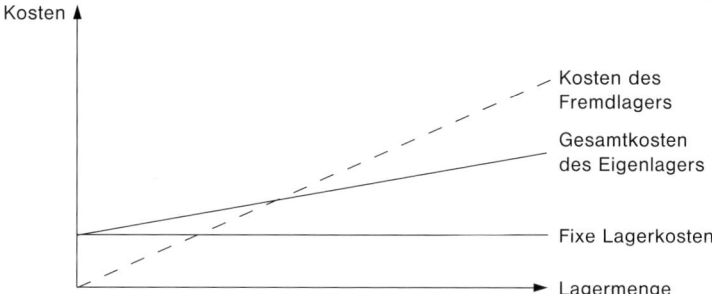

ba) Erklären Sie die Verläufe der Kostenkurven des Schaubilds!

bb) Wo liegt die kritische Lagermenge?

Merkmale verschiedener Lagerarten

49 Ergänzen Sie dieses Schaubild über die Lager! Geben Sie bei „Bezug von" bzw. „Abgabe an" jeweils die Beziehung des Lagers zum Fertigungsprozess in einem Industriebetrieb an.

Art der Lager	Zweck	Bezug von	Abgabe an
1. Lager für Rohstoffe			
2. Lager für Hilfsstoffe			
3. Lager für Betriebsstoffe			
4. Lager für Zwischenprodukte			
5. Lager für Fertigprodukte			
6. Lager für bezogene Handelswaren			

50 Bestimmen Sie die Funktionen der Lagerhaltung in folgenden Situationen:

a) Ein Unternehmen produziert ausschließlich Christbaumschmuck. Eine kontinuierliche Produktion während des gesamten Jahres soll sichergestellt werden.

b) Ein Unternehmen fertigt hochwertige Schaltelemente. Zur Produktion wird Platin benötigt, das wegen Materialknappheit nur unregelmäßig beschafft werden kann und außerdem starke Preisschwankungen aufweist.

c) Ein Unternehmen erstellt Werkzeugmaschinen. Die Gestelle der Maschinen werden im Unternehmen gegossen. Die Abkühlzeit beträgt 14 Tage.

d) Der Leistungsquerschnitt eines Unternehmens beträgt 270 Einheiten pro Tag. Lediglich in der Härterei können nur 260 Einheiten pro Tag bearbeitet werden.

e) Ein Zimmermann kauft Stammholz, um für die spätere Verarbeitung gut abgetrocknetes Holz verwenden zu können.

Anordnung des Lagergutes im Lager / Grundsätze der Lagereinrichtung

51 Lesen Sie die beiden Ausschnitte aus einem Artikel über moderne Lagerhaltung im Industrie- und Handelsbetrieb.

Die Hochregallagertechnik

Zur umfassenden Problemlösung für die Materialversorgung einer großen Serienfertigung oder die schnelle Warenbedienung des Marktes gehören heute Hochregallager, die über riesige Speicherkapazitäten verfügen. Seit dem Einsatzbeginn dieser neuen Lager-Technologie im Jahre 1962 sind zahlreiche Anlagentypen und ergänzende Systeme entwickelt worden. Hier ist der wirtschaftliche Einsatz von Datenverarbeitungsanlagen und elektronischen Steuerungen zu nennen. Heute gibt es kaum einen Wirtschaftszweig mehr ohne automatische Hochregallager. Kapazitäten von 40 000 Paletten sind neuerdings keine Seltenheit. In Werten ausgedrückt heißt das: Hier lagern Waren für mehrere 100 Millionen Euro. Bei einem Computer-Hersteller errechnete man sogar einen Lagerwert von über 1 Milliarde Euro. Regalbediengeräte schaffen es, 30 bis 40 Paletten in einer Stunde aus dem Hochregallager zu befördern oder einzulagern.

Die Kommissioniertechnik

Die Methode für „gezieltes Vereinzeln" aus einem großen Sortiment (einschließlich der jeweils kundenbezogenen Auftragsbereitstellung) heißt bei Materialflußtechnikern „Kommissionieren".

Automatisch und manuell

Die einfachste Form der Kommissionierung besteht in der Entnahme und auftragsbezogenen Zusammenstellung kompletter Wareneinheiten, das sind Paletten aus dem Hochregallager. In diesem Fall entnehmen manuell oder automatisch gesteuerte Regalbediengeräte die Paletten aus den Regalfächern und führen sie zur Zusammenstellungszone.

Ist eine Aufteilung der Palettenladung in kleinere Einheiten erforderlich, so kann dies entweder im oder außerhalb vom Hochregallager geschehen. Im ersten Fall fährt der Kommissionierer mit einem manuell oder lochkartengesteuerten Regalbediengerät die verschiedenen Positionen im Lager an, entnimmt von Hand entsprechend dem Auftrag die bestellten Mengen von den Paletten und bringt sie zum Lagerausgang.

Im zweiten Fall (der Kommissionierung außerhalb des Hochregallagers) besorgt das Lager lediglich den erforderlichen Warennachschub für die getrennten Kommissionierbereiche, wo die Bestellungen im Allgemeinen manuell zusammengestellt werden.

Moderne Anlagen in Versandhäusern, bei Konsumgüter-Herstellern und Arzneimittel-Großhändlern zeigen den heute möglichen technischen Höchststand. Typisch ist bei all diesen Anlagen – ausgerüstet mit speziellen Stetigförderern, einer fehlerfreien Steuerung sowie einer parallel zum Transport verlaufenden Datenübertragung –, dass eine zentrale Sammelstelle die eingehenden Aufträge für die Weiterverarbeitung aufbereitet. Ausdrucke mit Mengenangaben, den vorbestimmten Entnahmezonen und allen für den Versand wichtigen Angaben gehen von dort aus in den Kommissionierbereich. Die danach zusammengestellten Artikel gelangen in codierten Behältern auf häufig kilometerlangen Bahnen aus Rollen-, Gurt- und Stauförderern an allen erforderlichen Kommissionierplätzen vorbei bis in Versand.

Zu den Bausteinen dieses Kommissioniersystems gehören außerdem Kettentransfere, Drehtische, Kurvensysteme und Etagenförderer.

Je nach Art der Waren oder des Materials gibt es daneben weitere Lösungen. Beispielsweise können aus dem Hochregallager kommende Paletten über Rollenförderer zu ganz bestimmten Kommissionierplätzen geführt werden. Zur Handentnahme der Waren werden sie ausgeschleust und anschließend wieder dem Förderkreis übergeben.

Ähnlich verläuft die Kommissionierung von schweren Einheiten, beispielsweise von Rundstäben und anderen Profilen in Edelstahllagern. Hierbei werden die im Hochregallager stehenden Kassetten von einem Förderer zu den Entnahmeplätzen gebracht und auf einem zweiten Strang zur Übergabestelle der Regalförderzeuge im Hochregallager zurückgeführt.

Auf dem Gebiet der Kommissioniertechnik erwarten die Fachleute in absehbarer Zukunft die größten Fortschritte. Die bisher teilautomatisierten Abläufe, d.h. manuelles Entnehmen der Artikel und automatisches Zusammenfördern bis zum Versand, sollen in ihrem Mechanisierungsgrad ausgedehnt werden, um den Anteil der menschlichen Arbeitsleistung auch hier weiter zu reduzieren.

a) Welche Vorteile kann die Hochregaltechnik dem Betreiber bieten?

b) Welche Vorzüge hat die Hochregaltechnik für die Kommissionierung z.B. in einem Versandhandelsunternehmen?

> **LZ:** Lagerkosten nennen
> Lagerkennziffern errechnen und interpretieren

Lagerkosten

52 Ein Unternehmer erwähnt in einem Gespräch, dass der Gewinn im Absatz liege. Dem widerspricht sein Gesprächspartner mit der Behauptung, dass der Gewinn im Einkauf liege. Er begründet seine Ansicht insbesondere damit, dass bei der Materialbeschaffung und der Materialbereitstellung keine Kosten von wesentlicher Bedeutung entstünden.

Nehmen Sie zu der letzten Behauptung kritisch Stellung!

53 Die Lagerkosten lassen sich wie folgt einteilen:

Kosten der reinen Lagerung	Kosten der Behandlung der lagernden Güter	Kosten der Leitung und Verwaltung der Lager
a) Raumkosten b) Kosten aus den Lagerbeständen	a) Kosten der Güterbewegung b) Kosten der mengenmäßigen und qualitativen Erhaltung c) Kosten der qualitativen Veränderung d) Kosten für sonstige Behandlung	

a) Suchen Sie zu diesen Kostengruppen jeweils mindestens zwei Beispiele von Kostenarten!

b) Welchen „Nutzen" haben Lagerbestände für ein Industrieunternehmen?

Lagerkennziffern

Lagerbestände

Es lassen sich verschiedene **tatsächliche Lagerbestände** unterscheiden.

Als **Effektivbestand** (Ist-Bestand) bezeichnet man den Bestand, der sich zu einem bestimmten Zeitpunkt bei der Inventur des Lagerbestandes ergibt.

Der **Soll-Bestand** ist der Bestand, der nach den Unterlagen der Lagerbuchhaltung vorhanden sein sollte.

Der **Sicherheitsbestand** (eiserner Bestand, Mindestbestand) ist der Bestand, der dazu dient, die Produktion auch bei Störungen in der Beschaffung sicherzustellen.

Der **Meldebestand** (Bestellpunktbestand, Bestellbestand) zeigt an, wann eine Bestellung vorgenommen werden muss, um keine Fehlmengen zu erhalten. Er errechnet sich aus dem Sicherheitsbestand plus der durchschnittlichen Verbrauchsmenge in der Beschaffungszeit.

Neben diesen tatsächlichen Lagerbeständen kann auch der **durchschnittliche Lagerbestand** errechnet werden.

$$\text{Durchschnittlicher Lagerbestand} = \frac{\text{Jahresanfangsbestand } + \text{ Jahresendbestand}}{2}$$

oder genauer

$$\text{durchschnittlicher Lagerbestand} = \frac{\frac{1}{2}\text{ Jahresanfangsbestand } + 11 \text{ Monatsendbestände } + \frac{1}{2}\text{ Jahresendbestand}}{12}$$

54 Die Metallwerke GmbH fertigen u. a. Flüssigkeitspumpen. Die einzubauenden Elektromotoren werden als Fertigware von einer Tochtergesellschaft bezogen. Der durchschnittliche Verbrauch an Elektromotoren beträgt 800 Stück in der Woche. Die Beschaffungszeit ist erfahrungsgemäß mit 6 Wochen nach Einleitung des Bestellvorganges anzusetzen. Um Produktionsstörungen zu vermeiden, soll ein Sicherheitsbestand von 2 Wochen angelegt werden.

Bestellung und Wareneingang sollen jeweils am Anfang einer Woche erfolgen.

a) Wie hoch ist der Sicherheitsbestand für die Elektromotoren?

b) Wie hoch ist der Meldebestand?

c) Am Anfang einer Woche wird ein Bestand von 3700 Stück erreicht.

  ca) Ab wann wird die Fertigung gestört, falls noch keine Bestellung vorgenommen wurde?

  cb) Welche Folgen kann eine Störung der Lagerbestände für die Metallwerke GmbH haben?

55 Am 1. Januar beträgt der Lagerbestand an Kokskohle 1 200 t. Je Monat werden 400 t verbraucht. Ein Sicherheitsbestand von 6 Wochen ist zu halten.

Die Lieferfrist des Großhändlers beträgt 7 Wochen. Für die Bearbeitung der Bestellung des Verbrauchers ist 1 Woche anzusetzen.

a) Wie hoch ist der Sicherheitsbestand?

b) Wie hoch ist der Meldebestand?

c) Wann müsste bestellt werden?

56 Eine landwirtschaftliche Bezugs- und Absatzgenossenschaft hat vom 1. Oktober bis 30. April einen täglichen Düngemittelabsatz der Sorte „Vollkraft" von 20 t. Das Düngemittel wird mit der Bahn angeliefert. Es trifft jeweils 15 Tage nach der Bestellung ein.

a) Berechnen Sie den Sicherheitsbestand, wenn ein möglicher Mehrbedarf während der Beschaffungszeit von 10 % und eine Lieferverzögerung von 5 Tagen berücksichtigt werden sollen!

b) Berechnen Sie den Meldebestand für diesen Volldünger!

57 Der Lagerbestand beträgt am 1. Januar 650 Einheiten. Monatlich werden 100 Einheiten verbraucht.

Die Wiederbeschaffungszeit beträgt drei Monate. Die Lagerbestände werden nur einmal im Monat, und zwar am Monatsende, überprüft.

Wie hoch ist der Meldebestand?

58 Ein Unternehmen verkauft Handfeuerlöscher. Aus der Lagerbestandsliste ergaben sich während eines Jahres folgende Bestände:

Anfangsbestand 1. Januar   127 Stück

Monatsendbestände:

Januar	89 Stück	Juli	124 Stück
Februar	118 Stück	August	119 Stück
März	229 Stück	September	91 Stück
April	188 Stück	Oktober	199 Stück
Mai	312 Stück	November	134 Stück
Juni	260 Stück	Dezember	95 Stück

a) Berechnen Sie den durchschnittlichen Lagerbestand!

b) Worüber gibt der durchschnittliche Lagerbestand Auskunft?

c) Von einem befreundeten Unternehmer mit gleichem Sortiment erfährt das Unternehmen, dass deren durchschnittlicher Lagerbestand bei gleichem Gesamtumsatz 115 Stück beträgt. Wodurch erklärt sich der Unterschied zwischen den beiden durchschnittlichen Lagerbeständen?

59 Ein Großhändler vertreibt nur ein Produkt. Während eines Jahres ergeben sich aus der Lagerkartei folgende Bestände (Stück; eiserner Bestand: 8 Stück):

Datum	Eingang	Ausgang	Bestand
1. Jan.			20
17. Jan.	15		35
21. Jan.		6	29
15. Feb.		3	26
1. März		10	16
4. März	15		31
21. Apr.		8	23
4. Mai		9	14
30. Mai	15		29
7. Juni		6	23
4. Juli		8	15

Datum	Eingang	Ausgang	Bestand
15. Aug.	15		30
19. Aug.		9	21
8. Sept.		11	10
15. Sept.	15		25
2. Okt.		4	21
24. Okt.		8	13
5. Nov.	15		28
17. Nov.		10	18
8. Dez.		5	13
15. Dez.	20		33
20. Dez.		4	29

a) Berechnen Sie den durchschnittlichen Lagerbestand!

b) Berechnen Sie die Umschlagshäufigkeit!

c) Wie hoch ist die durchschnittliche Lagerdauer?

d) da) Erstellen Sie die Wareneinkaufs- und -verkaufskonten! Wareneinstandspreis pro Stück 6 000,00 EUR. Die Ware wird mit einem Aufschlag von 50 % verkauft.

   db) Errechnen Sie mit Hilfe des Wareneinsatzes die Umschlagshäufigkeit!

e) Wie hoch ist der durchschnittliche Kapitalbedarf zur Finanzierung des Warenbestandes?

f) Erarbeiten Sie Vorschläge zur Finanzierung des Lagerbestandes!

g) Wie hoch ist der Lagerzinssatz bei einem landesüblichen Zinsfuß von 9 %?

h) Die Umschlagshäufigkeit der Branche beträgt 3,5. Wie viel EUR Zinsgewinn im Jahr entsteht durch das Abweichen vom Branchendurchschnitt?

i) Welche Ursachen kann das Abweichen vom Branchendurchschnitt haben?

60 Ein Unternehmer fertigt Tennisbälle. Die Kosten für die Betriebsmittel betragen, unabhängig von der Produktionsmenge, 250 000,00 EUR. Die für jeden produzierten Tennisball entstehenden Werkstoff- und Lohnkosten betragen 2,35 EUR.

a) Worin unterscheiden sich die beiden Gruppen von Kosten?

b) Wie viel EUR betragen die Produktionskosten **je Stück** (k), wenn der Unternehmer

ba) 100 000 Tennisbälle;

bb) 2 000 000 Tennisbälle bei gleichbleibendem Betriebsmittelbestand produziert?

c) Worauf sind die unterschiedlichen Stückkosten zurückzuführen?

d) **Bücher** formulierte diesen Zusammenhang in seinem **„Gesetz der Massenproduktion"**. Formulieren Sie dieses „Gesetz der Massenproduktion"!

61 In einem Betrieb werden drei Arbeiter beschäftigt. Sie sind mit einer Frist von 3 Wochen kündbar. Jeder dieser Arbeiter hat 2 Maschinen (Anschaffungswert je 20 000,00 EUR) zu beaufsichtigen. Die Maschinen wurden mit Bankkrediten finanziert. Jede Maschine kann pro Tag bis zu 4 000 Einheiten produzieren.

Die Nachfrage nach dem Produkt sinkt auf 21 000 Einheiten pro Tag.

a) Sind die von den Arbeitern und den Maschinen verursachten Kosten als fix oder variabel anzusehen?

b) Stellen Sie den Zusammenhang zwischen den Kosten der Maschinen und den damit maximal möglichen Ausbringungsmengen in einem Schaubild dar!

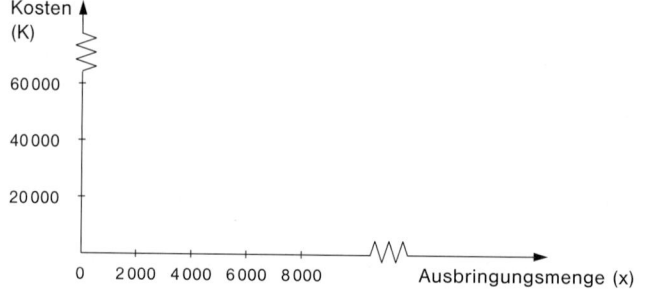

c) Für welchen Bereich sind die Kosten für die Maschinen jeweils als fix anzusehen?

d) Welche Kosten der Maschinen sind nach dem Beschäftigungsrückgang Nutzkosten und welche sind Leerkosten?

e) Aus welchen Kosten setzen sich nach dem in d) festgestellten Sachverhalt die Fixkosten zusammen?

62 Ein Klavierhändler verkauft nur Klaviere eines Herstellers. Für seine Verkaufsräume hat er monatlich 1 000,00 EUR Miete und 400,00 EUR sonstige Raumkosten zu zahlen. Der Lohn für den Verkäufer kostet ihn monatlich 2 200,00 EUR.

Ein Klavier kauft er vom Hersteller für 5 000,00 EUR ein.

a) Ermitteln Sie die festen Kosten (fixen Kosten), die dem Klavierhändler im Monat entstehen, wenn er kein einziges Klavier einkauft und verkauft!

b) Welche zusätzlichen Kosten (so genannte variable Kosten) hat der Klavierhändler, wenn er in einem Monat 1 bis 5 Klaviere einkauft?

c) Welche Kosten entstehen dem Klavierhändler insgesamt (Gesamtkosten), wenn er bis zu 5 Klaviere im Monat einkauft?

d) Tragen Sie die Ergebnisse von a) – c) in dieses Schema ein:

Eingekaufte Menge	Fixe Kosten pro Monat EUR	variable Kosten pro Monat EUR	Gesamtkosten pro Monat EUR	Stückkosten EUR
0				
1				
2				
3				
4				
5				

e) Wie viel EUR kostet dem Klavierhändler das Klavier pro Stück, wenn er im Monat 1 bis 5 Klaviere einkauft?

$$\text{Stückkosten} = \frac{\text{Gesamtkosten}}{\text{Menge}}$$

Tragen Sie die Ergebnisse in die letzte Spalte des Schemas zu d) ein!

f) Stellen Sie die in dem Schema ermittelten Werte in einem Schaubild dar!
(Menge 1 Stück = 1 cm; 2 000,00 EUR Kosten = 1 cm.)

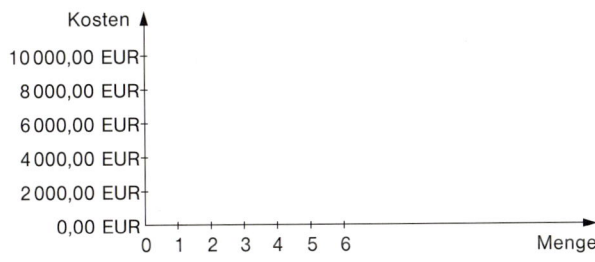

g) Welche Aussage lässt sich über den Verlauf der Stückkosten treffen, wenn die einge-kaufte Menge erhöht bzw. gesenkt wird?

h) Welche Kostenart verursacht den von Ihnen festgestellten Verlauf der Stückkosten?

VI. Absatzwirtschaft

LZ: Marketing als planvolle Absatzgestaltung und Marktbeeinflussung erklären

Die **Leistungsverwertung** wird heute überwiegend unter dem Gesichtspunkt der **Befriedigung von Kundenbedürfnissen** (Marketingphilosophie) gesehen, wobei der **Markt zielgerichtet** und **planvoll** unter dem **Einsatz der absatzpolitischen Instrumente** (Marketing-Mix) bewusst beeinflusst wird, um bestehende Marktwiderstände zu überwinden. In diesem Sinne wird der Begriff **Marketing** verwendet.

LZ: Teilgebiete und Aufgaben der Marktforschung kennen und ihre Bedeutung für den Absatz verstehen

Um zielgerichtete, planvolle Absatzentscheidungen treffen zu können, ist es notwendig, sich Kenntnisse über den Markt zu beschaffen. Dies geschieht durch **Marktuntersuchungen**.

Geht ein Unternehmen dabei nur unsystematisch und planlos vor, spricht man von **Markterkundung**. Ein systematisches, planvolles, wissenschaftlich abgesichertes Vorgehen wird als **Marktforschung** bezeichnet.

Die **Marktforschung** kann nach mehreren Kriterien unterteilt werden:

Kriterien	Unterscheidungen
Nach den **Zielen**	**Feststellung** von – **messbaren Tatsachen**, wie z. B. Einkommen, Vermögen, Zahl der Nachfrager; – **Meinungen** der Nachfrager über Produkte und Leistungen des Betriebs; – **Motiven** der Nachfrager für Kaufentscheidungen.
Nach dem **zeitlichen Einsatz**	**Marktanalyse** – einmalige Untersuchung der Struktur eines Marktes **Marktbeobachtung** – laufende Verfolgung der Entwicklung und Veränderung des Marktes
Nach dem **Analysegegenstand**	**Nachfrageforschung**, z. B. – Ermittlung und Beobachtung der Veränderung der Nachfrage der privaten oder der Firmenkunden – Änderung der Käufergewohnheiten

	Konkurrenzforschung, z. B.
	– Anzahl der Wettbewerber
	– Produkte der Konkurrenten
	– Marktanteile
Nach der **Art der Durchführung**	**Sekundärforschung** (desk research)
	– Gegenstand ist die Beschaffung, Zusammenstellung und Auswertung bereits vorhandenen Materials, z. B. innerbetriebliche Daten; externe Untersuchungen
	Primärforschung (field research)
	– Der Informationsbedarf wird durch zusätzliche eigene Erhebungen am Markt gedeckt.
	Häufige *Erhebungsmethoden* sind die **Befragung** (Panel), die **Beobachtung** und das **Experiment**.
	Ein **Panel** ist eine Gruppe von Personen, Haushalten usw., die sich laufend befragen lässt und auch selbst Aufzeichnungen über das eigene Verhalten macht.

Marktsegmentierung

Besteht der Gesamtmarkt aus mehreren Personen oder Gruppen, ist es sinnvoll, diesen in homogene Käufergruppen (Marktsegmente), wie z. B. nach Alter, Einkommen, Lebensstil, aufzuteilen. Dadurch wird es möglich, die Marktleistung gezielter der jeweiligen Käuferschicht anzupassen.

Für die **Segmentierung** können zwei Arten von Kriterien genutzt werden:

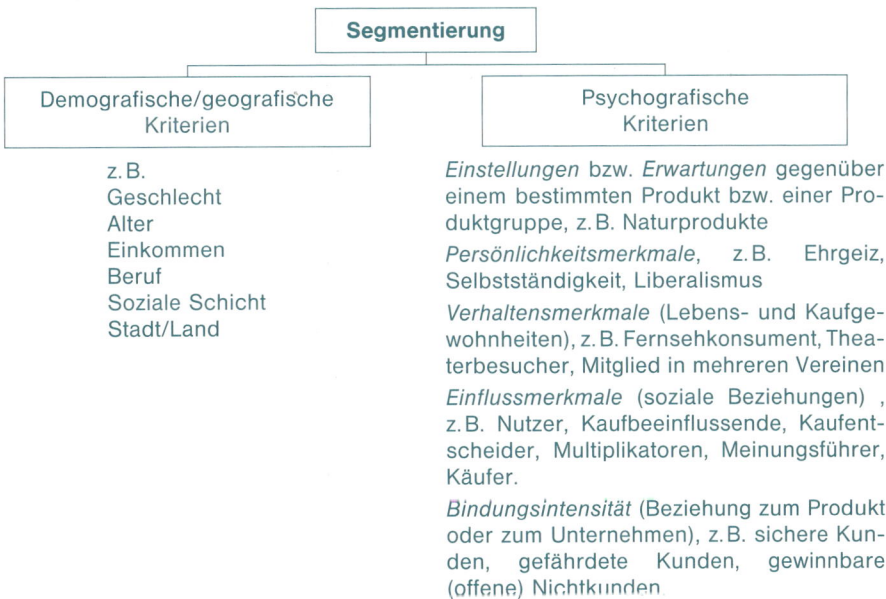

Segmentierung

Demografische/geografische Kriterien

z. B.
Geschlecht
Alter
Einkommen
Beruf
Soziale Schicht
Stadt/Land

Psychografische Kriterien

Einstellungen bzw. *Erwartungen* gegenüber einem bestimmten Produkt bzw. einer Produktgruppe, z. B. Naturprodukte

Persönlichkeitsmerkmale, z. B. Ehrgeiz, Selbstständigkeit, Liberalismus

Verhaltensmerkmale (Lebens- und Kaufgewohnheiten), z. B. Fernsehkonsument, Theaterbesucher, Mitglied in mehreren Vereinen

Einflussmerkmale (soziale Beziehungen), z. B. Nutzer, Kaufbeeinflussende, Kaufentscheider, Multiplikatoren, Meinungsführer, Käufer.

Bindungsintensität (Beziehung zum Produkt oder zum Unternehmen), z. B. sichere Kunden, gefährdete Kunden, gewinnbare (offene) Nichtkunden.

1 Sie hören von einem Bekannten, dass in seinem Unternehmen die Marketingphilosophie geändert wurde.

Was ist darunter zu verstehen?

2 Ordnen Sie den folgenden Situationen die richtigen Begriffe der Marktforschung zu:

Situationen:

1. Bei einem Messebesuch erfährt der Unternehmer zufällig, dass ein Mitwettbewerber in drei Monaten ein neues Produkt auf den Markt bringen wird.
2. Ein Unternehmen erteilt einem Marktforschungsinstitut den Auftrag, laufend die Käufergewohnheiten zu erforschen.
3. Ein Kreditinstitut wertet einmalig Briefbögen der Firmenkunden daraufhin aus, ob und ggf. bei welchen anderen Kreditinstituten weitere Geschäftsverbindungen bestehen.
4. Ein Unternehmen wertet ständig die Einkommensstatistik der potenziellen Kunden ihres Zielgebietes aus.

3 In Ihrer Schule/Bildungsstätte gibt es einen Kiosk/Verkaufsstelle, an dem sich die Schüler in den Pausen mit Lebensmitteln versorgen können.

Der Betreiber ist mit der Entwicklung des Umsatzes nicht mehr zufrieden. Er möchte wissen:
– aus welchen Gründen die Nachfrage zurückgegangen ist;
– wie viel Kaufkraft die Schüler zur Verfügung haben;
– wie seine Konkurrenzsituation ist.

Bilden Sie Arbeitsgruppen, die die Fragen des Kioskbetreibers beantworten können.

Falls es nicht möglich ist, die gesamte Schule in die Untersuchung einzubeziehen, beschränken Sie sich auf Ihre Klasse/Gruppe.

Arbeitsschritte
– Entwerfen Sie einen geeigneten Fragebogen!
– Testen Sie den Fragebogen an mehreren Schülern!
– Führen Sie die Befragung durch!
– Lassen Sie von einer Gruppe auch die Konsumgewohnheiten der Schüler in den Pausen beobachten!
– Werten Sie die Ergebnisse aus!
– Erarbeiten Sie für den Kioskbetreiber einen Vorschlag zur Verbesserung seines Umsatzes!

4 Eine Versicherungsgesellschaft will den Markt nach den **Lebensphasen** der Menschen segmentieren.

a) Suchen Sie Kriterien, die für die einzelnen Lebensphasen eines Menschen von Bedeutung sind!
b) Segmentieren Sie den Gesamtmarkt nach den Lebensphasen der Menschen!

LZ: Instrumente der Absatzpolitik (Marketingpolitik) erkennen

Zur Beeinflussung des Marktes bedienen sich die Unternehmen verschiedener Instrumente, die sich aus der Beantwortung folgender Kernfragen ergeben:

Kernfragen	Marketingpolitik
Welche betrieblichen Leistungen sollen angeboten werden?	Produkt- und Sortimentspolitik
Zu welchen Bedingungen soll verkauft werden?	Preis- und Konditionenpolitik
Welche Informationsmaßnahmen sollen ergriffen werden?	Kommunikationspolitik
An wen und auf welchem Weg soll verkauft werden?	Vertriebspolitik (Distributionspolitik)

● **Produkt- und Sortimentspolitik**

Die **Produkt- und Sortimentspolitik** umfasst folgende Bereiche:

Produkt- und Sortimentspolitik				
Produkt-gestaltung	Verpackung	Markierung	Sortiments-gestaltung	Kunden-dienst

Produktgestaltung

Die Produkte sollen die von den Kunden geforderten **Eigenschaften** (Produktnutzen) und **Qualitäten** haben.

Bei der Produktgestaltung spielt die **Formgebung (Design)** der Erzeugnisse, aber auch die mit der Gestaltung verbundenen Lebensstile und Lebensweisen eine Rolle. So wird unter dem Einfluss der **Ökologie** vermehrt angestrebt, **dauerhafte Güter** zu finden, deren Gebrauchswert zu erhöhen und die Verschwendung zu reduzieren. Auch Fragen der Rohstoffgewinnung und -verarbeitung, nach Schadstoffemissionen und Energieaufwand bei der Herstellung, nach Transportenergien und möglichen Problemen bei der späteren Entsorgung sind zu beachten.

Verpackung

Die **Verpackung** der Produkte hat mehrere Aufgaben zu erfüllen, und zwar:

– den **Schutz** der Ware beim Transport und bei der Lagerung;

– die Unterstützung des Verkaufs **(Verkaufsförderung)** durch die farbliche und grafische Gestaltung und

– die **Erleichterung des Ge- und Verbrauchs**.

Die Verpackung wird zunehmend unter dem Gesichtspunkt ihrer **Wiederverwertbarkeit** gesehen. Recyclefähige Verpackungen sind an dem „**Grünen Punkt**" zu erkennen. Sie sollen flächendeckend über einen geschlossenen **Rohstoffkreislauf** wieder als Rohstoff dienen.

Markierung

Durch die **Markierung** versuchen Unternehmen ihre Produkte von denen der Konkurrenz abzugrenzen. **Markenartikel** zeichnen sich aus der Sicht der Verbraucher durch eine dauerhafte, überdurchschnittliche Qualität aus. Dadurch wird es den Unternehmen möglich, eine **Markentreue** aufzubauen, die **absatzfördernde Wirkung** sowie mögliche **Preisspielräume** zu nutzen und schließlich den **Markt gezielter** zu bearbeiten.

Die **Markierung** erfolgt durch **Markennamen, Markenzeichen** und/oder **Markendesign**.

Sortimentsgestaltung

Unter dem **Sortiment** versteht man die von einem Unternehmen insgesamt angebotenen Güter oder Dienstleistungen.

Die Sortimentsbildung ist abhängig von dem angesprochenen Kundenkreis (Marktsegmentierung). Daraus lässt sich auf die Art der Güter, die Preislage sowie die Sortimentsbreite und -tiefe schließen.

Die **Sortimentsbreite** gibt an, wie viele Warengruppen überhaupt geführt werden.

Die **Sortimentstiefe** gibt an, wie viel verschiedene Ausführungen (Typen, Modelle, Sorten) innerhalb einer Warengruppe geführt werden.

Bei **Fertigungsbetrieben** entspricht dem Sortiment das **Fertigungsprogramm**.

Auf sich sehr schnell verändernden Märkten kommt der Anpassung des Sortiments bzw. des Produktionsprogramms große Bedeutung zu.

Dabei ist der **Produktlebenszyklus** (siehe Schaubild) mit seinen Phasen zu beachten.

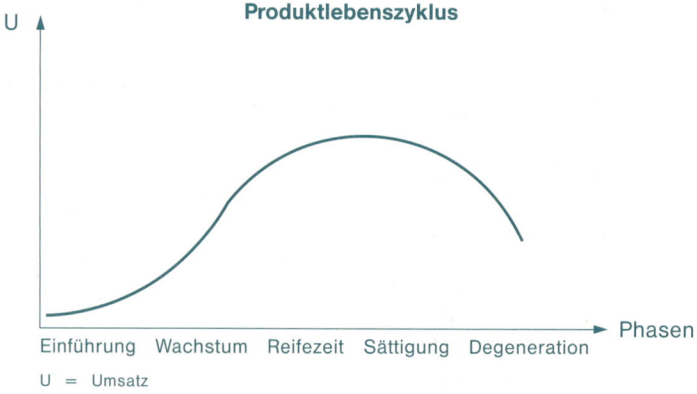

U = Umsatz

Phasen	Merkmale
Einführungsphase	Kunde wird mit dem Produkt vertraut gemacht. Neugierkäufe.
Wachstumsphase	Stärkere Nachfrage. Produkt ist einem größeren Kundenkreis bekannt.
Reifephase	Produkt hat sich am Markt durchgesetzt. Weitere absolute Marktausdehnung.
Sättigungsphase	Marktmöglichkeiten sind weitgehend ausgeschöpft.
Degenerationsphase	Das Bedürfnis ist gedeckt. Neue Produkte sind bereits am Markt.

● **Produkt- und sortimentspolitische Folgerungen**

Zur langfristigen Sicherung der Betriebsziele ist es notwendig, auf die Veränderungen des Marktes zu reagieren. Möglichkeiten hierzu sind

Produktinnovation   Entwicklung neuer Produkte.

Produktvariation   Änderungen von Eigenschaften bereits produzierter Produkte, z.B. durch Verbesserung der Qualität oder der Verwendungsmöglichkeiten; durch Veränderungen der Form oder der Farbe; durch neue Verpackung, durch veränderte Markierung oder durch neue Zusatzleistungen wie erweiterten Kundendienst.

Produkteliminie-rung	Das Produkt wird aus dem Sortiment/Fertigungsprogramm genommen.
Diversifikation	Das Unternehmen nimmt zusätzliche Produkte in das Sortiment/Fertigungsprogramm auf, die auch auf neuen Märkten und/oder in anderen Marktsegmenten verkauft werden können.

Kundendienst

Unter **Kundendienst** werden Leistungen verstanden, die erst nach dem Verkauf anfallen. Hierzu zählen z.B. Montage, Ersatzteilversorgung, Wartung, Reparaturdienst, Kundenschulung, Zustellung, Verpackung, Umtauschrecht, Kulanzregelungen.

Der Kundendienst ist ein wesentliches Element für das Image des Unternehmens.

5 Sie sind in einem Unternehmen beschäftigt, das Fahrräder herstellt. Bisher wurden Damen- und Herrenfahrräder einfacher Bauart für den täglichen Gebrauch erzeugt. In diesem Marktsegment geht aber der Umsatz seit einiger Zeit zurück.

In Zukunft sollen auch Jugendräder und Räder für Kunden mit höheren Einkommen gefertigt werden.

a) Stellen Sie die Eigenschaften der herzustellenden Fahrräder zusammen, die diese für die beiden neuen Zielgruppen aufweisen sollten!

b) Welche ökologischen Gesichtspunkte sollten bei der Entwicklung der neuen Fahrradtypen berücksichtigt werden?

c) Für den Transport der Fahrräder an die Fahrradhändler ist eine geeignete Verpackung zu suchen.

Welche Anforderungen muss die Verpackung in **diesem Falle** erfüllen?

d) Ist es hier sinnvoll, die Fahrräder zu **markieren**?

e) Wodurch könnte eine Markierung erfolgen?

6 Anna Weber hat von ihren Eltern den Gemischtwarenladen in einem Ort mit 2 000 Einwohnern übernommen. Dieser Ort befindet sich auf dem Lande.

a) Nach welchen Gesichtspunkten muss Anna Weber ihr Sortiment bilden?

b) Welche Bedeutung hat die Sortimentstiefe in diesem Falle?

c) Womit muss Frau Weber bei der Art ihres Sortiments rechnen und was könnte sie dagegen unternehmen, um keine Kunden zu verlieren?

7 Ein Unternehmen stellt vier verschiedene Produkte her. Diese hatten in den vergangenen fünf Jahren folgende Umsätze (in TEUR):

Produkt	Jahr 1	Jahr 2	Jahr 3	Jahr 4	Jahr 5
A	100	102	107,1	115,7	127,2
B	500	510	517,7	522,8	527,5
C	20	21	22,02	25,4	31,7
D	200	202	190	161,4	121

a) In welcher Phase des Produktlebenszyklusses befinden sich diese vier Produkte jeweils?

b) Halten Sie es für erforderlich, eines der Produkte zu eliminieren?

c) Welche produkt- bzw. sortimentspolitischen Möglichkeiten hat ein Unternehmen, langfristig auf Veränderungen des Marktes zu reagieren?

8 Suchen Sie Beispiele für Produkte, die sich zurzeit in den verschiedenen möglichen Phasen des Produktlebenszyklusses befinden!

16 Schuster – ISBN 3-8120-0060-1

● **Preis- und Konditionenpolitik**

Die **Preis- und Konditionenpolitik** umfasst die

Preisbildung

Grundsätzlich orientiert sich der Angebotspreis an den **Kosten** zuzüglich eines **Gewinnzuschlags**.

Andererseits spielt die jeweilige **Marktsituation** für die Preisgestaltung eine wesentliche Rolle. Vergleichen Sie hierzu Abschnitt XII dieses Buches.

Preisstrategien

Unternehmen können das im Wesentlichen gleiche Produkt auf verschiedenen Teilmärkten (Marktsegmenten) zu unterschiedlichen Preisen anbieten **(Preisdifferenzierung)**.

Es ist auch möglich, den Preis jeweils an den Preis der **Konkurrenz** anzupassen, gegebenenfalls mit einem festen Abstand darüber oder darunter.

Innerhalb des Sortiments kann von der Möglichkeit des **preispolitischen Ausgleichs** Gebrauch gemacht werden, d. h., geringere Preise bei einzelnen Artikeln werden durch höhere Preise bei anderen Artikeln ausgeglichen.

Unter **psychologischen Gesichtspunkten** werden *ungerade Preise*, z. B. 21,00 EUR, *geraden Preisen*, z. B. 22,00 EUR, vorgezogen.

Gebrochene Preise, z. B. 2,13 EUR, erwecken den Anschein einer scharfen Kalkulation.

Geringfügig unter einem runden Preis liegende Preise wirken **optisch besser**, z. B. 199,00 EUR statt 200,00 EUR.

Rabatte

Rabatte sind **Preisnachlässe**, die den Kunden zu bestimmten Anlässen gewährt werden.

Ein **handelsüblicher Mengenrabatt** darf dem Endverbraucher gewährt werden.

Außerdem sind **Sondernachlässe** möglich für

– Waren oder Leistungen für die berufliche oder gewerbliche Verwendung;
– Großverbraucher;
– den **Eigenverbrauch der Mitarbeiter** und deren Angehörige.

Treuerabatt kann bei in verschlossenen Packungen abgegebenen Markenartikeln auch in Form von Gutscheinen, Sammelmarken o. ä. gewährt werden, die nach Erreichen einer bestimmten Anzahl bar eingelöst werden.

Gegenüber **Wiederverkäufern** sind u. a. folgende **Rabatte** möglich:

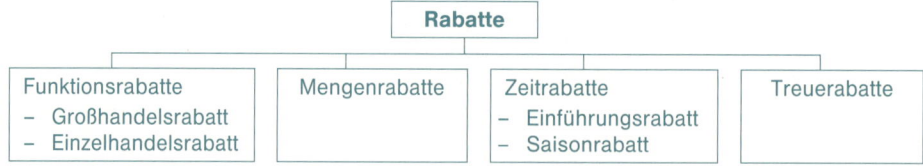

Liefer- und Zahlungsbedingungen

Die **Lieferbedingungen** regeln die Rechte und Pflichten der Vertragspartner bei der Abwicklung des Kauf- bzw. Leistungsvertrags (siehe S. 224).

Die **Zahlungsbedingungen** regeln u. a. die Zahlungsweise, die Zahlungsabwicklung, die Zahlungssicherung und die Zahlungsfristen (vgl. S. 224 f.).

9 Die Handels-GmbH kauft eine Ware zum Preis von 14,00 EUR pro Stück ein. Der Gesellschaft entstehen 25 % Handlungskosten.

Zu welchem Preis wird sie ein Stück dieser Ware anbieten, wenn 15 % Gewinn erzielt werden sollen? Dem Käufer soll 3 % Rabatt gewährt werden. 16 % Umsatzsteuer sind zu berücksichtigen.

10 Die Stadtwerke GmbH versorgen die Stadt mit Energie und Wasser. Außerdem betreiben sie die städtischen Verkehrsbetriebe.

Es wurde festgestellt, dass

– Jugendliche die städtischen Busse kaum benutzen,

– in den Zeiten von 9:00 – 12:00 Uhr und 14:00 – 15:30 Uhr die Busse unterdurchschnittlich ausgelastet sind,

– diese dagegen zwischen 7:00 und 8:00 Uhr überdurchschnittlich ausgelastet, häufig sogar überfüllt sind.

Die Wasserabnahme hat sich besonders in den Privathaushalten überdurchschnittlich erhöht.

Die Stromabnahme hat sich weiter zu Lasten des Nachtstromverbrauchs verschoben.

a) Welche preispolitischen Möglichkeiten schlagen Sie vor, um den Stadtwerken eine ausgeglichenere Auslastung der jeweiligen Kapazitäten zu ermöglichen bzw. um den Energie- und Wasserverbrauch zu senken?

b) Der Abnahmepreis für Strom soll erhöht werden. Vorgeschlagen wird ein Preis von 0,59 EUR/kW oder 0,60 EUR/kW. Welchen Preis halten Sie für psychologisch leichter durchsetzbar, wenn evtl. entstehende Kostendefizite über eine Grundgebühr ausgeglichen werden sollen? Begründen!

c) Könnte ein Rabattsystem die Nutzung des Busangebotes verbessern helfen?

Hinweis: Weitere Aufgaben zur Preis- und Konditionenpolitik siehe Abschnitte V und XII.

● **Kommunikationspolitik**

Gegenstand der Kommunikationspolitik ist die **bewusste Beeinflussung** der gegenwärtigen und potenziellen Kunden des Unternehmens mit dem Ziel, die Unternehmensziele zu erreichen.

Zu diesem Zweck stehen folgende **Instrumente der Kommunikationspolitik** zur Verfügung:

Instrumente der Kommunikationspolitik

Werbung | Verkaufsförderung | Öffentlichkeitsarbeit | Persönlicher Verkauf

Werbung

Unter **Werbung** versteht man die planmäßige, kommunikative Beeinflussung der Kunden durch die Werbebotschaft mit dem Ziel, diese mit den Waren und Leistungen des Unternehmens bekannt zu machen und sie zu deren Inanspruchnahme zu veranlassen.

Die **Werbewirkung** kann durch die **AIDA−Formel** beschrieben werden:

A = **A**ttention (Aufmerksamkeit)

I = **I**nterest (Interesse an der Leistung)

D = **D**esire (Kaufwunsch)

A = **A**ction (Aktion, Kauf)

Arten der Absatzwerbung

Die Arten der Werbung können nach verschiedenen Gesichtspunkten gegliedert werden:

Kriterien	Einteilungen
Strategie der Beeinflussung der **Zielgruppe**	*Einführungswerbung* – Neue Leistungen werden bekannt gemacht. *Erhaltungswerbung* – Für bereits eingeführte Produkte soll der Absatz gesichert werden. *Ausweitungswerbung* – Der Absatz soll durch die Gewinnung neuer Käuferschichten oder bessere Nutzung vorhandener Käuferschichten erhöht werden.
Zahl der Umworbenen	*Einzelumwerbung* – **Einzelne** Kunden werden umworben. *Massenumwerbung* – Eine bestimmte **Zielgruppe** soll angesprochen werden.
Zahl der Werbenden	*Alleinwerbung* – Ein Betrieb wirbt allein für seine Leistungen. *Gemeinschaftswerbung* – Mehrere Betriebe werben gemeinsam. Werden dabei unterschiedliche, jedoch komplementäre Produkte angeboten, liegt eine **Verbundwerbung** vor.
Inhalt der Werbung	*Informative Werbung* – Sachliche Informationen über das Produkt stehen im Vordergrund. *Suggestivwerbung* – Vorrangig werden die Gefühle und Wünsche der Umworbenen angesprochen.
Werbeobjekt	*Produktwerbung* – Es wird für einzelne Produkte oder Produktgruppen geworben. *Firmenwerbung* – Es wird allgemein für den Betrieb geworben (= Publicrelations).

Werbemittel und Werbeträger

Die **Werbebotschaft** muß durch geeignete **Werbemittel** über die **Werbeträger** (Medien) an die Umworbenen herangetragen werden.

Wichtige **Werbemittel** sind Werbeanzeigen, Werbebriefe, Plakate, Werbefunk- und -fernsehspots, Werbegeschenke. Die Werbemittel können *optisch* (lesen), *akustisch* (hören) oder *audio-visuell* (lesen und hören) gestaltet sein.

Wichtige **Werbeträger** sind Zeitungen, Zeitschriften, Rundfunk, Fernsehen, Kinos, Plakatsäulen, aber auch Personen.

Bei der **Auswahl der Werbemittel und Werbeträger** sind zu berücksichtigen:
- die **Zielgruppe** der Umworbenen, der sog. *Streukreis*,
- das **Streugebiet**, in dem geworben werden soll,
- die **Streuzeit**, d.h. wann und wie oft die Werbemaßnahme durchgeführt werden soll,
- die **Reichweite**, d.h. die Zahl der zu Umwerbenden, die mindestens einmal von der Werbebotschaft erreicht werden soll,
- die **Kosten** der Werbung.

Der Vergleich der Kosten für unterschiedliche Werbeträger erfolgt durch die Ermittlung des sog. **Tausender-Preises**. Dieser gibt an, wie teuer es ist, 1 000 Personen anzusprechen.

$$\text{Tausender-Preis} = \frac{\text{Preis je Anzeigenseite} \cdot 1\,000}{\text{Leser der Gesamtauflage}}$$

Verkaufsförderung (Salespromotion)

Möglichkeiten verkaufsfördernder Maßnahmen sind z.B. die **Schulung des eigenen Verkaufspersonals, Produktvorführungen** durch Propagandisten, die besondere **Präsentation** der Ware durch den Einsatz von **Display-Material** wie z.B. Ständer, Regale u.Ä. am Verkaufsort.

Auch der Einsatz von **Werbemitteln** wie Broschüren, Kundenzeitungen dient der Verkaufsförderung.

Öffentlichkeitsarbeit (Publicrelations)

Unter Öffentlichkeitsarbeit versteht man alle Anstrengungen eines Unternehmens, für sich im Verhältnis zu seiner Umwelt ein **positives Klima** zu schaffen. Maßnahmen hierzu können z.B. sein: „Tag der Offenen Tür"; Kultursponsoring; Sportsponsoring; Auszeichnung besonders guter Mitarbeiter; Informationen über Betriebsjubiläen von Mitarbeitern.

Persönlicher Verkauf

Verkäufer in diesem Sinne sind **alle Angestellten** des Unternehmens, die mit Kunden in Kontakt kommen, unabhängig von ihrer Stellung in der betrieblichen Hierarchie.

Die **Kundenkontakte** können dabei am Verkaufsort selbst, beim Kunden (Außendienstmitarbeiter), auf Messen und ähnlichen Veranstaltungen oder telefonisch (Telefon-Marketing) hergestellt werden.

Besonders bei **erklärungsbedürftigen Produkten** kommt der persönlichen Beratung für den Absatz eine große Bedeutung zu.

11 Als Mitarbeiter einer Werbeagentur haben Sie für zwei Kunden Werbeaktionen zu planen. Der Kunde A handelt mit Heizöl, der Kunde B mit Weinen aus eigenem Anbau.

a) Welcher grundsätzliche Unterschied zwischen beiden Gütern ist bei der Werbung zu beachten?

b) Welche Konsequenzen ergeben sich aus diesem Unterschied für die Werbung und für die Preispolitik?

c) Welche Werbestrategie werden Sie für den Wein verfolgen, wenn die Kapazitäten nicht erweitert werden können?

d) An welche Zielgruppe wenden Sie sich bei der Weinwerbung?

e) Gestalten Sie die Werbebotschaft für den Wein informativ oder suggestiv?

f) Der Heizölverbrauch ist insgesamt rückläufig. Er soll durch Werbemaßnahmen wieder erhöht werden.

Welche Art der Werbung schlagen Sie nach dem Kriterium der Zahl der Umworbenen vor?

12

1933 erschien diese Werbung in der „Berliner Illustrirten Zeitung" zur Herausstellung der Kriterien von Markenartikeln.

Welche Zielsetzungen lassen sich aus dieser Anzeige im Einzelnen ableiten?

13

Ein Unternehmen warb bereits vor dem 1. Weltkrieg mit diesem Bild.

Was soll durch diese Darstellung ausgedrückt und auf die Produkte übertragen werden?

14 Sammeln Sie optische Werbemittel und bestimmen Sie, um welche Art der Absatzwerbung es sich dabei handelt!

15 Karin Meister hat sich selbstständig gemacht. Sie betreibt ein Geschäft für Büroorganisationsmittel und -bedarf.

a) Mit welchen Kundengruppen wird sie es zu tun haben?

b) Welche Werbestrategie wird Frau Meister einsetzen?

c) Welche Arten der Werbung wird sie nach den Kriterien
   – Zahl der Umworbenen,
   – Inhalt der Werbung und
   – dem Werbeobjekt wählen?

d) Welche Werbemittel würden Sie Frau Meister empfehlen?

16 Ein Metzgermeister will sein Sortiment um einen Party-Service erweitern. Er betreibt sein Geschäft in einer Universitätsstadt mit 89 000 Einwohnern. Aus den umliegenden Gemeinden des Landkreises kommen täglich viele Arbeiter und Angestellte in die Stadt zur Arbeitsstätte.

Der Metzgermeister will seine Sortimentserweiterung durch Zeitungswerbung bekannt machen.

In dieser Stadt gibt es folgende Zeitungen bzw. Anzeigenblätter mit Auflage, durchschnittlicher Leserzahl und Vertriebsgebiet:

Zeitung	Auflage	durchschn. Leserzahl	Vertriebs- gebiet	Preis EUR/je Seite
Allgemeine Zeitung	23 000	2,5	Stadtgebiet	5 000,00
Anzeiger	38 000*	1,8	Stadt, Kreis	6 000,00
Anzeigenblatt	680 000	0,7	Region	15 000,00
Sonntagsanzeiger	600 000	1,1	Region	13 000,00

* davon 30 % Stadt

a) Welche Zielgruppen sollte der Metzgermeister für die neue Dienstleistung wählen?

b) Welches Streugebiet schlagen Sie vor?

c) Welche Streuzeit schlagen Sie vor?

d) Welche Reichweite haben die obigen Werbeträger?

e) Der Metzgermeister will zunächst nur in einer Zeitung/Anzeigenblatt eine Anzeige schalten.
Welches Medium schlagen Sie ihm unter Berücksichtigung der Kosten vor?

f) Welche verkaufsfördernden Maßnahmen schlagen Sie vor?

g) Welche Möglichkeiten der Öffentlichkeitsarbeit sollte der Metzgermeister einsetzen?

h) Hat der persönliche Verkauf in diesem Falle eine Bedeutung?

● **Vertriebspolitik (Distributionspolitik)**

LZ: Die Organisation des Absatzes verstehen

Die Hersteller von Gütern oder Dienstleistungen müssen entscheiden, auf welchem Wege **(Absatzweg)** ihre Produkte den Kunden angeboten werden sollen und ob dies durch betriebseigene oder betriebsfremde Mitarbeiter **(Absatzform)** geschehen soll.

Absatzwege

Die Unternehmen können ihre Produkte auf **direktem** oder auf **indirektem Weg** anbieten.

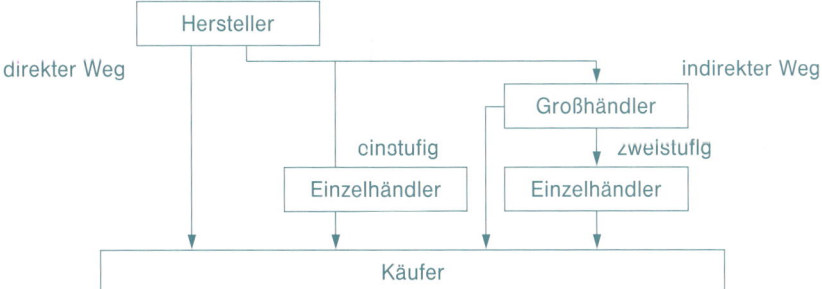

Der **direkte Absatzweg** liegt vor, wenn der Hersteller ohne Einschaltung eines anderen selbst-ständigen Betriebes an den Kunden (Endverbraucher oder Weiterverarbeiter) liefert.

Beim **indirekten Absatzweg** schaltet der Hersteller den Einzelhandel und/oder den Groß-handel ein. Je nach Anzahl der eingeschalteten Handelsstufen erhält man einen ein- oder mehrstufigen indirekten Absatzweg.

Bei den **Absatzformen** haben die Unternehmen folgende Möglichkeiten:

Absatzformen	
Betriebseigene Mitarbeiter	**Betriebsfremde Mitarbeiter**
– Mitglieder der Geschäftsleitung	– Handelsvertreter*
– Reisende	– Handelsmakler*
– Mitarbeiter der Vertriebsabteilung	– Kommissionäre*
	– Vertragshändler

   * Siehe Seite 108 – 112

17 Die International Chemical Trust Corp., Ohio, will erstmalig Lippenstifte auf dem deutschen Markt anbieten. Eine Preisanalyse der Konkurrenz ergab, dass die eigenen Preisforderungen auf mittlerem Niveau liegen.

  a) Erstellen Sie einen begründeten Vorschlag über **Absatzform** und **Absatzweg**!

  b) Welche Formen der Absatzwerbung schlagen Sie für dieses Produkt vor?

18 Ein Unternehmen will prüfen, ob es beim Absatz seiner Produkte Handelsvertreter oder Reisende einsetzen soll.

Was schlagen Sie vor, wenn

  a) bei Reisenden monatlich feste Kosten von 12 000,00 EUR entstehen und eine Umsatz-provision von 5 % zu zahlen ist;

  b) bei Handelsvertretern monatlich 1 000,00 EUR feste Kosten entstehen und eine Umsatz-provision von 25 % zu zahlen ist?

Zusammenfassende Aufgaben

19 Der Lebensmitteleinzelhändler K. Lehmann führt in dritter Generation das Geschäft seiner Eltern weiter. Dieses befindet sich in einer Stadt mit 56 000 Einwohnern. Das Geschäft liegt in einem Wohnviertel mit einem Einzugsgebiet von ca. 3 500 Einwohnern.

Die Altersstruktur dieses Wohnviertels ist wie folgt:

Altersstufen	Anteil der Einwohner
0 bis unter 14 Jahre	5 %
14 bis unter 21 Jahre	4 %
21 bis unter 40 Jahre	26 %
40 bis unter 60 Jahre	35 %
60 Jahre und älter	30 %

Die Bewohner dieses Stadtteils sind überwiegend Angestellte und Beamte mit kleineren und mittleren Einkommen.

In den vergangenen Jahren wurden am Stadtrand mehrere Supermärkte eröffnet, die zu einem lebhaften Wettbewerb auf dem Lebensmittelmarkt führten. Diese Märkte bieten das in Supermärkten übliche Grundsortiment an.

Lehmann musste in den vergangenen Jahren einen stetigen Rückgang seines Umsatzes feststellen. Jetzt steht er vor der Entscheidung, ob er sein Geschäft entweder aufgeben oder mit einer neuen Konzeption fortführen soll.

a) Geben Sie eine knappe Positionsbeschreibung des Einzelhändlers Lehmann auf dessen Markt!

b) Entwerfen Sie ein Marketing-Konzept, das Herrn Lehmann helfen könnte, auf dem Markt zu verbleiben!

20 Die Lahntal-Reisen GmbH bietet in der kommenden Saison u. a. folgende vier Reisen an:

(1) Seereise nach Acapulco (vier Wochen), ab Hamburg, auf dem Luxusdampfer Golden Queen zum Preis von 7 200,00 EUR;

(2) Flugreise nach Rhodos (Mai – Oktober), 14 Tage, Halbpension, Preis 490,00 EUR;

(3) Flugreise nach Mallorca (November – März), 1 Monat Vollpension, Preis 832,00 EUR, je Verlängerungswoche 198,00 EUR;

(4) Kombinierte Flug- und Schiffsreise nach Athen, Mykenä und Troja mit wissenschaftlicher Begleitung, Vorbereitungsseminar und Dia-Vorträgen an Bord, 14 Tage, Preis 1 540,00 EUR.

Als Mitarbeiter der Werbeabteilung der Lahntal-Reisen GmbH erhalten Sie den Auftrag,

a) die Zielgruppen für die jeweiligen Angebote zu bestimmen,

b) die Reisemotive jeder dieser Zielgruppen zu beschreiben,

c) unter Berücksichtigung von Zielgruppe und Reisemotiv für jede Reise einen Werbeslogan zu formulieren.

21 In einem Geschäftsbericht der Henkel KGaA, Düsseldorf, wurde die Entwicklung eines Produktes („Vom Bedürfnis zum Produkt") dargestellt.

Hier ein Auszug aus diesem Bericht:

Heute liegen zwischen der Idee, ein neues Produkt als Markenartikel einzuführen, und der nationalen Distribution einer Marke manchmal mehrere Jahre. Allein die Testmärkte, ohne die selten eine Marke gestartet wird, beanspruchen mindestens ein halbes Jahr, manchmal ein Jahr und mehr. Zahlreiche Spezialisten arbeiten bei der Vorbereitung eines solchen Produkts zusammen; mehrere hundert Menschen im Produktmanagement, in Forschung und Anwendungstechnik, in der Produktion, in der Absatzorganisation und in den Agenturen machen aus der ersten Idee ein verkaufsfähiges Produkt. Aber nach wie vor gilt: Aus einem Produkt, das in gleicher Weise zur gleichen Zeit in gleicher Aufmachung der Öffentlichkeit vorgestellt wird, kann erst ein echter Markenartikel werden, wenn es beim Verbraucher „ankommt", wenn es sein Vertrauen gewinnt.

Markenartikel-Konzept

„Markenartikler wie Fritz Henkel hatten zu Anfang des Jahrhunderts erkannt, dass die Wiedererkennbarkeit des Produkts Voraussetzung für einen nachhaltigen Erfolg ist . . . Viele Zitate von Fritz Henkel und seinen Söhnen beweisen, dass zum anfänglichen Gespür für die Möglichkeiten des Markenartikels bald – aus Erfahrung und Nachdenken gewonnen – die Theorie als Grundlage des Handelns trat." So heißt es in der Jubiläumsschrift, die zum 100-jährigen Bestehen der Firma herausgebracht wurde.

Die Erkenntnis von Verbraucherbedürfnissen war für Fritz Henkel die Leitlinie seines Handelns. Die Industrialisierung der Gebiete an Rhein und Ruhr zog wie ein Magnet die Menschen an. Großstädte entwickelten sich explosionsartig. Die „große Wäsche" an Bach und Fluss, das Bleichen der gewaschenen Wäsche auf den Wiesen waren unmöglich geworden. Die Menschen brauchten ein konfektioniertes, die Sonnenbleiche ersetzendes Waschmittel. Persil erfüllte dieses Verbraucherbedürfnis auf optimale Weise. Fritz Henkel hatte dieses Marktbedürfnis gespürt und als chemisch orientierter Kaufmann ein Produkt entwickelt, das vom Verbraucher als Lösung eines immer drängender werdenden Haushaltsproblems empfunden wurde.

Marketing-Leitsätze

Im Umfeld des Markenartikels hat sich nach 1945 in den USA und bald darauf in der Bundesrepublik Deutschland die wissenschaftliche Erarbeitung der Methoden des Marketing entwickelt. Henkel hat sie in den fünfziger Jahren zu nutzen begonnen:

1. Das Marketing wurde als unternehmerische Denkweise akzeptiert.
2. Die neuen Methoden zur Erkenntnis und Beeinflussung des Marktes wurden geprüft und weitgehend übernommen.
3. Neue organisatorische Einheiten wurden gegründet, die diese Methoden praktisch anwendeten.

Niedergelegt sind die Erkenntnisse und Erfahrungen der Jahrzehnte nach 1950 in den Marketing-Leitsätzen von Henkel. In ihnen werden die Faktoren des Markts beschrieben, die Marketing-Strategie umrissen und Aufgaben und Zusammenwirken innerhalb der Marketing-Organisation im Einzelnen festgelegt.

Diese Marketing-Leitsätze wurden durch Richtlinien für die Einführung neuer Produkte ergänzt. Sie halten fest, welche Grundvoraussetzungen für den Erfolg eines Produkts notwendig sind und mit welchen Verfahren geprüft wird, ob diese Voraussetzungen gegeben sind oder nicht.

Wichtigste Voraussetzung für die erfolgreiche Einführung neuer Produkte nach der „Henkel-Marketing-Richtlinie": „Ein Produkt darf nur eingeführt werden, wenn es der Befriedigung eines wichtigen Verbraucherbedürfnisses dient."

Marketing-Systeme

Für alle weiteren Stufen einer Ideen-Entwicklung, vom Erkennen eines Bedürfnisses bis zur Verwirklichung in einem Produkt, nutzen die Marketing-Spezialisten bei Henkel heute die neuesten wissenschaftlichen Erkenntnisse und setzen moderne technische Hilfsmittel ein. Natürlich besitzen die Marketing-Spezialisten damit noch keine Garantie für Erfolg. Die Marketing-Instrumente müssen richtig gehandhabt werden. Und auch dies: Auf individuelle Kreativität, sei es bei der Ideenfindung, bei der Produktentwicklung oder in der Werbung, kann nicht verzichtet werden.

Was früher in aufwändigen Tabellen gesucht werden musste, kann heute mit einem Knopfdruck von einem Terminal abgerufen werden. Solche Daten, stets auf den neuesten Stand gebracht, sind für die Marketing-Spezialisten nicht nur für die Führung bestehender Markenartikel wichtig, sie geben auch Anhaltspunkte für mögliche neue Produkte.

Marketing-Methoden

Die Daten über den deutschen Waschmittelmarkt zum Beispiel zeigten: Von den 600 000 Tonnen Waschmitteln sind 70 Prozent Vollwaschmittel, 23 Prozent Einweich- und Vorwaschmittel und 7 Prozent Spezialwaschmittel. Daneben ergab die Auswertung der laufend von Henkel durchgeführten Hausfrauenbefragungen über die Waschgewohnheiten, dass rund 5 Prozent der Waschmittel für die Handwäsche verwendet werden. Dafür gab es kein spezielles Produkt auf dem deutschen Markt. Der Gedanke, für diesen Zweck ein eigenes Produkt zu entwickeln, lag also nahe, zumal sich auch im Ausland dieser Spezialmarkt zu entwickeln begann.

Art der Waschmittelverwendung

Quelle: Census

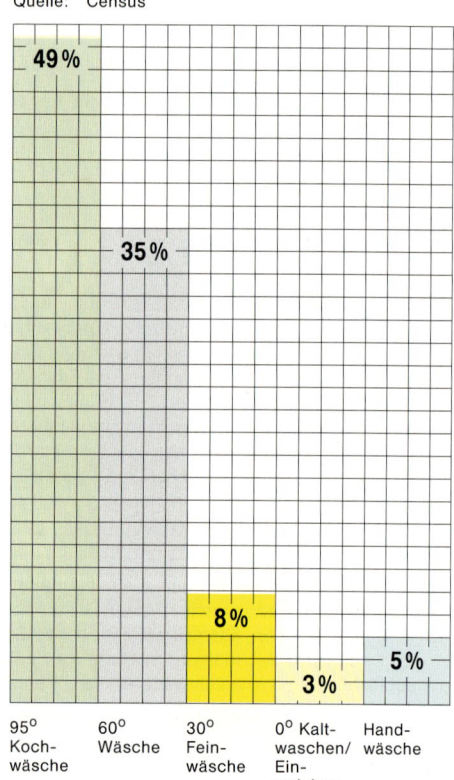

| 49 % | 35 % | 8 % | 3 % | 5 % |

95° Kochwäsche | 60° Wäsche | 30° Feinwäsche | 0° Kaltwaschen/Einweichen | Handwäsche

Hatte diese Produkt-Idee in Deutschland überhaupt eine Chance? Ein Meinungsforschungsinstitut ging in Einzelbefragungen und Gruppendiskussionen mit Frauen dieser Frage nach.

„Empfinden die Frauen Handwäsche als Problem, warum waschen sie überhaupt zwischendurch?"

Die Ergebnisse waren bemerkenswert. Eigentlich waren die Verbraucher mit den Waschmitteln, die sie für die Handwäsche gebrauchten, gar nicht recht zufrieden. Die einen lösten sich schlecht auf, die anderen waren zu schwach.

Ein Handwaschmittel war also aktuell. Die Spezialisierung der Waschmittel für den Einsatz in der Waschmaschine im letzten Jahrzehnt hatte eine Marktlücke entstehen lassen, die sich durch die Analyse gegebener Daten und Trends nachweisen ließ.

Produktentwicklung

Wie groß war diese Marktlücke? Zwar gibt es heute in fast jedem Haushalt eine Waschmaschine. Aber drei Viertel aller Haushalte gaben an, dass sie auch Wäsche zwischendurch im Handwaschbecken waschen. 19 Prozent tun dies sogar sieben- bis neunmal pro Monat. Ein ausreichendes Marktpotenzial war also vorhanden. Die Aufgabe an die Produktentwicklung/Anwendungstechnik bei Henkel lautete deshalb:

„Es soll ein spezielles Waschmittel für die Handwäsche entwickelt werden, das allen bisher im Waschbecken eingesetzten Waschmitteln überlegen ist."

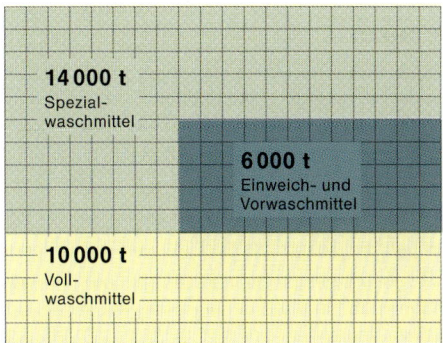

Waschmitteltypen im Handwaschbecken

Quelle: Infratest/Census

14 000 t
Spezialwaschmittel

6 000 t
Einweich- und Vorwaschmittel

10 000 t
Vollwaschmittel

Gesamtmenge: ca. 30 000 t

Das Ergebnis der Produktentwicklung entsprach den Erwartungen, die von den Verbrauchern an diesen neuen Waschmitteltyp gestellt wurden. Das zeigte der erste Test mit einer 300-Personen-Hausfrauengruppe; ein zweiter Blindtest des neuen, noch namenlosen Produkts schloss sich an. Das Ergebnis: Die Henkel-Waschmittelchemie hatte ein Produkt mit „Innovations-Charakter" entwickelt. Es besaß objektiv – das bewiesen die Laborergebnisse – und subjektiv – das zeigten die Verbrauchertests – deutliche Vorteile gegenüber den bislang benutzten Waschmitteln.

Produktgestaltung

Namen wie Persil, Pril, Ata, dor sind zum Begriff geworden. Sie prägen das „Image" des Produkts. In den letzten Jahren ist die Suche nach überzeugenden Markennamen immer schwieriger geworden. Ein guter Name soll das Produkt selbst wie die erstrebte Anmutung adäquat beschreiben. Viele Namen standen für das neue Produkt zur Auswahl. In einem Namenstest kristallisierte sich Wipp express heraus. Mit diesem Namen verbanden die Testpersonen die Eigenschaften Waschkraft, Schnelligkeit, Selbsttätigkeit. Übrigens hatte das erste synthetische Schnellwaschmittel der Firma, das 1955 in Deutschland eingeführt worden war, schon den Namen Wipp getragen. 1968 war der Vertrieb des Produkts eingestellt worden.

Das Marketing versucht, die Gesamtheit aller Faktoren zu erfassen, durch die die Entwicklung und Führung eines Produkts beeinflusst wird. Dabei ist sich der Marketing-Spezialist durchaus darüber klar, dass das Ganze mehr ist als die Summe der einzelnen Faktoren. Nicht zuletzt deshalb benutzen die Henkel-Marketing-Experten für die Teilaufgabe, dem Verbraucher ein Produktbild zu vermitteln, gern den Begriff der „Kommunikation". Darunter verstehen sie die „Summe aller über das Produkt verbreiteten Informationen; die Entwicklung von Werbebotschaften für Massenmedien genauso wie die Gestaltung des Produkts, der Verpackung und des Displaymaterials".

Unter dieser Prämisse hat die Verpackung neben ihrer Schutzfunktion primär die Aufgabe, den Verbrauchern die Vorzüge des Produkts deutlich zu machen. Die Verpackung muss die gewünschten Vorstellungen über Inhalt, Qualität, Wert und Preis vermitteln, sie muss alle wesentlichen Informationen über das Produkt enthalten und abgestimmt sein auf Verbrauchsdauer, Verbrauchsmenge und Verbrauchsgewohnheiten. Bei Wipp express hieß das, die Selbsttätigkeit und die starke Waschleistung des neuen Produkts in der Gestaltung der Packung für den Verbraucher zu betonen. Dem erfolgreich abgeschlossenen Produktkonzeptions-Test folgten mehrere Tests, in denen Packungsalternativen, aber auch die Werbekonzeption und ein TV-Spot geprüft wurden. Mehrere Schritte und Überarbeitungen waren notwendig, bis die Prüfung bestanden und das Kommunikations-Ziel erreicht war: Das Produkt wurde vom Verbraucher akzeptiert, es wurde als neuartig, die Botschaft als glaubwürdig und informativ empfunden.

Preisgestaltung

Bis vor wenigen Jahren war der Preis des Markenartikels für den Verbraucher ein zuverlässiges Orientierungsmittel. Der Preis gab ihm einen eindeutigen Hinweis auf die Qualität des angebotenen Produkts. Diese Aufgabe kann der Preis nach Aufhebung der Preisbindung und angesichts der vielen Sonderangebote nicht mehr zufriedenstellend erfüllen.

Der Hersteller hat heute nur noch die Möglichkeit, den Fabrikabgabepreis festzulegen. Sein Einfluss auf den Ladenpreis ist damit begrenzt. Damit hat der einheitliche Preis seine Orientierungs-Funktion für den Verbraucher verloren. Ein früher wesentlicher Bestandteil des Markenartikels ist verschwunden.

Marktziele

Wie hoch soll der Marktanteil des Produkts nach einer bestimmten Zeitspanne sein, wie hoch der Bekanntheitsgrad des Produkts und das Ergebnis nach einem Jahr? Diese Ziele müssen in der Planung einer Markenartikel-Einführung eindeutig festgelegt sein. Die Distributionsziele bilden Schritte auf dem Weg zu diesen Zielen. Im Zusammenhang damit sind Verkaufsförderungsmaßnahmen, Produktions-, Transport- und Lagerprobleme zu lösen.

Vertriebskonzept

Im Lauf der Geschichte der Firma Henkel hat der Reisende immer eine besondere Position eingenommen.

Aus der Handvoll Reisenden um die Jahrhundertwende sind heute mehrere Hundert geworden. Auch der Außenstab hat die Ergebnisse des Marketing als neuen Impuls aufgenommen. Er wird heute nicht nur anders ausgebildet, er wird heute auch anders geführt als vor 70 Jahren. Seine Aufgaben haben sich verändert mit dem Wandel auf den Märkten und im Handel. Doch nach wie vor gilt es, die Mitarbeiter im Außendienst für ihre schwierige Aufgabe vorzubereiten. Dazu gehören vor allem Verkaufsseminare und weiterbildende Kurse. Aber auch in Startsitzungen neuer Produkte werden in eindringlicher Weise Informationen weitergegeben und Mitarbeitern die Wichtigkeit ihrer Arbeit bewusst gemacht. Der Henkel-Außendienst verfügt heute über ein großes Vertrauenskapital im Handel, das in Jahrzehnten entstanden ist und kontinuierlich gepflegt wird.

Erfolgskontrolle

Neue Produkte werden zumeist vor der nationalen Einführung in einem Teilmarkt getestet. So war der Beschluss, Wipp express sofort in ganz Deutschland einzuführen, ungewöhnlich. Die Entscheidung wurde durch die außergewöhnlich guten Testergebnisse erleichtert. Der Entschluss schien indessen auch deshalb notwendig, weil die Einführung eines ähnlichen Produkts durch die Wettbewerber zu erwarten war.

Nicht alle Markenartikel, die heute bis zur Testmarktreife entwickelt und auf den Markt oder einen Teilmarkt gebracht werden, sind auch eindeutige Erfolge. Dieses große Risiko und die mit einem möglichen Misserfolg zusammenhängenden Gefahren für das Unternehmen in seiner Gesamtheit bedingen eine systematische Kontrolle des Produkts vor allem in seiner Einführungsphase. Nur so lassen sich das finanzielle Engagement in Grenzen halten und eventuell notwendige Korrekturen in der Marketing-Politik rechtzeitig treffen.

Die Marktforschung verfügt dazu über ein breites Instrumentarium. Sie verwertet Informationen über die Warenbewegung im Einzelhandel, Daten aus Haushaltspanels, Hinweise aus Interviews mit Hausfrauen und nicht zuletzt Meldungen des Außenstabes über Meinungen und Einstellungen des Handels zum eingeführten Produkt. Die Entwicklung von Wipp express entsprach den Wünschen und Erwartungen; ein halbes Jahr nach der Einführung hatte Wipp express am Markt für Spezialwaschmittel einen Anteil von rund 10 Prozent erreicht.

a) Was steht am Anfang der Entwicklung eines neuen Produkts?

b) Welche Voraussetzungen muss ein Produkt erfüllen, wenn es zum Markenartikel werden soll?

c) Wie kann ein Bedürfnis ermittelt werden?

d) Welche Aufgabe hat die Produktentwicklung zu erfüllen?

e) Nennen Sie zwei Möglichkeiten, wie der Produktnutzen gemessen werden kann!

f) Welche Aufgaben hat die Produktgestaltung (Kommunikation)?

g) Welche Möglichkeiten der Preisgestaltung hat der Hersteller von Markenartikeln?

h) Welche Marktziele sind in diesem Artikel angesprochen?

i) Welches Vertriebskonzept wurde im vorliegenden Fall bevorzugt?

VII. Zahlungsverkehr

1 Drei Personen haben die folgenden Tauschwünsche:

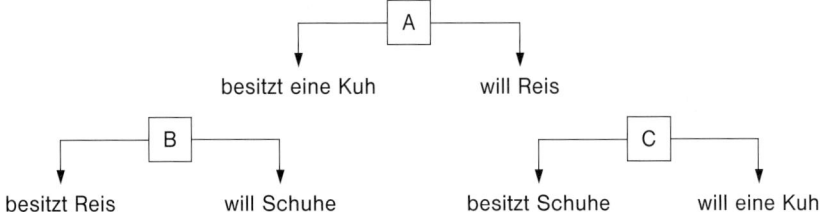

a) Vor welchen Problemen stehen diese drei Personen, falls sie ihre Tauschwünsche realisieren wollen?

b) Welche Lösungsmöglichkeiten könnte Geld den Tauschpartnern bieten?

2 Um auf die **Ursprünge des Geldes** zu kommen, muss man nahezu 5 000 Jahre zurückgehen. Die Entwicklung des Geldes beginnt mit dem Austausch von Produkten, dem Tauschhandel. Er entsteht, als die Menschen sesshaft werden und sich die Arbeit zu teilen beginnen, d. h., der eine als Bauer arbeitet und der andere als Handwerker.

Zu den gefragtesten Tauschobjekten gehören vor allem seltene Naturprodukte, z. B. Metalle, und schwer herzustellende Geräte. Speziell die aus Metall gefertigten Gegenstände erlangen als Geld im weitesten Sinne eine gewisse Wertbeständigkeit. Sie werden deshalb zu Tauschzwecken gehortet und aus diesem Grund als „Hortgeld" bezeichnet.

Werkzeuge wie Äxte, Speere u. Ä. repräsentieren das „Gerätegeld". Auch Schmuck wurde beliebtes Tauschmittel (= „Schmuckgeld"). Metallklumpen in zunächst natürlicher Form kamen in Umlauf. Verschiedentlich wurden u. a. Vieh und seltene Muscheln als Tauschmittel benutzt. Alle diese Geldformen werden als „primitives Geld" bezeichnet.

Abb.: „Primitives Geld" in verschiedenen Formen (z. B. Axt, Halsschmuck, Metallklumpen).

Kleine Metallstücke in Barrenform und mit besonderen Kennzeichnungen (z. B. Kreuze) sind die Vorläufer der Münzen.

 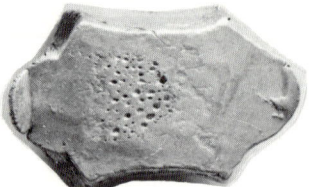

Abb.: Siamesischer Pack-sattel, 17. Jh., mit chinesi-schen Schriftzeichen, 64 x 37 mm, 175 g

(Die Stücke kommen aus Nord-Siam, sie wurden wahr-scheinlich von den Pack-Karavanen aus der Provinz Yuannan-Fu, Südchina, mit-gebracht.)

Abb.: Geprägte Münze aus Kleinasien (lydischer Stater).

Etwa um 700 v. Chr. wurden in Lydien die ersten Münzen geprägt. Sie bestehen aus Elektron, einer in der Natur vor-kommenden Gold-Silber-Legierung. Die sich gegenüber-stehenden Tierköpfe symbolisieren die Edelmetalle Gold und Silber. Der Löwe ist das Symbol für Gold, der Stier das Symbol für Silber.

Um 500 v. Chr. gab es Münzen als Zahlungsmittel fast im gesamten Mittelmeerraum.

Der Wert einer Münze entsprach in dieser Zeit ihrem Metallwert, meist Silber, seltener Gold. Die vollwertig ausgeprägten Münzen werden als Kurantmünzen bezeichnet.

In der Zeit des Deutschen Zollvereins, der 1834 gegründet wurde, existieren Taler, Groschen, Gulden und Kreuzer als Silbermünzen, Heller und Pfennige als Kupfermünzen ohne Metall-wert (= Scheidemünzen).

Mit der Gründung des Kaiserreichs (1871) wird auch das Münzwesen vereinheitlicht. Die neue Geldwährung auf der Grundlage der Goldmark wird in Mark und Pfennige nach dem Dezimal-system eingeteilt.

Zum bequemeren Bezahlen größerer Handelsgeschäfte wird die international anerkannte Mark-Währung auch als **Papiergeld** ausgegeben. Seit 1909 gelten Banknoten als gesetz-liches Zahlungsmittel. Bis zum Ausbruch des ersten Weltkrieges konnten die Banknoten wieder in Goldmark umgewechselt werden. Es gab Hundertmark- und Tausendmarkscheine (die „Blauen" und „Braunen").

Seit dem ersten Weltkrieg ist die Bindung des Papiergeldes an das Metall aufgehoben.

Abb.: Deutsches Papiergeld (Reichsbanknote von 1923).

Mit der Entwicklung des modernen Kreditwesens haben Guthaben auf Girokonten bei Kreditinstituten die Geldfunktion übernommen. Über das **Buchgeld (Giralgeld)** wird mit Schecks, Überweisungen, Lastschriften und Kreditkarten verfügt. Der Gläubiger der Bankguthaben hat gegen das Kreditinstitut einen Anspruch auf Auszahlung von Zentralbankgeld in Form von Banknoten und Münzen.

Die neueste Entwicklung des Geldes stellt das **elektronische Geld** dar. Dabei handelt es sich um eine auf einem Medium, zum Beispiel einer Geldkarte, gespeicherte Werteinheit, die allgemein genutzt werden kann, um Zahlungen an Unternehmen zu leisten, die nicht die Emittenten (Ausgeber) sind. Dabei erfolgt die Transaktion nicht notwendigerweise über Bankkonten, sondern die Werteinheiten auf dem Speichermedium fungieren als vorausbezahltes Inhaberinstrument.

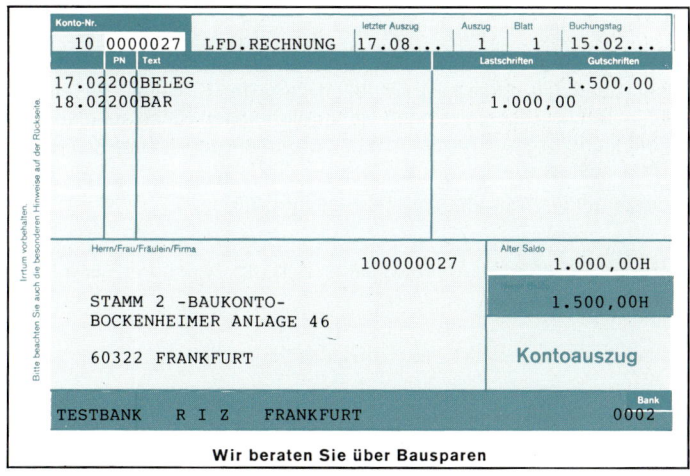

Abb.: Kontoauszug als Nachweis von Buchgeld.

a) Welche Geldformen haben sich in der Reihenfolge ihrer historischen Entwicklung gebildet?

b) Nennen Sie Beispiele für primitives Geld!

c) In welchen Erscheinungsformen wurden Münzen in Umlauf gebracht?

d) Welchen Unterschied gab es in der Entwicklung der Banknoten?

e) Was versteht man unter Buchgeld?

f) Wie kann über Buchgeld verfügt werden?

g) Welcher Entwicklungsstand der Volkswirtschaft lässt sich den Entwicklungsstufen des Geldes zuordnen?

h) Betrachten Sie eine Banknote der Deutschen Bundesbank. Worauf haben Sie einen Anspruch, wenn Sie z. B. eine 20-Mark-Banknote besitzen?

3 a) Ordnen Sie die folgenden Geldformen in die Entwicklung des Geldes ein!

So zahlte man früher

Kauri - Schneckenschalen   **Teeziegel - Geld**   Chin. Spatengeld

Transport von Steingeld

b) Beurteilen Sie das Steingeld auf seine Eignung als Geld!

c) Auf der Insel Yap in der Südsee war es üblich, dass das Steingeld, das die Jünglinge vor dem Eintritt in den Mannesstand nach einer gefahrvollen Reise auf einer weit entfernten Insel herstellen und hertransportieren mussten, einmal jährlich vor den Hütten der Besitzer zur Schau gestellt wurde.

Welche Funktion hatte das Steingeld in diesem Falle?

4 In der Bundesrepublik Deutschland entwickelte sich der Banknoten- und Münzumlauf wie folgt:

Zur Entwicklung und Struktur des Bargeldumlaufs

Zeitliche Entwicklung

Mio DM

Jahresende	Bargeldumlauf	Banknotenumlauf	Münzumlauf
1995	263 510	248 363	15 147
1996	275 744	260 390	15 353
1997	276 242	260 686	15 556
1998	270 981	255 335	15 646
1999	289 972	274 133	15 839

Struktur am Jahresende 1999

Banknotenumlauf			Münzumlauf		
Noten zu DM	Mio DM	Anteil in %	Münzen zu DM	Mio DM	Anteil in %
1 000	93 485	34,1	10,00	2 632	16,6
500	27 828	10,2	5,00	5 677	35,8
200	8 014	2,9	2,00	2 363	14,9
100	106 371	38,8	1,00	2 321	14,7
50	23 027	8,4	0,50	1 135	7,2
20	9 538	3,5	0,10	1 069	6,7
10	5 571	2,0	0,05	324	2,0
5	299	0,1	0,02	151	1,0
			0,01	167	1,1
Insgesamt	274 133	100	Insgesamt	15 839	100

Deutsche Bundesbank

Zum gleichen Zeitpunkt betrugen die Sichteinlagen bei Kreditinstituten 456 400 Mio. EUR.

a) Welcher Schluss hinsichtlich der Bedeutung des Buchgeldes lässt sich aus einem Vergleich dieser Zahlen ziehen?

b) Welchen Banknoten und Münzen kommt vom Volumen her gesehen die größte Bedeutung zu?

c) Nennen Sie Faktoren, die den Bedarf an Banknoten und Münzen bestimmter Wertigkeit beeinflussen können!

LZ: Mittel und Formen des Zahlungsverkehrs kennen
Verschiedene Zahlungsformen vergleichen
Bedeutung des bargeldlosen Zahlungsverkehrs erkennen

i

Folgende Zahlungsarten werden unterschieden:

```
                          ┌─────────────────────┐
                          │   Zahlungsarten     │
                          └─────────────────────┘
        ┌──────────────────────┬──────────────────────┐
┌─────────────────┐  ┌─────────────────┐  ┌─────────────────────┐
│  Barzahlung     │  │ Halbbare Zahlung│  │  Bargeldlose Zahlung│
└─────────────────┘  └─────────────────┘  └─────────────────────┘
```

Barzahlung
– Barzahlung i. e. S.
– Postanweisung
– Wertbrief

Halbbare Zahlung
– Zahlschein
– Barscheck

Bargeldlose Zahlung
– Überweisung
– Verrechnungsscheck
– Eurocheque-Zahlung
– Elektronisches Bezahlen
  – Geldkarte
  – Electronic cash (POS)
  – POZ
  – ELV
  – Kreditkarten
  – Kundenkarten
– Wechsel

Barzahlung/Quittung

5 Am 11. Dezember 20.. liefert die Firma Sommerlad den auf folgender Rechnung aufgeführten Artikel aus:

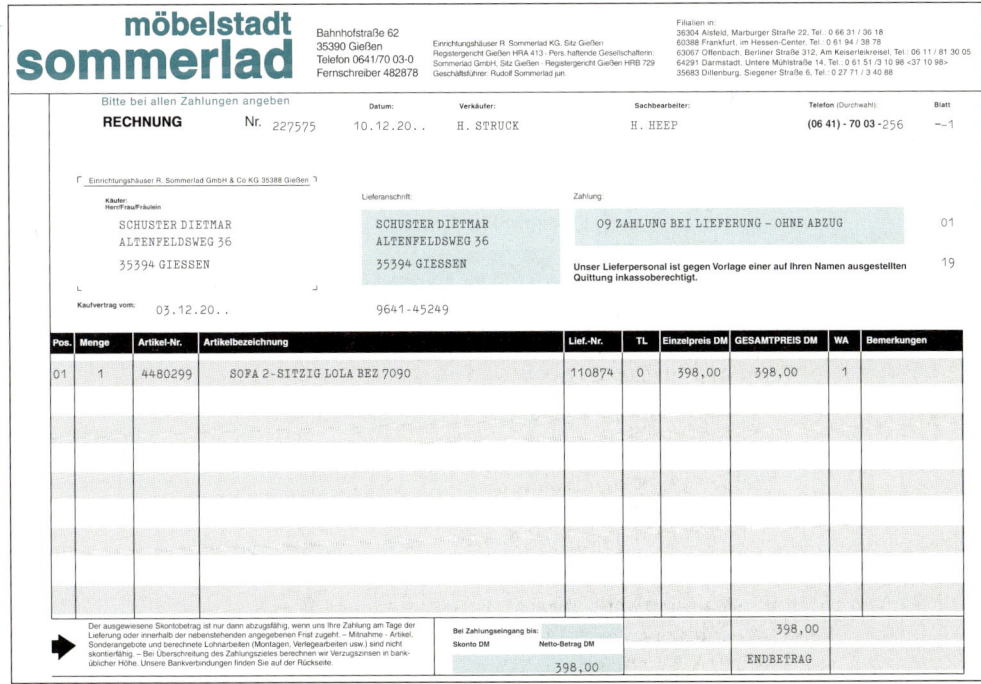

17   Schuster – ISBN 3-8120-0060-1

BGB § 368. [Quittung]

[1]Der Gläubiger hat gegen Empfang der Leistung auf Verlangen ein schriftliches Empfangs-bekenntnis (Quittung) zu erteilen. [2]Hat der Schuldner ein rechtliches Interesse, dass die Quittung in anderer Form erteilt wird, so kann er die Erteilung in dieser Form verlangen.

§ 370. [Leistung an den Überbringer der Quittung]

Der Überbringer einer Quittung gilt als ermächtigt, die Leistung zu empfangen, sofern nicht die dem Leistenden bekannten Umstände der Annahme einer solchen Ermächtigung entgegen-stehen.

a) Wann muss die Rechnung bezahlt werden?

b) Mit welchen Zahlungsmitteln kann die Bezahlung dieser Rechnung erfolgen?

c) Unter welcher Bedingung kann bei dem mit der Zustellung beauftragten Fahrer Anton Hasse die Rechnung bezahlt werden?

d) Was ist eine Quittung?

e) Muss ein Gläubiger in jedem Fall eine Quittung ausstellen?

f) Worin besteht der juristische Unterschied zwischen den in diesem Beispiel möglichen Zahlungsmitteln?

6 Karin Weber, Luisenplatz 112, 64283 Darmstadt, feiert am 6. Oktober ihren Geburtstag. Ihr Onkel Eduard Hamman, 82 Jahre alt, will ihr zu diesem Anlass 600,00 EUR schenken.

Da der Onkel weder ein Bank- noch ein Postbank Girokonto besitzt, will er das Geld, zwischen eine doppelte Glückwunschkarte gelegt, als gewöhnlichen Brief versenden.

a) Welches Risiko geht Onkel Eduard in diesem Falle ein?

b) Vergleichen Sie kritisch die Möglichkeiten, die Onkel Eduard hat, um dieses Risiko zu vermindern!

c) Beschaffen Sie sich bei der Post das Formular einer Postanweisung und füllen Sie dieses für Onkel Eduard aus!

d) Wie kann die Post nachweisen, dass sie das Geld dem Empfänger einer Postanweisung ausgehändigt hat?

Zahlschein

7 Hans Müller, Ebelstr. 17, 35392 Gießen, nimmt in Gießen sein Studium auf. Bei der Einschreibung an der Justus-Liebig-Universität in Gießen hat er den Nachweis über den eingezahlten Semesterbeitrag für das Studentenwerk in Höhe von 125,00 EUR zu erbringen.

Dieser Betrag ist ausschließlich auf das Konto 122 567 bei der Bezirkssparkasse Gießen oder auf das Postbank Girokonto Frankfurt am Main 177 541–406 zugunsten des Studentenwerks der Justus-Liebig-Universität Gießen einzuzahlen.

Hans besitzt weder ein Girokonto bei einem Kreditinstitut noch bei der Postbank.

Bei der Einschreibungsstelle liegen folgende Vordrucke aus:

Überweisungsauftrag/Zahlschein

Benutzen Sie bitte diesen Vordruck für die Überweisung des Betrages von Ihrem Konto oder zur Bareinzahlung. Den Vordruck bitte nicht beschädigen, knicken, bestempeln oder beschmutzen.

(Name und Sitz des beauftragten Kreditinstituts)   (Bankleitzahl)

Empfänger: Name, Vorname/Firma (max. 27 Stellen)

Konto-Nr. des Empfängers   Bankleitzahl

bei (Kreditinstitut)

DM od. EUR *   Betrag

* Bis zur Einführung des Euro (= EUR) nur DM; danach DM oder EUR.

Kunden-Referenznummer - noch Verwendungszweck, ggf. Name und Anschrift des Auftraggebers - (nur für Empfänger)

noch Verwendungszweck (insgesamt max. 2 Zeilen à 27 Stellen)

Kontoinhaber/Einzahler: Name (max. 27 Stellen, keine Straßen- oder Postfachangaben)

Konto-Nr. des Kontoinhabers

18

Schreibmaschine: normale Schreibweise! Handschrift: Blockschrift in GROSSBUCHSTABEN und dabei Kästchen beachten!

Datum   Unterschrift

Bareinzahlung   **Postbank**

(Annahmevermerk)

Empfänger: Name, Vorname/Firma (max. 27 Stellen)

Konto-Nr. des Empfängers   Bankleitzahl

bei (Kreditinstitut)

DM od. EUR*   Betrag

* → **Bitte immer ausfüllen!**

Verwendungszweck - z.B. Kunden-Referenznummer, ggf. Name und Anschrift des Auftraggebers/Einzahlers - (nur für Empfänger)

noch Verwendungszweck (insgesamt max. 2 Zeilen à 27 Stellen)

Auftraggeber/Einzahler: Name, Ort (max. 27 Stellen, keine Straßen- oder Postfachangaben)

12.98

923 900 000

68

Schreibmaschine: normale Schreibweise! Handschrift: Blockschrift in GROSSBUCHSTABEN und dabei Kästchen beachten!

Bitte dieses Feld nicht beschriften und nicht bestempeln

---

a) Wo kann Hans die beiden Vordrucke bei der Bezahlung seiner Semesterbeiträge jeweils verwenden?

b) Beschaffen Sie sich bei einem Kreditinstitut und einem Postamt entsprechende Vordrucke und füllen Sie diese zu diesem Beispiel aus!

c) In welcher Form erhält der Empfänger in beiden Fällen die Semestergebühren?

d) Welche Geldformen sind bei dieser Zahlungsform beteiligt?

Überweisung

8 Michael Berger erhält diese Rechnung:

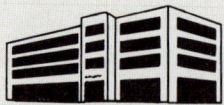

**Einrichtungshaus
Mathäus**

Teppiche, Bodenbeläge, Gardinen

Einrichtungshaus Mathäus, Burgstadtallee 73-75, 19306 Neustadt

Burgstadtallee 73-75
19306 Neustadt
Telefon: 09 87/21 12 11-213

Kontoverbindungen:
Sparkasse Neustadt
Konto-Nr. 34 246 109 (BLZ 987 564 32)
Postbank Niederlassung Burgstadt
Konto-Nr. 175 215-311 (BLZ 649 100 01)
Bankhaus Meyer & Co. AG, Neustadt
Konto-Nr. 311 516 (BLZ 987 301 97)

Herrn
Michael Berger
Lindenstr. 6

18233 Berghausen

Datum 20.02.20..

Rechnung   Rechnungs-Nr. 844

Anfertigung eines Vorhanges,
2-teilig, insgesamt 4 Meter breit

pro laufenden Meter 39,70 EUR	158,80 EUR
Zutaten insgesamt	27,30 EUR
	186,10 EUR
	29,78 EUR
16% Mehrwertsteuer	215,88 EUR

Vielen Dank für Ihren Auftrag!
Bei Zahlung innerhalb von 10 Kalendertagen
gewähren wir 2 % Skonto.

Bitte bei Zahlungen und Schriftwechsel
stets die Rechnungs-Nr. mit angeben.

Michael Berger unterhält bei der Sparkasse Berghausen ein Girokonto. Sein letzter Konto-auszug zeigt diesen Kontostand:

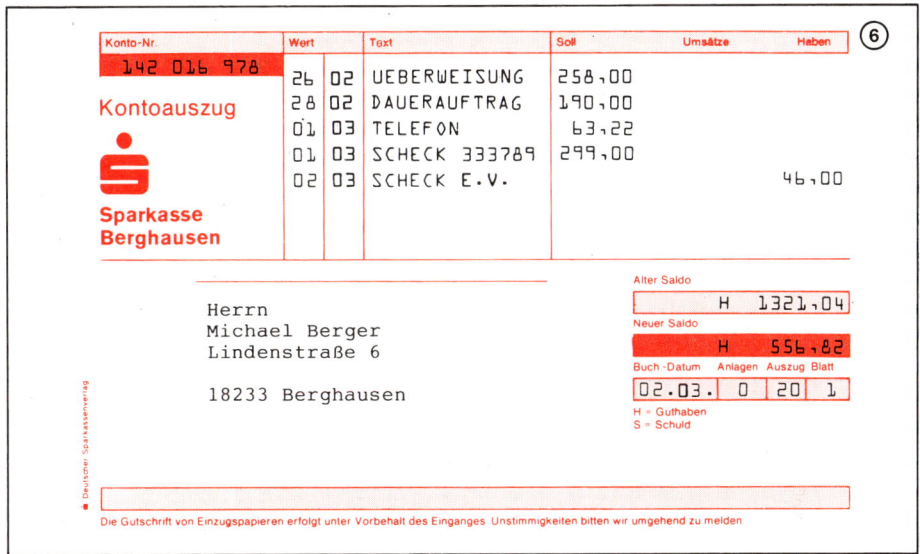

Konto-Nr.	Wert		Text	Soll	Umsätze	Haben	⑥
142 016 978	26	02	UEBERWEISUNG	258,00			
	28	02	DAUERAUFTRAG	190,00			
	01	03	TELEFON	63,22			
	01	03	SCHECK 333789	299,00			
	02	03	SCHECK E.V.			46,00	

Kontoauszug

Sparkasse Berghausen

Herrn
Michael Berger
Lindenstraße 6

18233 Berghausen

Alter Saldo: H 1321,04
Neuer Saldo: H 556,82

Buch-Datum: 02.03. Anlagen: 0 Auszug: 20 Blatt: 1

H = Guthaben
S = Schuld

Die Gutschrift von Einzugspapieren erfolgt unter Vorbehalt des Einganges Unstimmigkeiten bitten wir umgehend zu melden

Berger will die Rechnung am 15. März durch Banküberweisung bezahlen. Er verwendet dazu dieses Formular:

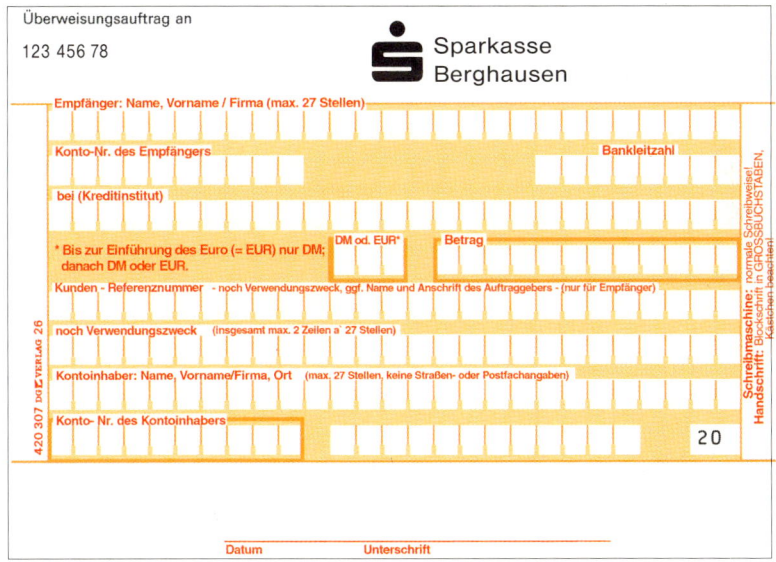

a) Welchen Betrag hat Berger in die Überweisung einzusetzen?

b) Welche Geldform wird bei der Bezahlung der Rechnung benutzt?

c) Beschaffen Sie sich einen Überweisungsvordruck und füllen Sie diesen zum vorstehen-den Fall aus!

d) Wie wird das Einrichtungshaus Mathäus über die Bezahlung der Rechnung informiert?

Dauerauftrag

9 Jeden Monat, pünktlich am 1., kommt Anna Seeger, 78 Jahre, zur Volksbank Gießen, um ihre Miete für den kommenden Monat zu überweisen. Sie unterhält bei diesem Kreditinstitut ein Girokonto, auf das ihre Rente überwiesen wird.

Frau Seeger erzählt dem Bankangestellten Müller, dass es ihr immer schwerer wird, an alles zu denken. Fast hätte sie vergessen, ihre Miete für den kommenden Monat zu überweisen.

Der Bankangestellte Müller macht daraufhin Frau Seeger den Vorschlag, sie solle doch der Volksbank einen Dauerauftrag erteilen.

a) Was versteht man unter einem Dauerauftrag?

b) Welche Vorteile hätte ein Dauerauftrag für Frau Seeger?

c) Für welche Zahlungen eignet sich ein Dauerauftrag?

d) Wem können Daueraufträge erteilt werden?

Sammelüberweisungen

10 Die Argenta-Versicherungen in Hamburg wollen ihren Versicherten die Prämienrückvergütungen für deren Kfz-Versicherung überweisen. Die Rückvergütungen werden durch Zahlungsanweisungen zur Verrechnung an die Versicherten gezahlt. Diese Zahlungsanweisungen werden vom Computer der Argenta-Versicherung maschinell erstellt und der Postbank Niederlassung Hamburg zur Zustellung an die Begünstigten übersandt.

Der Versicherte Anton Schreiber, Südenstr. 13, 81379 München, erhielt diese Zahlungsanweisung zur Verrechnung:

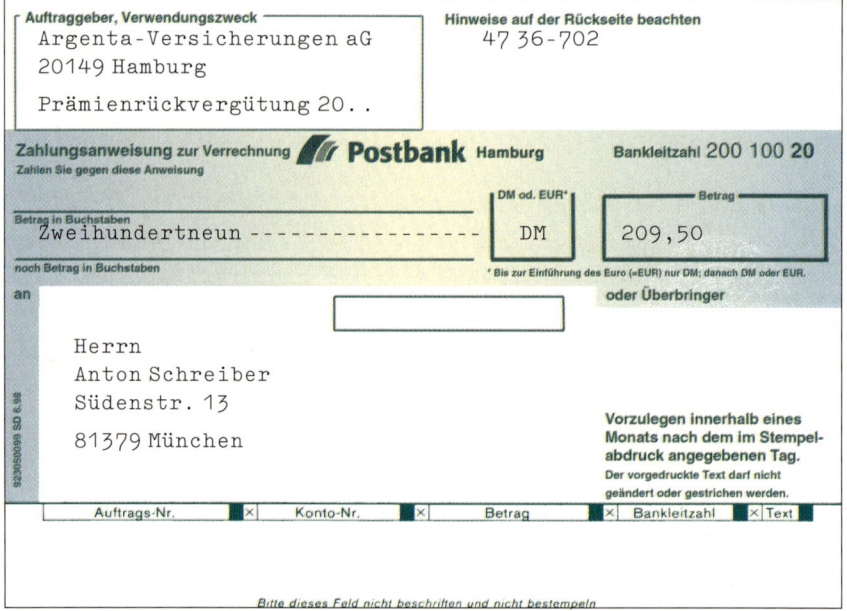

Umstehenden Betrag erhalten	Anweisung geprüft Ausgezahlt Empf — Eheg — Beauftr	Tagesstempel der Auszahlungsstelle
_____ (Unterschrift) Ich beauftrage Herrn/Frau	Ausgewiesen durch	
den umstehenden Betrag für mich entgegenzunehmen.	Ausweis des Empfängers	
_____ _____ (Datum) (Unterschrift)		

a) Welche Möglichkeiten hat Anton Schreiber, um in den Besitz der Prämienrückvergütung zu gelangen?

b) Innerhalb welches Zeitraumes kann Anton Schreiber seine Ansprüche geltend machen?

c) Bis zu welchem Höchstbetrag kann die Zahlungsanweisung zur Verrechnung verwendet werden?

d) Welche Vorteile hat diese Zahlungsform für die Versicherung?

Lastschrift

11 Ingrid Schneider abonniert die Frankfurter Allgemeine Zeitung. Vom Verlag erhält sie nach kurzer Zeit ein Schreiben, in dem u. a. steht:

> „Erleichtern Sie uns die Abwicklung der Zahlung Ihres Abonnements, indem Sie uns durch eine Einzugsermächtigung das Recht einräumen, die Gebühren vierteljährlich durch Lastschrift von Ihrem Bankkonto abbuchen zu dürfen.
>
> Ein Formular zur Erteilung einer Einzugsermächtigung ist beigefügt."

Ingrid Schneider informiert sich bei einem Kreditinstitut über das Lastschriftverfahren und erhält u. a. diese Informationen aus dem „Abkommen über den Lastschriftverkehr":

Abschnitt I

Nummer 1

Im Rahmen des Lastschriftverfahrens wird zugunsten des Zahlungsempfängers über sein Kreditinstitut (erste Inkassostelle) von dem Konto des Zahlungspflichtigen bei demselben oder einem anderen Kreditinstitut (Zahlstelle) der sich aus der Lastschrift ergebende Betrag eingezogen, und zwar aufgrund

a) einer dem Zahlungsempfänger von dem Zahlungspflichtigen erteilten schriftlichen Ermächtigung (Einzugsermächtigung) oder

b) eines der Zahlstelle von dem Zahlungspflichtigen zugunsten des Zahlungsempfängers erteilten schriftlichen Auftrags (Abbuchungsauftrag).

Ingrid Schneider erteilt dem Verlag die gewünschte Einzugsermächtigung.

a) Welche Formen von Lastschriften werden im Lastschriftabkommen unterschieden?

b) Wodurch unterscheiden sich die beiden Formen des Lastschriftverfahrens?

c) Am 9. August 20.. erhält Ingrid Schneider von ihrem Kreditinstitut folgenden Kontoauszug:

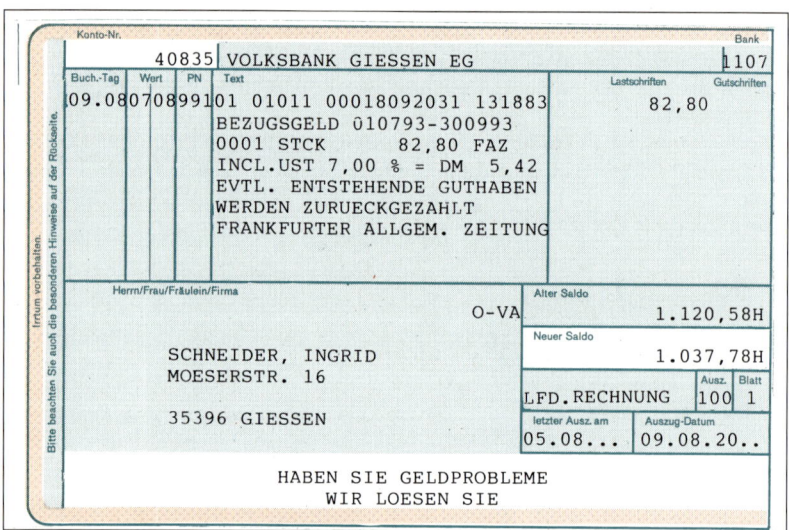

Worauf ist diese Buchung zurückzuführen?

d) Was könnte Ingrid tun, wenn sie das Abonnement zum 30. Juni gekündigt hatte und die Lastschrift versehentlich vorgenommen wurde?

e) Wie lange hat Ingrid für ihr Handeln zu d) Zeit?

f) Welche wesentlichen Unterschiede bestehen beim Lastschriftverfahren aufgrund einer Einzugsermächtigung gegenüber einem Dauerauftrag?

Schecks

Scheckgesetz (Auszug)
Erster Abschnitt. Ausstellung und Form des Schecks

ScheckG **Art. 1. [Bestandteile]**

Der Scheck enthält:
1. die Bezeichnung als Scheck im Texte der Urkunde, und zwar in der Sprache, in der sie ausgestellt ist;
2. die unbedingte Anweisung, eine bestimmte Geldsumme zu zahlen;
3. den Namen dessen, der zahlen soll (Bezogener);
4. die Angabe des Zahlungsortes;
5. die Angabe des Tages und des Ortes der Ausstellung;
6. die Unterschrift des Ausstellers.

Art. 2. [Fehlen von Bestandteilen]

(1) Eine Urkunde, in der einer der im vorstehenden Artikel bezeichneten Bestandteile fehlt, gilt nicht als Scheck, vorbehaltlich der in den folgenden Absätzen bezeichneten Fälle.

(2) [1]Mangels einer besonderen Angabe gilt der bei dem Namen des Bezogenen angegebene Ort als Zahlungsort. [2]Sind mehrere Orte bei dem Namen des Bezogenen angegeben, so ist der Scheck an dem an erster Stelle angegebenen Orte zahlbar.

(3) Fehlt eine solche und jede andere Angabe, so ist der Scheck an dem Orte zahlbar, an dem der Bezogene seine Hauptniederlassung hat.

(4) Ein Scheck ohne Angabe des Ausstellungsortes gilt als ausgestellt an dem Orte, der bei dem Namen des Ausstellers angegeben ist.

Art. 5. [Zahlungsempfänger]

(1) Der Scheck kann zahlbar gestellt werden:
an eine bestimmte Person, mit oder ohne den ausdrücklichen Vermerk „an Order";
an eine bestimmte Person, mit dem Vermerk „nicht an Order" oder mit einem gleichbedeutenden Vermerk;
an den Inhaber.

(2) Ist im Scheck eine bestimmte Person mit dem Zusatz „oder Überbringer" oder mit einem gleichbedeutenden Vermerk als Zahlungsempfänger bezeichnet, so gilt der Scheck als auf den Inhaber gestellt.

(3) Ein Scheck ohne Angabe des Nehmers gilt als zahlbar an den Inhaber.

Art. 9. [Abweichende Schecksummen-Angaben]

(1) Ist die Schecksumme in Buchstaben und in Ziffern angegeben, so gilt bei Abweichungen die in Buchstaben angegebene Summe.

(2) Ist die Schecksumme mehrmals in Buchstaben oder mehrmals in Ziffern angegeben, so gilt bei Abweichungen die geringste Summe.

Art. 28. [Fälligkeit]

(1) Der Scheck ist bei Sicht zahlbar. Jede gegenteilige Angabe gilt als nicht geschrieben.

(2) Ein Scheck, der vor Eintritt des auf ihm angegebenen Ausstellungstages zur Zahlung vorgelegt wird, ist am Tage der Vorlegung zahlbar.

Art. 29. [Vorlegungsfristen]

(1) Ein Scheck, der in dem Lande der Ausstellung zahlbar ist, muss binnen acht Tagen zur Zahlung vorgelegt werden.

(2) Ein Scheck, der in einem anderen Lande als dem der Ausstellung zahlbar ist, muss binnen zwanzig Tagen vorgelegt werden, wenn Ausstellungsort und Zahlungsort sich in demselben Erdteil befinden, und binnen siebzig Tagen, wenn Ausstellungoort und Zahlungsort sich in verschiedenen Erdteilen befinden.

(3) Hierbei gelten die in einem Lande Europas ausgestellten und in einem an das Mittelmeer grenzenden Lande zahlbaren Schecks, ebenso wie die in einem an das Mittelmeer grenzenden Lande ausgestellten und in einem Lande Europas zahlbaren Schecks als Schecks, die in demselben Erdteile ausgestellt und zahlbar sind.

Annahme an Erfüllungs statt und erfüllungshalber

– Annahme an Erfüllungs statt

Nimmt ein Gläubiger eine andere als die geschuldete Leistung an Erfüllungs statt an, so ist das Schuldverhältnis erloschen (§ 364 Abs. 1 BGB).

Beispiel: Der Gläubiger einer Geldschuld erklärt sich bereit, anstelle von Geld Wertpapiere zum Zweck der Schuldentilgung anzunehmen. Das Schuldverhältnis ist durch diese Annahme erloschen.

– Annahme erfüllungshalber

Übernimmt der Schuldner zum Zwecke der Befriedigung des Gläubigers diesem gegenüber **eine neue Verbindlichkeit**, so ist im Zweifel nicht anzunehmen, dass der die Verbindlichkeit an Erfüllungs statt übernimmt (§ 364 Abs. 2 BGB).

Beispiel: Der Schuldner lässt einen Wechsel auf sich ziehen und akzeptiert diesen. Durch das Akzept wird die zuerst bestehende Schuld **nicht getilgt**. Neben die alte Verbindlichkeit tritt eine zusätzliche Verbindlichkeit. Zahlt z. B. der Bezogene den Wechsel nicht, so kann der Gläubiger auf die erste Forderung zurückgreifen.

Gleiches gilt auch für die Hingabe eines **Schecks**.

12 Dieter wird bei der Buderus AG in Wetzlar zum Industriekaufmann ausgebildet. In der Finanzabteilung wird er in der Abwicklung von Scheckzahlungen von Kunden ausgebildet.

Heute wurden ihm diese beiden Schecks zur Bearbeitung übergeben:

Nr. 1

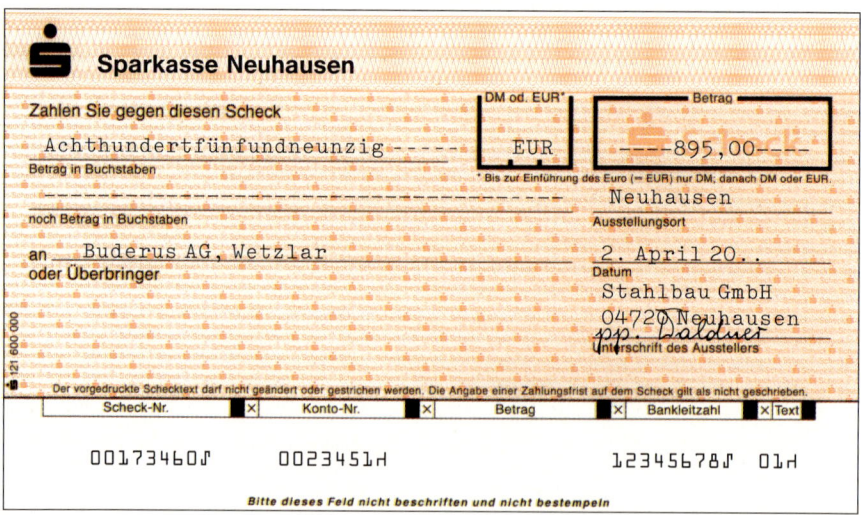

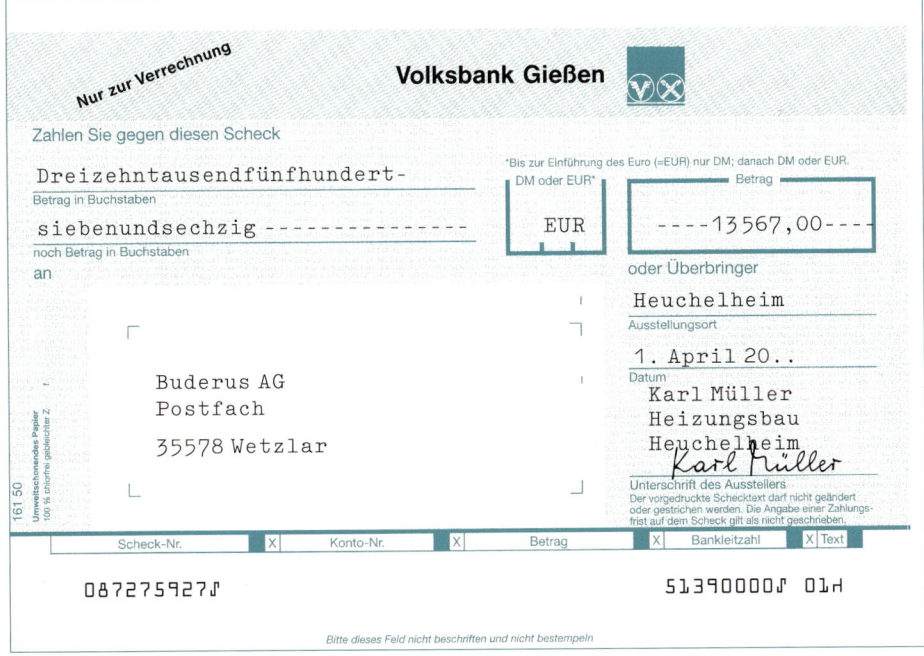

Nur zur Verrechnung

Volksbank Gießen

Zahlen Sie gegen diesen Scheck

Dreizehntausendfünfhundert-

Betrag in Buchstaben

siebenundsechzig ----------------

noch Betrag in Buchstaben

an

*Bis zur Einführung des Euro (=EUR) nur DM; danach DM oder EUR.
DM oder EUR* Betrag

EUR ----13567,00----

oder Überbringer

Heuchelheim

Ausstellungsort

1. April 20..

Datum

Karl Müller
Heizungsbau
Heuchelheim

Karl Müller

Unterschrift des Ausstellers
Der vorgedruckte Schecktext darf nicht geändert
oder gestrichen werden. Die Angabe einer Zahlungsfrist auf dem Scheck gilt als nicht geschrieben.

Buderus AG
Postfach

35578 Wetzlar

Scheck-Nr.	X	Konto-Nr.	X	Betrag	X	Bankleitzahl	X	Text

0872759271   51390000 01H

Bitte dieses Feld nicht beschriften und nicht bestempeln

a) Prüfen Sie, ob der Scheck Nr. 1 den Anforderungen des § 1 ScheckG entspricht!

b) Prüfen Sie, ob der Scheck Nr. 2 den Anforderungen des Scheckgesetzes entspricht!

c) Um welche Scheckarten handelt es sich
   ca) unter dem Gesichtspunkt der Möglichkeit der Auszahlung des Scheckbetrages durch das bezogene Kreditinstitut;
   cb) unter dem Gesichtspunkt der Berechtigung des Vorlegers zur Einlösung des Schecks?

d) Welche der beiden Scheckarten eignet sich besonders zur Bezahlung von Rechnungen, wenn Risiken für die Beteiligten möglichst gering gehalten werden sollen?

e) Wie kommt die Buderus AG in den Besitz des der Scheckzahlung zugrunde liegenden Forderungsbetrages?

f) Welche Gründe gibt es dafür, dass der Ausbilder Schneider den Auszubildenden Dieter darauf hinweist, dass die Schecks der Kunden möglichst noch am Tag des Eingangs zum Einzug an die Bank gegeben werden sollen?

g) Welche Kreditinstitute sind angewiesen, diese beiden Schecks einzulösen?

h) Auf dem Scheckeinreichungsformular der Hausbank liest Dieter den Vermerk „Schecks werden Eingang vorbehalten (E.v.) gutgeschrieben".

   Welche Bedeutung hat dieser Vermerk?

i) Wer könnte die beiden Schecks zur Einlösung bei den bezogenen Kreditinstituten vorlegen?

13 Am 17. März erhält die Energietechnik GmbH, Rüsselsheim, diesen Scheck:

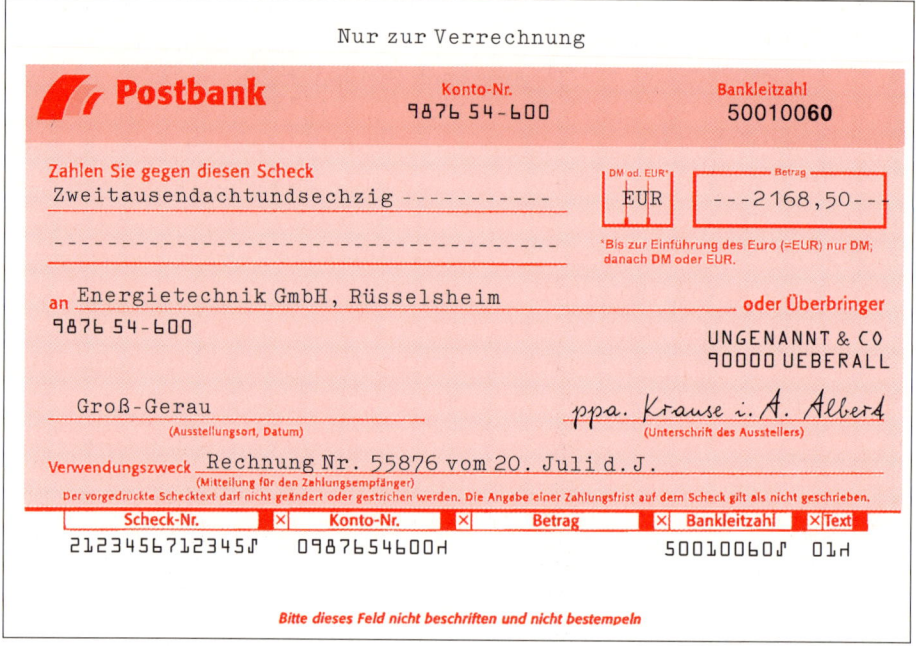

a) Wo ist dieser Scheck zahlbar?

b) Ist dieser Scheck rechtswirksam ausgestellt?

c) Könnte die Energietechnik GmbH eventuell vorhandene Scheckmängel selbst beseitigen?

d) Auf welchen Wegen könnte die Energietechnik GmbH den Scheck dem Bezogenen zur Einlösung vorlegen?

Sonderbedingungen für die BANKCARD *ec*

Fassung: Juni 1999

A ec-Service
(Verfahren mit Zahlungsgarantie: eurocheque, Geld-automaten, electronic cash, Maestro, GeldKarte)

I Geltungsbereich

Der Kunde kann die BANKCARD *ec* für folgende Dienstleistungen nutzen:

1 ohne Einsatz der persönlichen Geheimzahl (PIN)

a) als Garantiekarte für den eurocheque.

b) als GeldKarte zum bargeldlosen Bezahlen an automatisierten Kassen des Handels- und Dienstleistungsbereichs, die mit dem GeldKarten-Logo gekennzeichnet sind (GeldKarten-Terminals).

2 in Verbindung mit der persönlichen Geheimzahl (PIN)

a) zur Abhebung von Bargeld an Geldautomaten im Rahmen des

– deutschen ec-Geldautomatensystems,

– internationalen Maestro-Systems.

Auf diese Geldautomaten wird im Inland durch das ec-Geldautomaten-Zeichen und im Ausland durch das Maestro-Zeichen hingewiesen.

b) zur bargeldlosen Zahlung an automatisierten Kassen im Rahmen des

– inländischen electronic cash-Systems,

– internationalen Maestro-Systems im Ausland. In einigen Ländern kann anstelle der PIN die Unterschrift gefordert werden.

Auf diese Kassen wird im Inland durch das electronic cash- und im Ausland durch das Maestro-Logo hingewiesen.

c) zum Aufladen der GeldKarte an Ladeterminals, die mit dem GeldKarten-Logo gekennzeichnet sind.

II Allgemeine Regeln

1 Karteninhaber

Die BANKCARD *ec* gilt für das auf ihr angegebene Konto. Sie kann nur auf den Namen des Kontoinhabers oder einer Person ausgestellt werden, der der Kontoinhaber Kontovollmacht erteilt hat. Ein Widerruf der Vollmacht wird für den BANKCARD *ec*-Service erst mit Rückgabe der BANKCARD *ec* an die Bank wirksam. Das Kreditinstitut wird jedoch für die BANKCARD *ec* nach Widerruf der Vollmacht für die Nutzung an ec-Geldautomaten, automatisierten Kassen sowie für die Aufladung der GeldKarte eine elektronische Sperre eingeben. Bis zum Wirksamwerden der Sperre hat der Kontoinhaber die Aufwendungen, die aus der Nutzung der BANKCARD *ec* entstehen, zu tragen. Trotz der Sperre kann die BANKCARD *ec* bis zu ihrer Rückgabe weiterhin für die Ausstellung garantierter Schecks und zum Verbrauch der noch in der GeldKarte gespeicherten Beträge verwendet werden. Die Aufwendungen, die aus der weiteren Nutzung der BANKCARD *ec* bis zu ihrer Rückgabe an die Bank entstehen, hat der Kontoinhaber zu tragen.

2 Finanzielle Nutzungsgrenze

Der Karteninhaber darf Verfügungen mit seiner BANKCARD *ec* nur im Rahmen des Kontoguthabens oder eines vorher für das Konto eingeräumten Kredits vornehmen.

Auch wenn der Karteninhaber diese Nutzungsgrenze bei seinen Verfügungen nicht einhält, ist die Bank berechtigt, den Ersatz der Aufwendungen zu verlangen, die aus der Nutzung der BANK-CARD *ec* entstehen. Verfügungen mit der BANKCARD *ec* über den eingeräumten Kreditrahmen hinaus führen weder zur Einräumung eines Kredits noch zur Erhöhung eines zuvor eingeräumten Kredits; die Bank ist berechtigt, in diesem Fall den höheren Zinssatz für geduldete Kontoüberziehungen zu verlangen.

3 Umrechnung von Fremdwährungen

Nutzt der Karteninhaber die BANKCARD *ec* für Verfügungen, die nicht auf Deutsche Mark lauten, wird das Konto gleichwohl in Deutscher Mark belastet. Die Umrechnung von Fremdwährungsbeträgen wird im Inland von der Stelle vorgenommen, die den Vorgang vom Ausland zur weiteren Bearbeitung erhält. Dabei legt sie den Devisenbriefkurs des dem Eingang vorangegangenen Börsentages zugrunde. Die Bank gibt dem Kontoinhaber mit dem Kontoauszug den Eingangstag und den Umrechnungskurs bekannt.

4 Rückgabe der BANKCARD *ec* und der eurocheque-Vordrucke

Mit Aushändigung einer neuen, spätestens aber nach Ablauf der Gültigkeit der BANKCARD *ec* ist die Bank berechtigt, die alte BANKCARD *ec* zurückzuverlangen. Endet die Berechtigung, die BANKCARD *ec* zu nutzen, vorher (z. B. durch Kündigung der Kontoverbindung oder des BANKCARD *ec*-Vertrages), so hat der Karteninhaber die BANKCARD *ec* unverzüglich an das Kreditinstitut zurückzugeben. Ein zum Zeitpunkt der Rückgabe noch in der GeldKarte gespeicherter Betrag wird dem Karteninhaber erstattet.

Endet die Berechtigung zur Nutzung von eurocheque-Vordrucken, so sind nicht benutzte Vordrucke unverzüglich entweder an die Bank zurückzugeben oder entwertet zurückzusenden.

5 Sperre und Einziehung der BANKCARD *ec*

Die Bank darf die BANKCARD *ec* sperren und den Einzug der BANKCARD *ec* (z. B. an Geldautomaten) veranlassen, wenn sie berechtigt ist, den Kartenvertrag aus wichtigem Grund zu kündigen. Die Bank ist zur Einziehung und Sperre der BANKCARD *ec* auch berechtigt, wenn die Nutzungsberechtigung der Karte durch Gültigkeitsablauf oder durch ordentliche Kündigung endet. Ein zum Zeitpunkt der Einziehung noch in der GeldKarte gespeicherter Betrag wird dem Karteninhaber erstattet.

6 Sorgfalts- und Mitwirkungspflichten des Karteninhabers

6.1 Unterschrift

Der Karteninhaber hat die BANKCARD *ec* nach Erhalt unverzüglich auf dem Unterschriftsfeld zu unterschreiben.

6.2 Aufbewahrung der BANKCARD *ec* und der eurocheque-Vordrucke

BANKCARD *ec* und eurocheque-Vordrucke sind mit besonderer Sorgfalt und getrennt voneinander aufzubewahren, um zu verhindern, dass sie abhanden kommen und missbräuchlich zur Ausstellung kartengarantierter Schecks genutzt werden. Insbesondere dürfen weder die BANKCARD *ec* noch die eurocheque-Vordrucke unbeaufsichtigt im Kraftfahrzeug aufbewahrt werden.

Auch die eurocheque-Vordrucke alleine sind sorgfältig aufzubewahren, da sie nach Verlust auch ohne BANKCARD *ec* als nicht garantierte Bar- oder Verrechnungsschecks missbräuchlich verwendet werden können. **Die Haftung bei Verlust alleine von eurocheque-Vordrucken richtet sich nach den Sonderbedingungen für den Scheckverkehr.**

Auch die BANKCARD *ec* alleine ist sorgfältig aufzubewahren, um z. B. einen Missbrauch im Rahmen des Maestro-Systems zu verhindern. Darüber hinaus kann jeder, der im Besitz der BANK-CARD *ec* ist, den in der GeldKarte gespeicherten Betrag verbrauchen.

6.3 Sorgfältige Ausfüllung von eurocheque-Vordrucken

Die eurocheque-Vordrucke sind deutlich lesbar auszufüllen. Der Scheckbetrag ist in Ziffern und in Buchstaben unter Angabe der Währung so einzusetzen, dass nichts hinzugeschrieben werden kann. Hat sich der Kunde beim Ausstellen eines eurocheque-Vordrucks verschrieben oder ist der eurocheque auf andere Weise unbrauchbar geworden, so ist dieser zu vernichten.

6.4 Geheimhaltung der persönlichen Geheimzahl (PIN)

Der Karteninhaber hat dafür Sorge zu tragen, dass keine andere Person Kenntnis von der persönlichen Geheimzahl erlangt. Die Geheimzahl darf insbesondere nicht auf der Karte vermerkt oder in anderer Weise zusammen mit dieser aufbewahrt werden. Denn jede Person, die die persönliche Geheimzahl kennt und im Besitz der Karte ist, kann zulasten des auf der BANKCARD ec angegebenen Kontos Verfügungen tätigen (z. B. Geld an ec-Geldautomaten abheben).

6.5 Unterrichtungs- und Anzeigepflichten

Stellt der Karteninhaber den Verlust seiner BANKCARD ec oder missbräuchliche Verfügungen mit seiner BANKCARD ec fest, so ist die Bank, und zwar möglichst die kontoführende Stelle, unverzüglich zu benachrichtigen. Den Verlust der BANKCARD ec kann der Karteninhaber auch gegenüber dem Zentralen Sperrannahmedienst (Telefon 0 18 05/021 0 21) anzeigen. In diesem Fall ist eine Kartensperre nur möglich, wenn der Name der Bank – möglichst mit Bankleitzahl – und die Kontonummer angegeben werden. Der Zentrale Sperrannahmedienst sperrt alle für das betreffende Konto ausgegebenen BANKCARD's ec für die weitere Nutzung an ec-Geldautomaten und automatisierten Kassen. Zur Beschränkung der Sperre auf die abhanden gekommene Karte muss sich der Karteninhaber mit seiner Bank, möglichst mit der kontoführenden Stelle, in Verbindung setzen.

Wird die BANKCARD ec gestohlen oder missbräuchlich verwendet, ist unverzüglich Anzeige bei der Polizei zu erstatten.

III Besondere Regeln für einzelne Nutzungsarten

1 eurocheque-Garantieverfahren

1.1 Zustandekommen der Garantie/unvollständig ausgefüllte eurocheques

Wird bei Ausstellung eines eurocheques die BANKCARD ec verwendet, so garantiert die Bank die Zahlung des Scheckbetrags jedem Schecknehmer in Europa und in den an das Mittelmeer angrenzenden Ländern bis zu einem Betrag von 400,– DM oder bis zur Höhe des in dem jeweiligen Land maßgeblichen ec-Garantiehöchstbetrags. Dazu müssen folgende Voraussetzungen erfüllt sein:

Der Name der Bank, die Konto- und die BANKCARD ec-Nummer sowie die Unterschriften auf eurocheque und BANKCARD ec müssen übereinstimmen. In Deutschland ausgestellte eurocheques sind für 8 Tage, in anderen Ländern ausgestellte eurocheques sind für 20 Tage seit dem Ausstellungsdatum garantiert. Die Frist ist gewahrt, wenn der eurocheque innerhalb dieser Fristen der Bank vorgelegt, einem inländischen Kreditinstitut zum Inkasso eingereicht oder der GZS Gesellschaft für Zahlungssysteme mbH, Frankfurt, zugeleitet wurde.

Die Bank wird auf jeden mit der BANKCARD ec-Nummer versehenen eurocheque für Rechnung des Karteninhabers Zahlung leisten, sofern die oben genannten Voraussetzungen eingehalten sind.

Als Scheck im Sinne des eurocheque-Verfahrens gelten auch solche Papiere, bei denen der Ausstellungsort und/oder das Ausstellungsdatum fehlen. Fehlt das Ausstellungsdatum, so gilt das Papier an dem Tag als ausgestellt, an dem es der ersten Inkassostelle zum Einzug eingereicht wird.

1.2 Eingeschränkte Sperrmöglichkeit von eurocheques

Erfüllt ein eurocheque die Garantievoraussetzungen, so ist die Bank zur Einlösung verpflichtet. Ein solcher Scheck kann nicht gesperrt werden.

Übersteigt der Scheckbetrag den garantierten Höchstbetrag, braucht die Bank den eurocheque nur in der garantierten Höhe einzulösen. Sie wird hinsichtlich des darüber hinausgehenden Betrags und bei eurocheques, die die Garantievoraussetzungen nicht erfüllen, eine Schecksperre beachten, wenn diese der Bank so rechtzeitig zugeht, dass ihre Berücksichtigung im Rahmen des ordnungsgemäßen Arbeitsablaufs möglich ist.

1.3 Einlösung von eurocheques nach Verlust von BANK-CARD ec und eurocheque-Vordrucken

Werden BANKCARD ec und eurocheque-Vordrucke nach einem Abhandenkommen gemeinsam missbräuchlich verwendet, so ist die Bank gegenüber einem gutgläubigen Schecknehmer zur Einlösung der eurocheques verpflichtet, wenn die Voraussetzungen über das Zustandekommen der Garantie (vgl. Ziff. 1.1) eingehalten sind und die Unterschrift auf dem eurocheque den äußeren Anschein nach den Eindruck der Echtheit erweckt. Durch eine Sperre der BANKCARD ec und die Anzeige des Verlustes von eurocheque-Vordrucken kann die missbräuchliche Verwendung der eurocheque-Vordrucke und deren Einlösung nicht verhindert werden.

1.4 Beweisregel

Ist die Nummer der an den Karteninhaber ausgegebenen BANK-CARD ec auf dem eurocheque vermerkt, so ist er nach dem Beweis des ersten Anscheins unter Verwendung der BANKCARD ec ausgestellt worden.

1.5 Haftung für Schäden aufgrund gemeinsamer missbräuchlicher Verwendung von BANKCARD ec und eurocheque-Vordrucken

Hat der Karteninhaber die ihm nach diesen Bedingungen obliegenden Sorgfalts- und Mitwirkungspflichten erfüllt, trägt die Bank die Schäden in vollem Umfang, die aus einer gemeinsamen missbräuchlichen Verwendung von BANKCARD ec und eurocheque-Vordrucken resultieren.

Hat der Karteninhaber durch schuldhaftes Verhalten zur Entstehung eines Schadens beigetragen, so bestimmt sich nach den Grundsätzen des Mitverschuldens, in welchem Umfang Bank und Kontoinhaber den Schaden tragen.

Die Bank übernimmt den vom Kontoinhaber zu tragenden Schaden bis zu 6 000,– DM je Schadensfall; eine Schadensübernahme erfolgt dann nicht, wenn BANKCARD ec und eurocheque-Vordrucke gemeinsam in einem Kraftfahrzeug aufbewahrt wurden oder der Kontoinhaber seiner Pflicht zur Erstattung einer Anzeige bei der Polizei nicht nachkommt.

2 Bargeldabhebungen im Rahmen des ec- und Maestro-Geldautomatensystems sowie bargeldloses Bezahlen an automatisierten Kassen im electronic cash- und Maestro-System

2.1 Verfügungsrahmen

Für Verfügungen an Geldautomaten und automatisierten Kassen einschließlich der Aufladung der GeldKarte teilt die Bank dem Kontoinhaber einen jeweils für einen bestimmten Zeitraum geltenden Verfügungsrahmen mit. Bei der Nutzung der BANK-CARD ec an Geldautomaten und automatisierten Kassen des electronic cash- sowie des Maestro-Systems wird geprüft, ob der Verfügungsrahmen durch vorangegangene Verfügungen bereits ausgeschöpft ist. Verfügungen, mit denen der Verfügungsrahmen überschritten würde, werden unabhängig vom aktuellen Kontostand und einem vorher zum Konto eingeräumten Kredit von der Bank abgewiesen.

Der Karteninhaber darf der Verfügungsrahmen nur im Rahmen des Kontoguthabens oder eines vorher für das Konto eingeräumten Kredits in Anspruch nehmen.

Der Kontoinhaber kann mit der kontoführenden Stelle eine Änderung des Verfügungsrahmens für alle zu seinem Konto ausgegebenen BANKCARD's ec vereinbaren. Ein Bevollmächtigter, der eine BANKCARD ec erhalten hat, kann nur eine Herabsetzung für diese Karte vereinbaren.

2.2 Fehleingabe der Geheimzahl

Die BANKCARD ec kann an Geldautomaten sowie an automatisierten Kassen sowie an Selbstbedienungsterminals nicht mehr eingesetzt werden, wenn die persönliche Geheimzahl dreimal hintereinander falsch eingegeben wurde. Der Karteninhaber sollte sich in diesem Fall mit seiner Bank, möglichst mit der kontoführenden Stelle, in Verbindung setzen.

2.3 Zahlungsverpflichtung der Bank; Reklamationen

Die Bank ist gegenüber den Betreibern von Geldautomaten und automatisierten Kassen vertraglich verpflichtet, die Beträge, über die unter Verwendung der an den Karteninhaber ausgegebenen BANKCARD ec verfügt wurde, an die Betreiber zu vergüten. Die Zahlungspflicht beschränkt sich auf den jeweils autorisierten Betrag. Einwendungen und sonstige Beanstandungen des Karteninhabers aus dem Vertragsverhältnis zu dem Unternehmen, bei dem bargeldlos an einer automatisierten Kasse bezahlt worden ist, sind unmittelbar gegenüber diesem Unternehmen geltend zu machen.

2.4 Haftung für Schäden durch missbräuchliche Verwendung der BANKCARD ec an Geldautomaten und automatisierten Kassen

Sobald der Bank oder dem Zentralen Sperrannahmedienst der Verlust der BANKCARD ec angezeigt worden ist, trägt die Bank die danach durch missbräuchliche Verfügung an Geldautomaten und automatisierten Kassen entstandenen Schäden.

Für Schäden, die vor der Verlustanzeige entstanden sind, haftet der Kontoinhaber, wenn sie auf einer schuldhaften Verletzung seiner Sorgfalts- und Mitwirkungspflichten beruhen. Hat die Bank zu der Entstehung eines Schadens beigetragen, so bestimmt sich nach den Grundsätzen des Mitverschuldens, in welchem Umfang Bank und Kontoinhaber den Schaden zu tragen haben.

Die Bank übernimmt auch die vom Kontoinhaber zu tragenden Schäden, die vor der Verlustanzeige entstanden sind, sofern der Karteninhaber seine Sorgfalts- und Mitwirkungspflichten (vgl. II, Nr. 6.2, 6.4, 6.5) nicht grob fahrlässig verletzt hat.

Grobe Fahrlässigkeit des Karteninhabers liegt insbesondere dann vor, wenn

– die persönliche Geheimzahl auf der BANKCARD ec vermerkt oder zusammen mit der BANKCARD ec verwahrt war (z. B. der Originalbrief, mit dem die PIN dem Karteninhaber mitgeteilt wurde),

– die persönliche Geheimzahl einer anderen Person mitgeteilt und der Missbrauch dadurch verursacht wurde,

– der Karteninhaber der Bank oder dem Zentralen Sperrannahmedienst nach Feststellung des Kartenverlustes das Abhandenkommen nicht umgehend meldet, obwohl ihm dies ohne weiteres möglich war und der Schaden durch diese Verspätung verursacht wurde. Schäden, die nach der Verlustmeldung entstehen, werden von der Bank erstattet.

Die Haftung des Kontoinhabers beschränkt sich auf 1 000,– DM pro Kalendertag.

Eine Übernahme des vom Kontoinhaber zu tragenden Schadens durch die Bank erfolgt nur, wenn der Kontoinhaber die Voraussetzungen der Haftungsentlastung glaubhaft darlegt und Anzeige bei der Polizei erstattet.

Wird die BANKCARD ec missbräuchlich im Rahmen des Maestro-Verfahrens ohne persönliche Geheimzahl nur mit Unterschrift verwendet, so erstattet die Bank diese Schäden in voller Höhe.

3 GeldKarte

3.1 Servicebeschreibung

Die mit einem Chip ausgestattete BANKCARD ec kann auch als GeldKarte eingesetzt werden. Der Karteninhaber kann an Geld-Karten-Terminals des Handels- und Dienstleistungsbereichs bargeldlos bezahlen.

3.2 Aufladen und Entladen der GeldKarte

Der Karteninhaber kann seine GeldKarte an den mit dem Geld-Karten-Logo gekennzeichneten Ladeterminals innerhalb des ihm von seinem Kreditinstitut eingeräumten Verfügungsrahmens (vgl. Abschnitt III, 2.1) zulasten des auf der Karte angegebenen Kontos aufladen. Vor dem Aufladevorgang muss er seine persönliche Geheimzahl (PIN) eingeben. Der Karteninhaber kann seine GeldKarte darüber hinaus auch gegen Bargeld sowie im Zusammenwirken mit einer anderen Karte zulasten des Kontos, über das die Umsätze mit dieser Karte abgerechnet werden, aufladen.

Das Kreditinstitut unterrichtet den Karteninhaber über die Höhe des Betrages, den die GeldKarte maximal aufnehmen kann.

Aufgeladene Beträge, über die der Karteninhaber nicht mehr

mittels GeldKarte verfügen möchte, können beim kartenausgebenden Kreditinstitut entladen werden. Die Entladung von Teilbeträgen ist nicht möglich.

Bei einer Funktionsuntüchtigkeit der GeldKarte erstattet das kartenausgebende Kreditinstitut dem Karteninhaber den nicht verbrauchten Betrag.

Benutzt der Karteninhaber seine BANKCARD ec, um seine Geld-Karte oder die GeldKarte eines anderen aufzuladen, so ist die persönliche Geheimzahl (PIN) am Ladeterminal einzugeben. Die Auflademöglichkeit besteht nicht mehr, wenn die PIN dreimal hintereinander falsch eingegeben wurde. Der Karteninhaber sollte sich in diesem Fall mit seinem Kreditinstitut, möglichst mit der kontoführenden Stelle, in Verbindung setzen.

3.3 Sofortige Kontobelastung

Benutzt der Karteninhaber seine BANKCARD ec, um seine Geld-Karte oder die GeldKarte eines anderen aufzuladen, so wird der Ladebetrag sofort nach dem Aufladen der GeldKarte dem Konto, das auf der BANKCARD ec angegeben ist, belastet.

3.4 Zahlungsvorgang mittels GeldKarte

Beim Bezahlen mit der GeldKarte ist die PIN nicht einzugeben.

Bei jedem Bezahl-Vorgang vermindert sich der in der GeldKarte gespeicherte Betrag um den verfügten Betrag.

3.5 Haftung bei Verlust aufgeladener GeldKarten

Bei Verlust der BANKCARD ec erstattet das Kreditinstitut den in der GeldKarte vorhandenen Betrag **nicht**, denn jeder, der im Besitz der BANKCARD ec ist, kann den in der GeldKarte gespeicherten Betrag ohne Einsatz der PIN verbrauchen.

3.6 Haftung für Schäden durch missbräuchliche Auflade-vorgänge

Sobald dem Kreditinstitut oder dem Zentralen Sperrannahmedienst der Verlust der BANKCARD ec angezeigt worden ist, trägt das Kreditinstitut die **danach** durch missbräuchliche Aufladevorgänge entstandenen Schäden.

Für Schäden, die **vor** der Verlustanzeige entstanden sind, haftet der Kontoinhaber, wenn sie auf einer schuldhaften Verletzung seiner Sorgfalts- und Mitwirkungspflichten beruhen. Hat das Kreditinstitut zur der Entstehung eines Schadens beigetragen, so bestimmt sich nach den Grundsätzen des Mitverschuldens, in welchem Umfang Bank und Kontoinhaber den Schaden zu tragen haben.

Das Kreditinstitut übernimmt auch die vom Kontoinhaber zu tragenden Schäden, die vor der Verlustanzeige entstanden sind, sofern der Karteninhaber seine Sorgfalts- und Mitwirkungspflichten (vgl. Abschnitt II, Nr. 6.2, 6.4, 6.5) nicht grob fahrlässig verletzt hat.

Grobe Fahrlässigkeit des Karteninhabers liegt insbesondere vor, wenn

– die persönliche Geheimzahl auf der BANKCARD ec vermerkt oder zusammen mit der BANKCARD ec verwahrt war (z. B. der Originalbrief, in dem die PIN dem Karteninhaber mitgeteilt wurde),

– die persönliche Geheimzahl einer anderen Person mitgeteilt und der Missbrauch dadurch verursacht wurde,

– der Karteninhaber der Bank oder dem Zentralen Sperrannahmedienst nach Feststellen des Kartenverlustes das Abhandenkommen nicht **umgehend** meldet, obwohl ihm dies ohne weiteres möglich war und der Schaden durch die Verspätung verursacht wurde. Schäden, die nach der Verlustmeldung entstehen, werden von dem Kreditinstitut erstattet.

Die Haftung des Kontoinhabers beschränkt sich auch unter Berücksichtigung von Schäden an ec-Geldautomaten und an automatisierten Kassen im electronic cash- und Maestro-System auf 1 000,– DM pro Kalendertag.

Eine Übernahme des vom Kontoinhaber zu tragenden Schadens durch das Kreditinstitut erfolgt nur, wenn der Kontoinhaber die Voraussetzungen der Haftungsentlastung glaubhaft darlegt und Anzeige bei der Polizei erstattet.

B Bargeldloses Bezahlen ohne Zahlungsgarantie mittels Lastschrift (POZ-System)

1 Servicebeschreibung

Das POZ-System ermöglicht den Handels- und Dienstleistungsunternehmen die automatische Erstellung von Einzugsermächtigungslastschriften unter Verwendung der BANKCARD *ec* zum Zwecke des bargeldlosen Bezahlens. Bei der Zahlung an Kassen, die das POZ-Logo tragen, zieht das Unternehmen die Forderungen gegen den Karteninhaber mittels Lastschrift ein, für die der Karteninhaber dem Unternehmen jeweils eine schriftliche Einzugsermächtigung erteilt.

2 Sperrabfrage

Im Rahmen des POZ-Systems sind bis zu jeweils 60,– DM Verfügungen möglich, ohne dass zuvor das Unternehmen prüfen muss, ob die Karte gesperrt ist. Auch im Hinblick auf diese eingeschränkte Sperrabfrage muss der Karteninhaber seine Kontoauszüge sorgfältig prüfen.

3 Widerspruch bei POZ-Lastschriften

Der Karten-/Kontoinhaber kann Belastungen des Kontos aus POZ-Lastschriften beim kontoführenden Institut widersprechen. Der Widerspruch ist unverzüglich nach Kenntniserlangung von der Belastungsbuchung zu erheben.

4 Adressenbekanntgabe

Wird eine POZ-Lastschrift nicht bezahlt, so teilt die Bank dem Unternehmen, das die Lastschrift erstellt hat, auf Anfrage den Namen und die Adresse des Karteninhabers mit, sofern dem Unternehmen eine wirksame schriftliche Einwilligung des Karteninhabers vorliegt, die Sperrdatei abgefragt wurde und ein BANKCARD *ec*-Verlust der Bank nicht angezeigt worden war.

C Erteilung von Überweisungsaufträgen an Selbstbedienungsterminals

1 Serviceumfang

Der Karteninhaber kann unter Verwendung seiner BANK-CARD *ec* und der persönlichen Geheimzahl seiner Bank an Selbstbedienungsterminals Überweisungsaufträge bis maximal 2 000,– DM pro Tag erteilen, soweit dem Karteninhaber von seiner Bank nicht ein anderer Betrag mitgeteilt wurde. Die Aufträge werden ebenso wie auf Überweisungsvordrucken hereingegebene Aufträge von der Bank im Rahmen des ordnungsgemäßen Geschäftsablaufes bearbeitet.

2 Sorgfalts- und Mitwirkungspflichten

Es gelten die Regelungen unter A *ec*-Service, II, Nr. 6.2, 6.4 und 6.5.

3 Fehleingabe der Geheimzahl

Die BANKCARD *ec* kann an Selbstbedienungsterminals, ec-Geldautomaten sowie an automatisierten Kassen nicht mehr eingesetzt werden, wenn die persönliche Geheimzahl dreimal hintereinander falsch eingegeben wurde.

4 Schadensregulierung

Sobald der Bank oder dem Zentralen Sperrannahmedienst der Verlust der BANKCARD *ec* angezeigt worden ist, übernimmt die Bank danach durch missbräuchliche Überweisungsaufträge entstandene Schäden.

Für Schäden, die vor der Verlustanzeige entstanden sind, haftet der Kontoinhaber, wenn sie auf einer schuldhaften Verletzung der Sorgfalts- und Mitwirkungspflichten beruhen. Hat die Bank zu der Entstehung eines Schadens beigetragen, so bestimmt sich nach den Grundsätzen des Mitverschuldens, in welchem Umfang Bank und Kontoinhaber den Schaden zu tragen haben.

Die Bank übernimmt die vom Kontoinhaber zu tragenden Schäden, die vor der Verlustanzeige entstanden sind, sofern der Karteninhaber seine Sorgfalts- und Mitwirkungspflichten (vgl. A ec-Service, II, Nr. 6.2, 6.4, 6.5) nicht grob fahrlässig verletzt hat.

Grobe Fahrlässigkeit des Karteninhabers liegt insbesondere vor, wenn

– die persönliche Geheimzahl auf der BANKCARD *ec* vermerkt oder zusammen mit der BANKCARD *ec* verwahrt war (z. B. der Originalbrief, in dem die PIN dem Karteninhaber mitgeteilt wurde),

– die persönliche Geheimzahl einer anderen Person mitgeteilt und der Missbrauch dadurch verursacht wurde,

– der Karteninhaber der Bank oder dem Zentralen Sperrannahmedienst nach Feststellen des Kartenverlustes das Abhandenkommen nicht umgehend meldet, obwohl ihm dies ohne weiteres möglich war, und der Schaden durch diese Verspätung verursacht wurde. Schäden, die nach der Verlustmeldung entstehen, werden von der Bank erstattet.

Die Haftung des Kontoinhabers beschränkt sich auf 2 000,– DM pro Kalendertag.

Eine Übernahme des vom Kontoinhaber zu tragenden Schadens durch die Bank erfolgt nur, wenn der Kontoinhaber die Voraussetzungen der Haftungsentlastung glaubhaft darlegt und Anzeige bei der Polizei erstattet.

14 Am 28. Mai 2001 kauft Karl Ungültig im Kaufhaus Simpson in Leipzig Waren für 129,00 EUR. Zur Bezahlung stellt er diesen Scheck aus und legt gleichzeitig der Kassiererin seine Scheckkarte vor.

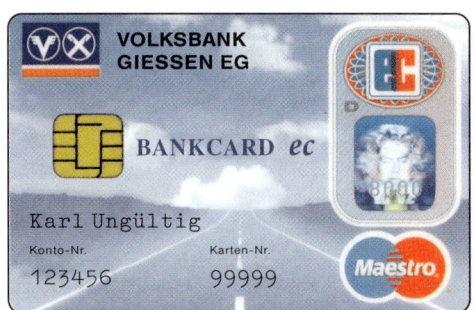

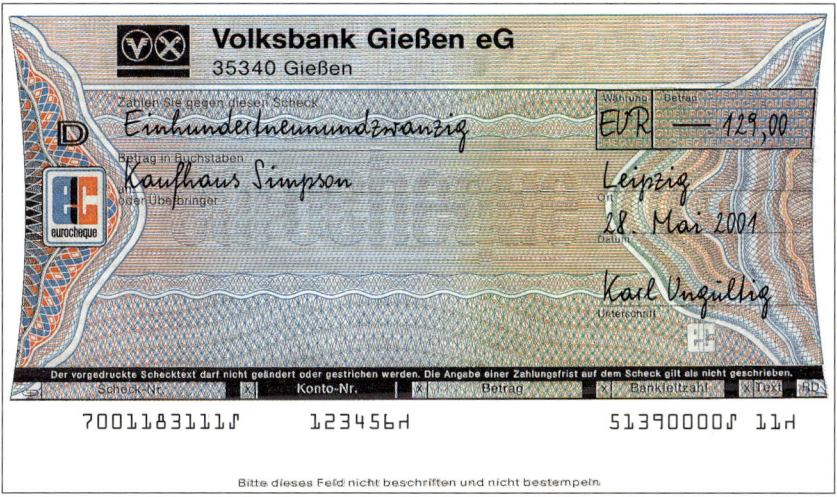

a) Wie bezeichnet man den vorgelegten Scheck?

b) Um welche Scheckart handelt es sich?

c) Warum ist das Kaufhaus bereit, diesen Scheck ohne Bedenken in Zahlung zu nehmen?

d) Welche Prüfungen hat die Kassiererin bei der Annahme des Schecks durchzuführen, um vor unliebsamen Überraschungen sicher zu sein?

e) Wie lange kann sich das Kaufhaus auf die gegebene Sicherheit verlassen?

15 Sie planen zu Pfingsten eine Urlaubsreise nach England.

Sie überlegen, ob Sie neben GBP-Banknoten auch ec-Schecks mitnehmen sollen.

a) Welche Gründe sprechen für die Mitnahme von ec-Schecks?

b) In welchen Ländern werden ec-Schecks garantiert eingelöst? Geben Sie die Gebiete global an!

c) In welcher Zeit müsste ein in London ausgestellter ec-Scheck zur Einlösung bei dem bezogenen Kreditinstitut vorgelegt werden?

Elektronisches Bezahlen

● **Electronic cash** (POS = point of sale)

Electronic cash ist die Weiterentwicklung der Zahlung mit Euro-cheque.

Zugelassen sind alle Kunden, die eine ec-Karte oder eine dafür ausgestattete Kundenkarte eines Kreditinstituts besitzen und über ein ausreichendes Guthaben bzw. ausreichenden Kredit verfügen (sog. **Verfügungsrahmen**).

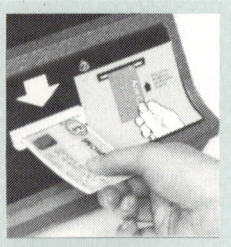

Electronic cash wird in folgenden Schritten abgewickelt:

1. An der Kasse wird der Rechnungsbetrag ermittelt und ange-zeigt.

2. Die ec-Karte wird in einen Kartenleser eingegeben und von diesem gelesen.

3. Der Kunde **bestätigt** den Rechnungsbetrag und gibt über eine Tastatur seine **Geheimzahl (PIN)** ein.

4. Das Computersystem führt die sog. **Autorisierungsprüfung** durch:

   – Prüfung der Geheimzahl,

   – Prüfung der Echtheit der Karte,

   – Sperrenprüfung,

   – Prüfung des Verfügungsrahmens.

5. Der Rechnungsbetrag wird entweder vom Konto abgerechnet oder die Zahlung wird verweigert.

6. Der Kunde erhält einen ausführlichen Kassenbeleg über die erfolgte Zahlung.

Nach erfolgter Autorisierung der Verfügung übernimmt das **kartenausgebende Kreditinstitut** die **Zahlungsgarantie**.

Kosten der Autorisierung: 0,3 % des Umsatzes, mindestens 0,15 DM.

Das POS-System wird unter der Bezeichnung **edc** (= **e**lectronic **d**ebit **c**ard) europaweit den ec-Service anbieten. Es wird unter der Bezeichnung **Maestro** weltweit ausgebaut.

● **POZ** (POS ohne Zahlungsgarantie)

Dieses Produkt wird unter verschiedenen Bezeichnungen von den Kreditinstituten angeboten, zum Beispiel von Sparkassen unter dem Namen **cash**.

Es unterscheidet sich von POS dadurch, dass sich der Kunde ausschließlich mit seiner **ec-Karte** ausweist und diese vom Händler zur **On-line-Sperrabfrage** bei der Autorisierungs- zentrale benutzt wird.

Sind keine Sperren vorhanden, unterschreibt der Käufer den Rechnungsbeleg. Diese Unter- schrift gilt als Ermächtigung zum Einzug des Kaufpreises auf dem Bankkonto des Käufers.

Der Verkäufer trägt das volle **Risiko** bei Nichtbezahlung der Lastschrift.

Der Händler zahlt für jede Sperrabfrage 0,10 DM.

● **ELV** (= Elektronisches Lastschriftverfahren)

In diesem Falle handelt es sich um das reine Lastschriftverfahren. Die Scheckkarte dient lediglich der Legitimation. Es erfolgt keine Autorisierung. Der Kunde gibt durch seine Unter- schrift den Auftrag zum Einzug des Kaufpreises durch eine Lastschrift.

Dieses Verfahren ist als „Peek & Cloppenburg-Verfahren" bekannt.

● **Kreditkarten**

Die von verschiedenen Gesellschaften an Kunden mit guter Bonität verkauften Kreditkarten, z.B. Eurocard, Amexco, Diners Club, dienen dem reinen Zahlungsverkehr zwischen den Karteninhabern und angeschlossenen Firmen, wie z.B. Kaufhäusern, Hotels, Reisebüros.

Daneben werden sog. „Bankkarten", wie z.B. die Visa-Karten, ausgegeben.

Die Karteninhaber können sich in bestimmten Grenzen mit der Kreditkarte auch mit Bargeld versorgen.

Bei der Zahlung einer Rechnung legt der Käufer seine Kreditkarte vor und unterschreibt einen **Leistungsbeleg**, auf den die in der Karte eingeprägten Angaben mechanisch übertragen wurden.

Der Empfänger reicht den Leistungsbeleg bei der **kartenausgebenden Stelle** ein. Diese schreibt den Gegenwert unter Abzug einer Gebühr von 3 – 4 % gut. Die Summe der Rechnun- gen wird meist einmal im Monat durch eine **Lastschrift** vom Konto des Zahlungspflichtigen abgebucht.

Mit den Kreditkarten können auch andere Leistungen, wie z.B. Reiseversicherungen, ver- bunden sein.

● **Kundenkarten**

Verschiedene Unternehmen und Vereine geben an ihre Kunden Kundenkarten aus, mit denen diese verschiedene Leistungen, wie z.B. bargeldlosen Einkauf oder Warenkredit, in Anspruch nehmen können

● **Geldkarte (elektronische Geldbörse)**

Diese Zahlungsform soll den **Barzahlungsverkehr** reduzieren. Die Kunden müssen **vor** der Nutzung der Geldkarte auf dieser Karte einen bestimmten Betrag, maximal 400,00 DM/ 200,00 EUR, „laden". Dies geschieht elektronisch an speziellen Ladegeräten. In diesem

Falle erfolgt die gleichzeitige Abbuchung des geladenen Betrags vom Bankkonto des Kunden. Die seit 1997 ausgegebenen ec-Karten mit Chip ermöglichen diese Form der Zahlung. Da der Betrag bereits beim Laden dem Kunden belastet wurde, haben die Empfänger von Zahlungen mit dieser Geldkarte kein Kreditrisiko mehr. Die Kreditinstitute berechnen für das Laden eine Gebühr.

16 Ingrid sieht an der Kasse ihres Friseurs das folgende Zeichen:

Sie will von Ihnen wissen,

a) was dieses Zeichen bedeutet,

b) wie und in welchem Umfang sie diese Zahlungsform nutzen kann,

c) welche Risiken sie bei der Nutzung dieser Zahlungsform eingeht,

d) was geschieht, wenn die Karte defekt ist.

17 Mehrere Einzelhändler überlegen, ob sie die Voraussetzungen zur Teilnahme am **Electronic-cash-**Zahlungssystem schaffen sollen.

Sie werden gebeten, die Einzelhändler zu beraten!

a) Welche Argumente können Sie **für** diese Zahlungsart anführen?

b) Welche Argumente können Sie **gegen** diese Zahlungsart vorbringen?

18 Sie überlegen sich, ob Sie am Electronic-cash-Zahlungssystem teilnehmen sollen.

a) Was müssen Sie unternehmen, um daran teilzunehmen?

b) Welche Vorteile hätten Sie, wenn Sie daran teilnehmen könnten?

c) Welche Vorteile hätte das kartenausgebende Kreditinstitut?

19 Vergleichen Sie ec, POZ, ELV und Kreditkarte nach den angegebenen Kriterien!

Antworten Sie mit ja, nein, mittel oder hoch. Die Kosten sind näher zu bezeichnen.

Kriterien	electronic cash	POZ	ELV	Kreditkarte
Unterschrift				
Geheimzahl				
Online – Sperrabfrage – Autorisierung				
Zahlungsgarantie				
Händler-Risiko				
Kosten				

20 Sie kassieren in einem Kaufhaus. Ein Kunde will eine Rechnung über 3 360,00 EUR bezahlen. Er bietet Ihnen an, entweder mit einem Eurocheque oder mit einer Kreditkarte zu zahlen.

a) Für welche Zahlungsart entscheiden Sie sich?

b) Wie wickeln Sie die Zahlung ab?

c) Wie hätten Sie vorgehen müssen, wenn die nicht gewählte Zahlungsform gewählt worden wäre?

Wechsel

21 Der Elektromeister Hans Weber, Fasanenweg 13, 35394 Gießen, erhielt einen Auftrag für eine Elektroinstallation im Wert von 43 700,00 EUR.

Von der Elektrogroßhandlung Ellermann GmbH, Goethestraße 7, 35390 Gießen, will Weber das erforderliche Material beziehen. Warenwert 18 740,00 EUR.

Da Weber mit dem Eingang des Rechnungsbetrages frühestens nach $2\frac{1}{2}$ Monaten rechnet, bittet er die Ellermann GmbH um ein Zahlungsziel von 90 Tagen. Diese Firma ist dazu bereit, falls Weber mit einer Wechselziehung über den Rechnungsbetrag einverstanden ist.

Am 25. August 20 . . liefert die Elektrogroßhandlung die bestellten Waren. Gleichzeitig sendet sie an Weber die Rechnung und folgende Tratte mit der Bitte um Akzeptierung.

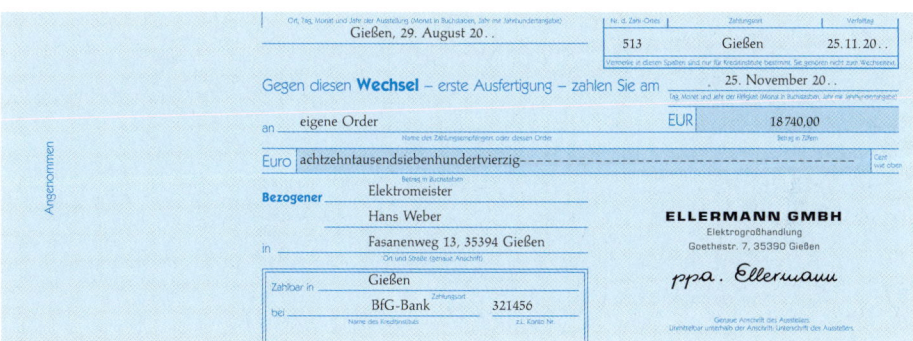

Wechselgesetz (Auszug)

Erster Abschnitt. Ausstellung und Form des gezogenen Wechsels

WG **Art. 1. [Bestandteile]**

Der gezogene Wechsel enthält:

1. die Bezeichnung als Wechsel im Texte der Urkunde, und zwar in der Sprache, in der sie ausgestellt ist;
2. die unbedingte Anweisung, eine bestimmte Geldsumme zu zahlen;
3. den Namen dessen, der zahlen soll (Bezogener);
4. die Angabe der Verfallzeit;
5. die Angabe des Zahlungsortes;
6. den Namen dessen, an den oder an dessen Order gezahlt werden soll;
7. die Angabe des Tages und des Ortes der Ausstellung;
8. die Unterschrift des Ausstellers.

Art. 2. [Fehlon von Bestandteilen]

(1) Eine Urkunde, der einer der im vorstehenden Artikel bezeichneten Bestandteile fehlt, gilt nicht als gezogener Wechsel, vorbehaltlich der in den folgenden Absätzen bezeichneten Fälle.

(2) Ein Wechsel ohne Angabe der Verfallzeit gilt als Sichtwechsel.

(3) Mangels einer besonderen Angabe gilt der bei dem Namen des Bezogenen angegebene Ort als Zahlungsort und zugleich als Wohnort des Bezogenen.

(4) Ein Wechsel ohne Angabe des Ausstellungsortes gilt als ausgestellt an dem Orte, der bei dem Namen des Ausstellers angegeben ist.

WG **Art. 3. [Eigene Order, Trassiert-eigener Wechsel, Gezogener Wechsel]**

(1) Der Wechsel kann an die eigene Order des Ausstellers lauten.

(2) Er kann auf den Aussteller selbst gezogen werden.

(3) Er kann für Rechnung eines Dritten gezogen werden.

Art. 4. [Zahlungsort]

Der Wechsel kann bei einem Dritten, am Wohnort des Bezogenen oder an einem anderen Orte, zahlbar gestellt werden.

Art. 6. [Wechselsumme]

(1) Ist die Wechselsumme in Buchstaben und in Ziffern angegeben, so gilt bei Abweichungen die in Buchstaben angegebene Summe.

(2) Ist die Wechselsumme mehrmals in Buchstaben oder mehrmals in Ziffern angegeben, so gilt bei Abweichungen die geringste Summe.

Art. 9. [Haftung des Ausstellers]

(1) Der Aussteller haftet für die Annahme und die Zahlung des Wechsels.

(2) Er kann die Haftung für die Annahme ausschließen; jeder Vermerk, durch den er die Haftung für die Zahlung ausschließt, gilt als nicht geschrieben.

Dritter Abschnitt. Annahme

Art. 21. [Vorlegung zur Annahme]

Der Wechsel kann von dem Inhaber oder von jedem, der den Wechsel auch nur in Händen hat, bis zum Verfall dem Bezogenen an seinem Wohnort zur Annahme vorgelegt werden.

Art. 25. [Annahmeerklärung]

(1) [1]Die Annahmeerklärung wird auf den Wechsel gesetzt. [2]Sie wird durch das Wort „angenommen" oder ein gleichbedeutendes Wort ausgedrückt; sie ist vom Bezogenen zu unterschreiben. [3]Die bloße Unterschrift des Bezogenen auf der Vorderseite des Wechsels gilt als Annahme.

(2) Lautet der Wechsel auf eine bestimmte Zeit nach Sicht oder ist er infolge eines besonderen Vermerks innerhalb einer bestimmten Frist zur Annahme vorzulegen, so muss die Annahmeerklärung den Tag bezeichnen, an dem sie erfolgt ist, sofern nicht der Inhaber die Angabe des Tages der Vorlegung verlangt. Ist kein Tag angegeben, so muss der Inhaber, um seine Rückgriffsrechte gegen die Indossanten und den Aussteller zu wahren, diese Unterlassung rechtzeitig durch einen Protest feststellen lassen.

Art. 26. [Annahmeerklärung]

(1) Die Annahme muss unbedingt sein; der Bezogene kann sie aber auf einen Teil der Wechselsumme beschränken.

(2) [1]Wenn die Annahmeerklärung irgendeine andere Abweichung von den Bestimmungen des Wechsels enthält, so gilt die Annahme als verweigert. [2]Der Annehmende haftet jedoch nach dem Inhalt seiner Annahmeerklärung.

Art. 27. [Domizilwechsel, Zahlstellenwechsel]

(1) [1]Hat der Aussteller im Wechsel einen von dem Wohnort des Bezogenen verschiedenen Zahlungsort angegeben, ohne einen Dritten zu bezeichnen, bei dem die Zahlung geleistet werden soll, so kann der Bezogene bei der Annahmeerklärung einen Dritten bezeichnen. [2]Mangels einer solchen Bezeichnung wird angenommen, dass sich der Annehmer verpflichtet hat, selbst am Zahlungsorte zu zahlen.

(2) Ist der Wechsel beim Bezogenen selbst zahlbar, so kann dieser in der Annahmeerklärung eine am Zahlungsorte befindliche Stelle bezeichnen, wo die Zahlung geleistet werden soll.

Art. 28. [Wirkung der Annahme]

(1) Der Bezogene wird durch die Annahme verpflichtet, den Wechsel bei Verfall zu bezahlen.

(2) Mangels Zahlung hat der Inhaber, auch wenn er der Aussteller ist, gegen den Annehmer einen unmittelbaren Anspruch aus dem Wechsel auf alles, was auf Grund der Artikel 48 und 49 gefordert werden kann.

a) Prüfen Sie, ob der noch nicht angenommene Wechsel (= Tratte; siehe S. 277) den Bestimmungen des Wechselgesetzes entsprechend ausgefüllt wurde!

b) Wo hat der Elektromeister Hans Weber seine Annahmeerklärung (=Akzept) anzubringen?

c) Welche Wirkung hat die Annahmeerklärung für den Elektromeister Hans Weber?

d) Wo muss Weber den Wechsel bei Fälligkeit einlösen?

22 Elektromeister Hans Weber sendet den angenommenen Wechsel unverzüglich an die Elektrogroßhandlung Ellermann GmbH.

Wechselgesetz (Auszug)
Zweiter Abschnitt. Indossament

WG **Art. 11. [Übertragung des Wechsels]**

(1) Jeder Wechsel kann durch Indossament übertragen werden, auch wenn er nicht ausdrücklich an Order lautet.

(2) Hat der Aussteller in den Wechsel die Worte „nicht an Order" oder einen gleichbedeutenden Vermerk aufgenommen, so kann der Wechsel nur in der Form und mit den Wirkungen einer gewöhnlichen Abtretung übertragen werden.

(3) [1]Das Indossament kann auch auf den Bezogenen, gleichviel ob er den Wechsel angenommen hat oder nicht, auf den Aussteller oder auf jeden anderen Wechselverpflichteten lauten. [2]Diese Personen können den Wechsel weiter indossieren.

Art. 12. [Indossament bedingungsfeindlich, Teilindossament, Indossament an den Inhaber]

(1) [1]Das Indossament muss unbedingt sein. [2]Bedingungen, von denen es abhängig gemacht wird, gelten als nicht geschrieben.

(2) Ein Teilindossament ist nichtig.

(3) Ein Indossament an den Inhaber gilt als Blankoindossament.

Art. 13. [Form, Blankoindossament]

(1) [1]Das Indossament muss auf den Wechsel oder auf ein mit dem Wechsel verbundenes Blatt (Anhang) gesetzt werden. [2]Es muss von dem Indossanten unterschrieben werden.

(2) [1]Das Indossament braucht den Indossatar nicht zu bezeichnen und kann selbst in der bloßen Unterschrift des Indossanten bestehen (Blankoindossament). [2]In diesem letzteren Falle muss das Indossament, um gültig zu sein, auf die Rückseite des Wechsels oder auf den Anhang gesetzt werden.

Art. 14. [Transportfunktion]

(1) Das Indossament überträgt alle Rechte aus dem Wechsel.

(2) Ist es ein Blankoindossament, so kann der Inhaber

1. das Indossament mit seinem Namen oder mit dem Namen eines anderen ausfüllen;
2. den Wechsel durch ein Blankoindossament oder an eine bestimmte Person weiter indossieren;
3. den Wechsel weitergeben, ohne das Blankoindossament auszufüllen und ohne ihn zu indossieren.

Art. 15. [Garantiefunktion]

(1) Der Indossant haftet mangels eines entgegenstehenden Vermerkes für die Annahme und die Zahlung.

(2) Er kann untersagen, dass der Wechsel weiter indossiert wird; in diesem Falle haftet er denen nicht, an die der Wechsel weiter indossiert wird.

Art. 16. [Wechselvermutung]

(1) [1]Wer den Wechsel in Händen hat, gilt als rechtmäßiger Inhaber, sofern er sein Recht durch eine ununterbrochene Reihe von Indossamenten nachweist, und zwar auch dann, wenn das letzte ein Blankoindossament ist. [2]Ausgestrichene Indossamente gelten hierbei als nicht geschrieben. [3]Folgt auf ein Blankoindossament ein weiteres Indossament, so wird angenommen, dass der Aussteller dieses Indossaments den Wechsel durch das Blankoindossament erworben hat.

WG (2) Ist der Wechsel einem früheren Inhaber irgendwie abhanden gekommen, so ist der neue Inhaber, der sein Recht nach den Vorschriften des vorstehenden Absatzes nachweist, zur Herausgabe des Wechsels nur verpflichtet, wenn er ihn in bösem Glauben erworben hat oder ihm beim Erwerb eine grobe Fahrlässigkeit zur Last fällt.

Art. 18. [Vollmachtsindossament]

(1) Enthält das Indossament den Vermerk „Wert zur Einziehung", „zum Inkasso", „in Prokura" oder einen anderen nur eine Bevollmächtigung ausdrückenden Vermerk, so kann der Inhaber alle Rechte aus dem Wechsel geltend machen; aber er kann ihn nur durch ein weiteres Vollmachtsindossament übertragen.

(2) Die Wechselverpflichteten können in diesem Falle dem Inhaber nur solche Einwendungen entgegensetzen, die ihnen gegen den Indossanten zustehen.

(3) Die in dem Vollmachtsindossament enthaltene Vollmacht erlischt weder mit dem Tode noch mit dem Eintritt der Handlungsunfähigkeit des Vollmachtgebers.

a) Welche Verwendungsmöglichkeiten hat die Ellermann GmbH für diesen Wechsel?

b) Nehmen Sie an, die Ellermann GmbH will den Wechsel an ihren Lieferanten, die Siemens AG in München, zur Bezahlung einer eigenen Rechnung weitergeben.

ba) Wie kann die Ellermann GmbH ihre Rechte aus dem Wechsel an die Siemens AG übertragen?

bb) Wie kann der Übertragungsvermerk an die Siemens AG lauten?

c) Wie kommt die Siemens AG bei Fälligkeit des Wechsels in den Besitz des Wechselbetrages?

Zusammenfassung

23 Im Zahlungsverkehr werden Barzahlung, halbbare Zahlung und bargeldlose Zahlung unterschieden.

Stellen Sie in einem Schaubild dar, welche Träger des Zahlungsverkehrs den jeweiligen Zahlungsformen zuzurechnen sind!

Zahlungsform / Zahlungsträger	Barzahlung	halbbare Zahlung	bargeldlose Zahlung

VIII. Organisation und Führung

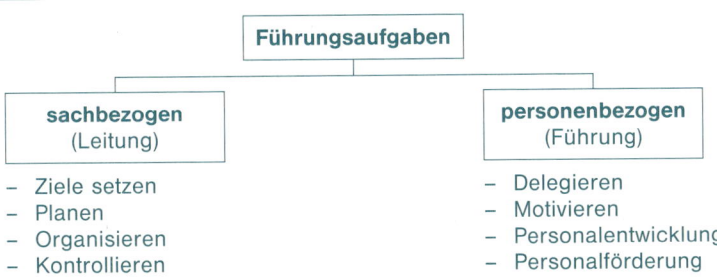

Führungsaufgaben

sachbezogen (Leitung)	**personenbezogen** (Führung)
– Ziele setzen	– Delegieren
– Planen	– Motivieren
– Organisieren	– Personalentwicklung
– Kontrollieren	– Personalförderung

1 Die Hansen GmbH stellt Keramikerzeugnisse für industrielle und private Nutzungen her.

Am Ende eines Geschäftsjahres wird festgestellt, dass große Gewinnrückgänge eingetreten sind. Eine Ursachenuntersuchung ergab, dass hohe Lagerbestände bei Erzeugnissen für die weiterverarbeitende Industrie entstanden sind. Andererseits führten Privatkunden Klagen über die überdurchschnittlich langen Lieferfristen. Eine Marktuntersuchung stellt bereits eine erhebliche Abwanderung von Privatkunden zu Erzeugnissen der Konkurrenten fest.

Die zuständigen Abteilungsleiter für die beiden Produktgruppen erklärten, dass sie jeweils nur das Beste für das Unternehmen angestrebt haben. Keiner habe von den Problemen des anderen gewusst.

Die Personalkosten sind ebenfalls erheblich gestiegen. Dies insbesondere durch den hohen Krankenstand, die erheblich angestiegene Fluktuation und die geringe Motivation der Mitarbeiter wegen fehlender Aufstiegsmöglichkeiten.

a) Welche Hauptfehler führten zu der verschlechterten Situation dieses Unternehmens?

b) Welche Aufgaben hätte die Unternehmensleitung erfüllen müssen, um diese Fehler nicht aufkommen zu lassen bzw. um eingetretene Mängel schnell zu beseitigen?

2 Die Geschäftsentwicklung der Inter GmbH war in den vergangenen 6 Monaten rückläufig, obwohl Berichte aus vergleichbaren Unternehmen eine gegenläufige Entwicklung erkennen lassen.

Die Geschäftsleitung der Inter GmbH veranlasst eine Untersuchung der Ursachen für die von der allgemeinen Tendenz abweichende Unternehmensentwicklung durch ihre Organisationsabteilung.

Es stellt sich dabei heraus, dass in der Vergangenheit versäumt wurde, neue technische Entwicklungen bei der Fertigung zu berücksichtigen.

Unverzüglich werden Experten aus dem Betrieb damit beauftragt, Vorschläge für eine Anpassung des Produktionsprozesses an den neuesten Stand der technologischen Entwicklung zu erarbeiten. Die Ergebnisse sind innerhalb von drei Monaten vorzulegen.

Die Experten legen der Geschäftsleitung fristgerecht drei Alternativvorschläge vor.

a) Welche Phasen des betrieblichen Entscheidungsprozesses hat die Geschäftsleitung bis zu diesem Zeitpunkt erfüllt?

b) Welche Phasen des betrieblichen Entscheidungsprozesses hat die Geschäftsleitung noch zu erfüllen, um das Problem zu lösen?

c) Stellen Sie die Phasen des Entscheidungsprozesses in einem Schaubild als Regelkreis dar!

d) Versuchen Sie eine Begriffsbestimmung, was unter Führung (Unternehmensführung) zu verstehen ist!

3 Stellen Sie den Entscheidungsprozess dar, der zu Ihrem Besuch der Fachschule bzw. zum Abschluss ihres Ausbildungsvertrages führte.

LZ: Träger von Führungsentscheidungen unterscheiden, Interessenkonflikte aufzeigen

---

4 Die von der Geschäftsleitung der Inter GmbH (Aufgabe 2) zur Durchführung ausgewählte Alternative hatte zur Folge, dass
  – das Stammkapital der GmbH um 250 000,00 EUR erhöht werden musste;
  – die Zahl der Beschäftigten um 45 vermindert werden musste.

a) Welche Personen mussten bei der Entscheidung über die gewählte Alternative mitwirken?
b) Welche Interessenkonflikte sind zwischen den beteiligten Gruppen denkbar?
c) Auf welchen innerbetrieblichen Ebenen können Führungsaufgaben erfüllt werden? (Geben Sie jeweils ein Beispiel für den Aufgabenträger!)

LZ: Unternehmensziele unterscheiden

---

5 Ein Unternehmen produziert nur das Gut A. Marktuntersuchungen ergaben folgende Zusammenhänge zwischen Preis und der zu diesem Preis absetzbaren Menge:

Stückpreis (EUR)	80	90	100	110	120
Absetzbare Menge (Stück)	12 000	11 000	9 000	6 500	3 000
Gesamterlös (EUR)	960 000	990 000	900 000	715 000	360 000

Die variablen Kosten betragen 50,00 EUR pro Stück. Die fixen Kosten betragen 250 000,00 EUR.

a) Welcher Preis müsste für das Gut A gewählt werden, wenn als oberstes Unternehmensziel der maximale Marktanteil gewählt wird?
b) Welcher Preis wäre zu wählen, wenn als Unternehmensziel die Maximierung des Umsatzes vorgegeben wird?
c) Welcher Preis wäre zu wählen, wenn als Unternehmensziel die Gewinnmaximierung absoluten Vorrang hat?
d) Nennen Sie drei weitere denkbare Unternehmensziele!

6 Unternehmensleitungen haben Ziele vorzugeben. Hierzu einige Beispiele:
(1) Erstrebe den maximalen Gewinn!
(2) Erstrebe 10 % Umsatzsteigerung pro Jahr gegenüber dem Vorjahresumsatz!
(3) Erstrebe den maximalen Umsatz pro Monat!
(4) Erstrebe eine Senkung der variablen Kosten um 5 % innerhalb des nächsten Quartals!
(5) Erstrebe die maximale Rentabilität der liquiden Mittel!
(6) Erstrebe einen kostendeckenden Erlös bei der Verhandlung mit der Firma X!

a) Welche Gesichtspunkte werden bei der Zielformulierung jeweils berücksichtigt?
b) Welche Zielformulierung halten Sie unter dem Gesichtspunkt der Kontrolle für weniger geeignet?
c) Was ist bei der Zielvorgabe (2)
  ca) Zielinhalt, cb) Zielausmaß, cc) zeitlicher Bezug?
d) Stellen Sie an der Zielvorgabe (5) mögliche Zielkonflikte bei einer Zielvorgabe dar!

LZ: Führungsstile vergleichen

Führungsstile lassen sich nach dem Grad der Übertragung von Entscheidungsverantwortung an die Mitarbeiter unterscheiden. Als Grenzstile stehen sich der extrem führerorientierte Führungsstil und der extrem mitarbeiterorientierte Führungsstil gegenüber. In der Praxis kommen viele Varianten zwischen diesen Grenzpositionen vor.

Kontinuum des Führungsverhaltens

Extrem führerorientierter Führungsstil (autoritär)				Extrem mitarbeiterorientierter Führungsstil (kooperativ)
Kompetenzanspruch des Vorgesetzten				Freier Spielraum der Mitarbeiter
Vorgesetzter trifft Entscheidungen allein und teilt diese nur mit.		Vorgesetzter präsentiert Vorentscheid, der von den Mitarbeitern geändert werden kann.		Vorgesetzter überträgt die volle Entscheidungskompetenz innerhalb festgelegter Grenzen der Gruppe.

7 Zwei Bankdirektoren unterhalten sich über Führungsstile. Herr A. meint dazu, dass er die besten Erfolge damit habe, dass er durch detaillierte Dienstanweisungen mit einer entsprechenden Überwachung seine Angestellten leite.

Herr B. dagegen vertritt die Ansicht, dass er seinen Mitarbeitern nur generelle Anweisungen erteile, deren Ausgestaltung diesen überlassen bleibe. Nur bei Abweichungen von gewünschten Zielen schalte er sich ein.

a) Welche Führungsstile praktizieren die beiden Bankdirektoren?

b) Vergleichen Sie die beiden Führungsstile hinsichtlich
   – der Zielsetzung,　　　– der Durchsetzung,　　　– der Kontrolle.

c) Welcher Führungsstil herrscht in Ihrem Ausbildungsbetrieb vor?

8 Welchen Führungsstil kennzeichnet der Spruch:

„Meister ist, wer was ersann,
Geselle ist, wer was kann,
Lehrling, das ist jedermann."

LZ: Organisationsformen der Führungsspitze (Führungsprinzipien) unterscheiden und vergleichen

9 Unternehmen können unterschiedliche Regelungen für das Treffen von Führungsentscheidungen in der Unternehmensspitze haben.

Hier einige Beispiele:

(1) Der Vorstand eines Unternehmens besteht aus drei Personen.

Nach der Geschäftsordnung ist ein Mitglied des Vorstandes vom Vorstand mit Zustimmung des Aufsichtsrates zum Vorstandsvorsitzenden zu wählen. Dieser trägt für sämtliche Beschlüsse des Vorstandes die letzte Verantwortung. Beschlüsse gegen die Stimme des Vorstandsvorsitzenden sind nicht rechtswirksam.

(2) Die Agipa AG bestimmt in der Geschäftsordnung des Vorstandes, dass die Mitarbeiter des Vorstandes mit einfacher Stimmenmehrheit entscheiden. Bei Stimmengleichheit entscheidet die Stimme des Vorsitzenden.

(3) Die Intertext AG sieht für Abstimmungen im Vorstand vor, dass Beschlüsse einstimmig getroffen werden müssen.

(4) Die Hansa GmbH regelt die Beschlussfassung ihrer drei Geschäftsführer dahingehend, daß die einfache Mehrheit zur Annahme eines Beschlusses ausreicht.

(5) Die Hans Hansen & Co. OHG bestimmt in ihrem Gesellschaftsvertrag, dass die Gesellschafter nur einstimmige Beschlüsse fassen können. Bei Widerspruch nur eines Gesellschafters unterbleibt der Beschluss.

a) Welche der Regelungen entsprechen dem Direktorialprinzip?

b) Welche der Regelungen entsprechen dem Kollegialprinzip?

c) Wie kann man die Regelungen (2), (3), (4) und (5) bezeichnen?

d) Welche Argumente sprechen für und welche gegen das Direktorialprinzip?

LZ: Führungstechniken unterscheiden und vergleichen

Die Art und Weise, mit der Führungskräfte ihre Mitarbeiter führen, wird als Führungstechnik bezeichnet.

Dabei lassen sich unterschiedliche Führungstechniken unterscheiden.

Führungstechnik	Erläuterung
Management by Exception (MbE)	Die Mitarbeiter können so lange selbst entscheiden, bis ein unvorhergesehenes Ereignis oder eine schwerwiegende Abweichung der Ergebnisse von einem vorgegebenen Planziel eintritt. Erst dann übernimmt die nächsthöhere Führungsinstanz die Problemlösung. Voraussetzung für dieses Führungsinstrument ist die eindeutige Bestimmung des Ausnahmefalles.
Management by Delegation (MbD)	Die Mitarbeiter erhalten bestimmte Aufgaben delegiert, für deren Erfüllung sie voll verantwortlich sind. Dazu werden Stellenbeschreibungen und betriebsspezifische Führungsrichtlinien erstellt. Die für die Aufgabenerfüllung erforderlichen Kompetenzen werden den Mitarbeitern übertragen. Die Führung erfolgt durch eine Kontrolle der übertragenen Aufgaben durch den Vorgesetzten. Dieses **Führen im Mitarbeiterverhältnis** ist das Leitbild des **Harzburger Modells**.
Management by Objectives (MbO)	Ausgehend von dem **obersten Unternehmensziel** werden unter **aktiver Beteiligung der Mitarbeiter** in einem mehrstufigen Planungsprozess Bereichsziele, Abteilungsziele, Gruppenziele und Stellenziele vereinbart. Die Mitarbeiter versuchen, ihre Ziele selbstständig zu erreichen. Der Mitarbeiter selbst und die Führungskraft können durch Soll-/Ist-Vergleich das Ausmaß der Zielerreichung überprüfen und beurteilen. Zwischen Vorgesetzten und Mitarbeitern finden **Beurteilungsgespräche** statt, bei denen die erzielten Ergebnisse diskutiert und Verbesserungsmöglichkeiten erörtert werden. **Anschließend** werden die Ziele für die neue Planungsperiode vereinbart.

10 a) Stellen Sie fest, wodurch sich die Führungsanweisungen dieser drei Kreditinstitute unterscheiden!

Kreditinstitut A: Führungsanweisung für Anlageberater

Der Stelleninhaber hat im Rahmen der allgemeinen Regelungen die Anlageberatung durchzuführen.

Dem Stelleninhaber werden monatlich Vergleichswerte über den durchschnittlichen Absatz der verschiedenen Beratungsleistungen innerhalb unseres Kreditinstitutes übermittelt. Bei einer Abweichung von mehr als 10 % von diesen Durchschnittswerten hat der Stelleninhaber diese Abweichungen innerhalb von 8 Tagen schriftlich gegenüber seinem direkten Vorgesetzten zu begründen.

Kreditinstitut B: Führungsanweisung für Anlageberater Mayer

Nach den mit Ihnen geführten Unterredungen legen wir die für das nächste Geschäftsjahr anzustrebende Umsatzsteigerung im gegenseitigen Einverständnis auf + 5 % gegenüber dem Ist-Umsatz des laufenden Jahres fest.

Kreditinstitut C: Führungsanweisung für Anlageberater

Der Stelleninhaber hat die Anlageberatung bei Kunden mit den Kontonummern 5001 – 6350 selbstständig in eigener Verantwortung nach den allgemeinen Richtlinien für Anlageberatung durchzuführen.

b) Nennen Sie Vor- und Nachteile dieser drei Führungstechniken!

11 Welcher Führungstechnik ordnen Sie die folgenden Führungsanweisungen zu?

(1) Der Stelleninhaber (Organisationsleiter Schnell) erstellt bis zum 25. Juni 20. . einen Vorschlag zur Reduzierung der Personalkosten im Verwaltungsbereich.

(2) Der Einkaufssachbearbeiter Mayer kann Einkäufe von Waren bis zu einem Stückpreis von 8 000,00 EUR eigenverantwortlich abschließen. Einkäufe zum höheren Stückpreis bedürfen der Genehmigung des Leiters der Einkaufsabteilung.

(3) Der Stelleninhaber führt die Zweigstelle selbstständig in eigener Verantwortung. Er hat monatlich der Geschäftsleitung zu berichten.

(4) Der Stelleninhaber kann Rabatte im Rahmen der allgemeinen Rabattstaffel gewähren. Sonderrabatte bedürfen der Zustimmung des Marketingleiters.

> **LZ:** Kriterien der Beurteilung von Mitarbeitern kennen und ihre Probleme verstehen

Beurteilungsmerkmale

12 Das **Beurteilungswesen** hat in modern geführten Unternehmen seinen festen Platz.

Um eine sinnvolle Beurteilung durchzuführen, ist es erforderlich, **Beurteilungsmerkmale** festzulegen.

Ihre Aufgabe besteht darin, einen Beurteilungsbogen für kaufmännische Auszubildende zu erarbeiten.

a) Wählen Sie aus den folgenden Beurteilungsmerkmalen die **acht** Merkmale aus, die Ihnen am wichtigsten erscheinen.

Beurteilungsmerkmale:

Aktivität	Arbeitsgüte	Äußere Erscheinung
Allgemeinbildung	Arbeitsinteresse	Auffassungsgabe
Anpassungsfähigkeit	Arbeitsleistung	Aufgeschlossenheit
Anstrengungsbereitschaft	Arbeitsmenge	Aufmerksamkeit
Arbeitsausführung	Arbeitsplanung	Auftreten
Arbeitsbereitschaft	Arbeitsstil	Ausdauer
Arbeitsenergie	Arbeitstempo	Ausdruck
Arbeitsgesinnung	Arbeitsverhalten	Ausgeglichenheit

Begabung	Sorgfalt	Handgeschicklichkeit
Belastbarkeit	Strebsamkeit	Hilfsbereitschaft
Beobachtungsgabe		
Berufliches Können	Takt	Initiative
Beständigkeit	Teamarbeit	Intelligenz
Betragen	Temperament	Interesse
Beweglichkeit	Termineinhaltung	
Charakter		Kontaktfähigkeit
Denkfähigkeit	Überzeugungskraft	Kooperationsbereitschaft
Dispositionsvermögen	Umgangsformen	Kostenbewusstsein
Ehrlichkeit	Umsicht	Kreativität
Einfallsreichtum	Umweltverhalten	
Einordnung	Unfallsicherheit	Leistungsfähigkeit
Einsatzbereitschaft	Urteilsfähigkeit	Lernaktivität
Entscheidungsbereitschaft		Lernbereitschaft
Erfahrung	Veranlagung	
Fachkenntnisse	Verantwortungsbereitschaft	Mündliche Ausdrucksfähigkeit
Fantasie	Verhalten zu Kollegen	
Fleiß	Verhalten zu Vorgesetzten	Ordnung
Fremdsprachenkenntnisse	Verhandlungsgeschick	Organisationsvermögen
Führung	Verständnis	Orientierungsaktivität
Gedächtnis	Vitalität	
Geistige Fähigkeiten	Vorstellungsvermögen	Persönlichkeit
Geistige Regsamkeit		Pünktlichkeit
Genauigkeit	Weiterbildung	
Gewissenhaftigkeit	Wendigkeit	Rechtschreibung
Gründlichkeit	Widerstandskraft	Rechnen
Haltung	Wille	
	Wirtschaftliches Denken	Sachdisziplin
	Zuverlässigkeit	Sauberkeit
		Schriftliche Ausdrucksfähigkeit
		Selbstständigkeit
		Selbstgefühl

b) Nennen Sie Anlässe, bei denen eine Beurteilung von Mitarbeitern sinnvoll wäre!

c) Welche Ziele sollte eine Beurteilung erreichen?

13 Ein Unternehmen verwendet zur Beurteilung seiner Auszubildenden den folgenden Beurteilungsbogen.

Beurteilen Sie die Eignung der ausgewählten Merkmale für eine Beurteilung!

Beurteilung der Auszubildenden										
Name			Vorname				Ausbildung als:			
Abteilung			Beurteiler: Tag der Beurteilung:				vom		bis	
Einstellung zur Arbeit	Zeigt einen außergewöhnlich starken Leistungswillen. Setzt sich voll ein.		Ist stets auf gute Leistung bedacht. Zeigt gleichmäßig guten Einsatz aller Kräfte.		Ist leistungsbereit, steht positiv zur Arbeit, braucht aber einen kleinen Ansporn, um seine Kräfte voll zu entfalten.		Zeigt eine nicht immer gleichmäßige Leistungsbereitschaft, muss häufig ermahnt werden, seine Kräfte anzuspannen.		Zeigt geringen Leistungswillen. Trotz Ermahnungen setzt er seine Kräfte nur selten ein.	
	10	9	8	7	6	5	4	3	2	1
Aufmerksamkeit und Konzentration	Konzentriert sich gut auf seine Arbeit, ist stets mit ganzer Aufmerksamkeit bei der Sache, macht kaum Fehler.		Kann sich ziemlich gut konzentrieren, ist meistens aufmerksam bei der Sache, lässt sich nur selten ablenken.		Konzentriert sich zeitweise auf seine Arbeit, seine Aufmerksamkeit schwankt, macht öfters Fehler.		Kann sich nur mit Mühe konzentrieren, ist oft abgelenkt, ist nicht immer und nicht ganz bei der Sache, macht viele Fehler.		Ist konzentrationsschwach, ständig abgelenkt, macht zu viele Fehler, bedarf der Unterstützung, muss ständig ermahnt und beaufsichtigt werden.	
	10	9	8	7	6	5	4	3	2	1

Name	Vorname					Ausbildung als:			
Abteilung	Beurteiler: Tag der Beurteilung:					vom		bis	
Verstehen von Unterweisungen und Aufträgen	Fasst sehr schnell auf und erkennt sofort, worauf es bei Unterweisungen und Aufträgen ankommt.		Fasst schnell auf und begreift, was gemeint ist.		Fasst mittelschnell und ziemlich sicher auf, was gemeint ist.		Fasst meist langsam auf und begreift manchmal nur teilweise die Zusammenhänge.		Fasst sehr langsam auf und begreift erst mit zusätzlichen Erklärungen, was gemeint ist.	
	10	9	8	7	6	5	4	3	2	1
Ordnungssinn	Hält gute Ordnung am Arbeitsplatz und im gesamten Arbeitsbereich.		Hält hinreichend Ordnung, entfaltet einen zweckbetonten Ordnungssinn.		Bemüht sich, am Arbeitsplatz und im Arbeitsbereich Ordnung zu halten. Lässt sich zur Ordnung anleiten.		Hat wenig Ordnungssinn, muss des Öfteren ermahnt werden, die rechte Ordnung herzustellen.		Mangel an Ordnungssinn, trotz ständiger Ermahnung sind Arbeitsplatz und Arbeitsbereich in Unordnung.	
	10	9	8	7	6	5	4	3	2	1
Verständnis für die büromäßige Bearbeitung der fachlichen Vorgänge	Findet sich schnell in die büromäßige Bearbeitung fachlicher Vorgänge hinein, unterscheidet mühelos Wesentliches von Unwesentlichem, passt seine Arbeitsweise den Bedingungen an.		Braucht einige Einarbeitungszeit, um mit den fachlichen Fragen vertraut zu werden.		Braucht Anlaufzeit und zusätzliche Unterweisung, um im fachlichen Bereich zufriedenstellend mitdenken und mitarbeiten zu können.		Benötigt eine längere Einarbeitungszeit, um mit Vorgängen im fachlichen Bereich vertraut zu werden. Kann sich nur schwer auf neue Situationen einstellen.		Braucht ständig Hilfe und Aufsicht, um büromäßige Bearbeitung im fachlichen Bereich annähernd richtig durchzuführen.	
	10	9	8	7	6	5	4	3	2	1
Selbstständige Durchführung spezieller Arbeiten	Selbstständig und sicher bei der Bearbeitung von Formularen und ihrer Weiterleitung.		Kann fehlerfrei Formulare bearbeiten und weiterleiten.		Muss bei speziellen Arbeiten rückfragen, irrt manchmal.		Braucht längere Zeit, um sich in speziellen Arbeiten zurechtzufinden, beansprucht öfters Hilfe.		Es liegt ihm nicht, Formulare zu bearbeiten, es unterlaufen ihm Fehler, auch bei der Weiterleitung.	
	10	9	8	7	6	5	4	3	2	1
Fähigkeit, sich schriftlich zu äußern (einschließlich Konzept des Berichts)	Ist befähigt, selbstständig einen Sachverhalt klar und logisch darzustellen, beschränkt sich aufs Wesentliche.		Kann nach Anweisungen einen Sachverhalt verständlich darstellen.		Kann einen Sachverhalt ausreichend klar darstellen, Wesentliches wird manchmal zu knapp oder zu weitschweifend geschildert.		Umständlich im schriftlichen Ausdruck, nicht immer logisch und sachgerecht.		Unsicher und umständlich bei der schriftlichen Darlegung, braucht wiederholt Hilfen, um das Wesentliche einigermaßen richtig auszudrücken.	
	10	9	8	7	6	5	4	3	2	1
Eingliederung in die Gruppe	Ist aufgeschlossen, hat sofort Kontakt mit den Mitarbeitern, gliedert sich voll ein.		Hat nach kurzer Zeit Kontakt mit den Mitarbeitern, gliedert sich dann voll ein.		Bemüht sich nach einiger Zeit um Kontakt, Eingliederung fällt nicht leicht.		Zurückhaltend, wartet auf Entgegenkommen der Mitarbeiter, gliedert sich nur ungern in die Gruppe ein.		Verschlossen, findet trotz Bemühen der Mitarbeiter keinen Kontakt, vermeidet bewusst eine Eingliederung.	
	10	9	8	7	6	5	4	3	2	1

Zutreffende Punktzahl bitte ankreuzen   **Erreichte Gesamtpunktzahl: ....**

Beurteilungsformen

14 Die Beurteilung von Mitarbeitern kann in verschiedenen Formen erfolgen. Hier einige Beispiele:

Unternehmen A (Handelsbetrieb): Beurteilungsnotiz

„Fräulein Schneider wurde bisher in unserer Abteilung Herrenkonfektion eingesetzt. Sie zeigt gute Fach- und Branchenkenntnisse. Auch die Verkaufsorganisation ist ihr geläufig. Im Verkauf hat sie nur durchschnittlichen Erfolg.

Ihren Einsatz, ihre Lernbereitschaft, ihre äußere Erscheinung und ihre allgemeine persönliche Führung können wir nur lobend anerkennen."

Unternehmen B (Handelsbetrieb): Beurteilung

Ingrid Weber, geb. 17. 12. 1962, beschäftigt als Verkäuferin.

Tätigkeit und Aufgaben: .... *Verkauf* ....

Fleiß und Arbeitsfreude: .... *gut* ....

Pünktlichkeit: .... *gut* ....

Zuverlässigkeit: .... *in Ordnung* ....

Ordnungssinn: .... *gut* ....

Fachkenntnisse: .... *normal* ....

Verkaufsbefähigung: .... *zufriedenstellend* ..

Körperliche Eignung: .... *gute Figur* ....

Verhalten zu Vorgesetzten und Kollegen: .... *ohne Tadel* ....

Unternehmen C (Industriebetrieb): Kaufmännische Angestellte

I. Persönlichkeitsbild

	über Durchschnitt	Durchschnitt	unter Durchschnitt	Punkt-zahl
1. Äußere Erscheinung	5 gepflegt	3 ordentlich 3 gefällig	1 nachlässig 1 geckenhaft 1 ungepflegt 1 abstoßend	
2. Auftreten	6 gewandt, sicher, bestimmt	4 korrekt 4 unauffällig	1 unsicher 1 unangenehm	
3. Gesundheitliche Verfassung	8 ausgezeichnet	6 gut 4 befriedigend	1 schlecht	
4. Konzentrations-fähigkeit	6 stark, anhaltend	5 gut 3 schwankend 3 leicht ablenkbar	1 unkonzentriert	
5. Auffassung	6 erfasst rasch und vollständig das Wesentliche	4 rasch, nicht immer vollständig 4 vollständig, aber langsam 2 langsam, nicht immer vollständig	1 schwerfällig	
6. Ausdruck	9 mündlich und schrift-lich hervorragend 8 mündlich hervor-ragend, schriftlich befriedigend 8 schriftlich hervor-ragend, mündlich befriedigend	6 recht gut 4 befriedigend 2 gerade noch befrie-digend	1 unbeholfen	
7. Selbstvertrauen	8 in sich gefestigt, ausgeglichen	6 optimistisch 4 unausgeprägt 3 schwankend 3 unausgeglichen	1 übersteigert 1 geltungsbedürftig 1 unterwürfig	
8. Allgemeinbildung	8 umfassend 6 vielseitig	4 gut 2 lückenhaft 2 oberflächlich	1 unzureichend	

II. Verhaltensbild

	über Durchschnitt	Durchschnitt	unter Durchschnitt	Punkt-zahl
9. Einstellung zur Arbeit	8 strebsam, interessant	7 eifrig 6 aufgeschlossen 5 willig 3 wechselnd	1 gleichgültig 1 desinteressiert	
10. Anpassung an die Umwelt	6 rasch, leicht, gründlich	5 reibungslos 4 oberflächlich 4 zögernd 2 nicht ohne Schwierigkeiten 2 schwerfällig	1 unfähig 1 widerspenstig	
11. Verhalten gegenüber Vorgesetzten	8 freimütig, selbstbewusst, höflich, loyal	6 aufrichtig 6 leitbar 6 respektlos 3 abwartend	1 unterwürfig 1 anmaßend 1 aufdringlich 1 unbelehrbar	
12. Verhalten gegenüber Mitarbeitern	10 kameradschaftlich, hilfsbereit, anpassungsfähig, freudig, aufrichtig	7 verträglich 4 zurückhaltend 3 passiv 2 gleichgültig	1 prahlerisch 1 streitsüchtig 1 abweisend 1 störend	

III. Leistungsbild

	über Durchschnitt	Durchschnitt	unter Durchschnitt	Punkt-zahl
13. Fachwissen und Fachkönnen	10 sehr gut 8 gut	6 befriedigend 4 ausreichend 2 schwach	1 völlig ungenügend	
14. Zuverlässigkeit	8 sehr gewissenhaft	5 durchaus pflichtbewusst	1 unzuverlässig	
15. Arbeitsantrieb	6 freiwillig, freudig, verantwortungsbewusst	4 pflichtgemäß 3 wechselnd 2 schwach	1 lustlos	
16. Arbeitsintensität	6 zweckmäßiger Kräfteeinsatz, zu Höchstleistungen fähig	5 hoher Einsatz, aber leicht ermüdend 4 mäßiger Einsatz, aber ausdauernd 2 gebremst	1 Einsatz unzureichend	
17. Initiative	10 einfallsreich, entschlussfreudig	6 wechselnd 4 auf Anregung wartend	1 lahm 1 phlegmatisch	
18. Urteil	10 weitblickend, treffend, sicher, logisch	6 gut, im Rahmen der Aufgaben 4 befriedigend, im Rahmen der Aufgaben 2 gerade noch befriedigend	1 voreingenommen 1 unlogisch 1 unsinnig	
19. Arbeitsmethode	6 schwungvoll, systematisch-intuitiv – je nach Zweckmäßigkeit	4 systematisch 4 intuitiv 2 langsam	1 zerfahren 1 lahm	
20. Arbeitsergebnis	10 qualitativ und quantitativ ausgezeichnet 8 qualitativ ausgezeichnet, quantitativ befriedigend 8 quantitativ ausgezeichnet, qualitativ befriedigend	5 befriedigend 3 noch ausreichend	1 unzureichend	
21. Fortbildungsbereitschaft	10 ständig bestrebt	6 mäßig, aber regelmäßig 5 bereitwillig 4 vorübergehend begeisterungsfähig 3 anscheinend vorhanden 2 minimal	1 keine	

22. Besonders interessierende berufliche Fähigkeiten?

Unternehmen D (Kreditinstitut): Kaufmännische Angestellte

I. Leistungsverhalten (die bei der Arbeit gezeigte Eigenaktivität bei Anwendung des Könnens, berufliches Engagement etc.)

1. Arbeitseinteilung

(zeigt sich im zweckdienlichen Lösen gestellter Aufgaben; Zeitplanung; Vermeiden von Leerlauf und Doppelarbeit)

| wenig systematisch, unüber-
legt; keine sinnvolle Zeitein-
teilung | □ 1 | □ 2 | □ 3 | □ 4 | □ 5 | □ 6 | □ 7 | sehr gute und sinnvolle Zeiteinteilung;
immer klar, wann was gemacht werden
muss |

2. Zielgerichtete Initiative

(zeigt sich beim Finden und Lösen eigener Aufgaben; Setzen eigener Ziele; im Einbringen von Anregungen und Vorschlägen)

| eher passiv, arbeitet ohne
eigene Impulse nur an Auf-
gaben, die ihm/ihr genau
zugeteilt werden | □ 1 | □ 2 | □ 3 | □ 4 | □ 5 | □ 6 | □ 7 | aktiv, setzt sich für seinen/ihren Verant-
wortungsbereich klare Ziele, die er/sie
auch verwirklicht; engagiert sich sehr
häufig aus eigenem Antrieb |

3. Ausdauer und Belastbarkeit

(zeigt sich in dem Bemühen, ein bestimmtes Arbeitsziel auch unter erschwerten Bedingungen und even-
tuellen Rückschlägen zu erreichen)

| längere Anspannung führt zu
schwankender Arbeitsqualität;
bei Belastungen gereizt oder
unsicher | □ 1 | □ 2 | □ 3 | □ 4 | □ 5 | □ 6 | □ 7 | erträgt auch längerdauernde Belastun-
gen ohne Zeichen von Überforderung
oder Konzentrationsmangel |

4. Flexibilität

(zeigt sich in der Fähigkeit, sich schnell neuen Situationen anzupassen und entsprechend zu reagieren)

| ohne Wendigkeit, eher starr
und unbeweglich, geringe
Aufgeschlossenheit gegen-
über Neuem | □ 1 | □ 2 | □ 3 | □ 4 | □ 5 | □ 6 | □ 7 | stellt sich auf jede Situation rasch ein,
sehr beweglich; immer aufgeschlossen
gegenüber Neuerungen |

II. Sozialverhalten (zwischenmenschliche Beziehungen zu Kollegen und Vorgesetzten sowie das Verhalten gegenüber Kunden)

1. Auftreten

(zeigt sich in der äußeren Erscheinung und in der sprachlichen Ausdrucksfähigkeit)

| vernachlässigt äußere Form,
schriftlicher und mündlicher
Ausdruck sind vielfach
schwerfällig und unbeholfen | □ 1 | □ 2 | □ 3 | □ 4 | □ 5 | □ 6 | □ 7 | stets höflich und korrekt; fällt durch
geschliffene und anschauliche Formu-
lierungen auf |

2. Kontaktverhalten

(zeigt sich in der Bereitschaft, mit anderen Personen zu harmonieren, mit ihnen auszukommen und in der Fähigkeit, persönliche Kontakte herzustellen)

| Einzelgänger, ordnet sich
nicht ein; findet schwer An-
schluss, ist unpersönlich, kühl | □ 1 | □ 2 | □ 3 | □ 4 | □ 5 | □ 6 | □ 7 | stets aufgeschlossen gegenüber Perso-
nen, findet leicht Anschluss; gewinnt
sehr schnell das Vertrauen anderer |

3. Kooperation und Kommunikation

(zeigt sich in der Bereitschaft zur Zusammenarbeit und zur ständigen Information anderer)

| bietet selten Mithilfe an, infor-
miert kaum oder nicht umfas-
send genug – sucht häufig
Fehler bei anderen | □ 1 | □ 2 | □ 3 | □ 4 | □ 5 | □ 6 | □ 7 | ist rücksichtsvoll und tolerant; ist immer
hilfsbereit und kann eigene Interessen
zurückstellen; informiert Kollegen stets
von sich aus |

4. Verhalten gegenüber Vorgesetzten

(zeigt sich im Auftreten gegenüber Vorgesetzten; bei Anweisungen, Kontrollen, Entgegennahme von Lob und Tadel)

| rechthaberisch, empfindlich,
unterwürfig | □ 1 | □ 2 | □ 3 | □ 4 | □ 5 | □ 6 | □ 7 | ist sachlicher Kritik sehr zugänglich,
offen und frei |

III. Leistungsergebnis (Qualität der geleisteten Arbeit unter Berücksichtigung der Menge innerhalb einer bestimmten Zeiteinheit)

1. Leistungsgüte

(zeigt sich an dem Grad der Verwendbarkeit des Arbeitsergebnisses)

geringe Arbeitsqualität								sehr hohe Arbeitsqualität
	☐	☐	☐	☐	☐	☐	☐	
	1	2	3	4	5	6	7	

2. Leistungsmenge

(zeigt sich an der in bestimmter Zeit geleisteten Arbeitsmenge; die für einen bestimmten Arbeitsumfang benötigte Zeit)

braucht viel Zeit; wird selten rechtzeitig fertig; überschreitet häufig Termine

☐ ☐ ☐ ☐ ☐ ☐ ☐
1 2 3 4 5 6 7

bearbeitet in der zur Verfügung stehenden Zeit überdurchschnittlich viel

IV. Entwicklungspotential (gezeigtes Fachkönnen und Bereitschaft, sich beruflich weiter zu entwickeln)

1. Arbeitsplatzbezogene Kenntnisse und Fertigkeiten

(zeigt sich in der Art der Anwendung des fachlichen Wissens, bei der Bewältigung übertragener Aufgaben)

besitzt gerade noch die für die Stelle relevanten Kenntnisse; versteht es wenig, gewonnene Erfahrungen in seinem Tätigkeitsbereich zu nutzen

☐ ☐ ☐ ☐ ☐ ☐ ☐
1 2 3 4 5 6 7

vollkommene fachliche Beherrschung des Arbeitsbereiches, nutzt stets sein/ ihr fachliches Wissen bei der Lösung anfallender Probleme

2. Lernbereitschaft

(zeigt sich im Eifer, neue Kenntnisse zu erwerben, sich mit neuen Aufgaben vertraut zu machen)

keine Weiterbildungsbereitschaft

☐ ☐ ☐ ☐ ☐ ☐ ☐
1 2 3 4 5 6 7

erweitert ständig sein/ihr Wissen; verwendet dazu auch seine/ihre Freizeit

3. Einsatzmöglichkeit

(zeigt sich in dem Ausmaß der vielseitigen Verwendbarkeit für andere Aufgaben)

ist für andere Aufgaben kaum oder nur bedingt geeignet

☐ ☐ ☐ ☐ ☐ ☐ ☐
1 2 3 4 5 6 7

kommt aufgrund seiner/ihrer vielseitigen Verwendbarkeit für sehr viele andere Aufgaben in Betracht und ist sofort ohne Vorbereitung einsetzbar

V. Personalführung (Art und Weise, wie Anweisungen erteilt werden; Entscheidungen über Einsatz der Mitarbeiter; Kontrolle, Beeinflussung der Arbeitsbereitschaft und des Arbeitsklimas)

1. Planung und Organisation

(zeigt sich im Erarbeiten von Plänen, um festgelegte Ziele mit den zur Verfügung stehenden Mitarbeitern und Sachmitteln wirtschaftlich und termingerecht zu verwirklichen; in der Regelung der Stellvertretung und im Delegieren)

legt sich bei der Aufgabenverteilung selten fest; hat nicht den richtigen Durchblick und Überblick, delegiert nur zögernd

☐ ☐ ☐ ☐ ☐ ☐ ☐
1 2 3 4 5 6 7

versteht es immer, die Arbeit planvoll und ökonomisch einzuteilen; klare Aufgabenverteilung und Verantwortungsabgrenzung; sorgt stets für einen Stellvertreter

2. Anleitung und Motivation

(zeigt sich beim Einweisen in Aufgaben; in der Fähigkeit, Interesse hierfür zu wecken)

kann Notwendigkeit von Aufgaben nicht überzeugend darstellen; sorgt kaum dafür, dass Sinn und Zweck der Arbeit verstanden werden

☐ ☐ ☐ ☐ ☐ ☐ ☐
1 2 3 4 5 6 7

versteht es sehr gut, Aufgaben zu erklären und für die Lösung zu motivieren; weiß Arbeitsabläufe transparent zu machen

3. Kontrolle

(zeigt sich im Überwachen des Arbeitsablaufs und -fortschritts, des Zusammenwirkens der Mitarbeiter sowie der Entwicklung von Kosten)

verzichtet auf Kontrolle und Überprüfung der Arbeitsentwicklung oder überprüft ständig jede Kleinigkeit und hemmt dadurch den Arbeitsfortschritt	☐ ☐ ☐ ☐ ☐ ☐ ☐ 1 2 3 4 5 6 7	informiert sich regelmäßig und systematisch unter besonderer Beachtung sogenannter „schwacher" Stellen (Stichprobenkontrolle)

4. Beurteilung und Förderung

(zeigt sich im sorgfältigen Beurteilen der Mitarbeiter und Vorschlagen geeigneter Förderungsmaßnahmen; Anregung zu selbständigem Denken und Handeln; Einsetzen für ihre Anliegen)

kennt die Fähigkeiten und Interessen seiner/ihrer Mitarbeiter nicht; schlägt kaum jemanden als förderungswürdig vor; lässt keinen Raum zu selbstständiger Entfaltung; gibt keine Anregung; zeigt keine berufliche Perspektive auf	☐ ☐ ☐ ☐ ☐ ☐ ☐ 1 2 3 4 5 6 7	schätzt die Fähigkeiten der Mitarbeiter immer richtig ein; engagiert sich für die berufliche Weiterbildung des Einzelnen; fördert selbstständiges Denken und Handeln

a) Welche grundsätzlichen Unterschiede bestehen zwischen diesen vier Gestaltungsmöglichkeiten der Beurteilung von Mitarbeitern?

b) Eine objektive Beurteilung soll vier Voraussetzungen erfüllen:

1. Sie soll objektiv sein, d. h., zwei Beurteiler müssen zu einem gleichen Ergebnis kommen.

2. Die Beurteilung muss differenzieren, d. h., sie muss Unterschiede zwischen verschiedenen Beurteilten und innerhalb des Eignungs- und Leistungsprofils eines Beurteilten aufzeigen.

3. Sie muss gültig sein, d. h., sie muss das beurteilen, was tatsächlich beurteilt werden soll.

4. Sie muss stabil sein, d. h., die Beurteilungen müssen auch nach einem gewissen Zeitraum noch zutreffen.

Beurteilen Sie die obigen vier Beispiele unter dem Gesichtspunkt einer objektiven Beurteilung!

c) Welche der Beurteilungsformen gibt nach Ihrer Ansicht am ehesten einen Überblick über wahrscheinliches zukünftiges Verhalten eines Mitarbeiters?

d) Suchen Sie Kriterien, an denen Sie die Merkmale „Verhalten gegenüber Vorgesetzten" und „Lernbereitschaft" „messen" („beobachten") könnten!

Beurteilungsfehler

15 In einem Unternehmen haben die Abteilungsleiter ihre Auszubildenden jeweils am Ende des Ausbildungsabschnittes zu beurteilen. Es wird eine Notenskala von 1 (= sehr gut) bis 6 (= ungenügend) für die Beurteilung verwendet.

Eine Untersuchung der Beurteilungen eines Ausbildungsjahrganges am Ende der Ausbildung ergab, dass die einzelnen Abteilungsleiter im Durchschnitt zu sehr uneinheitlichen Beurteilungen kamen.

Abteilungsleiter A verteilte überdurchschnittlich häufig die Noten 5 und 6; Abteilungsleiter B erteilte überwiegend die Note 3; bei Abteilungsleiter C herrschten die Noten 1 und 2 vor.

a) Welche Erklärungen könnte es für die unterschiedlichen Benotungen der drei Abteilungsleiter geben?

b) Es fiel auf, dass beim Abteilungsleiter A Abiturienten merklich schlechter beurteilt wurden als Auszubildende mit einem mittleren Bildungsabschluss und Hauptschüler.
Welche Erklärung haben Sie für diesen Sachverhalt?

c) Was würden Sie vorschlagen, um eine einheitliche Beurteilung zu erreichen?

16 Die Abteilungsleiter A und B unterhielten sich über die in den nächsten Tagen fälligen Beurteilungen ihrer Mitarbeiter.

„A: Mittlerweile habe ich das so häufig machen müssen, dass ich diese Arbeit schnell hinter mich bringen kann.

B: Für mich ist diese Arbeit noch verhältnismäßig neu, aber ich habe einen guten Blick, die Mitarbeiter richtig einzuschätzen. Der erste Eindruck trügt mich nie.

A: Ja, Sie haben schon Recht. Irgendwie fühlt man sofort, wer als Mitarbeiter etwas taugt.

B: Typisch sind für mich Rothaarige. Wenn man davon eine(n) oder mehrere in der Abteilung hat, ist es aus mit dem Betriebsklima.

A: Und erst diese Ausländer. Sie sind faul und stinken nach Knoblauch.

B: Ja, außerdem habe ich ein vorzügliches Informationsnetz aufgebaut. Da erfährt man am besten, wie viel der einzelne Mitarbeiter taugt.

A: Ein Blick in die Beurteilungen, die Ihr Vorgänger angefertigt hat, lohnt sich immer. Wer gut ist, bleibt gut; ein fauler Apfel wird nicht wieder knackig.

B: Nur gut, dass wir unsere Erfahrungen haben. Da kann man auch nach einem verlorenen Fußballspiel seines Vereins noch ein ausgewogenes Urteil treffen."

a) Welche Fehler sollten diese beiden Abteilungsleiter vermeiden lernen, bevor sie dieses Gespräch in die Beurteilungspraxis umsetzen?

b) Wie könnten die angesprochenen Fehler vermieden werden?

LZ: Grundsätze der Menschenführung erörtern

---

17 Ein Auszubildender wurde während seiner Ausbildung viermal beurteilt, und zwar im 3. Monat (. . .); im 12. Monat (- - -); im 18. Monat (——) und im 30. Monat (___).

Er erhielt die folgenden Beurteilungen, wobei 7 die beste Beurteilungsmöglichkeit war:

	1	2	3	4	5	6	7
1. Ausbildungsbereitschaft	○	○	○	○	○	○	○
2. Zuverlässigkeit, Sorgfalt, Genauigkeit	○	○	○	○	○	○	○
3. Aufrichtigkeit, Offenheit	○	○	○	○	○	○	○
4. Fleiß, Ausdauer	○	○	○	○	○	○	○
5. Fachliche Kenntnisse	○	○	○	○	○	○	○
6. Fachliche Befähigung	○	○	○	○	○	○	○
7. Verhalten gegenüber Kollegen	○	○	○	○	○	○	○
8. Verhalten gegenüber Vorgesetzten	○	○	○	○	○	○	○

Nach jeder Beurteilung fand ein Beurteilungsgespräch zwischen dem Beurteilten und dem Beurteiler statt. Beurteiler ist sein unmittelbarer Vorgesetzter.

Nach der Beurteilung im 30. Monat ergab sich folgendes Gespräch zwischen A (= Auszubildender) und B (= Beurteiler):

> B: Guten Tag! Nehmen Sie Platz!
>
> A: Guten Tag! Danke!
>
> B: Kommen wir gleich zur Sache. Endlich wird Ihre Ausbildungsbereitschaft besser, aber zuverlässiger sind Sie im letzten Abschnitt nicht geworden.
>
> Es wurde auch höchste Zeit, dass Sie etwas offener geworden sind. Bezüglich Ihres Fleißes und Ihrer Ausdauer mussten wir Sie wieder unterdurchschnittlich beurteilen; auch die fachlichen Kenntnisse und Befähigungen haben sich nicht gebessert. Das Verhalten gegenüber den Kollegen hat sich wieder verschlechtert. Gegenüber Vorgesetzten verhielten Sie sich wieder leicht überdurchschnittlich! Sie wollen wohl nach der Ausbildung übernommen werden?! Na ja, falls ja, dann müssen Sie sich noch erheblich anstrengen!
>
> Haben Sie etwas zur Beurteilung zu sagen? – Nein?
>
> Dann, auf Wiedersehen!
>
> A: Auf Wiedersehen!

a) Das Beurteilungsgespräch wird allgemein als bedeutsames Instrument der Mitarbeiterführung angesehen. Der Mitarbeiter soll sehen, dass sich der Vorgesetzte mit ihm und seinen Leistungen beschäftigt, sie anerkennt und darum bemüht ist, seine Probleme kennen zu lernen.

Die Beurteilung von Auszubildenden hat speziell folgende Aufgaben zu erfüllen:
– Rückmeldung über gezeigte Stärken und Schwächen
– Erhöhung der Lernmotivation
– Förderung von Selbstvertrauen und Selbstkritik
– Beratung

Prüfen Sie, ob das vorgegebene Beurteilungsgespräch den Anforderungen genügt!

b) Als Mittel zur Erreichung der unter a) genannten Ziele dienen

– Anerkennung   – Verständnis
– konstruktive Kritik   – Ermutigung

Inwieweit wurden bei diesem Beurteilungsgespräch diese Ziele berücksichtigt?

c) Erarbeiten Sie einen Vorschlag, wie ein geeignetes Beurteilungsgespräch vorbereitet und durchgeführt werden sollte!

d) **Rollenspiel**

Teilnehmer: ein Beurteiler und ein Auszubildender

Aufgabe: Spielen Sie das Beurteilungsgespräch am Ende des 30. Monats der Ausbildung. Berücksichtigen Sie dabei die im Schema dargestellten vier Beurteilungen und die unter a) und b) erläuterten Anforderungen an ein Beurteilungsgespräch.

LZ: Notwendigkeit der Unternehmensorganisation begründen

Organisation

18 Nach einer gründlichen Marktuntersuchung kommt der Vorstand eines Kreditinstituts zu dem Ergebnis, in einem neu zu erschließenden Wohngebiet eine Zweigstelle zu errichten.

a) Welche Aufgaben soll diese Zweigstelle für das neue Wohngebiet erfüllen?

b) Welche Voraussetzungen müssen geschaffen werden, damit die neue Zweigstelle ihre Aufgaben erfüllen kann?

c) Welche betrieblichen Ziele könnten den Vorstand bewogen haben, die neue Zweigstelle errichten zu lassen?

d) Welche Phasen müssen durchlaufen werden, damit die Unternehmensziele erreicht werden können?

19 Für die Beurlaubung von Angestellten während der Arbeitszeit gelten in einem Unternehmen folgende Regelungen:

„1. Beurlaubungen von Angestellten sind in der Regel schriftlich acht Werktage im Voraus auf dem Vordruck Nr. 217 beim Leiter der Organisationsabteilung unter Einhaltung des Dienstweges zu beantragen.

2. Der Organisationsleiter informiert
   a) den Antragsteller,
   b) den unmittelbaren Vorgesetzten des Antragstellers,
   c) die Personalabteilung und
   d) den Vorstand
   spätestens innerhalb von drei Werktagen schriftlich auf dem Dienstweg über seine Entscheidung.

3. Die Empfänger der Entscheidung haben den Bescheid noch mindestens drei Jahre zu Kontrollzwecken aufzubewahren.

4. In dringenden Fällen kann der Antrag auch mündlich gestellt werden. In diesen Fällen hat der Organisationsleiter unverzüglich das für Personalwesen zuständige Mitglied der Geschäftsleitung zu informieren. Im Übrigen ist nach Ziff. 2 zu verfahren."

a) Beurteilen Sie diese Regelung!

b) Welchen Anforderungen sollte eine gute Organisation nach Ihrer Meinung gerecht werden?

c) Formulieren Sie eine sinnvolle Regelung für die Beurlaubung von Mitarbeitern!

d) Welche Art von Regelungen wird in einem Betrieb, dessen Vorgänge durch ein verhältnismäßig hohes Maß an Gleichartigkeit und Wiederholbarkeit gekennzeichnet sind, vorherrschen?

e) Der in d) dargestellte Sachverhalt wird als Substitutionsgesetz der Organisation bezeichnet. Formulieren Sie dieses Gesetz mit eigenen Worten!

20 Vorhersehbare Ereignisse können von den Unternehmen geplant werden. Die für die Durchführung der Planung erforderliche Organisation kann entweder durch **generelle Regelungen** (Dauerregelungen) oder durch **fallweise Regelungen** (Zuweisung von Kompetenzrahmen für die Entscheidung im Einzelfalle) erfolgen. Bei fallweisen Regelungen wird den Mitarbeitern ein größerer Entscheidungsspielraum eingeräumt.

Es kann aber auch vorkommen, dass völlig unvorhersehbare oder neuartige Ereignisse eintreten, die nicht geplant werden können. Auch in diesen Fällen müssen Entscheidungen getroffen werden. Diese so genannten „Ad-hoc-Entscheidungen" beruhen auf der Fähigkeit der Entscheidungsträger, **improvisieren** zu können.

a) Auf welcher betrieblichen Entscheidungsebene werden generelle Regelungen, fallweise Regelungen bzw. Improvisation am ehesten anzutreffen sein?

b) Ordnen Sie diese drei Formen von Entscheidungsregelungen nach dem Grad des Entscheidungsspielraums!

c) Entscheiden Sie, auf welche Art von Regelungen bei einem Kreditinstitut in folgenden Situationen zurückgegriffen werden muss:

Situation	Art der Regelung

1. Überweisungsaufträge von Kunden sind auszuführen.

2. Programmkredit über 10 000,00 EUR wird von einem Kunden be-antragt.

3. Durch Blitzschlag wird die Telefonanlage vorübergehend still-gelegt.

4. Ein Großkreditnehmer reicht eine wesentlich verschlechterte Bilanz und GuV-Rechnung bei der Kreditüberwachung ein.

5. Ein Geldtransport des Kreditinstituts wird auf dem Weg zur LZB überfallen.

6. Sprunghaftes Ansteigen der Urlaubsanträge wegen eines lokalen Festes bei der Zweigstelle in X-Dorf.

21 Nach **Gutenberg**[1] sind fast alle „Organisationsgrundsätze" Ausdruck der Forderung nach richtiger Mischung zwischen generellen und fallweisen Regelungen.

Organisatorische Vorschläge oder Regelungen sollten folgende organisatorische Forderungen berücksichtigen:

1. Genaue Bestimmung der zu verrichtenden Arbeitsaufgabe und entsprechende Einweisung der Arbeitenden in diese Aufgaben.

2. Möglichst strenge Abgrenzung der Zuständigkeiten.

3. Der jeweils Vorgesetzte soll sich auf die Bearbeitung und Entscheidung von Ausnahmefällen beschränken.

4. Schaffung klarer Verantwortungsbereiche.

5. Die in den betrieblichen Einheiten ergriffenen Maßnahmen müssen aufeinander abgestimmt bleiben bzw. korrigiert werden, wenn sie einander widersprechen oder nicht dem Interesse des Ganzen dienen.

Für den technisch-organisatorischen Bereich stellt **Hagenmüller**[2] drei Grundforderungen für die Organisation bei Kreditinstituten auf.

1. Prinzip der Wirtschaftlichkeit.

2. Streben nach sicherer Erledigung der Geschäftsvorfälle.

3. Prinzip der „Tagfertigkeit", d. h. der möglichst schnellen Abwicklung der Bankgeschäfte, insbesondere in der Buchhaltung.

a) Suchen Sie zu jeder dieser Forderungen ein Beispiel!

b) Welche Widersprüche in der Zielsetzung bestehen zwischen den von Hagenmüller dargelegten Forderungen?

c) Prüfen Sie, gegen welche „Organisationsgrundsätze" in dem Beispiel der Aufgabe 19 verstoßen wird!

---

1 Vgl. Gutenberg, E., Die Produktion, S. 178 f.

2 Vgl. Hagenmüller, K. F., Der Bankbetrieb I, S. 46 ff.

Das System als Regelkreis

Auch ein Unternehmen ist ein **System**. Es besteht aus einer abgrenzbaren Gesamtheit von Elementen, die zum Zwecke der Erreichung der Unternehmensziele untereinander in einer geregelten Beziehung stehen.

Die Regelung und Steuerung der Elemente eines Systems kann durch die Anwendung des **Regelkreisprinzips** erfolgen.

Wesentliche Bestandteile des **Regelkreises** sind:

Bestandteile	Erläuterung
Führungsgröße	Es ist die Person bzw. Personengruppe (z. B. die Geschäftsleitung), welche die Ziele festlegt. Diese Ziele werden als **Sollgrößen** bezeichnet.
Regler	Er nimmt den **Soll-Ist-Vergleich** vor und trifft Maßnahmen, wie bei Abweichungen vorzugehen ist. Als Regler können Menschen oder Maschinen eingesetzt werden.
Regelstrecke	Es ist die Einrichtung, die beeinflusst (geregelt) werden soll, z. B. Rentabilität, Termineinhaltung, Zahl der Beschäftigten.
Störgröße(n)	Sie wirkt (wirken) auf die Regelstrecke und beeinträchtigen das Erreichen der Sollgröße. Sie können von außerhalb (exogen) oder von innerhalb der Unternehmung (System) verursacht sein.
Stellgröße	Darunter werden die Maßnahmen verstanden, die vom Regler an die Regelstrecke vorgegeben werden, um die Sollgröße zu erreichen.
Regelgröße	Sie gibt die tatsächlich erzielten Ergebnisse, d. h. die **Istgröße**, wieder.

22 Die Unternehmensleitung hat festgelegt, dass sämtliche Heizkörper mit einem Thermostat auszustatten sind. Die Raumtemperatur soll im Winter auf 22° C gehalten werden.

Entwerfen Sie einen Regelkreis und erläutern Sie daran die obigen Begriffe!

23 Der Facharbeiter Hintermayer arbeitet in der Schraubenfabrik Infra GmbH an einem Halbautomaten zur Fertigung von Gewinden.

Heute erhält er von seinem Meister Moser die Weisung, zunächst den Auftrag Nummer 47471 zu erledigen. Hintermayer hat an Rohlingen Gewinde zu drehen. Bei diesem Auftrag soll Hintermayer die bearbeiteten Rohlinge selbst zur Härterei weiterleiten, da die Auslieferung dieses Auftrages an den Besteller für den nächsten Tag bindend zugesagt wurde.

Nach der Abwicklung eines Drittels des Auftrages durch Hintermayer entsteht an dem eingesetzten Drehautomaten eine Störung, die erst am kommenden Tag behoben werden kann.

Hintermayer informiert Moser unverzüglich über diesen Sachverhalt. Moser gibt die Weisung, den Auftrag unverzüglich am Drehautomaten des Kollegen Mühlmann zu beenden.

a) Bestimmen Sie an diesem Beispiel folgende Begriffe:

Regler	Führungsgröße	Störgröße
Regelstrecke	Stellgröße	Regelgröße

b) Warum kann man diesen Vorgang als Regelkreis bezeichnen?

24 Stellen Sie den Regelkreis am Beispiel der Beschaffung von Überweisungsformularen durch ein Unternehmen bei einem Kreditinstitut dar!

LZ: Die Phasen der Aufbauorganisation eines Betriebes unterscheiden
Ziele der Organisation aufzeigen

---

25 Die Interhandel AG, ein Kaufhauskonzern von nationaler Bedeutung, will in Gießen eine selbständige Filiale eröffnen.

Nach umfangreichen Marktuntersuchungen kam der Vorstand dieses Unternehmens zu dem Ergebnis, dass die Voraussetzungen, an die die Gesellschaft die Wahl neuer Standorte geknüpft hat, voll erfüllt werden.

Die Filiale soll unter der Firma Interhandel AG, Filiale Gießen, betrieben werden.

Es ist Ihre Aufgabe, an der Organisation der neuen Filiale mitzuarbeiten. Zunächst ist eine Aufbauorganisation für diese Filiale zu erstellen.

a) In welchen Schritten würden Sie die Neuorganisation durchführen?

b) Welche Ziele würden Sie als Mitglied des Vorstandes setzen, die von der Organisationsstruktur erreicht werden sollten?

c) Um die betrieblichen Ziele zu erreichen, müssen klare Vorstellungen über die Aufgaben des Betriebes bestehen. Die **Gesamtaufgabe** dieser Filiale besteht in der Versorgung der Bevölkerung in Gießen und Umgebung mit Handelswaren aller Art.

Da es nicht zweckmäßig ist, den Arbeitern und Angestellten dieser Filiale nur mitzuteilen, dass sie Handelswaren aller Art verkaufen sollen, ist es erforderlich, die Gesamtaufgabe der Filiale systematisch in Teilaufgaben zu zerlegen, um dadurch genaue Aufgabenstellungen für die einzelnen Mitarbeiter zu ermöglichen.

Suchen Sie Teilaufgaben, die das Handelsunternehmen zum Erreichen der Gesamtaufgabe erfüllen muss!

d) Die betrieblichen Teilaufgaben müssen noch weiter in Einzel(Detail-)aufgaben untergliedert werden.

Nennen Sie Teilaufgaben aus dem Bereich „Warenannahme"!

e) Die Teilaufgaben des Handelsunternehmens können nach verschiedenen Gesichtspunkten gegliedert werden.

Suchen Sie Merkmale, nach denen die Gliederung erfolgen könnte! Stellen Sie Ihre Vorschläge an Beispielen grafisch dar!

f) Wie können die Teilaufgaben sinnvoll zusammengefasst werden?

g) Stellen Sie den Zusammenhang zwischen Arbeitsaufgaben, Stelle und Aufgabenträger am Beispiel der Tätigkeit „Kassieren" dar!

26 Die Handelsbank in A-Heim und die Gewerbebank in B-Dorf sind Kreditinstitute, die keine Warengeschäfte betreiben.

Nach einer Analyse der Geschäftsstruktur kommen die Vorstände beider Kreditinstitute zu dem Ergebnis, ihren Beschlussorganen die Fusion beider Kreditinstitute vorzuschlagen, um den Erfordernissen des Marktes besser gewachsen zu sein.

Es wird beschlossen, dass die Handelsbank in A-Heim die Gewerbebank in B-Dorf aufnehmen soll. Die Geschäftsstelle der Gewerbebank soll als Zweigstelle der in Zukunft als Handels- und Gewerbebank A-Heim firmierenden Bank weitergeführt werden. Im Zuge dieser Fusion soll eine Neuorganisation der Gesamtbank durchgeführt werden.

a) In welchen Schritten würden Sie bei der Durchführung der Neuorganisation vorgehen?

b) Welche Ziele würden Sie als Mitglied des Vorstandes setzen, die mit der neuen Organisationsstruktur erreicht werden sollten?

c) Die betrieblichen Ziele sind nur erreichbar, wenn zunächst klare Vorstellungen über die Aufgaben des Betriebes bestehen. Die **Gesamtaufgabe** von Kreditinstituten besteht in der Erstellung von Dienstleistungen.

Da es nicht zweckmäßig ist, den Angestellten der Kreditinstitute lediglich mitzuteilen, dass sie Dienstleistungen erstellen sollen, muss die Gesamtaufgabe des Kreditinstituts systematisch zerlegt werden, um dadurch genaue Aufgabenstellungen zu erhalten.

Suchen Sie Teilaufgaben, die das Kreditinstitut zum Erreichen der Gesamtaufgabe erfüllen muss!

d) Die betrieblichen Teilaufgaben müssen noch weiter in Einzel(Detail-)aufgaben untergliedert werden.

Nennen Sie Teilaufgaben aus dem Bereich „Sparverkehr"!

e) Die Teilaufgaben des Kreditinstituts können nach verschiedenen Gesichtspunkten gegliedert werden.

Suchen Sie Merkmale, nach denen die Gliederung erfolgen könnte! Stellen Sie Ihre Vorschläge an Beispielen grafisch dar!

Stellenbildung

Die bei der Zerlegung der Gesamtaufgabe eines Unternehmens gefundenen Teilaufgaben müssen zu eindeutig abgegrenzten Arbeitsgebieten unter Berücksichtigung des Leistungsvermögens einer Person zusammengefasst werden.

Das Ergebnis dieser Zusammenfassung nennt man **Stelle**. Sie ist die kleinste organisatorische Einheit eines Unternehmens.

Die Stellen können nach verschiedenen Gesichtspunkten gebildet werden. Bestimmende Faktoren für die Stellenbildung können z. B. folgende Merkmale sein: die Art der Verrichtung, das Objekt, der Rang, die Phase oder eine bestimmte Zweckbeziehung. In besonderen Fällen kommt es vor, dass Stellen auf bestimmte, meist besonders qualifizierte Mitarbeiter zugeschnitten werden. Für jede Stelle muss ein Aufgabenträger beschafft werden.

27

HANDELSBANK AG

Wir suchen zum nächstmöglichen Termin
- einen Kreditsachbearbeiter
  - insbesondere für Baufinanzierungen –
- eine Schreibkraft
  - Einsatz im zentralen Schreibbüro des Kreditbereichs –
- einen Innenrevisor
  - insbesondere für Kreditrevision mit der Aufstiegsmöglichkeit zum Leiter der Innenrevision –
- einen Anlageberater
  - insbesondere für vermögende Privatkunden –
- einen Zweigstellenleiter
  - für eine Filiale mit einer Bilanzsumme von rd. 50 Mio. EUR –

Richten Sie bitte Ihre Bewerbungen mit den üblichen Unterlagen unter Angabe Ihrer Gehaltsvorstellungen und des nächstmöglichen Eintrittstermins an den

Vorstand der Handelsbank AG
Wilhelmstr. 1 – 3

35392 Gießen

---

a) Welcher Zusammenhang besteht zwischen den Stellen dieses Kreditinstituts und der Stellenanzeige?

b) Nach welchen Gesichtspunkten wurden bei diesem Kreditinstitut die ausgeschriebenen Stellen gebildet?

c) Sind Situationen denkbar, bei denen zwei oder mehrere Stellen nur einen Aufgabenträger haben?

Stellenbeschreibung

28 Die Handelsbank R-Heim entschließt sich, die im Rahmen der Stellenbildungen getroffenen Zuordnungen in Stellenbeschreibungen für die einzelnen Stellen niederzulegen.

Die einzelnen Stellenbeschreibungen sollen nach folgender Gliederung erstellt werden:

1. Stellenbezeichnung
2. Dienstrang des Stelleninhabers
3. Betriebliche Unterstellung
4. Betriebliche Überstellung
5. Passive Stellvertretung
6. Aktive Stellvertretung
7. Ziel der Stelle
8. Aufgabenbereich allgemein
9. Aufgabenbereich im Einzelnen
   a) Sachaufgaben
   b) Führungsaufgaben
   c) Kontrollaufgaben
10. Verantwortung
11. Kompetenzen
12. Besondere Anforderungen
    a) Ausbildung
    b) Charaktereigenschaften
13. Finanzielle Ausstattung der Stelle/ Aufstiegsmöglichkeiten

a) Erstellen Sie eine Stellenbeschreibung für die Stelle des Leiters der betrieblichen Aus- und Fortbildung! Orientieren Sie sich an Ihrem Ausbildungsbetrieb!

b) Welche Vorteile hat eine Stellenbeschreibung für den Stelleninhaber, welche für den Betrieb?

c) Nennen Sie mögliche Nachteile der Einführung von Stellenbeschreibungen für den Stelleninhaber und für den Betrieb!

Gruppenbildung

29  **Situationsbeschreibung**

 Die Handelsbank in A-Heim hat für die einzelnen Aufgaben Stellen gebildet und Stellenbeschreibungen angefertigt.

Die Aufgabenträger wurden den einzelnen Stellen zugeordnet. Die Organisation hat nun das Problem zu lösen, wie gewährleistet werden kann, dass die Aufgabenträger ihre Arbeiten auch im Sinne des gemeinsamen Unternehmenszieles des Kreditinstituts erfüllen.

a) Wodurch kann erreicht werden, dass sich die einzelnen Stellen an der Gesamtaufgabe des Unternehmens orientieren?

b) Nach welchen Gesichtspunkten müssten die Stellen zusammengefasst werden?

c) Welche Aufgaben hat eine Führungsstelle zu erfüllen?

d) Welche Befugnisse (Kompetenzen) braucht die Führungsstelle, damit sie ihre Aufgaben erfüllen kann?

e) Welche Verantwortung hat die Führungsstelle?

 f) Größere Kreditinstitute bilden Stabsstellen, denen Aufgaben übertragen werden, welche die Führungsstelle nicht vollständig wahrnehmen kann, weil der Umfang der Aufgaben die Leistungsfähigkeit des Stelleninhabers überschreitet oder aber zur Lösung der Aufgaben Spezialkenntnisse erforderlich sind, über die der Stelleninhaber nicht verfügt.

Nennen Sie derartige Aufgaben in Kreditinstituten, die auf Stabsstellen übertragen werden können!

 g) Für Tätigkeiten, die nur mittelbar mit den eigentlichen Aufgaben einer Stelle zusammenhängen, können besondere Dienstleistungsstellen gebildet werden, die für den Gesamtbetrieb oder Betriebsteile tätig sind.

Welche Aufgaben könnten bei Kreditinstituten in Dienstleistungsstellen erfüllt werden?

LZ: Leitungssysteme der Aufbauorganisation unterscheiden und vergleichen

Die für ein Unternehmen charakteristische Gliederung der Zuständigkeitsbereiche ist die Zuständigkeitsordnung, die auch als Leitungssystem, Kompetenzsystem, Weisungssystem oder Instanzenzug bezeichnet wird.

Eine Stelle mit Führungsaufgaben bezeichnet man als **Instanz**. Instanzen sind hierarchisch gegliedert. Instanzen einer Ebene sind gleichrangig. Ihre Anzahl auf einer Rangebene nennt man **Instanzenbreite**. Die Anzahl der verschiedenen Rangebenen kennzeichnet die **Instanzentiefe**.

Die Anzahl der einer Führungsstelle direkt untergeordneten Stellen ergibt die **Leitungsspanne** (Führungsspanne, Kontrollspanne).

30 Das Kaufhaus Hansa GmbH hat folgendes Leitungssystem:

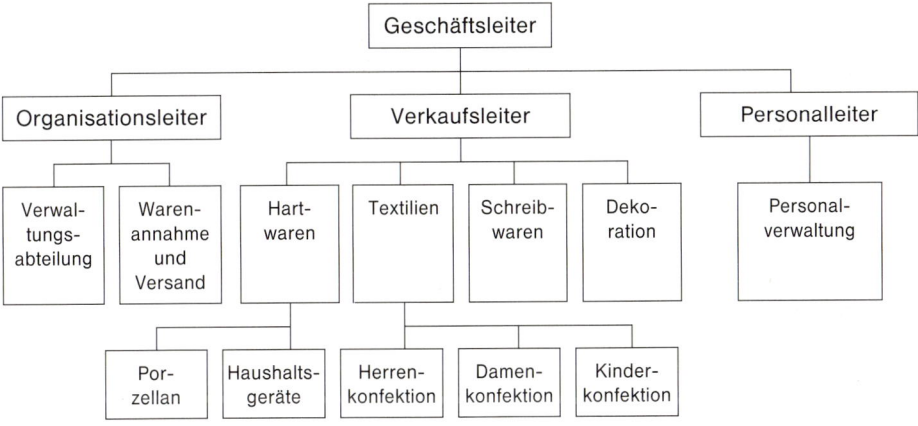

a) Wie wird diese Art von Leitungssystem bezeichnet?

b) Welchen Dienstweg muss der Gruppenleiter Herrenkonfektion einschlagen, wenn er sich wegen zu spät festgestellter Mängel bei der Warenannahme beschweren will?

c) Welche Vorteile hat dieses Leitungssystem?

d) Welche Nachteile hat dieses Leitungssystem?

e) Der Abteilungsleiter Hartwaren gibt dem Fahrer Mayer den Auftrag, sofort ein Porzellanservice an die Kundin A. Lehmann zuzustellen. Mayer führt diesen Auftrag aus. Er verursacht bei der Fahrt einen Unfall mit 5 000,00 EUR Sachschaden.
   Wer kann in diesem Falle zur Rechenschaft gezogen werden?

f) Wie groß ist die Instanzenbreite auf der dritten Führungsebene?

g) Wie groß ist die Instanzentiefe (= übereinanderliegende Instanzen) bei der Kaufhaus Hansa GmbH?

31 Die Hassia Maschinenbau AG, Gießen, hat folgendes Leitungssystem:

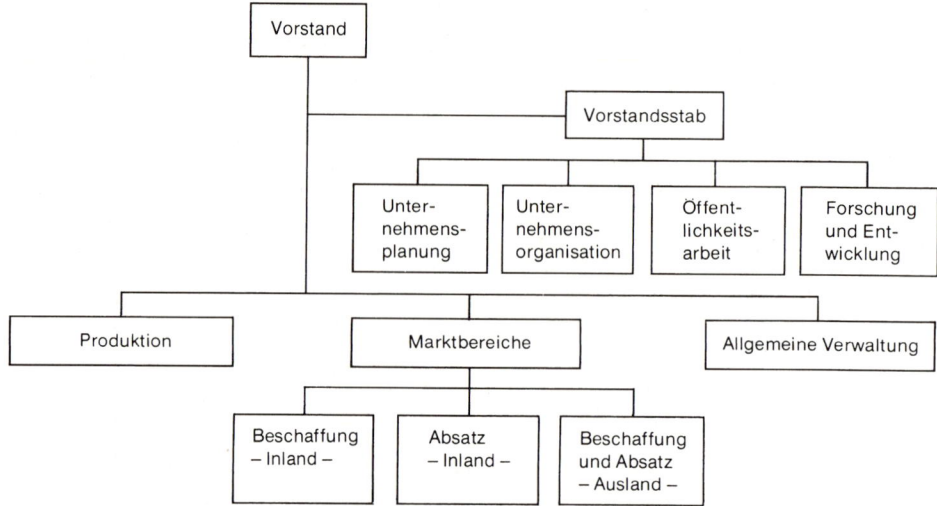

a) Welches Leitungssystem benutzt die Hassia Maschinenbau AG?

b) Welche Vorteile bietet diese Organisationsform für das Unternehmen?

c) Welche Nachteile könnte diese Organisationsform für das Unternehmen bringen?

d) Die Stabsabteilung „Unternehmensorganisation" kommt nach umfangreichen Untersuchungen zu dem Ergebnis, den Marktbereich „Beschaffung und Absatz – Ausland –" in zwei Abteilungen zu gliedern, wobei zusätzlich die Abteilung „Absatz" nach den Bereichen „Amerika, Afrika, Europa, Asien/Australien" gegliedert werden soll.

Welchen Instanzenweg müsste der Vorschlag bis zu seiner Durchführung gehen?

e) Welcher Instanzenweg (Leitungsweg) wäre **nach** der Entscheidung zur Umorganisation zu d) sinnvoll? Begründen Sie Ihre Entscheidung!

32 Die Inter-Handels GmbH hat die Zuständigkeiten nach Funktionen aufgeteilt und folgende Gliederung erhalten:

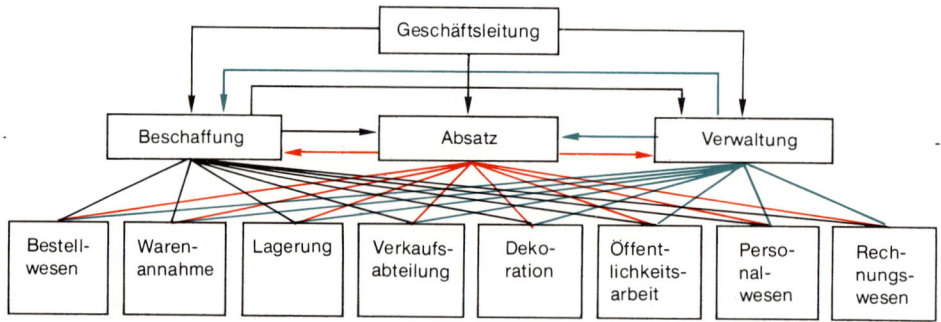

a) Wie sind die Weisungs- und Meldewege in diesem Leitungssystem geregelt?

b) Wie wird dieses Leitungssystem bezeichnet?

c) Welche Vorteile hat dieses Leitungssystem gegenüber dem Liniensystem?

d) Welche Nachteile hat dieses Leitungssystem gegenüber dem Liniensystem?

e) Welche Lösungsmöglichkeit besteht, um die Vorteile dieses Systems mit den Vorteilen des Liniensystems zu verbinden?

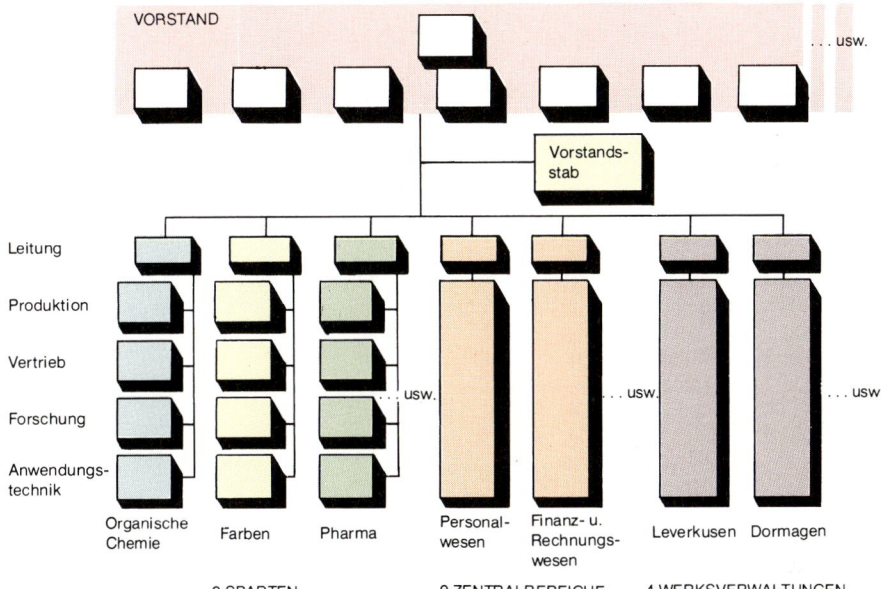

a) Welche Organisationsform ist in diesem Schaubild dargestellt?

b) Wer trägt die Verantwortung für die einzelnen Sparten, Zentralbereiche bzw. Werksver-
waltungen?

c) Welche Organisationseinheiten sind als sog. Profit-Centers, welche als Cost-Centers zu
betrachten?

d) Welche Vorteile bietet diese Organisationform für die Steuerung des Gesamtunter-
nehmens?

e) Für welche Unternehmensgröße eignet sich diese Organisationsform besonders?

34 Die Helmschröder Maschinenbau GmbH hat folgende Organisationsstruktur:

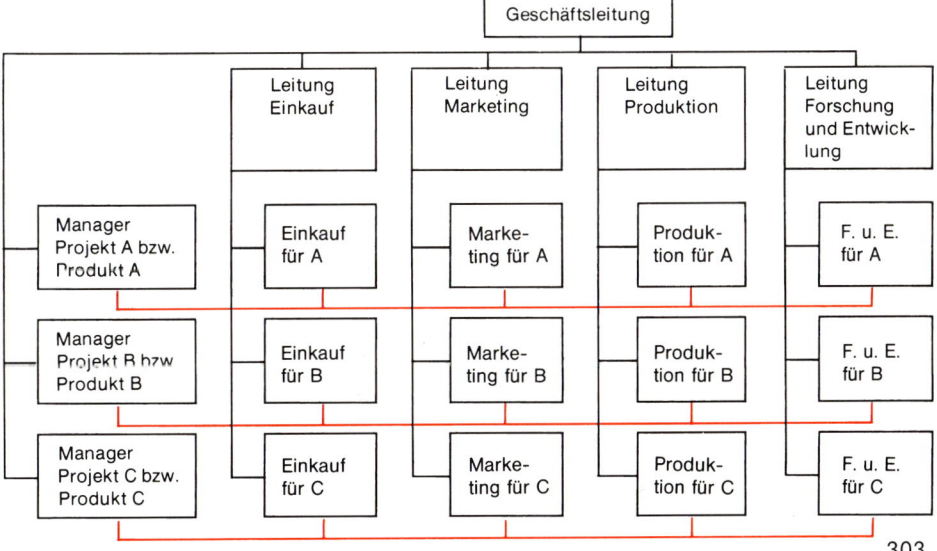

a) Welche Organisationsform ist in diesem Schaubild dargestellt?

b) Welcher Leitungsweg ist bei dieser Organisationsform objektorientiert, welcher verrichtungsorientiert?

c) Welchen Verantwortungsbereich hat ein Projekt- bzw. Produktmanager?

d) Welche Aufgabe hat ein Projekt- bzw. Produktmanager?

e) In welchen Formen können die Kompetenzen von Projekt- bzw. Produktmanagern geregelt sein?

f) Welche Probleme können bei dieser Organisationsform entstehen, wenn den Projekt- bzw. Produktmanagern Entscheidungs- und Weisungsbefugnisse eingeräumt werden?

g) Welche Vorteile lassen sich aus dem unter f) erwähnten Organisationssystem ableiten?

h) Welche Nachteile lassen sich aus dem unter f) erwähnten Organisationssystem ableiten?

35 Die Handelsbank hat die folgende Aufbauorganisation:

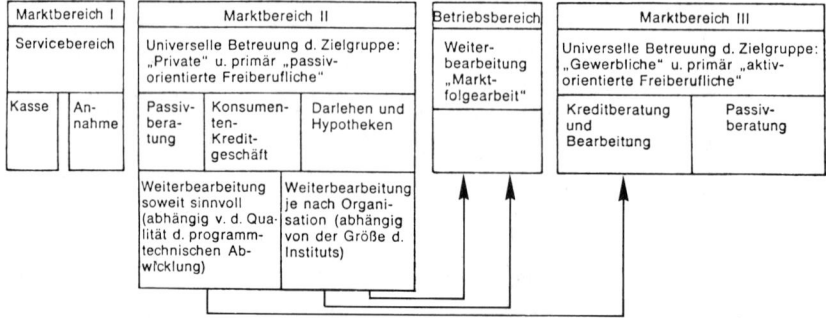

a) Welche Organisationsform ist in diesem Schaubild dargestellt?

b) Nach welchen Gesichtspunkten wurden die Organisationsbereiche gebildet?

c) Nennen Sie Vor- und Nachteile dieser Aufbauorganisation!

d) Welche Qualifikationen werden in den einzelnen Bereichen vorwiegend benötigt?

e) Welchen Einfluss hat die Unternehmensgröße auf eine Aufbauorganisation nach obigem Schaubild?

LZ: Formale und informale Gruppen und Beziehungen unterscheiden

36 Die Converta GmbH hat folgenden Organisationsplan:

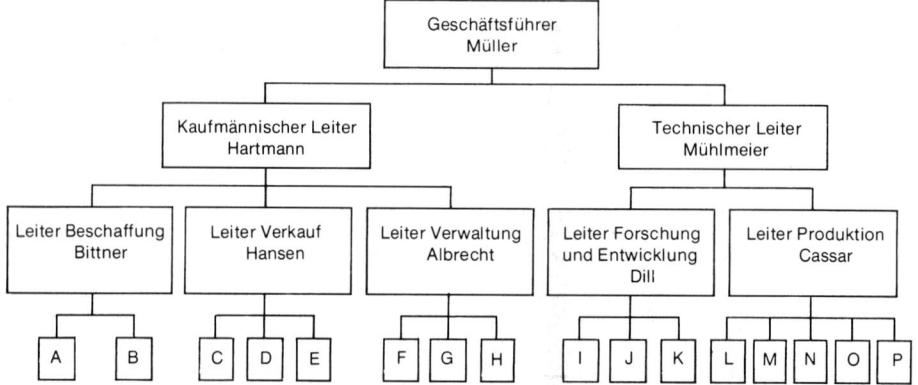

a) Welche Organisationsform ist in diesem Organisationsplan dargestellt?

b) Der Leiter der Beschaffungsabteilung, Herr Bittner, will beim Leiter der Produktion erreichen, dass ein neuer Werkstoff für die Erstellung eines Produkts eingesetzt werden soll.

Auf welchem Weg müsste dieses Verlangen vorgetragen werden?

c) Die Assistentin des Produktionsleiters, Frau L., teilt ihrem Chef bereits am selben Tage mit, dass Herr Bittner den Einsatz eines neuen Werkstoffes wünscht.

Wie lässt sich diese Tatsache erklären, wenn der übliche Dienstweg mindestens eine Woche benötigen würde?

d) Nennen Sie Beispiele, wie informale Informationswege entstehen können!

e) Lassen sich informale Organisationswege in einem Unternehmen unterbinden?

f) Wie lässt sich die Dauerhaftigkeit informaler Organisation beurteilen?

37 Einer Klasse wurde folgende Frage gestellt:

„Mit wem wollen Sie in einer Vierergruppe Lücken in Buchführung schließen? Schreiben Sie drei Mitschüler auf, mit denen Sie zusammenarbeiten wollen. Notieren Sie außerdem, mit wem Sie keinesfalls gemeinsam arbeiten wollen.

Die Reihenfolge der drei Partner soll so niedergeschrieben werden, dass der Mitschüler, der Ihnen für die Zusammenarbeit am liebsten ist, an erster Stelle steht."

Die Ergebnisse dieser Befragung sind bereits in die Soziomatrix (siehe Seite 306) eingetragen. Die Ziffern geben die Reihenfolge der Wahl an.

Aufgaben:

a) Ermitteln Sie die Anzahl der erhaltenen Wahlen für die einzelnen Gruppenmitglieder!

b) Bewerten Sie die Rangordnung der erhaltenen Wahlen mit Punkten, und zwar für
1. Wahl: 4 Punkte; 2. Wahl: 3 Punkte; 3. Wahl: 2 Punkte; Ablehnung: 0 Punkte.

c) Tragen Sie die Ergebnisse in ein Koordinatensystem ein.
Ordinate: Anzahl der Personen
Abszisse: Anzahl der erhaltenen Wahlen

Verbinden Sie die erhaltenen Punkte! Welche Schlüsse können aus der erhaltenen Kurve gezogen werden?

d) Erstellen Sie ein Soziogramm dieser Klasse unter Verwendung der Angaben der Soziomatrix!

e) Welche Aussagen können Sie aufgrund des Soziogramms über die Struktur der Klasse machen?

f) Welche Zusatzinformationen sind, wenn überhaupt, erforderlich, um eine umfassende Aussage über die Struktur der Klasse vorzunehmen?

g) Wie beurteilen Sie die Anwendung der Soziometrie im Betrieb? Welche Anwendungsbereiche kämen gegebenenfalls in Frage?

20 Schuster – ISBN 3-8120-0060-1

Soziomatrix

wählt \ wird gewählt von	1 Brink	2 Eng	3 Geisse	4 Geisle	5 Hill	6 Kai	7 Klotz	8 Kow	9 Kramer	10 Litz	11 Lösch	12 Lot	13 Noll	14 Schate	15 Schel	16 Schlo	17 Schus	18 Seid	19 Web	20 Wieg
Brink	—					I(2)				I(3)			I(1)							
Eng		—				I(1)				I(2)									I(3)	
Geisse			—	I(1)		I(2)													I(3)	
Geisle			I(1)	—					I(3)							I(2)				
Hill					—	I(3)		I(1)		I(2)										
Kai	I(2)					—				I(3)			I(1)							
Klotz							—								I(2)			I(1)	I(3)	
Kow						I(2)		—		I(1)									I(3)	
Kramer							I(3)		—				I(1)	I(1)						I(2)
Litz	I(3)				I(2)					—			I(1)							I(2)
Lösch											—		I(3)						I(1)	
Lot						I(2)						—	I(1)	I(3)						
Noll	I(3)					I(2)				I(1)			—							
Schate							I(3)		I(1)					—						I(2)
Schel		I(2)					I(1)		I(3)						—					
Schlo		I(3)													I(2)	—	I(1)			
Schus		I(3)														I(1)	—		I(2)	
Seid											I(3)					I(1)		—	X	
Web		I(3)					I(2)				I(1)								—	
Wieg									I(1)					I(3)	I(2)					—
Erhaltene Wahlen																				
Punktzahl																				
Ablehnungen																				

I = Wahl;   X = Ablehnung

Ziele der Ablauforganisation

Für jede Arbeitserledigung in einem Betrieb besteht ein Arbeitsablauf. Dieser wird aus der Summe mehrerer Arbeitsvorgänge gebildet, die an einer oder mehreren Stellen des Betriebes vorkommen und zur Erfüllung einer Aufgabe erforderlich sind.

Die Ablauforganisation hat die Gestaltung des räumlich-zeitlichen Zusammenwirkens von Mensch, Betriebsmittel und Arbeitsgegenstand zum Ziel.

Betrachtungsgegenstand ist immer der geschlossene Arbeitsablauf. Dieser wird in Arbeitselemente zerlegt. Kennzeichen der Arbeitselemente sind

- der Arbeitsgegenstand, d. h. die zu verrichtende Arbeit,
- der Aufgabenträger, das ist derjenige, der im Betrieb die Aufgaben erfüllt,
- der Arbeitsort, das ist die Stelle, an der Arbeiten vollzogen werden,
- die Betriebsmittel (Arbeitsmittel), die zur Erledigung der Arbeiten benötigt werden,
- das Arbeitsergebnis, das jeweils nach dem Vollzug der Arbeitsgegenstände vorliegt,
- der Arbeitsimpuls, d. h. der Anlass zum Bearbeiten eines Arbeitsgegenstandes.

38 Situation

„Ein Kreditinstitut betreibt die Kasse als Direktkasse im On-line-Betrieb.

Ein Kunde will Geld von seinem Girokonto abheben. Er übergibt dem Kassierer an der Kasse den ausgefüllten Abhebungsbeleg und seine gültige Scheckkarte als Legitimation. Der Kassierer prüft die Kontonummer und die Unterschrift und versieht den Auszahlungsbeleg mit seinem Handzeichen. Dann tippt er die Kontonummer und den Betrag in sein Kassenterminal ein und legt den Beleg in einen Buchungsschlitz des Terminals. Die Scheckkarte gibt er dem Kunden zurück. Der Kassierer wartet auf die Freigabe der Auszahlung, die durch die Buchung des Auszahlungsbeleges auf dem Beleg erfolgt. Anschließend entnimmt er den gewünschten Auszahlungsbetrag aus seinem Kassenbestand, zählt dem Kunden das Geld vor und verabschiedet sich. Den Auszahlungsbeleg legt er in einen bereitstehenden Belegkasten."

a) Suchen Sie zu jedem Kennzeichen der Arbeitselemente aus der beschriebenen Situation ein Beispiel!

b) Beschreiben Sie die Arbeitselemente und kreuzen Sie an, um welches Kennzeichen es sich jeweils handelt! Verwenden Sie dazu ein Formular mit folgender Einteilung:

Kennzeichen der Arbeitselemente						Beschreibung der Arbeitselemente
Aufgabenträger	Arbeitsort	Arbeitsimpuls	Betriebsmittel (Arb.-Hilfsmittel)	Arbeitsgegenstand	Arbeitsergebnis	

c) Welche Konsequenzen könnte ein Unternehmen aus der erhaltenen Beschreibung der Arbeitselemente ziehen?

39 Situation

„Ein Käufer (a) gibt mit einem Kaufwunsch (1) dem Verkäufer (b) in der Verkaufsabteilung (A) Veranlassung, eine Rechnung 20 600 in doppelter Ausfertigung (2^2) auszustellen. Diese Rechnung erhält zunächst 12 Vermerke, nämlich Verkäufernummer, Abteilungsnummer, Name, Anschrift des Kunden, Anzahl, Gegenstand, Betrag, Preis, Summe, Summe in Buchstaben, Ort und Tag. Als „Arbeitsergebnis" 13 wird auf die Rechnung ein Nachnahmezettel geklebt. Die Summe der Rechnung (2) wird in die Blocktabelle (3) übertragen. Der Verkäufer (b) begibt sich zum Büro (B) des Abteilungsleiters (c), der die Rechnung (2^2) abzeichnet. (Arbeitsergebnis 14). Der Verkäufer (b) geht zurück zu seiner Abteilung (A) und füllt dort aufgrund der Rechnung (2^2) einen Versandsatz (4^3) mit anhängendem Abschnitt (4^3a) aus. Auf 4^3 werden Verkäufernummer, Abteilungsnummer und Lieferzeit, auf 4^3a Abteilungsnummer, Block- und Blattnummer sowie die Summe, das Datum und die Nummer der Kasse vermerkt. Die Ware (5) wird aus dem Regal (1) entnommen. Dann begibt sich der Verkäufer mit Rechnung (2^2), Versandsatz (4^3, 4^3a) und der Ware zum Kassenraum (C)."

a) Suchen Sie zu jedem Kennzeichen der Arbeitselemente aus der beschriebenen Situation ein Beispiel!

b) Erstellen Sie für diese Situation eine Beschreibung der Arbeitselemente und geben Sie bei den in Klammern gesetzten Buchstaben und Ziffern an, um welches Kennzeichen es sich handelt! Verwenden Sie dazu ein Formular wie in Aufgabe 38!

c) Welche Konsequenzen könnte ein Unternehmen aus der erhaltenen Beschreibung der Arbeitselemente ziehen?

Phasen der Ablauforganisation

40 Eine kleinere Genossenschaftsbank mit einer Bilanzsumme von jetzt 30 Mio. EUR hatte in den letzten fünf Jahren sehr starke Umsatzzuwächse. Die Zahl der Mitarbeiter ist in diesem Zeitraum um ca. $\frac{1}{3}$ des Bestandes gestiegen. Im Gegensatz zur Umsatzentwicklung ist der Gewinn in dieser Zeit fast unverändert geblieben.

Es besteht der Verdacht, dass diese ungleiche Entwicklung entscheidend auf eine unterentwickelte Organisation dieses Kreditinstituts zurückzuführen ist.

a) In welchen Schritten gehen Sie vor, um Schwachstellen in der Organisation zu ermitteln und gegebenenfalls zu beseitigen?

b) Welche Möglichkeiten bestehen grundsätzlich, um den Ist-Zustand mehr oder weniger detailliert zu erheben?

Arten der Darstellung

41 Neben der verbalen Darstellung von Arbeitsabläufen in Form von Arbeitsanweisungen werden häufig grafische Darstellungen bzw. Mischformen zwischen schriftlichen und grafischen Darstellungen verwendet.

Nennen Sie Vorteile für grafische Darstellungen!

Arbeitsablaufbeschreibung

42

Pos.	Arbeitsgang	Abteilung/Stelle						
		Kunde	Kasse	Disposition	Kreditgeschäft	Giroverkehr	Datenerfassung	Verwaltung
a	b	c	d	e	f	g	h	i
1	Auszahlungsbeleg vorlegen	●						
2	Auszahlungsbeleg annehmen		●					
3	Scheckkarte vorlegen	●						
4	Auszahlung disponieren			●				

Für die Ermittlung des abteilungsbezogenen bzw. stellenbezogenen Arbeitsablaufs können Arbeitsablaufbeschreibungen erstellt werden, bei denen die einzelnen Arbeitsgänge zunächst nach ihrer zeitlichen Aufeinanderfolge geordnet in ein Formular eingetragen werden. Die mit dem jeweiligen Arbeitsgang befasste Abteilung bzw. Stelle wird mit einem Punkt gekennzeichnet. Die Punkte werden anschließend miteinander verbunden.

a) Erstellen Sie eine Arbeitsablaufbeschreibung für eine Scheckeinreichung von Kunden bei Ihrem Ausbildungsbetrieb!

b) Erstellen Sie eine Arbeitsablaufbeschreibung für einen Barverkauf in einem Kaufhaus!

Arbeitsablaufbogen

43

Für die Analyse von Wegen, Zeiten und Mengen eignen sich Arbeitsablaufbogen, wie sie u. a. vom Verband für Arbeitsstudien (REFA) entwickelt wurden.

Die Arbeitsgänge sind auch hier in zeitlicher Reihenfolge untereinander zu schreiben.

Für die Art der Tätigkeit sind jedem Arbeitsgang bestimmte Symbole zuzuordnen, und zwar für

Bearbeitung	○	Verzögerung	▽
Transport	⇒	Lagerung/Ablage	△
Kontrolle	□		

Arbeitsablaufbogen

Lfd. Nr.	Arbeitsgang	Bearbeitung	Transport	Kontrolle	Verzögerung	Ablage	Zeit in Min.	Weg in Metern	Anzahl
1	Material-ausgabeschein ausschreiben	●	⇩	□	▽	△			
2	Mit Materialaus-gabeschein zur Mat.-Ausgabe	○	⬤	□	▽	△			
0	Warten, bis Material ausgegeben wird	○	⇩	□	▼	△			
4		○	⇩	□	▽	△			
5									

Das jeweils zutreffende Merkmal wird in dem bereits mit den Merkmalen bedruckten Erfassungsbogen markiert. Anschließend werden die einzelnen Markierungen der Arbeitsgänge miteinander verbunden.

Zur Auswertung wird für jeden Arbeitsablauf eine Zusammenfassung nach den Kriterien Zeit, Weg und Anzahl erstellt.

a) Erstellen Sie einen Arbeitsablaufbogen für die Bestellabwicklung in Aufgabe 39!

b) Erstellen Sie einen Arbeitsablaufbogen für einen Vorgang an Ihrem derzeitigen Arbeitsplatz!

309

44 Flussdiagramm

Bei der Darstellung des Arbeitsablaufs in der Form des Flussdiagramms werden Symbole aus der EDV benutzt. In diese Symbole werden die jeweiligen Sachverhalte geschrieben.

Häufig benutzte Symbole sind:

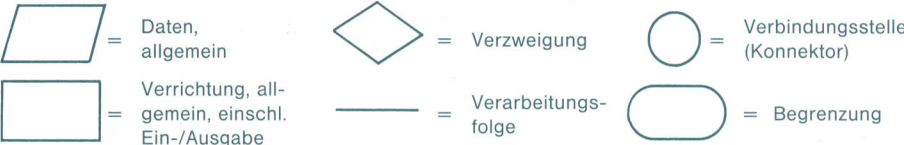

Beispiel einer Barabhebung bei einem Kreditinstitut mit On-line-Kassenterminals

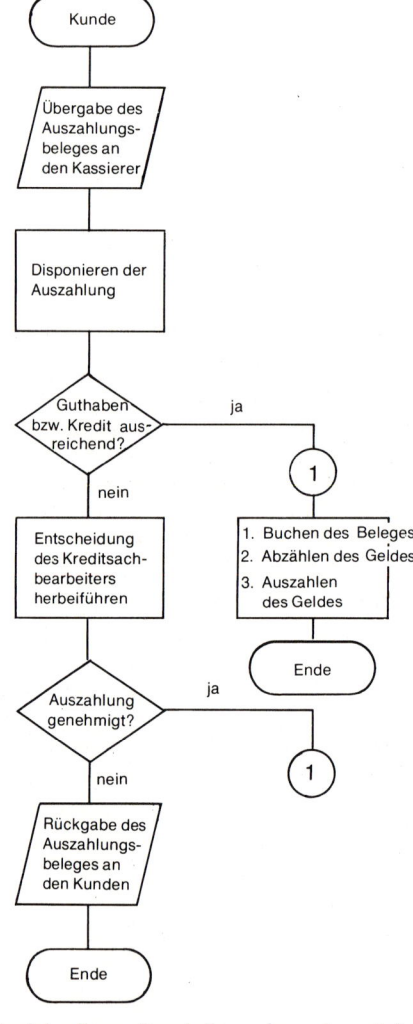

a) Worin unterscheidet sich diese Darstellungsform hauptsächlich vom Arbeitsablaufbogen?

b) Erstellen Sie ein Flussdiagramm für einen von Ihnen zu wählenden Vorgang!

Balkendiagramm

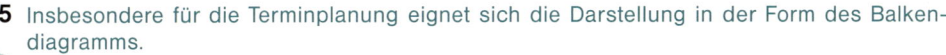

45 Insbesondere für die Terminplanung eignet sich die Darstellung in der Form des Balkendiagramms.

Zur Erstellung des Balkendiagramms sind

– sämtliche Vorgänge (Tätigkeiten) mit ihren geschätzten Zeitforderernissen aufzulisten,

– die Abhängigkeiten der Vorgänge untereinander festzustellen, d. h., es muss ermittelt werden, welche Vorgänge bereits abgeschlossen sein müssen, bevor ein neuer Vorgang beginnen kann bzw. welche Vorgänge nebeneinander abgewickelt werden können.

Die Ergebnisse werden in ein Diagramm eingetragen, wobei die Balkenlänge die Zeitdauer eines Vorgangs darstellt.

Beispiel

Zeit / Vorgang	Woche									
	1	2	3	4	5	6	7	8	9	10
A										
B										
C										

Durch einen Parallelbalken kann angedeutet werden, wieweit ein Vorgang bereits abgewickelt wurde, z. B. bei Vorgang A bereits 1 Woche.

Aufgabe

Ein Unternehmen will ein neues Lagergebäude errichten lassen. Für die Erdarbeiten wird eine Woche veranschlagt. Für die Fundamente und das Mauerwerk 11 Wochen. Anschließend können gleichzeitig die Installationsarbeiten (8 Wochen) sowie der Dachstuhl (2) und danach die Dachdeckerarbeiten (1) ausgeführt werden. Erst nach Abschluss dieser Arbeiten werden Fenster und Türen (1) eingesetzt. Innenputz (2) und Außenputz (3) sollen gleichzeitig angebracht werden. Nach der Fertigstellung von Innen- und Außenputz sollen gleichzeitig Fenster und Türen (2) gestrichen und die Außenanlage (1) hergestellt werden. Für den Einzug ist eine Woche vorgesehen (Zahlen in Klammern bedeuten Zeit in Wochen).

a) Erstellen Sie ein Balkendiagramm für dieses Projekt!

b) Welchen Nutzen hat das Unternehmen durch dieses Diagramm?

c) Können Sie aus dem Balkendiagramm erkennen, welche Abhängigkeiten zwischen den einzelnen Vorgängen bestehen?

46 Erstellen Sie den zeitlichen Ausbildungsplan für die Auszubildenden ihres Ausbildungsjahrganges in Form eines Balkendiagramms!

Netzplantechnik (CPM)

Das Konzept der Netzplantechnik (Critical Path Method) besteht darin,

– die Gesamtaufgabe eines Projektes in elementare Einzelschritte, die **Vorgänge**, zu zerlegen,

– **Abhängigkeiten** der Vorgänge untereinander festzustellen,

– Vorgänge und Abhängigkeiten grafisch oder tabellarisch darzustellen.

Ein Vorgang ist ein zeiterforderndes Geschehen mit definiertem Anfang und Ende. Seine Durchführung erfordert die Bereitstellung von Betriebsmitteln und verursacht Kosten. Er wird ohne Unterbrechung abgewickelt.

Sämtliche Vorgänge werden in einer **Vorgangsliste** zusammengestellt. Zu jedem Vorgang werden die unmittelbaren Vorgänger und Nachfolger ermittelt. Diese zweckmäßigen oder zwingenden Beziehungen werden Anordnungsbeziehungen oder Abhängigkeiten genannt.

Beispiel einer Vorgangsliste

Nr.	Vorgang	unmittelbarer	
		Vorgänger	Nachfolger

47 Erstellen Sie die Vorgangsliste mit den Abhängigkeiten zu dem Bau des neuen Lagergebäudes in Aufgabe 45!

Die Erstellung des Netzplans erfolgt auf der Grundlage der Vorgangsliste mit den Abhängigkeiten.

Jeder Vorgang wird durch einen so genannten **Vorgangsknoten** dargestellt.

Die Beziehungen zwischen Vorgänger und Nachfolger werden durch einen Pfeil gekennzeichnet.

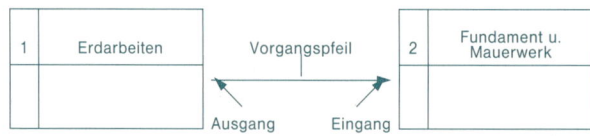

Sind sämtliche Vorgänge mit ihren Abhängigkeiten auf diese Weise dargestellt, so erhält man ein Vorgangsknotennetz, das ohne Unterbrechung vom Anfang bis zum Ende des Projektes reicht.

48 Erstellen Sie das Vorgangsknotennetz zur Vorgangsliste in Aufgabe 47!

Wesentliche Aufgabe der Netzplanung ist neben der Ablauf-, Kosten- und Kapazitätsplanung die **Zeitplanung** (Terminplanung).

Ihre Aufgabe besteht darin,

– die Dauer der einzelnen Vorgänge und des gesamten Projektes zu bestimmen,
– die früheste und die späteste Lage der einzelnen Vorgänge anzugeben,
– die Zeitreserven, die für die einzelnen Vorgänge verfügbar sind, sichtbar zu machen.

Die Zeitplanung vollzieht sich in **vier** Schritten:

1. Schätzung der Dauer der einzelnen Vorgänge.
2. Bestimmen der frühesten Anfangs- und Endzeitpunkte (FAZ, FEZ) für jeden einzelnen Vorgang.

   Diese Zeitpunkte legen fest, wann jeder einzelne Vorgang frühestens beginnen darf und wann er frühestens beendet sein kann.

   Die Ermittlung dieser Zeitpunkte erfolgt durch die Vorwärtsrechnung, bei der der erste Vorgang den FAZ 0 erhält.

   Bei der Ermittlung der FAZ und FEZ sind sämtliche aufgrund der gegebenen Anordnungsbeziehungen davorliegenden Vorgänge zu berücksichtigen.

Die Vorwärtsrechnung ist abgeschlossen, wenn der FEZ des letzten bzw. Zielvorgangs und damit die gesamte Projektdauer vorliegt.

FAZ und FEZ werden am Vorgangsknoten oben links bzw. oben rechts eingetragen.

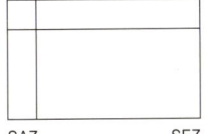

Merke:

FAZ + Dauer des Vorgangs = FEZ

3. Bestimmen der spätesten End- und Anfangszeitpunkte (SEZ, SAZ) für jeden Vorgang durch Rückwärtsrechnung.

Ausgangspunkt ist der früheste Endzeitpunkt der Vorwärtsrechnung. Dann bestimmt man, wann jeder einzelne Vorgang spätestens beendet sein muss und wann der spätestens zu beginnen hat, damit die Gesamtprojektdauer nicht überschritten wird.

Die Ermittlung der SEZ und SAZ muss die unmittelbar dahinterliegenden Vorgänge berücksichtigen.

SAZ und SEZ werden am Knoten unten links bzw. unten rechts eingetragen.

Merke:

SEZ − Dauer des Vorgangs = SAZ

49 a) Erstellen Sie die **Vorwärtsrechnung** zu dem Netzplan in Aufgabe 48! Verwenden Sie das folgende Schema:

Nr.	Rechnung	Wert	einzutragen am Knoten

b) Erstellen Sie die **Rückwärtsrechnung** zu dem Netzplan in Aufgabe 48! Verwenden Sie ein Schema nach obigem Muster!

c) Tragen Sie FAZ, FEZ, SAZ und SEZ in das Vorgangsknotennetz zu Aufgabe 48 ein!

d) Überprüfen Sie, ob Sie die Zeitpunkte richtig berechnet haben. Bei richtiger Rechnung müssen SAZ ≥ FAZ; SEZ ≥ FEZ; SAZ − FAZ = SEZ − FEZ sein.

4. Bestimmen der **Gesamtpufferzeit** und des **kritischen Weges**.

Die Gesamtpufferzeit (GP) errechnet sich allgemein:

$$GP = SAZ - FAZ.$$

Ist die Gesamtpufferzeit gleich null, so ist der Vorgang **kritisch**. Das bedeutet, dass bei diesem Vorgang keine Zeitreserven bestehen.

50 a) Bestimmen Sie die GP des Netzplans in Aufgabe 48!

b) Bei welchen Vorgängen bestehen Zeitreserven?

Verbindet man die kritischen Vorgänge, dann erhält man den **kritischen Weg**.

51 a) Zeichnen Sie den kritischen Weg in den Netzplan ein! Zeichnen Sie eine (farbige) gestrichelte Linie über den Ablauflinien.

b) Welche Bedeutung hat der kritische Weg für die Überwachung der Bauausführung?

c) Welcher wesentliche Unterschied besteht zwischen dem Balkendiagramm und dem Netzplan?

52 a) Erstellen Sie einen Netzplan nach folgenden Informationen!

Vorgänge	Zeit in Wochen	unmittelbar vorher abzuschließende Vorgänge
A	4	—
B	3	E
C	8	F, D
D	5	A
E	7	—
F	2	A
G	4	D, B
H	6	C, G

b) Tragen Sie den kritischen Weg in die Zeichnung des Netzplanes ein!

c) Für den Vorgang C erhalten Sie von zwei Unternehmen Angebote, die am Tage des Beginns des Gesamtprojektes eintreffen.

Angebot A lautet über 25 600,00 EUR, Lieferzeit 8 Wochen nach Auftragserteilung.
Angebot B lautet über 22 300,00 EUR, Lieferzeit 10 Wochen nach Auftragserteilung.

Für welches Angebot entscheiden Sie sich, wenn unverzüglich bestellt werden soll? Berücksichtigen Sie, dass bei einer Verzögerung des Gesamtprojektes eine Konventionalstrafe von wöchentlich 1 % des Auftragswertes von 300 000,00 EUR zu zahlen ist.

53 Erstellen Sie den Netzplan mit umfassender Zeitanalyse und zeichnen Sie den kritischen Weg in das Schaubild ein!

Vorgang	Zeit	Unmittelbarer Vorgänger
A	5	—
B	9	C
C	2	A
D	7	A
E	9	B, G
F	14	H
G	11	C
H	3	E, K
I	5	F, J
J	6	H
K	8	D

54 Erstellen Sie den Netzplan mit umfassender Zeitanalyse und zeichnen Sie den kritischen Weg in das Schaubild ein!

Vorgang	Zeit	Unmittelbarer Vorgänger
A	6	O
C	5	L
D	4	A, L
F	7	L
L	2	O, R
M	3	—
O	5	—
P	8	C, F, D
R	9	M

Zusammenfassende Übungen

55 Die Kältetechnik AG ist ein Unternehmen mit 1 270 Beschäftigten. Es wird von drei Vorstandsmitgliedern geleitet.

Die Gesellschaft produziert Kühlschränke für private Haushalte in verschiedenen Ausführungen, Kühltheken aller Art sowie Klimaanlagen. Die Klimaanlagen werden auch im europäischen Ausland angeboten.

Forschungs- und Entwicklungsarbeiten werden für alle Produktgruppen zentral betrieben. Die Produktion findet in einem Werk statt. Das Rechnungswesen wird über einen Großcomputer abgewickelt. Die Verwaltung soll für sämtliche Produktgruppen zuständig sein. Das Unternehmen beschäftigt Spezialisten für Steuern, Öffentlichkeitsarbeit, Recht, Personal, Planung und Organisation sowie Revision.

a) Erstellen Sie eine funktionsorientierte Stablinien-Aufbauorganisation!

b) Ein Stabsmitarbeiter weist einen Sachbearbeiter an, eine Verbindlichkeit von 25 000,00 EUR zu begleichen. Es stellt sich heraus, dass die Forderung unberechtigt war. Das Geld kann nicht wiederbeschafft werden. Inwieweit können der Sachbearbeiter, die Führungskraft und der Stabsmitarbeiter verantwortlich gemacht werden?

c) Wie lässt es sich erklären, dass der Leiter der Einkaufsabteilung Informationen über betriebliche Vorgänge eher kennt, als ihm dies unter Beachtung des vorgeschriebenen Informationsweges möglich wäre?

56 Die Elektro-Großhandlung Emil Schneider stellt fest, dass die Umsätze in den vergangenen drei Jahren unterdurchschnittlich wuchsen.

In welche Phasen sollte sich der Entscheidungsprozess gliedern, mit dem dieses Problem durch die Unternehmensplanung bewältigt werden soll?

57 Eine Aufgabenanalyse in einem Unternehmen ergab folgende Gliederung:

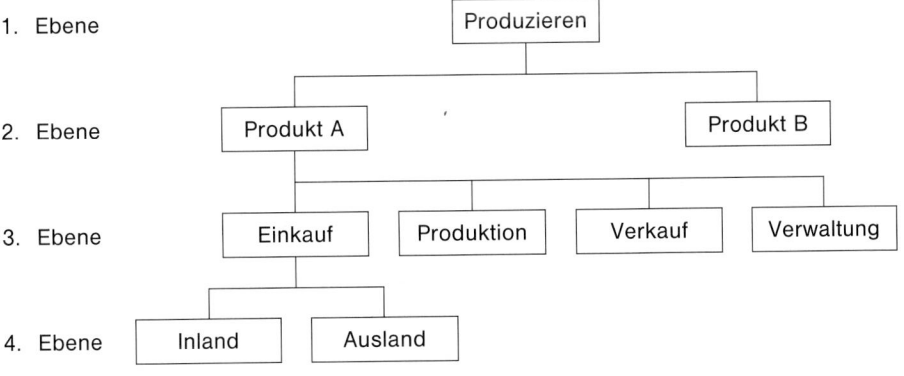

Nach welchen Gesichtspunkten wurde auf den vier Ebenen gegliedert?

58 In einem Unternehmen wurden verschiedene Stellen einer Führungsstelle unterstellt.

a) Welche Befugnisse müssen der Führungsstelle eingeräumt werden, damit diese ihre Aufgaben wirksam wahrnehmen kann?

b) Was versteht man bei der Stellenbildung unter Kontrollspanne?

59 Bei der Produktion eines Ersatzteiles für einen Elektromotor fallen die Tätigkeiten A – N an. Jede Tätigkeit erfordert eine bestimmte Zeit. Zwischen den einzelnen Tätigkeiten bestehen bestimmte Abhängigkeiten der Art, dass zunächst bestimmte Vorgänge abgeschlossen sein müssen, bevor die nächste Tätigkeit beginnen kann. Diese Abhängigkeiten können der folgenden Tabelle entnommen werden:

Tätigkeiten	Benötigte Zeiten	Unmittelbar vorher abzuschließende Vorgänge
A	3	—
B	5	A
C	7	A
D	9	A
E	6	B
F	5	B
G	8	E, F, C
H	6	D
I	2	G, H
J	5	I
K	1	J
L	2	J
M	5	K, L
N	2	M

a) Die Terminüberwachung soll mit Hilfe eines Netzplanes in Form eines Vorgangsknoten- netzes erfolgen.

Führen Sie eine Zeitanalyse durch und bestimmen Sie den kritischen Weg! Dieser ist in den Netzplan einzuzeichnen.

b) Definieren Sie den kritischen Weg!

60 Ein Kreditinstitut unterhält 27 Filialen/Zweigstellen. Diese befinden sich, von der Zentrale aus gesehen, in einem Umkreis von maximal 120 km. Die Buchhaltung soll täglich bei der Zentrale ausgeführt werden. Dazu sind die Belege täglich von den Zweigstellen zu holen.

a) Welche organisatorischen Probleme ergeben sich?

b) Wie kann die Netzplantechnik zur Lösung dieser Probleme eingesetzt werden?

IX. Investition und Finanzierung

LZ: Zusammenhang zwischen Finanzierung und Investition erkennen
Finanzierungsarten nennen

Kapitalbedarfsrechnung

Warum entsteht ein Kapitalbedarf?

Der **Grund** für Kapitalbedarf liegt in den **zeitlichen Verschiebungen zwischen** der Entstehung der **Ausgaben** für die Beschaffung und die Produktion **und** der Entstehung der **Einnahmen** durch den Verkauf der erstellten Leistungen.

Die **Höhe** des **Kapitalbedarfs** ist abhängig vom zeitlichen Abstand der Einnahmen und Ausgaben.

Neben dem Kapitalbedarf für Güter und Dienstleistungen ist auch der für die Überlassung von Geld zu berücksichtigen, z. B. Lieferantenkredite.

Wie wird der Kapitalbedarf bestimmt?

Kapital wird zur Finanzierung des betrieblichen Vermögens benötigt.

Bilanz

Anlagevermögen ?	Kapital ?
Umlaufvermögen ?	

Es werden **zwei Arten** des **Kapitalbedarfs** unterschieden:

Anlagekapitalbedarf	**Umlaufkapitalbedarf**
Er dient zur Deckung der Ausgaben für das Anlagevermögen, der Gründungsausgaben und der für die Ingangsetzung des Betriebes.	Er deckt die Kosten der Beschaffung des Umlaufvermögens und der Dienstleistungen.

Wie wird der Anlagekapitalbedarf ermittelt?

Ausgangspunkte für die Ermittlung des Anlagekapitalbedarfs sind:

1. Die Daten aus dem Gründungs- bzw. Erweiterungsplan.
2. Die Ausgaben, die sich bei der Verwirklichung dieser Pläne ergeben.

Zu beachten ist, dass die Ausgaben **grundsätzlich zeitunabhängig** angesetzt werden.

Abschreibungen werden nicht in die Kapitalbedarfsrechnung einbezogen, da diese auf **Ausgaben** basiert, **Abschreibungen** jedoch **Aufwands- bzw. Kostencharakter** haben.

Wie wird der Umlaufkapitalbedarf ermittelt?

Der **Umlaufkapitalbedarf** umfasst die **Ausgaben** für die durchschnittliche Kapitalbindung der Werkstoffe, der Löhne und der Gemeinkosten.

Durchschnittliche Kapitalbindung in Tagen:

Werkstoffe = (Rohstofflagerdauer − Lieferantenziel)
+ Fertigungsdauer
+ Lagerdauer der Fertigprodukte
+ Debitorenziel

Löhne   = Fertigungsdauer
          + Lagerdauer der Fertigprodukte
          + Debitorenziel

Gemeinkosten = Rohstofflagerdauer
          + Fertigungsdauer
          + Lagerdauer der Fertigprodukte
          + Debitorenziel

Die jeweiligen **Ausgaben** für das Umlaufvermögen ergeben sich aus

Tagesbedarf x durchschnittliche Kapitalbindung

1 Der Anlagekapitalbedarf ist der langfristig gebundene Teil des Gesamtkapitals.

Suchen Sie mindestens fünf Faktoren, die bei der Ermittlung des Anlagekapitalbedarfs berücksichtigt werden müssen!

2 Der Schreinermeister Anton Müller will seinen Kapitalbedarf ermitteln.

Das Betriebsgebäude erfordert 800 000,00 EUR, für die Ausstattung seiner Werkstatt rechnet er mit einem Bedarf von 500 000,00 EUR. Ein gebrauchter Lkw kostet 80 000,00 EUR.

Der tägliche Werkstoffeinsatz beträgt ca. 8 000,00 EUR. Für Fertigungslöhne fallen täglich ca. 2 500,00 EUR an, die täglichen Gemeinkosten, die zu Zahlungen führen, sind mit 1 300,00 EUR anzunehmen.

Die Rohstoffe lagern durchschnittlich 30 Tage; das Lieferantenziel beträgt 15 Tage; die Fertigungsdauer 8 Tage; die Fertigprodukte lagern 3 Tage; das Debitorenziel liegt bei 20 Tagen.

Berechnen Sie den **Gesamtkapitalbedarf!**

Wie ist der ermittelte Kapitalbedarf zu decken?

Den Unternehmen stehen grundsätzlich **zwei Finanzierungsquellen** zur Deckung des Kapitalbedarfs zur Verfügung:

Finanzierungsquellen

Eigenkapital	**Fremdkapital**
Es wird von den Eigentümern aufgebracht (Teilhaber).	Es wird von Dritten aufgebracht (Gläubiger).

Das **Eigenkapital** hat neben der **Arbeitsfunktion**, die auch grundsätzlich das Fremdkapital hat, eine **Voraushaftungsfunktion** gegenüber den Gläubigern des Unternehmens.

In der **Praxis** haben sich auch **Mischformen** zwischen Eigen- und Fremdkapital herausgebildet.

Welche Finanzierungsregeln sind zu beachten?

In der **Praxis der Kreditgewährung** werden u. a. auch **allgemeine Regeln** zur Finanzierung des **Anlage- und des Umlaufvermögens** beachtet.

Regeln für das Anlagevermögen

1. Mindestens das Anlagevermögen sollte durch **Eigenkapital** und **langfristiges Fremdkapital** gedeckt sein.

2. Die **Laufzeit** des Fremdkapitals soll die Nutzungsdauer der finanzierten Wirtschaftsgüter nicht übersteigen.

3. Die Zinsen und Tilgungen für aufgenommenes Fremdkapital müssen auf Dauer vom Betrieb erwirtschaftet werden, d. h., die **Kapitaldienstgrenze** (Leistungsgrenze) darf nicht überschritten werden.

Ermittlung der Kapitaldienstgrenze

Nettoumsatz
- Ausgaben für Material und Wareneinsatz
- Ausgaben für Löhne, Gehälter, Sozialaufwand
- Ausgaben für sonstige Aufwendungen
  (ohne Fremdkapitalzinsen)

= erweiterter **Cashflow** (umsatzbedingter Kassenzufluss, erweitert um die Fremdkapitalzinsen)
- Reinvestitionen aus Eigenmitteln
- Entnahmen

= **Kapitaldienstgrenze**

Regeln für das Umlaufvermögen

Weniger beachtet werden die Finanzierungsregeln für das Umlaufvermögen.

1. Die Fremdmittel sollen den **Schwankungen** des Umlaufvermögens angepasst werden können.
2. Die laufend entstehenden Verbindlichkeiten sollen in normalen Fristen – nach Möglichkeit **unter Abzug von Skonto** – bezahlt werden können.

3 a) Nennen Sie Ursachen, die Schwankungen des Umlaufvermögens hervorrufen können!

    b) Ein Unternehmen hat durchschnittliche Liefererverbindlichkeiten von 420 000,00 EUR pro Jahr. Der Material- und Wareneinsatz betrug 8 750 000,00 EUR im Jahr.

       Wie viel Tage betrug das durchschnittliche Lieferantenziel?

    c) Die Zahlungsbedingung des Lieferanten lautet: „3 % Skonto innerhalb von 10 Tagen, 30 Tage netto."

       ca) Erläutern Sie diese Zahlungsbedingung!

       cb) Erfüllt der Unternehmer die Regel 2 für das Umlaufvermögen?

       cc) Wie viel EUR Bankkredit wäre erforderlich, wenn dieser Unternehmer die Lieferantenverbindlichkeiten unter Ausnutzung von Skonto begleichen will?

$$\text{Lieferantenkredit (neu)} = \frac{\text{Zahlungsziel bei Skontoausnutzung (in Tagen) x jährlicher Wareneinsatz}}{360}$$

    d) Wäre es sinnvoll, den Lieferantenkredit durch einen Bankkredit abzulösen, wenn für diesen pro Jahr 15 v. H. Zinsen zu zählen wären?

4 Der Schreinermeister Anton Müller, siehe Aufgabe 2, möchte von Ihnen einen Vorschlag zur Finanzierung seines Kapitalbedarfs unter Beachtung der Finanzierungsregeln.

    a) Welche Überlegungen stellen Sie hinsichtlich des erforderlichen Eigenkapitals an?

    b) Wie lautet Ihre Zusammensetzung des Kapitals? Begründen Sie Ihre Antwort ausführlich!

5 Hans und Oskar Schneider wollen ein Handelsunternehmen zum Verkauf von Elektroartikeln eröffnen.

Für die Verkaufsräume müssen sie 250 000,00 EUR aufwenden. Die Verkaufseinrichtung kostet ca. 70 000,00 EUR. Die Erstausstattung mit Waren wird mit 190 000,00 EUR angenommen. Die Lieferer verlangen sofortige Bezahlung.

Die Handlungskosten werden mit 60% des Warenwertes zu Einkaufspreisen angesetzt.

Ermitteln Sie den Kapitalbedarf bei der Gründung des Unternehmens!

6 Die Schneider & Söhne OHG hat einen Jahresumsatz von netto 1 345 000,00 EUR. Im selben Geschäftsjahr wurden Roh-, Hilfs- und Betriebsstoffe für insgesamt 389 000,00 EUR gekauft. Die Personalkosten betrugen 412 000,00 EUR. An Fremdkapitalzinsen mussten 36 500,00 EUR aufgebracht werden. Die sonstigen Betriebsausgaben beliefen sich auf 135 800,00 EUR. Die zwei Gesellschafter entnehmen monatlich jeweils 15 000,00 EUR. Reinvestitionen aus Eigenmitteln in Höhe von 125 000,00 EUR pro Jahr sind geplant.

Das Unternehmen will jetzt zusätzlich 200 000,00 EUR Fremdkapital aufnehmen, das mit 8% jährlich zu verzinsen und mit 2% jährlich zu tilgen ist.

Halten Sie die Belastung aus dieser zusätzlichen Kreditaufnahme für das Unternehmen für tragbar?

Eigenfinanzierung

7 Ein Techniker ließ sich für die eigene wirtschaftliche Verwertung seiner Erfindung eine Kapitalbedarfsrechnung erstellen. Daraus wurde ersichtlich, welche Investitionen erforderlich sind, um seine Erfindung selbst wirtschaftlich zu nutzen.

Gebäude	200 000,00 EUR
Maschinen	800 000,00 EUR
Roh-, Hilfs- und Betriebsstoffe	450 000,00 EUR
Fertigwaren	100 000,00 EUR
Forderungen aus Lieferungen und Leistungen	50 000,00 EUR
Löhne	60 000,00 EUR
Sonstige kurzfristige Aufwendungen	35 000,00 EUR

a) Ein Eigenkapitalanteil von $^1/_3$ ist branchenüblich.

Wie viel EUR Eigenkapital wären erforderlich?

b) Welche Möglichkeiten der Eigenkapitalbeschaffung bestehen, wenn der Techniker das Unternehmen als Einzelunternehmen, Personengesellschaft oder Kapitalgesellschaft führen will?

c) Welche Chancen und Risiken bringen die Investitionen dem/den Eigenkapitalgeber(n)?

HGB **§ 105. [Begriff der OHG; Anwendbarkeit des BGB]**

(1) Eine Gesellschaft, deren Zweck auf den Betrieb eines Handelsgewerbes unter gemeinschaftlicher Firma gerichtet ist, ist eine offene Handelsgesellschaft, wenn bei keinem der Gesellschafter die Haftung gegenüber den Gesellschaftsgläubigern beschränkt ist.

(2) Eine Gesellschaft, deren Gewerbebetrieb nicht schon nach § 1 Abs. 2 Handelsgewerbe ist oder die nur eigenes Vermögen verwaltet, ist offene Handelsgesellschaft, wenn die Firma des Unternehmens in das Handelsregister eingetragen ist. § 2 Satz 2 und 3 gilt entsprechend.

(3) Auf die offene Handelsgesellschaft finden, soweit nicht in diesem Abschnitt ein anderes vorgeschrieben ist, die Vorschriften des Bürgerlichen Gesetzbuchs über die Gesellschaft Anwendung.

BGB **§ 706. [Beiträge der Gesellschafter]**

(1) Die Gesellschafter haben in Ermangelung einer anderen Vereinbarung gleiche Beiträge zu leisten.

(2) u. (3) [. . .]

§ 707. [Erhöhung des vereinbarten Beitrags]

Zur Erhöhung des vereinbarten Beitrags oder zur Ergänzung der durch Verlust verminderten Einlage ist ein Gesellschafter nicht verpflichtet.

HGB   **§ 161. [Begriff der KG; Anwendbarkeit der OHG-Vorschriften]**

(1) Eine Gesellschaft, deren Zweck auf den Betrieb eines Handelsgewerbes unter gemeinschaftlicher Firma gerichtet ist, ist eine Kommanditgesellschaft, wenn bei einem oder bei einigen von den Gesellschaftern die Haftung gegenüber den Gesellschaftsgläubigern auf den Betrag einer bestimmten Vermögenseinlage beschränkt ist (Kommanditisten), während bei dem anderen Teile der Gesellschafter eine Beschränkung der Haftung nicht stattfindet (persönlich haftende Gesellschafter).

(2) Soweit nicht in diesem Abschnitt ein anderes vorgeschrieben ist, finden auf die Kommanditgesellschaft die für die offene Handelsgesellschaft geltenden Vorschriften Anwendung.

§ 230. [Begriff und Wesen der stillen Gesellschaft]

(1) Wer sich als stiller Gesellschafter an dem Handelsgewerbe, das ein anderer betreibt, mit einer Vermögenseinlage beteiligt, hat die Einlage so zu leisten, dass sie in das Vermögen des Inhabers des Handelsgeschäfts übergeht.

(2) Der Inhaber wird aus den in dem Betriebe geschlossenen Geschäften allein berechtigt und verpflichtet.

GmbHG § 1. [Zweck]

Gesellschaften mit beschränkter Haftung können nach Maßgabe der Bestimmungen dieses Gesetzes zu jedem gesetzlich zulässigen Zweck durch eine oder mehrere Personen errichtet werden.

§ 5. [Stammkapital; Stammeinlage]

(1) Das Stammkapital der Gesellschaft muss mindestens fünfundzwanzigtausend Euro, die Stammeinlage jedes Gesellschafters muss mindestens hundert Euro betragen.

(2) Kein Gesellschafter kann bei Errichtung der Gesellschaft mehrere Stammeinlagen übernehmen.

(3) [1]Der Betrag der Stammeinlage kann für die einzelnen Gesellschafter verschieden bestimmt werden. [2]Er muss in Euro durch fünfzig teilbar sein. [3]Der Gesamtbetrag der Stammeinlagen muss mit dem Stammkapital übereinstimmen.

(4) [1]Sollen Sacheinlagen geleistet werden, so müssen der Gegenstand der Sacheinlage und der Betrag der Stammeinlage, auf die sich die Sacheinlage bezieht, im Gesellschaftsvertrag festgesetzt werden. [2]Die Gesellschafter haben in einem Sachgründungsbericht die für die Angemessenheit der Leistungen für Sacheinlagen wesentlichen Umstände darzulegen und beim Übergang eines Unternehmens auf die Gesellschaft die Jahresergebnisse der beiden letzten Geschäftsjahre anzugeben.

AktG   **§ 1. Wesen der Aktiengesellschaft.**

(1) [1]Die Aktiengesellschaft ist eine Gesellschaft mit eigener Rechtspersönlichkeit. [2]Für die Verbindlichkeiten der Gesellschaft haftet den Gläubigern nur das Gesellschaftsvermögen.

(2) Die Aktiengesellschaft hat ein in Aktien zerlegtes Grundkapital.

§ 2. Gründerzahl.

An der Feststellung des Gesellschaftsvertrags (der Satzung) müssen sich mindestens eine oder mehrere Personen beteiligen, welche die Aktien gegen Einlagen übernehmen.

§ 6. Grundkapital.

Das Grundkapital muss auf einen Nennbetrag in Euro lauten.

§ 7. Mindestnennbetrag des Grundkapitals.

Der Mindestnennbetrag des Grundkapitals ist fünfzigtausend Euro.

§ 8. Form und Mindestnennbeträge der Aktien.

(1) Die Aktien können entweder als Nennbetragsaktien oder als Stückaktien begründet werden.

21 Schuster – ISBN 3-8120-0060-1

AktG (2) Nennbetragsaktien müssen auf mindestens einen Euro lauten. Aktien über einen geringeren Nennbetrag sind nichtig. Für den Schaden aus der Ausgabe sind die Ausgeber den Inhabern als Gesamtschuldner verantwortlich. Höhere Aktiennennbeträge müssen auf volle Euro lauten.

(3) Stückaktien lauten auf keinen Nennbetrag. Die Stückaktien einer Gesellschaft sind am Grundkapital in gleichem Umfang beteiligt. Der auf die einzelne Aktie entfallende anteilige Betrag des Grundkapitals darf einen Euro nicht unterschreiten. Absatz 2 Satz 2 und 3 findet entsprechende Anwendung.

(4) Der Anteil am Grundkapital bestimmt sich bei Nennbetragsaktien nach dem Verhältnis ihres Nennbetrags zum Grundkapital, bei Stückaktien nach der Zahl der Aktien.

(5) Die Aktien sind unteilbar.

(6) Diese Vorschriften gelten auch für Anteilscheine, die den Aktionären vor der Ausgabe der Aktien erteilt werden (Zwischenscheine).

§ 9. Ausgabebetrag der Aktien.

(1) Für einen geringeren Betrag als den Nennbetrag oder den auf die einzelne Stückaktie entfallenden anteiligen Betrag des Grundkapitals dürfen Aktien nicht ausgegeben werden (geringster Ausgabebetrag).

(2) Für einen höheren Betrag ist die Ausgabe zulässig.

§ 10. Aktien und Zwischenscheine.

(1) Die Aktien können auf den Inhaber oder auf Namen lauten.

(2) [1]Sie müssen auf Namen lauten, wenn sie vor der vollen Leistung des Ausgabebetrags ausgegeben werden. [2]Der Betrag der Teilleistungen ist in der Aktie anzugeben.

(3) Zwischenscheine müssen auf Namen lauten.

(4) [1]Zwischenscheine auf den Inhaber sind nichtig. [2]Für den Schaden aus der Ausgabe sind die Ausgeber den Inhabern als Gesamtschuldner verantwortlich.

§ 11. Aktien besonderer Gattung.

[1]Die Aktien können verschiedene Rechte gewähren, namentlich bei der Verteilung des Gewinns und des Gesellschaftsvermögens. [2]Aktien mit gleichen Rechten bilden eine Gattung.

§ 36. Anmeldung der Gesellschaft.

(1) Die Gesellschaft ist bei dem Gericht von allen Gründern und Mitgliedern des Vorstands und des Aufsichtsrats zur Eintragung in das Handelsregister anzumelden.

(2) Die Anmeldung darf erst erfolgen, wenn auf jede Aktie, soweit nicht Sacheinlagen vereinbart sind, der eingeforderte Betrag ordnungsgemäß eingezahlt worden ist (§ 54 Abs. 3) und, soweit er nicht bereits zur Bezahlung der bei der Gründung angefallenen Steuern und Gebühren verwandt wurde, endgültig zur freien Verfügung des Vorstands steht.

§ 36 a. Leistung der Einlagen.

(1) Bei Bareinlagen muss der eingeforderte Betrag (§ 36 Abs. 2) mindestens ein Viertel des geringsten Ausgabebetrags und bei Ausgabe der Aktien für einen höheren als diesen auch den Mehrbetrag umfassen.

(2) [. . .]

§ 55. Nebenverpflichtungen der Aktionäre.

(1) [1]Ist die Übertragung der Aktien an die Zustimmung der Gesellschaft gebunden, so kann die Satzung Aktionären die Verpflichtung auferlegen, neben den Einlagen auf das Grundkapital wiederkehrende, nicht in Geld bestehende Leistungen zu erbringen. [2]Dabei hat sie zu bestimmen, ob die Leistungen entgeltlich oder unentgeltlich zu erbringen sind. [3]Die Verpflichtung und der Umfang der Leistungen sind in den Aktien und Zwischenscheinen anzugeben.

(2) Die Satzung kann Vertragsstrafen für den Fall festsetzen, dass die Verpflichtung nicht oder nicht gehörig erfüllt wird.

Eigenfinanzierung durch Selbstfinanzierung

Selbstfinanzierung, manchmal auch als interne Eigenfinanzierung bezeichnet, ist Finanzierung aus einbehaltenen Gewinnen. Erfolgt diese Finanzierung aus der Einbehaltung ausgewiesener Gewinne, spricht man von **offener Selbstfinanzierung**.

Wird der auszuweisende Gewinn dagegen durch Unterbewertung von Vermögensteilen oder Überbewertung von Schulden vermindert, so liegt eine **verdeckte** oder **stille Selbstfinanzierung** vor.

8 Die Holzmüller AG hat Umsatzerlöse von

Die Holzmüller AG hat Umsatzerlöse von	19 532 TEUR
Aufwendungen für Roh-, Hilfs- und Betriebsstoffe sowie bezogene Waren	10 465 TEUR
Löhne und Gehälter, soziale Abgaben	6 531 TEUR
Abschreibungen auf Sach- und Finanzanlagen	745 TEUR
Sonstige Aufwendungen einschließlich Zinsen	332 TEUR

Bei den Abschreibungen sind noch zu berücksichtigen:

1. Eine Investition über 800 000,00 EUR für Anlagen in der Zweigniederlassung in Chile. Wegen dort vorhandener politischer Risiken wird die Anlage, die eine Nutzungsdauer von 8 Jahren hat, bereits in 2 Jahren abgeschrieben.

2. Ein in den USA aufgenommenes Darlehen über 1 000 000,00 US-Dollar wurde mit einem Kurs von 1 EUR = 1,10 USD aufgenommen. Die Kursentwicklung des US-Dollars rechtfertigt es, daß vorsichtshalber mit einem Rückzahlungskurs von 1 EUR = 1,05 USD gerechnet wird (1 EUR = 1,95583 EUR).

a) Wie hoch ist der Jahresüberschuss nach Berücksichtigung der beiden Abschreibungen?

b) 50 % des Jahresüberschusses sind in Gewinnrücklagen einzustellen. Der Rest wird an die Aktionäre ausgeschüttet. Wie viel EUR sind das jeweils? Ertragsteuern sollen unberücksichtigt bleiben.

c) Wie viel EUR Finanzierungsmittel werden als offene Selbstfinanzierung bereitgestellt?

d) Wie viel EUR sind in Form der stillen Selbstfinanzierung beschafft worden?

e) Welche Folgen ergeben sich aus der Möglichkeit der Schaffung stiller Reserven für die Aktiengesellschaft, für Aktionäre und für den Staat?

Fremdfinanzierung

9 Die Firma Hans Schneider, Druckerei, Gießen, besteht seit drei Jahren und hat sich gut entwickelt.

Nun wird eine Erweiterung des Betriebes erforderlich. Eine Kapitalbedarfsplanung für die erforderlichen Investitionen ergibt folgenden Kapitalbedarf:

Gebäude	420 000,00 EUR
Geschäftsausstattung	35 000,00 EUR
Maschinen	115 000,00 EUR

Es ist damit zu rechnen, dass sich der Bestand an Roh-, Hilfs- und Betriebsstoffen um 20 000,00 EUR und die Kundenforderungen um 40 000,00 EUR erhöhen werden. Ein sonstiger Finanzbedarf entsteht nicht.

50 % der Gebäudekosten werden durch Eigenfinanzierung aufgebracht.

a) Welche Anforderungen an die Laufzeit sollten an das noch zu beschaffende Fremdkapital gestellt werden?

b) Von wem könnten die erforderlichen Fremdmittel grundsätzlich beschafft werden?

c) Wie viel EUR Fremdkapital werden langfristig und wie viel EUR kurzfristig benötigt?

d) Ein Kreditinstitut bietet folgende Finanzierungsmöglichkeiten an:

Kontokorrentkredit

Müssen Sie hin und wieder kurzfristig Finanzdispositionen treffen, vereinbaren wir mit Ihnen einen Höchstbetrag, bis zu dem der Sollsaldo Ihres Kontos steigen darf.

Sie erhalten damit einen Kreditrahmen, den Sie flexibel für Ihre jeweiligen Bedürfnisse nutzen und mit dem Sie bei Ihrer Finanzplanung fest kalkulieren können. Über die Bedingungen muss im Einzelfall gesprochen werden. Als Sicherheiten bieten sich z. B. an: Grundschuld, Warenübereignung, Forderungsabtretung.

Der Vorteil eines jeden Kontokorrentkredits: Er gewährt Ihnen volle Bewegungsfreiheit. Sie können über den Kontokorrentkredit in beliebigen Beträgen zu beliebiger Zeit und in verschiedenen Formen (Abheben, Scheckziehen, Überweisen) verfügen.

Diskontkredit

Mit ihrem Diskontkredit bevorschusst die Bank Handelswechsel bis zu deren Fälligkeit. Die Bank kauft die Wechsel zum Barwert, d. h., für die Zeit vom Ankauf des Wechsels bis zu dessen Fälligkeit werden Zinsen (Diskont) und Spesen abgezogen.

Der Aussteller mus sich nur darüber im Klaren sein, dass er im Falle der Nichteinlösung des Wechsels in Anspruch genommen werden kann.

Wechsel laufen im Allgemeinen über drei Monate. Die Bank diskontiert auch länger laufende Wechsel; der Zinssatz liegt dann aber höher als bei Dreimonatswechseln, da diese Papiere nicht als Sicherheit bei der Refinanzierung bei der Europäischen Zentralbank (EZB) verwendet werden können.

Investitionsdarlehen/Praxisdarlehen

Bei der Finanzierung von Maschinen, Einrichtungen, Fahrzeugen, Grundstücken und Gebäuden hilft das Investitionsdarlehen. Es ist ganz auf die Bedürfnisse der Unternehmen zugeschnitten.

Das Darlehen wird in der Regel durch das zu kaufende Objekt weitgehend abgesichert, sodass sich die Frage nach zusätzlichen Sicherheiten hier kaum stellt. Die Darlehenslaufzeit orientiert sich an der wirtschaftlichen Nutzungs-/Abschreibungsdauer des Sicherungsobjektes. Sie beträgt maximal acht Jahre.

Allerdings sollte der Darlehensnehmer 20 bis 25 Prozent des Investitionsaufwandes als Eigenkapital aufbringen, es sei denn, er hätte zusätzliche Sicherheiten anzubieten. Für die Finanzierung von Betriebsmitteln oder Aufträgen ist das Investitionsdarlehen ungeeignet. Es ist auch nicht gedacht für Investitionen im privaten Bereich.

Die Zinsen sind für eine bestimmte Zeit festgeschrieben, sodass Darlehensnehmer klar kalkulieren können.

Darlehensnehmer können das Darlehen mit drei verschiedenen Tilgungsmöglichkeiten aufnehmen:

1. **als Annuitätendarlehen:**
   mit gleich bleibenden Vierteljahresraten einschließlich der Zinsen,
2. **als Ratentilgungsdarlehen:**
   mit gleich bleibenden Vierteljahresraten bei separater Zinszahlung,
3. **als tilgungsfreies Darlehen:**
   Tilgung erfolgt aus einer Lebensversicherungs-Leistung am Ende der vereinbarten Laufzeit (bereits bestehende Versicherungsverträge können unter bestimmten Voraussetzungen einbezogen werden).

Wenn Darlehensnehmer die Form des Annuitäten- oder Ratentilgungsdarlehens wählen, können auf Wunsch drei Freijahre vorgeschaltet werden, in denen keine Tilgungszahlungen zu leisten sind.

Grundsätzlich gibt es für die Darlehenshöhe keine Obergrenze.

Welche der vorzunehmenden Investitionen könnte die Firma Schneider mit welchen Bankkrediten finanzieren?

e) Welche Sicherheiten werden von der Firma Schneider für die verschiedenen Kredit- bzw. Darlehensarten verlangt?

f) Welche Unterschiede bestehen zwischen diesen Kredit- bzw. Darlehensarten hinsichtlich der Verfügbarkeit über den Kredit- bzw. Darlehensbetrag und hinsichtlich der Kredit- bzw. Darlehenslaufzeiten?

Finanzierung durch Kapitalfreisetzung (Umschichtungsfinanzierung)

Durch die Kapitalfreisetzung erhält ein Unternehmen kein zusätzliches Kapital in Form von Eigen- oder Fremdkapital. Es wird lediglich bereits vorhandenes und investiertes Kapital wieder freigesetzt, das nun erneut für Investitionen gebunden werden kann.

10 Durch eine Umstellung des Rechnungswesens auf Datenverarbeitung werden Buchungsmaschinen, die noch mit 40 000,00 EUR zu Buche stehen, zum Buchwert verkauft.

Wie wirkt sich dieser Verkauf finanzwirtschaftlich aus?

11 Die E. Hausmann OHG erwirbt einen Lkw für 158 000,00 EUR. Dieser Lkw soll mit jährlich 20 % linear abgeschrieben werden. Den jährlichen Abschreibungen stehen in voller Höhe Umsatzerlöse in liquider Form gegenüber.

   a) Wie viel EUR stehen dem Unternehmen jährlich an Finanzierungsmitteln zur Verfügung, wenn die bilanziellen Abschreibungen als Aufwand verrechnet werden?

   b) Unter welchen Bedingungen stehen dem Unternehmen die in a) ermittelten Finanzierungsmittel zur Verfügung?

   c) Bis zu welchem Zeitpunkt stehen dem Unternehmen die durch Abschreibungen zugeflossenen Finanzierungsmittel längstens zur Verfügung?

12 Ein Unternehmen erwirbt am Jahresanfang 5 Maschinen zum Preis von je 20 000,00 EUR. Der Investitionsbetrag wird durch Fremdfinanzierung beschafft. Die Nutzungsdauer der Maschinen soll 4 Jahre betragen. Aus den Abschreibungsgegenwerten sollen jeweils zusätzliche Maschinen gleicher Art erworben werden. Jede Maschine hat eine Gesamtkapazität von 5 000 Leistungseinheiten, die kontinuierlich während der Nutzungsdauer abgegeben werden.

   a) Stellen Sie in einer Tabelle dar, welchen Maschinenbestand dieses Unternehmen in den nächsten 10 Jahren aus dem ursprünglichen Kapitaleinsatz finanzieren kann!

   b) Wie verändern sich Periodenkapazität und Totalkapazität während dieses Zeitraumes?

   c) Worauf sind eventuelle Abweichungen von Perioden- und Totalkapazität zurückzuführen?

   d) Unter welchen Bedingungen kommt der oben dargestellte Verlauf der Periodenkapazität zur Wirkung?

   e) Welchen Zusammenhang mit der Betriebsgröße können Sie in der Wirkungsweise dieses Kapazitätserweiterungseffektes (Lohmann-Ruchti-Effekt, Marx-Engels-Effekt) feststellen?

Finanzierung aus Rückstellungen

Rückstellungen dürfen für ungewisse Verbindlichkeiten und für drohende Verluste aus schwebenden Geschäften gebildet werden (§ 249 HGB). Außerdem für

1. im Geschäftsjahr unterlassene Aufwendungen für Instandhaltung oder Abraumbeseitigung, die im folgenden Geschäftsjahr nachgeholt werden;

2. Gewährleistungen, die ohne rechtliche Verpflichtung erbracht werden.

Rückstellungen dürfen außerdem für ihrer Eigenart nach genau umschriebene, dem Geschäftsjahr oder einem früheren Geschäftsjahr zuzuordnende Aufwendungen gebildet werden, die am Abschlussstichtag wahrscheinlich oder sicher, aber hinsichtlich ihrer Höhe oder des Zeitpunkts ihres Eintritts unbestimmt sind (§ 249 Abs. 2 HGD).

Pensionsrückstellungen sind Rückstellungen für laufende Pensionen und für Anwartschaften auf Pensionen.

13 Für eine in diesem Jahr unterlassene Instandsetzung am Lagergebäude, die im nächsten Geschäftsjahr nachgeholt werden soll, werden 180 000,00 EUR zurückgestellt.

a) Erklären Sie die Finanzierungswirkung dieser Rückstellung!

b) Unter welchen Bedingungen kommt den Rückstellungen eine Finanzierungswirkung zu?

14 Rückstellungen können kurz-, mittel- und langfristige Finanzierungsmittel freisetzen, je nach der Zeitspanne zwischen ihrer Bildung und ihrer Auflösung.

Entscheiden Sie, wie folgende Rückstellungen nach dem Merkmal der Fristigkeit zuzuordnen sind!

Anlaß der Bildung der Rückstellung	Dauer des Finanzierungseffektes
a) Vertreterprovision für das abgelaufene Geschäftsjahr wird erst im folgenden Geschäftsjahr ausbezahlt	
b) Rückstellungen für Beiträge zur Berufsgenossenschaft	
c) Rückstellungen für Gewinnbeteiligung der Arbeitnehmer	
d) Rückstellungen für Währungsverluste aus noch schwebenden Exportgeschäften	
e) Rückstellung für einen Prozess wegen einer Patentverletzung, der durch mehrere Instanzen geführt werden wird	
f) Rückstellung für Verluste aus Wartungsverträgen für gelieferte Anlagen	
g) Rückstellungen für Gewährleistungsgarantien	
h) Rückstellungen für Pensionszusagen für Arbeitnehmer	

Innen- und Außenfinanzierung; Eigen- und Fremdfinanzierung

Innenfinanzierung liegt vor, wenn die Finanzierungsmittel vom Unternehmen selbst über die Umsatzerlöse „beschafft" wurden.

Werden dagegen die Finanzierungsmittel von Geldgebern von außen in das Unternehmen geleitet, spricht man von Außenfinanzierung.

Nach der rechtlichen Stellung des Geldgebers zum Unternehmen wird zwischen Eigen- und Fremdfinanzierung unterschieden.

Finanzierungsmittel, die durch innerbetriebliche Freisetzung von Kapital bereitgestellt wurden, lassen sich in der Regel nicht nach Eigen- und Fremdfinanzierung einordnen.

15 Ordnen Sie die bisher vermittelten Finanzierungsformen nach den Kriterien Innen- und Außenfinanzierung sowie Eigen- und Fremdfinanzierung in folgendes Tabellenschema ein!

Einteilung nach	Innenfinanzierung	Außenfinanzierung
Finanzierungsarten		
der juristischen Stellung des Kapitalgebers		

Eigen- und Fremdkapital

16 Stellen Sie die Unterschiede zwischen Eigen- und Fremdkapital nach den folgenden Kriterien in diesem Tabellenschema dar!

Kriterien	Eigenkapital	Fremdkapital
Risiko		
Maßstab für das Kapital		
Entgelt für die Nutzung		
juristische Stellung des Kapitalgebers		
Dauer der Zurverfügungstellung		
Mitspracherechte der Kapitalgeber in der Unternehmensführung		

Umfinanzierung

Umfinanzierung ist die Veränderung der Kapitalstruktur. Die Summe des verfügbaren Kapitals bleibt unverändert.

17 Die Internationale Handels AG hat folgende vereinfachte Bilanz:

Aktiva	Internationale Handels AG		Passiva
Anlagevermögen	200 000,00 EUR	Grundkapital	180 000,00 EUR
Umlaufvermögen	500 000,00 EUR	Gewinnrücklagen	360 000,00 EUR
		Bankdarlehen	
		langfristig	10 000,00 EUR
		kurzfristig	40 000,00 EUR
		Liefererverbindlichkeiten	100 000,00 EUR
		Gewinnvortrag	10 000,00 EUR
	700 000,00 EUR		700 000,00 EUR

a) Wie wirken sich folgende Vorgänge auf die Bilanzstruktur aus?
1. Eine Kapitalerhöhung aus Gesellschaftsmitteln soll im Verhältnis 1 : 1 durchgeführt werden.
2. Der Gewinnvortrag wird in die offenen Rücklagen eingestellt.
3. Die Liefererverbindlichkeiten sollen zur Hälfte durch einen Kontokorrentkredit abgelöst werden.
4. Ein kurzfristiger Bankkredit über 20 000,00 EUR soll durch einen langfristigen Bankkredit ersetzt werden.

b) Nennen Sie zwei Gründe für den Vorgang unter a) 1.!
c) Nennen Sie zwei Gründe für den Vorgang unter a) 3.!
d) Nennen Sie einen Grund für den Vorgang unter a) 4.!

18 Ein Unternehmen hat durchschnittliche Liefererverbindlichkeiten von 380 000,00 EUR pro Jahr. Der Material- und Wareneinsatz betrug 4 450 000,00 EUR pro Jahr.

Lieferer gewähren 4% Skonto innerhalb von 10 Tagen nach Rechnungsstellung, 60 Tage netto.

a) Lohnt sich für dieses Unternehmen eine Umfinanzierung auf Kontokorrentkredit, wenn ein Kreditinstitut dafür 12% Zinsen p. a. berechnet?

b) Wie viel EUR Bankkredit wären erforderlich, wenn dieses Unternehmen die Liefererverbindlichkeiten unter Ausnutzung von Skonto begleichen will? (Ergebnis auf volle 100,00 EUR aufrunden!)

Sonderformen

Factoring

19 Die Firma Schneider & Söhne, Erfurt, will in Zukunft ihre Warenverkäufe durch die Einschaltung einer Factoring-Gesellschaft finanzieren.

Zu diesem Zweck schließt sie mit der Deutschen Factoring-Gesellschaft mbH folgenden Factoring-Vertrag:

„Factoring-Vertrag zwischen der Deutschen Factoring-Gesellschaft mbH – nachstehend Gesellschaft genannt – und Schneider & Söhne – nachstehend Kunde genannt –

§ 1 Vertragsgegenstand

I. Die Gesellschaft verpflichtet sich, nach Maßgabe des Vertrages
   a) alle gegenwärtigen und zukünftigen Forderungen aus Lieferung und Leistung des Kunden an seine Abnehmer unter Übernahme des Delkredererisikos anzukaufen,
   b) im Rahmen ihrer Organisation die Debitorenbuchhaltung des Kunden in dessen Verhältnis zur Gesellschaft und zu sämtlichen Abnehmern von Lieferung und Leistung zu übernehmen.
II. Der Kunde verpflichtet sich, seine sämtlichen gegenwärtigen und zukünftigen Forderungen aus Lieferung und Leistung an seine Abnehmer während der Laufzeit des Vertrages ausschließlich der Gesellschaft zum Kauf anzubieten und die vereinbarten Gebühren zu zahlen.

§ 2 Forderungsankauf

I. Von der Verpflichtung zum Ankauf sind ausgeschlossen:
   a) Forderungen gegen von der Gesellschaft als nicht kreditwürdig angesehene Kunden –
   b) Forderungen, die ein von der Gesellschaft für den einzelnen Debitor festgelegtes Höchstlimit übersteigen –
   c) Forderungen gegen Vertreter der Firma –
   d) Forderungen, die mit Gegenforderungen aufgerechnet werden können oder bei denen sonstige Rechte Dritter bestehen.
II. Über den Forderungsankauf entscheidet die Gesellschaft aufgrund der ihr vom Kunden übersandten Rechnungskopien.

§ 3 Kaufpreis

I. Die Gesellschaft wird für die von ihr angekauften Forderungen einen Kaufpreis in Höhe des der Rechnung zugrunde liegenden Zahlungsanspruchs zahlen. Der Kaufpreis ist fällig mit Eingang der Zahlung des Abnehmers bei der Gesellschaft bzw. mit Eintritt des Delkrederefalles. Der Delkrederefall gilt als eingetreten, wenn die Zahlung des Abnehmers 120 Tage nach Fälligkeit der jeweiligen Forderung aus Gründen der Zahlungsunfähigkeit des Abnehmers ausgeblieben ist.
II. Ungeachtet der Vorschrift des Absatzes I wird die Gesellschaft dem Kunden für die Zeit zwischen Forderungsankauf und Zahlungseingang bzw. Eintritt des Delkrederefalles einen Vorschussrahmen einräumen. Der Vorschussrahmen beträgt 80% des zum Kauf angebotenen Forderungsbetrages.
III. Für Inanspruchnahme des Vorschussrahmens sind Zinsen zu entrichten. Die Zinsen sind vierteljährlich fällig. Der Zinssatz beträgt Spitzenrefinanzierungssatz der EZB + 3,5%.

§ 4 Verzinsung nicht abgerufener Kaufpreise und Inkassoerlöse

Nicht abgerufene, fällige Kaufpreise und Inkassoerlöse wird die Gesellschaft zu 1% unter dem jeweiligen Bundesbank-Diskonsatz verzinsen. Zinsen sind vierteljährlich fällig.

§ 5 Zweckbindung

Der Kunde wird die aufgrund dieses Vertrages erhaltenen Beträge zur Begleichung seiner Lieferantenverbindlichkeiten unter Ausnutzung höchstmöglicher Skonti verwenden.

§ 7 Erfüllungsgeschäft

Für den Fall des Ankaufs tritt der Kunde der Gesellschaft bereits hiermit seine gegenwärtigen und zukünftigen Forderungen aus Lieferung und Leistung gegen seine Abnehmer ab.

§ 8 Offenlegungspflicht

Der Kunde unterrichtet seine Abnehmer über die geschäftliche Zusammenarbeit mit der Gesellschaft. Die Gesellschaft ist ihrerseits berechtigt, die Abnehmer des Kunden über die Zusammenarbeit zu unterrichten und sich Salden der Abnehmerkonten von den Abnehmern bestätigen zu lassen.

§ 9 Abführung von Abnehmerzahlungen

Der Kunde hat Zahlungen, gleich welcher Art, die auf die von der Gesellschaft angekauften Forderungen bei ihm selbst oder einem Kreditinstitut für ihn eingehen, unverzüglich an die Gesellschaft abzuführen.

§ 10 Gebühren

Der Kunde entgilt die von der Gesellschaft übernommenen Ausfallgarantien mit 0,4 % vom Rechnungsbetrag und die Dienstleistungen mit einer Factoring-Gebühr von 15,00 EUR pro Rechnung.

§ 11 Vertragsdauer

Der Vertrag wird bis zum 31. 12. 2005 geschlossen. Er verlängert sich jeweils um ein weiteres Jahr, wenn er nicht mindestens drei Monate vor Vertragsablauf schriftlich gekündigt wird."

a) Welche Pflichten hat die Firma Schneider & Söhne (Anschlusskunde) durch diesen Factoring-Vertrag übernommen?

b) Welche Pflichten ist die Deutsche Factoring-Gesellschaft mbH (Factor) eingegangen?

c) Welche Vorteile hat der Anschlusskunde aus diesem Vertrag?

d) Welche Nachteile hat der Anschlusskunde aus diesem Vertrag?

20 Am 15. März verkauft die Firma Schneider & Söhne an die Thüringer Wurstwaren GmbH, Gera, Waren für 67 500,00 EUR. Zahlungsziel 90 Tage.

a) Stellen Sie die Beziehungen zwischen dem Factor, dem Anschlusskunden und dem Debitor in einem Schaubild dar! Kennzeichnen Sie die einzelnen Schritte mit einer aufsteigenden Ziffer!

b) Welchen Betrag kann der Anschlusskunde als Vorschuss beanspruchen?

c) Suchen Sie Gründe dafür, warum nicht der Gesamtbetrag in voller Höhe bevorschusst wird!

d) An wen muss der Debitor zahlen?

e) Angenommen, der Debitor zahlt bei Fälligkeit der Forderung nicht.

   ea) Wer muss in diesem Fall mahnen?

   eb) Wann kann der Anschlusskunde endgültig über die Forderung verfügen?

f) Welche Kosten hat der Anschlusskunde dem Factor zu zahlen, wenn dieser die Bevorschussung nach 5 Tagen vornimmt und der Spitzenrefinanzierungssatz 6 % beträgt?

Leasing

21 Situation:

Die Metallwerke GmbH, Hamburg, benötigt eine neue Fräsmaschine. Sie hat sich bei der Maschinenfabrik Hilo AG, Berlin, bereits eine geeignete Fräsmaschine zum Preis von 200 000,00 EUR + 16 % MWSt ausgesucht.

Zur Finanzierung wendet sich die Metallwerke GmbH an die Allgemeine Leasing GmbH (ALEAS), Düsseldorf, mit dem Wunsch, dieses Geschäft zu finanzieren.

Die ALEAS (Leasinggeber) übersendet der Metallwerke GmbH (Leasingnehmer) folgenden Vertragsentwurf zu:

ALEAS
Allgemeine Leasing GmbH

Leasingvertrag Vollamortisation

Name und Anschrift des Leasingnehmers	Name und Anschrift des Lieferanten
Metallwerke GmbH	Maschinenfabrik Hilo AG
Ohlstedter Str. 13	Speyerer Str. 38
22397 Hamburg	10779 Berlin

Bezeichnung des Leasingobjektes	Liefertermin	Netto-Kaufpreis	MWSt
Universalfräse	20. .–05-15	200 000,00 EUR	16 %

Unkündbare Leasingdauer	48 Monate	Kaufpreis insgesamt	EUR	200 000,00
Monatlicher Leasingsatz	2,7 %	Monatliche Leasingrate	EUR	5 400,00
vom Netto-Kaufpreis		+ 16 % MWSt	EUR	864,00
Leasingbeginn:	1. Juni 20. .	Monatliche Gesamt-Leasingrate	EUR	6 264,00

Der Leasingnehmer bietet der ALEAS den Abschluss eines Leasingvertrages zu oben und umseitig aufgeführten Bedingungen an. Der Leasingvertrag kommt mit schriftlicher Annahme der ALEAS zustande. Der Leasingnehmer beauftragt ALEAS, das Leasingobjekt nach Zustandekommen des Leasingvertrages von dem Lieferanten zu den Bedingungen käuflich zu erwerben, die der Leasingnehmer akzeptiert bzw. mit dem Lieferanten ausgehandelt hat. Die Auswahl des Lieferanten und des Leasingobjektes erfolgt ausschließlich durch den Leasingnehmer. Die ALEAS übernimmt daher keine Gewähr für die ordnungsgemäße und termingerechte Lieferung, die Mängelfreiheit und Nutzbarkeit des Leasingobjektes und die Bonität und Leistungsfähigkeit des Lieferanten.

40477 Düsseldorf, den . . . .   22397 Hamburg, den . . . .

ALEAS
Allgemeine Leasing GmbH

_____

(Firmenstempel und Unterschrift des Leasingnehmers)

Leasingbedingungen

§ 1 Lieferung und Abnahme

Der Leasingnehmer ist zur Abnahme des mängelfrei gelieferten Leasingobjektes verpflichtet.

Der Leasingnehmer trägt die Kosten und die Gefahr der Lieferung und der Montage sowie die Kosten der Behebung dabei verursachter Schäden.

§ 2 Versicherung

Der Leasingnehmer wird während der Leasingdauer auf eigene Kosten das Leasingobjekt gegen alle für das Leasingobjekt typischen Risiken zum Neuwert versichern und in seine übliche Betriebshaftpflichtversicherung einschließen.

§ 3 Sachgefahr

Der Leasingnehmer trägt die Gefahr des zufälligen Unterganges, des Abhandenkommens, des Total-schadens und des Wegfalls der Gebrauchsfähigkeit sowie der Verschlechterung des Leasingobjektes.

§ 4 Fristlose Kündigung

Der Leasinggeber kann den Leasingvertrag bei Vorliegen eines wichtigen Grundes fristlos kündigen, insbesondere wenn
- der Leasingnehmer mit einem Betrag von zwei Leasingraten im Verzug ist,
- der Leasingnehmer seine Zahlungen einstellt oder
- über sein Vermögen die Eröffnung eines Vergleichs- oder Konkursverfahrens eröffnet wird.

§ 5 Kauf- und Verlängerungsoption

Am Ende der Leasingdauer hat der Leasingnehmer nach seiner Wahl das Recht,
a) das Leasingobjekt von der ALEAS zu kaufen (Kaufoption). Der Kaufpreis entspricht dem Buchwert des Leasingobjektes, der sich am Ende der Leasingdauer unter Anwendung der linearen AfA nach der amtlichen AfA-Tabelle ergibt, oder dessen niedrigerem gemeinem Wert;
b) den Leasingvertrag zu verlängern (Verlängerungsoption). Die Verlängerungsdauer richtet sich nach dem Erhaltungszustand des Leasingobjektes. Die Leasingrate für die Verlängerungszeit errechnet sich aus dem Verhältnis des Buchwertes des Leasingobjektes, der sich am Ende der Leasingdauer unter Anwendung der linearen AfA nach der amtlichen AfA-Tabelle ergibt, oder dessen niedrigerem gemeinem Wert zu der Verlängerungsdauer.

§ 6 Rückgabepflicht des Leasingnehmers

Nach Beendigung des Leasingvertrages hat der Leasingnehmer das Leasingobjekt, sofern er es nicht kauft, auf seine Kosten und Gefahr transportversichert an den von ALEAS bestimmten Ort innerhalb der Bundesrepublik Deutschland zurückzugeben.

a) Stellen Sie die Schritte in einem Schaubild dar, die bei dieser Finanzierungsart zwischen dem Leasinggeber, dem Leasingnehmer und dem Lieferanten von der Anbahnung des Geschäftes bis zur Zahlung der Leasingraten anfallen!
b) Suchen Sie Vorteile, die der Leasingnehmer durch diese Finanzierungsart haben kann!
c) Suchen Sie Nachteile, die der Leasingnehmer durch diese Finanzierungsart haben kann!

22

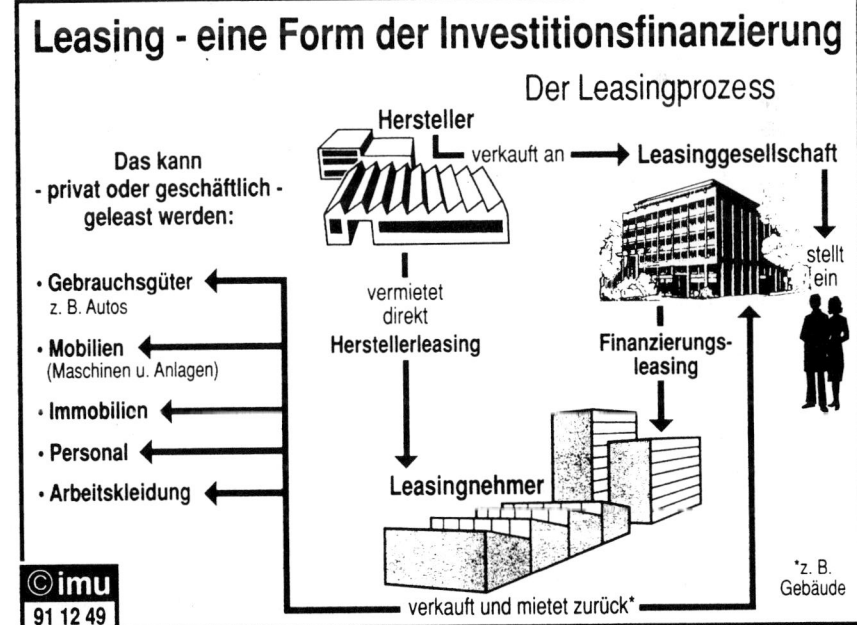

Quelle: Fachbeilage GeschäftsWelt, Sparkassenverlag

Leasing kommt in verschiedenen Formen vor, wie Sie aus dem Schaubild auf S. 331 entnehmen können.

a) Welche Leasingformen lassen sich nach der Art der geleasten Güter oder Leistungen unterscheiden?

b) Wodurch unterscheiden sich **Herstellerleasing** und **Finanzierungsleasing**?

c) Was versteht man unter **sale-and-lease-back**?

LZ: Möglichkeiten der Kreditsicherung unterscheiden

Kreditsicherheiten

23 Hans Schneider ist mit seinem Freund Georg in der Stadt. In einem Schaufenster sieht Hans einen Ledermantel, der ihm auf den ersten Blick sehr gut gefällt. Der Kaufpreis beträgt 890,00 EUR. Das Hans nur 600,00 EUR bei sich hat, bittet er Georg, ihm die restlichen 290,00 EUR bis zur nächsten Woche zu leihen. Georg gibt seinem Freund den gewünschten Betrag. Weitere Vereinbarungen werden nicht getroffen.

Welche Sicherheit hat Georg, das Geld von Hans zurückzuerhalten?

24 Anna Weber will eine Boutique für Damenoberbekleidung eröffnen. Sie hat dafür 20 000,00 EUR gespart.

Von ihrem Bekannten Eduard May erhält sie weitere 10 000,00 EUR. Für diesen Betrag unterschreibt ihr Vater folgende Erklärung:

> ### Bürgschaft
>
> Für die Verpflichtung meiner Tochter Anna Weber, Löberstraße 25, 35390 Gießen, aus dem Darlehensvertrag mit Eduard May, Gartenstraße 3, 35390 Gießen, vom 3. März 2000, Darlehenssumme 10 000,00 EUR (in Worten: Zehntausend Euro), verzinslich mit 9 v. H. pro Jahr, zu tilgen in 48 gleichen Monatsraten ab 1. April 2001, übernehme ich hiermit die Bürgschaft.
>
> Gießen, 3. März 2000
>
> *Hans Weber*

Eduard May ist mit dieser Bürgschaft einverstanden und zahlt den Darlehensbetrag an Anna Weber.

> **BGB § 765. [Wesen der Bürgschaft]**
>
> (1) Durch den Bürgschaftsvertrag verpflichtet sich der Bürge gegenüber dem Gläubiger eines Dritten, für die Erfüllung der Verbindlichkeit des Dritten einzustehen.
>
> (2) Die Bürgschaft kann auch für eine künftige oder eine bedingte Verbindlichkeit übernommen werden.
>
> **§ 766. [Schriftform der Bürgschaftserklärung]**
>
> [1]Zur Gültigkeit des Bürgschaftsvertrags ist schriftliche Erteilung der Bürgschaftserklärung erforderlich. [2]Soweit der Bürge die Hauptverbindlichkeit erfüllt, wird der Mangel der Form geheilt.
>
> **§ 767. [Umfang der Bürgschaftsschuld]**
>
> (1) [1]Für die Verpflichtung des Bürgen ist der jeweilige Bestand der Hauptverbindlichkeit maßgebend. [2]Dies gilt insbesondere auch, wenn die Hauptverbindlichkeit durch Verschulden oder Verzug des Hauptschuldners geändert wird. [3]Durch ein Rechtsgeschäft, das der Hauptschuldner nach der Übernahme der Bürgschaft vornimmt, wird die Verpflichtung des Bürgen nicht erweitert.

a) Welche Rechtsverhältnisse bestehen zwischen den Beteiligten?

b) Welche Sicherheiten hat Eduard May für sein Darlehen?
c) Wann kann der Bürge für die Zahlung der Darlehensschuld in Anspruch genommen werden?
d) In welchem Umfang haftet der Bürge gegenüber dem Gläubiger?
e) Welche Art der Bürgschaft läge vor, wenn Hans Weber in seiner Bürgschaftserklärung zusätzlich folgenden Satz eingefügt hätte?
   „Ich verzichte auf das Recht der Einrede der Vorausklage."
f) Welcher Unterschied besteht im Fall e) gegenüber einer gewöhnlichen Bürgschaft?

25 Erna Schreiner erwirbt am 09. 06. dieses Jahres im Möbelhaus Ellweiler ein Wohnzimmer zum Preis von 15 900,00 EUR. Davon zahlt sie 10 900,00 EUR an, über den Restbetrag wird folgender Wechsel ausgestellt:

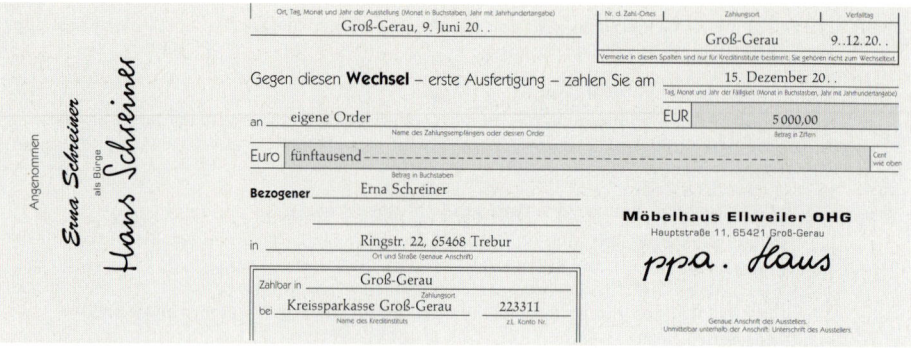

a) Wer haftet bei diesem Wechsel für die Zahlung?

b) Wie haften diese Wechselverpflichteten?

c) Wie ist die Haftung gegenüber der Haftung bei einer normalen Bürgschaft zu beurteilen, wenn sich herausstellen sollte, dass das Wohnzimmer erhebliche Mängel aufweist?

WG   **Art. 30. [Zulässigkeit]**

(1) Die Zahlung der Wechselsumme kann ganz oder teilweise durch Wechselbürgschaft gesichert werden.

(2) Diese Sicherheit kann von einem Dritten oder auch von einer Person geleistet werden, deren Unterschrift sich schon auf dem Wechsel befindet.

Art. 31. [Form]

(1) Die Bürgschaftserklärung wird auf den Wechsel oder auf einen Anhang gesetzt.

(2) Sie wird durch die Worte „als Bürge" oder einen gleichbedeutenden Vermerk ausgedrückt; sie ist von dem Wechselbürgen zu unterschreiben.

(3) Die bloße Unterschrift auf der Vorderseite des Wechsels gilt als Bürgschaftserklärung, soweit es sich nicht um die Unterschrift des Bezogenen oder des Ausstellers handelt.

(4) In der Erklärung ist anzugeben, für wen die Bürgschaft geleistet wird; mangels einer solchen Angabe gilt sie für den Aussteller.

Art. 32. [Haftung des Bürgen, Rechte des Bürgen]

(1) Der Wechselbürge haftet in der gleichen Weise wie derjenige, für den er sich verbürgt hat.

(2) Seine Verpflichtungserklärung ist auch gültig, wenn die Verbindlichkeit, für die er sich verbürgt hat, aus einem anderen Grund als wegen eines Formfehlers nichtig ist.

(3) Der Wechselbürge, der den Wechsel bezahlt, erwirbt die Rechte aus dem Wechsel gegen denjenigen, für den er sich verbürgt hat, und gegen alle, die diesem wechselmäßig haften.

26 Der Textileinzelhändler Karl Scherer erteilt am 22. September dem Reisenden des Großhändlers Althammer einen Auftrag über 100 Jeanshosen, Größe 42, Preis 34,00 EUR pro Stück.

Auf der Rückseite des Auftragsformulars steht u. a.:

„Die Ware bleibt nach § 455 BGB bis zur vollständigen Bezahlung Eigentum des Verkäufers."

a) Welche Pflichten haben beide Vertragspartner aus dem Kaufvertrag?

b) Welche Verpflichtung aus dem Kaufvertrag erfüllt der Lieferer der Ware unter einer aufschiebenden Bedingung?

c) In welchem Zeitpunkt hat der Lieferer diese aufschiebende Bedingung vereinbart?

d) Wann hätte der Lieferer diese Bedingung spätestens vereinbaren können?

e) Welche Sicherheit bringt diese Vereinbarung dem Lieferer?

334

BGB § 455. [Eigentumsvorbehalt]

Hat sich der Verkäufer einer beweglichen Sache das Eigentum bis zur Zahlung des Kaufpreises vorbehalten, so ist im Zweifel anzunehmen, dass die Übertragung des Eigentums unter der aufschiebenden Bedingung vollständiger Zahlung des Kaufpreises erfolgt und dass der Verkäufer zum Rücktritte von dem Vertrage berechtigt ist, wenn der Käufer mit der Zahlung in Verzug kommt.

§ 158. [Aufschiebende und auflösende Bedingung]

(1) Wird ein Rechtsgeschäft unter einer aufschiebenden Bedingung vorgenommen, so tritt die von der Bedingung abhängig gemachte Wirkung mit dem Eintritte der Bedingung ein.

(2) Wird ein Rechtsgeschäft unter einer auflösenden Bedingung vorgenommen, so endigt mit dem Eintritte der Bedingung die Wirkung des Rechtsgeschäfts; mit diesem Zeitpunkte tritt der frühere Rechtszustand wieder ein.

§ 929. [Einigung und Übergabe]

[1]Zur Übertragung des Eigentums an einer beweglichen Sache ist erforderlich, dass der Eigentümer die Sache dem Erwerber übergibt und beide darüber einig sind, dass das Eigentum übergehen soll. [2]Ist der Erwerber im Besitze der Sache, so genügt die Einigung über den Übergang des Eigentums.

27 Die Brennstoffe GmbH nimmt bei der Handelsbank AG einen Kontokorrentkredit über 300 000,00 EUR auf.

Zur Sicherung dieses Kredits tritt die Brennstoffe GmbH eine Forderung aus Brennstofflieferungen an die Metallwerke GmbH über 350 000,00 EUR, fällig in 6 Monaten, an die Handelsbank AG ab.

a) Stellen Sie die Rechtsbeziehungen zwischen den Beteiligten **vor** und **nach** der Abtretung dar!

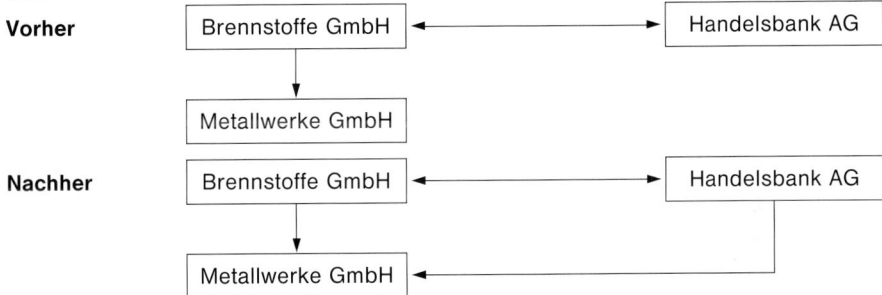

b) Welche Konsequenzen ergeben sich für die Metallwerke GmbH, wenn ihr die Abtretung der Forderung angezeigt wird?

c) Es stellt sich nach einiger Zeit heraus, dass der Kontokorrentkredit der Handelsbank AG an die Brennstoffe GmbH auf 1 000 000,00 EUR erhöht werden soll.

Zur Sicherung sollen Forderungen an Kunden von der Brennstoffe GmbH an die Handelsbank AG abgetreten werden.

Dabei steht zur Wahl, ob

1. laufend neu entstandene Forderungen aus Verkäufen bis zu einem Betrag von 1 200 000,00 EUR abgetreten werden sollen (so genannte Mantelzession) oder

2. gegenwärtige und zukünftig entstehende Forderungen aus Verkäufen gegen alle Kunden mit den Anfangsbuchstaben A – O an die Handelsbank AG abgetreten werden sollen (so genannte Globalzession).

In der Vergangenheit betrug der durchschnittliche Forderungsbestand gegenüber diesem Kundenkreis etwa 1 300 000,00 EUR.

Welche Vor- und Nachteile haben Mantel- bzw. Globalzession als Kreditsicherungsmittel?

BGB § 398. [Abtretung]

¹Eine Forderung kann von dem Gläubiger durch Vertrag mit einem anderen auf diesen übertragen werden (Abtretung). ²Mit dem Abschlusse des Vertrags tritt der neue Gläubiger an die Stelle des bisherigen Gläubigers.

§ 409. [Abtretungsanzeige]

(1) ¹Zeigt der Gläubiger dem Schuldner an, dass er die Forderung abgetreten habe, so muss er dem Schuldner gegenüber die angezeigte Abtretung gegen sich gelten lassen, auch wenn sie nicht erfolgt oder nicht wirksam ist. ²Der Anzeige steht es gleich, wenn der Gläubiger eine Urkunde über die Abtretung dem in der Urkunde bezeichneten neuen Gläubiger ausgestellt hat und dieser sie dem Schuldner vorlegt.

(2) Die Anzeige kann nur mit Zustimmung desjenigen zurückgenommen werden, welcher als der neue Gläubiger bezeichnet worden ist.

28 Zur Sicherung eines Darlehens über 30 000,00 EUR verpflichtet sich ein Kreditnehmer gegenüber einem Kreditinstitut, 40 Goldmünzen im Wert von je 1 000,00 EUR zu verpfänden.

a) Wie kann dieses Pfandrecht rechtswirksam bestellt werden?

b) Welches Recht hat das Kreditinstitut an den verpfändeten Goldmünzen?

c) Wer ist Eigentümer und wer ist Besitzer der verpfändeten Goldmünzen?

Besitz

BGB § 854. [Erwerb des Besitzes]

(1) Der Besitz einer Sache wird durch die Erlangung der tatsächlichen Gewalt über die Sache erworben.

(2) Die Einigung des bisherigen Besitzers und des Erwerbers genügt zum Erwerbe, wenn der Erwerber in der Lage ist, die Gewalt über die Sache auszuüben.

Eigentum

§ 903. [Befugnisse des Eigentümers]

Der Eigentümer einer Sache kann, soweit nicht das Gesetz oder Rechte Dritter entgegenstehen, mit der Sache nach Belieben verfahren und andere von jeder Einwirkung ausschließen. [...]

Pfandrecht an beweglichen Sachen

§ 1204. [Begriff]

(1) Eine bewegliche Sache kann zur Sicherung einer Forderung in der Weise belastet werden, daß der Gläubiger berechtigt ist, Befriedigung aus der Sache zu suchen (Pfandrecht).

(2) Das Pfandrecht kann auch für eine künftige oder eine bedingte Forderung bestellt werden.

§ 1205. [Bestellung]

(1) ¹Zur Bestellung des Pfandrechts ist erforderlich, dass der Eigentümer die Sache dem Gläubiger übergibt und beide darüber einig sind, dass dem Gläubiger das Pfandrecht zustehen soll. ²Ist der Gläubiger im Besitze der Sache, so genügt die Einigung über die Entstehung des Pfandrechts.

(2) Die Übergabe einer im mittelbaren Besitze des Eigentümers befindlichen Sache kann dadurch ersetzt werden, dass der Eigentümer den mittelbaren Besitz auf den Pfandgläubiger überträgt und die Verpfändung dem Besitzer anzeigt.

29 Zur Sicherung eines Darlehens zum Kauf eines Drehautomaten wird zwischen der Metallbau GmbH und der Volksbank Gießen eG folgender, auszugsweise wiedergegebener Vertrag geschlossen:

Sicherungsübereignungsvertrag
mit Übergabeersatz

Nr. _____

Zwischen ___Metallbau GmbH, Kiesweg 20, 35396 Gießen_____

_____

in dieser Urkunde — auch bei mehreren Personen — „Sicherungsgeber" genannt

und der Volksbank Gießen eG_____

_____

in dieser Urkunde „Bank" genannt

wird folgender Sicherungsvertrag geschlossen:

1. Zur Sicherung **aller bestehenden und künftigen** — auch bedingten oder befristeten — **Ansprüche aus der Geschäftsverbindung** (insbesondere aus Krediten irgendwelcher Art, Bürgschaften, Gewährleistungen, Wechseln, Schecks, Sicherungsverträgen, Lieferungen oder Leistungen) und der Ansprüche aus im Rahmen der üblichen Bankgeschäfte von Dritten erworbenen Forderungen, Wechseln und Schecks — **auch wenn die Sicherheit anläßlich einer bestimmten Kreditgewährung bestellt wird** — der Bank oder eines die Geschäftsverbindung fortsetzenden Rechtsnachfolgers der Bank

   gegen ___Metallbau GmbH, Kiesweg 20, 35396 Gießen_____

   _____

   in dieser Urkunde — auch bei mehreren Personen — „Schuldner" genannt

   oder dessen Gesamtrechtsnachfolger und — bei einer Firma oder Gesellschaft — gegen deren Gesamtrechtsnachfolger sowie auch gegen deren Inhaber, soweit diese(r) für die Verbindlichkeiten der Firma oder Gesellschaft persönlich haften/haftet, übereignet der Sicherungsgeber der Bank die auf der Rückseite dieser Urkunde bezeichneten Gegenstände mit Bestandteilen und Zubehör*).

2. Der Sicherungsgeber erklärt,
   — daß er Eigentümer dieser Gegenstände ist und
   — daß er frei über diese Gegenstände verfügen kann.

   Der Sicherungsgeber ist zur Abgabe dieser Erklärung nicht berechtigt, wenn die Gegenstände ihm unter Eigentumsvorbehalt geliefert und bei Abgabe der Erklärung noch nicht restlos bezahlt oder bereits anderweitig sicherungsübereignet sind.

3. Sicherungsgeber und Bank sind sich darüber einig, daß das Eigentum an den auf der Rückseite dieser Urkunde bezeichneten Gegenständen mit Bestandteilen und Zubehör auf die Bank übergeht.

   Die Übergabe wird durch folgende Vereinbarung ersetzt:

   a) Die Bank beläßt dem Sicherungsgeber die als Sicherheit dienenden Gegenstände zur unentgeltlichen Verwahrung in seinem unmittelbaren Besitz und gestattet ihm, vorbehaltlich jederzeitigen Widerrufs, ihre weitere Benutzung.

   Der Sicherungsgeber verpflichtet sich, die Gegenstände sachgemäß zu lagern, pfleglich zu behandeln und instand zu halten.

   b) Befinden sich die Gegenstände im Besitz Dritter, so tritt der Sicherungsgeber hiermit die Herausgabeansprüche gegen die Dritten an die Bank ab.

4. Sollte der Sicherungsgeber entgegen der in Nr. 2 abgegebenen Erklärung nicht Eigentümer der Gegenstände sein, überträgt er hiermit sein Anwartschaftsrecht bzw. seinen Anspruch auf Rückübertragung des Eigentums auf die Bank. Erwirbt der Sicherungsgeber gleichwohl später das Eigentum an diesen Gegenständen, so geht im Augenblick des Eigentumserwerbs das Eigentum auf die Bank über.

   Im Fall der Übertragung des Anwartschaftsrechts und des späteren Eigentumserwerbs wird die Übergabe durch die Vereinbarung gemäß Nr. 3 Abs. 2 dieses Vertrags ersetzt.

   Der Sicherungsgeber tritt hiermit seine Ansprüche gegen den Vorbehalts- oder Sicherungseigentümer im voraus an die Bank ab, insbesondere etwaige Ansprüche aus Gewährleistung, auf Rückgewähr des Geleisteten, Schadensersatz oder Mehrerlös bei Verwertung des Sicherungsguts.

   Die Bank ist befugt, eine Restschuld für Rechnung des Sicherungsgebers zu bezahlen.

_____

*) Bei der Übereignung von Kraftfahrzeugen ist der Kfz-Brief zu den Akten der Bank zu nehmen.

337

22 Schuster – ISBN 3-8120-0060-1

5. Werden Gegenstände als Bestandteile oder Zubehör eingefügt, so einigen sich Sicherungsgeber und Bank schon jetzt, daß das Eigentum bzw. das Anwartschaftsrecht an den neu eingefügten Gegenständen im Zeitpunkt der Einfügung unmittelbar auf die Bank übergeht; die Übergabe wird durch die Vereinbarung gemäß Nr. 3 Abs. 2 dieses Vertrags ersetzt.

6. Der Sicherungsgeber verpflichtet sich,

   a) auf Verlangen der Bank die Gegenstände in einer der Bank zweckmäßig erscheinenden Weise zu kennzeichnen;

   b) auf Verlangen der Bank die als Sicherheit dienenden Gegenstände von anderen Gegenständen getrennt zu halten;

   c) die Gegenstände ohne vorherige Zustimmung der Bank nicht aus den auf der Rückseite dieser Urkunde bezeichneten Räumen zu entfernen; überläßt er gleichwohl die Gegenstände einem Dritten, so tritt der Sicherungsgeber hiermit im voraus alle Ansprüche aus der Gebrauchsüberlassung an die Bank ab;

   d) der Bank jederzeit Zutritt zu den Gegenständen zu gewähren, ihr Auskunft zu erteilen und ggf. Schriftstücke zur Einsicht vorzulegen;

   e) die Sicherungsübereignung jedem Dritten bekanntzugeben, der das Sicherungseigentum der Bank beeinträchtigen könnte;

   f) die Bank unverzüglich von drohenden bzw. eingetretenen Beeinträchtigungen des Sicherungseigentums (z. B. Beschädigung, Pfändung) zu benachrichtigen.

7. Der Sicherungsgeber verpflichtet sich, die der Bank übereigneten Gegenstände für die Dauer der Übereignung gegen diejenigen Gefahren, für die der Bank ein Versicherungsschutz erforderlich erscheint, in ausreichender Höhe zu versichern und dies der Bank auf Verlangen jederzeit, insbesondere durch Vorlegen der Versicherungsscheine, nachzuweisen.

   Der Sicherungsgeber wird bei dem Versicherer beantragen, der Bank einen Sicherungsschein zu erteilen.

   Wenn der Sicherungsgeber für keinen ausreichenden Versicherungsschutz sorgt oder die Prämie nicht pünktlich zahlt, ist die Bank berechtigt, dies auf Gefahr und Kosten des Sicherungsgebers zu tun.

8. Die Bank ist befugt, bei Vorliegen eines wichtigen Grundes, insbesondere wenn Sicherungsgeber oder Schuldner ihren Verpflichtungen der Bank gegenüber nicht nachkommen, die Gegenstände in ihren unmittelbaren Besitz zu nehmen. In diesem Fall ist es der Bank auch gestattet, die Gegenstände auf Kosten des Sicherungsgebers an anderer Stelle einzulagern. Macht die Bank hiervon Gebrauch, so beschränkt sich ihre Verantwortlichkeit auf sorgfältige Auswahl des Verwahrers (Hinterlegung bei einem Dritten nach § 691 Satz 2 des Bürgerlichen Gesetzbuchs).

   Kommt der Sicherungsgeber seinen Verbindlichkeiten bei Fälligkeit nicht nach, so ist die Bank befugt, die Sicherheiten ohne gerichtliches Verfahren unter tunlichster Rücksichtnahme auf den Sicherungsgeber zu beliebiger Zeit an einem ihr geeignet erscheinenden Ort auf einmal oder nach und nach zu verwerten.

   Die Bank ist berechtigt, die Gegenstände zu einem angemessenen Preis selbst zu übernehmen.

   Einen etwa verbleibenden Überschuß hat die Bank dem Sicherungsgeber unverzüglich auszuzahlen, soweit er nicht Dritten zusteht.

   Für den Fall, daß die Bank das Recht zur Benutzung der Gegenstände widerruft, ist der Sicherungsgeber trotzdem verpflichtet, die für die Verwahrung der Gegenstände bis dahin benutzten Räume und Einrichtungen sowie etwa notwendiges Arbeitspersonal bis auf weiteres, mindestens bis zur Verwertung der Gegenstände oder bis zur Befriedigung der Bank wegen aller Ansprüche zur Verfügung zu stellen.

9. Die Bank hat auf Verlangen des Sicherungsgebers ihre Rechte aus diesem Vertrag nach billigem Ermessen freizugeben, soweit sie diese nicht nur vorübergehend nicht mehr benötigt.

10. Zahlt ein Bürge oder ein anderer Dritter an die Bank, so ist diese berechtigt, aber nicht verpflichtet, die Sicherungsrechte auf den Dritten zu übertragen.

11. Ist der Sicherungsgeber nicht zugleich Schuldner der persönlichen Forderung der Bank, so dienen seine Zahlungen oder Erlöse aus der Verwertung der Sicherungsgegenstände bis zur vollständigen Befriedigung der Bank als Sicherheitsleistung; deshalb gehen erst nach vollständiger Befriedigung der Bank ihre Ansprüche gegen den Schuldner in Höhe dieser Sicherheitsleistung auf den Sicherungsgeber über.

12. Alle im Zusammenhang mit diesem Vertrag entstehenden Auslagen und Nebenkosten — auch aus der Beauftragung der zuständigen genossenschaftlichen Treuhandstelle — tragen Sicherungsgeber und Schuldner als Gesamtschuldner.

13. Jede Änderung oder Ergänzung dieses Vertrags oder eine Vereinbarung über dessen Aufhebung bedarf, um Gültigkeit zu erlangen, der Schriftform. Auf dieses Formerfordernis kann nur durch schriftliche Erklärung verzichtet werden.

14. Sollten einzelne Bestimmungen dieses Vertrags nicht Vertragsbestandteil geworden oder unwirksam sein bzw. nicht durchgeführt werden, so bleibt der Vertrag im übrigen wirksam. Soweit Bestimmungen nicht Vertragsbestandteil geworden oder unwirksam sind, richtet sich der Inhalt des Vertrags nach den gesetzlichen Bestimmungen.

Verzeichnis der übereigneten Gegenstände

Genaue Bezeichnung der Gegenstände z. B. bei Maschinen: Fabrikat, Fabrik-Nr. und Motor-Nr.; bei Kraftfahrzeugen: Fabrikat, Typ, Fahrgestell-Nr., Motor-Nr. und polizeiliches Kennzeichen; bei Tieren: Ohrmarken-Nr.	Genauer Aufbewahrungsort, ggf. Lageskizze beifügen	Zeitwert EUR
CNC-Drehautomat HEYNUMAT 21 Fabrikationsnummer 21343532	in der Werkhalle A in Gießen, Kiesweg 20	

a) Um welche Vertragsart handelt es sich hierbei?

b) Stellen Sie dar, wer **vor** und **nach** Abschluss dieses Vertrages unmittelbarer Besitzer und Eigentümer dieser Maschine ist!

Eigentumsrechte Dritter an der Maschine bestehen nicht.

c) Wie erfolgt die Verschaffung des Eigentums an den Darlehensgeber?

d) Welche Pflichten hat der Sicherungsgeber übernommen?

e) Welches Recht hat das Kreditinstitut, wenn der Sicherungsgeber und Schuldner seinen Verpflichtungen aus dem Darlehen gegenüber der Bank nicht nachkommt?

f) Welchen Vorteil für den Kreditnehmer hat diese Form der Kreditsicherung gegenüber dem Pfandrecht?

BGB § 868. [Mittelbarer Besitz]

Besitzt jemand eine Sache als Nießbraucher, Pfandgläubiger, Pächter, Mieter, Verwahrer oder in einem ähnlichen Verhältnisse, vermöge dessen er einem anderen gegenüber auf Zeit zum Besitze berechtigt oder verpflichtet ist, so ist auch der andere Besitzer (mittelbarer Besitz).

§ 930. [Besitzkonstitut]

Ist der Eigentümer im Besitze der Sache, so kann die Übergabe dadurch ersetzt werden, dass zwischen ihm und dem Erwerber ein Rechtsverhältnis vereinbart wird, vermöge dessen der Erwerber den mittelbaren Besitz erlangt.

30 Zur Erweiterung ihres Betriebes sucht die Elektrofix GmbH, Gießen, ein Grundstück zur Erstellung eines Lagergebäudes. Als der Nachbar Eduard Müller von diesem Vorhaben erfährt, bietet er der Gesellschaft sein Grundstück an, auf dem sich bereits ein älteres Lagergebäude befindet, das aber durch einige Umbauten den Zwecken der Elektrofix GmbH entspräche.

Zur Überprüfung der Eigentumsverhältnisse und eventuell bestehender Belastungen bittet die Elektrofix GmbH den Nachbarn, ihr einen auf dem neuesten Stand befindlichen Grundbuchauszug vorzulegen, da die Eintragungen im Grundbuch „öffentlichen Glauben" genießen, d. h. als richtig anzusehen sind.

Nach einer Woche legt der Nachbar diesen Grundbuchauszug vor:

Amtsgericht Gießen   **Grundbuch von** Gießen   **Band** 25   **Blatt** 1111   **Bestandsverzeichnis**

Laufende Nummer der Grund-stücke	Bisherige laufende Nummer d. Grund-stücke	Bezeichnung der Grundstücke und der mit dem Eigentum verbundenen Rechte					Größe		
		Gemarkung (Vermessungsbezirk)	Karte		Liegen-schafts-buch	Wirtschaftsart und Lage			
			Flur	Flurstück			ha	a	qm
		a	b		c/d	e			
1	2	3					4		
1	1	Gießen	XV	82/1	213	Gewerblich genutztes Grundstück Am unteren Rain	15	44	

Amtsgericht Gießen   **Grundbuch von** Gießen   **Band** 25   **Blatt** 1111   **Erste Abteilung**

Laufende Nummer der Eintra-gungen	Eigentümer	Laufende Nummer der Grundstücke im Bestands-verzeichnis	Grundlage der Eintragung
1	2	3	4
1	Hans Müller und Ehefrau Johanna geb. Erb	1	Auflassung vom 13. Juli 1904 eingetragen am 20. August 1904
2	Eduard Müller	1	Auflassung auf Grund des Schenkungsvertrages vom 18. Dezember 1955 eingetragen am 5. Januar 1956

Amtsgericht Gießen   **Grundbuch von** Gießen   **Band** 25   **Blatt** 1111   **Zweite Abteilung**

Laufende Nummer der Eintra-gungen	Lfd. Nummer der betroffenen Grund-stücke im Bestands-verzeichnis	Lasten und Beschränkungen
1	2	3
1	1	Lebenslängliches, unentgeltliches Nießbrauchsrecht für die Eheleute Hans Müller und Johanna geb. Erb in Gießen als Gesamtberechtigte. Zur Löschung genügt Todesnachweis der Berechtigten. Mit Bezug auf die Bewilligung vom 23. Juli 1958 im Rang nach der Hypothek Nr. 1 eingetragen am 14. August 1958

Amtsgericht Gießen   **Grundbuch von** Gießen   **Band** 25   **Blatt** 1111   **Dritte Abteilung**

Laufende Nummer der Eintra-gungen	Laufende Nummer der belasteten Grundstücke im Bestandsverzeichnis	Betrag	Hypotheken, Grundschulden, Rentenschulden
1	2	3	4
1	1	15 000,00 DM	Fünfzehntausend Deutsche Mark gegen den jeweiligen Eigentümer sofort vollstreckbare Tilgungsdarlehenshypothek mit mindestens sieben höchstens dreizehn vom Hundert Jahreszinsen für die Volksbank Gießen eG. Unter Bezug auf die Bewilligung vom 23. Juli 1958 eingetragen im Range vor dem Recht II/1 am 14. August 1958

a) Ist Eduard Müller Eigentümer des Grundstücks?

b) Welche Bedeutung hat die Eintragung in Abt. II des Grundbuchs?

c) Erklären Sie die Eintragung in Abt. III des Grundbuchs!

d) In einem Gespräch mit Herrn Müller erfährt der Geschäftsführer der Elektrofix GmbH, Herr Heßler, dass der Letztbegünstigte des Nießbrauchs bereits vor fünf Jahren verstorben ist.

Das Darlehen bei der Volksbank Gießen eG, das durch die eingetragene Hypothek gesichert war, sei bereits getilgt.

Die Elektrofix GmbH wäre zum Kauf des Grundstücks bereit, falls diese beiden Rechte im Grundbuch gelöscht werden.

Wie kann die Löschung dieser Rechte erreicht werden?

e) Nach der Grundbuchordnung ist jedem die Grundbucheinsicht gestattet, der ein **berechtigtes Interesse** darlegen kann.

Wäre es im obigen Fall möglich gewesen, dass der Geschäftsführer der Elektrofix GmbH selbst Einsicht beim Grundbuchamt genommen hätte?

f) Die Elektrofix GmbH ist bereit, das Grundstück zum Preis von 460 000,00 EUR zu erwerben.

fa) In welcher Form muss der Kaufvertrag geschlossen werden?

fb) Wie erwirbt die Elektrofix GmbH das Eigentum an dem Grundstück?

fc) Für die Übertragung des Eigentums benötigen die Grundbuchämter einige Zeit. Wie kann die Erwerberin des Grundstücks sicherstellen, dass der Verkäufer das Grundstück in der Zwischenzeit nicht noch einmal veräußert?

g) Zur Finanzierung des Kaufpreises nimmt die Elektrofix GmbH bei der Sparkasse Gießen ein Darlehen über 260 000,00 EUR auf. Als Sicherheit soll eine Grundschuld auf das Grundstück eingetragen werden.

ga) Wodurch unterscheidet sich die Grundschuld von der Hypothek?

gb) Wie entsteht eine Grundschuld?

gc) Welchen Hauptvorteil hat das Grundpfandrecht Grundschuld gegenüber dem der Hypothek in der Praxis?

gd) Welche Sicherheit bietet die Grundschuld der Sparkasse, falls die Elektrofix GmbH ihren Verpflichtungen aus dem Darlehen nicht nachkommt?

BGB § 313. [Form der Verpflichtung zur Veräußerung oder zum Erwerb eines Grundstücks]

[1]Ein Vertrag, durch den sich der eine Teil verpflichtet, das Eigentum an einem Grundstück zu übertragen oder zu erwerben, bedarf der notariellen Beurkundung. [2]Ein ohne Beobachtung dieser Form geschlossener Vertrag wird seinem ganzen Inhalte nach gültig, wenn die Auflassung und die Eintragung in das Grundbuch erfolgen.

§ 873. [Erwerb durch Einigung und Eintragung]

(1) Zur Übertragung des Eigentums an einem Grundstücke, zur Belastung eines Grundstücks mit einem Rechte sowie zur Übertragung oder Belastung eines solchen Rechtes ist die Einigung des Berechtigten und des anderen Teiles über den Eintritt der Rechtsänderung und die Eintragung der Rechtsänderung in das Grundbuch erforderlich, soweit nicht das Gesetz ein anderes vorschreibt.

(2) Vor der Eintragung sind die Beteiligten an die Einigung nur gebunden, wenn die Erklärungen notariell beurkundet oder vor dem Grundbuchamt abgegeben oder bei diesem eingereicht sind oder wenn der Berechtigte dem anderen Teile eine den Vorschriften der Grundbuchordnung entsprechende Eintragungsbewilligung ausgehändigt hat

§ 925. [Auflassung]

(1) [1]Die zur Übertragung des Eigentums an einem Grundstück nach § 873 erforderliche Einigung des Veräußerers und des Erwerbers (Auflassung) muss bei gleichzeitiger Anwesenheit beider Teile vor einer zuständigen Stelle erklärt werden. [3]Zur Entgegennahme der Auflassung ist, unbeschadet der Zuständigkeit weiterer Stellen, jeder Notar zuständig. [3]Eine Auflassung kann auch in einem gerichtlichen Vergleich erklärt werden.

(2) Eine Auflassung, die unter einer Bedingung oder einer Zeitbestimmung erfolgt, ist unwirksam.

BGB **§ 925 a. [Urkunde über Grundgeschäft]**

Die Erklärung einer Auflassung soll nur entgegengenommen werden, wenn die nach § 313 Satz 1 erforderliche Urkunde über den Vertrag vorgelegt oder gleichzeitig errichtet wird.

§ 883. [Wesen und Wirkung der Vormerkung]

(1) ^{1}Zur Sicherung des Anspruchs auf Einräumung oder Aufhebung eines Rechtes an einem Grundstück oder an einem das Grundstück belastenden Rechte oder auf Änderung des Inhalts oder des Ranges eines solchen Rechtes kann eine Vormerkung in das Grundbuch eingetragen werden. ^{2}Die Eintragung einer Vormerkung ist auch zur Sicherung eines künftigen oder eines bedingten Anspruchs zulässig.

(2) ^{1}Eine Verfügung, die nach der Eintragung der Vormerkung über das Grundstück oder das Recht getroffen wird, ist insoweit unwirksam, als sie den Anspruch vereiteln oder beeinträchtigen würde. ^{2}Dies gilt auch, wenn die Verfügung im Wege der Zwangsvollstreckung oder der Arrestvollziehung oder durch den Konkursverwalter erfolgt.

(3) Der Rang des Rechtes, auf dessen Einräumung der Anspruch gerichtet ist, bestimmt sich nach der Eintragung der Vormerkung.

§ 885. [Eintragung der Vormerkung]

(1) ^{1}Die Eintragung einer Vormerkung erfolgt auf Grund einer einstweiligen Verfügung oder auf Grund der Bewilligung desjenigen, dessen Grundstück oder dessen Recht von der Vormerkung betroffen wird. ^{2}Zur Erlassung der einstweiligen Verfügung ist nicht erforderlich, dass eine Gefährdung des zu sichernden Anspruchs glaubhaft gemacht wird.

(2) Bei der Eintragung kann zur näheren Bezeichnung des zu sichernden Anspruchs auf die einstweilige Verfügung oder die Eintragungsbewilligung Bezug genommen werden.

Nießbrauch an Sachen

§ 1030. [Begriff]

(1) Eine Sache kann in der Weise belastet werden, dass derjenige, zu dessen Gunsten die Belastung erfolgt, berechtigt ist, die Nutzungen der Sache zu ziehen (Nießbrauch).

(2) Der Nießbrauch kann durch den Ausschluss einzelner Nutzungen beschränkt werden.

Hypothek

§ 1113. [Begriff]

(1) Ein Grundstück kann in der Weise belastet werden, dass an denjenigen, zu dessen Gunsten die Belastung erfolgt, eine bestimmte Geldsumme zur Befriedigung wegen einer ihm zustehenden Forderung aus dem Grundstücke zu zahlen ist (Hypothek).

(2) Die Hypothek kann auch für eine künftige oder eine bedingte Forderung bestellt werden.

Grundschuld

§ 1191. [Begriff]

(1) Ein Grundstück kann in der Weise belastet werden, dass an denjenigen, zu dessen Gunsten die Belastung erfolgt, eine bestimmte Geldsumme aus dem Grundstücke zu zahlen ist (Grundschuld).

(2) Die Belastung kann auch in der Weise erfolgen, dass Zinsen von der Geldsumme sowie andere Nebenleistungen aus dem Grundstücke zu entrichten sind.

§ 1147. [Befriedigung durch Zwangsvollstreckung]

Die Befriedigung des Gläubigers aus dem Grundstück und den Gegenständen, auf die sich die Hypothek erstreckt, erfolgt im Wege der Zwangsvollstreckung.

Firmenkunden in Zahlungsschwierigkeiten

Ablauf des Insolvenzverfahrens bei Unternehmensinsolvenzen	
Ziel des Insolvenzverfahrens	Das Insolvenzverfahren dient dazu, die Gläubiger eines Schuldners gemeinschaftlich zu befriedigen, indem das Vermögen des Schuldners verwertet und der Erlös verteilt oder in einem Insolvenzplan eine abweichende Regelung insbesondere zum Erhalt des Unternehmens getroffen wird.
Eröffnung des Insolvenzverfahrens ● **Eröffnungsantrag an das Insolvenzgericht**	Antragsberechtigt sind

die Gläubiger	und der Schuldner.
Ein Gläubiger, wenn dieser ein rechtliches Interesse an der Eröffnung des Insolvenzverfahrens hat und er seine Forderung und den Eröffnungsgrund glaubhaft macht. Der Schuldner ist zu hören.	– Bei juristischen Personen: Die Gläubiger und jedes Mitglied des Vertretungsorgans. – Bei OHG und KG: Jeder persönlich haftende Gesellschafter. – Jeder Abwickler.

● **Eröffnungsgründe**	1. **Allgemeiner Eröffnungsgrund** **Zahlungsunfähigkeit:** Der Schuldner ist nicht in der Lage, fällige Zahlungsverpflichtungen zu erfüllen. 2. **Drohende Zahlungsunfähigkeit** Nur bei Antrag durch den Schuldner möglich. Dieser droht zahlungsunfähig zu werden, wenn er voraussichtlich nicht in der Lage sein wird, die bestehenden Zahlungsverpflichtungen im Zeitpunkt der Fälligkeit zu erfüllen. 3. **Überschuldung** Eröffnungsgrund nur bei juristischen Personen. Überschuldung liegt vor, wenn das Vermögen des Schuldners die bestehenden Verbindlichkeiten nicht mehr deckt.
● **Folgen des Insolvenzantrags**	Das Insolvenzgericht hat alle Maßnahmen zu treffen, die erforderlich erscheinen, um bis zur Entscheidung über den Antrag eine den Gläubigern nachteilige Veränderung in der Vermögenslage des Schuldners zu verhüten. Dazu kann es 1. einen vorläufigen **Insolvenzverwalter** bestellen, was in der Regel geschehen wird; 2. dem Schuldner ein allgemeines **Verfügungsverbot** auferlegen oder anordnen, dass Verfügungen des Schuldners nur mit Zustimmung des vorläufigen Insolvenzverwalters wirksam sind; 3. Maßnahmen der Zwangsvollstreckung gegen den Schuldner untersagen oder einstweilen einstellen, soweit nicht unbewegliche Gegenstände betroffen sind.

● **Entscheidung über den Insolvenzantrag**	Das Insolvenzgericht kann über den Insolvenzantrag zwei Arten von Entscheidungen treffen:
	
	1. **Abweisung mangels Masse.** In diesem Falle reicht das Vermögen des Schuldners voraussichtlich nicht aus, um die Kosten des Verfahrens zu decken.
	Folge: Der Schuldner wird in ein Schuldnerverzeichnis eingetragen. Löschungsfrist 5 Jahre.
	
	2. **Eröffnung des Insolvenzverfahrens** durch einen Eröffnungsbeschluss.
	Folgen: Insolvenzverwalter wird ernannt.
	Gläubiger werden aufgefordert:
	  1. ihre Forderungen anzumelden,
	  2. Sicherungsrechte an beweglichen Sachen oder an Rechten des Schuldners unverzüglich mitzuteilen,
	  3. den Gegenstand, an dem das Sicherungsrecht beansprucht wird, die Art und den Entstehungsgrund des Sicherungsrechts sowie die gesicherte Forderung zu bezeichnen. Wer die Mitteilung schuldhaft unterlässt oder verzögert, haftet für den daraus entstehenden Schaden.
	Verpflichtungen gegenüber dem Insolvenzschuldner dürfen nur noch an den Insolvenzverwalter erfüllt werden.

● **Bekanntmachung des Eröffnungsbeschlusses**	1. Bekanntmachung des Eröffnungsbeschlusses in dem für amtliche Bekanntmachungen des Gerichts bestimmten Blatt. 2. Auszugsweise im Bundesanzeiger. 3. Besondere Zustellung des Beschlusses an Gläubiger, Schuldner des Schuldners und an den Schuldner selbst. 4. Bei im Handels-, Genossenschafts- und Vereinsregister eingetragenen Personen erhält das Registergericht eine Ausfertigung des Eröffnungsbeschlusses. 5. Eintragung des Eröffnungsbeschlusses im Grundbuch.
● **Wirkungen der Eröffnung des Insolvenzverfahrens**	Die Eröffnung und öffentliche Bekanntmachung des Insolvenzverfahrens hat zahlreiche Wirkungen auf die Beteiligten. Hier einige wesentliche Beispiele: – Der Schuldner verliert sein Verfügungsrecht über das zur Insolvenzmasse gehörende Vermögen. – Verfügungen nach Eröffnung des Insolvenzverfahrens sind unwirksam. – Schuldner des Schuldners können mit schuldbefreiender Wirkung nur noch an den Insolvenzverwalter leisten. – Insolvenzgläubiger können ihre Forderungen nur noch über das Insolvenzverfahren verfolgen. – Zwangsvollstreckungen für einzelne Insolvenzgläubiger sind während der Dauer des Insolvenzverfahrens unzulässig.
● **Insolvenzmasse**	Das Insolvenzverfahren erfasst das gesamte Vermögen, das dem Schuldner zur Zeit der Eröffnung des Verfahrens gehört und das er während des Verfahrens erlangt (Insolvenzmasse). **Nicht dazu gehören:** Gegenstände, die nicht der Zwangsvollstreckung unterliegen (ausgenommen Sachen nach § 811 Nr. 1 und 9 der ZPO).

● **Aussonderung**	Wer aufgrund eines dinglichen oder persönlichen Rechts geltend machen kann, dass ein Gegenstand nicht zur Insolvenzmasse gehört, ist kein Gläubiger. Er hat einen Anspruch auf **Aussonderung** des Gegenstands.
● **Gesicherte Gläubiger**	– Bei vor der Eröffnung des Insolvenzverfahrens an den Schuldner unter Eigentumsvorbehalt gelieferten beweglichen Sachen, die sich im Besitz des Schuldners befinden, braucht der Insolvenzverwalter erst nach dem Berichtstermin zu entscheiden, ob er den Vertrag erfüllt. Erst danach könnte der Eigentümer die Herausgabe der Sache verlangen. – Sicherungsübereignete bewegliche Sachen werden vom Insolvenzverwalter verwertet. – Sicherungsweise abgetretene Forderungen darf der Insolvenzverwalter einziehen oder in anderer Weise verwerten. – In unbewegliche Gegenstände der Insolvenzmasse kann der Insolvenzverwalter die Zwangsversteigerung oder die Zwangsverwaltung betreiben, auch wenn an dem Gegenstand ein Absonderungsrecht besteht.
● **Gläubiger-versammlung/ Berichtstermin/ Beschluss**	Die **Gläubigerversammlung** wird vom Insolvenzgericht einberufen. Zur Teilnahme berechtigt sind – alle absonderungsberechtigten Gläubiger, – alle Insolvenzgläubiger, – der Insolvenzverwalter und – der Schuldner. Im **Berichtstermin,** spätestens drei Monate nach der Verfahrenseröffnung, hat der Insolvenzverwalter über die wirtschaftliche Lage des Schuldners und ihre Ursachen zu berichten. Er hat darzulegen, ob Aussichten bestehen, das Unternehmen des Schuldners im Ganzen oder in Teilen zu erhalten, welche Möglichkeiten für einen Insolvenzplan bestehen und welche Auswirkungen jeweils für die Befriedigung der Gläubiger eintreten würden. Die Gläubigerversammlung beschließt im Berichtstermin, ob das Unternehmen des Schuldners stillgelegt (liquidiert) oder vorläufig fortgeführt (saniert) werden soll. Sie kann den Verwalter beauftragen, einen Insolvenzplan auszuarbeiten und ihm das Ziel des Plans (Liquidation oder Sanierung) vorgeben. Das Insolvenzgericht bestimmt im Eröffnungsbeschluss auch den Termin, an dem die angemeldeten Forderungen von der Gläubigerversammlung geprüft werden (Prüftermin). Beide Termine können verbunden werden. Ein **Beschluss** der Gläubigerversammlung kommt zustande, wenn die Summe der Forderungsbeträge der zustimmenden Gläubiger mehr als die Hälfte der Summe der Forderungsbeträge der abstimmenden Gläubiger beträgt.
● **Insolvenzplan**	Der **Insolvenzplan** steht für die Sanierung des Schuldners zur Verfügung. Die Befriedigung der absonderungsberechtigten Gläubiger und der Insolvenzgläubiger, die Verwertung der Insolvenzmasse und deren Verteilung an die Beteiligten sowie die Haftung des Schuld-

ners nach Beendigung des Insolvenzverfahrens können in dem Insolvenzplan abweichend von den Vorschriften der Insolvenzordnung geregelt werden.

Der Insolvenzverwalter und der Schuldner sind berechtigt, dem Insolvenzgericht einen Insolvenzplan vorzulegen.

Dadurch soll erreicht werden, dass das Unternehmen weitergeführt werden kann. Die Gläubiger sollen entsprechend dem Plan befriedigt werden. Im Plan können Stundungen und der teilweise Erlass der Forderungen vorgesehen werden. Dies kann auch für absonderungsberechtigte Gläubiger gelten. Falls der Insolvenzschuldner seine Verpflichtungen nicht plangemäß erfüllt, kann die Vereinbarung hinfällig werden. Die Forderungen leben wieder auf.

Nach der Annahme des Plans durch die Gläubiger[1] und der Zustimmung durch den Schuldner bedarf er der Bestätigung durch das Insolvenzgericht.

Sobald die Bestätigung rechtswirksam ist, beschließt das Insolvenzgericht die Aufhebung des Insolvenzverfahrens. Der Schuldner erhält das Recht zurück, über die Insolvenzmasse frei zu verfügen.

Im Plan enthaltene Vorschriften über die Überwachung gelten weiter. Die Überwachung der Durchführung des Plans ist Aufgabe des Insolvenzverwalters. Stellt er Unregelmäßigkeiten bei der Erfüllung des Plans fest, hat er unverzüglich dem Gläubigerausschuss, falls ein solcher nicht vorhanden ist, alle Gläubiger, denen nach dem Plan Ansprüche gegen den Schuldner zustehen, und das Insolvenzgericht davon zu unterrichten.

Es kann auch festgelegt werden, bei welchen Rechtsgeschäften der Schuldner die Zustimmung des Insolvenzverwalters einholen muss.

● **Schlussverteilung**	Im Falle der Liquidation des insolventen Unternehmens werden alle ungesicherten Gläubiger mit der gleichen Quote berücksichtigt. Die Arbeitnehmer bleiben durch das Insolvenzgeld geschützt, das Lohnausfälle für die Zeit von drei Monaten abdeckt. Außerdem müssen die Arbeitnehmer bei einer Betriebsstilllegung regelmäßig Abfindungsleistungen erhalten (Sozialplan).

● **Restschuldbefreiung**	Ist der Schuldner eine natürliche Person, so wird er unter bestimmten Bedingungen von den im Insolvenzverfahren nicht erfüllten Verbindlichkeiten befreit.
	
	– **Voraussetzungen**
	  1. Antrag des Schuldners,
	  2. Erklärung des Schuldners, dass er seine pfändbaren Forderungen auf Bezüge aus einem Dienstverhältnis oder an deren Stelle tretende laufende Bezüge für die Zeit von sieben Jahren nach der Aufhebung des Insolvenzverfahrens an einen vom Gericht bestimmten Treuhänder abtritt.
	
	– **Entscheidung des Insolvenzgerichts**
	  Die Insolvenzgläubiger und der Insolvenzverwalter sind im

---

1 Mehrheiten siehe Beschluss bei Gläubigerversammlung.

Schlusstermin zu dem Antrag des Schuldners zu hören. Das Insolvenzgericht entscheidet durch Beschluss.

- **Versagung der Restschuldbefreiung**
In dem Beschluss ist die Restschuldbefreiung zu versagen, wenn dies im Schlusstermin von einem Insolvenzgläubiger beantragt worden ist und vom Gläubiger ein Versagungsgrund glaubhaft gemacht wird. Versagungsgründe sind z. B. vorsätzliche oder grob fahrlässige falsche Angaben des Schuldners bei der Kreditaufnahme in den letzten drei Jahren vor dem Antrag auf Eröffnung des Insolvenzverfahrens oder nach diesem Antrag; vorsätzliche oder grob fahrlässige falsche Angaben des Schuldners über sein Vermögen oder sein Einkommen.

- **Obliegenheiten des Schuldners**
Der Schuldner wird in dem Beschluss verpflichtet, während der sieben Jahre
  1. eine angemessene Erwerbstätigkeit auszuüben und, wenn er ohne Beschäftigung ist, sich um eine solche zu bemühen und keine zumutbare Tätigkeit abzulehnen;
  2. Vermögen, das er erbt, zur Hälfte des Wertes an den Treuhänder abzugeben;
  3. jeden Wechsel des Wohnsitzes oder der Beschäftigungsstelle unverzüglich dem Insolvenzgericht anzuzeigen, keine von der Abtretungserklärung erfassten Bezüge oder ererbtes Vermögen zu verheimlichen und dem Gericht und dem Treuhänder auf Verlangen Auskunft über seine Erwerbstätigkeit oder seine Bemühungen um eine solche sowie über seine Bezüge und sein Vermögen zu erteilen;
  4. Zahlungen zur Befriedigung der Insolvenzgläubiger nur an den Treuhänder zu leisten und keinem Insolvenzgläubiger einen Sondervorteil zu verschaffen.

  Bei selbstständiger Tätigkeit hat er die Insolvenzgläubiger durch Zahlungen an den Treuhänder so zu stellen, wie wenn er ein angemessenes Dienstverhältnis eingegangen wäre.

- **Versagen der Restschuldbefreiung**
Die Restschuldbefreiung kann versagt werden, wenn der Schuldner seinen Obliegenheiten nicht nachkommt, Insolvenzstraftaten begeht, die Zahlungen des Schuldners die Mindestvergütungen des Treuhänders nicht decken.

- **Entscheidung über die Restschuldbefreiung**
Am Ende der Laufzeit der Abtretungserklärung entscheidet das Insolvenzgericht nach Anhörung der Insolvenzgläubiger, des Treuhänders und des Schuldners durch Beschluss über die Erteilung der Restschuldbefreiung. Wird die Restschuldbefreiung erteilt, so wirkt diese gegen alle Insolvenzgläubiger.

31 Die Kleiderfabrik Admira GmbH, 35315 Homberg, besteht seit über 75 Jahren. Wegen einer Erbauseinandersetzung zwischen den Gesellschaftern wurden notwendige Beschlüsse über eine Anpassung der Produktion an die sich schnell ändernden Marktverhältnisse – trotz dringender Appelle des Geschäftsführers – nicht getroffen. Die Absatzlage verschlechterte sich und es wurde folgender Brief an den größten Zulieferer der Kleiderfabrik erforderlich:

Admira GmbH
Kleiderfabrik

35311 Homberg, 1. März 20. .
Postfach 11 01

Weberei Vollmöller AG
Bahnhofstraße 17

47829 Krefeld

Sehr geehrter Geschäftsfreund,

durch die sich schnell wandelnden Marktverhältnisse wurden wir gezwungen, größere Einbußen hinzunehmen.

Wir sind bemüht, durch zügig durchzuführende Investitionen die Produktionskosten zu senken, unser Sortiment zu straffen, um möglichst bald die derzeitige schlechte Lage zu verbessern.

Unsere langjährigen Geschäftsbeziehungen können dadurch auch in Zukunft weiter gepflegt und ausgebaut werden.

Um unsere Anpassungsbemühungen zu verwirklichen und ein Insolvenzverfahren abzuwenden, sind wir gezwungen, bei einigen unserer Lieferanten um Erlass der zur Zeit bestehenden Verbindlichkeiten um jeweils 30 v. H. zu bitten. Die restlichen Verbindlichkeiten sollten uns für 12 Monate gestundet werden.

Wir sind sicher, dass Sie langfristig Ihr Einverständnis nicht bereuen werden.

Teilen Sie uns Ihre Entscheidung bitte bis zum 15. März dieses Jahres mit.

Mit freundlichen Grüßen

(Hansen, Geschäftsführer)

a) Welche Gründe sprechen für bzw. gegen die Annahme dieses Vergleichsvorschlages?

b) Die Weberei Vollmöller AG willigt in den Vergleich ein. Ihre Forderung an die Admira GmbH beträgt 68 000,00 EUR.

Nach acht Monaten muss die Kleiderfabrik Admira GmbH einsehen, dass die Bemühungen zur Rettung des Unternehmens fehlschlagen. Der Geschäftsführer stellt einen Antrag auf Eröffnung eines Insolvenzverfahrens.

Wie viel EUR der ursprünglichen Schuld von 68 000,00 EUR kann die Vollmöller AG beim Insolvenzverwalter anmelden, wenn keine besonderen Vereinbarungen getroffen wurden?

32 Dieter Schneider, e. Kfm., Bauunternehmer, weist seine Angestellte Angelika Rich an, die Zahlung der fälligen Rechnungen um jeweils bis zu vier Wochen hinauszuschieben, da durch die Eröffnung eines Insolvenzverfahrens über das Vermögen einer Kundin, der Baufix GmbH, eine Forderung gegen diese Kundin in Höhe von 100 000,00 EUR in nächster Zeit nicht bezahlt werden wird.

Dieter Schneider, e. Kfm., versucht, durch die zusätzliche Aufnahme von Bankkrediten seine Verbindlichkeiten in absehbarer Zeit wieder unter Abzug von Skonto begleichen zu können. Sicherheiten für die Absicherung der Kreditaufnahme sind vorhanden.

a) Charakterisieren Sie die derzeitige Situation des eingetragenen Kaufmanns Dieter Schneider in Bezug auf seine finanzielle Situation!

b) Ist Dieter Schneider verpflichtet, wegen der Nichtzahlung seiner Verbindlichkeiten ein Insolvenzverfahren über sein Vermögen zu beantragen?

c) Die Wetzlarer Baustoffhandel GmbH hat eine fällige Forderung über 25700,00 EUR an Dieter Schneider, e. Kfm. Als sie davon erfährt, dass Schneider ihre Forderung bei Fälligkeit nicht bezahlen will, überlegt sie, ein Insolvenzverfahren gegen Dieter Schneider, e. Kfm., zu beantragen.

Unter welchen Voraussetzungen könnte die Wetzlarer Baustoffhandel GmbH ein Insolvenzverfahren beantragen?

d) Welche Ziele könnten Schuldner und Gläubiger mit einem Antrag zur Eröffnung eines Insolvenzverfahrens verfolgen?

e) Wie würden Sie über einen Antrag auf Eröffnung des Insolvenzverfahrens durch die Wetzlarer Baustoffhandel GmbH als Mitglied eines Insolvenzgerichts entscheiden?

Insolvenzverfahren

33 Die Hillmann & Co. KG, Heizungs- und Sanitäranlagenbau, hatte in den vergangenen Jahren folgende Entwicklung der Erfolgsrechnung zu verzeichnen:

	1997	1998	1999	2000
Umsatzerlöse	2870 TEUR	2930 TEUR	2830 TEUR	2700 TEUR
Personalkosten	1210 TEUR	1340 TEUR	1420 TEUR	1430 TEUR
Materialkosten	1240 TEUR	1260 TEUR	1300 TEUR	1300 TEUR
Abschreibungen auf Anlagen	20 TEUR	20 TEUR	20 TEUR	20 TEUR
Gewinn vor Steuern	250 TEUR	160 TEUR	− 60 TEUR	− 200 TEUR
Eigenkapital vor Gewinnzuschreibung				120000,00 EUR

a) Ergänzen Sie die Bilanz zum 31. Dezember 2000 nach den Angaben der Erfolgsrechnung! Privatentnahmen wurden nicht vorgenommen.

A	Bilanz der Hillmann & Co. KG zum 31. Dez. 2000		P
Anlagevermögen	100000,00 EUR	Eigenkapital	0,00 EUR
Umlaufvermögen	40000,00 EUR	Verbindlichkeiten	220000,00 EUR
	220000,00 EUR		220000,00 EUR

b) Die Zahlungsfähigkeit des Unternehmens ist gewährleistet, da der Komplementär Hillmann einen Bankkredit mit seinem Privatvermögen abgesichert hat.

Prüfen Sie, ob für dieses Unternehmen ein Insolvenzverfahren einzuleiten ist!

c) Welche Gründe könnten für die jetzige wirtschaftliche Situation dieses Unternehmens ausschlaggebend gewesen sein? Werten Sie die Erfolgsrechnung aus!

d) Innerbetriebliche und außerbetriebliche Faktoren können die Ursachen für eine Verschlechterung der wirtschaftlichen Lage eines Unternehmens sein.

Welche der von Ihnen unter c) erarbeiteten Gründe können den innerbetrieblichen und welche den außerbetrieblichen Faktoren zugeordnet werden?

e) Bis zum Juli des nächsten Geschäftsjahres hat sich die wirtschaftliche Entwicklung der Hillmann & Co. KG so weit verschlechtert, dass die fälligen Verbindlichkeiten voraussichtlich nicht mehr bezahlt werden können.

Könnte ein Antrag auf Eröffnung eines Insolvenzverfahrens gestellt werden? Falls ja, wer ist dazu berechtigt?

34 Die Metallbau Buseck AG hat am 31. Dezember 20. . folgende Bilanz:

A   Bilanz der Metallbau Buseck AG zum 31. Dez. 20. .   P

Anlagevermögen	380 000,00 EUR	Verbindlichkeiten	930 000,00 EUR
Umlaufvermögen	500 000,00 EUR		
Nicht durch Eigenkapital			
gedeckter Fehlbetrag	50 000,00 EUR		
	930 000,00 EUR		930 000,00 EUR

Das Unternehmen kommt seinen Zahlungsverpflichtungen noch nach!

Prüfen Sie, ob ein Eröffnungsgrund für ein Insolvenzverfahren vorliegt!

35 Sie sind bei der Handelsbank Gießen AG für die Kreditüberwachung zuständig.

Sie lesen in der Gießener Allgemeinen Zeitung die folgende Bekanntmachung des Insolvenzgerichts Gießen:

> **Beschluss zur Eröffnung des Insolvenzverfahrens**
>
> Über das Vermögen des Dieter Schneider, e. Kfm., in Gießen ist am 22. Juli 20. ., 13:00 Uhr, das Insolvenzverfahren eröffnet. Insolvenzverwalter: Dr. Joachim Klein, Ebelstraße 22, 35392 Gießen. Insolvenzforderungen sind bis zum 1. September 20. . beim Gericht in zwei Stücken einzureichen. Vertreter von Gläubigern haben ihre Vollmacht einzureichen.
>
> Termin der Gläubigerversammlung für die Beschlussfassung gem. § 29 Ziffer 1 InsO (Berichtstermin) und gleichzeitig Termin zur Prüfung der angemeldeten Forderungen (Prüfungstermin): 15. Oktober 20. ., 9:00 Uhr, Amtsgericht Gießen, Gutfleischstraße 11, Zimmer 111. Wer eine zur Insolvenzmasse gehörige Sache besitzt oder zur Insolvenzmasse etwas schuldet, darf nichts an den Schuldner aushändigen oder leisten und muss den Besitz der Sachen und die Forderungen, für die er abgesonderte Befriedigung verlangt, dem Insolvenzverwalter bis zum 1. Oktober 20. . anzeigen (§ 28 Abs. 2 u. 3 InsO).
>
> 12/Sch/. .   Amtsgericht Gießen

Sie lassen sich die aktuellen Kontostände des Kunden Dieter Schneider ausdrucken. Die Art der Sicherheiten ist aus dem Terminalausdruck ebenfalls ersichtlich.

Kontonummer	Kontenart	Saldo Euro	Sicherheiten
25 33 011	Kontokorrentkonto	Soll 35 000,00	Sicherungsabtretung Forderungen 45 000,00 EUR
35 33 012	Darlehen	Soll 65 000,00	Grundschuld 70 000,00 EUR

a) Was haben Sie in diesem Falle zu veranlassen?

b) Können Sie die der Handelsbank AG abgetretenen Forderungen unverzüglich einziehen?

c) Sie erfahren auf Anfrage bei dem Insolvenzverwalter, dass er beabsichtigt, die Zwangsversteigerung des Grundstücks zu betreiben, an dem die Grundschuld der Handelsbank AG besteht. Kann die Handelsbank AG gegen dieses Vorhaben vorgehen?

36 Eine Mitarbeiterin der Baumaschinenfabrik Blitz AG in Gießen liest ebenfalls den in der Aufgabe 35 veröffentlichten Beschluss. Von diesem Unternehmen hat der eingetragene Kaufmann Dieter Schneider

1. vor sechs Monaten einen Baukran im Wert von 150 000,00 EUR geleast. Der Leasingvertrag hat eine Laufzeit von insgesamt 60 Monaten;

2. vor drei Monaten einen Kleinbagger zum Preis von 25 000,00 EUR gekauft. 5 000,00 EUR wurden bei Lieferung angezahlt. Der Restbetrag sollte sechs Monate nach Lieferung bezahlt werden. Diese Restforderung wurde noch nicht beglichen. Die Lieferung erfolgte unter Eigentumsvorbehalt.

a) Welche Rechte kann die Baumaschinenfabrik Blitz AG im Insolvenzverfahren geltend machen?

b) Der zuständige Verkaufsleiter der Blitz AG wird umgehend über die Eröffnung des Insolvenzverfahrens informiert. Er gibt die Anweisung, den geleasten Kran, der sich zurzeit auf dem Bauhof des Dieter Schneider befindet, abholen zu lassen. Er begründet das mit den ausstehenden Leasingraten für die letzten beiden Monate.

Wie beurteilen Sie die Weisung des Verkaufsleiters?

c) Was kann die Blitz AG hinsichtlich des gelieferten Kleinbaggers tun?

37 Dieter Schneider, e. Kfm., legte dem Insolvenzverwalter gleichzeitig mit dem Antrag zur Eröffnung des Insolvenzverfahrens einen Insolvenzplan vor.

Dieser Plan sieht vor, dass

1. die absonderungsberechtigten Gläubiger ihre Forderungen um 10 v. H. erlassen und die Restforderungen sechs Monate gestundet werden;

2. die Forderungen der Arbeitnehmer um 15 v. H. erlassen werden; die Restforderungen sollen in drei gleichen Monatsraten ab dem 15. August gezahlt werden;

3. die Forderungen der übrigen nicht nachrangigen Insolvenzgläubiger um 30 v. H. erlassen und um neun Monate gestundet werden.

Zur Begründung seines Planes führt Dieter Schneider an, dass die Liquiditätsschwierigkeiten des Unternehmens durch den unvorhersehbaren Ausfall der Forderung gegen die Baufix GmbH, durch eine deutlich verschlechterte Auftragslage im ersten Quartal des Geschäftsjahres und durch stark steigende Zinskosten entstanden seien.

Mittlerweile habe sich der Auftragsbestand wieder erheblich verbessert. Durch den Verkauf eines nicht benötigten Betriebsgrundstückes habe die Zinslast verringert werden können. Durch eine verbesserte Planung des Materialflusses bei Neubaumaßnahmen habe das Unternehmen die Lagerkosten deutlich senken können.

Der vorhandene Schuldenbestand belaste die Entwicklung des Unternehmens sehr. Eine Senkung der Kosten durch Personalabbau sei betriebswirtschaftlich nicht mehr sinnvoll.

Die Genehmigung dieses Planes führe für die Gläubiger zu einem geringeren Ausfall der Forderungen als eine Liquidation des Unternehmens.

a) Welches Ziel verfolgt Dieter Schneider mit der Vorlage des Insolvenzplans?

b) Ist Dieter Schneider zur Vorlage dieses Planes berechtigt?

38 Der Insolvenzverwalter stellt folgende Gläubigergruppen fest:

Gruppe: absonderungs- berechtigte Gläubiger	Art	Sicherheit	Höhe der Forderung
Handelsbank AG	Darlehen	Grundschuld	65 000,00 EUR
Handelsbank AG	Kontokorrentkredit	Sicherungsabtretung	35 000,00 EUR
Sparkasse	Darlehen	Pfandrecht	15 000,00 EUR
Volksbank eG	Darlehen	Sicherungsabtretung	20 000,00 EUR

Gruppe: nicht nachrangige Insolvenzgläubiger	Art	Höhe der Forderung
Schröder GmbH	Forderungen aus Warenlieferungen	147 000,00 EUR
Luise Hansen, e. Kfr.	Forderungen aus Warenlieferungen	35 000,00 EUR
Becker & Co. OHG	Forderungen aus Warenlieferungen	55 000,00 EUR
Baustoffhandel GmbH	Forderungen aus Warenlieferungen	25 700,00 EUR
Interbau KG	Forderungen aus Warenlieferungen	5 000,00 EUR

Gruppe: Arbeitnehmer	Art	Höhe der Forderung
Verschiedene, vertreten durch Gewerkschaft	Lohnforderungen	50 000,00 EUR

a) Die Abstimmung über den Insolvenzplan brachte folgendes Ergebnis:

In der Gruppe der absonderungsberechtigten Gläubiger lehnt die Volksbank eG den Plan ab. In der Gruppe der nicht nachrangigen Insolvenzgläubiger lehnen die Baustoffhandel GmbH und die Interbau KG ab. Die Gruppe der Arbeitnehmer stimmt dem Plan zu.

Prüfen Sie, ob der Insolvenzplan durchgeführt werden kann.

b) Der Schuldner stimmt dem Plan zu. Wie wird der Plan wirksam?

c) Der Schuldner beantragt beim Insolvenzgericht Restschuldbefreiung. Kann ihm das Gericht diese gewähren, wenn er seinen Verpflichtungen aus dem Plan gewissenhaft nachkommt?

Privatpersonen und Nichtkaufleute kommen in Zahlungsschwierigkeiten

Verbraucherinsolvenzverfahren	
Anwendungsbereich	Dieses Verfahren ist für Schuldner gedacht, die natürliche Personen sind und die keine oder nur eine geringfügige selbstständige wirtschaftliche Tätigkeit ausüben. Das liegt vor, wenn diese Tätigkeit keinen nach Art und Umfang in kaufmännischer Weise eingerichteten Geschäftsbetrieb erfordert.
● **Verfahren** **1. Stufe:** **Außergerichtliches** **Verfahren**	Das Verbraucherinsolvenzverfahren verläuft in drei Stufen. Der Schuldner muss versuchen, mit seinen Gläubigern außergerichtlich eine Einigung über eine Schuldenbereinigung zu erreichen. Dazu muss er seinen Gläubigern einen Plan unterbreiten, wie er seine Schulden begleichen will, z.B. Ratenzahlung, Stundung, teilweiser Erlass. Bei diesem Einigungsversuch muss sich der Schuldner der Mithilfe geeigneter Personen bedienen, z.B. einer Schuldnerberatungsstelle, eines Rechtsanwalts oder Notars, eines Steuerberaters. Erst nach einem erfolglosen außergerichtlichen Einigungsversuch kann ein gerichtliches Insolvenzverfahren eingeleitet werden.

2. Stufe: Verfahren über den gerichtlichen Schulden-bereinigungsplan	Voraussetzungen für den Antrag des Schuldners: 1. Bescheinigung, die von einer geeigneten Person oder Stelle ausgestellt ist, dass innerhalb der letzten sechs Monate vor Antragstellung erfolglos eine außergerichtliche Einigung mit den Gläubigern versucht worden ist; 2. einem Antrag auf Restschuldbefreiung oder eine Erklärung, daß Restschuldbefreiung nicht beantragt werden soll; 3. ein Verzeichnis des vorhandenen Vermögens und des Einkommens (Vermögensverzeichnis), ein Verzeichnis der Gläubiger und ein Verzeichnis der gegen ihn gerichteten Forderungen sowie eine Erklärung, dass diese Angaben richtig und vollständig sind; 4. ein Schuldenbereinigungsplan. Darin kann dargelegt werden, wie unter Berücksichtigung der Gläubigerinteressen sowie der Vermögens-, Einkommens- und Familienverhältnisse des Schuldners eine angemessene Schuldenbereinigung möglich ist. In den Plan ist aufzunehmen, ob und inwieweit Bürgschaften, Pfandrechte und andere Sicherheiten der Gläubiger vom Plan berührt werden sollen.
– Ruhen des Verfahrens	Das Gericht versucht zunächst, eine gütliche Einigung zwischen dem Schuldner und seinen Gläubigern auf der Basis des Schuldenbereinigungsplans herbeizuführen. Der Antrag auf Eröffnung des Insolvenzverfahrens „ruht", d. h., das Insolvenzverfahren wird noch nicht eröffnet. Dieser Zeitraum soll drei Monate nicht überschreiten.
– Zustellung an die Gläubiger	Das Insolvenzgericht stellt den beteiligten Gläubigern die vom Schuldner eingereichten Unterlagen zu und fordert diese zur Stellungnahme innerhalb eines Monats auf. Schweigen Gläubiger innerhalb dieser Frist, so wird dies als Zustimmung zum Schuldenbereinigungsplan gewertet. Die Eröffnung des Insolvenzverfahrens hat für die Gläubiger verschiedene Rechtsfolgen, wie zum Beispiel: – die Unwirksamkeit von Gehaltsabtretungen des Schuldners nach drei Jahren; – Gehaltspfändungen gegen den Schuldner haben nur noch einen Monat nach Verfahrenseröffnung Bestand; – Vollstreckungsmaßnahmen einzelner Gläubiger sind ab Verfahrenseröffnung und während der Wohlverhaltensperiode unzulässig.
– Zustimmung/ Ablehnung	Haben die Gläubiger keine Einwendungen gegen den Schuldenbereinigungsplan, dann gilt dieser als angenommen. Der Plan hat die Wirkung eines Vergleichs. Der Schuldner hat nur noch die im Plan festgelegten Verbindlichkeiten zu erfüllen, nicht mehr die ursprünglichen. Stimmen einzelne Gläubiger dem Schuldenbereinigungsplan nicht zu, so kann das Gericht unter bestimmten Voraussetzungen deren Zustimmung ersetzen. Voraussetzungen sind: – Mehr als die Hälfte der benannten Gläubiger stimmte zu;

23 Schuster – ISBN 3-8120-0060-1

	– die Summe der Ansprüche der zustimmenden Gläubiger beträgt mehr als die Hälfte der Ansprüche der benannten Gläubiger;
	– der ablehnende Gläubiger wird nicht unangemessen gegenüber den anderen Gläubigern benachteiligt;
	– der ablehnende Gläubiger stellt sich nicht schlechter als bei der Durchführung des Insolvenzverfahrens und Erteilung der Restschuldbefreiung.
	Wenn durch das Gericht die fehlende Zustimmung ersetzt wird, dann gilt der Schuldenbereinigungsplan, sonst wird das ruhende Verfahren über den Eröffnungsantrag wieder aufgenommen.
3. Stufe: **Vereinfachtes** **Insolvenzverfahren**	Gegenüber dem Unternehmensinsolvenzverfahren gibt es erhebliche Vereinfachungen:
	– Es wird nur eine Gläubigerversammlung angesetzt (Prüfungstermin).
	– Bei überschaubaren Vermögensverhältnissen, geringer Zahl der Gläubiger und geringer Höhe der Verbindlichkeiten kann das Verfahren ganz oder teilweise schriftlich durchgeführt werden.
	– Anstelle des Insolvenzverwalters wird ein Treuhänder eingesetzt.
	Aufgaben:
	– Den zur Zahlung von Bezügen Verpflichteten über die Abtretung zu unterrichten.
	– Die erhaltenen Zahlungen einmal jährlich entsprechend dem Plan an die Insolvenzgläubiger verteilen.
	– Von den erlangten Beträgen erhält der Insolvenzschuldner nach Ablauf von vier Jahren 10 %, nach fünf Jahren 15 % und nach sechs Jahren 20 %.
	– Der Treuhänder ist nicht zur Verwertung von Gegenständen berechtigt, an denen Pfandrechte oder andere Absonderungsrechte bestehen. Das Verwertungsrecht steht dem Gläubiger zu.
	– Von der Verwertung der Insolvenzmasse kann ganz oder teilweise abgesehen und dem Schuldner aufgegeben werden, einen Betrag, der dem Wert der Masse entspricht, an den Treuhänder zu zahlen.
Restschuld- **befreiung**	– Liegen keine Versagungsgründe für die Restschuldbefreiung vor, so beschließt das Gericht, dass der Schuldner Restschuldbefreiung erlangen kann, wenn er während der so genannten Wohlverhaltensperiode seinen Verpflichtungen nachkommt und auch am Ende dieser Periode keine Gründe für die Versagung der Restschuldbefreiung vorliegen.
Wohlverhaltens- **periode**	– Während der Dauer von sieben Jahren hat der Schuldner u. a. den pfändbaren Teil seines Arbeitseinkommens an den Treuhänder abzuführen. Dieser verteilt die eingegangenen Beträge gleichmäßig an alle Gläubiger.

39 Doris Jung hat nach ihrer Ausbildung eine kleine Buchhandlung in gemieteten Geschäftsräumen eröffnet. Leider haben sich die Geschäfte nicht wie erwartet entwickelt. Nach einem Jahr musste sie das Geschäft wieder schließen. Mittlerweile haben sich Bankschulden einschließlich Zinsen von 45 000,00 EUR, Mietschulden von 4 500,00 EUR, Lieferantenverbindlichkeiten (3 Lieferanten mit je 5 000,00 EUR) von 15 000,00 EUR und Forderungen des Finanzamtes von 5 500,00 EUR angesammelt, insgesamt 70 000,00 EUR.

Doris hat auf einem Sparkonto noch 1 000,00 EUR. Sie geht jetzt einer Teilzeitarbeit nach. Das monatlich pfändbare Einkommen beträgt etwa 250,00 EUR.

Doris sieht, dass ihr die Schulden über den Kopf gewachsen sind. Sie sucht nach einer Möglichkeit, wie sie langfristig wieder schuldenfrei leben kann. Sie hat in der Zeitung gelesen, dass sie ihr Ziel durch ein Insolvenzverfahren erreichen könnte.

a) Doris möchte von Ihnen wissen, wie sie vorgehen muss, um das Ziel zu erreichen. Informieren Sie Doris darüber, was sie zunächst zu unternehmen hat!

b) Doris arbeitet mit der Schuldnerberatungsstelle für ihre Gläubiger den folgenden Vorschlag zur monatlichen Schuldentilgung aus, wobei sie sich über die pfändbaren Teile des Lohns hinaus einschränken will: Die Bank erhält 150,00 EUR; der Vermieter 15,00 EUR; jeder Lieferant 40,00 EUR; das Finanzamt 35,00 EUR. Die Bank und die Lieferanten sollen zusätzlich einmalig je 500,00 EUR erhalten. Die monatlichen Leistungen sollen auf die Dauer von sieben Jahren begrenzt werden. Anschließend sollen die verbleibenden Verbindlichkeiten als erlassen gelten. Nur der Vermieter ist mit dem Vorschlag einverstanden. Eine Einigung kommt daher nicht zustande.

Was kann Doris jetzt unternehmen?

c) Doris leiht sich bei ihrem Freund Fritz 1 000,00 EUR und bietet davon zusätzlich zu dem vorherigen Vorschlag Einmalzahlungen an. Die Bank soll 500,00 EUR, die Lieferanten sollen je 330,00 EUR, der Vermieter 50,00 EUR und das Finanzamt 100,00 EUR erhalten.

Das Gericht stellt den Gläubigern die erforderlichen Unterlagen zu und fordert sie auf, innerhalb eines Monats zu dem Schuldenbereinigungsplan Stellung zu nehmen. Von den Gläubigern lehnen die Lieferanten und der Vermieter den Schuldenbereinigungsplan ab.

Kann das Gericht die fehlende Zustimmung ersetzen und den Schuldenbereinigungsplan in Kraft setzen?

d) Doris Jung erhält von dem Amtsgericht den Beschluss zugestellt, dass über ihr Vermögen das Insolvenzverfahren eröffnet worden ist. Es wird das schriftliche Verfahren angeordnet.

Zur Treuhänderin wurde die Rechtsanwältin Dr. Schlau bestellt.

Welche Aufgabe hat die Treuhänderin?

e) Rechtsanwältin Dr. Schlau sucht Doris Jung in ihrer Wohnung auf. Sie will sich einen Überblick über pfändbare Gegenstände machen. Sie stellt fest, dass von dem Sparguthaben nur noch 500,00 EUR vorhanden sind, weil Doris Jung wegen eines verschuldeten Verkehrsunfalls ihren alten Pkw reparieren lassen musste. Dieses Fahrzeug benötigt Frau Jung, um zur Arbeitsstelle fahren zu können.

Doris Jung überweist das verbleibende Sparguthaben an die Treuhänderin, um damit u. a. die Kosten des Gerichts und die Auslagen der Treuhänderin zu decken. Weitere verwertbare Sachen sind nicht vorhanden. Diesen Sachverhalt teilt Frau Dr. Schlau dem Gericht mit.

Das Gericht stellt nach dem Eingang der Überweisung das Insolvenzverfahren ein. In diesem Beschluss stellt es fest, dass Frau Jung Restschuldbefreiung erhalten wird, wenn sie während der Wohlverhaltensperiode ihren Verpflichtungen nachkommt. Frau Dr. Schlau bleibt weiterhin Treuhänderin.

Welchen Pflichten hat Doris Jung während der Wohlverhaltensperiode nachzukommen?

X. Steuern

LZ: Wichtige Einnahmen und Ausgaben des Staates nennen und Steuern als notwendige Mittel zur Finanzierung von Staatsaufgaben begründen

1

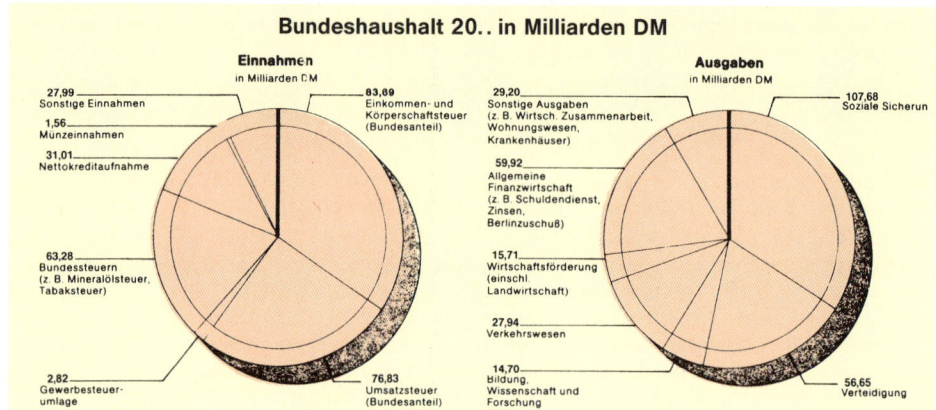

Bundeshaushalt 20.. in Milliarden DM

Einnahmen
in Milliarden DM

27,99 Sonstige Einnahmen

1,56 Münzeinnahmen

31,01 Nettokreditaufnahme

63,28 Bundessteuern (z. B. Mineralölsteuer, Tabaksteuer)

2,82 Gewerbesteuerumlage

83,69 Einkommen- und Körperschaftsteuer (Bundesanteil)

76,83 Umsatzsteuer (Bundesanteil)

Ausgaben
in Milliarden DM

29,20 Sonstige Ausgaben (z. B. Wirtsch. Zusammenarbeit, Wohnungswesen, Krankenhäuser)

59,92 Allgemeine Finanzwirtschaft (z. B. Schuldendienst, Zinsen, Berlinzuschuß)

15,71 Wirtschaftsförderung (einschl. Landwirtschaft)

27,94 Verkehrswesen

14,70 Bildung, Wissenschaft und Forschung

107,68 Soziale Sicherun

56,65 Verteidigung

Gesamthaushalt
Grafik zum Landeshaushalt Hessen 20..

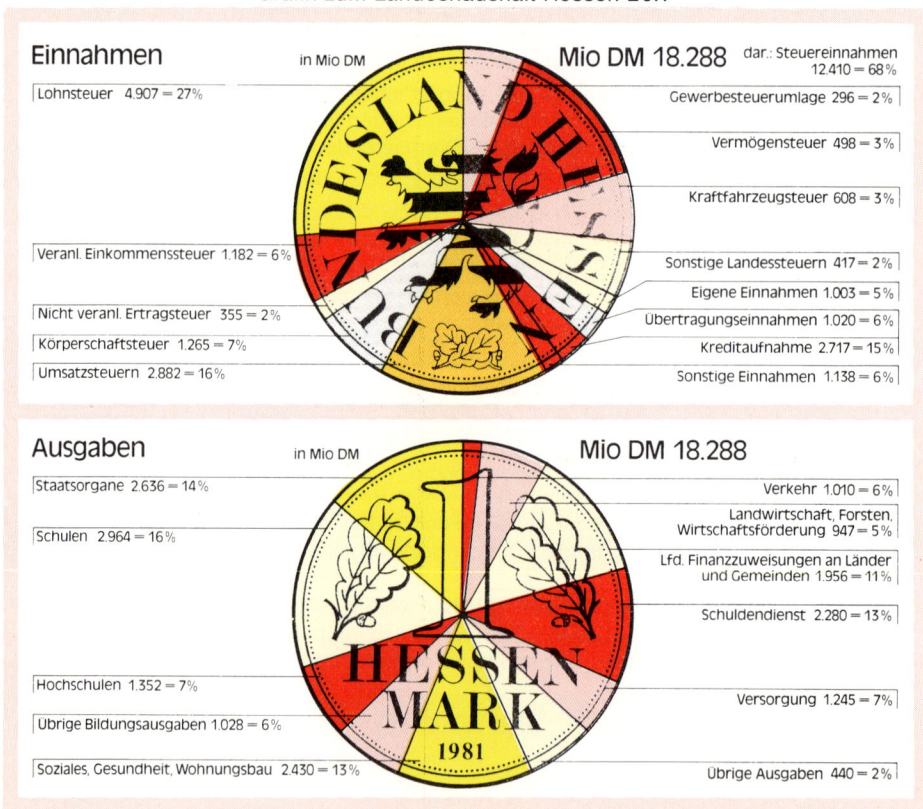

Einnahmen in Mio DM **Mio DM 18.288** dar.: Steuereinnahmen 12.410 = 68%

Lohnsteuer 4.907 = 27%

Veranl. Einkommensteuer 1.182 = 6%

Nicht veranl. Ertragsteuer 355 = 2%

Körperschaftsteuer 1.265 = 7%

Umsatzsteuern 2.882 = 16%

Gewerbesteuerumlage 296 = 2%

Vermögensteuer 498 = 3%

Kraftfahrzeugsteuer 608 = 3%

Sonstige Landessteuern 417 = 2%

Eigene Einnahmen 1.003 = 5%

Übertragungseinnahmen 1.020 = 6%

Kreditaufnahme 2.717 = 15%

Sonstige Einnahmen 1.138 = 6%

Ausgaben in Mio DM **Mio DM 18.288**

Staatsorgane 2.636 = 14%

Schulen 2.964 = 16%

Hochschulen 1.352 = 7%

Übrige Bildungsausgaben 1.028 = 6%

Soziales, Gesundheit, Wohnungsbau 2.430 = 13%

Verkehr 1.010 = 6%

Landwirtschaft, Forsten, Wirtschaftsförderung 947 = 5%

Lfd. Finanzzuweisungen an Länder und Gemeinden 1.956 = 11%

Schuldendienst 2.280 = 13%

Versorgung 1.245 = 7%

Übrige Ausgaben 440 = 2%

a) Welche Einnahmequellen haben Bund bzw. Länder, um ihre Haushalte zu finanzieren?

b) Wo liegen bei Bund und Land die Haupteinnahmequellen?

c) Vergleichen Sie die Ausgabenstruktur des Bundeshaushaltes mit der des Landes Hessen! Wo liegen jeweils die vier wichtigsten Ausgabenbereiche?

d) Welcher Zusammenhang besteht zwischen Staatsaufgaben und Staatsausgaben?

e) Auch private Haushalte müssen ihre Ausgaben finanzieren. Wo liegt der grundsätzliche Unterschied in der Finanzierung privater und öffentlicher Haushalte?

> **LZ:** Problematik einer gerechten Besteuerung und die Grenzen der Belastbarkeit erörtern

● **Grundsätze der Besteuerung**

Zu den Forderungen an ein Steuersystem gehört, dass es „gerecht" sein soll. Was im Einzelnen jeweils als „gerecht" angesehen wird, ändert sich im Laufe der gesellschaftlichen Entwicklung. Das jeweils als „gerecht" Angesehene wurde häufig in **Grundsätzen der Besteuerung** formuliert.

Heute gilt z.B. der **Grundsatz der Allgemeinheit** einer Steuer weitgehend als anerkannt. Dieser Grundsatz besagt, dass alle Personen, soweit sie über steuerliche Leistungsfähigkeit verfügen und einer der gesetzlich festgelegten Steuerverpflichtungsgründe auf sie zutrifft, ohne Rücksicht auf außerökonomische Merkmale zur Steuer heranzuziehen sind.

2 Entscheiden Sie, ob folgende Forderungen dem **Grundsatz der Allgemeinheit** entsprechen!

a) Alle Besitzer von Personenkraftwagen mit einem Durchschnittsverbrauch von mehr als 14 l Treibstoff pro 100 km haben einen Zuschlag von 30% zur Kraftfahrzeugsteuer zu bezahlen, damit die Schadstoffbelastung der Natur langfristig vermindert wird.

b) Um die Arbeitslosigkeit in der Bundesrepublik Deutschland zu vermindern, wird von allen Ausländern, die in der Bundesrepublik Deutschland beschäftigt sind, eine 30%ige Ausländerabgabe zur Einkommensteuer erhoben.

Der **Grundsatz der Gleichmäßigkeit** der Besteuerung beinhaltet, dass Personen, die sich in gleichen oder gleichartigen steuerlich bedeutsamen Verhältnissen befinden, in Bezug auf jede einzelne Steuer einer bestimmten Gebietskörperschaft gleich zu behandeln sind.

3 Wegen der rückläufigen Geburtenzahl wird geprüft, ob Junggesellen mit einer zusätzlichen Junggesellensteuer belegt werden sollen.

a) Wie wäre eine derartige Steuer nach dem Grundsatz der Gleichmäßigkeit der Besteuerung zu beurteilen?

b) Könnte die Einführung einer solchen Steuer vom Gesetzgeber bewusst gewählt werden?

Weiter anerkannt wird der **Grundsatz der Besteuerung nach der individuellen Leistungsfähigkeit**. Maßstäbe für die Leistungsfähigkeit sind das Einkommen und das Vermögen. Auf die Gesamtsteuerbelastung eines Einzelnen bezogen lautet dieser Grundsatz: Die Steuertraglast des Einzelnen ist so zu gestalten, dass diese, unter Berücksichtigung aller für die Steuerfähigkeit bedeutsamen persönlichen Verhältnisse (Einkommen und Vermögen), die individuelle Leistungsfähigkeit widerspiegelt und die durch die Besteuerung bewirkten Einbußen des Einzelnen an ökonomisch-finanzieller Dispositionsfreiheit in einem vertretbaren Rahmen bleiben. Nach einem Beschluss des Bundesverfassungsgerichts sind bei der Einkommenbesteuerung Erwerbseinkünfte in Höhe eines am Sozialhilferecht orientierten Existenzminimums steuerfrei.

● **Steuer- und Abgabenquote**

Bei der Beurteilung der **Grenzen der Belastbarkeit** der Steuerzahler werden die Steuerquote und die Abgabenquote herangezogen.

Unter der volkswirtschaftlichen **Steuerquote** versteht man das Verhältnis aller Steuern zum Bruttoinlandsprodukt. Sie stellt somit die Belastung der Volkswirtschaft durch Steuern dar.

Die **Abgabenquote** bezieht die Summe aller Steuern und Sozialabgaben zum Bruttoinlandsprodukt.

Es gibt keine objektive messbare Grenze für eine noch zumutbare Steuerbelastung. Psychologisch ist eine Abgabenquote von 50 Prozent bedeutsam.

4

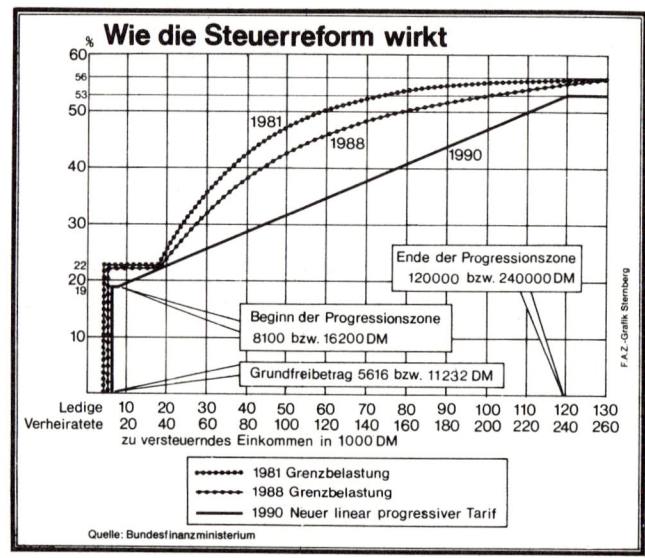

a) Halten Sie den Grundsatz der Besteuerung nach der individuellen Leistungsfähigkeit bei den abgebildeten Verläufen des Einkommensteuertarifs für verwirklicht?

b) Zeichnen Sie einen Verlauf des Einkommensteuertarifs, den Sie als „gerecht" empfinden!

5 Angenommen es gilt die in folgender Tabelle aufgeführte tarifliche Einkommensteuerbelastung für Ledige bzw. Verheiratete.

Zu versteuerndes Einkommen	Ledige (Grundtabelle)		Verheiratete (Splittingtabelle)	
DM	DM	%	DM	%
5 000	0		0	
10 000	0		0	
20 000	2 943		0	
30 000	5 354		3 692	
50 000	11 084		8 208	
70 000	18 048		13 360	
100 000	30 743		22 168	
500 000	242 150		219 278	
1 000 000	507 143		484 300	

a) Berechnen Sie, wie viel Prozent vom zu versteuernden Einkommen jeweils als Einkommensteuer abzuführen sind!

b) Erläutern Sie an diesem Beispiel, was unter **Steuerprogression** zu verstehen ist!

c) Das Ehegatten-Splitting wird von verschiedenen Politikern in Frage gestellt.

    ca) Wie wirkt sich das Ehegatten-Splitting auf die Einkommensteuerbelastung aus?

    cb) Beurteilen Sie das Ehegatten-Splitting unter dem Gesichtspunkt der Steuergerechtigkeit!

d) Wie beurteilen Sie die Ergebnisse Ihrer Berechnungen zu a) unter dem Gesichtspunkt der steuerlichen Belastbarkeit der Steuerpflichtigen?

6 In Deutschland hatten wir in den ausgewählten Jahren folgende Steuer- und Abgabenquoten:

Jahr	Steuerquote v.H.	Abgabenquote v.H.
1970	22,8	37
1980	24,7	42
1990[1]	22,5	42,4
1993	24,1	44
1995	26	47

1 ab 1990 Gesamtdeutschland

a) Wie beurteilen Sie die Entwicklung der Steuer- und Abgabenquote hinsichtlich der Grenzen der Besteuerung?

b) Welche Folgerungen ziehen die Steuerpflichtigen, wenn diese die Grenzen der Steuerbelastung als erreicht ansehen?

LZ: Einteilungsmöglichkeiten der Steuern kennen

Steuerarten

7 Im Anschluss an das Fußballtraining sitzt Fritz, Auszubildender bei einem Kreditinstitut, mit Freunden, dem Polier Karl Hansen und dem selbstständigen Schreinermeister Oskar Wilm, im Vereinslokal.

Dabei ergibt sich folgendes Gespräch:

Hansen: *„Hanne, bring mir doch noch ein Bier!"*

Hanne: *„Ja, gleich!*

Fritz: *„Das Bier ist ja auch wieder teurer geworden. Wegen einer Erhöhung der Biersteuer, sagt man!"*

Wilm: *„Ach, hör mir auf mit den Steuern. Gestern hat mein Steuerberater die Bilanz für das vergangene Jahr fertiggestellt. Ich werde noch Einkommen- und Gewerbesteuer nachzahlen müssen. Die Vorauszahlungen waren zu niedrig."*

Hansen: *„Wer Steuern nachzahlen muss, hat auch gut verdient. Wenn ich mir meine Lohnabrechnung betrachte, wird mir ganz übel. Lohnsteuer, Kirchensteuer, Sozialversicherungsabgaben! Da bleibt fast nichts mehr übrig!"*

Fritz: *„Nun übertreib mal nicht. Schließlich wird jeder entsprechend seinem Einkommen versteuert. Schlimm ist nur, dass ich für meine Ausbildungsvergütung auch schon zur Kasse gebeten werde. Es ist schon schlimm genug, dass ich für mein Auto Kraftfahrzeugsteuer, für das Benzin Mineralölsteuer und für meine Zigaretten Tabaksteuer zahlen muss!"*

Hansen: *„Na ja, der Staat nimmt's eben von den Armen! So, jetzt muss ich gehen. Morgen früh um sieben muss ich wieder auf der Baustelle sein.*
Hanne, zahlen!"

Hanne: *„16,50 EUR. Hier ist der Beleg!"*
Hanne übergibt den Beleg mit dem Vermerk: Einschließlich 16 % Mehrwertsteuer (Umsatzsteuer).

Hansen: *„17,00 EUR. Stimmt. Guten Abend noch!"*

a) Welche Steuern wurden in diesem Gespräch erwähnt?

b) Nach dem Steuergegenstand werden Steuern in Besitz-, Verkehr- und Verbrauchsteuern unterschieden.

Besitzsteuern werden auf das Einkommen und das Vermögen erhoben.

Verkehrsteuern fallen bei einem Güter- und Leistungsaustausch an.

Verbrauchsteuern bezahlt man auf den Verbrauch von Gütern.

Ordnen Sie die in dem Gespräch erwähnten Steuerarten nach dem Steuergegenstand!

c) Wenn die Steuer unmittelbar vom Steuerschuldner, der auch letztendlich die Steuer tragen soll, erhoben wird, spricht man von einer **direkten Steuer**.

Von **indirekten Steuern** spricht man, wenn der Steuerschuldner die Steuer auf einen anderen Steuerträger überwälzen soll.

Ordnen Sie die in dem Gespräch erwähnten Steuerarten den beiden Erhebungsarten zu!

d) Suchen Sie weitere Beispiele für Besitz-, Verkehr- und Verbrauchsteuern!

e) Stellen Sie fest, ob es sich bei den unter d) gefundenen Steuerarten um direkte oder indirekte Steuern handelt!

f) Bestimmen Sie, wer bei den folgenden Steuern Steuerschuldner und wer Steuerträger ist!

Steuerart	Steuerschuldner	Steuerträger
Grunderwerbsteuer		
Erbschaftsteuer		
Biersteuer		
Körperschaftsteuer		
Lotteriesteuer		

LZ: Verteilung wichtiger Steuern auf Bund, Länder und Gemeinden nennen

GG   Art. 106. [Verteilung der Steuern]

(1) Der Ertrag der Finanzmonopole und das Aufkommen der folgenden Steuern stehen dem Bund zu:

1. die Zölle,
2. die Verbrauchsteuern, soweit sie nicht nach Absatz 2 den Ländern, nach Absatz 3 Bund und Ländern gemeinsam oder nach Absatz 6 den Gemeinden zustehen,
3. die Straßengüterverkehrsteuer,
4. die Kapitalverkehrsteuern, die Versicherungsteuer und die Wechselsteuer,
5. die einmaligen Vermögensabgaben und die zur Durchführung des Lastenausgleichs erhobenen Ausgleichsabgaben,
6. die Ergänzungsabgabe zur Einkommensteuer und zur Körperschaftsteuer,
7. Abgaben im Rahmen der Europäischen Gemeinschaften.

GG (2) Das Aufkommen der folgenden Steuern steht den Ländern zu:

1. die Vermögensteuer*,
2. die Erbschaftsteuer,
3. die Kraftfahrzeugsteuer,
4. die Verkehrsteuern, soweit sie nicht nach Absatz 1 dem Bund oder nach Absatz 3 Bund und Ländern gemeinsam zustehen,
5. die Biersteuer,
6. die Abgabe von Spielbanken.

(3) ^{1}Das Aufkommen der Einkommensteuer, der Körperschaftsteuer und der Umsatzsteuer steht dem Bund und den Ländern gemeinsam zu (Gemeinschaftsteuern), soweit das Aufkommen der Einkommensteuer nicht nach Absatz 5 den Gemeinden zugewiesen wird. ^{2}Am Aufkommen der Einkommensteuer und der Körperschaftsteuer sind der Bund und die Länder je zur Hälfte beteiligt. Die Anteile von Bund und Ländern an der Umsatzsteuer werden durch Bundesgesetz, das der Zustimmung des Bundesrates bedarf, festgesetzt. Bei der Festsetzung ist von folgenden Grundsätzen auszugehen:

1. Im Rahmen der laufenden Einnahmen haben der Bund und die Länder gleichmäßig Anspruch auf Deckung ihrer notwendigen Ausgaben. Dabei ist der Umfang der Ausgaben unter Berücksichtigung einer mehrjährigen Finanzplanung zu ermitteln.
2. Die Deckungsbedürfnisse des Bundes und der Länder sind so aufeinander abzustimmen, dass ein billiger Ausgleich erzielt, eine Überbelastung der Steuerpflichtigen vermieden und die Einheitlichkeit der Lebensverhältnisse im Bundesgebiet gewahrt wird.

(4) ^{1}Die Anteile von Bund und Ländern an der Umsatzsteuer sind neu festzusetzen, wenn sich das Verhältnis zwischen den Einnahmen und Ausgaben des Bundes und der Länder wesentlich anders entwickelt; Steuermindereinnahmen, die nach Absatz 3 Satz 5 in die Festsetzung der Umsatzsteueranteile zusätzlich einbezogen werden, bleiben hierbei unberücksichtigt. ^{2}Werden den Ländern durch Bundesgesetz zusätzliche Ausgaben auferlegt oder Einnahmen entzogen, so kann die Mehrbelastung durch Bundesgesetz, das der Zustimmung des Bundesrates bedarf, auch mit Finanzzuweisungen des Bundes ausgeglichen werden, wenn sie auf einen kurzen Zeitraum begrenzt ist. ^{3}In dem Gesetz sind die Grundsätze für die Bemessung dieser Finanzzuweisungen und für ihre Verteilung auf die Länder zu bestimmen.

(5) ^{1}Die Gemeinden erhalten einen Anteil an dem Aufkommen der Einkommensteuer, der von den Ländern an ihre Gemeinden auf der Grundlage der Einkommensteuerleistungen ihrer Einwohner weiterzuleiten ist. ^{2}Das Nähere bestimmt ein Bundesgesetz, dass der Zustimmung des Bundesrates bedarf. ^{3}Es kann bestimmen, dass die Gemeinden Hebesätze für den Gemeindeanteil festsetzen.

(6) ^{1}Das Aufkommen der Realsteuern steht den Gemeinden, das Aufkommen der örtlichen Verbrauch- und Aufwandsteuern steht den Gemeinden oder nach Maßgabe der Landesgesetzgebung den Gemeindeverbänden zu. ^{2}Den Gemeinden ist das Recht einzuräumen, die Hebesätze der Realsteuern im Rahmen der Gesetze festzusetzen. ^{3}Bestehen in einem Land keine Gemeinden, so steht das Aufkommen der Realsteuern und der örtlichen Verbrauch- und Aufwandsteuern dem Land zu. ^{4}Bund und Länder können durch eine Umlage an dem Aufkommen der Gewerbesteuer beteiligt werden. ^{5}Das Nähere über die Umlage bestimmt ein Bundesgesetz, das der Zustimmung des Bundesrates bedarf. ^{6}Nach Maßgabe der Landesgesetzgebung können die Realsteuern und der Gemeindeanteil vom Aufkommen der Einkommensteuer als Bemessungsgrundlagen für Umlagen zugrunde gelegt werden.

(7) ^{1}Von dem Länderanteil am Gesamtaufkommen der Gemeinschaftsteuern fließt den Gemeinden und Gemeindeverbänden insgesamt ein von der Landesgesetzgebung zu bestimmender Hundertsatz zu. ^{2}Im Übrigen bestimmt die Landesgesetzgebung, ob und inwieweit das Aufkommen der Landessteuern den Gemeinden (Gemeindeverbänden) zufließt.

(8) ^{1}Veranlasst der Bund in einzelnen Ländern und Gemeinden (Gemeindeverbänden) besondere Einrichtungen, die diesen Ländern oder Gemeinden (Gemeindeverbänden) unmittelbar Mehrausgaben oder Mindereinnahmen (Sonderbelastungen) verursachen, gewährt der Bund den erforderlichen Ausgleich, wenn und soweit den Ländern und Gemeinden (Gemeindeverbänden) nicht zugemutet werden kann, die Sonderbelastungen zu tragen. ^{2}Entschädigungs-

---

* Die Vermögensteuer wird seit 2. Januar 1997 nicht mehr erhoben.

leistungen Dritter und finanzielle Vorteile, die diesen Ländern oder Gemeinden (Gemeindeverbänden) als Folge der Einrichtungen erwachsen, werden bei dem Ausgleich berücksichtigt.

(9) Als Einnahmen und Ausgaben der Länder im Sinne dieses Artikels gelten auch die Einnahmen und Ausgaben der Gemeinden (Gemeindeverbände).

8 Bei einer Podiumsdiskussion diskutieren der Bundestagsabgeordnete Alois Roth, der Landtagsabgeordnete Hans Grün und der Bürgermeister Oskar Schwarz über Probleme der Finanzierung der öffentlichen Haushalte. Dabei ergab sich u. a. der folgende Gedankenaustausch:

Roth: *„Die zunehmenden Anforderungen an die Landesverteidigung und die vermehrten Ansprüche der Dritten Welt bedingen erhöhte Ausgaben im Bundeshaushalt.*

Zu ihrer Finanzierung soll von den ‚Besserverdienenden' eine Ergänzungsabgabe zur Einkommensteuer erhoben werden."

Grün: *„Eine erhöhte Ergänzungsabgabe ist abzulehnen, da die Leistungsbereitschaft dieser Einkommensbezieher dadurch geschwächt und infolgedessen der konjunkturelle Aufschwung beeinträchtigt wird. Vielmehr muss die Infrastruktur in ländlichen Gebieten wesentlich verbessert werden. Nur so lässt sich die dort anzutreffende überdurchschnittliche Arbeitslosigkeit beseitigen.*

Da für die erforderlichen Maßnahmen die verfügbaren Haushaltsmittel nicht ausreichen, ist die Erbschaftsteuer um 1 v. H. zu erhöhen."

Schwarz: *„Ich stimme dem Kollegen Grün zu. Die Infrastruktur unserer Kommunen muss verbessert werden. Dies geschieht aber am wirkungsvollsten, wenn den Gemeinden höhere eigene Einnahmen zur Verfügung gestellt werden. Bund und Länder sollen durch Einsparungen an anderen Stellen mit ihren bisherigen Einnahmen auskommen, um den Gemeinden eine Erhöhung der Grundsteuer zu ermöglichen. Auch die Wiedereinführung der Getränkesteuer und eine Steuer für Spielautomaten in Gaststätten sollten überlegt werden."*

a) Vor welchem Problem stehen alle drei Politiker?

b) Aus welchem Grunde wollen die Politiker jeweils andere Steuern zur Finanzierung heranziehen?

c) Suchen Sie jeweils drei Steuerarten, die ausschließlich dem Bund, den Ländern oder den Gemeinden zufließen!

d) Welche Steuerarten sind Gemeinschaftsteuern?

e) Wie werden die Einnahmen aus den Gemeinschaftsteuern zwischen den Begünstigten aufgeteilt?

f) Suchen Sie Gründe, warum es sinnvoll ist, den einzelnen Gebietskörperschaften eigene Steuerquellen zuzuweisen!

9 Ordnen Sie die folgenden Steuerarten durch Ankreuzen den verschiedenen Empfängern zu!

Steuerempfänger / Steuerart	Bund	Länder	Gemeinden
Hundesteuer			
Biersteuer			
Tabaksteuer			
Grundsteuer			
Körperschaftsteuer			
Einkommensteuer			
Grunderwerbsteuer			
Kfz-Steuer			
Kirchensteuer			

LZ: Das zu versteuernde Einkommen eines Arbeitnehmers an einem einfachen Beispiel erläutern

Einkunftsarten

Der **Einkommensteuer** unterliegen

1. Einkünfte aus Land- und Forstwirtschaft
2. Einkünfte aus Gewerbebetrieb
3. Einkünfte aus selbstständiger Arbeit
4. Einkünfte aus nichtselbstständiger Arbeit
5. Einkünfte aus Kapitalvermögen
6. Einkünfte aus Vermietung und Verpachtung
7. sonstige Einkünfte

die der Steuerpflichtige erzielt.

10 Harald Müller, 34 Jahre, verheiratet, 2 Kinder (4 und 7 Jahre), ist bei der Handelsbank AG, Gießen, als Angestellter beschäftigt.

Er hat ein Zweifamilienhaus geerbt. Eine Wohnung bewohnt er selbst, die andere ist vermietet.

Neben einem Sparkonto besitzt er einige Aktien und festverzinsliche Wertpapiere.

Einen Teil seiner im Januar gekauften Aktien verkaufte er im Juni desselben Jahres. Er erzielte dabei einen steuerpflichtigen Spekulationsgewinn von 1 215,00 EUR.

Welche Arten von Einkünften erzielte Herr Müller?

Grundbegriffe der Einkommensteuer (Lohnsteuer)

Das Einkommensteuerrecht unterscheidet bei Arbeitnehmern zwischen folgenden Begriffen: Einnahmen, Werbungskosten, Einkünfte, Summe der Einkünfte, Gesamtbetrag der Einkünfte, Einkommen und zu versteuerndes Einkommen.

Einnahmen	= Bruttobezüge bei den Einkünften aus nichtselbstständiger Arbeit, Kapitalvermögen, Vermietung und Verpachtung sowie bei den sonstigen Einkünften.

Werbungskosten	=	Aufwendungen zur Erwerbung, Sicherung und Erhaltung der Einnahmen.
Einkünfte	=	Einnahmen abzüglich Werbungskosten. Es kann ein Überschuss oder ein Verlust entstehen.
Einkünfte aus nicht-selbstständiger Arbeit	=	Arbeitslohn abzüglich Werbungskosten.
Summe der Einkünfte	=	Summe der Ergebnisse aus den sieben Einkunftsarten.
Gesamtbetrag der Einkünfte	=	Summe der Einkünfte abzüglich des Altersentlastungsbetrags. Den Altersentlastungsbetrag erhalten Steuerpflichtige, die vor dem Beginn des Kalenderjahres das 64. Lebensjahr vollendet haben, für alle Einkünfte; ausgenommen sind Versorgungsbezüge und Leibrenten. Der Altersentlastungsbetrag beträgt **40 v.H. des Arbeitslohns** (ohne Versorgungsbezüge) und der **positiven Summe der Einkünfte**, die nicht solche aus nichtselbstständiger Arbeit sind, jedoch höchstens 3 720,00 DM/1 908,00 EUR im Kalenderjahr.
Einkommen	=	Gesamtbetrag der Einkünfte abzüglich Sonderausgaben und außergewöhnliche Belastungen.
zu versteuerndes Einkommen	=	Einkommen abzüglich Kinderfreibeträge und Haushaltsfreibetrag.

11 Erstellen Sie eine Tabelle für die Ermittlung des zu versteuernden Einkommens für einen ledigen Arbeitnehmer, 64 Jahre, keine Kinder, der nur Einnahmen aus unselbstständiger Arbeit hat!

Steuerabzug vom Arbeitslohn (Lohnsteuer)

Auszüge aus dem Einkommensteuergesetz
2. Steuerabzug vom Arbeitslohn (Lohnsteuer)

EStG **§ 38. Erhebung der Lohnsteuer.**

(1) [1]Bei Einkünften aus nichtselbstständiger Arbeit wird Einkommensteuer durch Abzug vom Arbeitslohn erhoben (Lohnsteuer), soweit der Arbeitslohn von einem Arbeitgeber gezahlt wird, der 1. im Inland einen Wohnsitz, seinen gewöhnlichen Aufenthalt, seine Geschäftsleitung, seinen Sitz, eine Betriebsstätte oder einen ständigen Vertreter im Sinne der §§ 8 bis 13 der Abgabenordnung hat (inländischer Arbeitgeber) oder 2. einem Dritten (Entleiher) Arbeitnehmer gewerbsmäßig zur Arbeitsleistung im Inland überlässt, ohne inländischer Arbeitgeber zu sein (ausländischer Verleiher). Der Lohnsteuer unterliegt auch der im Rahmen des Dienstverhältnisses üblicherweise von einem Dritten für eine Arbeitsleistung gezahlte Arbeitslohn.

(2) [1]Der Arbeitnehmer ist Schuldner der Lohnsteuer. [2]Die Lohnsteuer entsteht in dem Zeitpunkt, in dem der Arbeitslohn dem Arbeitnehmer zufließt.

(3) [1]Der Arbeitgeber hat die Lohnsteuer für Rechnung des Arbeitnehmers bei jeder Lohnzahlung vom Arbeitslohn einzubehalten. [2]Bei juristischen Personen des öffentlichen Rechts hat die öffentliche Kasse, die den Arbeitslohn zahlt, die Pflichten des Arbeitgebers.

(4) [...]

§ 38a. Höhe der Lohnsteuer.

(1) [1]Die Jahreslohnsteuer bemisst sich nach dem Arbeitslohn, den der Arbeitnehmer im Kalenderjahr bezieht (Jahresarbeitslohn). [2]Laufender Arbeitslohn gilt in dem Kalenderjahr als bezogen, in dem der Lohnzahlungszeitraum endet; in den Fällen des § 39b Abs. 5 Satz 1 tritt der Lohnabrechnungszeitraum an die Stelle des Lohnzahlungszeitraums. [3]Arbeitslohn, der nicht als laufender Arbeitslohn gezahlt wird (sonstige Bezüge), wird in dem Kalenderjahr bezogen, in dem er dem Arbeitnehmer zufließt.

EStG (2) Die Jahreslohnsteuer wird nach dem Jahresarbeitslohn so bemessen, dass sie der Einkommensteuer entspricht, die der Arbeitnehmer schuldet, wenn er ausschließlich Einkünfte aus nichtselbstständiger Arbeit erzielt.

(3) [1]Vom laufenden Arbeitslohn wird die Lohnsteuer jeweils mit dem auf den Lohnzahlungszeitraum fallenden Teilbetrag der Jahreslohnsteuer erhoben, die sich bei Umrechnung des laufenden Arbeitslohns auf einen Jahresarbeitslohn ergibt. [2]Von sonstigen Bezügen wird die Lohnsteuer mit dem Betrag erhoben, der zusammen mit der Lohnsteuer für den laufenden Arbeitslohn des Kalenderjahrs und für etwa im Kalenderjahr bereits gezahlte sonstige Bezüge als voraussichtliche Jahreslohnsteuer ergibt.

(4) Bei der Ermittlung der Lohnsteuer werden die Besteuerungsgrundlagen des Einzelfalls durch die Einreihung der Arbeitnehmer in Steuerklassen (§ 38 b), Aufstellung von entsprechenden Lohnsteuertabellen (§ 38 c) und Ausstellung von entsprechenden Lohnsteuerkarten (§ 39) sowie Feststellung von Freibeträgen (§ 39 a) berücksichtigt.

§ 38 b. Lohnsteuerklassen.

[1]Für die Durchführung des Lohnsteuerabzugs werden unbeschränkt einkommensteuerpflichtige Arbeitnehmer in Steuerklassen eingereiht. [2]Dabei gilt Folgendes:

1. In die Steuerklasse I gehören Arbeitnehmer, die
   a) ledig sind,
   b) verheiratet, verwitwet oder geschieden sind und bei denen die Voraussetzungen für die Steuerklasse III oder IV nicht erfüllt sind;

2. in die Steuerklasse II gehören die unter Nummer 1 bezeichneten Arbeitnehmer, wenn bei ihnen der Haushaltsfreibetrag (§ 32 Abs. 7) zu berücksichtigen ist;

3. in die Steuerklasse III gehören Arbeitnehmer,
   a) die verheiratet sind, wenn beide Ehegatten unbeschränkt einkommensteuerpflichtig sind und nicht dauernd getrennt leben und
      aa) der Ehegatte des Arbeitnehmers keinen Arbeitslohn bezieht oder
      bb) der Ehegatte des Arbeitnehmers auf Antrag beider Ehegatten in die Steuerklasse V eingereiht wird,
   b) die verwitwet sind, wenn sie und ihr verstorbener Ehegatte im Zeitpunkt seines Todes unbeschränkt einkommensteuerpflichtig waren und in diesem Zeitpunkt nicht dauernd getrennt gelebt haben, für das Kalenderjahr, das dem Kalenderjahr folgt, in dem der Ehegatte verstorben ist,
   c) deren Ehe aufgelöst worden ist, wenn
      aa) im Kalenderjahr der Auflösung der Ehe beide Ehegatten unbeschränkt einkommensteuerpflichtig waren und nicht dauernd getrennt gelebt haben und
      bb) der andere Ehegatte wieder geheiratet hat, von seinem neuen Ehegatten nicht dauernd getrennt lebt und er und sein neuer Ehegatte unbeschränkt einkommensteuerpflichtig sind,
      für das Kalenderjahr, in dem die Ehe aufgelöst worden ist;

4. in die Steuerklasse IV gehören Arbeitnehmer, die verheiratet sind, wenn beide Ehegatten unbeschränkt einkommensteuerpflichtig sind und nicht dauernd getrennt leben und der Ehegatte des Arbeitnehmers ebenfalls Arbeitslohn bezieht;

5. in die Steuerklasse V gehören die unter Nummer 4 bezeichneten Arbeitnehmer, wenn der Ehegatte des Arbeitnehmers auf Antrag beider Ehegatten in die Steuerklasse III eingereiht wird;

6. die Steuerklasse VI gilt bei Arbeitnehmern, die nebeneinander von mehreren Arbeitgebern Arbeitslohn beziehen, für die Einbehaltung der Lohnsteuer vom Arbeitslohn aus dem zweiten und weiteren Dienstverhältnis.

§ 39. Lohnsteuerkarte.

(1) [1]Die Gemeinden haben den nach § 1 Abs. 1 unbeschränkt einkommensteuerpflichtigen Arbeitnehmern für jedes Kalenderjahr unentgeltlich eine Lohnsteuerkarte nach amtlich vorgeschriebenem Muster auszustellen und zu übermitteln. [2]Steht ein Arbeitnehmer nebeneinander bei mehreren Arbeitgebern in einem Dienstverhältnis, so hat die Gemeinde eine entsprechende Anzahl Lohnsteuerkarten unentgeltlich auszustellen und zu übermitteln. [3]Wenn eine

Lohnsteuerkarte verloren gegangen, unbrauchbar geworden oder zerstört worden ist, hat die Gemeinde eine Ersatz-Lohnsteuerkarte auszustellen. [4]Hierfür kann die ausstellende Gemeinde von dem Arbeitnehmer eine Gebühr bis 5 Euro erheben; das Verwaltungskostengesetz ist anzuwenden. Die Gemeinde hat die Ausstellung einer Ersatz-Lohnsteuerkarte dem für den Arbeitnehmer örtlich zuständigen Finanzamt unverzüglich mitzuteilen.

(2) [...]

(3) [1]Die Gemeinde hat auf der Lohnsteuerkarte insbesondere einzutragen:

1. die Steuerklasse (§ 38 b) in Buchstaben,

2. die Zahl der Kinderfreibeträge in den Steuerklassen I bis IV, und zwar für jedes nach § 1 Abs. 1 unbeschränkt einkommensteuerpflichtige Kind im Sinne des § 32 Abs. 1 Nr. 1 und Abs. 3,

   a) den Zähler 0,5, wenn dem Arbeitnehmer der Kinderfreibetrag nach § 32 Abs. 6 Satz 1 zusteht, oder

   b) den Zähler 1, wenn dem Arbeitnehmer der Kinderfreibetrag zusteht, weil

      aa) die Voraussetzungen des § 32 Abs. 6 Satz 2 vorliegen oder

      bb) der andere Elternteil vor dem Beginn des Kalenderjahrs verstorben ist oder

      cc) der Arbeitnehmer allein das Kind angenommen hat.

Für die Eintragung der Steuerklasse III ist das Finanzamt zuständig, wenn der Ehegatte des Arbeitnehmers nach § 1 a Abs. 1 Nr. 2 als unbeschränkt einkommensteuerpflichtig zu behandeln ist.

(3 a) Soweit dem Arbeitnehmer Kinderfreibeträge [...] zustehen, die nicht [...] von der Gemeinde auf der Lohnsteuerkarte einzutragen sind, ist [...] die auf der Lohnsteuerkarte eingetragene Zahl der Kinderfreibeträge sowie im Fall des § 38 b Nr. 2 die Steuerklasse vom Finanzamt auf Antrag zu ändern. [...]

(3 b) Für die Eintragungen nach den Absätzen 3 und 3 a sind die Verhältnisse zu Beginn des Kalenderjahrs maßgebend, für das die Lohnsteuerkarte gilt. [...] In den Fällen der Steuerklassen III und IV sind bei der Eintragung der Zahl der Kinderfreibeträge auch Kinder des Ehegatten zu berücksichtigen. [...]

(4) [1]Der Arbeitnehmer ist verpflichtet, die Eintragung der Steuerklasse und der Zahl der Kinderfreibeträge auf der Lohnsteuerkarte umgehend ändern zu lassen, wenn die Eintragung auf der Lohnsteuerkarte von den Verhältnissen zu Beginn des Kalenderjahrs zugunsten des Arbeitnehmers abweicht; [...] [2]Die Änderung von Eintragungen im Sinne des Absatzes 3 ist bei der Gemeinde, die Änderung von Eintragungen im Sinne des Absatzes 3 a beim Finanzamt zu beantragen. [3]Kommt der Arbeitnehmer seiner Verpflichtung nicht nach, so hat die Gemeinde oder das Finanzamt die Eintragung von Amts wegen zu ändern; der Arbeitnehmer hat die Lohnsteuerkarte der Gemeinde oder dem Finanzamt auf Verlangen vorzulegen. [4]Unterbleibt die Änderung der Eintragung, hat das Finanzamt zuwenig erhobene Lohnsteuer vom Arbeitnehmer nachzufordern, wenn diese 10 Euro übersteigt; hierzu hat die Gemeinde dem Finanzamt die Fälle mitzuteilen, in denen eine von ihr vorzunehmende Änderung unterblieben ist.

(5) (5 a) u. (6) [...]

§ 39 b. Durchführung des Lohnsteuerabzugs für unbeschränkt einkommensteuerpflichtige Arbeitnehmer.

(1) [1]Für die Durchführung des Lohnsteuerabzugs hat der unbeschränkt einkommensteuerpflichtige Arbeitnehmer seinem Arbeitgeber vor Beginn des Kalenderjahrs oder beim Eintritt in das Dienstverhältnis eine Lohnsteuerkarte vorzulegen. [2]Der Arbeitgeber hat die Lohnsteuerkarte während des Dienstverhältnisses aufzubewahren. [3]Er hat sie dem Arbeitnehmer während des Kalenderjahrs zur Vorlage beim Finanzamt oder bei der Gemeinde vorübergehend zu überlassen sowie innerhalb angemessener Frist nach Beendigung des Dienstverhältnisses herauszugeben. [4]Der Arbeitgeber darf die auf der Lohnsteuerkarte eingetragenen Merkmale nur für die Einbehaltung der Lohnsteuer verwerten; er darf sie ohne Zustimmung des Arbeitnehmers nur offenbaren, soweit dies gesetzlich zugelassen ist.

(2) bis (7) [...]

EStG § 41. Aufzeichnungspflichten beim Lohnsteuerabzug.

(1) [1]Der Arbeitgeber hat am Ort der Betriebsstätte [. . .] für jeden Arbeitnehmer und jedes Kalenderjahr ein Lohnkonto zu führen. [2]In das Lohnkonto sind die für den Lohnsteuerabzug erforderlichen Merkmale aus der Lohnsteuerkarte oder aus einer entsprechenden Bescheinigung oder aus der Bescheinigung nach § 39 a Abs. 6 zu übernehmen. [3]Bei jeder Lohnzahlung für das Kalenderjahr, für das das Lohnkonto gilt, sind im Lohnkonto die Art und Höhe des gezahlten Arbeitslohns einschließlich der steuerfreien Bezüge sowie die einbehaltene oder übernommene Lohnsteuer einzutragen; [. . .]

(2) [. . .]

§ 41 a. Anmeldung und Abführung der Lohnsteuer.

(1) [1]Der Arbeitgeber hat spätestens am zehnten Tag nach Ablauf eines jeden Lohnsteuer-Anmeldungszeitraums

1. dem Finanzamt, in dessen Bezirk sich die Betriebsstätte befindet (Betriebsstättenfinanzamt), eine Steuererklärung einzureichen, in der er die Summe der im Lohnsteuer-Anmeldungszeitraum einzubehaltenden und zu übernehmenden Lohnsteuer angibt (Lohnsteuer-Anmeldung),

2. die im Lohnsteuer-Anmeldungszeitraum insgesamt einbehaltene und übernommene Lohnsteuer an das Betriebsstättenfinanzamt abzuführen.

[2]Die Lohnsteuer-Anmeldung ist nach amtlich vorgeschriebenem Vordruck abzugeben und vom Arbeitgeber oder von einer zu seiner Vertretung berechtigten Person zu unterschreiben. [3]Der Arbeitgeber wird von der Verpflichtung zur Abgabe weiterer Lohnsteuer-Anmeldungen befreit, wenn er Arbeitnehmer, für die nach § 41 ein Lohnkonto zu führen ist, nicht mehr beschäftigt und das dem Finanzamt mitteilt.

(2) Lohnsteuer-Anmeldungszeitraum ist grundsätzlich der Kalendermonat [. . .]

(3) [. . .]

§ 41 b. Abschluss des Lohnsteuerabzugs.

(1) [1]Bei Beendigung eines Dienstverhältnisses oder am Ende des Kalenderjahrs hat der Arbeitgeber das Lohnkonto des Arbeitnehmers abzuschließen. [2]Der Arbeitgeber hat auf Grund der Eintragungen im Lohnkonto auf der Lohnsteuerkarte des Arbeitnehmers

1. die Dauer des Dienstverhältnisses während des Kalenderjahrs, für das die Lohnsteuerkarte gilt, [. . .]

2. die Art und Höhe des gezahlten Arbeitslohns,

3. die einbehaltene Lohnsteuer sowie zusätzlich den Großbuchstaben B, wenn das Dienstverhältnis vor Ablauf des Kalenderjahrs endet und der Arbeitnehmer für einen abgelaufenen Lohnzahlungszeitraum oder Lohnabrechnungszeitraum des Kalenderjahrs nach der besonderen Lohnsteuertabelle (§ 38 c Abs. 2) zu besteuern war,

4. das Kurzarbeitergeld, das Schlechtwettergeld, das Winterausfallgeld, den Zuschuss zum Mutterschaftsgeld [. . .]

5. die steuerfreien Arbeitgeberleistungen für Fahrten zwischen Wohnung und Arbeitsstätte,

6. die pauschalbesteuerten Arbeitgeberleistungen für Fahrten zwischen Wohnung und Arbeitsstätte,

7. steuerfreie Einnahmen im Sinne des § 3 Nr. 39

zu bescheinigen (Lohnsteuerbescheinigung). [3]Liegt dem Arbeitgeber eine Lohnsteuerkarte des Arbeitnehmers nicht vor, hat er die Lohnsteuerbescheinigung nach einem entsprechenden amtlich vorgeschriebenen Vordruck zu erteilen. [4]Der Arbeitgeber hat dem Arbeitnehmer die Lohnsteuerbescheinigung auszuhändigen, wenn das Dienstverhältnis vor Ablauf des Kalenderjahrs beendet wird oder der Arbeitnehmer zur Einkommensteuer veranlagt wird. [5]In den übrigen Fällen hat der Arbeitgeber die Lohnsteuerbescheinigung dem Betriebsstättenfinanzamt einzureichen. [. . .]

(2) [. . .]

12 Andrea Schneider, 19 Jahre, ledig, beginnt nach dem Abitur am 1. August 20. . bei der Handelsbank AG, Gießen, eine Ausbildung zur Bankkauffrau.

Eine Sachbearbeiterin in der Personalabteilung bittet Andrea, umgehend eine Lohnsteuerkarte einzureichen.

Lesen Sie die Auszüge aus dem EStG und beantworten Sie anschließend folgende Fragen!

a) Für welche Einkünfte wird Lohnsteuer erhoben?

b) In welcher Form wird die Lohnsteuer erhoben?

c) Wer schuldet die Lohnsteuer und wann entsteht eine Lohnsteuer?

d) Wann und durch wen wird die Lohnsteuer erhoben?

e) Wo erhält Frau Schneider die erforderliche Lohnsteuerkarte?

f) Welche Eintragungen hat die ausstellende Stelle auf der Lohnsteuerkarte vorzunehmen?

g) In welche Lohnsteuerklasse wird Frau Schneider eingereiht?

h) Wie lange hat der Arbeitgeber die Lohnsteuerkarte aufzubewahren?

i) Welche Aufzeichnungspflichten hat der Arbeitgeber beim Lohnsteuerabzug?

j) Welche Vorschriften bestehen für die Anmeldung und Abführung der Lohnsteuer?

k) Wann hat ein Arbeitgeber eine Lohnsteuerbescheinigung auszustellen und welche Angaben muss diese enthalten?

Einnahmen / Werbungskosten

EStG § 8. Einnahmen.

(1) Einnahmen sind alle Güter, die in Geld oder Geldeswert bestehen und dem Steuerpflichtigen im Rahmen einer der Einkunftsarten des § 2 Abs. 1 Satz 1 Nr. 4 bis 7 zufließen.

(2) [1]Einnahmen, die nicht in Geld bestehen (Wohnung, Kost, Waren, Dienstleistungen und sonstige Sachbezüge), sind mit den um übliche Preisnachlässe geminderten üblichen Endpreisen am Abgabeort anzusetzen. [. . .]

(3) [. . .]

§ 9. Werbungskosten.

(1) Werbungskosten sind Aufwendungen zur Erwerbung, Sicherung und Erhaltung der Einnahmen. Sie sind bei der Einkunftsart abzuziehen, bei der sie erwachsen sind. Werbungskosten sind auch

1. Schuldzinsen und auf besonderen Verpflichtungsgründen beruhende Renten und dauernde Lasten, soweit sie mit einer Einkunftsart in wirtschaftlichem Zusammenhang stehen. [. . .];

2. Steuern vom Grundbesitz, sonstige öffentliche Abgaben und Versicherungsbeiträge, soweit solche Ausgaben sich auf Gebäude oder auf Gegenstände beziehen, die dem Steuerpflichtigen zur Einnahmeerzielung dienen;

3. Beiträge zu Berufsständen und sonstigen Berufsverbänden, deren Zweck nicht auf einen wirtschaftlichen Geschäftsbetrieb gerichtet ist;

4. Aufwendungen des Arbeitnehmers für die Wege zwischen Wohnung und Arbeitsstätte. Zur Abgeltung dieser Aufwendungen ist für jeden Arbeitstag, an dem der Arbeitnehmer die Arbeitsstätte aufsucht, eine Entfernungspauschale für jeden vollen Kilometer der Entfernung zwischen Wohnung und Arbeitsstätte von 0,70 Deutsche Mark/0,36 Euro für die ersten 10 Kilometer und 0,80 Deutsche Mark/0,40 Euro für jeden weiteren Kilometer anzusetzen, höchstens jedoch 10 000 Deutsche Mark/5 112 Euro; ein höherer Betrag als 10 000 Deutsche Mark/5 112 Euro ist anzusetzen, soweit der Arbeitnehmer einen eigenen oder ihm zur Nutzung überlassenen Kraftwagen benutzt. Dies gilt nicht für die Flugstrecke. Für die Bestimmung der Entfernung ist die kürzeste Straßenverbindung zwischen Wohnung und Arbeitsstätte maßgebend. Nach § 3 Nr. 32 oder § 8 Abs. 3 steuerfreie Sachbezüge mindern den nach Satz 2 abziehbaren Betrag nicht. Nach § 3 Nr. 34 steuerfreie Zuschüsse und Sachbezüge mindern den nach Satz 2 abziehbaren Betrag; als Sachbezugswert ist dabei der vom Arbeitgeber an den Verkehrsträger zu entrichtende Preis anzusetzen oder der entsprechende Preis, wenn der Arbeitgeber selbst der Verkehrsträger ist. Hat ein Arbeitnehmer mehrere Wohnungen, so sind die Wege von einer Wohnung, die nicht der Arbeitsstätte am nächsten liegt, nur zu berücksichtigen, wenn sie den Mittelpunkt der Lebensinteressen des Arbeitnehmers bildet und nicht nur gelegentlich aufgesucht wird;

5. notwendige Mehraufwendungen, die einem Arbeitnehmer wegen einer aus beruflichem Anlass begründeten doppelten Haushaltsführung entstehen. Eine doppelte Haushaltsführung liegt vor, wenn der Arbeitnehmer außerhalb des Ortes, in dem er einen eigenen Hausstand unterhält, beschäftigt ist und auch am Beschäftigungsort wohnt. Der Abzug der Aufwendungen ist bei einer Beschäftigung am selben Ort auf insgesamt zwei Jahre begrenzt. Aufwendungen für die Wege vom Beschäftigungsort zum Ort des eigenen Hausstands und zurück (Familienheimfahrten) können jeweils nur für eine Familienheimfahrt wöchentlich abgezogen werden. Zur Abgeltung der Aufwendungen für eine Familienheimfahrt ist eine Entfernungspauschale von 0,80 Deutsche Mark/0,40 Euro für jeden vollen Kilometer der Entfernung zwischen dem Ort des eigenen Hausstands und dem Beschäftigungsort anzusetzen. Nummer 4 Satz 3 und 4 sind entsprechend

EStG anzuwenden. Aufwendungen für Familienheimfahrten mit einem dem Steuerpflichtigen im Rahmen einer Einkunftsart überlassenen Kraftfahrzeug werden nicht berücksichtigt;

6. Aufwendungen für Arbeitsmittel, z. B. für Werkzeuge und typische Berufskleidung. [. . .]

7. Absetzungen für Abnutzung und für Substanzverringerung und erhöhte Absetzungen. [. . .]

(2) Durch die Entfernungspauschalen sind sämtliche Aufwendungen abgegolten, die durch die Wege zwischen Wohnung und Arbeitsstätte und durch die Familienheimfahrten veranlasst sind. Aufwendungen für die Benutzung öffentlicher Verkehrsmittel können angesetzt werden, soweit sie den als Entfernungspauschale abziehbaren Betrag übersteigen [. . .]

§ 9 a. Pauschbeträge für Werbungskosten.

[1]Für Werbungskosten sind bei der Ermittlung der Einkünfte folgende Pauschbeträge abzuziehen, wenn nicht höhere Werbungskosten nachgewiesen werden:

1. von den Einnahmen aus nichtselbstständiger Arbeit: ein Arbeitnehmer-Pauschbetrag von 2 000 Deutsche Mark/1 044 Euro;

2. von den Einnahmen aus Kapitalvermögen: ein Pauschbetrag von 100 Deutsche Mark/51 Euro;
   bei Ehegatten, die nach den §§ 26, 26 b zusammen veranlagt werden, erhöht sich dieser Pauschbetrag auf insgesamt 200 Deutsche Mark/102 Euro

3. von den Einnahmen im Sinne des § 22 Nr. 1 und 1 a: ein Pauschbetrag von insgesamt 200 Deutsche Mark/ 102 Euro.

[2]Der Arbeitnehmer-Pauschbetrag darf nur bis zur Höhe der um den Versorgungs-Freibetrag [...] geminderten Einnahmen, die Pauschbeträge nach den Nummern 2 und 3 dürfen nur bis zur Höhe der Einnahmen abgezogen werden.

13 Die kaufmännische Angestellte Ingrid Schneider, ledig, tätig als Auslandskorrespondentin, hat gehört, dass sie bestimmte Aufwendungen als Werbungskosten bei der Berechnung der Einkünfte aus unselbstständiger Arbeit geltend machen kann.

Frau Schneider benutzt für die tägliche Fahrt zu ihrer Arbeitsstätte, einfache Fahrtstrecke 12 km, ihren eigenen Pkw. Im vergangenen Jahr hat sie an 287 Tagen gearbeitet. Für Parkgebühren fallen monatlich 40,00 EUR an.

a) Was sind Werbungskosten?

b) Frau Schneider hatte insgesamt folgende Aufwendungen. Welche davon sind als Werbungskosten für Einkünfte aus nichtselbstständiger Arbeit abzugsfähig? Geben Sie bei Abzugsfähigkeit auch den Betrag an.

Nr.	Art der Aufwendungen pro Jahr	Abzugsfähig ja/nein	Betrag (volle EUR)
1	Teilnahme an einer Weiterbildungsveranstaltung in ihrem ausgeübten Beruf, 150,00 EUR		
2	Teilnahmegebühr für einen Gymnastikkurs, 70,00 EUR		
3	Gebühr für einen Kurzlehrgang „Wirtschaftskorrespondenz" in London, 875,00 EUR		
4	Kosten für ein neues Kleid für die tägliche Benutzung, 150,00 EUR		
5	Fachbücher, 87,00 EUR		
6	Reiseschreibmaschine, 496,00 EUR		
7	Tageszeitung, 240,00 EUR		
8	Fahrtkosten zur Arbeitsstätte, ? EUR		
9	Zinsen für den Anschaffungskredit zum Kauf des Pkw, 600,00 EUR		
10	Gewerkschaftsbeitrag, 216,00 EUR		

24 Schuster – ISBN 3-8120-0060-0

c) Erklären Sie den Begriff „Pauschbetrag"!

d) Welche Pauschbeträge kann Ingrid Schneider bei der Ermittlung von
   a) Einkünften aus nichtselbstständiger Arbeit und
   b) Einkünften aus Kapitalvermögen
   abziehen?

Sonderausgaben

5. Sonderausgaben

EStG § 10. Sonderausgaben.

(1) Sonderausgaben sind die folgenden Aufwendungen, wenn sie weder Betriebsausgaben noch Werbungskosten sind:

1. Unterhaltsleistungen an den geschiedenen oder dauernd getrennt lebenden unbeschränkt einkommensteuerpflichtigen Ehegatten, wenn der Geber dies mit Zustimmung des Empfängers beantragt, bis zu 27 000 Deutsche Mark/13 805 Euro im Kalenderjahr. [...]

1. a) auf besonderen Verpflichtungsgründen beruhende Renten und dauernde Lasten, die nicht mit Einkünften in wirtschaftlichem Zusammenhang stehen, die bei der Veranlagung außer Betracht bleiben. [...]

2. a) Beiträge zu Kranken-, Pflege-, Unfall- und Haftpflichtversicherungen, zu den gesetzlichen Rentenversicherungen und an die Bundesanstalt für Arbeit;

   b) Beiträge zu den folgenden Versicherungen auf den Erlebens- oder Todesfall:
      aa) Risikoversicherungen, die nur für den Todesfall eine Leistung vorsehen,
      bb) Rentenversicherungen ohne Kapitalwahlrecht,
      cc) Rentenversicherungen mit Kapitalwahlrecht gegen laufende Beitragsleistung, wenn das Kapitalwahlrecht nicht vor Ablauf von zwölf Jahren seit Vertragsabschluss ausgeübt werden kann,
      dd) Kapitalversicherungen gegen laufende Beitragsleistung mit Sparanteil, wenn der Vertrag für die Dauer von mindestens zwölf Jahren abgeschlossen worden ist. [...] Fondsgebundene Lebensversicherungen sind ausgeschlossen. [....]

   c) Beiträge zu einer zusätzlichen freiwilligen Pflegeversicherung;

3. (weggefallen);

4. gezahlte Kirchensteuer;

5. (aufgehoben);

6. Steuerberatungskosten;

7. Aufwendungen des Steuerpflichtigen für seine Berufsausbildung oder seine Weiterbildung in einem nicht ausgeübten Beruf bis zu 1 800 Deutsche Mark/920 Euro im Kalenderjahr. Dieser Betrag erhöht sich auf 2 400 Deutsche Mark/1 227 Euro, wenn der Steuerpflichtige wegen der Ausbildung oder Weiterbildung außerhalb des Orts untergebracht ist, in dem er einen eigenen Hausstand unterhält. Die Sätze 1 und 2 gelten entsprechend, wenn dem Steuerpflichtigen Aufwendungen für eine Berufsausbildung oder Weiterbildung seines Ehegatten erwachsen und die Ehegatten die Voraussetzungen des § 26 Abs. 1 Satz 1 erfüllen; in diesem Fall können die Beträge von 1 800 Deutsche Mark/920 Euro und 2 400 Deutsche Mark/1 227 Euro für den in der Berufsausbildung oder Weiterbildung befindlichen Ehegatten insgesamt nur einmal abgezogen werden. Zu den Aufwendungen für eine Berufsausbildung oder Weiterbildung gehören nicht Aufwendungen für den Lebensunterhalt, es sei denn, dass es sich um Mehraufwendungen handelt, die durch eine auswärtige Unterbringung im Sinne des Satzes 2 entstehen. Bei Aufwendungen für ein häusliches Arbeitszimmer, für Fahrten zwischen Wohnung und Ausbildungs- oder Weiterbildungsort und wegen doppelter Haushaltsführung sowie bei Mehraufwand für Verpflegung gelten § 4 Abs. 5 Satz 1 Nr. 6 b, § 9 Abs. 1 Satz 3 Nr. 4 und 5 und Abs. 2 sowie § 4 Abs. 5 Satz 1 Nr. 5 sinngemäß;

8. Aufwendungen des Steuerpflichtigen, soweit sie nicht in unmittelbarem wirtschaftlichen Zusammenhang mit steuerfreien Einnahmen stehen, bis zu 18 000 Deutsche Mark/9 204 Euro im Kalenderjahr für hauswirtschaftliche Beschäftigungsverhältnisse, wenn auf Grund der Beschäftigungsverhältnisse Pflichtbeiträge zur inländischen gesetzlichen Rentenversicherung entrichtet werden und es sich nicht um eine geringfügige Beschäftigung [...] han-

delt. Leben zwei Alleinstehende in einem Haushalt zusammen, können sie den Höchstbetrag insgesamt nur einmal in Anspruch nehmen. Für jeden vollen Kalendermonat, in dem die Voraussetzungen nach Satz 1 nicht vorgelegen haben, ermäßigt sich der Höchstbetrag nach Satz 1 um ein Zwölftel;

9. 30 vom Hundert des Entgelts, das der Steuerpflichtige für ein Kind, für das er einen Kinderfreibetrag oder Kindergeld erhält, für den Besuch einer gemäß Artikel 7 Abs. 4 des Grundgesetzes staatlich genehmigten oder nach Landesrecht erlaubten Ersatzschule sowie einer nach Landesrecht anerkannten allgemein bildenden Ergänzungsschule entrichtet, mit Ausnahme des Entgelts für Beherbergung, Betreuung und Verpflegung.

(2) Voraussetzung für den Abzug der in Absatz 1 Nr. 2 bezeichneten Beträge (Vorsorgeaufwendungen) ist, dass sie

1. nicht in unmittelbarem wirtschaftlichen Zusammenhang mit steuerfreien Einnahmen stehen,

2. a) an Versicherungsunternehmen, die ihren Sitz oder ihre Geschäftsleitung in einem Mitgliedstaat der Europäischen Gemeinschaften haben und das Versicherungsgeschäft im Inland betreiben dürfen, und Versicherungsunternehmen, denen die Erlaubnis zum Geschäftsbetrieb im Inland erteilt ist, oder

   b) (weggefallen)

   c) an einen Sozialversicherungsträger

   geleistet werden und

3. nicht vermögenswirksame Leistungen darstellen, für die Anspruch auf eine Arbeitnehmer-Sparzulage nach § 13 des Fünften Vermögensbildungsgesetzes besteht.

   Als Sonderausgaben können Beiträge zu Versicherungen im Sinne des Absatzes 1 Nr. 2 Buchstabe b Doppelbuchstaben bb, cc und dd nicht abgezogen werden, wenn die Ansprüche aus Versicherungsverträgen während deren Dauer im Erlebensfall der Tilgung oder Sicherung eines Darlehens dienen, dessen Finanzierungskosten Betriebsausgaben oder Werbungskosten sind, es sei denn,

   a) das Darlehen dient unmittelbar oder ausschließlich der Finanzierung von Anschaffungs- oder Herstellungskosten eines Wirtschaftsgutes, das dauernd zur Erzielung von Einkünften bestimmt und keine Forderung ist und die ganz oder zum Teil zur Tilgung oder Sicherung verwendeten Ansprüche aus Versicherungsverträgen übersteigen nicht die mit dem Darlehen finanzierten Anschaffungs- oder Herstellungskosten; dabei ist es unbeachtlich, wenn diese Voraussetzungen bei Darlehen oder bei zur Tilgung oder Sicherung verwendeten Ansprüchen aus Versicherungsverträgen jeweils insgesamt für einen Teilbetrag bis zu 5 000 Deutsche Mark/2 556 Euro nicht erfüllt sind,

   b) es handelt sich um eine Direktversicherung oder

   c) die Ansprüche aus Versicherungsverträgen dienen insgesamt nicht länger als drei Jahre der Sicherung betrieblich veranlasster Darlehen; in diesen Fällen können die Versicherungsbeiträge in den Veranlagungszeiträumen nicht als Sonderausgaben abgezogen werden, in denen die Ansprüche aus Versicherungsverträgen der Sicherung des Darlehens dienen.

(3) Für Vorsorgeaufwendungen gelten je Kalenderjahr die folgenden Höchstbeträge:

1. ein Grundhöchstbetrag von 2 610 Deutsche Mark/1 334 Euro, im Fall der Zusammenveranlagung von Ehegatten von 5 220 Deutsche Mark/2 668 Euro;

2. ein Vorwegabzug von 6 000 Deutsche Mark/3 068 Euro, im Fall der Zusammenveranlagung von Ehegatten von 12 000 Deutsche Mark/6 136 Euro. Diese Beträge sind zu kürzen um 16 vom Hundert der Summe der Einnahmen

   a) aus nichtselbstständiger Arbeit ...,

   b) aus der Ausübung eines Mandats ...;

3. für Beiträge nach Absatz 1 Nr. 2 Buchstabe c ein zusätzlicher Höchstbetrag von 360 Deutsche Mark/184 Euro für Steuerpflichtige, die nach dem 31. Dezember 1957 geboren sind;

4. Vorsorgeaufwendungen, die die nach den Nummern 1 bis 3 abziehbaren Beträge übersteigen, können zur Hälfte, höchstens bis zu 50 vom Hundert des Grundhöchstbetrags abgezogen werden (hälftiger Höchstbetrag).

EStG (4) (weggefallen)

(5) Nach Maßgabe einer Rechtsverordnung ist eine Nachversteuerung durchzuführen

1. bei Versicherungen im Sinne des Absatzes 1 Nr. 2 Buchstabe b Doppelbuchstaben bb, cc und dd, wenn die Voraussetzungen für den Sonderausgabenabzug nach Absatz 2 Satz 2 nicht erfüllt sind;

2. bei Rentenversicherungen gegen Einmalbeitrag (Absatz 1 Nr. 2 Buchstabe b Doppelbuchstabe bb), wenn vor Ablauf der Vertragsdauer, außer im Schadensfall oder bei Erbringung der vertragsmäßigen Rentenleistung, Einmalbeiträge ganz oder zum Teil zurückgezahlt werden.

§ 10 b. Steuerbegünstigte Zwecke.

(1) [1]Ausgaben zur Förderung mildtätiger, kirchlicher, religiöser, wissenschaftlicher und der als besonders förderungswürdig anerkannten gemeinnützigen Zwecke sind bis zur Höhe von insgesamt 5 vom Hundert des Gesamtbetrags der Einkünfte oder 2 vom Tausend der Summe der gesamten Umsätze und der im Kalenderjahr aufgewendeten Löhne und Gehälter als Sonderausgaben abzugsfähig. [2]Für wissenschaftliche, mildtätige und als besonders förderungswürdig anerkannte kulturelle Zwecke erhöht sich der Vomhundertsatz von 5 um weitere 5 vom Hundert. [...]

(2) Mitgliedsbeiträge und Spenden an politische Parteien im Sinne des § 2 des Parteiengesetzes sind bis zur Höhe von insgesamt 3 000 Deutsche Mark/1 534 Euro und im Fall der Zusammenveranlagung von Ehegatten bis zur Höhe von insgesamt 6 000 Deutsche Mark/3 068 Euro im Kalenderjahr abzugsfähig. Sie können nur insoweit als Sonderausgaben abgezogen werden, als für sie nicht eine Steuerermäßigung nach § 34 g gewährt worden ist.

(3) u. (4) [...]

§ 10 c. Sonderausgaben-Pauschbetrag, Vorsorgepauschale.

(1) Für Sonderausgaben nach § 10 Abs. 1 Nr. 1, 1 a, 4, 6 bis 9 und nach § 10 b wird ein Pauschbetrag von 108 Deutsche Mark/54 Euro abgezogen (Sonderausgaben-Pauschbetrag), wenn der Steuerpflichtige nicht höhere Aufwendungen nachweist.

(2) [1]Hat der Steuerpflichtige Arbeitslohn bezogen, so wird für Vorsorgeaufwendungen (§ 10 Abs. 1 Nr. 2) eine Vorsorgepauschale abgezogen, wenn der Steuerpflichtige nicht Aufwendungen nachweist, die zu einem höheren Abzug führen. [2]Die Vorsorgepauschale beträgt 20 vom Hundert des Arbeitslohns, jedoch

1. höchstens 6 000 Deutsche Mark/3 068 Euro abzüglich 16 vom Hundert des Arbeitslohns zuzüglich

2. höchstens 2 610 Deutsche Mark/1 334 Euro, soweit der Teilbetrag nach Nummer 1 überschritten wird, zuzüglich

3. höchstens die Hälfte bis zu 1 305 Deutsche Mark/667 Euro, soweit die Teilbeträge nach den Nummern 1 und 2 überschritten werden.

[3]Die Vorsorgepauschale ist auf den nächsten durch 54 (bzw. 36) ohne Rest teilbaren vollen Deutsche-Mark-Betrag (Euro-Betrag) abzurunden, wenn sie nicht bereits durch 54 bzw. 36 ohne Rest teilbar ist. [4]Arbeitslohn im Sinne der Sätze 1 und 2 ist der um den Versorgungsfreibetrag (§ 19 Abs. 2) und den Altersentlastungsbetrag (§ 24 a) verminderte Arbeitslohn.

(3) [1]Für Arbeitnehmer, die während des ganzen oder eines Teils des Kalenderjahrs

1. in der gesetzlichen Rentenversicherung versicherungsfrei oder auf Antrag des Arbeitgebers von der Versicherungspflicht befreit waren und denen für den Fall ihres Ausscheidens aus der Beschäftigung auf Grund des Beschäftigungsverhältnisses eine lebenslängliche Versorgung oder an deren Stelle eine Abfindung zusteht oder die in der gesetzlichen Rentenversicherung nachzuversichern sind oder

2. nicht der gesetzlichen Rentenversicherungspflicht unterliegen, eine Berufstätigkeit ausgeübt und im Zusammenhang damit auf Grund vertraglicher Vereinbarungen Anwartschaftsrechte auf eine Altersversorgung ganz oder teilweise ohne eigene Beitragsleistung erworben haben oder

3. Versorgungsbezüge im Sinne des § 19 Abs. 2 Nr. 1 erhalten haben oder

4. Altersrente aus der gesetzlichen Rentenversicherung erhalten haben, beträgt die Vorsorgepauschale 20 vom Hundert des Arbeitslohns, jedoch höchstens 2 214 Deutsche Mark/1 134 Euro.

EStG (4) [1]Im Fall der Zusammenveranlagung von Ehegatten zur Einkommensteuer sind

1. die Deutsche Mark- bzw. Euro-Beträge nach Absatz 1, 2 Satz 2 Nr. 1 bis 3 und Absatz 3 zu verdoppeln und

2. Absatz 2 Satz 4 auf den Arbeitslohn jedes Ehegatten gesondert anzuwenden.

[2]Wenn beide Ehegatten Arbeitslohn bezogen haben und ein Ehegatte zu dem Personenkreis des Absatzes 3 gehört, ist die höhere Vorsorgepauschale abzuziehen, die sich ergibt, wenn entweder die Deutsche Mark- bzw. Euro-Beträge nach Absatz 2 Satz 2 Nr. 1 bis 3 verdoppelt und der sich für den Ehegatten im Sinne des Absatzes 3 nach Absatz 2 Satz 2 erster Halbsatz ergebende Betrag auf 2214 Deutsche Mark/1 134 Euro begrenzt werden oder der Arbeitslohn des nicht unter Absatz 3 fallenden Ehegatten außer Betracht bleibt. [3]Satz 1 Nr. 1 gilt auch, wenn die tarifliche Einkommensteuer nach § 32 a Abs. 6 zu ermitteln ist.

§ 34 g. Steuerermäßigung bei Mitgliedsbeiträgen und Spenden an politische Parteien [. . .].

[1]Die tarifliche Einkommensteuer, [. . .], ermäßigt sich bei Mitgliedsbeiträgen und Spenden an

1. politische Parteien im Sinne des § 2 des Parteiengesetzes und

2. Vereine ohne Parteicharakter, wenn

    a) der Zweck des Vereins ausschließlich darauf gerichtet ist, durch Teilnahme mit eigenen Wahlvorschlägen an Wahlen auf Bundes-, Landes- oder Kommunalebene bei der politischen Willensbildung mitzuwirken, und

    b) der Verein auf Bundes-, Landes- oder Kommunalebene bei der jeweils letzten Wahl wenigstens ein Mandat errungen [. . .] hat, [. . .]

[5]Die Ermäßigung beträgt 50 vom Hundert der Ausgaben, höchstens jeweils 1 500 Deutsche Mark/767 Euro für Ausgaben nach den Nummern 1 und 2, im Falle der Zusammenveranlagung von Ehegatten höchstens jeweils 3 000 Deutsche Mark/1 534 Euro. [. . .]

14 Lesen Sie § 10 EStG durch und beantworten Sie dann folgende Fragen!

a) Was sind Sonderausgaben?

b) Nennen Sie vier Arten von Sonderausgaben!

c) Was sind Vorsorgeaufwendungen?

d) Welche Voraussetzungen müssen für den Abzug von Vorsorgeaufwendungen erfüllt sein?

e) Nennen Sie zwei Beispiele für unbeschränkt abzugsfähige Sonderausgaben!

f) Wie lange dauert die Sperrfrist für die steuerunschädliche Verfügung über Ansprüche aus einer Rentenversicherung ohne Kapitalwahlrecht?

15 Die Bankangestellte Karin Hellmann, verheiratet, keine Kinder, hat Einkünfte von insgesamt 48 700,00 EUR im Jahr.

Sie hatte in diesem Jahr u. a. folgende Ausgaben:

– Spende für die Welthungerhilfe	1 500,00 EUR
– Spende für „Kirche in Not"	650,00 EUR
– Spende für Schule für Behinderte	100,00 EUR
– Spende für den als gemeinnützig anerkannten Verein zur Förderung der Wissenschaften e. V.	400,00 EUR
– Mitgliedsbeitrag für eine politische Partei	240,00 EUR
– Spende für den Wahlfonds dieser Partei	300,00 EUR

a) Welche Ausgaben für steuerbegünstigte Zwecke werden als Sonderausgaben anerkannt?

b) Welchen Gesamtbetrag kann Frau Hellmann nach § 10 b EStG als Sonderausgaben geltend machen?

c) Bis zu welchem Höchstbetrag in Euro könnte Frau Hellmann – bei Nutzung aller Möglichkeiten – Sonderausgaben nach § 10 b EStG geltend machen?

16 Der Angestellte Anton Albert, wohnhaft in Düsseldorf, verheiratet, zwei Kinder, hat ein Brutto-gehalt von 45 300,00 EUR. Die Ehefrau ist nicht berufstätig. Es erfolgt die gemeinsame Veran-lagung der Ehegatten. Die Beitragsbemessungsgrenze für die gesetzliche Rentenversiche-rung der Angestellten beträgt 53 400,00 EUR.

a) Welcher Sonderausgaben-Pauschbetrag würde Herrn Albert von seinen Einkünften für Sonderausgaben im Sinne des § 10 Abs. 1 Nr. 1, 1 a, 4, 6 bis 9 und § 10 b EStG abgezogen, wenn er nicht höhere Aufwendungen nachweist?

b) Wie hoch ist die Vorsorgepauschale für den Angestellten Albert?

Außergewöhnliche Belastungen

EStG § 33. Außergewöhnliche Belastungen.

(1) Erwachsen einem Steuerpflichtigen zwangsläufig größere Aufwendungen als der über-wiegenden Mehrzahl der Steuerpflichtigen gleicher Einkommensverhältnisse, gleicher Ver-mögensverhältnisse und gleichen Familienstands (außergewöhnliche Belastung), so wird auf Antrag die Einkommensteuer dadurch ermäßigt, dass der Teil der Aufwendungen, der die dem Steuerpflichtigen zumutbare Belastung (Absatz 3) übersteigt, vom Gesamtbetrag der Einkünfte abgezogen wird.

(2) [1]Aufwendungen erwachsen dem Steuerpflichtigen zwangsläufig, wenn er sich ihnen aus rechtlichen, tatsächlichen oder sittlichen Gründen nicht entziehen kann und soweit die Aufwen-dungen den Umständen nach notwendig sind und einen angemessenen Betrag nicht übersteigen. [2]Aufwendungen, die zu den Betriebsausgaben, Werbungskosten oder Sonderausgaben gehören, bleiben dabei außer Betracht; das gilt für Aufwendungen im Sinne des § 10 Abs. 1 Nr. 7 bis 9 nur insoweit, als sie als Sonderausgaben abgezogen werden können. [3]Aufwendungen, die durch Diätverpflegung entstehen, können nicht als außergewöhnliche Belastung berücksich-tigt werden.

(3) [1]Die zumutbare Belastung beträgt

bei einem Gesamtbetrag der Einkünfte	bis 15 340 EUR	über 15 340 EUR bis 51 130 EUR	über 51 130 EUR
1. bei Steuerpflichtigen, die keine Kinder haben und bei denen die Einkommensteuer			
a) nach § 32 a Abs. 1, ...	5	6	7
b) nach § 32 a Abs. 5 oder 6 (Splitting-Verfahren)	4	5	6
zu berechnen ist;			
2. bei Steuerpflichtigen mit			
a) einem Kind oder zwei Kindern	2	3	4
b) drei oder mehr Kindern	1	1	2
[. . .]		vom Hundert des Gesamt-betrags der Einkünfte.	

§ 33 a. Außergewöhnliche Belastung in besonderen Fällen.

(1) Erwachsen einem Steuerpflichtigen Aufwendungen für den Unterhalt und eine etwaige Berufsausbildung einer dem Steuerpflichtigen oder seinem Ehegatten gegenüber gesetzlich unterhaltsberechtigten Person, so wird auf Antrag die Einkommensteuer dadurch ermäßigt, dass die Aufwendungen bis zu 7 188 Euro im Kalenderjahr vom Gesamtbetrag der Einkünfte abgezogen werden. [. . .] Voraussetzung ist, dass weder der Steuerpflichtige noch eine andere Person Anspruch auf einen Kinderfreibetrag oder auf Kindergeld für die unterhaltene Person hat und die unterhaltene Person kein oder nur ein geringes Vermögen besitzt. [. . .]

(2) Erwachsen einem Steuerpflichtigen Aufwendungen für die Berufsausbildung eines Kindes, für das er einen Kinderfreibetrag oder Kindergeld erhält, so wird auf Antrag vom Gesamtbetrag der Einkünfte je Kalenderjahr ein Ausbildungsfreibetrag wie folgt abgezogen:

1. für ein Kind, das das 18. Lebensjahr noch nicht vollendet hat, in Höhe von 1 800 Deutsche Mark/924 Euro, wenn das Kind auswärtig untergebracht ist;

EStG 2. für ein Kind, das das 18. Lebensjahr vollendet hat, in Höhe von 2 400 Deutsche Mark/1 236 Euro. [2]Dieser Betrag erhöht sich auf 4 200 Deutsche Mark/2 148 Euro, wenn das Kind auswärtig untergebracht ist. [...]

(3) [1]Erwachsen einem Steuerpflichtigen Aufwendungen durch die Beschäftigung einer Hilfe im Haushalt, so können sie bis zu den folgenden Höchstbeträgen vom Gesamtbetrag der Einkünfte abgezogen werden:

1. 1 200 Deutsche Mark/624 Euro im Kalenderjahr, wenn

    a) der Steuerpflichtige oder sein nicht dauernd getrennt lebender Ehegatte das 60. Lebensjahr vollendet hat oder

    b) wegen Krankheit des Steuerpflichtigen oder seines nicht dauernd getrennt lebenden Ehegatten oder eines zu seinem Haushalt gehörigen Kindes im Sinne des § 32 Abs. 1 oder Abs. 6 Satz 7 oder einer anderen zu seinem Haushalt gehörigen unterhaltenen Person, für die eine Ermäßigung nach Absatz 1 gewährt wird, die Beschäftigung einer Hilfe im Haushalt erforderlich ist,

2. 1 800 Deutsche Mark/924 Euro im Kalenderjahr, wenn eine der in Nummer 1 Buchstabe b genannten Personen hilflos [...] oder schwer behindert ist.

[2]Erwachsen einem Steuerpflichtigen wegen der Unterbringung in einem Heim oder zur dauernden Pflege Aufwendungen, die Kosten für Dienstleistungen enthalten, die mit denen einer Hilfe im Haushalt vergleichbar sind, so können sie bis zu den folgenden Höchstbeträgen vom Gesamtbetrag der Einkünfte abgezogen werden:

1. 1 200 Deutsche Mark/624 Euro, wenn der Steuerpflichtige oder sein nicht dauernd getrennt lebender Ehegatte in einem Heim untergebracht ist, ohne pflegebedürftig zu sein,

2. 1 800 Deutsche Mark/924 Euro, wenn die Unterbringung zur dauernden Pflege erfolgt. [...]

(4) u. (5) [...]

17 Lösen Sie mit Hilfe des Gesetzestextes die folgenden Aufgaben:

a) Wann liegen nach § 33 EStG außergewöhnliche Belastungen vor?

b) Wann sind Aufwendungen als zwangsläufig anzusehen?

c) Entscheiden Sie, ob folgende Aufwendungen als außergewöhnliche Belastungen geltend gemacht werden können!

Aufwendungen	Entscheidung ja/nein (Kurzbegründung)
1. Eine sehr schwere Krankheit erfordert Operationskosten von 27 000,00 EUR, die nicht durch eine Krankenversicherung o. Ä. ersetzt werden.	
2. Ein langwieriger Erbschaftsstreit verursacht 14 900,00 EUR Gerichtskosten.	
3. Ein 2,15 m großer Steuerpflichtiger macht Mehraufwendungen für Kleidung und Ernährung von monatlich 250,00 EUR geltend.	
4. Aussteueraufwendungen für die Tochter bei Heirat nach Abschluss der Berufsausbildung: 15 000,00 EUR.	
5. Trinkgeld für Krankenhauspersonal nach längerem Krankenhausaufenthalt: 200,00 EUR.	
6. Eine alleinstehende, nicht pflegebedürftige 75-jährige Person wurde in einem Altenwohnheim untergebracht. Für eine Haushaltshilfe zahlt sie monatlich 250,00 EUR.	
7. Beerdigungskosten: 12 600,00 EUR.	
8. Umzugskosten: 2 300,00 EUR.	
9. Aufwendungen für die Berufsausbildung eines Kindes, 21 Jahre alt, auswärtig untergebracht: 4 900,00 EUR.	
10. Beschäftigung einer Haushaltshilfe wegen Krankheit: 1 500,00 EUR.	

Wann muss ein **Arbeitnehmer** eine Einkommensteuererklärung abgeben?

Arbeitnehmer sind nur in bestimmten Fällen zur Abgabe einer Einkommensteuererklärung verpflichtet, z. B.:

- wenn die Einkünfte, von denen keine Lohnsteuer einbehalten worden ist, mehr als 800,00 DM/410,00 EUR betragen;
- wenn ein Arbeitnehmer von mehreren Arbeitgebern gleichzeitig Arbeitslohn bezogen hat;
- wenn der Arbeitnehmer bestimmte Lohnersatzleistungen, z. B. Arbeitslosengeld, Konkursausfallgeld, Wintergeld, von mehr als 800,00 DM/410,00 EUR bezogen hat;
- wenn beide Ehegatten Arbeitslohn bezogen haben und einer von ihnen für das Kalenderjahr oder für einen Teil des Kalenderjahrs nach der Steuerklasse V oder VI besteuert worden ist;
- wenn das Finanzamt einen Freibetrag auf der Lohnsteuerkarte eingetragen hat (ausgenommen Pauschbeträge für Behinderte, Hinterbliebene und Zahl der Kinderfreibeträge);
- wenn bei geschiedenen oder dauernd getrennt lebenden Elternpaaren oder bei Eltern nichtehelicher Kinder ein Elternteil die Übertragung des Haushaltsfreibetrags beantragt oder wenn beide Elternteile eine Aufteilung des Ausbildungsfreibetrages oder des einem Kind zustehenden Pauschbetrags für Behinderte/Hinterbliebene in einem anderen Verhältnis als je zur Hälfte beantragen;
- wenn für den Arbeitslohn aus einer geringfügigen Beschäftigung vom Finanzamt eine Freistellungsbescheinigung vom Lohnsteuerabzug ausgestellt worden ist und die Summe der anderen Einkünfte des Arbeitnehmers positiv ist;
- wenn im Lohnsteuerabzugsverfahren Entschädigungen oder Arbeitslohn für mehrere Jahre ermäßigt besteuert worden ist.

Personen, **die keinen Arbeitslohn bezogen haben**, werden mit ihren steuerpflichtigen Einkünften zur Einkommensteuer veranlagt und haben deshalb ebenfalls eine Einkommensteuererklärung abzugeben.

18 Susanne, 22 Jahre alt, bezog im abgelaufenen Jahr Einkünfte aus nichtselbstständiger Arbeit in Höhe von 29 100,00 EUR. Außerdem erhielt sie aus Kapitalvermögen Einnahmen in Höhe von 5 400,00 EUR.

Ist Susanne zur Abgabe einer Einkommensteuererklärung verpflichtet, wenn sie jeweils nur die Pauschbeträge geltend machen kann? Begründen Sie Ihre Antwort.

19 a) Beschaffen Sie sich bei einem Finanzamt ein Formular für eine Einkommensteuer-Erklärung!

b) Erstellen Sie eine Einkommensteuer-Erklärung für den folgenden Fall! Steuernummer 25 003 211

Karl Lehmann, geb. am 27. Oktober 1955, röm.-kath., Bankkaufmann, Eichgasse 25, 35396 Gießen, und Ehefrau Inge, geb. Schneider, geb. am 5. April 1956, röm.-kath., Hausfrau, Anschrift w. o.

Zwei eheliche Kinder: Hans, geb. am 11. Oktober 1985 und Ilse, geb. am 3. September 1990.

Verheiratet seit 6. März 1982, Steuerklasse III/2. Zusammenveranlagung. Kein besonderer Güterstand.

Kontonummer des Steuerpflichtigen Nr. 217312 bei der Handelsbank Gießen, BLZ 513 606 25.

Karl Lehmann bezog einen Bruttoarbeitslohn von 69 986,00 DM. Lohnsteuer: 5 114,00 DM, Solidaritätszuschlag: 281,27 DM, Kirchensteuer: 409,12 DM.

Vermögenswirksame Leistungen von 936,00 DM wurden auf einen Bausparvertrag bei der Inter Bausparkasse AG, Vertragsnummer 37 48 22 47, eingezahlt. Zinsen 38,00 DM.

Der Arbeitnehmeranteil zur gesetzlichen Sozialversicherung betrug 13 857,22 DM.

Herr Lehmann hat eine Freizeit-Unfallversicherung abgeschlossen, Jahresbeitrag 157,00 DM. Außerdem besteht eine weitere Lebensversicherung, ohne vermögenswirksame Leistungen, mit 324,00 DM Beitrag im Jahr. Für Haftpflichtversicherungen hatte er Aufwendungen von 467,00 DM. 38,00 DM wurden ihm als Gewinnbeteiligung erstattet. An das Rote Kreuz hat er 75,00 DM gespendet.

Herr Lehmann fuhr mit seinem Pkw an 205 Tagen zur Arbeit in das 75 km entfernte Homberg, Lahnstr. 17. Amtliches Kennzeichen seines Pkw: GI – A 4711.

Die Gewerkschaftsbeiträge beliefen sich auf 297,00 DM. Für die Reinigung seiner Arbeitskleidung hat er Belege über 43,00 DM vorliegen. Herr Lehmann bezieht eine Tageszeitung für 29,00 DM monatlich und eine Fachzeitschrift für 197,00 DM jährlich.

Auf seinem Sparkonto wurden 37,40 DM Zinsen gutgeschrieben. Pfandbriefe erbrachten 327,00 DM Zinsen.

Frau Lehmann besuchte einen Kochkurs zur Vorbereitung auf eine Tätigkeit als Aushilfsköchin. Die Gebühr betrug 245,00 DM. Sie erhielt auf ihrem Sparbuch 82,50 DM Zinsen gutgeschrieben. Ein Festgeld brachte ihr 625,00 DM Zinsen.

Für das Kind Hans wurden 845,00 DM für Nachhilfeunterricht und Sportvereinsbeiträge aufgebracht.

Den zinszahlenden Stellen wurden Freistellungsaufträge in jeweils ausreichender Höhe erteilt.

c) Wie viel DM Fahrtkosten werden in diesem Fall ohne Einzelnachweis als Werbungskosten anerkannt?

XI. Wirtschaftsordnung

LZ: Idealtypische Wirtschaftsordnungen als Regelungsmöglichkeiten von Staaten zur Gestaltung der Wirtschaft kennen

Wirtschaftsordnungen

1 Lesen Sie zunächst die Ausführungen zur Gestaltung der Wirtschaftsordnung und beantworten Sie anschließend die Fragen!

„Haben Sie sich schon einmal den Bau von Waldameisen anschauen können? Auf den ersten Blick ein wildes Durcheinander Zigtausender von Ameisen. Bei längerer Beobachtung aber können Sie erkennen, dass auf bestimmten Wegen ein systematisches Kommen und Gehen stattfindet.

Nicht weniger faszinierend ist die Wirtschaftsordnung eines Staates mit 2, 50 oder 300 Millionen Einwohnern, die gewährleistet, dass die von den Einwohnern gewünschten Güter und Dienstleistungen in dem erforderlichen Umfang, zur gewünschten Zeit am richtigen Ort zur Verfügung stehen. Wie kommt das zustande? Ganz einfach, durch eine sinnvolle Planung! Keine Volkswirtschaft kann ohne Planung funktionieren. Gegensätzlich sind jedoch die Auffassungen darüber, wer planen soll. Hierbei bestehen grundsätzlich zwei Möglichkeiten, entweder, man lässt die einzelnen Wirtschaftssubjekte, also die Konsumenten und Produzenten, selber planen und entscheiden oder man überträgt die Planungen auf eine übergeordnete zentrale Behörde.

Fällt die Entscheidung über die Organisation der Gesamtwirtschaft zugunsten jedes Einzelnen aus, so erhält man ein System dezentraler Planung. Will man die Lenkung durch eine zentrale Entscheidungsbehörde, so liegt ein System zentraler Planung vor."

a) Halten Sie eine Volkswirtschaft für denkbar, bei der die Bedürfnisse der Bevölkerung ohne Planung gedeckt werden könnten?

b) Welche grundsätzlichen Lösungsmöglichkeiten gibt es für die Fragen was, wie, wann und für wen produziert werden soll?

Modell der Marktwirtschaft

2 Lesen Sie die Ausführungen zum Modell der Marktwirtschaft und beantworten Sie anschließend die Fragen!

Hat man sich für eine Wirtschaftsordnung mit dezentraler Planung entschieden, dann muss das Grundprinzip der Lenkung festgelegt werden, nach dem diese Wirtschaftsordnung funktionieren soll.

Walter Eucken gibt darauf eine Antwort: „Es geschieht, indem die Herstellung eines funktionsfähigen Preissystems vollständiger Konkurrenz zum wesentlichen Kriterium jeder wirtschaftspolitischen Maßnahme gemacht wird. (. . .) Von diesem Satz gibt es keine Ausnahme."[1]

Die Entscheidungen der Wirtschaftssubjekte orientieren sich bei vollständiger Konkurrenz an den jeweiligen Preisen bzw. den Preisentwicklungen. Preise bilden sich am Markt. Dort sollen „die wirtschaftenden Personen aufgrund freiwilliger Entschlüsse miteinander in vertragliche Beziehungen treten, um Güter oder Dienstleistungen zu kaufen oder zu verkaufen."[2] Dies ist das Wesen der **Marktwirtschaft**.

---

1 Eucken, Walter: Grundsätze der Wirtschaftspolitik. Reinbek: rororo Bd. 81, S. 160 ff.
2 Preiser, Erich: Die Zukunft unserer Wirtschaftsordnung. Göttingen, o. J., S. 50 ff.

An diesen **Markt** stellte **Eucken** die **Bedingung**, dass dort **vollständige Konkurrenz** herrschen solle. Dies wäre unter den folgenden Bedingungen der Fall:

1. Es sind so **viele Anbieter und Nachfrager** vorhanden, dass keiner von ihnen den Markt entscheidend beeinflussen kann.
2. **Anbieter und Nachfrager handeln unabhängig voneinander**, d. h., sie sprechen sich nicht untereinander mit dem Ziel der Marktbeeinflussung ab, z. B. über Preise.
3. Es werden **gleiche oder gleichartige Güter** angeboten. Man spricht auch von homogenen Gütern (= Homogenitätsbedingung), z. B. Milch, Benzin.
4. Der **Markt** ist für die Marktteilnehmer **überschaubar (transparent)** und ohne Behinderung zugänglich (Markttransparenz).
5. Die **Marktteilnehmer** haben **keine** sachlichen, zeitlichen, räumlichen oder persönlichen **Vorzüge** (Präferenzen).
6. Die **Anbieter** streben nach **maximalem Gewinn**, die **Nachfrager** nach dem **maximalen Nutzen**.

In diesem Zusammenhang wird auch die Frage diskutiert, ob in der Marktwirtschaft Privateigentum an Produktionsmitteln gegeben sein müsse.

Walter Eucken argumentiert mit F. Spiegelhalter wie folgt:

„Im Zustande vollständiger Konkurrenz besteht zwischen den Privateigentümern der Betriebe Gleichgewicht wirtschaftlicher Machtverteilung. Nur im Rahmen der Wettbewerbsordnung gilt der viel genannte Satz, dass Privateigentum nicht nur dem Eigentümer, sondern auch dem Nichteigentümer Nutzen bringe. Das tut es in der Tat durch die große ökonomische Effizienz (Wirksamkeit) der Wettbewerbsordnung und dadurch, dass die verschiedenen Privateigentümer miteinander konkurrieren, die Arbeitssuchenden mehrere Chancen vor sich sehen und nicht etwa einseitig abhängig sind. Wie also Privateigentum an Produktionsmitteln eine Voraussetzung der Wettbewerbsordnung ist, so ist die Wettbewerbsordnung eine Voraussetzung dafür, dass das Privateigentum an Produktionsmitteln nicht zu wirtschaftlichen und sozialen Missständen führt."[1]

a) Wodurch erfolgt die Steuerung der Marktwirtschaft?
b) Nennen Sie die Voraussetzungen, die für eine funktionsfähige Lenkung des Wirtschaftsprozesses in der Marktwirtschaft erfüllt sein müssen!
c) Nehmen Sie kritisch Stellung zu den Bedingungen der vollständigen Konkurrenz!
d) Ist eine Marktwirtschaft ohne Privateigentum an Produktionsmitteln realistisch?
e) Wie erfahren die Wirtschaftssubjekte in einer Marktwirtschaft, ob ein Gut knapp ist?
f) Wodurch wird in der Marktwirtschaft vermieden, dass es zu wirtschaftlicher Macht kommt?
g) Gibt es die Marktwirtschaft unter den aufgeführten Bedingungen in der Wirklichkeit?

Modell der Zentralverwaltungswirtschaft

3 Lesen Sie die Ausführungen zum Modell der Zentralverwaltungswirtschaft und beantworten Sie die anschließenden Fragen!

Das Modell der Zentralverwaltungswirtschaft ist durch die zentrale Planung gekennzeichnet.

Die Pläne der zentralen Planungsbehörde entscheiden darüber, was, wann, wo, wie und in welcher Menge hergestellt wird und wie die Verteilung der erzeugten Güter und Dienstleistungen erfolgt.

Auch in einer zentralverwaltungswirtschaftlich orientierten Wirtschaft sind Güter wegen ihrer Knappheit zu bewirtschaften. Als Gradmesser dieser Knappheit dienen aber **nicht** Marktpreise.

---

1 Eucken, Walter, a. a. O., S. 169.

Die Knappheit zeigt sich in den Plansalden, die sich in den zentralen Güterbilanzen der einzelnen Güterarten als Differenz zwischen dem geplanten Bedarf und der geplanten Produktion in der Planperiode ergeben.

Als Schwierigkeit der zentralen Planung zeigt sich das Erfassen der Bedürfnisse und der Produktionsmöglichkeiten. Die Qualität der Planung ist abhängig von der Genauigkeit des zur Verfügung stehenden statistischen Materials.

Die Planperioden können mittelfristig (5 bis 7 Jahre) oder langfristig (15 bis 20 Jahre, so genannte Perspektivpläne) liegen.

Wie erfolgt die Planerstellung?

Ausgangspunkt eines Planes ist die allgemeine Zielvorgabe durch die politische Führung, wie z. B. Erhöhung der Industrialisierung oder Verbesserung der Grundversorgung der Bevölkerung um einen bestimmten Prozentsatz.

Die Zentrale Planbehörde entwirft den vorläufigen Volkswirtschaftsplan. In diesem findet eine Aufschlüsselung in Einzelpläne, z. B. Landwirtschaft, Bergbau, Schwerindustrie usw., statt. Von Fachministerien werden die Einzelpläne für die Betriebe detailliert und diesen die Ergebnisse zur Beratung vorgelegt. Damit ist die 1. Phase der Vorgabeplanung abgeschlossen.

In der 2. Phase, der Phase der Gegenvorschläge, können Betriebe Gegenvorschläge vorbringen und diese den Fachministerien mitteilen. Dort werden diese Gegenvorschläge überprüft, koordiniert und der Zentralen Planbehörde weitergeleitet.

Unter Berücksichtigung der Änderungsvorschläge der Fachministerien erstellt die Zentrale Planbehörde den endgültigen Volkswirtschaftsplan. Dieser ist der politischen Führung zur Billigung vorzulegen.

Mit der Billigung des Planes (3. Phase, Entscheidung und Durchsetzung) erhält er Gesetzeskraft. Die Zentralbehörde beauftragt die Fachministerien mit der Durchführung der Einzelpläne. Die Fachministerien detaillieren die Einzelpläne für die Durchführung in den Betrieben und leiten sie an diese weiter. Die Betriebe und Betriebszusammenschlüsse haben die Pläne auszuführen.

Für die Funktionsfähigkeit eines zentralen Planungssystems ist die Aufhebung der Verfügungsmacht von Privaten über Produktionsmittel Voraussetzung. Ein förmliches Weiterbestehen von Privateigentum wäre zwar möglich, Staatseigentum und genossenschaftliches Eigentum erleichtern die zentrale Planung, da eine an Individualinteressen orientierte Verfügung über Produktionsmittel entfällt. Aufgabe der Produzenten ist allein die betriebliche Planerfüllung.

Leistungsanreize für Betriebsleiter und Beschäftigte in Form von Prämien werden an den Grad der Planerfüllung geknüpft.[1]

a) Welches ist das Hauptkennzeichen einer Zentralverwaltungswirtschaft?
b) Wodurch wird in einer Zentralverwaltungswirtschaft der Grad der Knappheit der Güter festgestellt?
c) Welche Pläne werden nach der Dauer der Planperiode unterschieden?
d) Welche Phasen der Planerstellung können unterschieden werden?
e) Stellen Sie den Planungsprozess durch das Vervollständigen dieses Schaubildes dar!

Planungs- und Entscheidungsebene	1. Phase	2. Phase	3. Phase
Politische Führung	Allgemeine Zielvorgabe	→	
Zentrale Planbehörde	↓	↑	↓
Fachministerien	↓	↑	↓
Betriebe und Betriebszusammenschlüsse	↓	↑	↓

1 Nach: Bundeszentrale für politische Bildung, Bonn (Hrsg.): Wirtschaft 4, Wirtschaftsordnungen im Vergleich. Informationen zur politischen Bildung, Nr. 180.

4 Tragen Sie die zutreffenden Ordnungselemente von Marktwirtschaft und Zentralverwaltungswirtschaft in das Schaubild ein!

Wirtschaftsordnung / Vergleichskriterien	Marktwirtschaft	Zentralverwaltungs-wirtschaft
System des Planungsprozesses		
Anzeiger (Indikator) des Knappheitsgrades der Güter		
Maßstab zur Beurteilung des Erreichens der Produktions-ziele von Unternehmen/Betrieben		
Verfügungsmacht über das Eigentum an Produktionsmitteln		
Festsetzen der Löhne und Gehälter		
Vertragfreiheit		

5 Diskutieren Sie über die Vor- und Nachteile der beiden Modelle zur Ordnung der Wirtschaft!

6 Lesen Sie den folgenden Zeitungsausschnitt aus der Sparkassen-Zeitung und beantworten
Sie die anschließenden Fragen!

Verstaatlichung – ein neues Patentrezept

Die konjunkturellen und strukturellen Krisen der vergangenen Jahre und ihre Folgen (Unternehmenspleiten, Betriebsstilllegungen, die rapide Zunahme der Zahl der Arbeitslosen) haben auch Ideen und Rezepten wieder Aufwind gegeben, die lange Zeit in Vergessenheit geraten waren: Besonders in den Reihen der Gewerkschaften und bei ihren wissenschaftlichen Ratgebern werden immer lauter Forderungen nach einer verstärkten staatlichen Wirtschaftslenkung bis hin zu einer Verstaatlichung der von der Krise besonders ge-beutelten Großunternehmen vorgebracht. Wäre dies ein Patentrezept zur Lösung unserer Probleme? Sind etwa die Manager eines staatlichen Unternehmens prinzipiell besser in der Lage, eine Unterauslastung der sachlichen und menschlichen Kapazitäten mit dadurch drohender Arbeitslosigkeit zu verhindern, als ihre Kollegen in einem privatwirtschaftlichen Unternehmen? Können sie allein aufgrund des staatlichen Eigentums an ihrem Unternehmen eine bessere Absatz-, Einkaufs-, Finanz-, Produktionspolitik usw. betreiben?

a) Wie würden Sie die am Ende dieses Artikels gestellten Fragen beantworten?
b) Welche Auswirkungen hätte es auf den Markt, wenn Großunternehmen verstaatlicht würden?
c) Welche Konsequenzen hätte eine Verstaatlichung von Großunternehmen für Klein- und Mittelbetriebe?
d) Welche Konsequenzen hätte eine Verstaatlichung von Großunternehmen für die Verbraucher?
e) Für wen brächte eine Verstaatlichung von Großunternehmen Vorteile?

7 Lesen Sie die Ausführungen zur sozialen Marktwirtschaft und beantworten Sie die anschließenden Fragen!

Der Nutzen eines freien Marktes für die Marktteilnehmer stellt sich nur unter ganz bestimmten
Voraussetzungen ein, die sich nicht automatisch ergeben, sondern durch die Politik geschaffen und gestaltet werden müssen.

Dieses Gestalten ist ein wesentliches Merkmal des neoliberalen Konzeptes der sozialen
Marktwirtschaft, wie es von Alexander Rüstow, Walter Eucken, Franz Böhm, Wilhelm Röpke,
Alfred Müller-Armack und anderen theoretisch entwickelt und von Ludwig Erhard politisch
umgesetzt wurde.

Geistige Grundlagen der sozialen Marktwirtschaft sind durch die Begriffe „personale Würde"
und „Gemeinwohl" umschrieben. Es soll eine gesellschaftliche Ordnung geschaffen werden,
in der menschenwürdiges Zusammenleben der Einzelnen und der Gemeinschaften, d. h. der
Familien, Betriebe, Vereine, Gemeinden, Länder usw., gewährleistet ist.

Dies zu gewährleisten, sind **Freiheit und Verantwortung miteinander gekoppelt.** Die Verantwortung umfasst die Verantwortung für sich selbst und auch für andere. Letztere zeigt sich im
Subsidiaritäts-Prinzip, das besagt, dass anderen geholfen werden muss, falls diese sich
nicht mehr selbst helfen können.

Die soziale Marktwirtschaft ist so angelegt, dass gesellschaftspolitische, überwirtschaftliche
Erwägungen den marktwirtschaftlichen Vorgängen nicht widersprechen, sondern dass
marktwirtschaftliche Vorgänge in einer Form verlaufen sollen, die überwirtschaftlichen Zielen
entspricht.

Die **Aufgabe des Staates** in der sozialen Marktwirtschaft besteht vorrangig darin, für Startgerechtigkeit und Durchlässigkeit zu sorgen. Startgerechtigkeit bedeutet, dass jeder die
seinen Anlagen und Fähigkeiten entsprechenden Startbedingungen erhalten soll, ohne
natürliche Ausgangsunterschiede künstlich einzuebnen. Für Unternehmen müssen der Wettbewerb garantiert und Wettbewerbsverfälschungen verhindert werden. Weiterhin ist die
Durchlässigkeit der Strukturen zu sichern, d. h., eine Privilegien-Hierarchie ist abzubauen
zugunsten einer Leistungs-Hierarchie.

Zur **Entfaltung der Persönlichkeit** in der menschlichen Gemeinschaft ist eine politische und
rechtliche Ordnung zu schaffen. Dies geschieht durch die Schaffung eines **Ordnungsrahmens,** zu dem die Sicherung des Eigentums und der Vertragsfreiheit sowie die Privatauto-
nomie, die Sicherung eines Leistungswettbewerbs und Tätigkeit des Staates zur Sicherung
des wirtschaftlichen Bereichs gehören.

Der Staat nimmt seine Aufgabe innerhalb des Ordnungsrahmens durch die Konjunkturpolitik
und die Wettbewerbspolitik wahr.

Die **Konjunkturpolitik** hat die Aufgabe, konjunkturelle Schwankungen möglichst auszugleichen unter Beachtung eines stabilen Preisniveaus, eines möglichst hohen Beschäf-
tigungsstandes, einer ausgeglichenen Zahlungsbilanz und eines stetigen Wirtschaftswachstums. Daneben hat er für die Infrastruktur zu sorgen. Auch Hilfen für die Privatwirtschaft und
die Arbeitnehmer zur marktkonformen Anpassung an Strukturveränderungen werden akzeptiert. Schließlich kann der Staat als Nachfrager die Struktur von Unternehmungen beeinflussen.

Instrumente der Konjunkturpolitik sind

– die Fiskalpolitik, die durch konjunkturgerechte Haushalts- und Steuerpolitik die Nachfrage
  beeinflussen soll,

– die Kreditpolitik der Deutschen Bundesbank mit ihren währungspolitischen Instrumenten
  und

– die Wechselkurspolitik, welche das Austauschverhältnis zu anderen Währungen beeinflusst.

Die **Wettbewerbspolitik** hat dafür zu sorgen, dass die Regeln eines fairen Leistungswettbewerbs eingehalten werden. Ein zügelloser Schädigungs- und Vernichtungswettbewerb ist zu vermeiden. Kartelle, Oligopole und Monopole sind Gegenstand der Wettbewerbspolitik.

Um diese Ziele zu erreichen, sollen die **Marktteilnehmer selbstständig planen**. Über den Markt werden die Pläne miteinander koordiniert und ständig den laufenden Entwicklungen angepasst. Es besteht vorwiegend Privateigentum an Produktionsmitteln. Die Nutzung dieses Privateigentums ist am Gemeinwohl zu orientieren. Das Prinzip der Vertragsfreiheit gilt auch für die Festsetzung der Arbeitsbedingungen einschließlich der Festlegung der Arbeitsentgelte durch die autonomen Tarifparteien.

Der Staat hat sich mit seiner Haushaltspolitik, unter Berücksichtigung der gesamtwirtschaftlichen Ziele, der Marktentwicklung anzupassen.[1]

a) Nennen Sie zwei Theoretiker des Konzepts der sozialen Marktwirtschaft!

b) In welcher Funktion hat Ludwig Erhard das Konzept der sozialen Marktwirtschaft politisch umgesetzt?

c) In welcher Beziehung stehen Freiheit und Verantwortung in der sozialen Marktwirtschaft zueinander?

d) Was versteht man unter dem Subsidiaritäts-Prinzip?

e) Welche Aufgaben hat der Staat in der sozialen Marktwirtschaft?

f) Mit welchen Mitteln soll der Staat innerhalb des Ordnungsrahmens seine Aufgaben erfüllen?

g) Welche Unterschiede bestehen zwischen der Marktwirtschaft und der sozialen Marktwirtschaft?

8 Entscheiden Sie, ob die folgenden Regelungen des Staates mit den Prinzipien der sozialen Marktwirtschaft vereinbar sind!

a) Das Steuersystem wird so geordnet, dass jeder Steuerpflichtige über das gleiche Nettoeinkommen verfügen kann.

b) Jeder Einwohner erhält das Recht, in Notfällen seinen Anspruch auf Unterstützung durch den Staat gerichtlich einklagen zu können.

c) Der Staat erhält das Recht, zum Wohle der Allgemeinheit Enteignungen gegen Entschädigung vornehmen zu dürfen.

d) Zur Erhaltung von 40 000 Arbeitsplätzen räumt der Staat dem Unternehmen X auf Dauer eine Ermäßigung der Umsatz- und Gewerbesteuer ein.

e) Zur Ankurbelung der Konjunktur gewährt der Staat Sonderabschreibungen für Anlageinvestitionen, die innnerhalb eines bestimmten Zeitraums durchgeführt werden.

f) Der Staat verbietet durch Gesetz den Zusammenschluss von Unternehmen, wenn diese dadurch eine Marktbeherrschung erreichen wollen.

g) Der Staat zahlt Unternehmen einer Branche Zinszuschüsse für Anpassungsinvestitionen, die durch den technischen Fortschritt notwendig wurden, obwohl die Unternehmensleitungen diese Anpassungen in der Vergangenheit fahrlässig unterlassen haben.

h) Der Staat gewährt nach sozialen Gesichtspunkten gestaffelte Prämien für Arbeitnehmer, die einen Teil ihres Einkommens vermögenswirksam anlegen.

i) Der Staat schreibt Preise für Grundnahrungsmittel und Mietwohnungen vor.

j) Der Staat zahlt Umschulungsbeihilfen für Arbeitnehmer, die ihre Arbeitsplätze infolge technologischer Entwicklungen verloren haben.

---

1 Nach: Bundeszentrale für politische Bildung, Bonn (Hrsg.): Wirtschaft 4, Wirtschaftsordnungen im Vergleich, Informationen zur politischen Bildung, Nr. 180.

XII. Markt, Preis und Wettbewerb

> **LZ:** Funktion des Marktes und mögliche Verhaltensweisen der Marktteilneh-
> mer kennen
> Marktpreisbildung darstellen können

Funktion des Marktes; Verhalten der Marktteilnehmer

1 Auf einem Wochenmarkt werden von einem Händler insgesamt 100 kg Erdbeeren angeboten. Der Händler verlangte während der Marktzeit von 7:00 – 13:00 Uhr für 1 kg Erdbeeren,
Handelsklasse I, folgende Preise:

Marktzeit	Preis je kg
7:00 – 10:30 Uhr	3,80 EUR
10:30 – 12:00 Uhr	3,60 EUR
12:00 – 12:45 Uhr	3,20 EUR
12:45 – 13:00 Uhr	1,90 EUR

a) Welche Erklärungen haben Sie für die unterschiedlichen Preisforderungen des Händ-
lers?

b) Der Händler verkaufte in den vorgenannten Zeiten folgende Mengen:

Marktzeit	Verkaufte Mengen
7:00 – 10:30 Uhr	25 kg
10:30 – 12:00 Uhr	27 kg
12:00 – 12:45 Uhr	43 kg
12:45 – 13:00 Uhr	5 kg

Welche Erklärungen haben Sie für das Kaufverhalten der Kunden?

c) Warum wurde zum niedrigsten Preis die geringste Menge verkauft?

d) Welche Gesichtspunkte wird ein Händler bei der Gestaltung seiner Preisforderungen im
Allgemeinen berücksichtigen?

e) Welche Gesichtspunkte werden die Käufer bei ihrer Kaufentscheidung berücksichtigen?

f) Welche Aufgaben hat der Wochenmarkt für Anbieter und Nachfrager zu erfüllen?

Nachfragerverhalten

2 Eine Hausfrau geht auf den Wochenmarkt, um Gemüse für das Mittagessen einzukaufen. Ihre
endgültige Entscheidung über die Art des Gemüses will sie vom Gemüseangebot und den
jeweiligen Preisen abhängig machen. Fest steht jedoch, dass sie für Gemüse nicht mehr als
10,00 EUR ausgeben will.

Sie stellt diese Preise fest und vergleicht sie sowohl mit ihrem Bedarf wie auch mit der Stärke
ihrer Bedürfnisse.

Gemüse	Preis je Einheit	Bedarfsmenge der Hausfrau	Stärke des Bedürfnisses (1 = höchste Bedürfnisstufe)
Spargel	8,00 EUR/$\frac{1}{2}$ kg	1 kg	1
Kohlrabi	1,30 EUR je St.	5 Stück	3
Bohnen	3,80 EUR/$\frac{1}{2}$ kg	1 $\frac{1}{2}$ kg	2
Möhren	2,00 EUR/$\frac{1}{2}$ kg	1 $\frac{1}{2}$ kg	4

a) Welches Gemüse wird die Hausfrau an diesem Tage nachfragen?

b) Notieren Sie die Gesichtspunkte, welche die Nachfrage der Hausfrau beeinflusst haben!

Marktnachfrage

3 Auf einem Markt werden die Güter A und B angeboten. Es wurden bei verschiedenen Preisen die folgenden Nachfragemengen der Nachfrager festgestellt:

Gut A

Preis/EUR	Nachfrage in Stück/Nachfrager				Gesamtnachfrage in Stück
	A	B	C	D	
12,00 EUR	1	–	–	–	
10,00 EUR	2	1	–	–	
8,00 EUR	3	2	1	–	
6,00 EUR	4	3	2	1	
4,00 EUR	6	4	3	2	
2,00 EUR	7	6	5	3	

Gut B

Preis/EUR	Nachfrage in Stück/Nachfrager				Gesamtnachfrage in Stück
	A	B	C	D	
20,00 EUR	2	1	1	1	
18,00 EUR	2	1	1	1	
16,00 EUR	2	1	1	1	
14,00 EUR	2	2	1	1	
12,00 EUR	2	2	2	1	
10,00 EUR	2	2	2	2	

a) Ermitteln Sie für die Güter A und B die jeweilige Gesamtnachfrage aller Marktteilnehmer je Preisforderung.

b) Stellen Sie in je einem Koordinatensystem den Verlauf der Gesamtnachfrage in Abhängigkeit vom Preis für die Güter A und B grafisch dar (Ordinatenachse: Preis 2,00 EUR = 1 cm; Abszissenachse: 1 Stück = 0,5 cm; Millimeterpapier verwenden).

c) Suchen Sie Erklärungen für den unterschiedlichen Verlauf der Gesamtnachfragekurven für die beiden Güter!

d) Welche Grundaussagen kann man über den Verlauf der Gesamtnachfrage bei steigenden bzw. fallenden Preisen machen?

Nachfrageverschiebungen

4 Durch eine Erhöhung ihrer Einkommen steigern die Nachfrager ihre Nachfragemenge in Aufgabe 3 für das Gut A, bei gleich bleibenden Preisen, um jeweils 20 %.

a) Welche Gesamtnachfrage in Stück besteht jetzt bei den jeweiligen Preisen?

b) Zeichnen Sie die neue Gesamtnachfrage für das Gut A in das Koordinatensystem zu Aufgabe 3 ein!

c) In welche Richtung hat sich die Gesamtnachfragekurve durch diese Nachfragesteigerung verschoben?

d) Wie verändert sich der Verlauf der Nachfragekurve, wenn, bei gleich bleibenden Preisen, die Nachfragemenge sinkt?

25 Schuster – ISBN 3-8120-0060-1

Anbieterverhalten

5 Der Einzelhändler Karl Mayer bietet in der Spargel-Saison wöchentlich dreimal Öko-Spargel auf dem Wochenmarkt an. Marktzeit ist von 7:00–13:00 Uhr.

Am 5. Juni 20.. hat er auf einem 50 km entfernten Großmarkt 30 Körbe Spargel à 10 kg je Korb, Handelsklasse I, zum Verkauf für den nächsten Tag ersteigert.

Je Korb musste er auf dem Großmarkt 90,00 EUR bezahlen. Für Transportkosten rechnet er 2,50 EUR je Lkw-km. Sein Standgeld auf dem Markt beträgt 30,00 EUR pro Tag. Die Personalkosten für die Verkäuferin betragen 20,00 EUR je Marktstunde. Seine eigenen Kosten für den Zeitaufwand beim Einkauf der Ware setzt er mit 100,00 EUR an.

a) Mit welchem Preis (einschließlich 16% Mehrwertsteuer) müsste der Einzelhändler am 6. Juni 1 kg Spargel mindestens verkaufen, damit er seine Kosten deckt?

b) Am Morgen des 6. Juni stellt Herr Mayer fest, dass zwei andere Händler ihren Öko-Spargel der Handelsklasse I für 17,00 EUR bzw. 16,60 EUR je kg anbieten.

Begründen Sie, welchen Preis Sie Herrn Mayer an diesem Tag als Verkaufspreis vorschlagen würden!

c) Bei einer Kontrolle seines Verkaufsstandes um 10:00 Uhr stellt Herr Mayer fest, dass erst 60 kg verkauft wurden.

Seine Konkurrenten haben ihre Preise inzwischen auf 15,00 EUR je kg gesenkt.

Wie würden Sie nun reagieren, wenn der bisher von Herrn Mayer verlangte Preis darüber lag?

d) Mit welchen Reaktionen seiner Konkurrenten muss Herr Mayer rechnen, wenn er seinen Preis in der von Ihnen vorgeschlagenen Form ändert?

e) Bis 12:00 Uhr wurden 250 kg Spargel verkauft. Seine Konkurrenten haben ihren Spargel bereits verkauft. Da am nächsten Markttag wieder frische Ware angeboten werden soll, muss Herr Mayer eine neue Preisentscheidung treffen.

   ea) Welchen Preis wird er mindestens fordern, wenn sein bisheriger Gewinn nicht geschmälert werden soll?

   eb) Wäre es u.U. auch sinnvoll, die restliche Menge von 50 kg zu einem Preis von 10,00 EUR/kg zu verkaufen, wenn dafür Nachfrage vorhanden wäre?

f) Fassen Sie die Gesichtspunkte (Kriterien) zusammen, an denen sich Herr Mayer bei seinen Preisforderungen orientiert hat!

6 Vier Hersteller von Fahrrädern konkurrieren mit je einem Fahrrad nahezu gleicher Qualität und Form.

Jeder Anbieter orientiert sich bei seiner Produktionsmenge am voraussichtlichen Absatzpreis.

Absatzpreis	Angebotsmengen (Stück) je Anbieter				Gesamtangebot (Stück)
	A	B	C	D	
110,00 EUR	1 500	1 300	500	—	
120,00 EUR	2 000	1 600	1 000	500	
130,00 EUR	2 500	1 800	1 300	600	
140,00 EUR	3 000	2 100	1 700	800	
150,00 EUR	3 600	2 500	2 100	1 100	

a) Ermitteln Sie das Gesamtangebot an Fahrrädern bei den verschiedenen Absatzpreisen!

b) Stellen Sie das Gesamtangebot in Abhängigkeit vom Preis in einem Koordinatensystem grafisch dar! Maßstab: Preis 10,00 EUR = 1 cm (Ordinatenachse); Menge 1 000 Stück = 1 cm (Abszissenachse).

c) Welcher Zusammenhang lässt sich für das Verhältnis von Preis und Angebotsmenge (Produktionsmenge) aus dem Kurvenverlauf ableiten?

Gleichgewichtspreis bei vollkommener Konkurrenz

7 Auf einem Markt für ein Gut orientieren sich die vielen Anbieter an dem Ziel, den größtmöglichen Gewinn zu erzielen, die zahlreichen Nachfrager dagegen an dem Ziel, mit ihrem verfügbaren Einkommen den größtmöglichen Nutzen zu erzielen, d. h. möglichst viele Güter damit kaufen zu können.

Anbieter und Nachfrager sind zu jeder Zeit über das Verhältnis von Angebot und Nachfrage auf dem Markt informiert. Beide reagieren unverzüglich auf Veränderungen am Markt. Weder Anbieter noch Nachfrager bevorzugen bestimmte Marktteilnehmer aus persönlichen Gründen. Das angebotene Gut wird von sämtlichen Anbietern in gleicher Qualität am selben Ort angeboten.

Angebot und Nachfrage haben, grafisch dargestellt, folgenden Verlauf:

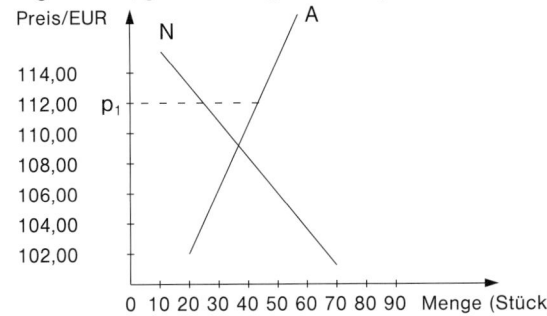

Die Anbieter verlangen zuerst einen Preis von $p_1 = 112,00$ EUR pro Stück.

a) Stellen Sie in einem Koordinatensystem, ausgehend von einem Preis von 112,00 EUR, für 5 Anpassungsprozesse

  1. die jeweilige Marktsituation mengenmäßig dar
     (z. B. Angebot $>$ Nachfrage
      Angebot $=$ Nachfrage
      Angebot $<$ Nachfrage)!

  2. Geben Sie an, ob bei dem jeweiligen Preis Angebot oder Nachfrage überwiegen!

  3. Erläutern Sie die Preisreaktion der Anbieter, wenn zu dem jeweiligen Preis die gesamte angebotene Menge verkauft bzw. welche Menge in der nächsten Periode angeboten werden soll!

b) Tragen Sie die Veränderungen in die grafische Darstellung zu a)/1. ein!

c) Bei welchem Preis kommen Angebots- und Nachfragemenge zum Ausgleich?

d) Welche Aufgaben hat der Marktpreis für Anbieter und Nachfrager zu erfüllen?

e) Unter welchen Bedingungen kam dieser so genannte Gleichgewichtspreis zustande?

8 An der Frankfurter Wertpapierbörse besteht am 8. April für Bayer-Aktien folgende Angebots- und Nachfragesituation:

Käufe (Nachfrage)	Kurs	Verkäufe (Angebot)	Kurs EUR	Kurs	Umsatz
20 Stück	billigst[1]	10 Stück	bestens[2]		
20 Stück	52,40	15 Stück	52,10		
30 Stück	52,30	20 Stück	52,20		
10 Stück	52,20	25 Stück	52,30		
20 Stück	52,10	5 Stück	52,40		

---

1 billigst: Kauf zu jedem sich ergebenden Preis (Kurs).
2 bestens: Verkauf zu jedem sich ergebenden Preis (Kurs).

a) Stellen Sie fest, bei welchem Preis (Kurs) welche Mengen angeboten bzw. nachgefragt werden!

b) Stellen Sie das Angebots- bzw. Nachfrageverhalten grafisch dar!

c) Bei welchem Preis und bei welcher Menge kommt der Marktausgleich zustande?

d) Handelt es sich bei diesem Markt um einen vollkommenen oder um einen unvollkommenen Markt?

e) Welche Anbieter und welche Nachfrager werden an diesem Tag nicht berücksichtigt?

LZ: Verschiedene Marktarten und Marktformen unterscheiden

Marktarten

9 a) Stellen Sie fest, welche Märkte in den verschiedenen Presseveröffentlichungen angesprochen werden!

b) Was wird auf den von Ihnen ermittelten Märkten jeweils „gehandelt"?

Preise

In der Preisentwicklung konnten in den letzten Monaten gewisse Fortschritte in Richtung auf mehr Stabilität erzielt werden, ohne dass hier schon der entscheidende Durchbruch erreicht worden wäre. Dem standen in erster Linie die schon erwähnten Kostensteigerungen entgegen. Immerhin wirkte sich dämpfend auf den Preisauftrieb im Inland aus, dass die **Preise auf den internationalen Rohstoffmärkten** – insbesondere für Industrierohstoffe – seit einiger Zeit kaum noch steigen.

Baunachfrage

Auf dem Markt für Bauleistungen ist die seit langem fällige Entspannung der Angebots-Nachfrage-Situation in den letzten Monaten in Gang gekommen, ohne dass dies aber den starken Auftrieb der Baupreise schon spürbar gedämpft hätte.

Arbeitsmarkt

Die Lage am Arbeitsmarkt hat sich zunehmend differenziert. Einerseits hat die Zahl der **abhängig Beschäftigten** vom ersten zum zweiten Vierteljahr saisonbereinigt weiter zugenommen, nachdem sie schon im Vorquartal kräftig gewachsen war. Vor allem im Dienstleistungsbereich dürfte der Personalstand weiter gestiegen sein. Im produzierenden Gewerbe (ohne Bau) verharrte er auf dem im ersten Quartal erreichten hohen Niveau; im Baugewerbe dürfte die Zahl der Beschäftigten – Saisoneinflüsse ausgeschaltet – im zweiten Vierteljahr gesunken sein. Insgesamt waren im zweiten Quartal d.J. etwa 250 000 mehr Personen beschäftigt als in der gleichen Vorjahrszeit.

Kapitalmarkt unter Auslandseinflüssen

Im bisherigen Verlauf des Jahres waren die Kapitalmarktzinsen niedriger als die Zinssätze am Geldmarkt. Diese ungewöhnliche Zinsstruktur hatte sich im Herbst des Vorjahres herausgebildet. Schon von Beginn des vergangenen Jahres an waren die Geldmarktsätze kräftig gestiegen. Im Frühjahr dieses Jahres lag der Zins für Dreimonatsgeld mit rund 10 % reichlich 6 Prozentpunkte höher als Anfang des Vorjahres.

Vollkommene und unvollkommene Märkte

10 Märkte, bei denen die in der Aufgabe 7 genannten Bedingungen erfüllt sind, werden als **vollkommene Märkte** bezeichnet. Fehlt eine dieser Bedingungen, so liegt ein **unvollkommener Markt** vor.

a) Suchen Sie ein Beispiel für einen vollkommenen Markt!

b) Suchen Sie ein Beispiel für einen unvollkommenen Markt!

c) Wie beurteilen Sie die Wirklichkeitsnähe der Voraussetzungen eines vollkommenen Marktes?

11 Entscheiden Sie, ob sich die Preise für diese Güter auf vollkommenen oder auf unvollkommenen Märkten bilden!

a) Teepreis auf der Teeauktion in London,

b) Milchpreis bei einem Einzelhändler,

c) Preis eines Herrenanzuges bei einem Kaufhaus,

d) Zins beim Geldhandel zwischen Kreditinstituten,

e) Fahrradpreis beim Fahrradeinzelhändler,

f) Goldpreis an der Edelmetallbörse in Frankfurt.

12 Hans Heller will sich einen neuen PC, Marke „Adam" kaufen. Bei einem Preisvergleich bei den vier Händlern am Ort stellt er folgende Preise fest:

Händler	Preis	Händler	Preis
A	897,00 EUR	C	999,00 EUR
B	950,00 EUR	D	1 050,00 EUR

a) Erklären Sie diese Preisunterschiede unter dem Gesichtspunkt der Vollkommenheit des Marktes!

b) Welche Aussage über die Preisforderungen für ein bestimmtes Gut auf einem unvollkommenen Markt lässt sich formulieren?

Marktformen

13 Nach der Anzahl der jeweiligen Marktteilnehmer werden so genannte Marktformen gebildet.

Welche Unterschiede bestehen auf den folgenden Märkten in Bezug auf die Zahl der Marktteilnehmer (z. B. einer, wenige, viele) jeweils auf der Anbieter- bzw. Nachfragerseite?

a) Markt für Speisekartoffeln in der Bundesrepublik Deutschland.

b) Markt für Personenkraftwagen in der Bundesrepublik Deutschland.

c) Markt für Gas für die Bewohner einer Stadt in der Bundesrepublik Deutschland.

Tragen Sie Ihre Lösung in die Tabelle ein!

Markt	Zahl der Anbieter	Zahl der Nachfrager
a)		
b)		
c)		

14 Ein Markt, bei dem viele Anbieter und Nachfrager auftreten, wird als **polypolistisch** (poly=viel) bezeichnet. Es herrscht dort polypolistische Konkurrenz. Dabei können die Bedingungen eines vollkommenen oder eines unvollkommenen Marktes vorliegen. Treffen wenige Anbieter auf viele Nachfrager, so liegt ein **Angebotsoligopol** vor. Trifft dagegen nur ein einziger Anbieter auf viele Nachfrager, so spricht man von einem **Angebotsmonopol**.

a) Welchen Marktformen können die drei Beispiele in der Aufgabe 13 zugeordnet werden?

b) Ergänzen Sie das Schema möglicher Marktformen, indem Sie auch die unterschiedliche Zahl der Marktteilnehmer auf der Nachfragerseite mit berücksichtigen.

Nachfrager / Anbieter	einer	wenige	viele
einer			
wenige			
viele			

c) Suchen Sie je ein Beispiel für ein
   1. Nachfrageoligopol,
   2. zweiseitiges Oligopol,
   3. Nachfragemonopol,
   4. zweiseitiges Monopol!

LZ: Preispolitik der Unternehmen bei unterschiedlichen Marktsituationen erkennen

Käufermarkt, Verkäufermarkt

15 Es bieten 5 Unternehmen Fertighäuser auf dem Markt an. Die maximalen Produktionsmengen (Kapazitäten) pro Jahr belaufen sich bei den Unternehmen auf folgende Stückzahlen:

A   35 Stück   C   75 Stück   E   23 Stück
B   13 Stück   D   60 Stück

Im laufenden Geschäftsjahr hatten sämtliche Anbieter ihre Kapazitäten zwischen 95 % und 100 % ausgelastet.

Der Bauinteressent Lehmann erhielt vom Unternehmen A ein Angebot für ein Fertighaus über 365 000,00 EUR. Lieferfrist 9 Monate. Herr Lehmann wäre bereit, auf das Angebot einzugehen, wenn der Preis um 10 % ermäßigt und die Lieferfrist auf sechs Monate verkürzt wird.

a) Wie beurteilen Sie die Verhandlungsposition Lehmanns gegenüber dem Anbieter A?

b) Wie beurteilen Sie die Aussichten, dass Herr Lehmann seine Wünsche bei den Konkurrenten des Unternehmens A durchsetzen kann?

16 Wegen der relativ starken Inflationsrate von 6,5 % im Jahr verknappt die EZB im folgenden Geschäftsjahr die Möglichkeiten der Kreditinstitute, sich zusätzliches Geld zu beschaffen.

Der Zins für langfristige Darlehen für Baufinanzierungen steigt deshalb auf 8 – 10 %.

a) Welche Auswirkungen wird die Zinspolitik der EZB wahrscheinlich auf die Nachfrage nach Fertighäusern haben?

b) In welcher Verhandlungsposition befände sich Herr Lehmann jetzt gegenüber den Fertighausanbietern, wenn er sein Fertighaus weitgehend aus Eigenkapital finanzieren könnte?

c) Je nach der Stärke der Marktposition von Nachfragern oder Anbietern wird vom Käufer- bzw. Verkäufermarkt gesprochen. Wie sind die Märkte in den Aufgaben 15 und 16 nach diesem Gesichtspunkt zuzuordnen?

d) Stellen Sie fest, wie sich zurzeit der Heizölmarkt nach diesem Unterscheidungsmerkmal zuordnen lässt!

Preispolitik bei vollkommener Konkurrenz und vollkommenen Märkten

17 Ermitteln Sie für ein Unternehmen grafisch

a) Gewinnmaximum,

b) Nutzenschwelle,

c) Nutzengrenze und

d) Betriebsminimum,

wenn auf dem Markt vollkommene Konkurrenz herrscht und das Unternehmen folgende Kosten- und Erlösverläufe hat (Kapazität 10 Einheiten): Kosten $(K) = 6 + 3x$; Erlöse $(E) = 8x$.

Anmerkung: Errechnen Sie Gesamtkosten, Fixkosten, Stückkosten, Grenzkosten, Gesamterlöse und Grenzerlöse.

18 Ermitteln Sie für ein Unternehmen grafisch

a) Gewinnmaximum,

b) Nutzenschwelle,

c) Nutzengrenze und

d) Betriebsminimum,

wenn auf dem Markt vollkommene Konkurrenz herrscht und das Unternehmen folgende Kosten- und Erlösverläufe hat (Kapazität 10 Einheiten): Kosten $(K) = 5 + 4x$; Erlöse $(E) = 6x$.

Anmerkung: Errechnen Sie Gesamtkosten, Fixkosten, Stückkosten, Grenzkosten, Gesamterlöse und Grenzerlöse.

19 Auf einem Markt herrscht vollkommene Konkurrenz. Ein Betrieb hat folgenden Kostenverlauf:

Hergestellte Menge	0	1	2	3	4	5	6	7	8	9	10
Gesamtkosten in EUR	20	31	38	42	44	45	46	48	52	59	70

a) Bestimmen Sie die Stückkosten (DK), die durchschnittlichen variablen Kosten und die Grenzkosten!

b) Tragen Sie die erhaltenen Werte in ein Koordinatensystem ein.

Anmerkung: Grenzkostenwerte bei 0,5; 1,5; 2,5 usw. einzeichnen.

c) Tragen Sie die Nutzenschwelle und Nutzengrenze des Unternehmens ein. Der Marktpreis beträgt 7,00 EUR/Stück. Erläutern Sie die Bedeutung dieser beiden Punkte.

d) Tragen Sie das Gewinnmaximum (Q) in das Schaubild ein!

e) Tragen Sie die langfristige Preisuntergrenze (L) bei sinkendem Marktpreis in das Schaubild ein!

f) Wovon hängt es ab, ob und wie lange der Betrieb zu der in e) aufgezeigten Preisuntergrenze am Markt bleiben kann?

g) Wo liegen Betriebsminimum und Betriebsoptimum?

20 Auf dem Markt herrscht vollkommene Konkurrenz. Ein Betrieb hat folgenden Kostenverlauf:

Hergestellte Menge	0	1	2	3	4	5	6	7	8	9	10
Gesamtkosten in EUR	25	36	43	47	49	50	51	53	57	64	75

a) Bestimmen Sie die Stückkosten (DK), die durchschnittlichen variablen Kosten und die Grenzkosten!

b) Stellen Sie die in a) errechneten Werte grafisch dar!

c) Der Marktpreis beträgt 7,50 EUR.

d) Ermitteln Sie folgende Punkte:

    da) Nutzenschwelle und Nutzengrenze,

    db) kurzfristige Preisuntergrenze bei konstantem (L) und fallendem (M) Marktpreis,

    dc) langfristige Preisuntergrenze bei konstantem (N) und fallendem (O) Marktpreis,

    dd) Gewinnmaximum (Q).

21 Wie passen sich die Unternehmen in den Aufgaben 17 – 20 an steigende bzw. sinkende Marktpreise an?

Preispolitik auf unvollkommenen Märkten

● Preispolitik bei unvollkommener polypolistischer Konkurrenz

22 In einer Stadt werden von vielen Händlern Kühlschränke der Marke „Frostolux 2000" angeboten.

Ein Preisvergleich ergab, dass die Preise dieser Kühlschränke bei den einzelnen Händlern zwischen 678,00 EUR und 824,00 EUR lagen.

a) Welche Aussage lässt sich über die Preisforderungen der einzelnen Händler machen?

b) Welche Gründe gibt es für die unterschiedlichen Preisforderungen?

c) An welchen Gesichtspunkten wird sich ein einzelner Händler bei der Festlegung seines Angebotspreises orientieren?

● Preispolitik bei unvollkommenem Monopol

23 Nur die Stadtwerke Gießen bieten im Bereich der Stadt Gießen Erdgas zu Heizzwecken an.

a) In welcher Marktposition befindet sich in Gießen der Anbieter mit seinem Gut Erdgas?

b) Hans Niemeyer will in sein Einfamilienhaus eine Gasheizung einbauen lassen. Er muss deshalb bei den Stadtwerken einen Antrag auf Genehmigung einer derartigen Heizungsanlage stellen.

    Welche Größe ihres Absatzes können die Stadtwerke durch den Genehmigungszwang steuern?

c) Die Stadtwerke erhöhen zum 01.01. ihre Abgabepreise für Erdgas um 8 %.

    Welche Auswirkungen wird diese Preiserhöhung voraussichtlich auf die Nachfrage nach Erdgas haben?

d) An welchen Gesichtspunkten werden die Stadtwerke ihre Abgabepreise für Erdgas orientieren?

e) Die Stadtwerke entschließen sich, ihre Abgabepreise für Erdgas nach drei Tarifgruppen zu differenzieren:

    Tarif I: Gewerbliche Großabnehmer,

    Tarif II: Private Großabnehmer (Heizungen),

    Tarif III: Private Kleinabnehmer.

    ea) Warum ist eine derartige Preisdifferenzierung möglich?

    eb) Welchen Abgabepreis für einen m^3 Erdgas würden Sie bei den drei Tarifen am niedrigsten ansetzen?

24 a) Bestimmen Sie den Cournotschen Punkt

    aa) grafisch (zwei Arten) und

    ab) rechnerisch.

Gehen Sie von folgenden Funktionen aus:

Erlös-(Absatz-)kurve: $p = 18 - 2x$
Gesamtkostenkurve: $K = 5 + \frac{1}{2}x$

Berechnen Sie:

| Gesamterlös (Umsatz), | Gewinn, | Grenzerlös, |
| Gesamtkosten, | Grenzkosten, | Grenzgewinn. |

b) Welche Bedeutung hat der Cournotsche Punkt für den Monopolisten?

c) Wie verändert sich der Cournotsche Punkt, wenn die fixen Kosten um 20 % steigen?

d) Welche Grenzen bestehen für die Preispolitik eines Monopolisten?

e) Welcher Größenzusammenhang besteht zwischen Erlös- und Gewinnmaximum des Monopolisten?

f) Wodurch unterscheiden sich die gewinnmaximalen Punkte bei vollkommener Konkurrenz und monopolistischem Markt?

g) Wie beurteilen Sie die Tendenz zur Monopolbildung in der Bundesrepublik Deutschland?

25 In welchen Formen kann ein Monopolist auf Veränderungen seines Marktes reagieren?

● **Preispolitik bei unvollkommener oligopolistischer Konkurrenz**

26 In einem Dorf befinden sich die Zweigstelle einer Volksbank und die einer Sparkasse. Beide Kreditinstitute bieten für Spareinlagen mit vereinbarter Kündigungsfrist von einem Jahr 4 % Zinsen. Der Vorstand der Volksbank beschließt, den Sparzins auf 4,5 % zu erhöhen, um zusätzliche Spareinlagen zu bekommen.

a) Wie wird der Vorstand der Sparkasse wahrscheinlich auf diese Zinserhöhung reagieren?

b) Beide Kreditinstitute bieten den Inhabern von Lohn- und Gehaltskonten an, das am Monatsende verbleibende Guthaben auf dem Gehaltskonto automatisch kostenfrei auf ein Sparkonto umbuchen zu lassen.

Die Volksbank wirbt für diese Leistung mit dem Begriff „Überschusssparen", die Sparkasse nennt dies „Plussparen".

Welche Gründe haben die beiden Kreditinstitute für die unterschiedliche Kennzeichnung dieser Dienstleistung?

c) Die Volksbank führt Lohn- und Gehaltskonten zu folgenden Bedingungen: monatlich 5 Freibuchungen; jede weitere Buchung kostet 0,50 EUR.

Die Sparkasse verlangt eine monatliche Kontoführungsgebühr von 1,00 EUR. Jeder Buchungsposten kostet zusätzlich 0,20 EUR.

ca) Bestehen Unterschiede bei den mit der Kontoführung zusammenhängenden Leistungen?

cb) Bei welcher monatlichen Postenzahl ist für einen Kunden die Volksbank bzw. die Sparkasse günstiger?

cc) Welche Gründe können die beiden Kreditinstitute haben, keine einheitliche Buchungsgebühr zu verlangen?

cd) Ein drittes Kreditinstitut will an diesem Ort eine Filiale eröffnen. Es bietet völlig kostenlose Kontoführung an. Mit welchem Verhalten der Wettbewerber muss das neue Kreditinstitut wahrscheinlich rechnen?

ce) Welche Folgerungen wird das dritte Kreditinstitut aus den zu erwartenden Reaktionen der Wettbewerber ziehen?

Erscheinungsformen der Kooperation in der Wirtschaft

27 Zahlreiche kleine Einzelhandelsunternehmen spüren, dass ihre Marktposition im Wettbewerb mit den Großbetrieben des Einzelhandels immer schwächer wird.

Sie entschließen sich daher, untereinander im Rahmen einer gemeinsam zu gründenden Einkaufs- und Beratungsgesellschaft zusammenzuarbeiten (zu kooperieren), um gemeinsam im Wettbewerb bestehen zu können.

a) Suchen Sie Vorteile, die ein Einzelhändler aus dieser Zusammenarbeit auf den folgenden Gebieten ziehen könnte!

Kooperationsgebiet	Mögliche Vorteile
Beschaffung (Einkauf)	
Absatz (Verkauf)	
Finanzierung	
Verwaltung	
Unternehmensführung	

b) Nennen Sie mögliche Nachteile, die dem Einzelhändler aus dieser Kooperation entstehen könnten!

28 Die Volksbank X darf nach ihrer Satzung nur Kredite bis zu 3 Mio. EUR gewähren. Ein am Sitz der Volksbank tätiges Industrieunternehmen stellt den Antrag auf einen Kredit von 5 Mio. EUR.

Wie könnte die Volksbank im Wege der Kooperation die Gewährung dieses Kredites an das Industrieunternehmen trotzdem ermöglichen?

29 Die Werkzeugmaschinenfabrik Peuker GmbH, Gießen, beabsichtigt, ihre Drehautomaten auch in der Volksrepublik China anzubieten. Sie will daher mit einem Stand auf der nächsten Kantoner Messe vertreten sein. Nach ersten Vorinformationen muss das Unternehmen feststellen, dass die entstehenden Kosten für einen eigenen Messestand zu hoch werden.

Suchen Sie Möglichkeiten, wie dem Unternehmen geholfen werden könnte, trotz der hohen Kosten auf der Kantoner Messe vertreten zu sein!

30 Welche Gründe werden in dem Presseartikel für die Zusammenarbeit zwischen den Firmen VDO und Siemens genannt?

VDO / SIEMENS

Schweizer Riegel

Durch die Zusammenarbeit mit Siemens und den nachdrücklichen Ausbau der Position auf dem Automobilmarkt sucht VDO eine bessere Zukunft. An einem aber lässt VDO-Inhaberin Liselott Schindling nicht rütteln: „Wir bleiben Familienbetrieb".

Kaum hatte das Berliner Kartellamt sein Nein zur Fiftyfifty-Zusammenarbeit zwischen der VDO Adolf Schindling AG und der Siemens AG signalisiert, setzten sich die Elektronikmanager von Main und Isar an die Entwicklung alternativer Kooperationsmodelle. Denn die neue Displaytechnik für Fahrzeuge aller Art kann kostengünstig nur in sehr großen Einheiten mit einem enormen Kapitaleinsatz produziert werden. „Um den Kartellbestimmungen zu genügen, gleichzeitig alle Kostenvorteile nutzen zu können, ist an den Austausch von Minderheitsbeteiligungen gedacht", bestätigt der VDO-Vorstandsvorsitzende Albert Keck. Für ihn ist entscheidend: „Die technische Kooperation bleibt voll erhalten."

VDO räumt Siemens eine Beteiligung von 24,5 Prozent an der Fahrzeug Display Technik GmbH (vormals VDO Mikroelektronik und Displaytechnik), Schwalbach/Taunus, ein, während Siemens im Gegenzug VDO in die Ostasien-Tochter Siemens Components Private Ltd., Singapur, mit einem knappen Viertel aufnimmt. Keck: „Wir sind in der Armaturtechnik für Automobile von der Technologie her weltweit führend. Das soll so bleiben. Wir haben jetzt die Voraussetzungen für eine kostengünstige Produktionsbasis geschaffen."

Unternehmenszusammenschlüsse

● Unternehmenszusammenschlüsse auf vertraglicher Ebene

31 Angenommen, die Zementhersteller der Bundesrepublik Deutschland konkurrieren heftig miteinander. Das Ergebnis dieses Wettbewerbs sind Preise, die nur knapp über den Herstellkosten liegen. Um das Verhältnis von Kosten und Erlösen für den einzelnen Hersteller günstiger zu gestalten, vereinbaren die Produzenten in einem Vertrag, dass jeder Produzent in Zukunft nur noch ein bestimmtes Gebiet der Bundesrepublik beliefern darf. Aufträge aus anderen Absatzgebieten werden an den zuständigen Vertragspartner weitergeleitet.

a) Zu welcher Marktform führt dieser Vertrag für die einzelnen Marktpartner in ihrem jeweiligen Absatzgebiet?

b) Auf welches wirtschaftliche Recht verzichten die einzelnen Vertragspartner?

c) Welche Konsequenzen ergeben sich für die rechtliche Selbstständigkeit der Vertragspartner?

d) Wie beurteilen Sie diesen Vertrag aus der Sicht des Verbrauchers?

e) Welche sonstigen Vereinbarungen wären für die Unternehmen denkbar, um den Marktmechanismus auszuschalten?

f) Wie kann man diese vertragliche Vereinbarung, die als Kartell (hier: Gebietskartell) bezeichnet wird, allgemein beschreiben?

32 Angenommen, die 10 Basaltproduzenten in der Bundesrepublik Deutschland entschließen sich vertraglich, ihren Absatz nur noch von einer gemeinsam zu gründenden Basalt-Vertriebsgesellschaft abwickeln zu lassen.

Die Basalt-Vertriebsgesellschaft hat die Aufträge nach einem von den Vertragsparteien festgelegten Schlüssel auf die einzelnen Basaltwerke zu verteilen.

Die Verkaufspreise sind so zu gestalten, dass aus dem Erlösanteil auch das am kostenungünstigsten produzierende Basaltwerk noch sämtliche Kosten decken kann.

a) Welche Vorteile hat dieses so genannte Syndikat für die Vertragsparteien?

b) Welche Nachteile hat das Syndikat für die Vertragsparteien?

c) Welche Vor und Nachteile ergeben sich für die Verbraucher?

d) Beschreiben Sie allgemein, was man unter einem Syndikat versteht!

Aktiengesetz (Auszug)

AktG **§ 15. Verbundene Unternehmen.**

Verbundene Unternehmen sind rechtlich selbstständige Unternehmen, die im Verhältnis zueinander in Mehrheitsbesitz stehende Unternehmen und mit Mehrheit beteiligte Unternehmen (§ 16), abhängige und herrschende Unternehmen (§ 17), Konzernunternehmen (§ 18), wechselseitig beteiligte Unternehmen (§ 19) oder Vertragsteile eines Unternehmensvertrags (§§ 291, 292) sind.

§ 16. In Mehrheitsbesitz stehende Unternehmen und mit Mehrheit beteiligte Unternehmen.

(1) Gehört die Mehrheit der Anteile eines rechtlich selbständigen Unternehmens einem anderen Unternehmen oder steht einem anderen Unternehmen die Mehrheit der Stimmrechte zu (Mehrheitsbeteiligung), so ist das Unternehmen ein in Mehrheitsbesitz stehendes Unternehmen, das andere Unternehmen ein an ihm mit Mehrheit beteiligtes Unternehmen.

(2) [1]Welcher Teil der Anteile einem Unternehmen gehört, bestimmt sich bei Kapitalgesellschaften nach dem Verhältnis des Gesamtnennbetrags der ihm gehörenden Anteile zum Nennkapital, bei bergrechtlichen Gewerkschaften nach der Zahl der Kuxe. [2]Eigene Anteile sind bei Kapitalgesellschaften vom Nennkapital, bei bergrechtlichen Gewerkschaften von der Zahl der Kuxe abzusetzen. [3]Eigenen Anteilen des Unternehmens stehen Anteile gleich, die einem anderen für Rechnung des Unternehmens gehören.

(3) [1]Welcher Teil der Stimmrechte einem Unternehmen zusteht, bestimmt sich nach dem Verhältnis der Zahl der Stimmrechte, die es aus den ihm gehörenden Anteilen ausüben kann, zur Gesamtzahl aller Stimmrechte. [2]Von der Gesamtzahl aller Stimmrechte sind die Stimmrechte aus eigenen Anteilen sowie aus Anteilen, die nach Absatz 2 Satz 3 eigenen Anteilen gleich stehen, abzusetzen.

(4) Als Anteile, die einem Unternehmen gehören, gelten auch die Anteile, die einem von ihm abhängigen Unternehmen oder einem anderen für Rechnung des Unternehmens oder eines von diesem abhängigen Unternehmens gehören und, wenn der Inhaber des Unternehmens ein Einzelkaufmann ist, auch die Anteile, die sonstiges Vermögen des Inhabers sind.

§ 17. Abhängige und herrschende Unternehmen.

(1) Abhängige Unternehmen sind rechtlich selbstständige Unternehmen, auf die ein anderes Unternehmen (herrschendes Unternehmen) unmittelbar oder mittelbar einen beherrschenden Einfluss ausüben kann.

(2) Von einem in Mehrheitsbesitz stehenden Unternehmen wird vermutet, dass es von dem an ihm mit Mehrheit beteiligten Unternehmen abhängig ist.

§ 18. Konzern und Konzernunternehmen.

(1) [1]Sind ein herrschendes und ein oder mehrere abhängige Unternehmen unter der einheitlichen Leitung des herrschenden Unternehmens zusammengefasst, so bilden sie einen Konzern; die einzelnen Unternehmen sind Konzernunternehmen. [2]Unternehmen, zwischen denen ein Beherrschungsvertrag (§ 291) besteht oder von denen das eine in das andere eingegliedert ist (§ 319), sind als unter einheitlicher Leitung zusammengefasst anzusehen. [3]Von einem abhängigen Unternehmen wird vermutet, dass es mit dem herrschenden Unternehmen einen Konzern bildet.

(2) Sind rechtlich selbstständige Unternehmen, ohne dass das eine Unternehmen von dem anderen abhängig ist, unter einheitlicher Leitung zusammengefasst, so bilden sie auch einen Konzern; die einzelnen Unternehmen sind Konzernunternehmen.

§ 19. Wechselseitig beteiligte Unternehmen.

(1) [1]Wechselseitig beteiligte Unternehmen sind Unternehmen mit Sitz im Inland in der Rechtsform einer Kapitalgesellschaft oder bergrechtlichen Gewerkschaft, die dadurch verbunden sind, dass jedem Unternehmen mehr als der vierte Teil der Anteile des anderen Unternehmens gehört. [2]Für die Feststellung, ob einem Unternehmen mehr als der vierte Teil der Anteile des anderen Unternehmens gehört, gilt § 16 Abs. 2 Satz 1, Abs. 4.

AktG (2) Gehört einem wechselseitig beteiligten Unternehmen an dem anderen Unternehmen eine Mehrheitsbeteiligung oder kann das eine auf das andere Unternehmen unmittelbar oder mittelbar einen herrschenden Einfluss ausüben, so ist das eine als herrschendes, das andere als abhängiges Unternehmen anzusehen.

(3) Gehört jedem der wechselseitig beteiligten Unternehmen an dem anderen Unternehmen eine Mehrheitsbeteiligung oder kann jedes auf das andere unmittelbar oder mittelbar einen herrschenden Einfluss ausüben, so gelten beide Unternehmen als herrschend und als abhängig.

(4) [...]

Unternehmensverträge
Erster Abschnitt. Arten von Unternehmensverträgen

§ 291. Beherrschungsvertrag. Gewinnabführungsvertrag.

(1) [1]Unternehmensverträge sind Verträge, durch die eine Aktiengesellschaft oder Kommanditgesellschaft auf Aktien die Leitung ihrer Gesellschaft einem anderen Unternehmen unterstellt (Beherrschungsvertrag) oder sich verpflichtet, ihren ganzen Gewinn an ein anderes Unternehmen abzuführen (Gewinnabführungsvertrag). [2]Als Vertrag über die Abführung des ganzen Gewinns gilt auch ein Vertrag, durch den eine Aktiengesellschaft oder Kommanditgesellschaft auf Aktien es übernimmt, ihr Unternehmen für Rechnung eines anderen Unternehmens zu führen.

(2) Stellen sich Unternehmen, die voneinander nicht abhängig sind, durch Vertrag unter einheitliche Leitung, ohne dass dadurch eines von ihnen von einem anderen vertragschließenden Unternehmen abhängig wird, so ist dieser Vertrag kein Beherrschungsvertrag.

(3) Leistungen der Gesellschaft auf Grund eines Beherrschungs- oder eines Gewinnabführungsvertrags gelten nicht als Verstoß gegen die §§ 57, 58 und 60.

§ 292. Andere Unternehmensverträge.

(1) Unternehmensverträge sind ferner Verträge, durch die eine Aktiengesellschaft oder Kommanditgesellschaft auf Aktien

1. sich verpflichtet, ihren Gewinn oder den Gewinn einzelner ihrer Betriebe ganz oder zum Teil mit dem Gewinn anderer Unternehmen oder einzelner Betriebe anderer Unternehmen zur Aufteilung eines gemeinschaftlichen Gewinns zusammenzulegen (Gewinngemeinschaft),

2. sich verpflichtet, einen Teil ihres Gewinns oder den Gewinn einzelner ihrer Betriebe ganz oder zum Teil an einen anderen abzuführen (Teilgewinnabführungsvertrag),

3. den Betrieb ihres Unternehmens einem anderen verpachtet oder sonst überlässt (Betriebspachtvertrag, Betriebsüberlassungsvertrag).

(2) Ein Vertrag über eine Gewinnbeteiligung mit Mitgliedern von Vorstand und Aufsichtsrat oder mit einzelnen Arbeitnehmern der Gesellschaft sowie eine Abrede über eine Gewinnbeteiligung im Rahmen von Verträgen des laufenden Geschäftsverkehrs oder Lizenzverträgen ist kein Teilgewinnabführungsvertrag.

(3) [1]Ein Betriebspacht- oder Betriebsüberlassungsvertrag und der Beschluss, durch den die Hauptversammlung dem Vertrag zugestimmt hat, sind nicht deshalb nichtig, weil der Vertrag gegen die §§ 57, 58 und 60 verstößt. [2]Satz 1 schließt die Anfechtung des Beschlusses wegen dieses Verstoßes nicht aus.

● Unternehmenszusammenschlüsse mit Kapitalbeteiligung

33 Die Berliner Handels- und Frankfurter Bank (BHF-Bank) weist in ihrem Geschäftsbericht u. a. folgende Kapitalbeteiligungen an anderen Unternehmen aus:

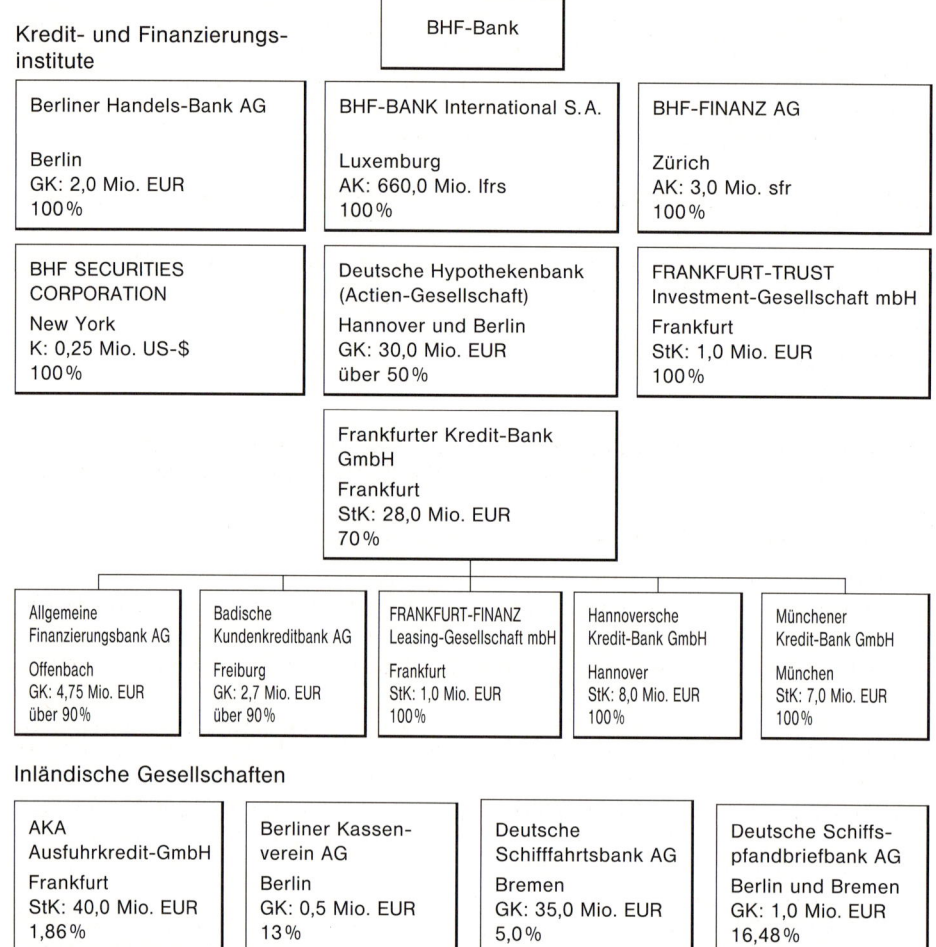

Kredit- und Finanzierungsinstitute

Inländische Gesellschaften

a) Welche Unternehmen sind im Verhältnis zur BHF-Bank als im Mehrheitsbesitz stehende, welche mit Mehrheit beteiligte Unternehmen?

b) Prüfen Sie, ob die Allgemeine Finanzierungsbank AG, Offenbach, bzw. die AKA Ausfuhrkredit-GmbH im Verhältnis zur BHF-Bank abhängige oder herrschende Unternehmen sind!

c) Die BHF-Bank übt die einheitliche Leitung über abhängige Unternehmen aus. Welche Unternehmen sind als Konzernunternehmen anzusehen?

d) Welche der Unternehmen sind als
   - Muttergesellschaft,
   - Tochtergesellschaft,
   - Enkelgesellschaft

   anzusehen? (Nennen Sie je ein Beispiel!)

e) Welche Unternehmen sind nicht als verbundene Unternehmen anzusehen?

f) Worin besteht der wesentliche Unterschied zwischen den durch Kooperation oder durch Konzentration entstandenen Unternehmenszusammenschlüssen?

34 Die Allianz Versicherung AG besitzt über 25 %, aber unter 50 % des Aktienkapitals der Münchener Rückversicherungs-Gesellschaft AG.

Die Münchener Rückversicherungs-Gesellschaft AG besitzt über 25 %, aber unter 50 % des Aktienkapitals der Allianz Versicherung AG.

a) Welche Art von Beteiligung liegt hier vor?

b) Welches Unternehmen ist in diesem Falle als herrschendes, welches als abhängiges anzusehen?

35 Hans Schneider besitzt 60 % des Grundkapitals an der Caldora AG, 80 % des Stammkapitals der Weber Werkzeugmaschinen GmbH und 75 % am Grundkapital der Zigarrenfabriken Eule AG.

Die Gesellschaften sind untereinander kapitalmäßig nicht beteiligt.

a) Stellen Sie diese Kapitalverflechtung in einem Schaubild dar!

b) Um welche Art von Unternehmenszusammenschluss handelt es sich in diesem Falle?

36 1. Die Krupp Stahl AG hat mit der Krupp Südwestfalen AG einen Beherrschungsvertrag abgeschlossen.

Die Krupp Stahl AG besitzt ca. 99 % des Aktienkapitals von Krupp Südwestfalen. Den Kleinaktionären von Krupp Südwestfalen werden 15,60 EUR Dividende pro Stückaktie im rechnerischen Nennwert von 100,00 EUR garantiert.

2. Die Energieversorgungs- und Verkehrsgesellschaft mbH, Aachen, die ca. 95 % des Aktienkapitals der Aachener Straßenbahn- und Energieversorgungs-AG besitzt, hat mit letzterer einen Ergebnisabführungsvertrag geschlossen.

Freien Aktionären wurde eine Dividende von 4 % garantiert.

a) Erklären Sie die Begriffe Beherrschungsvertrag und Ergebnisabführungsvertrag!

b) Welche Gründe könnten zu diesen Verträgen geführt haben?

c) Welche sonstigen Unternehmensverträge sieht das Aktiengesetz vor?

37 Die Metallbau AG übernimmt die Werkzeugmaschinenfabrik Gießen GmbH in der Form, dass das Vermögen der GmbH in das Vermögen der aufnehmenden AG übergeht.

a) Wie wird ein derartiger Zusammenschluß bezeichnet?

b) In welcher Form hätte der Zusammenschluss ebenfalls durchgeführt werden können?

38 a) Nennen Sie Gründe, die für eine kapitalmäßige Verflechtung von Unternehmen (Konzentration) sprechen!

b) Nennen Sie Gründe, die gegen eine Kapitalverflechtung von Unternehmen angeführt werden können!

39 In einem Tätigkeitsbericht macht das Bundeskartellamt Aussagen zur Wirtschafts- und Wettbewerbspolitik.

Lesen Sie zunächst diesen Ausschnitt:

1. Zur wirtschafts- und wettbewerbspolitischen Lage

Die wirtschafts- und wettbewerbspolitische Lage der Bundesrepublik Deutschland wird wesentlich bestimmt von der gravierenden Verteuerung der Energie und der Verschlechterung unserer Wettbewerbsposition auf vielen Märkten.

Die Änderung fundamentaler wirtschaftlicher Daten und die neue internationale Arbeitsteilung zwingen unsere Volkswirtschaft wie auch die Volkswirtschaften der meisten anderen Industrieländer zu verstärkter Strukturanpassung. Struktureller Wandel ist eine unverzichtbare Bedingung für neues Wachstum.

Die Wirtschafts- und Wettbewerbspolitik muss in dieser Situation dafür Sorge tragen, dass die notwendige Anpassung nicht durch protektionistische Maßnahmen verhindert oder weiter verzögert wird. Versuche einzelner Länder und Branchen, mit einem Wettlauf der Wettbewerbsbeschränkungen und Subventionen ihre Probleme zu lösen, führen mittel- und langfristig nur zu größeren Wachstums- und Beschäftigungsproblemen. Der Bundesminister für Wirtschaft hat wiederholt darauf hingewiesen, dass Marktabschottungen durch administrative Maßnahmen ungeeignete Mittel sind, um die Wettbewerbsfähigkeit unserer Wirtschaft zu erhalten.

Die Wirtschafts- und Wettbewerbspolitik muss vielmehr die Rahmenbedingungen für die Erschließung neuer Märkte und für Investitionen zur Erneuerung und Anpassung des Produktionsapparates verbessern. Verzicht auf direkte Markteingriffe, Abbau von Investitionshemmnissen im administrativen Bereich und Entlastung der Wirtschaft von Bürokratie sind die aktuelle Herausforderung der Wirtschafts- und Wettbewerbspolitik.

Darüber hinaus muss sich die Wirtschafts- und Wettbewerbspolitik darauf konzentrieren, dass die Verteuerung des Rohöls und anderer Rohstoffe nicht zum Anlass genommen wird, um durch Missbrauch von Marktmacht zusätzliche Preiserhöhungen durchzusetzen.

Versuche, die von außen kommenden Belastungen auf andere Wirtschaftsbereiche oder einzelne gesellschaftliche Gruppen zu verlagern, würden zu erheblichen Risiken für das Preis- und Beschäftigungsniveau führen. Bei Preiserhöhungen für Mineralölprodukte - insbesondere bei Benzinpreiserhöhungen - hat das Bundeskartellamt geprüft, ob durch das Ausmaß oder den Zeitpunkt der Erhöhungen die marktbeherrschenden Unternehmen gesetzten Grenzen zulässiger Preiserhöhungen überschritten worden sind. Dabei hat sich gezeigt, dass die Preisproblematik im Mineralölbereich durch die Instrumente des Kartellgesetzes allein nicht gelöst werden kann.

a) Welchen Grundproblemen steht die Volkswirtschaft der Bundesrepublik Deutschland gegenüber?

b) Welche Notwendigkeit ergibt sich für diese Volkswirtschaft, wenn sie diese Probleme lösen will?

c) Wie beurteilen Sie die Aussage, daß protektionistische Maßnahmen verhindert werden sollen?

d) Welches Ziel verfolgt das Bundeskartellamt grundsätzlich?

e) Zeigen Sie am Beispiel der Preisproblematik im Mineralölbereich die Grenzen auf, die dem Bundeskartellamt bei der Erreichung seines Hauptziels gesetzt sind!

Im **Gesetz gegen Wettbewerbsbeschränkungen** (GWB), auch als Kartellgesetz bezeichnet, wurden verschiedene Regelungen zur Erhaltung eines funktionsfähigen Wettbewerbs getroffen. Hier ein **Auszug** mit den wichtigsten Bestimmungen:

Gesetz gegen Wettbewerbsbeschränkungen (GWB)
(Stand Dezember 2000)
Erster Teil. Wettbewerbsbeschränkungen
Erster Abschnitt. Kartellvereinbarungen, Kartellbeschlüsse und abgestimmtes Verhalten

GWB **§ 1. Kartellverbot.** Vereinbarungen zwischen miteinander im Wettbewerb stehenden Unternehmen, Beschlüsse von Unternehmensvereinigungen und aufeinander abgestimmte Verhaltensweisen, die eine Verhinderung, Einschränkung oder Verfälschung des Wettbewerbs bezwecken oder bewirken, sind verboten.

§ 2. Normen- und Typenkartelle, Konditionenkartelle. (1) Vereinbarungen und Beschlüsse, die lediglich die einheitliche Anwendung von Normen oder Typen zum Gegenstand haben, können vom Verbot des § 1 freigestellt werden.

(2) Vereinbarungen und Beschlüsse, die die einheitliche Anwendung allgemeiner Geschäfts-, Lieferungs- und Zahlungsbedingungen einschließlich der Skonti zum Gegenstand haben, können vom Verbot des § 1 freigestellt werden, soweit die Regelungen sich nicht auf Preise oder Preisbestandteile beziehen.

§ 3. Spezialisierungskartelle. Vereinbarungen und Beschlüsse, die die Rationalisierung wirtschaftlicher Vorgänge durch Spezialisierung zum Gegenstand haben, können vom Verbot des § 1 freigestellt werden, wenn die Wettbewerbsbeschränkung nicht zur Entstehung oder Verstärkung einer marktbeherrschenden Stellung führt.

§ 4. Mittelstandskartelle. (1) Vereinbarungen und Beschlüsse, die die Rationalisierung wirtschaftlicher Vorgänge durch eine andere als die in § 3 bezeichnete Art der zwischenbetrieblichen Zusammenarbeit zum Gegenstand haben, können vom Verbot des § 1 freigestellt werden, wenn

1. dadurch der Wettbewerb auf dem Markt nicht wesentlich beeinträchtigt wird und

2. die Vereinbarung oder der Beschluss dazu dient, die Wettbewerbsfähigkeit kleiner oder mittlerer Unternehmen zu verbessern.

(2) § 1 gilt nicht für Vereinbarungen und Beschlüsse, die den gemeinsamen Einkauf von Waren oder die gemeinsame Beschaffung gewerblicher Leistung zum Gegenstand haben, ohne einen über den Einzelfall hinausgehenden Bezugszwang für die beteiligten Unternehmen zu begründen, wenn die Voraussetzungen des Absatzes 1 Nr. 1 und 2 erfüllt sind.

§ 5. Rationalisierungskartelle. (1) [1]Vereinbarungen und Beschlüsse, die der Rationalisierung wirtschaftlicher Vorgänge dienen, können vom Verbot des § 1 freigestellt werden, wenn sie geeignet sind, die Leistungsfähigkeit oder Wirtschaftlichkeit der beteiligten Unternehmen in technischer, betriebswirtschaftlicher oder organisatorischer Beziehung wesentlich zu heben und dadurch die Befriedigung des Bedarfs zu verbessern. [2]Der Rationalisierungserfolg soll in einem angemessenen Verhältnis zu der damit verbundenen Wettbewerbsbeschränkung stehen. [3]Die Wettbewerbsbeschränkung darf nicht zur Entstehung oder Verstärkung einer marktbeherrschenden Stellung führen.

(2) Soll die Vereinbarung oder der Beschluss die Rationalisierung in Verbindung mit Preisabreden oder durch Bildung von gemeinsamen Beschaffungs- oder Vertriebseinrichtungen verwirklichen, kann unter den Voraussetzungen des Absatzes 1 vom Verbot des § 1 freigestellt werden, wenn der Rationalisierungszweck auf andere Weise nicht erreicht werden kann.

§ 6. Strukturkrisenkartelle. Im Falle eines auf nachhaltiger Änderung der Nachfrage beruhenden Absatzrückgangs können Vereinbarungen und Beschlüsse von Unternehmen der Erzeugung, Herstellung, Bearbeitung oder Verarbeitung vom Verbot des § 1 freigestellt werden, wenn die Vereinbarung oder der Beschluss notwendig ist, um eine planmäßige Anpassung der Kapazität an den Bedarf herbeizuführen, und die Regelung unter Berücksichtigung der Wettbewerbsbedingungen in den betroffenen Wirtschaftszweigen erfolgt.

§ 7. Sonstige Kartelle. (1) Vereinbarungen und Beschlüsse, die unter angemessener Beteiligung der Verbraucher an dem entstehenden Gewinn zu einer Verbesserung der Entwicklung, Erzeugung, Verteilung, Beschaffung, Rücknahme oder Entsorgung von Waren oder Dienstleistungen beitragen, können vom Verbot des § 1 freigestellt werden, wenn die Verbesserung von den beteiligten Unternehmen auf andere Weise nicht erreicht werden kann, in einem angemessenen Verhältnis zu der

26 Schuster – ISBN 3-8120-0060-1

damit verbundenen Wettbewerbsbeschränkung steht und die Wettbewerbsbeschränkung nicht zur Entstehung oder Verstärkung einer marktbeherrschenden Stellung führt.

(2) Vereinbarungen und Beschlüsse, die eine Rationalisierung wirtschaftlicher Vorgänge durch Spezialisierung oder auf andere Weise, den gemeinsamen Einkauf von Waren oder die gemeinsame Beschaffung gewerblicher Leistungen oder die einheitliche Anwendung von Konditionen zum Gegenstand haben, können nur nach § 2 Abs. 2 und den §§ 3 bis 5 vom Verbot des § 1 freigestellt werden.

§ 8. Ministererlaubnis. (1) Liegen die Voraussetzungen der §§ 2 bis 7 nicht vor, so kann der Bundesminister für Wirtschaft Vereinbarungen und Beschlüsse vom Verbot des § 1 freistellen, wenn ausnahmsweise die Beschränkung des Wettbewerbs aus überwiegenden Gründen der Gesamtwirtschaft und des Gemeinwohls notwendig ist.

(2) [1]Besteht eine unmittelbare Gefahr für den Bestand des überwiegenden Teils der Unternehmen eines Wirtschaftszweiges, so ist die Freistellung nur zulässig, wenn andere gesetzliche oder wirtschaftspolitische Maßnahmen nicht oder nicht rechtzeitig getroffen werden können und die Beschränkung des Wettbewerbs geeignet ist, die Gefahr abzuwenden. [2]Die Freistellung ist nur in besonders schwer wiegenden Einzelfällen zulässig.

§ 9. Anmeldung von Kartellen, Widerspruchsverfahren. (1) [1]Vereinbarungen und Beschlüsse der in den §§ 2 bis 4 Abs. 1 bezeichneten Art sowie ihre Änderungen und Ergänzungen bedürfen zur Freistellung vom Verbot des § 1 der Anmeldung bei der Kartellbehörde. [2]In den Fällen des § 2 Abs. 1 ist der Anmeldung die Stellungnahme eines Rationalisierungsverbandes, in den Fällen des § 2 Abs. 2 die der betroffenen Lieferanten und Abnehmer beizufügen. [3]Rationalisierungsverbände im Sinne des Gesetzes sind Verbände, zu deren satzungsmäßigen Aufgaben es gehört, Normungs- und Typungsvorhaben durchzuführen oder zu prüfen und dabei die Lieferanten und Abnehmer, die durch die Vorhaben betroffen werden, in angemessener Weise zu beteiligen.

(2) [1]Bei der Anmeldung sind anzugeben:

1. Firma oder sonstige Bezeichnung und Ort der Niederlassung oder Sitz der beteiligten Unternehmen;

2. Rechtsform und Anschrift des Kartells;

3. Name und Anschrift der Person, die zur Vertretung bestellt (§ 13) oder sonstig bevollmächtigt ist, bei juristischen Personen die gesetzliche Vertretung des Kartells.

[2]In der Anmeldung dürfen keine unrichtigen oder unvollständigen Angaben gemacht oder benutzt werden, um für den Anmeldenden oder einen anderen eine Freistellung zu erschleichen oder die Kartellbehörde zu veranlassen, in den Fällen der §§ 2 bis 4 Abs. 1 nicht zu widersprechen.

(3) [1]Vereinbarungen und Beschlüsse der in den §§ 2 bis 4 Abs. 1 bezeichneten Art sind vom Verbot des § 1 freigestellt und werden wirksam, wenn die Kartellbehörde innerhalb einer Frist von drei Monaten seit Eingang der Anmeldung nicht widerspricht. [2]Die Kartellbehörde hat zu widersprechen, wenn die in den §§ 2 bis 4 Abs. 1 bezeichneten Voraussetzungen oder die nach Absatz 1 Satz 2 erforderlichen Stellungnahmen nicht vorliegen. [3]Die anmeldenden Unternehmen haben nachzuweisen, dass die in den §§ 2 bis 4 Abs. 1 bezeichneten Voraussetzungen und die nach Absatz 1 Satz 2 erforderlichen Stellungnahmen vorliegen. [4]Werden Änderungen oder Ergänzungen einer Vereinbarung oder eines Beschlusses der in den §§ 2 bis 4 Abs. 1 bezeichneten Art angemeldet, durch die der Kreis der beteiligten Unternehmen nicht verändert und die Vereinbarung oder der Beschluss nicht auf andere Waren oder Leistungen erstreckt wird, beträgt die in Satz 1 genannte Frist einen Monat.

(4) [1]Vereinbarungen und Beschlüsse der in § 4 Abs. 2 bezeichneten Art sind von den beteiligten Unternehmen bei der Kartellbehörde gemäß Satz 2 unverzüglich anzumelden. [2]Die Anmeldung ist nur wirksam, wenn die Satzung oder der Gesellschaftsvertrag beigefügt ist, die Angaben nach Absatz 2 Nr. 1 und 2 enthalten sind und wenn die Anmeldung über den betroffenen Wirtschaftszweig, vorgesehene institutionelle Ausschüsse sowie die gegenwärtigen Verrechnungs- und Außenumsätze der beteiligten Unternehmen Aufschluss gibt. [3]Alle zwei Jahre seit Anmeldung sind der Kartellbehörde von den beteiligten Unternehmen Änderungen der in Satz 2 bezeichneten Angaben, der Satzung oder des Gesellschaftsvertrages sowie des Kreises der beteiligten Unternehmen anzuzeigen.

(5) Die Beendigung oder Aufhebung der in den §§ 2 bis 4 genannten Vereinbarungen und Beschlüsse ist der Kartellbehörde mitzuteilen.

GWB **§ 10. Freistellungsantrag, Erteilung der Freistellung.** (1) [1]Vereinbarungen und Beschlüsse der in den §§ 5 bis 8 bezeichneten Art können auf Antrag durch Verfügung der Kartellbehörde vom Verbot des § 1 freigestellt werden. [2]Sie werden mit Bestandskraft der Verfügung wirksam. [3]In den Fällen des § 8 ist dem Antrag eine Stellungnahme der betroffenen inländischen Erzeuger und Abnehmer beizufügen, es sei denn, eine solche ist nicht zu erlangen.

(2) Sind die Voraussetzungen für eine Freistellung nach den §§ 5 bis 8 nicht erfüllt, lehnt die Kartellbehörde den in Absatz 1 genannten Antrag durch Verfügung ab.

(3) Für Anträge nach Absatz 1 Satz 1 gilt § 9 Abs. 2 und 5 entsprechend.

(4) [1]Die Freistellung nach den §§ 5 bis 8 ist zu befristen. [2]Die Frist soll in der Regel fünf Jahre nicht überschreiten. [3]Die Freistellung kann mit Bedingungen und Auflagen verbunden werden.

(5) [1]Die Freistellung kann auf Antrag verlängert werden, wenn die Voraussetzungen der §§ 5 bis 8 weiterhin erfüllt sind. [2]Die Verlängerung wird nur für diejenigen beteiligten Unternehmen erteilt, die sich damit der Kartellbehörde gegenüber schriftlich einverstanden erklärt haben; die Erklärung muss von den einzelnen Unternehmen selbst und kann erst drei Monate vor Ablauf der Freistellung abgegeben werden. [3]Absatz 2 gilt entsprechend.

§ 12. Missbrauchsaufsicht, Aufhebung der Freistellung. (1) Soweit Vereinbarungen und Beschlüsse der in den §§ 2 bis 4 bezeichneten Art oder die Art ihrer Durchführung einen Missbrauch der durch Freistellung vom Verbot des § 1 erlangten Stellung im Markt darstellen, kann die Kartellbehörde

1. den beteiligten Unternehmen aufgeben, einen bestandeten Missbrauch abzustellen,

2. den beteiligten Unternehmen aufgeben, die Vereinbarungen oder Beschlüsse zu ändern, oder

3. die Vereinbarungen und Beschlüsse verbieten.

(2) [1]Die Freistellung nach § 10 kann widerrufen oder durch Anordnung von Bedingungen geändert oder mit Auflagen versehen werden,

1. soweit sich die Verhältnisse, die für die Freistellung maßgeblich waren, wesentlich geändert haben oder

2. soweit die Beteiligten einer mit der Freistellung verbundenen Auflage zuwiderhandeln oder

3. soweit die Freistellung auf unrichtigen Angaben beruht oder arglistig herbeigeführt worden ist oder

4. soweit die Beteiligten die Freistellung von § 1 missbrauchen.

[2]In den Fällen der Nummern 2 bis 4 kann die Freistellung auch mit Wirkung für die Vergangenheit widerrufen werden.

Zweiter Abschnitt. Vertikalvereinbarungen

§ 14. Verbot von Vereinbarungen über Preisgestaltung oder Geschäftsbedingungen. Vereinbarungen zwischen Unternehmen über Waren oder gewerbliche Leistungen, die sich auf Märkte innerhalb des Geltungsbereichs dieses Gesetzes beziehen, sind verboten, soweit sie einen Beteiligten in der Freiheit der Gestaltung von Preisen oder Geschäftsbedingungen bei solchen Vereinbarungen beschränken, die er mit Dritten über die gelieferten Waren, über andere Waren oder über gewerbliche Leistungen schließt.

§ 15. Preisbindung bei Verlagserzeugnissen. (1) § 14 gilt nicht, soweit ein Unternehmen die Abnehmer seiner Verlagserzeugnisse rechtlich oder wirtschaftlich bindet, bei der Weiterveräußerung bestimmte Preise zu vereinbaren oder ihren Abnehmern die gleiche Bindung bis zur Weiterveräußerung an den letzten Verbraucher aufzuerlegen.

[...]

Dritter Abschnitt. Marktbeherrschung, wettbewerbsbeschränkendes Verhalten

§ 19. Missbrauch einer marktbeherrschenden Stellung. (1) Die missbräuchliche Ausnutzung einer marktbeherrschenden Stellung durch ein oder mehrere Unternehmen ist verboten.

(2) [1]Ein Unternehmen ist marktbeherrschend, soweit es als Anbieter oder Nachfrager einer bestimmten Art von Waren oder gewerblichen Leistungen

1. ohne Wettbewerber ist oder keinem wesentlichen Wettbewerb ausgesetzt ist oder

GWB 2. eine im Verhältnis zu seinen Wettbewerbern überragende Marktstellung hat; hierbei sind insbesondere sein Marktanteil, seine Finanzkraft, sein Zugang zu den Beschaffungs- oder Absatzmärkten, Verflechtungen mit anderen Unternehmen, rechtliche oder tatsächliche Schranken für den Marktzutritt anderer Unternehmen, der tatsächliche oder potenzielle Wettbewerb durch innerhalb oder außerhalb des Geltungsbereichs dieses Gesetzes ansässige Unternehmen, die Fähigkeit, sein Angebot oder seine Nachfrage auf andere Waren oder gewerbliche Leistungen umzustellen, sowie die Möglichkeit der Marktgegenseite, auf andere Unternehmen auszuweichen, zu berücksichtigen.

[2]Zwei oder mehr Unternehmen sind marktbeherrschend, soweit zwischen ihnen für eine bestimmte Art von Waren oder gewerblichen Leistungen ein wesentlicher Wettbewerb nicht besteht und soweit sie in ihrer Gesamtheit die Voraussetzungen des Satzes 1 erfüllen.

(3)[1] Es wird vermutet, dass ein Unternehmen marktbeherrschend ist, wenn es einen Marktanteil von mindestens einem Drittel hat. [2]Eine Gesamtheit von Unternehmen gilt als marktbeherrschend, wenn sie

1. aus drei oder weniger Unternehmen besteht, die zusammen einen Marktanteil von 50 vom Hundert erreichen, oder

2. aus fünf oder weniger Unternehmen besteht, die zusammen einen Marktanteil von zwei Dritteln erreichen,

es sei denn, die Unternehmen weisen nach, dass die Wettbewerbsbedingungen zwischen ihnen wesentlichen Wettbewerb erwarten lassen oder die Gesamtheit der Unternehmen im Verhältnis zu den übrigen Wettbewerbern keine überragende Markterstellung hat.

(4) Ein Missbrauch liegt insbesondere vor, wenn ein marktbeherrschendes Unternehmen als Anbieter oder Nachfrager einer bestimmten Art von Waren oder gewerblichen Leistungen

1. die Wettbewerbsmöglichkeiten anderer Unternehmen in einer für den Wettbewerb auf dem Markt erheblichen Weise ohne sachlich gerechtfertigten Grund beeinträchtigt;

2. Entgelte oder sonstige Geschäftsbedingungen fordert, die von denjenigen abweichen, die sich bei wirksamem Wettbewerb mit hoher Wahrscheinlichkeit ergeben würden; hierbei sind insbesondere die Verhaltensweisen von Unternehmen auf vergleichbaren Märkten mit wirksamem Wettbewerb zu berücksichtigen;

3. ungünstigere Entgelte oder sonstige Geschäftsbedingungen fordert, als sie das marktbeherrschende Unternehmen selbst auf vergleichbaren Märkten von gleichartigen Abnehmern fördert, es sei denn, dass der Unterschied sachlich gerechtfertigt ist;

4. sich weigert, einem anderen Unternehmen gegen angemessenes Entgelt Zugang zu den eigenen Netzen oder anderen Infrastruktureinrichtungen zu gewähren, wenn es dem anderen Unternehmen aus rechtlichen oder tatsächlichen Gründen ohne die Mitbenutzung nicht möglich ist, auf dem vor- oder nachgelagerten Markt als Wettbewerber des marktbeherrschenden Unternehmens tätig zu werden; dies gilt nicht, wenn das marktbeherrschende Unternehmen nachweist, dass die Mitbenutzung aus betriebsbedingten oder sonstigen Gründen nicht möglich oder nicht zumutbar ist.

§ 20. Diskriminierungsverbot, Verbot unbilliger Behinderung.

(1) Marktbeherrschende Unternehmen, Vereinigungen von Unternehmen [. . .] und Unternehmen, die Preise [. . .] binden, dürfen ein anderes Unternehmen in einem Geschäftsverkehr, der gleichartigen Unternehmen üblicherweise zugänglich ist, weder unmittelbar noch mittelbar unbillig behindern oder gegenüber gleichartigen Unternehmen ohne sachlich gerechtfertigten Grund unmittelbar oder mittelbar unterschiedlich behandeln.

(2) [1]Absatz 1 gilt auch für Unternehmen und Vereinigungen von Unternehmen, soweit von ihnen kleine oder mittlere Unternehmen als Anbieter oder Nachfrager einer bestimmten Art von Waren oder gewerblichen Leistungen in der Weise abhängig sind, dass ausreichende und zumutbare Möglichkeiten, auf andere Unternehmen auszuweichen, nicht bestehen. [2]Es wird vermutet, dass ein Anbieter einer bestimmten Art von Waren oder gewerblichen Leistungen von einem Nachfrager abhängig im Sinne des Satzes 1 ist, wenn dieser Nachfrager bei ihm zusätzlich zu den verkehrsüblichen Preisnachlässen oder sonstigen Leistungsentgelten regelmäßig besondere Vergünstigungen erlangt, die gleichartigen Nachfragern nicht gewährt werden.

GWB (3) [1]Marktbeherrschende Unternehmen und Vereinigungen von Unternehmen im Sinne des Absatzes 1 dürfen ihre Marktstellung nicht dazu ausnutzen, andere Unternehmen im Geschäftsverkehr zu veranlassen, ihnen ohne sachlich gerechtfertigten Grund Vorzugsbedingungen zu gewähren. [. . .]

§ 21. Boykottverbot, Verbot sonstigen wettbewerbsbeschränkenden Verhaltens. (1) Unternehmen und Vereinigungen von Unternehmen dürfen nicht ein anderes Unternehmen oder Vereinigungen von Unternehmen in der Absicht, bestimmte Unternehmen unbillig zu beeinträchtigen, zu Liefersperren oder Bezugssperren auffordern.

(2) Unternehmen und Vereinigungen von Unternehmen dürfen anderen Unternehmen keine Nachteile androhen oder zufügen und keine Vorteile versprechen oder gewähren, um sie zu einem Verhalten zu veranlassen, das nach diesem Gesetz oder nach einer auf Grund dieses Gesetzes ergangenen Verfügung der Kartellbehörde nicht zum Gegenstand einer vertraglichen Bindung gemacht werden darf.

(3) [. . .]

(4) Es ist verboten, einem anderen wirtschaftlichen Nachteil zuzufügen, weil dieser ein Einschreiten der Kartellbehörde beantragt oder angeregt hat.

§ 22. Empfehlungsverbot. (1) [1]Empfehlungen, die eine Umgehung der in diesem Gesetz ausgesprochenen Verbote oder von der Kartellbehörde auf Grund dieses Gesetzes erlassenen Verfügungen durch gleichförmiges Verhalten bezwecken oder bewirken, sind verboten. [2]Das Gleiche gilt für die Empfehlung eines Unternehmens an die Abnehmer seiner Ware, bei der Weiterveräußerung an Dritte bestimmte Preise zu fordern oder anzubieten, bestimmte Arten der Preisfestsetzung anzuwenden oder bestimmte Ober- oder Untergrenzen bei der Preisfestsetzung zu beachten.

(2) [. . .]

§ 23. Unverbindliche Preisempfehlung für Markenwaren. (1) § 22 Abs. 1 gilt nicht für unverbindliche Preisempfehlungen eines Unternehmens für die Weiterveräußerung seiner Markenwaren, die mit gleichartigen Waren anderer Hersteller im Preiswettbewerb stehen, wenn die Empfehlungen

1. ausdrücklich als unverbindlich bezeichnet sind, ausschließlich eine bestimmte Preisangabe enthalten und zu ihrer Durchsetzung kein wirtschaftlicher, gesellschaftlicher oder sonstiger Druck angewendet wird und

2. in der Erwartung ausgesprochen werden, dass der empfohlene Preis dem von der Mehrheit der Empfehlungsempfänger voraussichtlich geforderten Preis entspricht.

(2) [1]Markenwaren im Sinne des Absatzes 1 sind Erzeugnisse, deren Lieferung in gleichbleibender oder verbesserter Güte von dem preisempfehlenden Unternehmen gewährleistet wird und

1. die selbst oder

2. deren für die Abgabe an den Verbraucher bestimmte Umhüllung oder Ausstattung oder

3. deren Behältnisse, aus denen sie verkauft werden,

mit einem ihre Herkunft kennzeichnenden Merkmal (Firmen-, Wort- oder Bildzeichen) versehen sind. [2]Satz 1 ist auf landwirtschaftliche Erzeugnisse mit der Maßgabe anzuwenden, dass geringfügige naturbedingte Qualitätsschwankungen, die vom Erzeuger durch ihm zuzumutende Maßnahmen nicht abgewendet werden können, außer Betracht bleiben.

(2) [. . .]

Fünfter Abschnitt. Sonderregeln für bestimmte Wirtschaftsbereiche

§ 29. Kredit- und Versicherungswirtschaft. (1) [1]Vereinbarungen, Beschlüsse und Empfehlungen von Vereinigungen von Kreditinstituten oder Versicherungsunternehmen können vom Verbot der §§ 14 und 22 Abs. 1 Satz 1 freigestellt werden. [2]§ 7 gilt entsprechend.

(2) [1]Für Vereinbarungen von Kreditinstituten oder Versicherungsunternehmen, die einen Einzelfall betreffen, gilt § 14 nicht. [2]Für die im Einzelfall vereinbarte gemeinsame Übernahme von

GWB Einzelrisiken im Mitversicherungsgeschäft sowie im Konsortialgeschäft der Kreditinstitute gelten die §§ 1 und 14 nicht.

(3) ¹Für die in Absatz 1 genannten Fälle gelten die §§ 9, 11, 12 Abs. 1 und § 22 Abs. 6 entsprechend. ²Die Kartellbehörde soll den von der Wettbewerbsbeschränkung betroffenen Wirtschaftskreisen Gelegenheit zur Stellungnahme geben. ³Für die in Absatz 2 genannten Fälle gilt § 12 Abs. 1 entsprechend.

(4) Für Vereinbarungen und Beschlüsse der in den §§ 5 bis 7 bezeichneten Art von Kreditinstituten, Versicherungsunternehmen oder Vereinigungen dieser Unternehmen gelten für die Anmeldung, das Widerspruchsverfahren und die Missbrauchsaufsicht die §§ 9 und 12 Abs. 1 anstelle der §§ 10 und 12 Abs. 2.

(5) ¹Die Absätze 1 bis 4 gelten nur für Vereinbarungen, Beschlüsse und Empfehlungen, die im Zusammenhang mit Tatbeständen stehen, die der Genehmigung oder Überwachung durch das Bundesaufsichtsamt für das Kreditwesen, das Bundesaufsichtsamt für das Versicherungswesen oder die Versicherungsaufsichtsbehörden der Länder unterliegen. ²Sie gelten auch für die in § 1 Abs. 2 Satz 1 des Versicherungsaufsichtsgesetzes genannten Unternehmen. ³Die Kartellbehörde leitet eine Ausfertigung der Anmeldung an die zuständige Aufsichtsbehörde weiter. ⁴Sie erlässt Verfügungen nach dieser Vorschrift im Benehmen mit der zuständigen Aufsichtsbehörde.

Siebenter Abschnitt. Zusammenschlusskontrolle

§ 35. Geltungsbereich der Zusammenschlusskontrolle. (1) Die Vorschriften über die Zusammenschlusskontrolle finden Anwendung, wenn im letzten Geschäftsjahr vor dem Zusammenschluss

1. die beteiligten Unternehmen insgesamt weltweit Umsatzerlöse von mehr als einer Milliarde Deutsche Mark und
2. mindestens ein beteiligtes Unternehmen im Inland Umsatzerlöse von mehr als fünfzig Millionen Deutsche Mark

erzielt haben.

(2) ¹Absatz 1 gilt nicht,

1. soweit sich ein Unternehmen, das nicht im Sinne des § 36 Abs. 2 abhängig ist und im letzten Geschäftsjahr weltweit Umsatzerlöse von weniger als zwanzig Millionen Deutsche Mark erzielt hat, mit einem anderen Unternehmen zusammenschließt oder
2. soweit ein Markt betroffen ist, auf dem seit mindestens fünf Jahren Waren oder gewerbliche Leistungen angeboten werden und auf dem im letzten Kalenderjahr weniger als dreißig Millionen Deutsche Mark umgesetzt wurden.

²Soweit durch den Zusammenschluss der Wettbewerb beim Verlag, bei der Herstellung oder beim Vertrieb von Zeitungen oder Zeitschriften oder deren Bestandteilen beschränkt wird, gilt nur Satz 1 Nr. 2.

(3) Die Vorschriften dieses Gesetzes finden keine Anwendung, soweit die Kommission der Europäischen Gemeinschaften nach der Verordnung (EWG) Nr. 4064/89 des Rates vom 21. Dezember 1989 über die Kontrolle von Unternehmenszusammenschlüssen in ihrer jeweils geltenden Fassung ausschließlich zuständig ist.

§ 36. Grundsätze für die Beurteilung von Zusammenschlüssen. (1) Ein Zusammenschluss, von dem zu erwarten ist, dass er eine marktbeherrschende Stellung begründet oder verstärkt, ist vom Bundeskartellamt zu untersagen, es sei denn, die beteiligten Unternehmen weisen nach, daß durch den Zusammenschluss auch Verbesserungen der Wettbewerbsbedingungen eintreten und dass diese Verbesserungen die Nachteile der Marktbeherrschung überwiegen.

(2) ¹Ist ein beteiligtes Unternehmen ein abhängiges oder herrschendes Unternehmen im Sinne des § 17 des Aktiengesetzes oder ein Konzernunternehmen im Sinne des § 18 des Aktiengesetzes, sind die so verbundenen Unternehmen als einheitliches Unternehmen anzusehen. ²Wirken mehrere Unternehmen derart zusammen, dass sie gemeinsam einen beherrschenden Einfluss auf ein anderes Unternehmen ausüben können, gilt jedes von ihnen als herrschendes.

(3) [. . .]

GWB **§ 37. Zusammenschluss.** (1) Ein Zusammenschluss liegt in folgenden Fällen vor:

1. Erwerb des Vermögens eines anderen Unternehmens ganz oder zu einem wesentlichen Teil;

2. Erwerb der unmittelbaren oder mittelbaren Kontrolle durch ein oder mehrere Unternehmen über die Gesamtheit oder Teile eines oder mehrerer anderer Unternehmen. Die Kontrolle wird durch Rechte, Verträge oder andere Mittel begründet, die einzeln oder zusammen unter Berücksichtigung aller tatsächlichen und rechtlichen Umstände die Möglichkeit gewähren, einen bestimmenden Einfluss auf die Tätigkeit eines Unternehmens auszuüben, insbesondere durch

   a) Eigentums- oder Nutzungsrechte an einer Gesamtheit oder an Teilen des Vermögens des Unternehmens,

   b) Rechte oder Verträge, die einen bestimmenden Einfluss auf die Zusammensetzung, die Beratungen oder Beschlüsse der Organe des Unternehmens gewähren;

3. Erwerb von Anteilen an einem anderen Unternehmen, wenn die Anteile allein oder zusammen mit sonstigen, dem Unternehmen bereits gehörenden Anteilen

   a) 50 vom Hundert oder

   b) 25 vom Hundert

des Kapitals oder der Stimmrechte des anderen Unternehmens erreichen. [. . .]

(2) [. . .]

(3) [1]Erwerben Kreditinstitute, Finanzinstitute oder Versicherungsunternehmen Anteile an einem anderen Unternehmen zum Zwecke der Veräußerung, gilt dies nicht als Zusammenschluss, solange sie das Stimmrecht aus den Anteilen nicht ausüben und sofern die Veräußerung innerhalb eines Jahres erfolgt. [2]Diese Frist kann vom Bundeskartellamt auf Antrag verlängert werden, wenn glaubhaft gemacht wird, dass die Veräußerung innerhalb der Frist unzumutbar war.

§ 39. Anmelde- und Anzeigepflicht. (1) Zusammenschlüsse sind vor dem Vollzug beim Bundeskartellamt [. . .] anzumelden.

§ 42. Ministererlaubnis. (1) [1]Der Bundesminister für Wirtschaft erteilt auf Antrag die Erlaubnis zu einem vom Bundeskartellamt untersagten Zusammenschluss, wenn im Einzelfall die Wettbewerbsbeschränkung von gesamtwirtschaftlichen Vorteilen des Zusammenschlusses aufgewogen wird oder der Zusammenschluss durch ein überragendes Interesse der Allgemeinheit gerechtfertigt ist. [2]Hierbei ist auch die Wettbewerbsfähigkeit der beteiligten Unternehmen auf Märkten außerhalb des Geltungsbereichs dieses Gesetzes zu berücksichtigen. [3]Die Erlaubnis darf nur erteilt werden, wenn durch das Ausmaß der Wettbewerbsbeschränkung die marktwirtschaftliche Ordnung nicht gefährdet wird.

40 a) Was ist ein Kartell?

b) Welche grundsätzliche Regelung trifft das Kartellgesetz (GWB) bezüglich wettbewerbs- beschränkender Verträge, Beschlüsse oder abgestimmter Verhaltenweisen?

c) Wie ist es zu erklären, dass eine überregionale Tageszeitung im gesamten Bundesgebiet zum selben Preis verkauft wird?

d) Was versteht das GWB unter einem marktbeherrschenden Unternehmen?

41 Bestimmen Sie in den folgenden Beispielen,

a) ob eine wettbewerbsbeschränkende Vereinbarung vorliegt und

b) falls ja, welches Ziel die Wettbewerbsbeschränkung haben soll.

c) Stellen Sie fest, welche Vereinbarungen anmeldepflichtig, genehmigungspflichtig oder verboten sind und was das Kartellamt bei der Nichtbeachtung von Verboten unternehmen kann!

1. Ein Einzelhandelsunternehmen mit vierzehn Filialen in verschiedenen Orten schreibt allen Filialen einen einheitlichen Milchverkaufspreis vor.

2. Sechs mittelständische Unternehmen im süddeutschen Raum haben Forschung und Entwicklung sowie Planung und Massenberechnung für Stahlbetonfertigteil-Bauwerke einem gemeinsamen Tochterunternehmen übertragen. Die Vertragsunternehmen treten weiterhin selbstständig am Markt auf.

3. Die im Neuwieder Becken wegen örtlicher Bimsvorkommen auf engstem Raum liegen- den 64 mittelständischen Unternehmen der Rheinischen Bimsbaustoffindustrie haben sich in der Rheinischen Bimsbeton-Union GmbH, Neuwied, zu einem Verkaufssyndikat zusammengeschlossen und dem Gemeinschaftsunternehmen die Rationalisierung der Produktion durch Spezialisierung, die Förderung der Qualität, die Weiterentwicklung, die Werbung und den Vertrieb ihrer Leichtbeton-Mauersteine übertragen. Der Marktanteil liegt bei etwa 15 %.

4. Zwei Unternehmen für Maschinen des Bergbaus schließen einen Vertrag zur Produkti- onsaufteilung nach der Größe der erreichbaren Teufen der Geräte. Ferner ist die Standar- disierung von Bauteilen und Baugruppen, ein gemeinsamer Vertrieb im In- und Ausland sowie die gegenseitige Unterbelieferung mit Bauteilen vorgesehen. Marktanteil etwa 10 %.

5. Ein Hersteller von Erzeugnissen der Unterhaltungselektronik hat in Verträgen über die jährliche Warenbezugsmenge mehrere Facheinzelhändler verpflichtet, beim Absatz an Endabnehmer „zur Aufrechterhaltung eines realistischen, marktorientierten Ladenver- kaufspreis-Niveaus" beizutragen (Marktpreisklausel).

6. Ein Verband gibt „Arbeitsunterlagen für Radio- und Fernsehtechniker" heraus. Diese Arbeitsunterlagen enthalten u. a. konkrete Kalkulationsbeispiele in Form von Von-bis- Preisangaben für Materialien und für Reparaturen.

7. Die Siemens AG, Berlin und München, will sich zusammen mit der VDO Adolf Schindling AG, Frankfurt (Main), mit je 50 % an der VDO Mikroelektronik und Displaytechnik GmbH, Schwalbach (Taunus), beteiligen. Aufgabe dieses Gemeinschaftsunternehmens soll die Entwicklung, Herstellung und der Vertrieb von LCD-Displays sein, einschließlich der mit den Displays fest verbundenen Ansteuerelektronik. Der Marktanteil beträgt annähernd 80 %.

8. Ein Dental-Großhändler will Zahnärzte nicht mehr beliefern, falls diese direkt Produkte von einem neuen Anbieter aus Großbritannien beziehen.

9. Ein Schweizer Uhrenhersteller hat über ein Müchener Uhren-Fachgeschäft, das im Rah- men eines Teil-Räumungsverkaufs mit erheblichen Preisnachlässen geworben hatte, nach vorheriger Androhung eine Liefersperre verhängt, um die Einhaltung seiner „Unver- bindlichen Preisempfehlungen" durchzusetzen.

10. Die am eurocheque-System teilnehmenden Kreditinstitute haben vereinbart, für im Ausland ausgestellte Schecks einheitliche Gebühren zu berechnen. Die Vereinbarung wurde vom Zentralen Kreditausschuß bei der Kartellbehörde angemeldet.

42 Mehrere Lebensmitteleinzelhändler in einer Stadt vereinbaren, in Zukunft gemeinsam Obst und Gemüse im Großmarkt einzukaufen und diese Waren durch gemeinsame Werbeaktionen zu einheitlichen Preisen zu verkaufen.

Durch diese Maßnahme wollen die Einzelhändler im Konkurrenzkampf mit Kaufhauskonzernen, Einkaufsketten und Supermärkten überleben.

Der Marktanteil, den die beteiligten Einzelhändler beim Marktsegment Obst und Gemüse haben, liegt bei ca. 5 %.

Wie beurteilen Sie diese Kooperation unter Berücksichtigung der §§ 1, 25 GWB?

43 Die Früchteverwertung GmbH beabsichtigt, 50 % der Anteile an der Meldorfer Früchtezubereitung Schwartauer Werke & Co. GmbH (Meldorfer) zu übernehmen. Meldorfer ist ein Gemeinschaftsunternehmen der Schwartauer-Werke und der co op-Gruppe und in der Herstellung von Fruchtzusätzen tätig. Fruchtzusätze sind ein konfitüreähnliches Vorprodukt für die Weiterverarbeitung in Milchmischprodukten, insbesondere Fruchtjogurts und -desserts.

Auf dem Markt für Fruchtzusätze mit einem Volumen von über 120 Mio. EUR sind etwa 20 Anbieter tätig. Davon haben die größten sieben Anbieter einen Marktanteil von mehr als 90 %. Der Marktzutritt ist durch relativ enge Zusammenarbeit zwischen Lieferanten und Verarbeitern bei der Produktentwicklung erschwert. Durch den Zusammenschluss erreichen die zwei Unternehmen einen Marktanteil von knapp Dreiviertel des Marktvolumens. Die Marktanteile der nächstfolgenden vier überregional anbietenden Unternehmen liegen zwischen 1 % und 10 %.

a) Welche Pflichten haben die beteiligten Unternehmen gegenüber dem Kartellamt?

b) Wie würden Sie als Kartellbehörde in diesem Falle entscheiden?

Gesetz gegen den unlauteren Wettbewerb (Auszug)
(Fassung 1. September 2000)

UWG § 1. [Generalklausel]

Wer im geschäftlichen Verkehre zu Zwecken des Wettbewerbs Handlungen vornimmt, die gegen die guten Sitten verstoßen, kann auf Unterlassung und Schadensersatz in Anspruch genommen werden.

§ 2. [Vergleichende Werbung]

(1) Vergleichende Werbung ist jede Werbung, die unmittelbar oder mittelbar einen Mitbewerber oder die von einem Mitbewerber angebotenen Waren oder Dienstleistungen erkennbar macht.

(2) Vergleichende Werbung verstößt gegen die guten Sitten im Sinne von § 1, wenn der Vergleich

1. sich nicht auf Waren oder Dienstleistungen für den gleichen Bedarf oder dieselbe Zweckbestimmung bezieht;
2. nicht objektiv auf eine oder mehrere wesentliche, relevante, nachprüfbare und typische Eigenschaften oder den Preis dieser Waren oder Dienstleistungen bezogen ist;
3. im geschäftlichen Verkehr zu Verwechslungen zwischen dem Werbenden und einem Mitbewerber oder zwischen den von diesen angebotenen Waren oder Dienstleistungen oder den von ihnen verwendeten Kennzeichen führt;
4. die Wertschätzung des von einem Mitbewerber verwendeten Kennzeichens in unlauterer Absicht ausnutzt oder beeinträchtigt;
5. die Waren, Dienstleistungen, Tätigkeiten oder persönlichen oder geschäftlichen Verhältnisse eines Mitbewerbers herabsetzt oder verunglimpft oder
6. eine Ware oder Dienstleistung als Imitation oder Nachahmung einer unter einem geschützten Kennzeichen vertriebenen Ware oder Dienstleistung darstellt.

UWG (3) Bezieht sich der Vergleich auf ein Angebot mit einem besonderen Preis oder anderen besonderen Bedingungen, so sind der Zeitpunkt des Endes des Angebots und, wenn dieses noch nicht gilt, der Zeitpunkt des Beginns des Angebots eindeutig anzugeben. Gilt das Angebot nur so lange, wie die Waren oder Dienstleistungen verfügbar sind, so ist darauf hinzuweisen.

§ 3. [Irreführende Angaben]

(1) Wer im geschäftlichen Verkehr zu Zwecken des Wettbewerbs über geschäftliche Verhältnisse, insbesondere über die Beschaffenheit, den Ursprung, die Herstellungsart oder die Preisbemessung einzelner Waren oder gewerblicher Leistungen oder des gesamten Angebots, über Preislisten, über die Art des Bezugs oder die Bezugsquelle von Waren, über den Besitz von Auszeichnungen, über den Anlass oder den Zweck des Verkaufs oder über die Menge der Vorräte irreführende Angaben macht, kann auf Unterlassung der Angaben in Anspruch genommen werden.

(2) Angaben über geschäftliche Verhältnisse im Sinne des Satzes 1 sind auch Angaben im Rahmen vergleichender Werbung.

§ 4. [Strafbare Werbung]

(1) Wer in der Absicht, den Anschein eines besonders günstigen Angebots hervorzurufen, in öffentlichen Bekanntmachungen oder in Mitteilungen, die für einen größeren Kreis von Personen bestimmt sind, über geschäftliche Verhältnisse, insbesondere über die Beschaffenheit, den Ursprung, die Herstellungsart oder die Preisbemessung von Waren oder gewerblichen Leistungen, über die Art des Bezugs oder die Bezugsquelle von Waren, über den Besitz von Auszeichnungen, über den Anlass oder den Zweck des Verkaufs oder über die Menge der Vorräte wissentlich unwahre und zur Irreführung geeignete Angaben macht, wird mit Freiheitsstrafe bis zu zwei Jahren oder mit Geldstrafe bestraft. Angaben über geschäftliche Verhältnisse im Sinne des Satzes 1 sind auch Angaben im Rahmen vergleichender Werbung.

(2) Werden die im Absatz 1 bezeichneten unrichtigen Angaben in einem geschäftlichen Betriebe von einem Angestellten oder Beauftragten gemacht, so ist der Inhaber oder Leiter des Betriebs neben dem Angestellten oder Beauftragten strafbar, wenn die Handlung mit seinem Wissen geschah.

§ 5. [Bildwerbung]

Im Sinne der Vorschriften der §§ 3, 4 sind den dort bezeichneten Angaben bildliche Darstellungen und sonstige Veranstaltungen gleichzuachten, die darauf berechnet und geeignet sind, solche Angaben zu ersetzen.

§ 6. [Verkauf aus Insolvenzmasse]

(1) Wird in öffentlichen Bekanntmachungen oder in Mitteilungen, die für einen größeren Kreis von Personen bestimmt sind, der Verkauf von Waren angekündigt, die aus einer Insolvenzmasse stammen, aber nicht mehr zum Bestande der Insolvenzmasse gehören, so ist dabei jede Bezugnahme auf die Herkunft der Waren aus einer Insolvenzmasse verboten.

(2) [1]Ordnungswidrig handelt, wer vorsätzlich oder fahrlässig entgegen Absatz 1 in der Ankündigung von Waren auf deren Herkunft aus einer Konkursmasse Bezug nimmt. [2]Die Ordnungswidrigkeit kann mit einer Geldbuße bis zu zehntausend Deutsche Mark geahndet werden.

§ 6 a. [Verkauf durch Hersteller oder Großhändler an letzte Verbraucher]

(1) Wer im geschäftlichen Verkehr mit dem letzten Verbraucher im Zusammenhang mit dem Verkauf von Waren auf seine Eigenschaft als Hersteller hinweist, kann auf Unterlassung in Anspruch genommen werden, es sei denn, dass er
1. ausschließlich an den letzten Verbraucher verkauft oder
2. an den letzten Verbraucher zu den seinen Wiederverkäufern oder gewerblichen Verbrauchern eingeräumten Preisen verkauft oder
3. unmissverständlich darauf hinweist, dass die Preise beim Verkauf an den letzten Verbraucher höher liegen als beim Verkauf an Wiederverkäufer oder gewerbliche Verbraucher, oder dies sonst für den letzten Verbraucher offenkundig ist.

(2) Wer im geschäftlichen Verkehr mit dem letzten Verbraucher im Zusammenhang mit dem Verkauf von Waren auf seine Eigenschaft als Großhändler hinweist, kann auf Unterlassung in Anspruch genommen werden, es sei denn, dass er überwiegend Wiederverkäufer oder gewerbliche Verbraucher beliefert und die Voraussetzungen des Absatzes 1 Nr. 2 oder Nr. 3 erfüllt.

§ 6 b. [Berechtigungsscheine für letzte Verbraucher]

Wer im geschäftlichen Verkehr zu Zwecken des Wettbewerbs an letzte Verbraucher Berechtigungsscheine, Ausweise oder sonstige Bescheinigungen zum Bezug von Waren ausgibt oder gegen Vorlage solcher Bescheinigungen Waren verkauft, kann auf Unterlassung in Anspruch genommen werden, es sei denn, dass die Bescheinigungen nur zu einem einmaligen Einkauf berechtigen und für jeden Einkauf einzeln ausgegeben werden.

§ 6 c. [Progressive Kundenwerbung; „Schneeballsystem"]

[1]Wer es im geschäftlichen Verkehr selbst oder durch andere unternimmt, Nichtkaufleute zur Abnahme von Waren, gewerblichen Leistungen oder Rechten durch das Versprechen zu veranlassen, sie würden entweder von dem Veranlasser selbst oder von einem Dritten besondere Vorteile erlangen, wenn sie andere zum Abschluss gleichartiger Geschäfte veranlassen, die ihrerseits nach der Art dieser Werbung derartige Vorteile für eine entsprechende Werbung weiterer Abnehmer erlangen sollen, wird mit Freiheitsstrafe bis zu zwei Jahren oder mit Geldstrafe bestraft. [2]Nichtkaufleuten im Sinne des Satzes 1 stehen Personen gleich, deren Gewerbebetrieb nach Art oder Umfang einen in kaufmännischer Weise eingerichteten Geschäftsbetrieb nicht erfordert.

§ 7. [Sonderveranstaltungen; Sonderangebote]

(1) Wer Verkaufsveranstaltungen im Einzelhandel, die außerhalb des regelmäßigen Geschäftsverkehrs stattfinden, der Beschleunigung des Warenabsatzes dienen und den Eindruck der Gewährung besonderer Kaufvorteile hervorrufen (Sonderveranstaltungen), ankündigt oder durchführt, kann auf Unterlassung in Anspruch genommen werden.

(2) Eine Sonderveranstaltung im Sinne des Absatzes 1 liegt nicht vor, wenn einzelne nach Güte oder Preis gekennzeichnete Waren angeboten werden und diese Angebote sich in den regelmäßigen Geschäftsbetrieb des Unternehmens einfügen (Sonderangebote).

(3) Absatz 1 ist nicht anzuwenden auf Sonderveranstaltungen für die Dauer von zwölf Werktagen

1. beginnend am letzten Montag im Januar und am letzten Montag im Juli, in denen Textilien, Bekleidungsgegenstände, Schuhwaren, Lederwaren oder Sportartikel zum Verkauf gestellt werden (Winter- und Sommerschlussverkäufe),

2. zur Feier des Bestehens eines Unternehmens im selben Geschäftszweig nach Ablauf von jeweils 25 Jahren (Jubiläumsverkäufe).

§§ 7 a – d. (aufgehoben)

§ 8. [Räumungsverkauf]

(1) [1]Ist die Räumung eines vorhandenen Warenvorrats

1. infolge eines Schadens, der durch Feuer, Wasser, Sturm oder ein vom Veranstalter nicht zu vertretendes vergleichbares Ereignis verursacht wurde oder

2. vor Durchführung eines nach den baurechtlichen Vorschriften anzeige- oder genehmigungspflichtigen Umbauvorhabens

den Umständen nach unvermeidlich (Räumungszwangslage), so können, soweit dies zur Behebung der Räumungszwangslage erforderlich ist, Räumungsverkäufe auch außerhalb der Zeiträume des § 7 Abs. 3 für die Dauer von höchstens zwölf Werktagen durchgeführt werden. [2]Bei der Ankündigung eines Räumungsverkaufs nach Satz 1 ist der Anlass für die Räumung des Warenvorrats anzugeben.

(2) [1]Räumungsverkäufe wegen Aufgabe des gesamten Geschäftsbetriebs können auch außerhalb der Zeiträume des § 7 Abs. 3 für die Dauer von höchstens 24 Werktagen durchgeführt werden, wenn der Veranstalter mindestens drei Jahre vor Beginn keinen Räumungsverkauf wegen Aufgabe eines Geschäftsbetriebs gleicher Art durchgeführt hat, es sei denn, dass besondere Umstände vorliegen, die einen Räumungsverkauf vor Ablauf dieser Frist rechtfertigen. [2]Absatz 1 Satz 2 ist entsprechend anzuwenden.

(3) [1]Räumungsverkäufe nach Absatz 1 Satz 1 Nr. 1 sind spätestens eine Woche, Räumungsverkäufe nach Absatz 1 Satz 1 Nr. 2 und nach Absatz 2 spätestens zwei Wochen vor ihrer erstmaligen Ankündigung bei der zuständigen amtlichen Berufsvertretung von Handel, Handwerk und Industrie anzuzeigen. [2]Die Anzeige muss enthalten:

UWG 1. den Grund des Räumungsverkaufs,

2. den Beginn und das Ende sowie den Ort des Räumungsverkaufs,

3. Art, Beschaffenheit und Menge der zu räumenden Waren,

4. im Falle eines Räumungsverkaufs nach Absatz 1 Nr. 2 die Bezeichnung der Verkaufsfläche, die von der Baumaßnahme betroffen ist,

5. im Falle eines Räumungsverkaufs nach Absatz 2 die Dauer der Führung des Geschäftsbetriebs.

Der Anzeige sind Belege für die den Grund des Räumungsverkaufs bildenden Tatsachen beizufügen, im Falle eines Räumungsverkaufs nach Absatz 1 Nr. 2 auch eine Bestätigung der Baubehörde über die Zulässigkeit des Bauvorhabens.

(4) ^{1}Zur Nachprüfung der Angaben sind die amtlichen Berufsvertretungen von Handel, Handwerk und Industrie sowie die von diesen bestellten Vertrauensmänner befugt. ^{2}Zu diesem Zweck können sie die Geschäftsräume des Veranstalters während der Geschäftszeiten betreten. ^{3}Die Einsicht in die Akten und die Anfertigung von Abschriften oder Ablichtungen ist jedem gestattet.

(5) Auf Unterlassung der Ankündigung oder Durchführung des gesamten Räumungsverkaufs kann in Anspruch genommen werden, wer

1. den Absätzen 1 bis 4 zuwiderhandelt,

2. nur für den Räumungsverkauf beschaffte Waren zum Verkauf stellt (Vor- und Nachschieben von Waren).

(6) Auf Unterlassung kann ferner in Anspruch genommen werden, wer

1. den Anlass für den Räumungsverkauf missbräuchlich herbeigeführt hat oder in anderer Weise von den Möglichkeiten eines Räumungsverkaufs missbräuchlich Gebrauch macht,

2. mittelbar oder unmittelbar den Geschäftsbetrieb, dessen Aufgabe angekündigt worden war, fortsetzt oder als Veranstalter des Räumungsverkaufs vor Ablauf von zwei Jahren am selben Ort oder in benachbarten Gemeinden einen Handel mit den davon betroffenen Warengattungen aufnimmt, es sei denn, dass besondere Umstände vorliegen, die die Fortsetzung oder Aufnahme rechtfertigen,

3. im Falle eines Räumungsverkaufs nach Absatz 1 Nr. 2 vor der vollständigen Beendigung der angezeigten Baumaßnahme auf der davon betroffenen Verkaufsfläche einen Handel fortsetzt.

44 Entscheiden Sie, in welchen Fällen ein Unternehmer gegen die Vorschriften des UWG verstößt! Geben Sie auch die Vorschrift an, auf die Sie sich bei Ihrer Entscheidung stützen, falls ein Verstoß vorliegt!

1. Der Inhaber eines Blumengeschäftes sieht, dass der ihm gegenüber liegende Lebensmittel-Einzelhändler einen sehr großen Umsatz mit Eiserzeugnissen macht.
    Er entschließt sich, ebenfalls Speiseeis in einer Kühltruhe anzubieten.

2. Wenige Häuser weiter betreibt Hans K. eine Tankstelle. Er bemerkt den guten Eisumsatz ebenfalls und verkauft ab sofort Speiseeis. Da er aber auch nach dem für das Blumengeschäft vorgeschriebenen Ladenschluss häufig von Tankkunden nach Blumen gefragt wird, nimmt er zusätzlich Frischblumen in sein Sortiment, die er während seiner Geschäftszeit verkauft.

3. Angesichts eines stark steigenden Preisniveaus wirbt ein Schmuckhändler mit dem Slogan: „Retten Sie sofort Ihr Geld – natürlich nur mit Schmuck von Goldmann."

4. Der Gemüsehändler Müller wirbt vor seinem Laden mit einem Plakat mit der Aufschrift: „Müller, der einzige Frischegarant am Ort!"

5. Die Textileinzelhändlerin Karin Ö. wirbt in einer Tageszeitung mit zwei verschiedenen Anzeigen:

    Anzeige A: Jeder Käufer kann für den Nachweis eines Neukunden, der Waren im Wert von mindestens 250,00 EUR erwirbt, einmalig je 2% des Kaufpreises der selbst bezogenen Ware abziehen.

Anzeige B: Die Preise für unsere Kinderbekleidung wurden durch günstigeren Einkauf gesenkt.

6. Die Müller KG stellt Herrenoberbekleidung her. Dieses Unternehmen schaltet folgende Werbeanzeige: „Müller kleidet besser als Boss!"

45 Die Geschäfte des Kaufhauses Lehmann gehen schlecht. Der Geschäftsinhaber entschließt sich, zur Absatzsteigerung eine **Goldene Woche** einzuführen. In dieser Woche sollen die Kunden, die Waren für mehr als 100,00 EUR erwerben, einen Preisnachlass von 5 % erhalten.

a) Wie beurteilen Sie diese Maßnahme nach dem UWG?

b) Kann der Geschäftsinhaber während des Schlussverkaufs auf diese Art den Umsatz steigern?

c) Wann dürfen Schlussverkäufe durchgeführt werden?

46 Karl Schneider betreibt ein Spielwarengeschäft, Ilse Weber eine Boutique für Kinderbekleidung. Als sich beide zufällig treffen, erzählt Herr Schneider Frau Weber, dass er vom 1. bis 21. März dieses Jahres einen Räumungsverkauf plane, da er die Geschäftsräume um die bisherigen Verwaltungsräume erweitern wolle. Dazu müssten zwei Wände beseitigt und durch Pfeiler ersetzt werden.

Frau Weber gefällt die Idee mit dem Räumungsverkauf. Spontan entschließt sie sich, ebenfalls einen Räumungsverkauf durchzuführen, weil sie in vier Wochen vor hat, den Teppichboden im hinteren Teil ihrer Boutique neu zu verlegen. Der Räumungsverkauf könnte dann eine Woche vorher stattfinden.

a) Beurteilen Sie die beiden Pläne für den Räumungsverkauf!

b) Entwerfen Sie eine Anzeige gemäß § 8 Abs. 3 UWG an die zuständige Stelle!

c) Der Räumungsverkauf im Spielwarengeschäft Schneider wurde zu einem vollen Erfolg. Daher entschließt sich der Unternehmer, in Zukunft jährlich einen solchen durchzuführen. Ein Grund lasse sich schon finden.

Beurteilen Sie dieses Vorhaben!

LZ: Notwendigkeit besonderer Maßnahmen zum Schutz des Verbrauchers verstehen

---

Fernabsatzverträge

46a Am 3. Februar kaufen Sie im Internet von der E-Cheap AG einen Kühlschrank zum Preis von 299,00 EUR.

1. Klären Sie, welche Informationspflichten der Unternehmer gegenüber dem Verbraucher vor dem Abschluss des Kaufvertrages zu erfüllen hat!

2. Der Kühlschrank wird am 10. 02. geliefert. Er gefällt Ihnen nicht. Am 17. 02. entschließen Sie sich, den Kühlschrank an die E-Cheap AG zurückzugeben.

a) Kann der Kühlschrank zu diesem Zeitpunkt noch zurückgegeben werden?

b) Welche Formvorschriften müssen Sie gegebenenfalls beachten?

c) Wer hätte gegebenenfalls die Kosten und Gefahr für die Rücksendung zu tragen?

d) Der Kühlschrank ist für den Paketversand zu groß. Was können Sie unternehmen, um den Kühlschrank wieder an den Verkäufer zurückzugeben?

Das **Fernabsatzgesetz** dient dem Verbraucherschutz bei Vertragsabschlüssen im Fernabsatz.

● **Fernabsatz-verträge**	Das sind **Verträge** über die Lieferung von Waren **oder** über die Erbringung von Dienstleistungen, die **zwischen** einem **Unternehmer und** einem **Verbraucher** unter **ausschließlicher** Verwendung von **Fernkommunikationsmitteln** abgeschlossen werden. Der **Vertragsschluss** muss im Rahmen eines für den **Fernabsatz organisierten Vertriebs- und Dienstleistungssystems** erfolgen (vgl. § 1 Fernabsatzgesetz).
● **Fern-kommunikations-mittel**	sind **Kommunikationsmittel**, die zur Anbahnung oder zum Abschluss eines Vertrags zwischen einem Verbraucher und einem Unternehmer **ohne gleichzeitige körperliche Anwesenheit** der **Vertragsparteien** eingesetzt werden können. Das sind **insbesondere** Briefe, Kataloge, Telefonanrufe, Telekopien, E-Mails sowie Rundfunk-, Tele- und Mediendienste.
● **Ausnahmen**	Der Verbraucherschutz nach dem Fernabsatzgesetz findet **keine Anwendung** auf Verträge, bei denen der Verbraucherschutz durch andere Rechtsvorschriften geregelt ist. Dazu zählen unter anderem **Verträge** – über **Fernunterricht**, – über **Finanzgeschäfte**, insbesondere Bankgeschäfte, Finanz- und Wertpapierdienstleistungen und Versicherungen sowie deren Vermittlung, – über die **Veräußerung von Grundstücken** und grundstücksgleichen Rechten, – über die **Lieferung von Lebensmitteln, Getränken oder sonstigen Haushaltsgegenständen** des täglichen Bedarfs zum Verbraucher im Rahmen häufiger und regelmäßiger Fahrten, – die unter Verwendung von **Warenautomaten oder automatisierten Geschäftsräumen** geschlossen werden.
Pflichten des Unternehmers	
● **Unterrichtung des Verbrauchers**	Beim **Einsatz** von Fernkommunikationsmitteln zur Anbahnung oder zum Abschluss von Fernabsatzverträgen müssen für den Verbraucher der **geschäftliche Zweck** und die **Identität des Unternehmers** eindeutig erkennbar sein. Bei **Telefongesprächen** müssen diese Gesichtspunkte **zu Beginn** des Gesprächs **ausdrücklich** offengelegt werden. Rechtzeitig **vor Abschluss eines Fernabsatzvertrags** muss der Verbraucher vom Unternehmer klar und verständlich in einer dem eingesetzten Fernkommunikationsmittel entsprechenden Weise informiert werden über: 1. seine **Identität und Anschrift**, 2. wesentliche **Merkmale** der Ware oder Dienstleistung sowie darüber, wann der Vertrag zustande kommt, 3. die **Mindestlaufzeit** des Vertrags, wenn dieser eine dauernde oder regelmäßige Leistung zum Inhalt hat, 4. einen Vorbehalt, eine in Qualität und Preis gleichwertige Leistung zu erbringen, und einen Vorbehalt, die versprochene Leistung im Falle der Nichtverfügbarkeit nicht zu erbringen,

	5. den **Preis** der Ware oder Dienstleistung einschließlich aller Steuern und sonstiger Preisbestandteile,
	6. gegebenenfalls zusätzlich anfallende **Liefer- und Versandkosten,**
	7. Einzelheiten hinsichtlich der **Zahlung und der Lieferung oder Erfüllung,**
	8. das Bestehen eines **Widerrufs- oder Rückgaberechts,**
	9. **Kosten,** die dem Verbraucher durch die Nutzung der Fernkommunikationsmittel entstehen, sofern sie über die üblichen Grundtarife, mit denen der Verbraucher rechnen muss, hinausgehen,
	10. die **Gültigkeitsdauer** befristeter Angebote, insbesondere hinsichtlich des Preises.
● **Informations-pflichten**	Der Unternehmer hat diese Informationen dem Verbraucher **alsbald, spätestens bis zur vollständigen Erfüllung des Vertrages,** bei **Waren** spätestens bei **Lieferung** an den Verbraucher, auf einem dauerhaften Datenträger zur Verfügung zu stellen. Auf folgende Informationen muss der Unternehmer in einer **hervorgehobenen und deutlich gestalteten Form** aufmerksam machen:
	1. **Bedingungen,** Einzelheiten der Ausübung und Rechtsfolgen des Widerrufs- oder Rückgaberechts,
	2. **Anschrift** der Niederlassung des Unternehmers, bei der Beanstandungen vorgebracht werden können sowie eine **ladungsfähige** Anschrift des Unternehmers,
	3. **Kundendienst** und geltende **Gewährleistungs- und Garantiebedingungen,**
	4. **Kündigungsbedingungen** bei Verträgen, die ein Dauerschuldverhältnis, zum Beispiel ein Zeitschriftenabonnement, betreffen und für länger als ein Jahr oder für unbestimmte Zeit geschlossen werden.

Rechte des Verbrauchers

● **Widerrufsrecht**	Dem Verbraucher steht ein Widerrufsrecht nach § 361 BGB zu. Die **Widerrufsfrist** beginnt
	– **nicht vor Erfüllung der** oben aufgeführten **Informationspflichten,**
	– bei der **Lieferung von Waren** nicht vor dem Tag des Eingangs beim Empfänger,
	– bei der **wiederkehrenden Lieferung gleichartiger Waren** nicht vor dem Tag des Eingangs der ersten Teillieferung und
	– bei **Dienstleistungen** nicht vor dem Tag des Vertragsabschlusses.
	Die **Widerrufsbelehrung** muss vom Verbraucher **nicht unterschrieben** werden und kann auch auf einem **dauerhaften Datenträger** zur Verfügung gestellt werden.
	Das **Widerrufsrecht erlischt**
	– bei **Lieferung von Waren** spätestens vier Monate nach ihrem Eingang beim Empfänger und
	– bei **Dienstleistungen** spätestens drei Monate nach Vertrags-

	schluss **oder** wenn der Unternehmer mit der Ausführung der Dienstleistung mit Zustimmung des Verbrauchers vor Ende der Widerrufsfrist begonnen hat **oder** der Verbrauch diese selbst veranlasst hat.
	Kein Widerrufsrecht hat der Verbraucher bei Fernabsatzverträgen
	– zur Lieferungen von **Waren, die speziell** für den Kunden angefertigt wurden bzw. eindeutig auf seine **persönlichen Bedürfnisse** zugeschnitten sind oder die wegen ihrer Beschaffenheit **nicht** für die **Rücksendung geeignet** sind oder deren **Verfalldatum überschritten** wurde,
	– zur Lieferung von Audio- oder Videoaufzeichnungen oder von Software, sofern die gelieferten Datenträger vom Verbraucher **entsiegelt** worden sind,
	– zur Lieferung von Zeitungen, Zeitschriften und Illustrierten **oder**
	– zur Erbringung von Wett- und Lotterie-Dienstleistungen **oder**
	– die in der Form von Versteigerungen (156 BGB) geschlossen werden.
	Anstelle des Widerrufsrechts kann ein **Rückgaberecht** eingeräumt werden.
● **Finanzierte Verträge**	Wenn der Verbraucher Waren oder Dienstleistungen auf ganz oder teilweise auf **Kredit** kauft, so ist er an den Kreditvertrag nicht gebunden, wenn er von seinem Widerrufs- oder Rückgaberecht Gebrauch gemacht hat.
	Zinsen und Kosten dürfen vom Verbraucher in diesem Falle nicht verlangt werden.
Unabdingbarkeit, Umgehungsverbot	– **Vereinbarungen,** durch die die Vorschriften des Fernabsatzgesetzes eingeschränkt werden sollen, sind **nichtig.**
	– Die **Vorschriften** des Gesetzes **gelten** auch, wenn sie durch anderweitige Gestaltungen umgangen werden.

46b Entscheiden Sie, in welchen Fällen das Fernabsatzgesetz Anwendung findet:

1. Unternehmen kaufen Waren von anderen Unternehmen im Internet (B2B; business to business).
2. Ein Verbraucher schließt im Internet mit einer Versicherungsgesellschaft einen Kfz-Versicherungsvertrag für seinen neuen Pkw ab.
3. Klara Müller ruft bei ihrem Bäcker an und bestellt zur Lieferung frei Haus täglich 10 Brötchen. Da Frau Müller in der Nachbarschaft wohnt, ist der Bäcker ausnahmsweise dazu bereit.
4. Sie bestellen telefonisch bei einem Pizza-Service drei Pizzen zur Lieferung frei Haus.
5. Sie bestellen durch FAX beim Versandhaus Schön GmbH einen Bademantel nach den Katalogbedingungen.
6. Sie bestellen im Anschluss an eine Fernsehwerbung das dort angebotene Fahrrad durch Anruf bei der in der Sendung angegebenen Rufnummer.

46c Sie haben am 15. März d. J. bei der Audio-Versand GmbH nach deren Katalog ein Video zum Preis von 18,00 EUR bestellt. Die Lieferung erfolgt nach vier Werktagen. Nachdem Sie das Video am Empfangstag abgespielt haben, um dessen Qualität zu prüfen, entschließen Sie sich, dieses wieder unter Berufung auf das Fernabsatzgesetz wieder zurückzugeben. Am nächsten Tag senden Sie das Video per Post unfrei an den Versender zurück.

Nach einer Woche erhalten Sie von der Audio-Versand GmbH einen Brief mit der Aufforderung, den Kaufpreis von 18,00 EUR und die bisher entstandenen Versandkosten in Höhe von 14,00 EUR innerhalb von sieben Tagen zu überweisen, da ihre Rücksendung der Ware nicht berechtigt gewesen sei.

Müssen Sie das Video abnehmen und die entstandenen Kosten zahlen?

Verbraucherberatung

47 In der Tageszeitung lesen Sie die Überschrift:

VERBRAUCHERBERATUNG INFORMIERT ÜBER ENERGIEEINSPARMÖGLICHKEITEN

a) Stellen Sie fest, wo sich in Ihrer Nähe eine Verbraucherberatung befindet!

b) Vereinbaren Sie einen Besuch bei der Verbraucherberatung, und lassen Sie sich über deren Arbeit informieren!

c) Wann wäre es in jedem Falle zweckmäßig, die Verbraucherberatung vor einer Entscheidung über Ausgaben im privaten Haushalt um Rat zu bitten?

Widerruf von Haustürgeschäften

Auszug: Gesetz über den Widerruf von Haustürgeschäften und ähnlichen Geschäften i.d.F. vom 29. Juni 2000

1. Widerrufsrecht.

(1) Einem Verbraucher steht ein Widerrufsrecht nach §361a des Bürgerlichen Gesetzbuchs bei Verträge mit einem Unternehmer zu, die eine entgeltliche Leistung zum Gegenstand haben und zu denen er

1. durch mündliche Verhandlungen an seinem Arbeitsplatz oder im Bereich einer Privatwohnung,

2. anlässlich einer von der anderen Vertragspartei oder von einem Dritten zumindest auch in ihrem Interesse durchgeführten Freizeitveranstaltung oder

3. im Anschluss an ein überraschendes Ansprechen in Verkehrsmitteln oder im Bereich öffentlich zugänglicher Verkehrsflächen,

bestimmt worden ist. **Dem Verbraucher kann anstelle des Widerrufsrechts ein Rückgaberecht nach §361b des Bürgerlichen Gesetzbuchs eingeräumt werden, wenn zwischen dem Verbraucher und dem Unternehmer im Zusammenhang mit diesem oder einem späteren Geschäft auch eine ständige Verbindung aufrechterhalten werden soll.**

(2) Das Widerrufsrecht oder Rückgaberecht besteht nicht, wenn

1. im Fall von Absatz 1 Nr. 1 die mündlichen Verhandlungen, auf denen der Abschluss des Vertrags beruht, auf vorhergehende Bestellung des Verbrauchers geführt worden sind oder

2. die Leistung bei Abschluss der Verhandlungen sofort erbracht und bezahlt wird und das Entgelt 40 Euro nicht übersteigt oder

3. die Willenserklärung von einem Notar beurkundet worden ist.

§ 2   Ende der Widerrufsfrist

Unterbleibt die Belehrung nach §361a Abs. 1 des Bürgerlichen Gesetzbuchs, so erlischt das Widerrufsrecht des Verbrauchers erst einen Monat nach beiderseits vollständiger Erbringung der Leistung.

§ 6.   Anwendungsbereich.

Die Vorschriften dieses Gesetzes finden keine Anwendung beim Abschluss von Versicherungsverträgen.

27 Schuster – ISBN 3-8120-0060-1

48 Karin besucht ihre Tante Klara. Diese zeigt ihr eine Wolldecke, die sie anlässlich einer vor vier Tagen stattgefundenen so genannte Kaffeefahrt für 85,00 EUR erworben hat.

Karin erkennt, dass es sich um Ware von sehr schlechter Qualität handelt und der Kaufpreis weit überhöht war. Nachdem sie das der Tante erzählt hat, will diese die Decke wieder zurück-geben.

a) Ist das grundsätzlich möglich?

b) Innerhalb welcher Frist und in welcher Form könnte Tante Klara noch rechtswirksam handeln, falls der Tante eine einwandfreie schriftliche Belehrung erteilt wurde?

c) Welche Widerrufsfrist besteht, wenn keine Belehrung erfolgt wäre?

d) Wer muss den Beweis erbringen, dass eine Belehrung erfolgte?

e) Welche Rechtsfolgen hat der rechtzeitige Widerspruch von Tante Klara?

f) Muss Tante Klara die Ware zurücksenden oder kann sie darauf warten, bis sie der Verkäu-fer bei ihr abholt? Wer hat die Kosten und die Gefahr zu tragen?

Preisangabenverordnung

Auszug: Preisangabenverordnung (PAngV) (Stand 2000)

PAngV **§ 1 Grundvorschriften.**

(1) Wer Letztverbrauchern gewerbs- oder geschäftsmäßig oder regelmäßig in sonstiger Weise Waren oder Leistungen anbietet oder als Anbieter von Waren oder Leistungen gegen-über Letztverbrauchern unter Angabe von Preisen wirbt, hat die Preise anzugeben, die ein-schließlich der Umsatzsteuer und sonstiger Preisbestandteile unabhängig von einer Rabatt-gewährung zu zahlen sind (Endpreise). Soweit es der allgemeinen Verkehrsauffassung entspricht, sind auch die Verkaufs- und Leistungseinheit und die Gütebezeichnung anzu-geben, auf die sich die Preise beziehen. Auf die Bereitschaft, über den angegebenen Preis zu verhandeln, kann hingewiesen werden, soweit es der allgemeinen Verkehrsauffassung ent-spricht und Rechtsvorschriften nicht entgegenstehen.

(2) Bei Leistungen können, soweit es üblich ist, abweichend von Absatz 1 Satz 1 Stunden-sätze, Kilometersätze und andere Verrechnungssätze angegeben werden, die alle Leistungs-elemente einschließlich der anteiligen Umsatzsteuer enthalten. Die Materialkosten können in die Verrechnungssätze einbezogen werden.

(3) Wird außer dem Entgelt für eine Ware oder Leistung eine rückerstattbare Sicherheit ge-fordert, so ist deren Höhe neben dem Preis für die Ware oder Leistung anzugeben und kein Gesamtbetrag zu bilden.

(4) Bestehen für Waren oder Leistungen Liefer- oder Leistungsfristen von mehr als vier Mona-ten, so können abweichend von Absatz 1 Satz 1 für diese Fälle Preise mit einem Änderungs-vorbehalt angegeben werden; dabei sind auch die voraussichtlichen Liefer- und Leistungs-fristen anzugeben. Die Angabe von Preisen mit einem Änderungsvorbehalt ist auch zulässig bei Waren oder Leistungen, die im Rahmen von Dauerschuldverhältnissen erbracht werden.

(5) Die Angaben nach dieser Verordnung müssen der allgemeinen Verkehrsauffassung und den Grundsätzen von Preisklarheit und Preiswahrheit entsprechen. Wer zu Angaben nach dieser Verordnung verpflichtet ist, hat diese dem Angebot oder der Werbung eindeutig zuge-ordnet, leicht erkennbar und deutlich lesbar oder sonst gut wahrnehmbar sein. Bei der Auf-gliederung von Preisen sind die Endpreise hervorzuheben.

§ 2 Grundpreis.

(1) Wer Letztverbrauchern gewerbs- oder geschäftsmäßig oder regelmäßig in sonstiger Weise Waren in Fertigpackungen, offenen Packungen oder als Verkaufseinheiten ohne Umhüllung nach Gewicht, Volumen, Länge oder Fläche anbietet, hat neben dem Endpreis auch den Preis je Mengeneinheit einschließlich der Umsatzsteuer und sonstiger Preisbe-standteile unabhängig von einer Rabattgewährung (Grundpreis) in unmittelbarer Nähe des Endpreises ...anzubieten.

(2) ...

PAngV (3) Die Mengeneinheit für den Grundpreis ist jeweils 1 Kilogramm, 1 Liter, 1 Kubikmeter, 1 Meter oder 1 Quadratmeter der Ware. Bei Waren, deren Nenngewicht oder Nennvolumen üblicherweise 250 Gramm oder Milliliter nicht übersteigt, dürfen als Mengeneinheiten für den Grundpreis 100 Gramm oder Milliliter verwendet werden. . . .

§ 3 Elektrizität, Gas, Fernwärme und Wasser

. . .

§ 4 Handel.

(1) Waren, die in Schaufenstern, Schaukästen, innerhalb oder außerhalb des Verkaufsraumes auf Verkaufsständen oder in sonstiger Weise sichtbar ausgestellt werden, und Waren, die vom Verbraucher unmittelbar entnommen werden können, sind durch Preisschilder oder Beschriftung der Ware auszuzeichnen.

(2) Waren, die nicht unter den Voraussetzungen des Absatzes 1 im Verkaufsraum zum Verkauf bereitgehalten werden, sind entweder nach Absatz 1 auszuzeichnen oder dadurch, dass die Behältnisse oder Regale, in denen sich die Waren befinden, beschriftet werden oder dass Preisverzeichnisse angebracht oder zur Einsichtnahme aufgelegt werden.

(3) Waren, die nach Musterbüchern angeboten werden, sind dadurch auszuzeichnen, dass die Preise für die Verkaufseinheit auf den Mustern oder damit verbundenen Preisschildern oder Preisverzeichnissen angegeben werden.

(4) Waren, die nach Katalogen oder Warenlisten, insbesondere im Versandhandel, angeboten werden, sind dadurch auszuzeichnen, dass die Preise neben den Warenabbildungen oder Warenbeschreibungen, in Anmerkungen oder in mit den Katalogen oder Warenlisten im Zusammenhang stehenden Preisverzeichnissen angegeben werden.

(5) Auf Angebote von Waren, deren Preise üblicherweise auf Grund von Tarifen oder Gebührenregelungen bemessen werden, ist § 5 Abs. 1 und 2 entsprechend anzuwenden.

§ 5 Leistungen.

(1) Wer Leistungen anbietet, hat ein Preisverzeichnis mit den Preisen für seine wesentlichen Leistungen oder in den Fällen des § 1 Abs. 2 mit seinen Verrechnungssätzen aufzustellen. Dieses ist im Geschäftslokal oder am sonstigen Ort des Leistungsangebots und, sofern vorhanden, zusätzlich im Schaufenster oder Schaukasten anzubringen. Ort des Leistungsangebots ist auch die Bildschirmanzeige. Wird eine Leistung über Bildschirmanzeige erbracht und nach Einheiten berechnet, ist eine gesonderte Anzeige über den Preis der fortlaufenden Nutzung unentgeltlich anzubieten.

(2) Werden entsprechend der allgemeinen Verkehrsauffassung die Preise und Verrechnungssätze für sämtliche angebotenen Leistungen in Preisverzeichnisse aufgenommen, so sind diese zur Einsichtnahme am Ort des Leistungsangebots bereitzuhalten, wenn das Anbringen der Preisverzeichnisse wegen ihres Umfangs nicht zumutbar ist.

(3) Werden die Leistungen in Fachabteilungen von Handelsbetrieben angeboten, so genügt das Anbringen der Preisverzeichnisse in den Fachabteilungen.

§ 6 Kredite.

(1) Bei Krediten ist als Preis die Gesamtbelastung pro Jahr in einem Vomhundertsatz des Kredits anzugeben und als „effektiver Jahreszins" oder, wenn eine Änderung des Zinssatzes oder anderer preisbestimmender Faktoren vorbehalten ist (§ 1 Abs. 4), als „anfänglicher effektiver Jahreszins" zu bezeichnen. Zusammen mit dem anfänglichen effektiven Jahreszins ist auch anzugeben, wann preisbestimmende Faktoren geändert werden können und auf welchen Zeitraum Belastungen, die sich aus einer nicht vollständigen Auszahlung des Kreditbetrages oder aus einem Zuschlag zum Kreditbetrag ergeben, zum Zwecke der Preisangabe verrechnet worden sind.

(2) Der anzugebende Vomhundertsatz gemäß Absatz 1 ist mit der im Anhang angegebenen Formel und nach den im Anhang zugrunde gelegten Vorgehensweise zu berechnen. Er beziffert den Zinssatz, mit dem sich der Kredit bei regelmäßigem Kreditverlauf, ausgehend von den tatsächlichen Zahlungen des Kreditgebers und des Kreditnehmers, auf der Grundlage taggenauer Verrechnung aller Leistungen abrechnen lässt. Es gilt die exponentielle Verzinsung

PAngV auch im unterjährigen Bereich. Bei der Berechnung des anfänglichen Jahreszinses sind die zum Zeitpunkt des Angebots oder der Werbung geltenden preisbestimmenden Faktoren zugrunde zu legen. Der anzugebende Vomhundertsatz ist mit der im Kreditgewerbe üblichen Genauigkeit zu berechnen.

(3) In die Berechnung des anzugebenden Vomhundertsatzes sind die Gesamtkosten des Kredits für den Kreditnehmer einschließlich etwaiger Vermittlungskosten mit Ausnahme folgender Kosten einzubeziehen:

1. Kosten, die vom Kreditnehmer bei Nichterfüllung seiner Verpflichtungen aus dem Kreditvertrag zu tragen sind;

2. Kosten mit Ausnahme des Kaufpreises, die vom Kreditnehmer beim Erwerb von Waren oder Dienstleistungen unabhängig davon zu tragen sind, ob es sich um ein Bar- oder Kreditgeschäft handelt;

3. Überweisungskosten sowie die Kosten für die Führung eines Kontos, das für die Tilgungszahlung im Rahmen der Rückzahlung des Kredits sowie für die Zahlung von Zinsen und sonstigen Kosten dienen soll, es sei denn, der Kreditnehmer hat hierbei keine angemessene Wahlfreiheit und diese Kosten sind ungewöhnlich hoch; diese Bestimmung gilt jedoch nicht für die Inkassokosten dieser Rückzahlungen oder Zahlungen, unabhängig davon, ob sie in bar oder auf eine andere Weise erhoben werden;

4. Mitgliedsbeiträge für Vereine oder Gruppen, die sich aus anderen Vereinbarungen aus dem Kreditvertrag ergeben, obwohl sie sich auf die Kreditbedingungen auswirken;

5. Kosten für Versicherungen oder Sicherheiten; es werden jedoch die Kosten einer Versicherung einbezogen, die Rückzahlung an den Darlehensgeber bei Tod, Invalidität, Krankheit oder Arbeitslosigkeit des Kreditnehmers zum Ziel haben, über einen Betrag, der höchstens dem Gesamtbetrag des Kredits, einschließlich der Zinsen und sonstigen Kosten, entspricht, und die der Darlehensgeber zwingend als Bedingung für die Gewährung des Kredits vorschreibt.

(4) Ist eine Änderung des Zinssatzes oder sonstiger in die Berechnung des anzugebenden Vomhundertsatzes einzubeziehender Kosten vorbehalten und ist ihre zahlenmäßige Bestimmung im Zeitpunkt der Berechnung des anzugebenden Vomhundertsatzes nicht möglich, so wird bei der Berechnung von der Annahme ausgegangen, dass der Zinssatz und die sonstigen Kosten gemessen an der ursprünglichen Höhe fest bleiben und bis zum Ende des Kreditvertrages gelten.

(5) Erforderlichenfalls ist bei der Berechnung des anzugebenden Vomhundertsatzes von folgenden Annahmen auszugehen:

1. Ist keine Darlehensobergrenze vorgesehen, entspricht der Betrag des gewährten Kredits 4 000 Deutsche Mark;[1]

2. ist kein Zeitplan für die Tilgung festgelegt worden und ergibt sich ein solcher nicht aus den Vertragsbestimmungen oder aus den Zahlungsmodalitäten, so beträgt die Kreditlaufzeit ein Jahr;

3. vorbehaltlich einer gegenteiligen Bestimmung gilt, wenn mehrere Termine für die Aus- oder Rückzahlung vorgesehen sind, sowohl die Auszahlung als auch die Rückzahlung des Darlehens als zu dem Zeitpunkt erfolgt, der als frühestmöglicher Termin vorgesehen ist.

(6) Bei einer vertraglich möglichen Neufestsetzung der Konditionen eines Kredits ist der effektive oder anfängliche Jahreszins anzugeben.

(7) Wird die Gewährung des Kredits allgemein von einer Mitgliedschaft oder vom Abschluss einer Versicherung abhängig gemacht, so ist dies anzugeben.

(8) Bei Bauspardarlehen ist bei der Berechnung des anzugebenden Vomhundertsatzes davon auszugehen, dass im Zeitpunkt der Kreditauszahlung das vertragliche Mindestsparguthaben angespart ist. Von der Abschlussgebühr ist im Zweifel lediglich der Teil zu berücksichtigen, der auf den Darlehensanteil der Bausparvertragssumme entfällt. Bei Krediten, die der Vor- oder Zwischenfinanzierung von Leistungen einer Bausparkasse aus Bausparverträgen dienen und deren preisbestimmende Faktoren bis zur Zuteilung unveränderbar sind,

---

1 Ab 1. Juni 2002 2 000 Euro.

PAngV ist als Laufzeit von den Zuteilungsfristen auszugehen, die sich aus der Zielbewertungszahl für Bausparverträge gleicher Art ergeben.

(9) Bei Krediten, die auf einem laufenden Konto zur Verfügung gestellt werden, sind abweichend von Absatz 1 der Zinssatz pro Jahr und die Zinsbelastungsperiode anzugeben, wenn diese nicht kürzer als drei Monate ist und keine weiteren Kreditkosten anfallen.

§ 7 Gaststätten, Beherbergungsgewerbe.

(1) In Gaststätten und ähnlichen Betrieben, in denen Speisen und Getränke angeboten werden, sind die Preise in Preisverzeichnissen anzugeben. Die Preisverzeichnisse sind entweder auf Tischen aufzulegen oder jedem Gast vor Entgegennahme von Bestellungen und auf Verlangen bei Abrechnung vorzulegen oder gut lesbar anzubringen. Werden Speisen und Getränke gemäß § 4 Abs. 1 angeboten, so muss die Preisangabe dieser Vorschrift entsprechen.

(2) Neben dem Eingang der Gaststätte ist ein Preisverzeichnis anzubringen, aus dem die Preise für die wesentlichen angebotenen Speisen und Getränke ersichtlich sind. . . .

(3) . . .

(4) Kann in Gaststättenbetrieben eine Fernsprechanlage benutzt werden, so ist der bei Benutzung geforderte Preis für eine Gebühreneinheit in der Nähe des Fernsprechers, bei der Vermietung von Zimmern auch im Zimmerpreisverzeichnis anzugeben.

(5) Die in den Preisverzeichnissen aufgeführten Preise müssen das Bedienungsgeld und sonstige Zuschläge einschließen.

§ 8 Tankstellen, Parkplätze.

(1) Inhaber von Tankstellen haben ihre Kraftstoffpreise so auszuzeichnen, dass sie

1. für den auf der Straße heranfahrenden Kraftfahrer,

2. auf Bundesautobahnen für den in den Tankstellenbereich eingefahrenen Kraftfahrer

deutlich lesbar sind. Dies gilt nicht für Kraftstoffmischungen, die erst in der Tankstelle hergestellt werden.

(2) Wer für weniger als einen Monat Garagen, Einstellplätze oder Parkplätze vermietet oder bewacht oder Kraftfahrzeuge verwahrt, hat am Anfang der Zufahrt ein Preisverzeichnis anzubringen, aus dem die von ihm geforderten Preise ersichtlich sind.

§ 9 Ausnahmen.

(1) Die Vorschriften dieser Verordnung sind nicht anzuwenden

1. auf Angebote oder Werbung gegenüber Letztverbrauchern, die die Ware oder Leistung in ihrer selbstständigen beruflichen oder gewerblichen oder in ihrer behördlichen oder dienstlichen Tätigkeit verwenden; für Handelsbetriebe gilt dies nur, wenn sie sicherstellen, dass als Letztverbraucher ausschließlich die in Halbsatz 1 genannten Personen Zutritt haben, und wenn sie durch geeignete Maßnahmen dafür Sorge tragen, dass diese Personen nur die in ihrer jeweiligen Tätigkeit verwendbaren Waren kaufen;

2. auf Leistungen von Gebietskörperschaften des öffentlichen Rechts, soweit es sich nicht um Leistungen handelt, für die Benutzungsgebühren oder privatrechtliche Entgelte zu entrichten sind;

3. auf Waren und Leistungen, soweit für sie auf Grund von Rechtsvorschriften eine Werbung untersagt ist;

4. auf mündliche Angebote, die ohne Angabe von Preisen abgegeben werden;

5. auf Warenangebote bei Versteigerungen.

(2) . . .

49 Lisa Schlank eröffnet eine Gaststätte. Sie bietet ihren Gästen ausschließlich Frischsäfte und frische Salate aus garantiert ökologischem Anbau an. Da Frau Schlank die für die Zubereitung der Getränke und Salate erforderlichen Waren täglich frisch auf dem Großmarkt sowie bei ausgewählten Landwirten einkauft, sind die Einkaufspreise sehr großen Preisschwankungen unterworfen. Aus diesem Grunde entschließt sie sich, auf der Getränke- und Speisekarte lediglich den folgenden Hinweis aufzudrucken:

„Die Preise orientieren sich am Einstandspreis der verarbeiteten Waren. Sie können jeweils von dem Bedienungspersonal erfragt werden."

Beurteilen Sie dieses Vorgehen unter Beachtung der Preisangabenverordnung!

50 Ein Gemüsehändler bietet auf dem Wochenmarkt Birnen an. Auf seiner Ware liegt nebenstehendes Schild.

a) Hat der Gemüsehändler seine Ware richtig ausgezeichnet?

b) Warum verlangt der Gesetzgeber diese Preisauszeichnung?

Herkunftsland	Warenart
Bundesrepublik Deutschland	*Birnen*

Sorte	Handelsklasse	Preis: EUR
Die gute Luise	*I*	*3,95*

Gramm
1 kg
Stück
Bund

51 Hans, 18 Jahre, braucht Geld zum Kauf eines Motorrades. Er will bei verschiedenen Kreditinstituten Informationen über die Kosten von Ratenkrediten einholen.

Welche Informationen sollte er von den Kreditinstituten einholen, um den bestmöglichen Vergleich durchführen zu können?

Gesetz über die Haftung für fehlerhafte Produkte (Produkthaftungsgesetz) (Auszug)
Vom 15. Dezember 1989 (Stand 2000)

ProdHaftG § 1. Haftung.

(1) Wird durch den Fehler eines Produkts jemand getötet, sein Körper oder seine Gesundheit verletzt oder eine Sache beschädigt, so ist der Hersteller des Produkts verpflichtet, dem Geschädigten den daraus entstehenden Schaden zu ersetzen. Im Falle der Sachbeschädigung gilt dies nur, wenn eine andere Sache als das fehlerhafte Produkt beschädigt wird und diese andere Sache ihrer Art nach gewöhnlich für den privaten Ge- oder Verbrauch bestimmt und hierzu von dem Geschädigten hauptsächlich verwendet worden ist.

(2) Die Ersatzpflicht des Herstellers ist ausgeschlossen, wenn

1. er das Produkt nicht in den Verkehr gebracht hat,
2. nach den Umständen davon auszugehen ist, dass das Produkt den Fehler, der den Schaden verursacht hat, noch nicht hatte, als der Hersteller es in den Verkehr brachte,
3. er das Produkt weder für den Verkauf oder eine andere Form des Vertriebs mit wirtschaftlichem Zweck hergestellt noch im Rahmen seiner beruflichen Tätigkeit hergestellt oder vertrieben hat,
4. der Fehler darauf beruht, dass das Produkt in dem Zeitpunkt, in dem der Hersteller es in den Verkehr brachte, dazu zwingenden Rechtsvorschriften entsprochen hat, oder
5. der Fehler nach dem Stand der Wissenschaft und Technik in dem Zeitpunkt, in dem der Hersteller das Produkt in den Verkehr brachte, nicht erkannt werden konnte.

(3) Die Ersatzpflicht des Herstellers eines Teilprodukts ist ferner ausgeschlossen, wenn der Fehler durch die Konstruktion des Produkts, in welches das Teilprodukt eingearbeitet wurde, oder durch die Anleitungen des Herstellers des Produkts verursacht worden ist. Satz 1 ist auf den Hersteller eines Grundstoffs entsprechend anzuwenden.

(4) Für den Fehler, den Schaden und den ursächlichen Zusammenhang zwischen Fehler und Schaden trägt der Geschädigte die Beweislast. Ist streitig, ob die Ersatzpflicht gemäß Absatz 2 oder 3 ausgeschlossen ist, so trägt der Hersteller die Beweislast.

§ 2. Produkt.

Produkt im Sinne dieses Gesetzes ist jede bewegliche Sache, auch wenn sie einen Teil einer anderen beweglichen Sache oder einer unbeweglichen Sache bildet, sowie Elektrizität. Ausgenommen sind landwirtschaftliche Erzeugnisse des Bodens, der Tierhaltung, der Imkerei und der Fischerei (landwirtschaftliche Naturprodukte), die nicht einer ersten Verarbeitung unterzogen worden sind; Gleiches gilt für Jagderzeugnisse.

§ 3. Fehler.

(1) Ein Produkt hat einen Fehler, wenn es nicht die Sicherheit bietet, die unter Berücksichtigung aller Umstände, insbesondere

a) seiner Darbietung,

b) des Gebrauchs, mit dem billigerweise gerechnet werden kann,

c) des Zeitpunkts, in dem es in den Verkehr gebracht wurde,

berechtigterweise erwartet werden kann.

(2) Ein Produkt hat nicht allein deshalb einen Fehler, weil später ein verbessertes Produkt in den Verkehr gebracht wurde.

§ 4. Hersteller.

(1) Hersteller im Sinne dieses Gesetzes ist, wer das Endprodukt, einen Grundstoff oder ein Teilprodukt hergestellt hat. Als Hersteller gilt auch jeder, der sich durch das Anbringen seines Namens, seiner Marke oder eines anderen unterscheidungskräftigen Kennzeichens als Hersteller ausgibt.

(2) Als Hersteller gilt ferner, wer ein Produkt zum Zweck des Verkaufs, der Vermietung, des Mietkaufs oder einer anderen Form des Vertriebs mit wirtschaftlichem Zweck im Rahmen seiner geschäftlichen Tätigkeit in den Geltungsbereich des Abkommens über den Europäischen Wirtschaftsraum einführt oder verbringt. Satz 1 gilt für das Einführen oder das Verbringen in den Geltungsbereich des Vertrages zur Gründung der Europäischen Wirtschaftsgemeinschaft aus einem Staat, der Mitglied der Europäischen Freihandelsassoziation ist, entsprechend.

(3) Kann der Hersteller des Produkts nicht festgestellt werden, so gilt jeder Lieferant als dessen Hersteller, es sei denn, dass er dem Geschädigten innerhalb eines Monats, nachdem ihm dessen diesbezügliche Aufforderung zugegangen ist, den Hersteller oder diejenige Person benennt, die ihm das Produkt geliefert hat. Dies gilt auch für ein eingeführtes Produkt, wenn sich bei diesem die in Absatz 2 genannte Person nicht feststellen lässt, selbst wenn der Name des Herstellers bekannt ist.

§ 10. Haftungshöchstbetrag.

(1) Sind Personenschäden durch ein Produkt oder gleiche Produkte mit demselben Fehler verursacht worden, so haftet der Ersatzpflichtige nur bis zu einem Höchstbetrag von 160 Millionen Deutsche Mark.

(2) Übersteigen die den mehreren Geschädigten zu leistenden Entschädigungen den in Absatz 1 vorgesehenen Höchstbetrag, so verringern sich die einzelnen Entschädigungen in dem Verhältnis, in dem ihr Gesamtbetrag zu dem Höchstbetrag steht.

§ 11. Selbstbeteiligung bei Sachbeschädigung.

Im Falle der Sachbeschädigung hat der Geschädigte einen Schaden bis zu einer Höhe von 1 125 Deutsche Mark selbst zu tragen.

§ 12. Verjährung.

(1) Der Anspruch nach § 1 verjährt in drei Jahren von dem Zeitpunkt an, in dem der Ersatzberechtigte von dem Schaden, dem Fehler und von der Person des Ersatzpflichtigen Kenntnis erlangt hat oder hätte erlangen müssen.

(2) Schweben zwischen dem Ersatzpflichtigen und dem Ersatzberechtigten Verhandlungen über den zu leistenden Schadensersatz, so ist die Verjährung gehemmt, bis die Fortsetzung der Verhandlungen verweigert wird.

52 Ein Hauseigentümer kauft einen Holzschutzlack. Nach zwei Jahren leidet er unter starken Kopfschmerzen. Er führt dies auf Dämpfe zurück, die durch das Holzschutzmittel in den damit gestrichenen Wohnräumen entstehen.

a) Ist in diesem Falle das Produkthaftungsgesetz anzuwenden?

b) Wer trägt die Beweislast, ob ein ursächlicher Zusammenhang zwischen dem Holzschutzlack und der Gesundheitsschädigung besteht?

53 Claudia Schneider kauft eine Stereoanlage. Anschließend erwirbt sie in einem Möbelgeschäft noch ein Regal, auf das sie diese Anlage stellen will.

Zuhause stellt sie fest, dass sich der CD-Player nicht öffnet. Am nächsten Tag stürzt das Regal in sich zusammen. Die Kassetteneinheit wird dabei erheblich beschädigt.

Gegen wen und auf welcher Rechtsgrundlage kann Frau Schneider Rechte geltend machen?

53a Auf einer von einer Bekannten am 20. März in deren Privatwohnung durchgeführten Veranstaltung kaufen Sie einen Topf für 60,00 EUR. Sie zahlen sofort und erhalten die Ware. Am nächsten Morgen denken Sie noch einmal über diesen Kauf nach. Der Preis erscheint ihnen stark überhöht. Außerdem haben Sie keinen Bedarf an dieser Ware.

Sie rufen Ihre Bekannte sofort an und widerrufen den Kaufvertrag unter Hinweis auf das Gesetz über den Widerruf von Haustürgeschäften. Die Bekannte erklärt ihnen, dass der Kaufvertrag rechtswirksam sei und nicht widerrufen werden könne.

Wie ist die Rechtslage richtig dargestellt?

1. Da die Leistungen der Vertragsparteien sofort erbracht wurden, ist der Vertrag nicht widerrufbar.

2. Da der Vertrag unter Nicht-Kaufleuten geschlossen wurde, kann er widerrufen werden.

3. Da der Vertrag nur mündlich abgeschlossen wurde, ist er nichtig.

4. Da das Entgelt über 40,00 EUR liegt, kann der Vertrag widerrufen werden.

5. Da der Vertrag bei einer Freizeitveranstaltung geschlossen wurde, kann er widerrufen werden.

XIII. Grundzüge der Wirtschaftspolitik in der sozialen Marktwirtschaft

LZ: Wirtschaftskreislauf schaubildlich darstellen und die Güter- und Geldströme erläutern

● **Einfache Wirtschaftskreisläufe**

– **Einfaches Kreislaufmodell in einer Tauschwirtschaft ohne Geld**

Die wirtschaftliche Tätigkeit einer Volkswirtschaft ist auf die Erstellung von Gütern und Dienstleistungen gerichtet. Die Leistungserstellung erfolgt in den **Unternehmen.** Damit die Unternehmen die Leistungen erstellen können, beschaffen sie sich von den **Haushalten** durch Tausch die **Produktionsfaktoren** (Arbeit, Boden, Kapital). Gehen wir davon aus, dass es kein Geld als allgemeines Tauschmittel gebe, dann erhalten die Haushalte als Entgelte für die Bereitstellung der Produktionsfaktoren entsprechende Teile der erstellten Güter und Dienstleistungen.

In diesem Modell werden die Produktionsfaktoren gegen erstellte Güter und Dienstleistungen getauscht, es gibt daher nur einen **Güterkreislauf.**

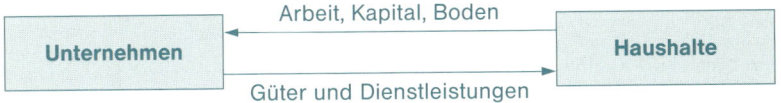

– **Einfaches Kreislaufmodell in einer Geldwirtschaft**

Da die Tauschwirtschaft ohne ein allgemein anerkanntes Tauschmittel (= Geld) in größeren Volkswirtschaften nicht mehr funktioniert, wurde sehr früh das Geld als Tauschmittel eingeführt. In den Anfängen in der Form von Warengeld, also einem Tauschmittel, das die Geldfunktionen (Wertmesser, Wertaufbewahrung, Recheneinheit) übernehmen konnte.

Durch die Einführung des Geldes wurde der Güterkreislauf durch einen gegenläufigen **Geldkreislauf** ergänzt.

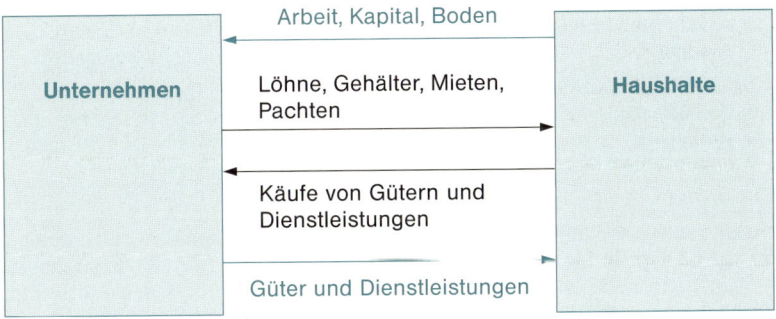

● Erweiterter Wirtschaftskreislauf

In den vorherigen Beispielen sind wir nur von den zwei Bereichen, den Haushalten und den Unternehmen, ausgegangen.

In der Wirklichkeit bildet die Statistik für die Erstellung volkswirtschaftlicher Gesamtrechnungen mehrere Bereiche, die als **Sektoren** bezeichnet werden. Zur **Volkswirtschaft** zählen alle Wirtschaftseinheiten, die ihren ständigen Sitz bzw. Wohnsitz im Wirtschaftsgebiet haben. Das **Wirtschaftsgebiet** umfasst die gesamte Volkswirtschaft, z.B. die Bundesrepublik Deutschland oder einen Teil davon, z.B. Hessen. Die Region außerhalb eines Wirtschaftsgebietes wird als „**Übrige Welt**", nicht als Ausland bezeichnet.

Für die Mitgliedstaaten der **Europäischen Union** wurde ein einheitliches System für volkswirtschaftliche Gesamtrechnungen festgelegt, um vergleichbare Ergebnisse zu erhalten.

Nach diesem Gliederungssystem werden die folgenden **Sektoren** unterschieden:

	Sektoren	dazu gehören
Volkswirtschaft	● **Nichtfinanzielle Kapitalgesellschaften**	● **Kapitalgesellschaften:** AG, GmbH, Genossenschaften ● **Personenhandelsgesellschaften:** OHG, KG ● **rechtlich unselbstständige Eigenbetriebe** des Staates und der privaten Organisationen ohne Erwerbszweck wie Krankenhäuser und Pflegeheime sowie Wirtschaftsverbände
	● **Finanzielle Kapitalgesellschaften**	● Banken, Versicherungen, sonstige Finanzinstitute, Hilfsgewerbe der Kredit- und Versicherungswirtschaft
	● **Staat**	● Bund, Länder, Gemeinden, Sozialversicherungsträger
	● **Private Haushalte**	● Einzelpersonen und Gruppen von Einzelpersonen in der Funktion als Konsumenten ● Marktproduzenten wie selbstständige Landwirte, Einzelunternehmer im produzierenden Gewerbe, Handwerker, Händler, Gastwirte, selbstständige Versicherungsvertreter, „Freiberufler"
Übrige Welt	● **Private Organisationen ohne Erwerbscharakter**	● z.B. Gewerkschaften, politische Parteien, Kirchen, Wohlfahrtsverbände, Sportvereine
	● **Europäische Union** ● **Drittländer** ● **Internationale Organisationen**	● Gesamtheit der Wirtschaftseinheiten, die ihren Sitz (Wohnsitz) **außerhalb** des Wirtschaftsgebietes haben

Um die in den volkswirtschaftlichen Gesamtrechnungen dargestellten wirtschaftlichen **Tätigkeiten** und damit verbundene **Vorgänge** berechnen zu können, wird ein **Kontensystem** verwendet. Dazu gehört z.B. ein **zusammengefasstes Güterkonto,** das einen umfassenden Überblick über Herkunft und Verwendung der Güter in der Volkswirtschaft gibt.

Sektorenkonten bilden für jeden Sektor folgende Ausschnitte des wirtschaftlichen Geschehens ab:

Sektorkonten

Konto/Transaktion/Saldo (mit ESVG-Codes) Verwendung / Aufkommen / Saldo (Kontenabschluss)			Volkswirtschaftliche Sektoren					
			S.1	S.11	S.12	S.13	S.14/15	S.2
I	**Produktionskonto**							
	P.1	Produktionswert (zu Herstellungspreisen)	x	x	x	x	x	–
P.2		Vorleistungen	x	x	x	x	x	–
B.1g		Bruttowertschöpfung	x	x	x	x	x	–
K.1		Abschreibungen	x	x	x	x	x	–
B.1n		Nettowertschöpfung	x	x	x	x	x	–
II.1.1	**Einkommensentstehungskonto**							
	B.1n	Nettowertschöpfung	x	x	x	x	x	–
D.1		Geleistete Arbeitnehmerentgelte	x	x	x	x	x	x
D.29		Geleistete sonstige Produktionsabgaben	x	x	x	x	x	–
D.39		Empfangene sonstige Subventionen (minus)	x	x	x	x	x	–
B.2n		(Netto)-Betriebsüberschuss/Selbstständigeneinkommen	x	x	x	x	x	–
II.1.2	**Primäres Einkommensverteilungskonto**							
	B.2n	(Netto)-Betriebsüberschuss	x	x	x	x	x	–
	D.1	Empfangene Arbeitnehmerentgelte	x	–	–	–	x	x
	D.2	Empfangene Produktions- und Importabgaben	x	–	–	x	–	x
	D.3	Geleistete Subventionen (minus)	x	–	–	x	–	x
	D.4	Empfangene Vermögenseinkommen	x	x	x	x	x	x
D.4		Geleistete Vermögenseinkommen	x	x	x	x	x	x
B.5n		Primäreinkommen (Nettonationaleinkommen)	x	x	x	x	x	–
II.2/3	**Konten der sekundären Einkommensverteilung**							
	B.5n	Primäreinkommen (Nettonationaleinkommen)	x	x	x	x	x	–
	D.5	Empfangene Einkommen- und Vermögensteuern	x	–	–	x	–	x
	D.61	Empfangene Sozialbeiträge	x	x	x	x	x	x
	D.62	Empfangene monetäre Sozialleistungen	x	–	–	–	x	x
	D.7	Empfangene sonstige laufende Transfers	x	x	x	x	x	x
D.5		Geleistete Einkommen- und Vermögensteuern	x	x	x	–	x	x
D.61		Geleistete Sozialbeiträge	x	x	x	x	x	x
D.62		Geleistete monetäre Sozialleistungen	x	x	x	x	x	x
D.7		Geleistete sonstige laufende Transfers	x	x	x	x	x	x
B.6/7		Verfügbares Einkommen	x	x	x	x	x	–
II.4	**Einkommensverwendungskonto**							
	B.8n	Verfügbares Einkommen	x	x	x	x	x	–
	D.9	Zunahme betrieblicher Versorgungsansprüche	x	x	x	–	x	–
P.3		Konsumausgaben	x	x	x	x	x	–
B.8n		Sparen	x	x	x	x	x	x
III.1.1	**Konto der Reinvermögensänderung durch Sparen und Vermögenstransfers**							
	B.8n	Sparen	x	x	x	x	x	–
	D.9	Empfangene Vermögensübertragungen	x	x	x	x	x	x
D.0		Geleistete Vermögensübertragungen	x	x	x	x	x	x
B.10.1		Reinvermögensänderung d. Sparen u. Vermögenstransfers	x	x	x	x	x	–
III.1.2	**Sachvermögensbildungskonto**							
	B.10.1	Reinvermögensänderung d. Sparen u. Vermögenstransfers	x	x	x	x	x	–
	K.1	Abschreibungen	x	x	x	x	x	–
P.5		Bruttoinvestitionen	x	x	x	x	x	–
K.2		Nettozugang an nichtproduzierten Vermögensgütern	x	x	x	x	x	–
B.9		Finanzierungssaldo	x	x	x	x	x	x[1]

[1] Einschl. Saldo der Gütertransaktionen (Außenbeitrag).

Quelle: Statistisches Bundesamt, Wirtschaft und Statistik 4/1999

1 Welchem Sektor der volkswirtschaftlichen Gesamtrechnung sind die folgenden Institutionen zuzuordnen?

Institutionen	Sektor
1. Gemeinden und Gemeindeverbände	
2. Volksbank Nidda eG	
3. Schreinerei Karl Weppler	
4. Deutsche Bahn AG	
5. Allgemeine Ortskrankenkasse Frankfurt am Main	
6. DAG und DGB	
7. Karl Kreutzer, Vollerwerbslandwirt	
8. Freistaat Bayern	
9. Sportverein Lahnau e.V.	
10. Zahnarztpraxis Dr. Karl Zahn	

2 a) Stellen Sie die güter- und geldwirtschaftlichen Beziehungen zwischen den Sektoren „Haushalte" und „Unternehmen" in einer Skizze dar!

b) Wie verhalten sich Güter- und Geldkreislauf im Bezug zueinander?

c) Welcher der beiden Kreisläufe ist wertmäßig größer?

d) Welche Annahmen werden über das Konsumverhalten der Haushalte in diesem Kreislaufschema gemacht?

e) Welche Veränderungen müssten in dem Kreislaufschema vorgenommen werden, wenn der Sektor „Unternehmen" in Konsumgüter-, Investitionsgüter- und Dienstleistungsbetriebe gespalten wird?

3 Der Staat (Fiskus) nimmt im Wirtschaftskreislauf eine starke Position ein.

a) Tragen Sie die Zahlungsströme zwischen den Sektoren „Nichtfinanzielle Kapitalgesellschaften" („Unternehmen"), „Private Haushalte" und „Staat" in das Schaubild ein!

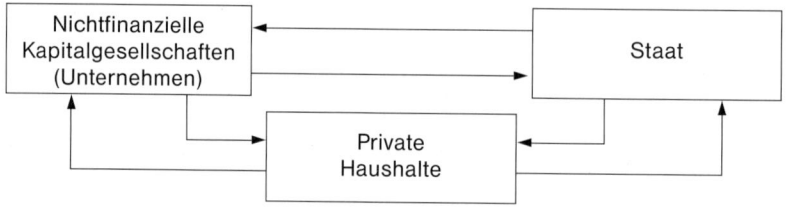

b) Welche Funktionen hat der Staat zu erfüllen?

c) Wodurch unterscheidet sich die Mittelbeschaffung des Staates von derjenigen der privaten Haushalte und Nichtfinanziellen Kapitalgesellschaften (Unternehmen)?

4 In den bisherigen Beispielen wurde angenommen, dass es in dem Kreislauf kein Sparen gibt. Ebenso wurden Investitionen nicht einbezogen.

a) Tragen Sie die Zahlungsströme durch Sparen und Investieren zwischen den Sektoren Private Haushalte, Nichtfinanzielle Kapitalgesellschaften (Unternehmen), Staat und dem Konto Sachvermögensbildung in das Schaubild ein!

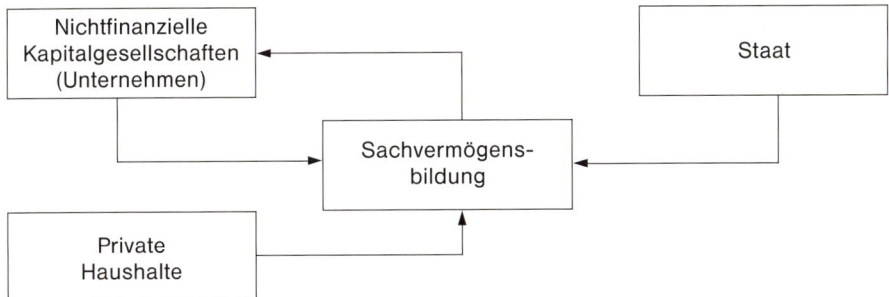

b) Welcher größenmäßige Zusammenhang besteht zwischen der Summe der Ersparnisse und der Summe der Investitionen?

5 a) Stellen Sie die Geld- und Güterströme zwischen dem Inland und der übrigen Welt (Ausland) in einem Schaubild dar!

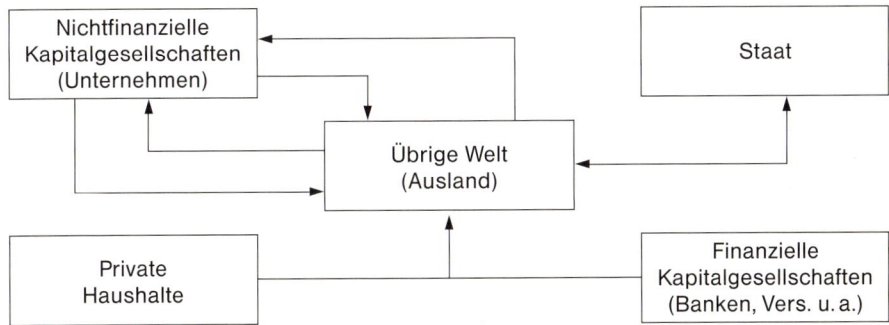

b) Welche Folgen ergeben sich für den inländischen Kreislauf, wenn
   ba) die Devisenzuflüsse größer sind als die Devisenabflüsse und
   bb) die Devisenabflüsse größer sind als die Devisenzuflüsse?

LZ: Grundlegende Begriffe der volkswirtschaftlichen Gesamtrechnung kennen

Entstehung, Verwendung und Verteilung des Inlandsproduktes erläutern

---

Grundbegriffe der volkswirtschaftlichen Gesamtrechnung

● **Bruttoinlandsprodukt (BIP) oder Bruttonationaleinkommen (BNE)**

Die wirtschaftliche Leistung einer Volkswirtschaft und deren Veränderung (Wirtschaftswachstum) wird von Statistischen Ämtern gemessen und in den Größen Bruttoinlandsprodukt und Bruttonationaleinkommen ausgedrückt.

Bruttoinlandsprodukt (BIP)	Das **BIP** misst die Produktion von Waren und Dienstleistungen in einem **bestimmten Gebiet** (Inland, Arbeitsort) für einen **bestimmten Zeitraum,** meist ein Jahr, **unabhängig** davon, ob diejenigen, von denen die Produktionsfaktoren bereitgestellt werden (Erwerbstätige, Kapitaleigner), ihren ständigen Wohnsitz in diesem Gebiet haben oder nicht.
	Da hier auf die Erfassung der Leistung in einem **Wirtschaftsgebiet** abgestellt wird, spricht man von dem **Inlandsprodukt.**
Bruttonationaleinkommen (BNE) (früher Bruttosozialprodukt)	Das **BNE** bezieht sich auf die Güter, die mit Hilfe der Faktorleistung (Arbeit, Kapital) der **Einwohner** eines bestimmten Gebietes (Inland, Wohnort) produziert werden, **unabhängig** davon, ob diese Faktorleistung **im Inland oder in der übrigen Welt** erbracht wurde. Das BNE zeigt daher stärker die **Einkommen,** die den Bewohnern eines bestimmten Gebietes während einer bestimmten Periode zufließen. Dieses Konzept wird als **Inländerkonzept** bezeichnet.

Wegen der besseren Verbindung des **BIP** zur Beurteilung der **Binnenkonjunktur,** wird dieser Größe international der Vorzug gegeben. Hier steht die Betrachtung der **Produktionsseite** im Vordergrund. Für die Beurteilung von **Entwicklungen** bei der **Entstehung, Verteilung und Verwendung von Einkommen** wird dagegen das **BNE** bevorzugt benutzt. Dies gilt auch für die Berechnung von Spar- und Lohnquoten.

● **Marktpreise oder Faktorkosten**

Die wirtschaftliche Leistung der Volkswirtschaft kann zu **Marktpreisen bewertet** werden. In diesem Wert sind **Produktionssteuern** enthalten und preismindernde **Subventionen** nicht zugesetzt. Werden von den volkswirtschaftlichen Gesamtgrößen die in dem Berichtsjahr gezahlten Produktionssteuern abgezogen und die erhaltenen Subventionen hinzugezählt, so erhält man die Bewertung zu **Faktorkosten.**

Wenn bei den Begriffen **keine Angaben** gemacht werden, dann beziehen sich diese auf **Marktpreise.**

● **Brutto- oder Nettoangabe der Leistungsgrößen**

Werden die volkswirtschaftlichen Größen **brutto** angegeben, dann sind die bei der Produktion verbrauchten Teile des Sachkapitals **(= Abschreibungen)** noch nicht abgesetzt. **Wertminderungen** des Anlagevermögens durch den Verbrauch oder das Veralten von Wirtschaftsgütern werden in den volkswirtschaftlichen Gesamtrechnungen durch die **Abschreibungen** berücksichtigt. Dabei werden die Abschreibungen zu Wiederbeschaffungswerten der Anlagegüter in der Berichtsperiode bewertet. Es wird das lineare Abschreibungsverfahren angewandt und von der erwarteten wirtschaftlichen Nutzungsdauer ausgegangen.

● Die Entstehung des Bruttoinlandsprodukts (BIP)

Rechnung	1998 Mrd. DM	Erläuterung
Produktionswert − Vorleistungen		Die **Bruttowertschöpfung** der einzelnen Wirtschafts-bereiche wird über deren **Produktionswerte** der in Wirt-schaftsbereiche eingeteilten Unternehmen ermittelt. Dabei werden die Produktionswerte **zu Herstellungs-preisen** erfasst, das heißt **ohne Gütersteuern,** aber **ein-schließlich Gütersubventionen.** Die **Vorleistungen** umfassen den Wert der Güter (Waren und Dienstleistungen), die inländische Wirt-schaftseinheiten von anderen (in- und ausländischen) Wirtschaftseinheiten bezogen und im Berichtsjahr bei der Produktion verbraucht haben.
= **Bruttowertschöpfung**	3 553,67	

davon	Mrd. DM
● Land- und Forstwirt-wirtschaft, Fischerei	43,87
● Produzierendes Gewer-be ohne Baugewerbe	903,35
● Baugewerbe	
● Handel, Gastgewerbe, Verkehr	
● Finanzierung, Vermie-tung und Unterneh-mensdienstleister	1 034,97
● Öffentliche und pri-vate Dienstleister	755,89

Rechnung	1998 Mrd. DM	Erläuterung
− **unterstellte Bankgebühr**	137,55	Diese wird als globaler Vorleistungsverbrauch angese-hen und daher wie die übrigen Vorleistungen von der Bruttowertschöpfung abgesetzt.
+ **Gütersteuern abzügl. Gütersubventionen**	368,08	**Gütersteuern** sind alle Steuern und ähnliche Abgaben, die der Staat oder Einrichtungen der Europäischen Union bei Produzenten erheben und die bei der Gewinnermittlung nicht als Kostensteuern abzugsfä-hig sind. Die abziehbare Umsatzsteuer (Mehrwert-steuer) ist daher keine Gütersteuer. Dagegen gehören z. B. die Verbrauchsteuern, die Grundsteuern und die Versicherungsteuer dazu. **Subventionen** sind Leistungen des Staates oder der Europäischen Union an Unternehmen **ohne spezielle Gegenleistung.** Sie dienen überwiegend der Senkung der Marktpreise oder der Stützung der Produktion oder der Einkommen. Die Gütersteuern müssen zugesetzt werden, um zum **Marktpreis** zu kommen. Die Subventionen mindern den Marktpreis.
= **Bruttoinlandsprodukt**	3 784,20	Es misst die wirtschaftliche Leistung einer Volkswirt-schaft in einer Periode.
− **Abschreibungen**	561,54	Wertminderungen des verbrauchten Anlagevermö-gens.
= **Nettoinlandsprodukt**	3 222,66	Dieser Wert stellt die **Nettowertschöpfung** der Volks-wirtschaft dar. Es enthält das in den Wirtschaftsberei-chen oder Sektoren entstandene Arbeitnehmerentgelt und den Betriebsüberschuss bzw. die Selbstständi-geneinkommen.

● **Vom Bruttoinlandsprodukt über das Bruttonationaleinkommen zum Volkseinkommen**

	Bruttoinlandsprodukt	3 784,20	
+	Saldo der Primäreinkommen aus der übrigen Welt	− 30,15	Dieser Saldo ergibt sich, indem zu den Erwerbs- und Vermögenseinkommen mit der übrigen Welt die von der übrigen Welt und die von der Europäischen Union empfangenen Subventionen addiert und die an die Europäische Union geleisteten Produktions- und Importabgaben abgezogen werden.
=	**Bruttonationaleinkommen** (früher Bruttosozialprodukt)	**3 754,05**	
−	Abschreibungen	561,54	
=	Nettonationaleinkommen	3 192,51	Die bisherigen Werte sind zu **Marktpreisen** bewertet. Das Nettonationaleinkommen wird zusätzlich auch noch zu Faktorkosten bewertet. Dann ergibt sich folgende Anschlussrechnung.
−	(Produktions- und Import- abgaben abzüglich Sub- ventionen)	369,29	
=	**Volkseinkommen** (Nettonationaleinkommen zu Faktorkosten)	2 823,22	Es ist die Summe aller Erwerbs- und Vermögenseinkommen, die Inländern zugeflossen sind. Es umfasst das von **Inländern empfangene Arbeitsentgelt** sowie die **Unternehmens- und Vermögenseinkommen.**

6 a) Stellen Sie fest, welche Leistungen **nicht** in die Inlandsproduktrechnung eingehen!
1. Ein Gartenbaubetrieb schneidet vor einem Altenwohnheim gegen Entgelt den Rasen.
2. Eine Hausfrau backt einen Kuchen.
3. Ein Arzt untersucht einen Kranken bei einem Hausbesuch.
4. Ein Nachbar hilft beim Setzen eines neuen Zaunes.
5. Der städtische Straßendienst reinigt die Bürgersteige.
6. Die Bürger einer Gemeinde reinigen wöchentlich einmal den Bürgersteig selbst.
7. Die Verkehrswacht erteilt kostenlosen Verkehrsunterricht für Schulanfänger.

b) Nehmen Sie kritisch Stellung zur Errechnung des Inlandsprodukts!

7

Schwarzarbeit macht bereits 100 Milliarden DM aus
Dresdner Bank: „Indiz für überhöhte Abgabenbelastung"

Die so genannte Schattenwirtschaft hat in den letzten Jahren weltweit an Gewicht gewonnen. Nach einer Untersuchung der Dresdner Bank AG wird der Bereich Schwarzarbeit in der Bundesrepublik auf ein Volumen von jährlich über 100 Milliarden DM geschätzt. Das entspricht etwa 7 Prozent des deutschen Bruttosozialprodukts.[1] Allein die steuerlich nicht abgerechneten Handwerks-tätigkeiten haben danach einen Umfang von 2 bis 5 Prozent des Sozialprodukts. Es wird vermutet, dass Arbeitsleistungen in der Größenordnung von etwa 10 Prozent des offiziell erfassten Handwerksumsatzes der Schattenwirtschaft zuzurechnen sind, stellt das Institut fest.

Berücksichtigt man neben der Schwarzarbeit noch die Nachbarschaftshilfe, Eigenarbeit usw., so müss-

---

1 Jetzt: Bruttonationaleinkommen

ten weitere 100 Milliarden DM nicht erfasster wirtschaftlicher Aktivitäten hinzugerechnet werden. Der Anteil des „Schattensektors" in der Bundesrepublik belaufe sich damit auf rund 13 Prozent des Sozialprodukts. Hierin seien die Leistungen der Hausfrauen, die nach Schätzungen in der Bundesrepublik auf etwa 360 Milliarden DM veranschlagt werden könnten, aber nicht berücksichtigt.

Ein Ausweichen in den Schattensektor werde nach Meinung der Dresdner Bank naturgemäß dann interessanter, wenn die Belastung mit Steuern und Abgaben im „regulären Bereich" wächst. Es falle im internationalen Vergleich auf, dass eine enge Beziehung zwischen Abgabenbelastung und Umfang der Schattenwirtschaft „zu

bestehen scheint". Diese Beziehung könne auch für die Bundesrepublik belegt werden. Hierzu folgende Rechnung der Dresdner Bank: Mussten Arbeiter und Angestellte in der Bundesrepublik 1960 im Durchschnitt etwa 16 Prozent ihres Bruttoeinkommens an Fiskus und Sozialversicherung abführen, so waren es 1982 bereits 32 Prozent. Damit habe sich die Abgabenbelastung innerhalb von 22 Jahren verdoppelt. Die Belastung mit Abgaben pro zusätzlich verdienter Mark, die in 1960/65 noch bei 20 Prozent lag, habe in 1982 die Marke von 60 Prozent überschritten. „Damit sind in der Bundesrepublik inzwischen kritische Belastungshöhen erreicht", meint das Institut und empfiehlt als Konsequenz eine deutliche Korrektur des Einkommensteuer-Tarifs.   Mk.

Quelle: Deutsche Sparkassenzeitung, 75/83.

a) Was versteht man unter Schattenwirtschaft?

b) Nennen Sie wirtschaftliche Aktivitäten, die nicht in der Inlandsproduktberechnung erscheinen!

c) Nennen Sie Ursachen, die zum Entstehen und zur Ausweitung einer Schattenwirtschaft führen können!

d) Was würden Sie unternehmen, um die Schattenwirtschaft einzudämmen?

8 Die **Entstehung des Bruttoinlandsprodukts** der Bundesrepublik Deutschland ist für einige Jahre aus der folgenden Tabelle zu entnehmen.

Position	1993	1994	1995	1996 p)	1997 p)	1998 p)	1.Hj. 1999 p)	1.Hj. 1999 p)	1996 p)	1997 p)	1998 p)	1.Hj. 1999 p)	1998 p)
	Mrd DM							Mrd Euro	Veränderung gegen Vorjahr in %				Anteil in %
in Preisen von 1995													
I.Entstehung des Inlandsprodukts													
Produzierendes Gewerbe (ohne Baugewerbe)	812,3	833,2	837,8	828,5	848,7	883,1	427,4	218,5	− 1,1	2,4	4,0	− 0,5	24,0
Baugewerbe	216,0	228,5	223,0	215,4	211,4	200,6	94,4	48,3	− 3,4	− 1,9	− 5,1	− 2,8	5,5
Handel, Gastgewerbe und Verkehr 1)	565,4	574,2	585,8	588,8	603,1	623,4	309,5	158,2	0,5	2,4	3,4	2,1	16,9
Finanzierung, Vermietung und Unternehmensdienstleister 2)	851,1	867,5	911,4	954,6	989,6	1 030,1	521,4	266,6	4,7	3,7	4,1	3,6	28,0
Öffentliche und private Dienstleister 3)	686,8	700,7	713,6	718,6	719,0	722,8	359,3	183,7	0,7	0,1	0,5	0,5	19,6
Alle Wirtschaftsbereiche	3 174,1	3 244,3	3 313,7	3 351,1	3 416,8	3 506,3	1 735,4	887,3	1,1	2,0	2,6	1,3	95,3
Nachr.: Unternehmenssektor	2 731,2	2 795,6	2 863,6	2 900,1	2 970,0	3 061,3	1 513,7	773,9	1,3	2,4	3,1	1,6	83,2
Wirtschaftsbereiche bereinigt 4)	3 048,0	3 112,1	3 176,6	3 202,2	3 254,5	3 329,2	1 640,4	838,7	0,8	1,6	2,3	0,8	90,5
Bruttoinlandsprodukt	3 383,8	3 463,2	3 523,0	3 549,6	3 601,1	3 678,6	1 818,2	929,6	0,8	1,5	2,2	0,8	100

Quelle: Statistisches Bundesamt. – **1** Einschl. Nachrichtenübermittlung. – **2** Kredit- und Versicherungsgewerbe, Grundstückswesen, Vermietung und Unternehmensdienstleister. – **3** Einschl. Häusliche Dienste. – **4** Bruttowertschöpfung nach Abzug von Gütersteuern (saldiert mit Gütersubventionen und unterstellter Bankgebühr). – **p** vorläufig.

Quelle: Deutsche Bundesbank, Monatsbericht Okt. 1999, S. 60*.

a) Welcher Wirtschaftsbereich trug 1998 am meisten, welcher am wenigsten zum Bruttoinlandsprodukt der Bundesrepublik Deutschland bei?

b) Welcher Bereich hat seinen relativen Anteil am Inlandsprodukt seit 1993 stetig vergrößert?

28 Schuster – ISBN 3-8120-0060-1

c) Wodurch unterscheidet sich das Bruttoinlandsprodukt vom Bruttonationaleinkommen zu Marktpreisen?

d) Nehmen Sie kritisch zu der Behauptung Stellung, dass das Inlandsprodukt Ausdruck zunehmenden Wohlstands der Gesellschaft sei!

● **Verwendung des Inlandsprodukt**

Bei der **Verwendung des Inlandsprodukts** werden die inländische Verwendung und der Außenbeitrag (Exporte minus Importe) unterschieden. Die **inländische Verwendung** geschieht durch den **Konsum** und die **Bruttoinvestitionen.**

Im Einzelnen wird folgende Verwendungsrechnung aufgestellt:

		Bruttoinlandsprodukt	3 784,20	
Inländische Verwendung	**Konsum**	Private Konsumausgaben	2 174,72	**Darunter fallen** einerseits die Waren- und Dienstleistungskäufe der inländischen privaten Haushalte für Konsumzwecke. Andererseits der Eigenverbrauch der privaten Organisationen ohne Erwerbszweck. **Nicht enthalten** sind u. a. Käufe von Grundstücken und Gebäuden, die zu den Bruttoanlageinvestitionen zählen.
		Konsumausgaben des Staates	719,42	Die **Konsumausgaben des Staates** entsprechen dem Wert der Güter, die vom Staat selbst produziert werden.
	Bruttoinvestitionen	Bruttoanlageinvestitionen	797,15	**Bruttoanlageinvestitionen** umfassen die Käufe neuer Anlagen sowie die Käufe von gebrauchten Anlagen und Land nach Abzug der entsprechenden Verkäufe. Als Anlagen gelten die Produktionsmittel mit einer Nutzungsdauer von mehr als einem Jahr.
		Vorratsveränderungen und Nettozugang an Wertsachen	29,64	Die **Vorratsveränderungen** werden anhand von Bestandsangaben für Vorräte berechnet. Der **Nettozugang an Wertsachen** besteht ausschließlich aus den Käufen abzüglich Verkäufen der privaten Haushalte von Goldbarren und nichtumlauffähigen Goldmünzen.
		Außenbeitrag	63,27	Der **Außenbeitrag** ergibt sich aus dem Saldo der **Exporte und Importe** von Waren und Dienstleistungen. Nicht eingeschlossen sind die grenzüberschreitenden Primäreinkommen.

9 Die folgende Statistik zeigt die **Verwendung des Bruttoinlandsprodukts** der Bundesrepublik Deutschland:

Position	1993	1994	1995	1996 p)	1997 p)	1998 p)	1.Hj. 1999 p)	1.Hj. 1999 p)	1996 p)	1997 p)	1998 p)	1.Hj. 1999 p)	1998 p)
	Mrd DM							Mrd Euro	Veränderung gegen Vorjahr in %				Anteil in %
II.Verwendung des Inlandsprodukts													
Private Konsumausgaben 5)	1 942,0	1 961,3	2 001,6	2 017,3	2 032,2	2 078,8	1 031,7	527,5	0,8	0,7	2,3	1,8	56,5
Konsumausgaben des Staates	671,1	687,3	697,8	712,8	704,7	708,0	352,3	180,1	2,1	− 1,1	0,5	0,3	19,2
Ausrüstungen	256,2	251,3	253,9	257,1	265,9	290,3	147,2	75,3	1,2	3,4	9,2	9,3	7,9
Bauten	482,1	515,5	506,0	491,5	484,4	465,7	220,7	112,8	− 2,9	− 1,4	− 3,9	− 2,0	12,7
Sonstige Anlagen 6)	26,8	29,0	30,6	33,4	35,3	40,7	22,6	11,6	8,9	5,9	15,1	18,6	1,1
Vorratsveränderungen 7)	− 13,1	− 3,9	8,1	− 5,1	8,7	34,7	27,4	14,0	.	.	.	.	0,9
Inländische Verwendung	3 365,1	3 440,5	3 498,1	3 507,0	3 531,3	3 618,1	1 801,9	921,3	0,3	0,7	2,5	1,9	98,4
Außenbeitrag	18,7	22,7	25,0	42,6	69,8	60,5	16,4	8,4	.	.	.	.	1,6
Exporte	758,0	815,7	862,3	906,4	1 005,3	1 075,6	534,2	273,1	5,1	10,9	7,0	0,1	29,2
Importe	739,4	793,0	837,4	863,8	935,6	1 015,0	517,9	264,8	3,2	8,3	8,5	3,9	27,6
Bruttoinlandsprodukt	3 383,8	3 463,2	3 523,0	3 549,6	3 601,1	3 678,6	1 818,2	929,6	0,8	1,5	2,2	0,8	100

Quelle: Statistisches Bundesamt. – **5** Einschl. Private Organisationen ohne Erwerbszweck. – **6** Immaterielle Anlageinvestitionen (u. a. EDV-Software, Urheberrechte) sowie Nutztiere und -pflanzen. – **7** Einschl. Nettozugang an Wertsachen. – **p** vorläufig.
Quelle: Deutsche Bundesbank, Monatsbericht Okt. 99, S. 60*

a) Aus welchen Beträgen setzt sich das Bruttoinlandsprodukt von der Verwendung her gesehen zusammen?

b) Erklären Sie die Hauptpositionen der Verwendungsrechnung!

c) Wie veränderte sich der Anteil der Konsumausgaben des Staates 1998 gegenüber 1993?

d) Wie beurteilen Sie die These, dass der Verbrauch des Staates im Verhältnis zu den privaten Konsumausgaben erhöht werden müsse?

10 Ermitteln Sie unter Verwendung der geeigneten Angaben

a) die Entstehung des BIP und des BNE, das Nettonationaleinkommen zu Marktpreisen und das Volkseinkommen.

b) Erstellen Sie die Verwendungsrechnung des BIP.

Abschreibungen	521,15
Bruttowertschöpfung aller Wirtschaftsbereiche	3 313,70
Außenbeitrag (Ex-Im)	**24,95**
Gütersteuern abzügl. Gütersubventionen	346,44
unterstellte Bankgebühren	137,14
Saldo der Primäreinkommen aus der übrigen Welt	− 18,57
Private Konsumausgaben	2 001,61
Arbeitnehmerentgelt (Inländer)	1 941,40
Konsumausgaben des Staates	697,82
Bruttoanlageinvestitionen	**790,57**
Vorratsveränderungen und Nettozugang an Wertsachen	**8,05**
Produktions- und Importabgaben abzügl. Subventionen	326,00
Unternehmens- und Vermögenseinkommen	?

Verteilung des Volkseinkommens

● **Verteilung des Inlandsprodukts**

Die Verteilung des Inlandsprodukts lässt sich über das Volkseinkommen ermitteln.

Volkseinkommen	Arbeitnehmerentgelt (Inländer)	2 001,82	Das ist das Inländern zugeflossene Arbeitnehmerentgelt einschließlich der von den Arbeitgebern geleisteten Beiträge zur Sozialversicherung.
	Unternehmens- und Vermögens-einkommen	821,40	**Ermittelt** aus Volkseinkommen minus Arbeitnehmerentgelt.
+	Produktions- und Importabgaben abzügl. Subventionen	369,29	
+	Abschreibungen	561,54	
−	Saldo der Primäreinkommen aus der übrigen Welt	− 30,15	
=	**Bruttoinlandsprodukt**	**3 784,20**	

11 a) Was versteht man unter dem Begriff „Volkseinkommen"?

b) Welche beiden Einkommensarten werden in der Verteilungsrechnung unterschieden?

c) Wie kommt man rechnerisch vom Volkseinkommen zum Bruttoinlandsprodukt?

12 a) Ermitteln Sie aus den Angaben zu Aufg. 10 die Unternehmens- und Vermögenseinkommen!

b) Zeigen Sie am Beispiel der Aufg. 10 die Verteilung des Bruttoinlandsprodukts auf!

c) Die Verteilung des Volkseinkommens der Jahre 1993 – 1998 können Sie folgender Statistik entnehmen:

Position	1993	1994	1995	1996 p)	1997 p)	1998 p)	1.Hj. 1998 p)	1.Hj. 1999 p)	1996 p)	1997 p)	1998 p)	1.Hj. 1999 p)	1998 p)
	Mrd DM						Mrd Euro	Mrd Euro	Veränderung gegen Vorjahr in %				Anteil in %
V.Verteilung des Volkseinkommens Arbeitnehmerentgelt	1 829,5	1 874,7	1 941,4	1 965,7	1 971,2	2 001,8	957,8	489,7	1,3	0,3	1,6	2,0	70,9
Unternehmens- und Vermögens-einkommen	626,7	673,2	715,9	735,9	780,3	821,4	418,1	213,8	2,8	6,0	5,3	0,2	29,1
Volkseinkommen	2 456,2	2 547,9	2 657,3	2 701,6	2 751,5	2 823,2	1 375,9	703,5	1,7	1,8	2,6	1,5	100
Nachr.: Bruttonationaleinkommen (Bruttosozialprodukt)	3 248,9	3 380,6	3 504,4	3 570,1	3 649,4	3 754,1	1 857,3	949,6	1,9	2,2	2,9	2,1	.

ca) Wie entwickelte sich der Anteil der Arbeitnehmerentgelte am Volkseinkommen während dieses Zeitraums?

cb) Läßt sich aus dieser Statistik schließen, dass die Reichen immer reicher geworden sind?

cc) Durch welche Faktoren wird die Einkommensverteilung beeinflusst?

LZ: Ziele und Zielkonflikte der Wirtschaftspolitik erläutern

Ursachen und Merkmale gesamtwirtschaftlicher Ungleichgewichte und Schwankungen kennen

---

Gesamtwirtschaftliches Gleichgewicht

13 Im Gesetz zur Förderung der Stabilität und des Wachstums der Wirtschaft (Stabilitätsgesetz) vom 8. Juni 1967 wurden die wirtschaftspolitischen Ziele der Bundesrepublik Deutschland formuliert.

a) Tragen Sie das Hauptziel (Oberziel) und die Unterziele, die im § 1 StabG erwähnt sind, in ein Schaubild ein!

Hauptziel

Unterziele

b) In welcher Wirtschaftsordnung sollen diese Ziele erreicht werden?

c) Welche Rangordnung wurde für die Unterziele festgelegt?

d) Wann ist das gesamtwirtschaftliche Gleichgewicht erreicht?

e) Suchen Sie sonstige Unterziele staatlicher Wirtschaftspolitik, die in der Bundesrepublik Deutschland angestrebt werden!

f) Warum wird in der politischen Diskussion die Gleichrangigkeit der im § 1 StabG angestrebten Ziele teilweise bestritten?

Stabilität des Preisniveaus

Der **Wert des Geldes** wird an seiner **Kaufkraft** gemessen. Dabei lassen sich der **Binnenwert** und der **Außenwert** einer Währung unterscheiden. Die Veränderung des **Binnenwertes** des Geldes wird durch den **Preisindex für die Lebenshaltung aller privaten Haushalte** der Bundesrepublik Deutschland gemessen. Um durch diesen Index eine repräsentative Aussage über diese Preisveränderungen für die privaten Haushalte machen zu können, müssen die Art der verbrauchten Güter und Dienstleistungen sowie deren relative Bedeutung für den Gesamtindex ermittelt werden. Dies geschieht durch den **Warenkorb** und das **Wägungsschema.**

● **Warenkorb**   Da nicht sämtliche angebotenen und von privaten Haushalten gekauften Güter und Dienstleistungen regelmäßig statistisch erfasst werden können, wird für die Messung der Preisentwicklung ein **repräsentativer Warenkorb** benutzt, der zirka 750 Waren und Dienstleistungen umfasst.

Letztmalig wurden noch spezielle Haushaltstypen gebildet (siehe Tabelle 1). Bei der nächsten Zusammenstellung des Warenkorbes, die in der Regel alle 5 Jahre erfolgt, wird darauf verzichtet werden, da sich ihre sozialen und ökonomischen Merkmale nicht mehr repräsentativ abbilden lassen.

● **Wägungsschema**   Viel wichtiger als die Auswahl der Preisrepräsentanten für den Warenkorb ist die **Bestimmung des Gewichts,** mit dem die Preisentwicklung der ausgewählten Güter und Dienstleistungen in den Preisindex eingeht. Welchen Anteil z. B. die Ausgaben für Gesundheitspflege an den gesamten Verbrauchsausgaben der privaten Haushalte haben (siehe Tabelle 2).

Ausgangspunkt der Indexberechnung ist das **Basisjahr**. Das letzte Basisjahr ist 1995.

14 Sehen Sie hierzu zwei Tabellen an, die die Preisindizes für die Lebenshaltung betreffen:

Tabelle 1: **Preisindizes für die Lebenshaltung** auf Basis 1991 – Größe und Zusammensetzung der **Indexhaushalte**

Preisindex für die Lebenshaltung	Haushalts-mitglieder	Zusammen-setzung der Haushalte	Verbrauchs-ausgaben in DM je Monat und Haushalt im Basisjahr
Alle privaten Haushalte	2,1		3 105
Haushalte von Angestellten und Beamten mit höherem Einkommen.	4	2 Erwachsene 2 Kinder[3]	4 964
Haushalte von Arbeitern und Angestellten mit mittlerem Einkommen[2][4]	4	2 Erwachsene 2 Kinder[3]	3 044
Haushalte von Renten- und Sozialhilfeempfängern mit geringem Einkommen[4].	2	2 ältere Erwachsene	1 526

2 Städtische Haushalte. – 3 Darunter mindestens ein Kind unter 15 Jahren. – 4 Haushaltsvorstand ist Alleinverdiener.
Quelle: Statistisches Bundesamt

Tabelle 2: **Wägungsschema für den Preisindex für die Lebenshaltung aller privaten Haushalte in Deutschland (Angaben in Promille)**

	COICOP-VP[1]	Gewichte 1991 ‰	Gewichte 1995 ‰	Differen-zen	Verände-rungen gegenüber 1991 in v.H.
1	Nahrungsmittel und alkoholfreie Getränke	144,81	131,26		
2	Alkoholische Getränke und Tabakwaren	45,89	41,67		
3	Bekleidung und Schuhe	76,19	68,76		
4	Wohnung, Wasser, Elektrizität, Gas und andere Brennstoffe	240,46	274,77		
5	Hausrat und laufende Instandhaltung des Hauses	72,87	70,56		
6	Gesundheitspflege	30,56	34,39		
7	Verkehr	156,77	138,82		
8	Nachrichtenübermittlung	17,92	22,66		
9	Freizeit und Kultur	99,59	103,57		
10	Bildungswesen	5,42	6,51		
11	Hotels, Cafés und Restaurants	58,44	46,08		
12	Verschiedene Waren und Dienstleistungen	51,08	60,95		
	Insgesamt	1 000,00	1 000,00		

a) Welche Aufgabe hat der Warenkorb bei der Ermittlung des Preisindexes für die Lebenshaltung zu erfüllen?

b) Welche Bedeutung hat das Wägungsschema bei der Ermittlung des Preisindexes für die Lebenshaltung?

c) Welche drei Warengruppen haben den größten Anteil am Warenkorb?

1 Classification of Individual Consumption by Purpose in einer für Zwecke der Verbraucherstatistik leicht abgewandelten Form.

d) Ermitteln Sie die absolute Veränderung der Wägungsanteile der Warengruppen 1995 gegenüber 1991!

e) Ermitteln Sie die prozentualen Veränderungen der Gewichte der einzelnen Warengruppen am Wägungsschema!

f) Welche drei Warengruppen haben ihren Anteil am Wägungsschema relativ am stärksten erhöht? Welche Gründe könnten zu diesen Veränderungen geführt haben?

g) Welche drei Warengruppen haben ihren Anteil am Wägungsschema relativ am stärksten vermindert? Welche Gründe könnten zu diesen Veränderungen geführt haben?

h) Stellen Sie die Veränderungen der Wägungsanteile der verschiedenen Warengruppen in einem Säulendiagramm dar!

14a Bei der Zusammenstellung eines neuen Warenkorbes wurden u. a. die folgenden Veränderungen vorgenommen:

1. Ausgetauschte Positionen

z. B.	Jogurt ohne Fruchtzusatz	wird ersetzt durch	Jogurt mit Fruchtzusatz
	Helles Mischbrot	wird ersetzt durch	Körnerbrot
	Superbenzin, Markenware, mit Bedienung	wird ersetzt durch	Superbenzin-Plus, bleifrei, Markenware, Selbstbedienung

2. Gestrichene Positionen

z. B.	Schneiderarbeit
	Unkrautvernichter
	Zechenbrechkoks

3. Neue Positionen

z. B.	Kiwi
	Flaschenbier, alkoholfrei
	Disketten

a) Welche Gründe können zu den Veränderungen zu 1. geführt haben?

b) Welche Gründe können zum Streichen der Positionen zu 2. geführt haben?

c) Welche Gründe können zur Hereinnahme der Positionen zu 3. geführt haben?

Ermittlung des Preisindexes für die Lebenshaltung

Die Veränderung des Preisniveaus in verschiedenen Perioden wird dadurch ermittelt, dass die **Mengen** der Güter und Dienstleistungen des Warenkorbes im Basisjahr, hier 1995, **konstant** gehalten und **nur** die **Preis**änderungen berücksichtigt werden **(Methode nach Laspeyres)**.

Im **Basisjahr$_{1995}$** errechnet sich der Preisindex wie folgt:

$$\frac{\text{Summe aller Produkte aus: Menge}_{1995} \cdot \text{Preis}_{1995}}{\text{Summe aller Produkte aus: Menge}_{1995} \cdot \text{Preis}_{1995}} \cdot 100$$

Da Zähler und Nenner dieses Bruches im Basisjahr gleich sind, ergibt sich als Indexwert im Basisjahr der Wert 100.

In den folgenden Perioden bleibt der **Nenner** gegenüber dem **Basisjahr unverändert**. Im **Zähler** dieses Bruches werden die **Preise** der Berichtsperiode mit den konstanten Mengen der jeweiligen Güter und Dienstleistungen im Basisjahr multipliziert.

$$\frac{\text{Menge Gut } x_{1,\,1995} \cdot \text{Preis Gut } x_{1,\,1996} + \text{Menge Gut } x_{2,\,1995} \cdot \text{Preis Gut } x_{2,\,1996} + \ldots}{\text{Menge Gut } x_{1,\,1995} \cdot \text{Preis Gut } x_{1,\,1995} + \text{Menge Gut } x_{2,\,1995} \cdot \text{Preis Gut } x_{2,\,1995} + \ldots}$$

$$\frac{+\ \text{Menge Gut } x_{n,\,1995} \cdot \text{Preis Gut } x_{n,\,1996}}{+\ \text{Menge Gut } x_{n,\,1995} \cdot \text{Preis Gut } x_{n,\,1995}} \cdot 100$$

Durch den Vergleich des Preisindexwertes der laufenden Periode (P_t) mit dem der vergleichbaren Periode des Vorjahres (P_{t-1}) lässt sich die **Inflationsrate** (IR_{pt}) errechnen.

$$IR_{pt} = \frac{P_t}{P_{t-1}} \cdot 100 - 100$$

oder

$$IR_{pt} = \frac{P_t - P_{t-1}}{P_{t-1}} \cdot 100$$

Die **Veränderung der Kaufkraft** in v. H. wird durch die Rechnung

$$IR_{pt} = \frac{P_{t-1}}{P_t} \cdot 100 - 100$$

festgestellt.

15 In einer Volkswirtschaft soll die Veränderung des Preisniveaus durch einen Preisindex ermittelt werden. Dies soll durch die folgenden fünf repräsentativen Güter A – E geschehen.

Über diese Güter liegen diese Angaben über Verbrauchsmenge und Preis pro Einheit vor:

Güter	Verbrauchsmengen		Preis pro Einheit	
	Basisjahr$_{1995}$	Berichtsjahr$_{1996}$	Basisjahr$_{1995}$	Berichtsjahr$_{1996}$
A	500	530	30,00	31,00
B	300	270	45,00	44,00
C	60	100	200,00	206,00
D	400	250	140,00	130,00
E	200	290	40,00	60,00

a) Ermitteln Sie die Preisindizes für das Basisjahr und das Berichtsjahr! Erstellen Sie sich zur Lösung ein PC-Programm!

b) Um wie viel Prozentpunkte hat sich der Preisindex im Berichtsjahr gegenüber dem Basisjahr verändert?

c) Wie hat sich die Kaufkraft gegenüber dem Basisjahr verändert?

d) Interpretieren Sie die festgestellte Veränderung des Preisindexes! Gehen Sie dabei auch auf die Probleme mit dieser Art der Messung der Kaufkraft ein!

e) Welche Auswirkungen haben die folgenden Vorgänge auf den zu ermittelnden Preisindex in der Periode 1997?

1. Durch erhöhten Wettbewerb wird der Preis für Gut A auf 29,00 gesenkt.
2. Gut B erleidet einen drastischen Absatzrückgang wegen eines neuen Ersatzproduktes, das zum gleichen Preis, aber mit verbesserter Qualität angeboten wird. Absatzmenge wird halbiert. Der Preis bleibt unverändert.
3. Von Gut C werden 150 Einheiten verkauft. Wegen der verbesserten Auslastung der Maschinen bleibt der Preis unverändert.
4. Durch staatliche Umweltschutzmaßnahmen wird das Gut D mit einer Sonderabgabe belegt und jetzt zum Preis von 150,00 verkauft. Die Nachfrage bleibt bei 250 Einheiten.
5. Gut E konnte durch eine Änderung des Fertigungsverfahrens qualitativ wesentlich verbessert werden. Trotzdem kann es zum unveränderten Preis angeboten werden.

16 Die Hammann AG, Düsseldorf, erhöht den Preis für den Kühlschrank „Marke Kalt 100" um 50,00 EUR auf 640,00 EUR.

Hat diese Preiserhöhung einen Einfluss auf den Preisindex in der Bundesrepublik?

17 Welche tendenzielle Preisentwicklung müsste in den Bereichen „industrielle Produktion" und „Dienstleistungen" gegeben sein, damit das Preisniveau konstant bleibt? Begründen Sie Ihre Aussagen!

Störungen der Stabilität des Preisniveaus

Inflation

Das Ziel der Stabilität des Preisniveaus gilt als erreicht, wenn das Preisniveau jährlich um nicht mehr als 1 – 2 % steigt. Der theoretische Fall eines völlig unveränderten Preisniveaus wird als nicht erreichbar angesehen.

Steigt das Preisniveau jährlich um über 2 %, so liegt eine schleichende Inflation vor. Beschleunigt sich die Erhöhung des Preisniveaus, so kommt man über die Phase der trabenden (ca. 3 – 5 %) zur galoppierenden Inflation mit Steigerungen des Preisniveaus um mehr als 6 %.

Neben dieser Einteilung der Inflation nach der Geschwindigkeit der Geldentwertung kann man sie nach dem Gesichtspunkt der Erkennbarkeit in offene und versteckte Inflation einteilen. Während die offene Inflation für jedermann an den Preissteigerungsraten erkennbar ist, wird bei der versteckten Inflation durch staatlichen Preisstopp die Geldentwertung statistisch nicht sichtbar.

18 a) Stellen Sie unter dem Gesichtspunkt der Geschwindigkeit fest, welche Art von Inflation in den Ländern USA, Japan, Bundesrepublik Deutschland, Italien und Griechenland in den Jahren 1972 – 1982 anzutreffen war!

Entwicklung der Verbraucherpreise

	Veränderung gegenüber Vorjahr									
	1972 Dez.	1974 Dez.	1976 Dez.	1978 Dez.	1979 Dez.	1980 Dez.	1981 Dez.	1982 Dez.	1983 März	1997 Aug.
	Prozent									
USA	3,4	12,2	4,8	9,0	13,3	12,4	8,9	3,9	3,6	2,2
Japan	5,3	21,9	10,4	3,6	5,7	7,5	4,3	1,8	2,3	2,1
Deutschland (BR) . .	6,4	5,8	3,7	2,4	5,4	5,5	6,3	4,6	3,5	1,7
Niederlande.	7,9	10,8	8,5	4,0	4,8	6,7	7,2	4,3	2,7	1,7
Belgien	6,4	15,7	7,6	3,9	5,1	7,5	8,1	8,1	8,9	1,7
Schweiz	6,9	7,6	1,3	0,7	5,2	4,4	6,6	5,5	4,8	0,5
Großbritannien. . . .	7,6	19,2	15,1	8,4	17,2	15,1	12,0	5,4	4,6	2,0
Italien	7,3	25,3	21,8	11,9	19,8	21,1	17,9	16,3	16,4	1,6
Schweden.	6,1	11,5	9,5	7,3	9,8	14,1	9,2	9,6	8,4	2,2
Frankreich.	6,9	15,2	9,9	9,7	11,8	13,6	14,0	9,7	8,9	1,6
Kanada	5,1	12,3	5,9	8,4	9,8	11,2	12,1	9,3	7,2	1,8
Österreich	7,6	9,7	7,2	3,7	4,7	6,7	6,4	4,7	3,5	1,3
Dänemark	7,0	15,6	13,0	7,1	11,8	10,9	12,2	9,0	7,5	2,4
Finnland	7,1	16,9	12,4	6,4	8,6	13,8	9,9	9,0	7,5	1,6
Griechenland.	6,6	13,4	11,7	11,5	24,8	26,2	22,5	19,1	23,1	5,6
Irland	8,2	20,0	20,6	8,0	15,9	18,2	23,3	12,3	12,5	0,6
Norwegen	7,8	10,4	7,9	8,1	4,7	13,7	11,9	11,7	9,2	2,1
Spanien	7,3	17,9	19,8	16,6	15,5	15,2	14,4	13,9	12,8	1,7

Quelle: Bank für Internationalen Zahlungsausgleich (BIZ), Jahresbericht 1983, Eurostat.

b) Handelt es sich in den einzelnen Ländern jeweils um eine offene oder versteckte Inflation?

c) Was stellen Sie fest, wenn Sie die Veränderung der Verbraucherpreise vom März 1983 mit der vom August 1997 vergleichen?

19 Ein Land verhängt einen Preis- und Lohnstopp, um „die Inflation zu bekämpfen".

    a) Halten Sie diese Maßnahme für geeignet?

    b) Wie werden sich die Anbieter von Gütern und Arbeit auf diese Situation einzustellen versuchen?

Als **Ursachen der Inflation** werden meist zwei Hauptgründe genannt, und zwar

1. eine überhöhte Nachfrage im Verhältnis zum Güterangebot und

2. eine über den Produktivitätszuwachs hinausgehende Erhöhung der Kosten bzw. aufgrund von Marktmacht durchgesetzte überhöhte Gewinne.

20 Bestimmen Sie, ob bei folgenden Situationen die Inflation nachfragebedingte oder angebotsbedingte Ursachen hat! Gehen Sie davon aus, dass die Zentralbank zusätzlich benötigtes Geld zur Verfügung stellt.

Situation	Ursachen der Inflation
1. Der Staat erhöht die Ausgaben. Er finanziert diese bei gleich bleibenden Steuereinnahmen durch Kreditaufnahme bei der Zentralbank.	
2. Die Gewerkschaften setzen Lohnerhöhungen über den Produktivitätszuwachs hinaus durch. Die Unternehmen überwälzen die Mehrkosten auf ihre Kunden.	
3. Die Öl exportierenden Länder schließen sich zu einem Kartell zusammen und erhöhen ihre Rohölabgabepreise um 25 %.	
4. Die Exporte steigen stärker als die Importe.	
5. Inländische Unternehmen treffen in erheblichem Umfang Preisabsprachen mit dem Ziel erhöhter Gewinne.	

21 Als Inflationsursache wird häufig auch die so genannte „Lohn-Preis-Spirale" oder „Preis-Lohn-Spirale" aufgeführt.

    a) Was ist unter diesen Begriffen zu verstehen?

    b) Unter welchen Bedingungen könnte eine Lohn-Preis-Spirale Inflationsursache sein?

22 Welche Auswirkungen hat eine Inflation in der Regel auf folgende Gruppen?

    a) Lohn- und Gehaltsempfänger,   d) Unternehmer,

    b) Sparer,   e) Eigentümer von Grundstücken,

    c) Rentner und Pensionäre,   f) Schuldner.

Deflation

Eine **Deflation** ist durch ein stetig sinkendes Preisniveau gekennzeichnet.

Der Preissenkungsprozess ist darauf zurückzuführen, dass die nachfragewirksame Geldmenge geringer ist als die angebotene Gütermenge.

23 Angenommen, in einer im Gleichgewicht befindlichen Volkswirtschaft begänne der Staat mit einer ausgeprägten Ausgabeneinschränkung.

    a) Welche Auswirkungen auf das Preisniveau wären zu erwarten, falls alle anderen Nachfrager ihre Ausgaben nicht verändern würden?

    b) Welche Folgen ergäben sich für die Unternehmen?

    c) Welche Konsequenzen wären für die Arbeitnehmer zu erwarten?

24 Suchen Sie Faktoren, die zu einer deflatorischen Entwicklung führen können!

Ziel der Erreichung eines hohen Beschäftigungsstandes
Störungen dieses Zieles

Neben der Stabilität des Preisniveaus wird ein hoher Beschäftigungsstand angestrebt. Unter Beschäftigung wird die Auslastung der Produktionsfaktoren Arbeit, Kapital und Boden verstanden.

In der aktuellen Diskussion wird die Beschäftigung des Produktionsfaktors Arbeit in den Vordergrund gestellt. Als **Vollbeschäftigung** wird in der Bundesrepublik Deutschland eine Arbeitslosenquote, das ist der Anteil der Arbeitslosen an den abhängig Beschäftigten in Prozent, von etwa 1 – 2 % angesehen. Bei **Überbeschäftigung** liegt diese Quote unter 1 %, bei **Unterbeschäftigung** über etwa 2 %. Die Zahl der offenen Stellen und die der Kurzarbeiter ist bei der Beurteilung des Arbeitsmarktes mit zu berücksichtigen.

Definition der Erwerbs- beziehungsweise Arbeitslosen

Die Definition der Erwerbslosen im Rahmen der Volkswirtschaftlichen Gesamtrechnungen (ESVG '95) des Statistischen Bundesamts stützt sich auf das Konzept der Internationalen Arbeitsorganisation (ILO). Erwerbslose sind danach Personen ab 15 Jahre, die keine Beschäftigung (auch keine geringfügige) ausüben, sich während der letzten vier Wochen aktiv um eine Arbeit bemüht haben und eine Arbeit innerhalb der nächsten zwei Wochen aufnehmen könnten. Zu den Arbeitslosen im Rahmen der Statistik der Bundesanstalt für Arbeit zählen alle Personen, die das 15., aber noch nicht das 65. Lebensjahr vollendet haben, die beschäftigungslos sind oder nur eine kurzzeitige Beschäftigung (gegenwärtig: unter 15 Stunden pro Woche) ausüben und ein versicherungspflichtiges, mindestens 15 Stunden wöchentlich umfassendes Beschäftigungsverhältnis mit einer Dauer von mehr als sieben Kalendertagen suchen. Sie müssen sich persönlich beim zuständigen Arbeitsamt gemeldet haben sowie der Arbeitsvermittlung zur Verfügung stehen und dürfen nicht arbeitsunfähig erkrankt sein.

25 a) Stellen Sie fest, ob und ggf. wann in der Bundesrepublik Deutschland seit 1998 Vollbeschäftigung erreicht war und wann Unter- bzw. Überbeschäftigung bestand!

saisonbereinigt

Zeit	Erwerbstätige 1) (R)		Erwerbslose 2) Definition der Volkswirtschaftlichen Gesamtrechnungen 3)			in % der Erwerbspersonen insgesamt	Arbeitslose 2) (R) Definition der Statistik der Bundesanstalt für Arbeit 3)		in % der zivilen Erwerbspersonen		Kurzarbeiter 4)		Offene Stellen 5) (R)	
	Tsd						Tsd				Tsd			
	Deutschland													
	mtl.	vj.	mtl.	vj.	mtl.	vj.	mtl.	vj.	mtl.	vj.	mtl.	vj.	mtl.	vj.
1998 April	37 433						4 374		11,3		143		426	
Mai	37 490	37 489		3 761		9,1	4 315	4 341	11,2	11,2	119	122	444	433
Juni	37 543						4 259		11,0		102		448	
Juli	37 570						4 219		10,9		83		443	
Aug.	37 620	37 626		3 602		8,8	4 185	4 201	10,8	10,9	65	75	451	446
Sept.	37 688						4 138		10,7		77		442	
Okt.	37 726						4 104		10,6		90		435	
Nov.	37 750	37 751		3 493		8,5	4 108	4 118	10,6	10,7	108	101	426	429
Dez.	37 778						4 147		10,7		107		411	
1999 Jan.	37 806						4 104		10,6		145		427	
Febr.	37 824	37 813		3 453		8,4	4 104	4 109	10,6	10,6	161	158	443	435
März	37 808						4 091		10,6		167		457	
April	37 720						4 097		10,6		136		460	
Mai	37 694	37 762		3 433		8,3	4 114	4 105	10,5	10,5	137	135	456	457
Juni	37 873						4 118		10,5		131		453	
Juli	38 018						4 111		10,5		107		455	
Aug.	38 012	38 027		3 429		8,3	4 109	4 111	10,5	10,5	88	94	462	460
Sept.	38 050						4 109		10,5		86		469	
Okt.	38 103						4 095		10,5		90		477	
Nov.	38 151	38 162		3 389		8,2	4 059	4 068	10,4	10,4	90	88	482	478
Dez.	38 232						3 980		10,2		05		482	
2000 Jan.	38 292						3 963		10,1		101		477	
Febr.	38 349	38 350		3 302		7,9	3 934	3 955	10,1	10,1	121	116	489	485
März	38 409						3 944		10,1		126		495	
April	38 457						3 933	6)	9,6		107		506	
Mai	38 505	38 501		3 280		7,9	3 902	3 919	9,6	9,6	97	95	513	508
Juni	38 540						3 898		9,6		81		516	
Juli	38 550						3 884		9,5		66		520	
Aug.	7) 38 559		...		...		3 862	3 872	9,5	9,5	62	65	525	524
Sept.	...						3 842		9,4		66		537	
Okt.	...						3 817		9,4		66		543	

Quellen der Ursprungswerte: Statistisches Bundesamt, Bundesanstalt für Arbeit. — * Monatsangaben: Endstände, bei Erwerbstätigen Durchschnitte, bei Kurzarbeitern Stand zur Monatsmitte; Vierteljahresangaben: Durchschnitte. — 1 Inlandskonzept. — 2 Mittel aus den Ergebnissen eines multiplikativen und eines additiven Ansatzes der Saisonbereinigung. — 3 Siehe Erläuterungen am Ende des Hefts. — 4 Nicht saisonbereinigt. — 5 Offene Stellen in Ostdeutschland nicht saisonbereinigt. — 6 Ab April 2000 berechnet auf Basis aktualisierter Erwerbspersonenzahlen (Stand: Juni 1999). — 7 Erste vorläufige Schätzung des Statistischen Bundesamts.

Quelle: Deutsche Bundesbank, Saisonbedingte Wirtschaftszahlen, Nov. 2000

b) Suchen Sie Gründe, warum offene Stellen nicht immer mit Arbeitslosen besetzt werden können!

c) Welche sozialen Probleme können bei einer Unterbeschäftigung des Produktionsfaktors Arbeit entstehen?

d) Stellen Sie fest, welche sozialen Sicherungen bezüglich der Arbeitslosigkeit in der Bundesrepublik Deutschland bestehen und wie deren Finanzierung geregelt ist!

26 Als Gründe der Arbeitslosigkeit werden
- konjunkturelle,   - friktionelle und
- strukturelle,   - saisonale

Ursachen unterschieden.

a) Was ist unter diesen Ursachen zu verstehen?

b) Suchen Sie zu jeder dieser Ursachen ein aktuelles Beispiel!

c) Welche dieser Ursachen ist am leichtesten zu beseitigen?

d) Inge war als Angestellte beschäftigt. Sie hat eine neue Arbeitsstelle gefunden. Bis zum Antritt bei der neuen Stelle will sie vier Monate „feiern". Sie trifft mit dem bisherigen Arbeitgeber eine Übereinkunft, dass sie von diesem entlassen wird, um Arbeitslosengeld beanspruchen zu können.

  da) Wie beurteilen Sie dieses Handeln?

  db) Welche Art von Arbeitslosigkeit liegt hier vor?

e) Als eine Ursache der Diskrepanz von Arbeitskräfteangebot und Arbeitskräftenachfrage wird die fehlende oder unzureichende Mobilität der Arbeitnehmer angesehen.

  Was kann die geringe bzw. fehlende Mobilität der Arbeitnehmer in Deutschland verursacht haben?

27 Im Zusammenhang mit der Arbeitslosigkeit wird auf die Notwendigkeit der Mobilität der Arbeitskräfte verwiesen.

Nach Wallraff (SJ) lassen sich vier Kategorien der Mobilität unterscheiden:

1. regionale Mobilität (Wohnortswechsel),

2. innerbetriebliche Mobilität (Einsatz an neuen Maschinen, Aufstieg auf einen höherwertigen Arbeitsplatz),

3. vertikale Mobilität (Aufstieg der nachfolgenden Generation in eine höhere gesellschaftliche Stufe) und

4. interprofessionelle Mobilität (Berufswechsel).

a) Welchen Arten der Mobilität kommt bei der Bekämpfung der Arbeitslosigkeit eine besondere Bedeutung zu?

b) Suchen Sie Gründe, welche die Mobilität eines Arbeitnehmers beeinträchtigen können!

c) Was könnte der Staat unternehmen, um die Mobilität der Arbeitnehmer zu erhöhen?

Außenwirtschaftliches Gleichgewicht

Zahlungsbilanz und Zahlungsbilanzgleichgewicht

Die Zahlungsbilanz eines Landes ist eine statistische Zusammenfassung aller ökonomischen Transaktionen zwischen Inländern (Gebietsansässige) und Ausländern (Gebietsfremde) während eines bestimmten Zeitraumes.

In der Zahlungsbilanz werden **keine Bestände** erfasst, sondern nur Stromgrößen (Veränderungen).

Aufgaben der Zahlungsbilanz:

Bereitstellung der Datenbasis für

● die **Geld- und Währungspolitik** und die übrige **Wirtschaftspolitik**;

● wesentliche Bestandteile der **volkswirtschaftlichen Gesamtrechnungen**.

Gliederung der Zahlungsbilanz:

Die Zahlungsbilanz besteht aus **vier Teilbilanzen**.

I. Leistungsbilanz
(Bilanz der laufenden Posten)

Sie erfasst die Übertragungen mit dem Ausland, die Einfluß auf **Einkommen** und **Verbrauch** haben. Die Leistungsbilanz umfasst

● den **Außenhandel** (Warenausfuhr und -einfuhr, einschließlich der Ergänzungen zum Warenverkehr, hauptsächlich Lagerverkehr auf inländische Rechnung und Absetzung von Rückwaren);

● die **Dienstleistungen** (z.B. Reiseverkehr, Transport, Finanzdienstleistungen, Patente und Lizenzen, Regierungsleistungen);

● die **Erwerbs- und Vermögenseinkommen** (es handelt sich hauptsächlich um die Erfassung der *Einkommen aus unselbstständiger Arbeit* und der *Kapitalerträge*) und

● die **Laufenden Übertragungen** (z.B. an internationale Organisationen, private Renten- und Unterstützungszahlungen, Überweisungen der Gastarbeiter).

Der **Saldo der Leistungsbilanz** gilt allgemein als Maßstab für das **außenwirtschaftliche Gleichgewicht**. Theoretisch wäre dieses Ziel erreicht, wenn dieser Saldo gleich null ist.

II. Vermögensübertragungen

Erfasst werden u.a. Vermögensübertragungen, die als „**einmalig**" betrachtet werden können, z.B. Schuldenerlasse, Erbschaften, Schenkungen, Erbschaft- und Schenkungsteuern, Vermögensmitnahmen von Aus- bzw. Einwanderern.

III. Kapitalbilanz

Die Kapitalbilanz gliedert sich in

● **Direktinvestitionen** (z.B. Beteiligungen);

● **Wertpapieranlagen** (z.B. Aktien, Investmentzertifikaten, Festverzinsliche Wertpapiere, Geldmarktpapiere, Finanzderivate);

● lang- und kurzfristige **Kredite** (von Kreditinstituten, Unternehmen und öffentlichen Stellen) sowie

● **sonstige Kapitalanlagen** (insbesondere Beteiligungen des Bundes an internationalen Organisationen).

IV. Restposten

Dieser Posten ist erforderlich, um die Zahlungsbilanz statistisch auszugleichen, da die Datenquellen, die zu der Erstellung der Teilbilanzen I–III und V herangezogen werden, nicht aufeinander abgestimmt sind. Es handelt sich um statistisch nicht aufgliederbare Transaktionen.

V. Veränderung der Nettoauslandsaktiva der Bundesbank
(zu Transaktionswerten)
(Zunahme +)
(= I + II + III + IV)

Hier werden die **Veränderungen der Währungsreserven** der Bundesbank zu Transaktionswerten erfasst. Diese Bilanz wird als **Devisenbilanz** bezeichnet. Veränderungen durch Neubewertungen der Devisenbestände, z.B. durch Auf- oder Abwertungen, können als Differenz zwischen den nachrichtlich von der Bundesbank bekannt gegebenen Veränderungen zu Bilanzkursen und den Veränderungen zu Transaktionswerten ermittelt werden.

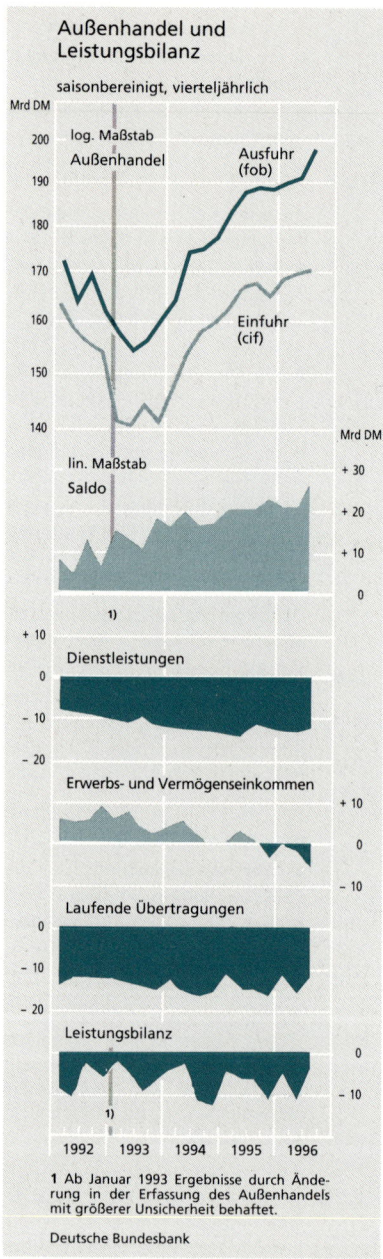

Außenhandel und Leistungsbilanz

saisonbereinigt, vierteljährlich

Mrd DM

log. Maßstab
Außenhandel

Ausfuhr (fob)

Einfuhr (cif)

lin. Maßstab
Saldo

Mrd DM

Dienstleistungen

Erwerbs- und Vermögenseinkommen

Laufende Übertragungen

Leistungsbilanz

1992 1993 1994 1995 1996

1 Ab Januar 1993 Ergebnisse durch Änderung in der Erfassung des Außenhandels mit größerer Unsicherheit behaftet.

Deutsche Bundesbank

a) Aus welchen Teilbilanzen setzt sich die Leistungsbilanz zusammen?

b) Welches sind die Teilbilanzen der Zahlungsbilanz?

c) Prüfen Sie, ob seit 1992 in der Bundesrepublik Deutschland außenwirtschaftliches Gleichgewicht herrscht!

29 Die Zusammensetzung der Dienstleistungsbilanz ist aus folgender Tabelle im Einzelnen ersichtlich:

3. Dienstleistungsverkehr mit dem Ausland, Erwerbs- und Vermögenseinkommen (Salden)

Mio DM

| | Dienstleistungen | | | | | | Übrige Dienstleistungen | | | | | |
| | | | | | | | | darunter: | | | | |
Zeit	Insgesamt	Reiseverkehr	Transport 1)	Finanz-dienst-leistungen	Patente und Lizenzen	Regierungs-leistungen 2)	zusammen	Entgelte für selb-ständige Tätigkeit 3)	Bauleistungen, Montagen, Ausbes-serungen	Erwerbsein-kommen 4)	Vermögens-einkommen (Kapital-erträge)
1991	− 22 675	− 34 405	+ 5 272	+ 1 032	− 3 881	+ 16 303	− 6 996	− 1 561	+ 869	+ 2 095	+ 32 181
1992	− 35 919	− 39 454	+ 3 597	+ 1 587	− 3 800	+ 13 085	− 10 934	− 1 454	+ 750	+ 564	+ 26 257
1993	− 43 833	− 43 065	+ 3 627	+ 2 367	− 3 955	+ 9 927	− 12 735	− 1 752	− 162	− 883	+ 22 598
1994	− 52 528	− 49 291	+ 3 487	+ 1 630	− 3 755	+ 8 629	− 13 228	− 1 680	− 1 228	+ 1 587	+ 12 941
1995	− 53 906	− 49 374	+ 2 621	+ 2 666	− 3 818	+ 6 713	− 12 715	− 1 765	− 1 247	− 2 217	+ 2 609

1 Ohne die im cif-Wert der Einfuhr enthaltenen Ausgaben für Frachtkosten. − **2** Einschl. der Einnahmen von aus-ländischen militärischen Dienststellen für Warenlieferungen und Dienstleistungen. − **3** Ingenieur- und sonstige tech-nische Dienstleistungen, Forschung und Entwicklung, kaufmännische Dienstleistungen u. a. m. − **4** Einkommen aus unselbstständiger Arbeit.

Quelle: Deutsche Bundesbank, Monatsbericht 12/96

a) Welcher Posten der Dienstleistungsbilanz erfordert die höchsten Ausgaben?

b) Wie ist die Tatsache zu bewerten, dass die Position Lizenzen und Patente negativ ist?

c) Welcher Posten der Dienstleistungsbilanz erbringt die höchsten Einnahmen?

d) Welche Gründe könnte es dafür geben, dass die Vermögenseinkommen stark zurück-gehen?

30 Betrachten Sie die Bilanz der laufenden Übertragungen!

a) Welcher Posten hat die größte Bedeutung bei den laufenden Übertragungen?

b) Wodurch unterscheidet sich die Bilanz der laufenden Übertragungen grundsätzlich von den anderen Teilbilanzen der Zahlungsbilanz?

4. Laufende Übertragungen an das bzw. vom Ausland (Salden)

5. Vermögensübertragungen (Salden)

Mio DM

| | | Öffentlich 1) | | | | Privat 1) | | | | Mio DM | | |
| | | | Internationale Organisationen 2) | | | | | | | | | |
Zeit	Zeit	Insgesamt	zusammen	zusammen	darunter Europäische Gemein-schaften	sonstige öffentliche laufende Übertra-gungen 3)	insgesamt	Über weisungen der Gast-arbeiter	sonstige private laufende Übertra-gungen	Insgesamt 4)	Öffentlich 1)	Privat 1)
1991	1991	− 61 438	− 48 625	− 24 307	− 21 857	− 24 318	− 12 812	− 6 429	− 6 383	− 1 009	− 1 827	+ 818
1992	1992	− 54 165	− 39 240	− 28 208	− 25 298	− 11 032	− 14 925	− 6 825	− 8 100	+ 924	− 251	+ 1 175
1993	1993	− 58 459	− 42 732	− 30 488	− 27 286	− 12 244	− 15 727	− 6 838	− 8 889	+ 800	− 913	+ 1 713
1994	1994	− 62 557	− 46 244	− 34 789	− 34 789	− 11 455	− 16 313	− 7 500	− 8 813	+ 312	− 597	+ 909
	1995	− 58 562	− 42 245	− 32 949	− 29 773	− 9 296	− 16 317	− 7 600	− 8 717	− 862	− 2 605	+ 1 743
	1995 1.Vj.	− 11 189	− 7 060	− 4 674	− 3 825	− 2 386	− 4 129	− 1 900	− 2 229	+ 514	− 16	+ 529
	2.Vj.	− 14 238	− 10 428	− 8 465	− 8 042	− 1 962	− 3 810	− 1 900	− 1 910	− 2 400	− 2 455	+ 55
	3.Vj.	− 14 949	− 10 900	− 8 588	− 8 123	− 2 312	− 4 048	− 1 900	− 2 148	+ 301	− 16	− 316
	4.Vj.	− 18 187	− 13 858	− 11 221	− 9 782	− 2 637	− 4 330	− 1 900	− 2 430	+ 723	− 119	+ 842
	1996 1.Vj.	− 11 340	− 7 311	− 5 011	− 3 510	− 2 301	− 4 029	− 1 850	− 2 178	+ 1 114	− 19	+ 1 132
	2.Vj.	− 15 570	− 11 469	− 9 945	− 9 588	− 1 523	− 4 101	− 1 850	− 2 251	+ 518	− 316	+ 833
	3.Vj.	− 11 716	− 7 772	− 6 866	− 5 951	− 907	− 3 944	− 1 850	− 2 093	+ 719	− 60	+ 779
1995 Dez.		− 7 746	− 6 287	− 5 347	− 4 421	− 940	− 1 460	− 700	− 760	+ 492	− 8	+ 500
1996 Jan.		− 2 191	− 869	− 62	+ 575	− 807	− 1 322	− 617	− 705	+ 801	− 4	+ 806
Febr.		− 4 296	− 2 963	− 2 275	− 2 121	− 687	− 1 334	− 617	− 717	− 54	− 13	− 41
März		− 4 853	− 3 480	− 2 673	− 1 964	− 806	− 1 373	− 617	− 756	+ 366	− 2	+ 368
April		− 5 289	− 4 023	− 3 425	− 3 321	− 598	− 1 265	− 617	− 648	+ 287	− 2	+ 289
Mai		− 4 935	− 3 522	− 3 050	− 3 008	− 473	− 1 412	− 617	− 796	+ 157	−	+ 157
Juni		− 5 347	− 3 923	− 3 470	− 3 259	− 452	− 1 424	− 617	− 807	+ 75	− 314	+ 387
Juli		− 4 658	− 3 442	− 3 709	− 3 454	+ 266	− 1 216	− 617	− 599	+ 570	− 10	+ 581
Aug.		− 5 914	− 4 555	− 3 864	− 3 276	− 690	− 1 359	− 617	− 742	+ 33	− 20	+ 53
Sept		− 1 144	+ 725	+ 707	+ 778	+ 483	− 1 369	− 617	− 752	+ 116	− 30	+ 145
Okt.		− 4 895	− 3 569	− 2 978	− 2 951	− 591	− 1 327	− 617	− 710	+ 514	− 2	+ 516

1 Für die Zuordnung zu Öffentlich und Privat ist maßgebend, welchem Sektor die an der Transaktion beteiligte inländi-sche Stelle angehört. − **2** Laufende Beiträge zu den Haushalten der internationalen Organisationen und Leistungen im Rahmen des EG-Haushalts (ohne Vermögensübertragungen). − **3** Zuwendungen an Entwicklungsländer, Renten und Pensionen, Steuereinnahmen und -erstattungen u. a. m. − **4** Soweit erkennbar; insbesondere Schuldenerlass.

Quelle: Deutsche Bundesbank, Monatsbericht 12/96

31 Welche größenmäßige Bedeutung für die Zahlungsbilanz hat die Bilanz der Vermögensübertragungen?

(Vgl. Abb. zu Aufgabe 30!)

32 Die Attraktivität des Standortes Deutschland für Unternehmen lässt sich auch an der Kapitalbilanz ablesen.

Welche Aussagen über diese Attraktivität lassen sich aus den abgebildeten Ergebnissen der Kapitalbilanz ableiten?

Wichtige Posten der Zahlungsbilanz

Mrd DM

	1995	1996	
Position	3. Vj.	2. Vj.	3. Vj.
III. Kapitalbilanz (Netto-Kapitalexport: –)			
Direktinvestitionen	– 3,8	– 9,7	– 7,6
Deutsche Anlagen im Ausland	– 7,2	– 8,2	– 11,5
Ausländische Anlagen im Inland	+ 3,4	– 1,5	+ 3,8
Wertpapiere	+ 9,3	+ 21,9	+ 27,3
Deutsche Anlagen im Ausland	– 14,2	– 9,4	– 13,6
Ausländische Anlagen im Inland	+ 23,4	+ 31,3	+ 40,9
Kreditverkehr	+ 10,6	– 3,0	+ 1,4
Kreditinstitute	+ 2,4	+ 4,6	– 20,3
langfristig	+ 8,1	+ 5,0	+ 5,8
kurzfristig	– 5,7	– 0,4	– 26,2
Unternehmen und Privatpersonen	+ 4,4	– 4,9	+ 12,9
langfristig	– 1,4	– 0,1	– 0,7
kurzfristig	+ 5,9	– 4,8	+ 13,6
Öffentliche Stellen	+ 3,7	– 2,7	+ 8,8
langfristig	– 1,0	– 0,2	+ 2,0
kurzfristig	+ 4,7	– 2,5	+ 6,8
Sonstige Kapitalanlagen	– 0,8	– 0,9	– 1,0
Saldo der gesamten Kapitalbilanz	+ 15,2	+ 8,3	+ 20,1

33 a) Wie setzen sich die Währungsreserven der Deutschen Bundesbank zusammen?

Auslandsposition der Deutschen Bundesbank *)

Mio DM

	Währungsreserven und sonstige Auslandsaktiva							Auslandsverbindlichkeiten			
		Währungsreserven									
Stand am Jahres- bzw. Monatsende	insgesamt	zusammen	Gold	Devisen und Sorten 1)	Reserveposition im Internationalen Währungsfonds und Sonderziehungsrechte 2)	Forderungen an das EWI 3) netto 2)	Kredite und sonstige Forderungen an das Ausland 4)	insgesamt	Verbindlichkeiten aus dem Auslandsgeschäft 5)	Verbindlichkeiten aus Liquiditäts-U–Schätzen	Netto-Auslandsposition (Spalte 1 abzügl. Spalte 8)
	1	2	3	4	5	6	7	8	9	10	11
1990	106 446	104 023	13 688	64 517	7 373	18 445	2 423	52 259	52 259	–	54 188
1991	97 345	94 754	13 688	55 424	8 314	17 329	2 592	42 335	42 335	–	55 010
1992	143 959	141 351	13 688	85 845	8 199	33 619	2 608	26 506	26 506	–	117 453
1993	122 763	120 143	13 688	61 784	8 496	36 176	2 620	39 541	23 179	16 362	83 222
1994	115 965	113 605	13 688	60 209	7 967	31 742	2 360	24 192	19 581	4 611	91 774
1995	123 261	121 307	13 688	68 484	10 337	28 798	1 954	16 390	16 390	–	106 871
1995 Nov.	126 089	124 131	13 688	69 579	10 873	29 991	1 958	16 257	16 257	–	109 832
Dez.	123 261	121 307	13 688	68 484	10 337	28 798	1 954	16 390	16 390	–	106 871
1996 Jan.	123 827	121 872	13 688	68 111	10 445	29 629	1 954	16 330	16 330	–	107 497
Febr.	124 121	122 417	13 688	68 418	10 647	29 664	1 704	16 749	16 749	–	107 371
März	124 520	122 815	13 688	69 601	10 987	28 540	1 704	16 718	16 718	–	107 802
April	125 752	124 048	13 688	70 478	10 934	28 948	1 704	16 796	16 796	–	108 956
Mai	123 225	121 521	13 688	72 413	10 955	24 466	1 704	16 812	16 812	–	106 413
Juni	123 939	122 235	13 688	73 142	10 928	24 478	1 704	16 960	16 960	–	106 979
Juli	120 883	119 178	13 688	73 080	10 965	21 446	1 704	16 590	16 590	–	104 293
Aug.	121 579	120 124	13 688	73 951	11 054	21 432	1 454	16 860	16 860	–	104 718
Sept.	123 035	121 594	13 688	75 477	10 999	21 432	1 441	16 083	16 083	–	106 953
Okt.	123 765	122 325	13 688	75 555	10 997	22 085	1 441	16 307	16 307	–	107 458

* Bewertung des Goldbestandes und der Auslandsforderungen nach § 26 Abs. 2 des Gesetzes über die Deutsche Bundesbank und den Vorschriften des Handelsgesetzbuches, insbesondere § 253. Im Jahresverlauf Bewertung zu den Bilanzkursen des Vorjahres. – **1** Hauptsächlich US-Dollar-Anlagen. – **2** Aufgliederung s. untenstehende Tabelle. – **3** Europäisches Währungsinstitut (bis 1993 Forderungen an den Europäischen Fonds für währungspolitische Zusammenarbeit). – **4** Hauptsächlich Kredite an die Weltbank. – **5** Einschl. der durch die Bundesbank an Gebietsfremde abgegebenen Liquiditätspapiere; ohne die von März 1993 bis März 1995 an Gebietsfremde verkauften Liquiditäts-U-Schätze, die in Spalte 10 ausgewiesen sind.

Quelle: Deutsche Bundesbank, Monatsbericht 12/96

b) Wozu sind Währungsreserven erforderlich?

34 Ein Land hat folgende Transaktionen mit dem Ausland:

1. Exporte von Handelswaren, Ziel 3 Monate, 50 Mio. Geldeinheiten (GE).
2. Für Auslandsreisen kaufen Inländer für 14 Mio. GE Devisen von der Zentralbank.
3. Kauf von Schuldverschreibungen im Ausland für 8 Mio. GE. Devisen werden von der Zentralbank erworben.
4. Überweisungen von Gastarbeitern in ihre Heimatländer in Höhe von 2 Mio. GE.
5. Exporterlöse zu 1. gehen ein und werden von der Zentralbank in Inlandswährung umgetauscht, 50 Mio. GE.
6. Warenimporte gegen Barzahlung, 15 Mio. GE. Die erforderlichen Devisen werden von der Zentralbank erworben.
7. Warenexport gegen bar nach Russland für 3 Mio. GE.
8. Ausländische Zentralbanken wechseln DM-Banknoten und Münzen bei der Deutschen Bundesbank in Landeswährungen um. 1 Mio. GE.
9. Importe von Handelswaren auf 2 Monate Ziel, 5 Mio. GE.
10. Der Bundesfinanzminister nimmt im Ausland ein langfristiges Darlehen auf und tauscht diese Devisen bei der Bundesbank um, 7 Mio. GE.
11. Die EU überweist 2 Mio. GE an die BR Deutschland für Infrastrukturmaßnahmen in Notstandsgebieten. Gutschrift in Landeswährung durch die Zentralbank.
12. Warenexporte, bar, 6 Mio. GE. Devisen werden von der Zentralbank angekauft.
13. Ein im Ausland aufgenommenes langfristiges Darlehen wird zurückgezahlt, 3 Mio. GE.
14. Kauf von Aktien im Ausland. Devisen werden bei der Zentralbank gekauft, 1 Mio. GE.
15. Transportleistungen für Ausländer für 2 Mio. GE. Zahlungsziel 3 Monate.
16. Aus ausländische Erben werden die Erbanteile überwiesen, 4 Mio. GE.
17. Inländer erhalten Zinsen für ausländische Wertpapiere überwiesen, 3,5 Mio. GE.

a) Buchen Sie diese Transaktionen in einer Zahlungsbilanz nach folgendem, vereinfachtem Schema:

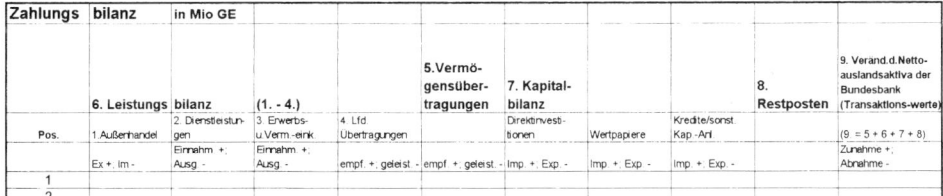

b) Ist die Leistungsbilanz aktiv oder passiv?
c) Ist die Kapitalbilanz ausgeglichen?
d) Von einem Zahlungsbilanzüberschuss wird auch gesprochen, wenn sich der Devisenbestand (Auslandsaktiva) am Ende einer Abrechnungsperiode erhöht hat. Bei einer Abnahme dieses Bestandes liegt ein Zahlungsbilanzdefizit vor. Welcher Zustand ergibt sich in diesem Beispiel?
e) Erstellen Sie aus den Salden eine Zahlungsbilanz nach dem Schema der Deutschen Bundesbank!

29 Schuster – ISBN 3-8120-0060-1

Stetiges, angemessenes Wirtschaftswachstum

Unter **Wirtschaftswachstum** wird meist die reale Zunahme des Bruttosozialprodukts verstanden. Als „angemessen" gilt eine durchschnittliche jährliche Steigerung um 3–5%.

35 a) Stellen Sie fest, in welchen der aufgeführten Länder das als angemessen geltende Wirtschaftswachstum erreicht wurde!

Größere Industrieländer:
Veränderung des realen Bruttosozialprodukts und seiner Komponenten

	Jahr	Reales BSP	Verbrauch		Bruttoanlageinvestitionen			Export	Import	Vorrats-investi-tionen
			privat	öffent-lich	privat		offent-lich			
					ohne Woh-nungs-bau	Woh-nungs-bau				
				Veränderung gegen Vorjahr in Prozent						
USA	1979	2,8	2,7	1,3	7,3	− 5,3		15,4	6,1	− 0,6
	1980	− 0,4	0,3	2,3	− 2,2	−20,1		8,9	− 0,4	− 0,8
	1981	1,9	1,8	0,9	3,6	− 4,9		− 0,4	7,2	1,0
	1982	− 1,7	1,0	1,4	− 3,8	−10,5		− 7,1	0,0	− 1,2
Japan	1979	5,2	5,9	4,3	11,8	− 1,0	3,1	6,6	14,7	0,5
	1980	4,8	1,3	2,9	8,0	− 9,4	− 3,2	18,8	− 3,9	− 0,1
	1981	3,8	0,5	4,6	5,6	− 2,6	5,3	15,9	5,5	− 0,2
	1982	3,0	4,2	3,5	1,9	− 1,0	0,7	3,3	3,1	− 0,1
Deutschland (BR)	1979	4,0	3,1	3,4	8,6	6,0	4,5	4,9	10,3	1,3
	1980	1,8	1,5	2,8	3,4	3,3	2,1	5,8	4,4	− 0,7
	1981	− 0,2	− 1,2	2,0	− 2,7	− 4,0	− 7,7	8,5	1,2	− 1,2
	1982	− 1,1	− 2,2	0,2	− 5,2	− 4,9	− 7,9	3,7	0,6	0,3
Frankreich	1979	3,1	3,2	1,8	1,8	4,7	1,6	7,1	10,5	0,3
	1980	1,3	1,5	1,3	4,2	− 3,8	1,6	3,0	4,6	0,7
	1981	0,2	2,2	2,4	− 2,3	− 1,2	− 0,7	5,1	1,0	− 2,1
	1982	1,8	2,1	3,1	0,4	− 1,0	0,6	− 0,4	3,6	0,7

Quelle: Bank für Internationalen Zahlungsausgleich (BIZ), Jahresbericht 1983.

b) Durch welche Komponente wurde in der Bundesrepublik Deutschland im Jahre 1982 das Wirtschaftswachstum besonders beeinträchtigt?

36 Das Wachstum einer Volkswirtschaft wird durch den Bestand und die Auslastung der Produktionsfaktoren bestimmt. Daraus lässt sich das gesamtwirtschaftliche Produktionspozential ermitteln. Wird dieses Potenzial nicht voll ausgenutzt, so wird auf mögliches Wachstum verzichtet.

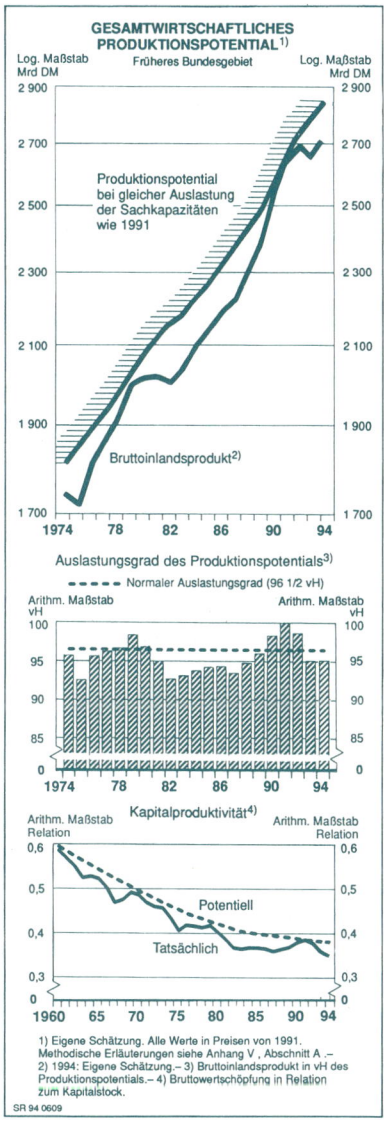

Quelle: Bundestagsdrucksache 13/26, 13. Wahlperiode.

a) Welche Auswirkungen ergeben sich für das Bruttoinlandsprodukt, wenn das Produktionspotenzial unterdurchschnittlich ausgelastet wird?

b) Welcher Auslastungsgrad des Produktionspotenzials gilt als normale Auslastung?

c) Nennen Sie Faktoren, die den Auslastungsgrad des Produktionspotenzials beeinflussen!

451

37 An einem vereinfachten Modell soll gezeigt werden, wie sich eine Steigerung des Wirtschaftswachstums ergibt. Ausgangspunkt sei ein Nettonationaleinkommen zu Faktorkosten (Volkseinkommen) von 300 Mrd. EUR in der Periode I. Das Volkseinkommen soll zu 80 % konsumiert werden (240 Mrd. EUR), die restlichen 20 % werden gespart (60 Mrd. EUR). Die Ersparnisse werden zu $\frac{1}{6}$ = 10 Mrd. EUR den Investoren direkt zugeführt, die restlichen $\frac{5}{6}$ sollen bei Kreditinstituten gespart werden.

Die Investoren beurteilen die zukünftige Wirtschaftsentwicklung positiv und treffen Investitionsentscheidungen in Höhe von 80 Mrd. EUR. 70 Mrd. EUR sollen durch Kreditaufnahme bei Kreditinstituten finanziert werden.

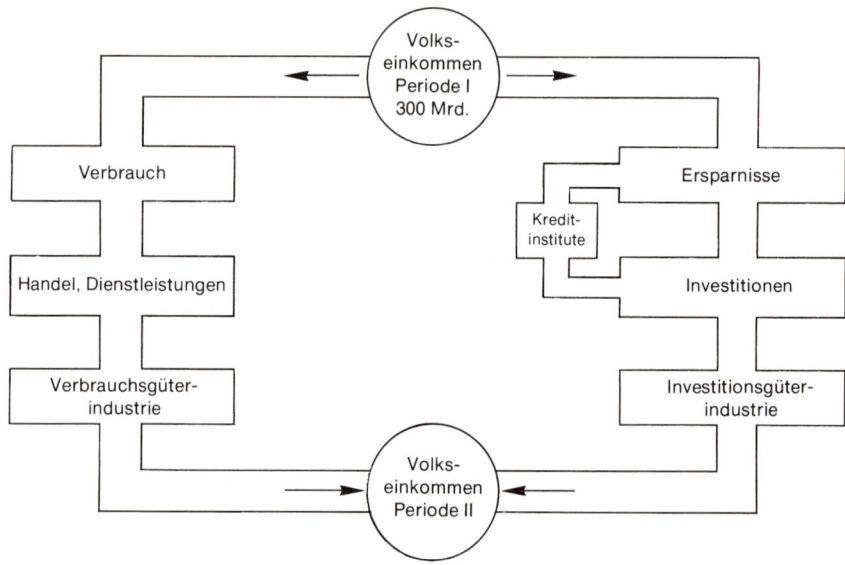

a) Tragen Sie die Wertangaben in das Schaubild ein!

b) Besteht eine Gleichheit zwischen den Sparentscheidungen der Haushalte und den Investitionsentscheidungen der Unternehmer?

c) Welche Möglichkeiten gibt es, die evtl. bestehende Lücke zwischen den Ersparnissen und den Investitionen zu schließen?

d) Welches Volkseinkommen ergibt sich in diesem Beispiel in der Periode II?

e) Wie hoch war das Wirtschaftswachstum in diesem Falle?

f) Wie hätte sich das Volkseinkommen in der Periode II entwickelt, wenn die Investoren nur zu Investitionen von 50 Mrd. EUR bereit gewesen wären?

g) Wer trifft jeweils die Spar- und Investitionsentscheidungen in einer Marktwirtschaft?

h) In der politischen Diskussion wird die Forderung nach einer Investitionslenkung vorgebracht. Was ist darunter zu verstehen und wie beurteilen Sie eine solche Maßnahme?

Gerechtere Einkommens- und Vermögensverteilung

38 Ziel einer „gerechteren" Einkommens- und Vermögensverteilung ist es, eine die Gegensätze betonende Aufspaltung sozialer Gruppen, also in Arme und Reiche, zu vermeiden.

Ein Maßstab für eine gerechte Einkommensverteilung ist die Lohnquote, also der Anteil der Einkommen der unselbstständig Beschäftigten am Volkseinkommen.

a) Stellen Sie aus der Statistik über die Verteilung des Volkseinkommens (Aufg. 12) fest, wie hoch die Lohnquote 1997 war!

b) Wodurch wird durch das Einkommensteuerrecht versucht, die Einkommensunterschiede anzugleichen?

c) Da die Einkommensverteilung durch die Arbeitnehmerentgelte noch nicht als „gerecht" angesehen wird, nimmt der Staat eine zweite Einkommensverteilung durch die Zahlungen bestimmter Leistungen an bestimmte Bevölkerungsgruppen vor.
Suchen Sie Beispiele von Staatsleistungen in der Bundesrepublik Deutschland, die einkommensverändernd wirken!

d) Was betrachten Sie als eine „gerechte" Einkommens- und Vermögensverteilung?

e) Welche Wirkungen können sich für eine Gesellschaft ergeben, wenn sich die Einkommen aus Arbeit und die Einkommen aus der zweiten Einkommensverteilung in der Höhe stärker annähern?

Zielkonflikte

39 Die nach dem Stabilitätsgesetz anzustrebenden gesamtwirtschaftlichen Ziele sollen gleichrangig angestrebt werden.

Es hat sich aber erwiesen, dass es bei der Verfolgung eines noch nicht realisierten Zieles häufig zu unerwünschten Veränderungen bei anderen Zielen kommt.

a) Welche Ziele sollen nach dem Stabilitätsgesetz erreicht werden?

b) Maßnahmen zum Erreichen eines Zieles können zu unerwünschten Wirkungen bei anderen Zielen führen. Stellen Sie solche Zielkonflikte in der folgenden Tabelle dar!

Nicht erreichtes Ziel	Maßnahmen zur Zielerreichung	Negative Auswirkungen auf:

LZ: Wesen und Merkmale von Konjunkturschwankungen erklären

Begriff der Konjunktur; Konjunkturphasen

40 „Der Bundesregierung ist es nicht gelungen, die Konjunktur in den Griff zu bekommen!" Diese und ähnliche Schlagzeilen können Sie in den Tageszeitungen lesen oder in den Nachrichten hören.

i

Mit dem Begriff **Konjunktur** bezeichnet man die **Verlaufsschwankungen einer Volkswirtschaft**. Die Wirtschaftsschwankungen, wegen ihrer Regelmäßigkeit auch Zyklen genannt, erscheinen als Wellenbewegungen um den Trend (= langfristiger Wachstumspfad einer Wirtschaft). Die Theorie unterscheidet u. a. zwischen saisonalen Schwankungen (kurzfristig) und Konjunkturschwankungen (mittelfristig). Sie hat auch den Begriff der **Konjunkturphasen** geprägt. Damit lässt sich der Konjunkturzyklus in markante Abschnitte einteilen.

Grafisch lässt sich der idealtypische Konjunkturverlauf wie folgt darstellen:

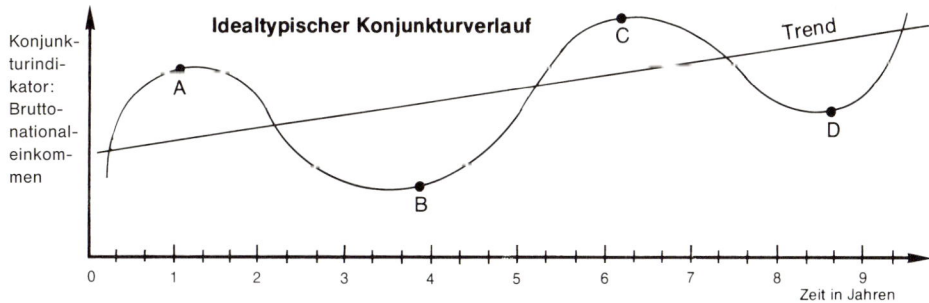

Idealtypischer Konjunkturverlauf

Der **idealtypische Konjunkturverlauf** ist durch die oberen (A, C) und unteren Wendepunkte (B, D) gekennzeichnet. Die Strecke von A bis B kann als Konjunkturabschwungphase, die Strecke von B nach C als Konjunkturaufschwungphase bezeichnet werden. Den Streckenabschnitt kurz **vor** dem Erreichen von A bzw. C nennt man Hochkonjunktur oder Boom. Die Phase **nach** A bzw. C bezeichnet man als Rezession, die Phase vor B bzw. D wird Depression genannt. Der **Konjunkturzyklus** wird vom oberen Wendepunkt zum nächsten oberen Wendepunkt bzw. zwischen den beiden unteren Wendepunkten gemessen.

a) Was versteht man unter Konjunktur?

b) Wegen der Sommerferien sinkt das Bruttoinlandsprodukt um 3 % gegenüber dem gleichen Zeitraum des Vormonats. Ist daraus auf einen verschlechterten Konjunkturverlauf zu schließen?

c) Zeichnen Sie ein Schaubild mit einem idealtypischen Konjunkturverlauf!

d) Zeichnen Sie in dieses Schaubild ein:

A = oberer Wendepunkt   D = Beginn des Booms
B = unterer Wendepunkt   E = Beginn einer Depression
C = zweiter oberer Wendepunkt   F = Beginn einer Rezession

e) Wie lange dauert der Konjunkturzyklus in dem oben abgebildeten idealtypischen Konjunkturverlauf?

f) Was ist ein Trend, was sind saisonale Schwankungen?

41 Für eine Volkswirtschaft liegen die folgenden Daten vor: Veränderungen in v. H. gegenüber dem Vorjahreszeitraum

Indikatoren	Jahr 1	Jahr 2	Jahr 3
Verwendung des Inlandsprodukts			
Private Konsumausgaben	+ 5,7	+ 3	+ 1,5
Konsumausgaben des Staates	+ 7,3	+ 2	+ 2
Bruttoanlageinvestitionen	+ 5,1	– 4,5	– 1
Vorratsänderungen und Netto-zugang an Wertsachen	.	.	.
Außenbeitrag			
– Exporte	+ 4,7	– 7,5	+ 3
– Importe	+ 2,3	– 11	+ 1,5
Bruttoinlandsprodukt	+ 6	+ 1,5	+ 2,5
Preisentwicklung (Deflator)	+ 4,0	+ 3,5	+ 3
Gesamtwirtschaftliche Kennziffern			
Erwerbspersonen	+ 0,9	– 2	– 2
Arbeitszeit	+ 0,2	– 1	– 0,5
Produktivität	+ 0,5	+ 0,5	+ 2,5
Verteilung des Inlandsprodukts (Volkseinkommens)			
Arbeitnehmerentgelt (Inländer)	+ 6,0	+ 1	+ 0,5
Unternehmens- und Vermögenseinkommens	+ 1,2	– 3,5	+ 4,5
Volkseinkommen	+ 4,6	– 0	+ 1,5
Reales Einkommen	+ 0,7	– 3,5	– 1,5
Arbeitsmarkt			
Arbeitslosenquote bezogen auf			
– alle Erwerbspersonen	7,7	9	10,5
– die abhängigen Erwerbspersonen	8,4	10	11,5
Angaben in Tausend			
Kurzarbeiter	653	1 039	910
Beschäftigte in ABM	466	307	370
Teilnehmer an Vollzeitmaßnahmen zur beruflichen Weiterbildung	798	699	670
Personen im vorzeitigen Ruhestand	850	874	625

a) In welcher Konjunkturphase befindet sich diese Volkswirtschaft? Begründen Sie Ihre Aussage mit Hilfe der obigen Angaben!

b) Welches sind die Merkmale der anderen typischen Konjunkturphasen?

42 In den einzelnen Konjunkturphasen sind u. a.
- Beschäftigung des Produktionsfaktors Arbeit,
- die Auslastung des Produktionspotenzials der Unternehmen,
- die Entwicklung der Einkommen der Nicht-Unternehmerhaushalte,
- die Entwicklung der Einkommen der Unternehmerhaushalte,
- die Entwicklung der Preise für die Lebenshaltung,
- die Entwicklung der Zinsen in unterschiedlicher Weise betroffen.

Kennzeichnen Sie kurz die Situation dieser Faktoren in den verschiedenen Konjunkturphasen!

Kriterien / Konjunkturphasen	Beschäftigung des Produktionsfaktors Arbeit	Auslastung des Produktionspotentials	Einkommen der Nichtunternehmerhaushalte	Einkommen der Unternehmerhaushalte	Preisentwicklung	Zinsentwicklung
Aufschwung						
Hochkonjunktur/ Boom						
Rezession						
Depression						

Konjunkturindikatoren

43 Zur Messung der Konjunkturzyklen werden verschiedene Indikatoren (Messgrößen, Anzeiger) benutzt. Diese Indikatoren können in drei Gruppen eingeteilt werden:
- Frühindikatoren (F),   – Spätindikatoren (S).
- Präsenzindikatoren (P),

Frühindikatoren sollen anzeigen, wie sich die Konjunktur in den kommenden Monaten entwickeln wird.
Präsenzindikatoren beschreiben den augenblicklichen Stand der Konjunktur.
Spätindikatoren hinken dem eigentlichen Konjunkturverlauf hinterher.

a) Kennzeichnen Sie die einzelnen Konjunkturindikatoren dieser Tabelle als Früh-, Präsenz- oder Spätindikatoren!

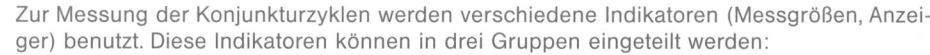

Konjunkturdaten Bundesrepublik   s = saisonbereinigt

	Letzte Erhebung	Veränderung zur Vorperiode	Veränderung zum Vorjahr
Geschäftsklima (Industrie, Handel, Bau; s)	Mai: −20,1	+ 0,6	+ 15,1
Verarbeitendes Gewerbe (Volumen; 1976=100)		Prozent	Prozent
Auftragseingang gesamt (s)	April: 99,0	+ 1,7	− 2,3
Inland (s)	April: 94,1	+ 1,6	± 0
Ausland (s)	April: 104,6	− 2,0	− 6,4
Grundstoffbereich (s)	April: 98,1	+ 0,5	− 0,7
Investitionsgüterbereich (s)	April: 98,2	+ 0,6	− 3,2
Verbrauchsgüterbereich (s)	April: 92,4	− 0,8	− 1,5
Produktion gesamt (s)	April: 104,2	+ 1,7	− 2,2
Grundstoffbereich (s)	April: 99,0	+ 2,2	− 2,3
Investitionsgüterbereich (s)	April: 109,7	+ 1,4	− 3,6
Verbrauchsgüterbereich (s)	April: 98,0	+ 1,8	+ 0,4
Arbeitsmarkt		Prozent	Prozent
Arbeitslose (Millionen; s)	Juni: 2,343	+ 1,1	+ 26,4
Kurzarbeiter (Tausend)	Juni: 495	−22,5	+ 15,4
Offene Stellen (Tausend; s)	Juni: 75	− 2,6	− 27,9
Geld und Währung		Prozent	Prozent
Zentralbankgeldmenge (Milliarden Mark; s)	Mai: 181,8	+ 0,5	+ 7,6
Außenwert der Mark (Ende 1972=100)	Mai: 164,0	− 0,5	+ 6,7
Preise (1976=100)		Prozent	Prozent
Lebenshaltung	Mai: 133,7	+ 0,4	+ 3,0
Großhandel	Mai: 132,2	+ 0,6	− 1,3
Industrie (1980−100)	Mai: 115,2	+ 0,1	+ 1,3
Volkswirtschaftliche Gesamtrechnung (Milliarden Mark, real)		Prozent	Prozent
Bruttosozialprodukt (s)	I. 83: 312,2	+ 0,5	− 0,4
Anlageinvestitionen (s)	I. 83: 59,5	− 4,2	− 1,8
Privater Verbrauch (s)	I. 83: 173,6	+ 1,7	− 0,5
Private Ersparnis (nominal; s)	I. 83: 34,2	− 6,8	− 13,6
Staatsverbrauch (s)	I. 83: 62,8	− 0,6	− 1,3

Zuordnung des Indikators (F, P oder S)

b) Nennen Sie jeweils einen weiteren Früh-, Präsenz- und Spätindikator!

c) Warum sind die in der Tabelle aufgeführten Konjunkturdaten für die Beurteilung der konjunkturellen Entwicklung geeignet?

44 Lesen Sie den folgenden Zeitungsartikel!

Besserung des Investitionsklimas

HWWA: Realzins noch immer recht hoch

Alles spricht dafür, dass nunmehr der Tiefpunkt in der Entwicklung der gewerblichen Investitionen durchschritten ist. Die Talfahrt hatte fast drei Jahre gedauert und der saisonbereinigte Rückgang der Ausrüstungsinvestitionen gegenüber dem Stand zu Beginn der Schwächepause war schließlich mit 14 Prozent nur wenig geringer als während der Rezession 1974/75. Damals betrug er etwa 18 Prozent.

Dies stellt das HWWA-Institut für Wirtschaftsforschung (Hamburg) in seinem Konjunkturbericht von Anfang Juni heraus, nachdem offenbar die günstigere Auftragsentwicklung nach dem Stimmungsumschwung in der Wirtschaft seit dem Regierungswechsel relativ rasch ihren Niederschlag in der Investitionstätigkeit fand.

Die Ausrüstungsinvestitionen, die bis Ende vergangenen Jahres rückläufig gewesen waren, haben sich in den ersten Monaten dieses Jahres offenbar wieder erhöht. Auch die Bauinvestitionen haben deutlich wieder zugenommen. Bemerkenswert ist dabei, lt. HWWA, das rasche Wiederanspringen der Investitionen im Wirtschaftsbau. Sie galten früher als Prototyp der Erweiterungsinvestition und deshalb als „Spätentwickler". Im Wohnungsbau haben vor allem die niedrigeren Zinsen den Umschwung bewirkt. Doch spricht das HWWA von Licht und Schatten bei den Investitionsbedingungen. Sie haben sich zwar verbessert, können jedoch noch nicht als günstig angesehen werden. Der für die Investitionsentscheidungen wichtige Realzins ist immer noch recht hoch.

Die Ertragslage der Unternehmen habe sich infolge der niedrigeren Lohnabschlüsse und der günstigeren Terms of Trade zu bessern begonnen, doch sei sie nach wie vor gedrückt. Mit dem zu erwartenden weiteren Produktionsanstieg werde sich jedoch auch die Ertragslage merklich verbessern. Belastend wirkt auch die Diskussion um eine Verkürzung der Arbeitszeit. Die Unternehmen befürchten, dass ihnen daraus zusätzliche Kosten erwachsen. Schließlich fehlt es auch noch an überzeugenden wirtschaftspolitischen Weichenstellungen für die Wiederherstellung angemessener Wachstumsbedingungen. Ein gewisser Investitionspessimismus ist jedoch unverkennbar immer noch die ungenügende Auslastung vieler Produktionskapazitäten.   vwd

a) Welche der in diesem Zeitungsartikel angesprochenen Indikatoren können

　　aa) einen Konjunkturaufschwung,

　　ab) welche eine Konjunkturverschlechterung

　　andeuten?

b) Welchen Einfluss hat die Stimmung der Anbieter oder Nachfrager auf den künftigen Verlauf der Konjunktur?

45 In welcher Konjunkturphase befinden sich die in der Tabelle angesprochenen Länder?

Konjunkturdaten international		Letzte Erhebung	Veränderung zu	
			Vorperiode	Vorjahr
Produktion (1975=100)			Prozent	Prozent
USA	April:	121,1	+ 2,1	+ 1,7
Japan	Februar:	137,8	− 0,6	− 1,3
Großbritannien	April:	105,5	+ 0,3	+ 0,8
Frankreich	April:	113,2	+ 1,4	− 1,0
Italien	April:	109,2	− 4,2	−12,4
Bundesrepublik	April:	114,2	+ 3,4	− 2,1
EG insgesamt	April:	111,0	+ 0,5	− 3,4
Arbeitslose (Anzahl in Millionen/Quote in Prozent)			Prozent	Prozent
USA	April:	11,0/10,0	− 7,1	+10,8
Japan	April:	1,7/ 2,9	− 1,2	+18,9
Großbritannien	Mai:	3,0/11,8	− 3,8	+ 8,9
Frankreich	Mai:	1,9/ 8,4	− 1,9	+ 1,5
Italien	Mai:	2,7/12,0	+ 0,4	+17,8
Bundesrepublik	Mai:	2,1/ 8,1	− 4,7	+30,6
EG insgesamt	Mai:	11,6/10,2	− 2,6	+14,7
Verbraucherpreise (1975=100)			Prozent	Prozent
USA	April:	183,3	+ 0,7	+ 3,9
Japan	April:	150,0	+ 0,4	+ 2,0
Großbritannien	April:	246,7	+ 1,5	+ 4,0
Frankreich	April:	224,6	+ 1,3	+ 9,1
Italien	April:	337,2	+ 1,0	+16,4
Bundesrepublik	April:	139,2	+ 0,2	+ 3,3
EG insgesamt	April:	206,5	+ 0,9	+ 7,5
Handelsbilanzsaldo (kumuliert über die letzten zwölf Monate; Milliarden Mark)				
USA	März:	−82,13	− 3,18	−15,18
Japan	April:	+26,58	+ 3,69	+ 4,12
Großbritannien	März:	−34,82	+15,38	−
Frankreich	April:	−32,72	+ 3,16	− 5,09
Italien	März:	−26,56	+ 1,63	+ 8,52
Bundesrepublik	April:	+51,20	− 0,76	+11,90
EG insgesamt	März:	−50,23	+ 2,63	+17,49

Quelle: Wirtschaftswoche, Nr. 38/83, S. 13.

Ursachen der Konjunkturschwankungen

46 **Konjunkturschwankungen** treten insbesondere dann auf, wenn

- die Volkswirtschaft einen hohen Industrialisierungsgrad aufweist,
- ein Strukturwandel der Volkswirtschaft bei gleichzeitigem Wachstum stattfindet,
- die Geld- und Kapitalmärkte in der Volkswirtschaft hoch entwickelt sind,
- die Volkswirtschaft hauptsächlich marktwirtschaftlich organisiert ist.

Als Faktoren, die den **konjunkturellen Prozess** nach oben oder unten bestimmen, gelten

- der Multiplikator-Akzeleratormechanismus,
- die Änderung der Einkommensverteilung,
- die Ausreifungszeit der Investitionen,
- psychologische Verstärker.

Der **Multiplikatorprozess** beruht auf folgender Erkenntnis:

Investiert ein Unternehmen 1 000,00 EUR zusätzlich, so entsteht bei den Produzenten der Investitionsgüter ein zusätzliches Einkommen von 1 000,00 EUR. Wird dieses Einkommen, z. B. zu $^3/_4$, wieder für Konsumgüter ausgegeben, so entsteht erneut ein Einkommen in Höhe von 750,00 EUR. Das beim neuen Einkommensbezieher entstandene Einkommen wird wieder zu $^3/_4$ ausgegeben, und es entsteht beim Empfänger ein Einkommen von 562,50 EUR. Wird dieser Prozess fortgesetzt, so entstehen zusätzliche Einkommen von

$$\Delta Y = \frac{1}{1 - \frac{3}{4}} \cdot 1\,000,00 = 4 \cdot 1\,000,00 = \underline{4\,000,00\ \text{EUR}}.$$

Diese Formel lautet in allgemeiner Schreibweise:

$$\Delta Y = \frac{1}{1-c} \cdot \Delta I \qquad \Delta I = \text{zusätzliche Investition}$$

$\Delta Y =$ zusätzliches Einkommen (zusätzliche Produktion).

$c = \dfrac{\Delta c}{\Delta Y}$ (marginale) Konsumquote; das ist der Teil des zusätzlichen Einkommens, der zusätzlich konsumiert wird.

$1 - c = s$ (marginale) Sparquote; das ist der Teil des zusätzlichen Einkommens, der zusätzlich gespart wird.

$\dfrac{1}{1-c} =$ Multiplikator. Er gibt an, um wievielmal die verursachte Änderung des Volkseinkommens größer ist als die verursachende zusätzliche Investition.

Der **Akzelerator** (Beschleuniger) gibt an, um wieviel die Unternehmen ihren Kapitalbestand erhöhen, d. h. investieren, wenn die Nachfrage um eine bestimmte Menge steigt. Der Akzelerator ist eine subjektiv bestimmte Größe. Er ist Ausdruck eines bestimmten Verhaltens der Unternehmen.

Allgemein lautet die Formel für den Akzelerator:

$$b = \frac{I}{\Delta Y}$$

oder als Investitionsfunktion:

$$I = b \cdot \Delta Y$$

$b = $ Akzelerator; $I = $ Investition; $\Delta Y = $ zusätzliches Einkommen

Akzelerator und Multiplikator wirken auch negativ. Sie bewirken, dass sich einmal begonnene konjunkturelle Prozesse, entweder Aufschwung oder Abschwung, beschleunigen.

Die Änderung der Einkommensverteilung im Konjunkturverlauf beruht auf dem Tatbestand, dass am Beginn eines Konjunkturaufschwungs die Arbeitsproduktivität schneller als der Reallohn wächst. Dadurch steigt die Gewinnquote zu Lasten der Lohnquote. Ansteigende Gewinne veranlassen höhere Investitionen.

In der Phase der Hochkonjunktur erhöhen die Arbeitnehmer wegen der Knappheit an Arbeitskräften wieder die Lohnquote. Die Arbeitsproduktivität entwickelt sich langsamer als die Reallöhne. Bei sinkender Gewinnquote sinken die Investitionen und der Abschwung wird verstärkt.

Die Ausreifungszeit der Investitionen beruht auf der Tatsache, dass zwischen dem Beginn des Baus einer Produktionsanlage und dem Verkauf der damit produzierten Güter eine gewisse Zeit verstreicht. Im Aufschwung trifft das durch die Investitionen entstandene Einkommen zunächst nur auf die bestehenden Kapazitäten. Dieser Nachfrageüberhang kann weitere Investitionsentscheidungen hervorrufen.

Im Boom dagegen nehmen die Investitionen nicht mehr zu, es entstehen keine zusätzlichen Einkommen. Begonnene Investitionen werden produktionsreif. Dem dadurch entstehenden zusätzlichen Angebot steht aber keine entsprechende Nachfrage mehr gegenüber. Die Unternehmer sind enttäuscht und vermindern zusätzlich ihre Investitionen; der Abschwung wird verstärkt.

Psychologische Verstärker beruhen in Wellen von Optimismus und Pessimismus, die die Mehrzahl von Unternehmen und Konsumenten erfasst. Im Aufschwung führen optimistische Einschätzungen zu verstärkten Investitionen und zusätzlicher Nachfrage, umgekehrt wirkt eine pessimistische Einstellung im Abschwung. Dabei können Optimismus und Pessimismus stärker wirken, als der tatsächlichen konjunkturellen Situation angemessen wäre.

47 a) In welchen Volkswirtschaften zeigen sich konjunkturelle Schwankungen besonders?

b) Sind konjunkturelle Schwankungen in einer Zentralverwaltungswirtschaft möglich?

c) Welche Faktoren bestimmen u. a. den Konjunkturverlauf?

48 In einer Volkswirtschaft werden zusätzliche Investitionen von 100 Mio. EUR vorgenommen.

a) Welches zusätzliche Einkommen ist zu erwarten, wenn die Konsumquote $^4/_5$ beträgt?

b) Wie hoch sind die Investitionen, wenn der Akzelerator (b) $^1/_4$ beträgt?

c) Welche Auswirkungen auf die konjunkturelle Entwicklung hat die Tatsache, dass in der Phase eines beginnenden Aufschwungs die Konsumenten mit steigenden Einkommen rechnen und die Zinsen für Konsumentenkredite relativ niedrig sind?

d) Erklären Sie, welche Bedeutung die Ausreifungszeit von Investitionen auf den Konjunkturverlauf hat!

LZ: Mittel der Wirtschaftspolitik (Konjunkturpolitik) kennen

Unter **Wirtschaftspolitik** (Konjunkturpolitik) versteht man die geplanten Bemühungen, wirtschaftliche Ziele mit politischen Maßnahmen zu erreichen.

Träger der Wirtschaftspolitik sind der Staat und das Europäische System der Zentralbanken. Die finanzpolitischen Maßnahmen des Staates werden als Fiskalpolitik bezeichnet, die Maßnahmen des Europäischen Systems der Zentralbanken betreffen die Geldpolitik (monetäre Wirtschaftspolitik).

Bei der Frage nach den richtigen Mitteln zum Erreichen der gewünschten wirtschaftspolitischen Ziele gehen die Meinungen stark auseinander. Vereinfacht lassen sich zwei Richtungen unterscheiden, die „angebotsorientierte" und die „nachfrageorientierte" Wirtschaftspolitik.

Die angebotsorientierte Wirtschaftspolitik geht – vereinfacht – davon aus, dass eine auf Privateigentum basierende Marktwirtschaft zumindest mittel- und langfristig in sich stabil ist, d. h. zum Gleichgewicht tendiert. Augenblickliche Störungen des Gleichgewichts sind auf zu starke Eingriffe des Staates zurückzuführen. Daher muss der Staat dafür sorgen, dass der freie Entscheidungsspielraum der Wirtschaftssubjekte erhöht wird. Dies sei die Voraussetzung für mehr allgemeinen Wohlstand und mehr soziale Sicherheit für alle. Dem wirtschaftlichen Wachstum wird unter den wirtschaftspolitischen Zielen ein sehr hoher Stellenwert beigemessen.

Die nachfrageorientierte Wirtschaftspolitik geht – vereinfacht – davon aus, dass das privatwirtschaftliche Marktsystem von seinem Wesen her kurz- und langfristig zur Instabilität neigt. Diese Instabilität des Marktsystems ist nur durch Eingriffe des Staates auszugleichen. Die Nachfragesteuerung durch den Staat könne konjunkturelle Ungleichgewichte beseitigen. Nur durch die Eingriffe des Staates ließe sich soziale Gerechtigkeit herbeiführen, da eine Marktwirtschaft nur die Freiheit der wirtschaftlich Mächtigen fördere. Der Vollbeschäftigung wird oberste Priorität eingeräumt, andere Ziele sind diesem Ziel unterzuordnen.

49 a) Angenommen, es herrscht folgende wirtschaftliche Situation:

Es gibt viele Arbeitslose, die Inflationsrate ist zu hoch, das Wirtschaftswachstum ist zu gering, es besteht ein außenwirtschaftliches Ungleichgewicht.

In dieser Lage tragen die Wirtschaftspolitiker Amend und Bremer die folgenden Standpunkte vor:

> Amend: „Aus der wirtschaftlichen Lage kommen wir nur heraus, wenn der Staat ein Investitionsprogramm mit einem Umfang von mindestens 10 bis 15 Mrd. EUR vorlegt und ausführt. Zu ergänzen ist diese Maßnahme durch Lohnabschlüsse oberhalb der Inflationsrate, damit die Massenkaufkraft nicht geschwächt wird. Die Finanzmittel soll der Staat durch eine Konjunkturausgleichsabgabe der Besserverdienenden aufbringen."

Bremer: „Das von Amend vorgetragene Konzept stammt aus der wirtschaftspolitischen Mottenkiste von vor 100 Jahren. Es ist jetzt an der Zeit, dass der Staat die Investitionsbereitschaft der Unternehmen fördert. Dies wird erreicht durch spürbare Steuerentlastungsmaßnahmen, durch Verringerung der sonstigen Abgaben, durch den Abbau administrativer Investitionshemmnisse, eine Senkung der Neuverschuldung des Staates und durch lohnpolitische Zurückhaltung der Gewerkschaften. Neue Formen der Vermögensbildung von Arbeitnehmern sind zu entwickeln und zu verwirklichen."

Welchen Theorien der Wirtschaftspolitik (Konjunkturpolitik) folgen die Politiker Amend und Bremer?

b) Welche der beiden Positionen halten Sie für die bessere? Begründen Sie Ihre Antwort!

c) In welchen Zeiten wurde in der Bundesrepublik Deutschland

    ca) einer mehr angebotsorientierten und
    cb) einer mehr nachfrageorientierten

    Wirtschaftspolitik der Vorzug gegeben?

d) Wie beurteilen Sie die Aussage des amerikanischen Ökonomen und Nobelpreisträgers Samuelson:

    „The Lord gave us two eyes to watch both demand and supply"?

LZ: Träger der Geldpolitik in der Europäischen Union

Das geldpolitische Instrumentarium der Europäischen Zentralbank kennen und seine Wirkung in konkreten gesamtwirtschaftlichen Situationen erklären[1]

Träger der Geldpolitik in der Europäischen Union

Seit dem 1. Januar 1999, dem Tag der Einführung des Euro, ging die Aufgabe der Sicherung der Währung auf das Eurosystem über.

● **Das Europäische System der Zentralbanken (ESZB)**

Das **Europäische System der Zentralbanken** (ESZB) besteht aus der **Europäischen Zentralbank** (EZB) und den **nationalen Zentralbanken** der EU-Mitgliedstaaten. Die **EZB** wird von einem **Direktorium** geleitet, dem außer dem Präsidenten und dem Vizepräsidenten bis zu vier weitere Mitglieder angehören.

Das wichtigste **Beschlussorgan** des ESZB ist der **EZB-Rat.** Er setzt sich zusammen aus den Mitgliedern des Direktoriums der EZB und den Präsidenten der Zentralbanken jener EU-Mitgliedstaaten, die an der Wirtschafts- und Währungsunion teilnehmen. Der EZB-Rat entscheidet vor allem über sämtliche Fragen der **Geldpolitik** des ESZB, die nur in diesen EU-Mitgliedstaaten wirksam wird. Das **Direktorium** führt die einheitliche Geldpolitik entsprechend den Leitlinien und Entscheidungen des EZB-Rates aus. Es erteilt den **nationalen Zentralbanken** die erforderlichen Weisungen und nimmt diese zur Durchführung von Geschäften in Anspruch, die zu den Aufgaben des ESZB gehören.

Solange noch nicht alle EU-Mitgliedstaaten dem Euro-Währungsgebiet angehören, gibt es neben dem EZB-Rat noch den **Erweiterten Rat.** Ihm gehören der Präsident und der Vizepräsident der EZB sowie die Präsidenten **sämtlicher** Zentralbanken der EU an. Seine **Aufgaben** betreffen die **Geld- und Währungspolitik** jener EU-Mitgliedstaaten, für die eine Ausnahmeregelung gilt. Insbesondere hat er das **Funktionieren des Wechselkursmechanismus** (WKM II) zu überwachen.

---

1 Vertiefte Darstellung für Auszubildende in Kreditinstituten siehe Schuster, Boller, Handlungsorientierte Wirtschaftslehre für Auszubildende in Kreditinstituten, Rinteln 2000.

● **Die Deutsche Bundesbank als nationale Zentralbank**

Die **Organe der Deutschen Bundesbank** sind weiterhin der Zentralbankrat, das Direktorium und die Vorstände der Landeszentralbanken.

Der **Zentralbankrat** bestimmt die Geschäftspolitik der Bank. Bei der Erfüllung der Aufgaben des Europäischen Systems der Zentralbanken handelt er im Rahmen der Leitlinien und Weisungen der Europäischen Zentralbank. Er erörtert Auswirkungen der Geld- und Währungspolitik unbeschadet der Weisungsunabhängigkeit des Präsidenten in seiner Eigenschaft als Mitglied des Rates der Europäischen Zentralbank sowie der für die Europäische Zentralbank geltenden Geheimhaltungsvorschriften. Er stellt allgemeine Richtlinien für die Geschäftsführung und Verwaltung auf und grenzt die Zuständigkeit des Direktoriums sowie der Vorstände der Landeszentralbanken im Rahmen der Bestimmungen dieses Gesetzes ab. Er kann auch im Einzelfall dem Direktorium und den Vorständen der Landeszentralbanken Weisung erteilen.

Das **Direktorium** hat die Hauptaufgabe, die Beschlüsse des Zentralbankrats durchzuführen. Ihm obliegen hauptsächlich alle zentralen Geschäfte mit dem Bund und seinen Sondervermögen, mit Kreditinstituten, die zentrale Aufgaben im gesamten Bundesgebiet erfüllen und Geschäfte am offenen Markt.

Die **Landeszentralbanken** sind regionale Hauptverwaltungen der Deutschen Bundesbank. Über ihre Niederlassungen werden die Geschäfte mit den Kreditinstituten und öffentlichen Stellen ihres Bereichs abgewickelt.

50 a) Stellen Sie den Aufbau des ESZB in einem Schaubild dar!

b) Welche Beschlussorgane hat die Europäische Zentralbank?

c) Welche Hauptaufgaben haben die Beschlussorgane der EZB?

51 a) Welche Organe hat die Deutsche Bundesbank?

b) Stellen Sie die Aufgaben dieser Organe kurz dar!

Die Geldpolitik im Eurosystem (ESZB)

Die geldpolitische Strategie des ESZB ist vorrangig auf das Ziel der **Preisstabilität** ausgerichtet. Zur Realisierung dieses Zieles sammelt der ESZB-Rat systematisch alle Informationen über die Entwicklung der Geldmenge einerseits und zieht andererseits ein breites Spektrum wirtschaftlicher und finanzieller Größen als Indikatoren der künftigen Preisentwicklung heran. Dieses Vorgehen wird als **Zwei-Säulen-Konzept** bezeichnet.

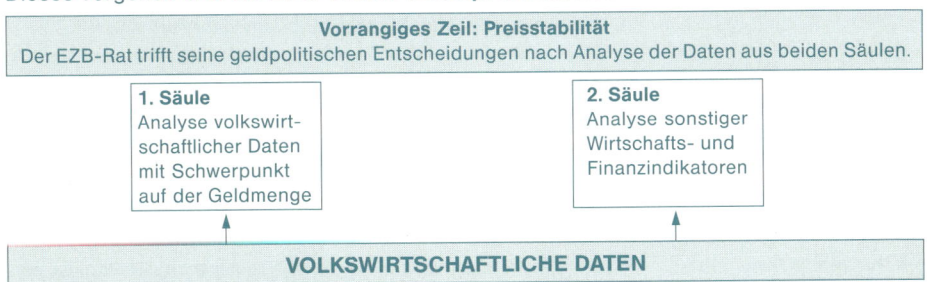

Die geldpolitischen Instrumente

Zur Steuerung der Geldmenge im Bankensystem stehen dem ESZB mehrere geldpolitische Instrumente zur Verfügung. Das sind

● Offenmarktgeschäfte,
● ständige Fazilitäten und die
● Mindestreserven.

Geldpolitische Instrumente	Transaktionsart		Laufzeit	Rhythmus	Verfahren
	Liquiditätbereitstellung	Liquiditätabschöpfung			
Offenmarktgeschäfte					
Hauptrefinanzierungs-instrument	● Befristete Transaktionen	–	Zwei Wochen	Wöchent-lich	Standard-tender
Längerfristige Refinan-zierungsgeschäfte	● Befristete Transaktionen	–	Drei Monate	Monat-lich	Standard-tender
Feinsteuerungs-operationen	● Befristete Transaktionen ● Devisenswaps	● Devisenswaps ● Hereinnahme von Termineinlagen ● Befristete Transaktionen	Nicht stan-dardisiert	Unregel-mäßig	Schnell-tender Bilaterale Geschäfte
	● Definitive Käufe	● Definitive Verkäufe	–	Unregel-mäßig	Bilaterale Geschäfte
Strukturelle Operationen	● Befristete Transaktionen	● Emission von Schuld-verschreibungen	Standar-disiert/ nicht standardi-siert	Regel-mäßig und unregel-mäßig	Standard-tender
	● Definitive Käufe	● Definitive Verkäufe	–	Unregel-mäßig	Bilaterale Geschäfte
Ständige Fazilitäten					
Spitenrefinanzierungs-fazilität	● Befristete Transaktionen	–	Über Nacht		Inanspruchnahme auf Initiative der Geschäftspartner
Einlagefazilität	–	Einlagenannahme	Über Nacht		Inanspruchnahme auf Initiative der Geschäftspartner
Mindestreservesystem					

Quelle: Europäisches Währungsinstitut, Die einheitliche Geldpolitik in Stufe 3 – Allgemeine Regelungen für die geldpoliti-schen Instrumente und Verfahren des Eurosystems Nov. 2000.

	Erläuterungen
Offenmarktgeschäfte	**Offenmarktgeschäfte** sind Geschäfte mit Kreditinstituten, durch die Zentralbankgeld zur Verfügung gestellt oder entzogen werden soll. **Formen:** 1. definitiver Kauf oder Verkauf von Vermögenswerten 2. Kauf oder Verkauf von Vermögenswerten im Rahmen einer Rück-kaufsvereinbarung 3. Kreditgewährung oder Kreditaufnahme gegen Sicherheiten 4. Emission von Zentralbankschuldverschreibungen 5. Hereinnahme von Einlagen 6. Devisenswaps zwischen inländischer und ausländischer Wäh-rung
● **Hauptrefinanzierungs-geschäfte** (Haupttender)	Durch diese Instrumente werden allen Kreditinstituten, falls diese es wollen, revolvierend Mittel gegen Verpfändung von Sicherheiten zur Verfügung gestellt. Die Kreditinstitute kennen die Termine dieser Geschäfte und die Laufzeit der jeweiligen Kreditaufnahmen. Der **Haupttender** spielt die zentrale Rolle bei der laufenden Geld-marktsteuerung, da er im wöchentlichen Rhythmus mit 14-tägiger Laufzeit angeboten wird.

● **Längerfristige Refinan-zierungsgeschäfte** (Basistender)	Der **Basistender** dient der längerfristigen Grundversorgung der Kreditinstitute mit Liquidität. Das wird durch den monatlichen Abschlussrhythmus und die Befristung von drei Monaten erreicht. Der Basistender wird in der Regel als **Zinstender** angeboten. Ein **Tender** ist ein Bietungsverfahren. Beim **Mengentender** legt das Eurosystem den **Zins** fest und die Kreditinstitute können die Menge nennen, zu der sie bei diesem Zins Kredit aufnehmen wollen. Beim **Zinstender** müssen die Kreditinstitute den Kreditbetrag **und** den Zinssatz nennen, zu dem sie den Kredit aufnehmen wollen. Die Zentralbank entscheidet dann, welchem Bieter sie den Kredit gewährt. Zinstender sind die Regel.
● **Feinsteuerungs-operationen**	Dabei handelt es sich um **unregelmäßige Offenmarktgeschäfte** der Zentralbank, die hauptsächlich darauf zielen, **unerwartete Liquidi-tätsschwankungen** am Geldmarkt auszugleichen. Sie werden mit einem engeren Kreis großer Kreditinstitute abgeschlossen, weil auf diesem Wege eine schnelle Wirkung auf den Geldmarkt erreicht werden kann.
● **Strukturelle Operationen**	Die strukturellen Transaktionen sollen dazu dienen, die Liquidität des Bankensystems **langfristig** zu beeinflussen. Dazu können z. B. Käufe und Verkäufe langfristiger Wertpapiere eingesetzt werden. Wegen des Instruments der Mindestreserve wird dieses Instrument keine große Bedeutung erlangen.
Ständige Fazilitäten	Das sind Geschäfte, die von den **Kreditinstituten** auf ihre **eigene Initiative** hin in Anspruch genommen werden können.
● **Spitzenrefinanzierungs-fazilität**	Die Kreditinstitute haben die Möglichkeit, von der Zentralbank bei Bedarf **Übernachtkredite** zu einem im Voraus festgelegten Zinssatz zu beanspruchen. Dieser Zinssatz ist die Obergrenze des Zinssatzes für Tagesgeld am Geldmarkt.
● **Einlagenfazilität**	Durch die Einlagenfazilität haben die Kreditinstitute die Möglichkeit, **Guthaben** bis zum nächsten Geschäftstag zu einem vorher festgesetzten Zinssatz bei der Zentralbank anzulegen. Dieser Zinssatz bildet die Untergrenze der Zinssätze am Geldmarkt.
Mindestreservesystem	Kreditinstitute sind verpflichtet, Mindestreserven bei der Zentralbank zu unterhalten. Die **Höhe** der von einem Kreditinstitut zu unterhaltenden Mindestreserve **(Mindestreservesoll)** wird durch Multiplikation der reservepflichtigen Bilanzpositionen des Kreditinstituts mit den jeweiligen Mindestreservesätzen, zzt. pauschal 2 %, berechnet. Von dem so berechneten Mindestreservesoll können die Institute einen **pauschalen Freibetrag** (zzt. 100 000 EUR) abziehen. Der Zeitraum, für den die Einhaltung der Mindestreservepflicht berechnet wird, die sog. **Mindestreserveerfüllungsperiode,** beträgt einen Monat, beginnend mit dem 24. eines Monats und endend am 23. des Folgemonats. Die Mindestreserven wirken bei **Liquiditätsschwankungen** am Geldmarkt als Puffer, da sie von den Kreditinstituten auch für den laufenden Zahlungsverkehr genutzt werden können. Das Mindestreservesoll muss nur im **Durchschnitt** der Erfüllungsperiode erfüllt werden. Die Mindestreserven werden zum **Hauptrefinanzierungssatz verzinst.**

52 Angenommen, es herrscht folgende gesamtwirtschaftliche Situation: Starke Preissteigerungstendenzen, anhaltende Überbeschäftigung, hohe Zahlungsbilanzüberschüsse, starkes Wirtschaftswachstum.

a) Wie wird die EZB die Hauptrefinanzierungsgeschäfte einsetzen?

b) Angenommen, die EZB erhöht den Zinssatz beim Haupttender von 4% auf 4,5%.

Welche Wirkungen hätte die Erhöhung auf die Lagerzinskosten eines Unternehmens, das sein Warenlager mit einem durchschnittlichen Warenbestand von 30 Mio. EUR mit kurzfristigen Krediten finanziert? Das Unternehmen erhält von seinen Lieferanten für Wechselkredite Zinsen in Höhe des Haupttendersatzes + 3% in Rechnung gestellt.

c) Welche Änderungen in der Lagerdisposition könnten sich für dieses Unternehmen ergeben?

d) Wann hätte die Maßnahme der EZB den erwünschten Erfolg?

e) Nennen Sie Bedingungen, unter denen eine Erhöhung des Refinanzierungssatzes nicht zu dem gewünschten Erfolg führen könnte!

53 Es strömen ausländische Währungen in großen Mengen in den Euro-Wirtschaftsraum ein. Die Notenbank ist gezwungen, diese zum großen Teil selbst vom Markt zu nehmen.

a) Welche Auswirkungen ergeben sich dadurch für die Geldmenge im Euroraum?

b) Welche geldpolitischen Instrumente könnte die Notenbank einsetzen, um diese zusätzliche Geldmenge wieder zu binden?

54 Angenommen, es herrscht Unterbeschäftigung und zu geringes Wirtschaftswachstum.

a) Welche Geldpolitik ist in dieser Situation angebracht?

b) Nennen Sie Bedingungen, unter denen die Geldpolitik nicht die erwünschten Wirkungen zeigt.

55 Die EZB erhöht den Mindestreservesatz der Kreditinstitute um 2%. Dadurch müssen z.B. 15 Mrd. EUR zusätzlich an Mindestreserven unterhalten werden.

a) Wie verändert sich durch diese Maßnahme der Kreditspielraum der Kreditinstitute?

b) Wie wirkt sich diese Maßnahme auf die Kreditzinsen aus?

c) In welcher konjunkturellen Situation wäre diese Entscheidung der Zentralbank angebracht?

56 Die EZB senkt die Mindestreservesätze.

a) In welcher konjunkturellen Situation ist diese Maßnahme geeignet?

b) Welche Wirkungen ergeben sich für den Kreditspielraum der Kreditinstitute?

c) In welcher Weise beeinflusst diese Maßnahme das Zinsniveau?

d) Welche Grenzen sehen Sie für die Wirksamkeit dieser Maßnahme im Hinblick auf den gewünschten Erfolg?

57 Es besteht eine starke Preissteigerungstendenz. Am Markt für kurzfristige Zahlungsmittel (Geldmarkt) sinken die Zinsen aufgrund eines großen Geldangebotes.

a) Welche Geschäfte müsste die Zentralbank am offenen Markt abschließen, um dem Stabilitätsziel näher zu kommen?

b) Welche Wirkungen haben die von Ihnen vorgeschlagenen Geschäfte auf das Zinsniveau am Geldmarkt?

58 Angenommen, es herrscht Unterbeschäftigung. Das Zinsniveau ist wegen der starken Abhängigkeit von den ausländischen Kapitalmärkten hoch.

a) Wie könnte die Bundesbank zur Zinssenkung am Geldmarkt beitragen?

b) Wo liegen die Grenzen einer derartigen Zinspolitik?

LZ: Möglichkeiten staatlicher Konjunkturpolitik aufzeigen

Der Staat kann über die Gestaltung seiner Einnahmen und Ausgaben im Haushalt Einfluss auf den Konjunkturverlauf nehmen. Diese so genannte Fiskalpolitik hat in der Bundesrepublik Deutschland ihre Grundlage in den Vorschriften des Stabilitätsgesetzes.

Gesetz zur Förderung der Stabilität und des Wachstums der Wirtschaft (Auszug)

StabG

§ 3. [Konzertierte Aktion]

(1) [1]Im Falle der Gefährdung eines der Ziele des § 1[1] stellt die Bundesregierung Orientierungsdaten für ein gleichzeitiges aufeinander abgestimmtes Verhalten (konzertierte Aktion) der Gebietskörperschaften, Gewerkschaften und Unternehmensverbände zur Erreichung der Ziele des § 1 zur Verfügung. [1]Diese Orientierungsdaten enthalten insbesondere eine Darstellung der gesamtwirtschaftlichen Zusammenhänge im Hinblick auf die gegebene Situation.

(2) Der Bundesminister für Wirtschaft hat die Orientierungsdaten auf Verlangen eines der Beteiligten zu erläutern.

§ 4. [Außenwirtschaftliche Störungen]

[1]Bei außenwirtschaftlichen Störungen des gesamtwirtschaftlichen Gleichgewichts, deren Abwehr durch binnenwirtschaftliche Maßnahmen nicht oder nur unter Beeinträchtigung der in § 1 genannten Ziele möglich ist, hat die Bundesregierung alle Möglichkeiten der internationalen Koordination zu nutzen. [2]Soweit dies nicht ausreicht, setzt sie die ihr zur Wahrung des außenwirtschaftlichen Gleichgewichts zur Verfügung stehenden wirtschaftspolitischen Mittel ein.

§ 5. [Konjunkturgerechte Haushaltspolitik]

(1) Im Bundeshaushaltsplan sind Umfang und Zusammensetzung der Ausgaben und der Ermächtigungen zum Eingehen von Verpflichtungen zu Lasten künftiger Rechnungsjahre so zu bemessen, wie es zur Erreichung der Ziele des § 1 erforderlich ist.

(2) Bei einer die volkswirtschaftliche Leistungsfähigkeit übersteigenden Nachfrageausweitung sollen Mittel zur zusätzlichen Tilgung von Schulden bei der Deutschen Bundesbank oder zur Zuführung an eine Konjunkturausgleichsrücklage veranschlagt werden.

(3) Bei einer die Ziele des § 1 gefährdenden Abschwächung der allgemeinen Wirtschaftstätigkeit sollen zusätzlich erforderliche Deckungsmittel zunächst der Konjunkturausgleichsrücklage entnommen werden.

§ 6.

(1) **[Etatwirtschaftliche Bremsen]** [1]Bei der Ausführung des Bundeshaushaltsplans kann im Falle einer die volkswirtschaftliche Leistungsfähigkeit übersteigenden Nachfrageausweitung die Bundesregierung den Bundesminister der Finanzen ermächtigen, zur Erreichung der Ziele des § 1 die Verfügung über bestimmte Ausgabemittel, den Beginn von Baumaßnahmen und das Eingehen von Verpflichtungen zu Lasten künftiger Rechnungsjahre von dessen Einwilligung abhängig zu machen. [2]Die Bundesminister der Finanzen und für Wirtschaft schlagen die erforderlichen Maßnahmen vor. Der Bundesminister der Finanzen hat die dadurch nach Ablauf des Rechnungsjahres frei gewordenen Mittel zur zusätzlichen Tilgung von Schulden bei der Deutschen Bundesbank zu verwenden oder der Konjunkturausgleichsrücklage zuzuführen.

---

1 Vgl. S. 437.

(2) **[Deficit-spending]** [1]Die Bundesregierung kann bestimmen, dass bei einer die Ziele des § 1 gefährdenden Abschwächung der allgemeinen Wirtschaftstätigkeit zusätzliche Ausgaben geleistet werden; Absatz 1 Satz 2 ist anzuwenden. [2]Die zusätzlichen Mittel dürfen nur für im Finanzplan (§ 9 in Verbindung mit § 10) vorgesehene Zwecke oder als Finanzhilfe für besonders bedeutsame Investitionen der Länder und Gemeinden (Gemeindeverbände) zur Abwehr einer Störung des gesamtwirtschaftlichen Gleichgewichts (Artikel 104 a Abs. 4 Satz 1 GG) verwendet werden.

(3) **[Zusätzliche Kreditermächtigung]** [1]Der Bundesminister der Finanzen wird ermächtigt, zu dem in Absatz 2 bezeichneten Zweck Kredite über die im Haushaltsgesetz erteilten Kreditermächtigungen hinaus bis zur Höhe von fünf Milliarden Deutsche Mark, gegebenenfalls mit Hilfe von Geldmarktpapieren, aufzunehmen. [2]Soweit solche Kredite auf eine nachträglich in einem Haushaltsgesetz ausgesprochene Kreditermächtigung angerechnet werden, kann das Recht zur Kreditaufnahme erneut in Anspruch genommen werden.

§ 7. [Konjunkturausgleichsrücklage]

(1) [1]Die Konjunkturausgleichsrücklage ist bei der Deutschen Bundesbank anzusammeln. [2]Mittel der Konjunkturausgleichsrücklage dürfen nur zur Deckung zusätzlicher Ausgaben gemäß § 5 Abs. 3 und § 6 Abs. 2 verwendet werden.

(2) Ob und in welchem Ausmaß über Mittel der Konjunkturausgleichsrücklage bei der Ausführung des Bundeshaushaltsplans verfügt werden soll, entscheidet die Bundesregierung; § 6 Abs. 1 Satz 2 ist anzuwenden.

§ 11. [Beschleunigung von Investitionsvorhaben]

[1]Bei einer die Ziele des § 1 gefährdenden Abschwächung der allgemeinen Wirtschaftstätigkeit ist die Planung geeigneter Investitionsvorhaben so zu beschleunigen, dass mit ihrer Durchführung kurzfristig begonnen werden kann. [2]Die zuständigen Bundesminister haben alle weiteren Maßnahmen zu treffen, die zu einer beschleunigten Vergabe von Investitionsaufträgen erforderlich sind.

§ 15.

(1) **[Zuführung zu den Konjunkturausgleichsrücklagen]** Zur Abwehr einer Störung des gesamtwirtschaftlichen Gleichgewichts kann die Bundesregierung durch Rechtsverordnung mit Zustimmung des Bundesrates anordnen, dass der Bund und die Länder ihren Konjunkturausgleichsrücklagen Mittel zuzuführen haben.

(2) [1]In der Rechtsordnung ist der Gesamtbetrag zu bestimmen, der von Bund und Ländern aufzubringen ist. [2]Er soll unbeschadet der nach Absatz 4 den Konjunkturausgleichsrücklagen zuzuführenden Beträge in einem Haushaltsjahr drei vom Hundert der von Bund und Ländern im vorangegangenen Haushaltsjahr erzielten Steuereinnahmen nicht überschreiten.

(3) [1]Soweit Bund und Länder keine andere Aufbringung vereinbaren, haben sie den Gesamtbetrag im Verhältnis der von ihnen im vorangegangenen Haushaltsjahr erzielten Steuereinnahmen unter Berücksichtigung der Ausgleichszuweisungen und Ausgleichsbeiträge nach dem Länderfinanzausgleich aufzubringen. [2]Bei der Berechnung der Steuereinnahmen der Länder bleiben die Gemeindesteuern der Länder Berlin, Bremen, Hamburg und die nach § 6 Abs. 2 des Lastenausgleichsgesetzes zu leistenden Zuschüsse außer Betracht. [3]Haben der Bund oder einzelne Länder ihrer Konjunkturausgleichsrücklage im gleichen Haushaltsjahr bereits Mittel zugeführt, so werden diese auf ihre Verpflichtung angerechnet.

(4) Werden die Einkommensteuer auf Grund der Ermächtigung in § 51 Abs. 3 Ziff. 2 des Einkommensteuergesetzes und die Körperschaftsteuer auf Grund des § 19 c des Körperschaftsteuergesetzes erhöht, so haben der Bund und die Länder zusätzlich laufend ihren Konjunkturausgleichsrücklagen aus dem Aufkommen an Einkommensteuer und Körperschaftsteuer während des Zeitraums, für den die Erhöhung gilt, jeweils Beträge in dem Verhältnis zuzuführen, in dem der Hundertsatz, um den die Einkommensteuer und die Körperschaftsteuer erhöht worden sind, zu der aus 100 und diesem Hundertsatz gebildeten Summe steht.

StabG (5) **[Voraussetzung von Entnahmen]** [1]Die den Konjunkturausgleichsrücklagen auf Grund einer Rechtsverordnung nach Absatz 1 oder gemäß Absatz 4 zugeführten Beträge dürfen nur insoweit entnommen werden, als sie durch Rechtsverordnung der Bundesregierung mit Zustimmung des Bundesrates freigegeben sind. [2]Die Freigabe ist nur zur Vermeidung einer die Ziele des § 1 gefährdenden Abschwächung der allgemeinen Wirtschaftstätigkeit zulässig. Die Sätze 1 und 2 sind auf die in Absatz 3 Satz 3 bezeichneten Mittel anzuwenden.

§ 19. [Ermächtigung zur Beschränkung der öffentlichen Kreditaufnahme]

[1]Zur Abwehr einer Störung des gesamtwirtschaftlichen Gleichgewichts kann die Bundesregierung durch Rechtsverordnung mit Zustimmung des Bundesrates anordnen, dass die Beschaffung von Geldmitteln im Wege des Kredits im Rahmen der in den Haushaltsgesetzen oder Haushaltssatzungen ausgewiesenen Kreditermächtigungen durch den Bund, die Länder, die Gemeinden und Gemeindeverbände sowie die öffentlichen Sondervermögen und Zweckverbände beschränkt wird. [2]Satz 1 gilt nicht für Kredite, die von Gemeinden, Gemeindeverbänden oder Zweckverbänden zur Finanzierung von Investitionsvorhaben ihrer wirtschaftlichen Unternehmen ohne eigene Rechtspersönlichkeit aufgenommen werden.

§ 26. [Änderung des Einkommensteuergesetzes]

1. und 2. [. . .]

3. § 51 wird wie folgt geändert:

a) Absatz 1 Ziff. 2 Buchstabe s erhält folgende Fassung:

„s) nach denen bei Anschaffung oder Herstellung von abnutzbaren beweglichen und bei Herstellung von abnutzbaren unbeweglichen Wirtschaftsgütern des Anlagevermögens auf Antrag ein Abzug von der Einkommensteuer für den Veranlagungszeitraum der Anschaffung oder Herstellung bis zur Höhe von 7,5 vom Hundert der Anschaffungs- oder Herstellungskosten dieser Wirtschaftsgüter vorgenommen werden kann, wenn eine Störung des gesamtwirtschaftlichen Gleichgewichts eingetreten ist oder sich abzeichnet, die eine nachhaltige Verringerung der Umsätze oder der Beschäftigung zur Folge hatte oder erwarten lässt, insbesondere bei einem erheblichen Rückgang der Nachfrage nach Investitionsgütern oder Bauleistungen. [. . .]"

b) Nach Absatz 1 werden die folgenden Absätze 2 und 3 eingefügt:

„(2) Die Bundesregierung wird ermächtigt, durch Rechtsverordnung Vorschriften zu erlassen, nach denen die Inanspruchnahme von Sonderabschreibungen und erhöhten Absetzungen sowie die Bemessung der Absetzung für Abnutzung in fallenden Jahresbeträgen ganz oder teilweise ausgeschlossen werden können, wenn eine Störung des gesamtwirtschaftlichen Gleichgewichts eingetreten ist oder sich abzeichnet, die erhebliche Preissteigerungen mit sich gebracht hat oder erwarten lässt, insbesondere wenn die Inlandsnachfrage nach Investitionsgütern oder Bauleistungen das Angebot wesentlich übersteigt. [. . .]

(3) Die Bundesregierung wird ermächtigt, durch Rechtsverordnung mit Zustimmung des Bundesrates Vorschriften zu erlassen, nach denen die Einkommensteuer einschließlich des Steuerabzugs vom Arbeitslohn, des Steuerabzugs vom Kapitalertrag und des Steuerabzugs bei beschränkt Steuerpflichtigen

1. um höchstens 10 vom Hundert herabgesetzt werden kann. Der Zeitraum, für den die Herabsetzung gilt, darf ein Jahr nicht übersteigen; er soll sich mit dem Kalenderjahr decken. Voraussetzung ist, dass eine Störung des gesamtwirtschaftlichen Gleichgewichts eingetreten ist oder sich abzeichnet, die eine nachhaltige Verringerung der Umsätze oder der Beschäftigung zur Folge hatte oder erwarten lässt, insbesondere bei einem erheblichen Rückgang der Nachfrage nach Investitionsgütern und Bauleistungen oder Verbrauchsgütern;

2. um höchstens 10 vom Hundert erhöht werden kann. Der Zeitraum, für den die Erhöhung gilt, darf ein Jahr nicht übersteigen; er soll sich mit dem Kalenderjahr decken. Voraussetzung ist, dass eine Störung des gesamtwirtschaftlichen Gleichgewichts eingetreten ist oder sich abzeichnet, die erhebliche Preissteigerungen mit sich gebracht hat oder erwarten lässt, insbesondere, wenn die Nachfrage nach Investitionsgütern und Bauleistungen oder Verbrauchsgütern das Angebot wesentlich übersteigt. [. . .]"

§ 27. [Änderung des Körperschaftsteuergesetzes]

[. . .]

„§ 19 c Herabsetzung oder Erhöhung der Körperschaftsteuer

Wird die Einkommensteuer auf Grund der Ermächtigung des § 51 Abs. 3 des Einkommensteuergesetzes herabgesetzt oder erhöht, so ermäßigt oder erhöht sich die Körperschaftsteuer entsprechend."

[. . .]

59 Angenommen, es herrscht Überbeschäftigung. Die Zahlungsbilanz ist im Gleichgewicht.

Welche Möglichkeiten des Stabilitätsgesetzes könnten in diesem Falle genutzt werden?

60 Angenommen, es herrscht Unterbeschäftigung. Die Zahlungsbilanz ist ausgeglichen.

Welche der im Stabilitätsgesetz genannten Maßnahmen könnten in dieser wirtschaftlichen Lage ergriffen werden?

61 a) Warum wird vom Fiskus gefordert, eine antizyklische Haushaltspolitik zu betreiben?

b) Welche politischen Konflikte können entstehen, wenn eine derartige Politik konsequent durchgeführt würde?

c) Welche wirtschaftlichen Konflikte können mit privaten Investoren entstehen, wenn der Fiskus „deficit-spending" betreibt?

62 Die öffentlichen Haushalte der westdeutschen Gebietskörperschaften in konjunktureller Sicht in den Jahren 1984–1990 sind in folgender Tabelle dargestellt:

Haushaltsdefizit und konjunktureller Impuls der Gebietskörperschaften[1])

Mrd DM

	1984	1985	1986	1987	1988[2])	1989[2])	1990[3])
I. Konjunkturneutrale Komponenten des Haushaltsdefizits							
(a) Potentialorientierte Kreditaufnahme[4]) .	24,6	25,4	26,7	27,8	28,9	30,2	32
(b) Auslastungsbedingte Steuermehreinnahmen (-) / Steuermindereinnahmen (+)[5])	+ 8,2	+ 6,1	+ 5,3	+ 7,6	+ 0,5	− 9,0	−15
(c) Inflationsbedingte Steuermehreinnahmen (−)[6])	+ 2,3	—	—	—	—	—	—
(d) Mehreinnahmen (−) / Mindereinnahmen (+) in Zusammenhang mit der anomalen Entwicklung der Bundesbankgewinne	+ 4,5	+ 5,5	+ 5,0	—	− 8,5	—	—
I. (a) bis (d) Konjunkturneutrales Haushaltsdefizit[7])	30,6	26,0	27,0	35,4	37,9	21,2	17
II. Tatsächliches Haushaltsdefizit[8])	33,5	26,0	34,6	44,7	46,8	10,9	73

[1]) Haushalte der Gebietskörperschaften Westdeutschlands in der Abgrenzung der Volkswirtschaftlichen Gesamtrechnungen; methodische Erläuterungen siehe Anhang VI, Abschnitt D.
[2]) Vorläufige Ergebnisse.
[3]) Eigene Schätzung.
[4]) Errechnet aus den Finanzierungssalden im Basisjahr 1985, abzüglich auslastungsbedingter Steuerminderinnahmen, mit dem Anstieg des Produktionspotentials zu konjunkturneutralen Preisen fortgeschrieben.
[5]) Errechnet als der Teil der Vollbeschäftigungssteuereinnahmen, der einer Abweichung der jeweiligen Auslastung des Produktionspotentials vom mittleren Auslastungsgrad (96,5 vH) zuzurechnen ist. Dabei ist angenommen, daß die Elastizität des Steueraufkommens bezüglich des Sozialprodukts in jeweiligen Preisen gleich eins ist; die jeweilige Steuerquote und die „konjunkturneutrale" Vollbeschäftigungsquote sind dadurch identisch.
[6]) Errechnet als der Teil der Vollbeschäftigungssteuereinnahmen, der einem Anstieg des Preisniveaus zuzurechnen ist, insoweit dieser über die „konjunkturneutrale" Steigerungsrate hinausgeht (bzw. hinter ihr zurückbleibt). Ab 1985 wird die „konjunkturneutrale" Steigerungsrate des Preisniveaus gleich der tatsächlichen gesetzt; inflationsbedingte Steuereinnahmen entfallen somit.
[7]) Abweichungen in den Summen durch Runden der Zahlen.
[8]) Einschließlich der Mehreinnahmen bzw. Mindereinnahmen in Zusammenhang mit der anomalen Entwicklung der Bundesbankgewinne.

Quelle: Deutscher Bundestag – 11. Wahlperiode, Drucksache 11/8472, S. 148.

Wie sind die öffentlichen Haushalte unter dem Gesichtspunkt der Beeinflussung der Konjunktur zu beurteilen?

Außenwirtschaft und Außenwirtschaftspolitik

LZ: Über die Bedeutung des Außenhandels für die Bundesrepublik Deutschland informiert sein

63 a) Stellen Sie fest, wie hoch im Jahr 1999** das Volumen der Ausfuhr und der Einfuhr war!

Außenhandel (Spezialhandel) der Bundesrepublik Deutschland

** Alter Gebietsstand

Bis Ende 1998 Mio DM, ab 1999 Mio Euro

Ländergruppe/Land		1997	1998	1999 1)	2000 Januar	Februar	März	April	Mai	Juni
Alle Länder 2)	Ausfuhr	888 616	955 170	510 418	42 045	46 446	52 137	45 253	52 153	49 541
	Einfuhr	772 149	828 200	444 981	39 389	39 801	46 607	40 455	48 377	43 519
	Saldo	+ 116 467	+ 126 970	+ 65 437	+ 2 656	+ 6 646	+ 5 530	+ 4 798	+ 3 777	+ 6 021
I. Industrialisierte	Ausfuhr	667 038	728 539	396 084	33 348	36 878	40 720	35 818	40 120	38 107
Länder	Einfuhr	585 621	628 089	332 478	29 023	29 096	34 783	29 963	35 546	31 704
	Saldo	+ 81 417	+ 100 450	+ 63 606	+ 4 325	+ 7 781	+ 5 937	+ 5 856	+ 4 574	+ 6 403
1. EU-Länder	Ausfuhr	493 554	539 793	293 373	25 336	27 115	29 793	27 089	29 281	28 021
	Einfuhr	424 430	452 037	240 079	20 920	20 795	24 381	21 180	25 343	22 485
	Saldo	+ 69 124	+ 87 757	+ 53 294	+ 4 416	+ 6 321	+ 5 412	+ 5 909	+ 3 938	+ 5 536
darunter:										
EWU-Länder	Ausfuhr	375 758	413 055	225 669	19 699	20 648	23 010	20 904	22 565	21 678
	Einfuhr	337 439	361 921	192 072	16 629	16 215	19 305	16 941	20 018	17 949
	Saldo	+ 38 319	+ 51 134	+ 33 598	+ 3 070	+ 4 433	+ 3 706	+ 3 963	+ 2 547	+ 3 729
darunter:										
Belgien und	Ausfuhr	51 666	54 288	28 836	2 478	2 583	3 103	2 672	2 828	2 691
Luxemburg	Einfuhr	47 421	46 437	23 145	2 019	2 198	2 325	2 070	2 470	2 241
	Saldo	+ 4 245	+ 7 851	+ 5 691	+ 459	+ 386	+ 778	+ 602	+ 358	+ 450
Frankreich	Ausfuhr	94 420	105 901	58 667	5 162	5 454	5 652	5 433	6 051	5 593
	Einfuhr	81 090	88 914	46 017	3 818	3 460	4 833	4 120	4 731	4 302
	Saldo	+ 13 330	+ 16 987	+ 12 650	+ 1 344	+ 1 993	+ 819	+ 1 313	+ 1 320	+ 1 292
Italien	Ausfuhr	65 053	70 533	38 378	3 281	3 667	3 954	3 601	3 944	3 907
	Einfuhr	61 074	64 513	33 331	2 837	2 657	3 234	2 935	3 271	3 063
	Saldo	+ 3 978	+ 6 020	+ 5 047	+ 444	+ 1 010	+ 720	+ 665	+ 673	+ 845
Niederlande	Ausfuhr	63 054	66 910	34 277	2 966	3 030	3 572	3 154	3 203	3 150
	Einfuhr	67 537	69 425	35 853	3 695	3 459	3 966	3 666	4 334	3 791
	Saldo	− 4 483	− 2 515	− 1 576	− 729	− 429	− 394	− 512	− 1 132	− 641
Österreich	Ausfuhr	46 680	51 760	28 194	2 362	2 493	2 729	2 615	2 666	2 505
	Einfuhr	29 082	33 078	18 182	1 577	1 645	1 788	1 636	1 771	1 748
	Saldo	+ 17 598	+ 18 683	+ 10 012	+ 785	+ 848	+ 941	+ 979	+ 895	+ 757
Spanien	Ausfuhr	33 071	38 454	22 681	2 006	2 132	2 428	2 117	2 491	2 369
	Einfuhr	25 941	27 801	14 307	1 284	1 351	1 557	1 301	1 637	1 373
	Saldo	+ 7 130	+ 10 653	+ 8 374	+ 722	+ 781	+ 871	+ 816	+ 854	+ 997
Schweden	Ausfuhr	20 630	21 874	11 654	1 025	1 072	1 226	1 140	1 129	1 113
	Einfuhr	14 819	16 331	8 303	705	805	776	892	912	914
	Saldo	+ 5 812	+ 5 543	+ 3 351	+ 320	+ 267	+ 450	+ 248	+ 217	+ 199
Vereinigtes	Ausfuhr	74 962	81 356	43 228	3 554	4 251	4 350	3 918	4 431	4 107
Königreich	Einfuhr	54 342	56 694	30 759	2 721	2 922	3 573	2 558	3 554	2 780
	Saldo	+ 20 620	+ 24 662	+ 12 470	+ 834	+ 1 328	+ 777	+ 1 360	+ 878	+ 1 327
2. Andere europäische	Ausfuhr	62 869	66 640	33 559	2 503	3 120	3 463	2 819	3 418	3 297
Industrieländer	Einfuhr	56 705	58 057	30 515	2 680	2 751	3 064	2 706	3 054	2 718
	Saldo	+ 6 164	+ 8 582	+ 3 044	− 177	+ 368	+ 399	+ 113	+ 363	+ 578
darunter:										
Schweiz	Ausfuhr	39 847	42 686	22 844	1 724	2 026	2 320	1 849	2 126	2 059
	Einfuhr	29 858	32 550	17 084	1 287	1 502	1 657	1 411	1 608	1 513
	Saldo	+ 9 989	+ 10 136	+ 5 761	+ 436	+ 525	+ 663	+ 438	+ 517	+ 546
3. Außereuropäische	Ausfuhr	110 615	122 107	69 152	5 509	6 642	7 464	5 911	7 421	6 789
Industrieländer	Einfuhr	104 487	117 995	61 884	5 423	5 551	7 338	6 076	7 149	6 501
	Saldo	+ 6 128	+ 4 111	+ 7 268	+ 86	+ 1 092	+ 126	− 165	+ 272	+ 288
darunter:										
Japan	Ausfuhr	20 476	18 310	10 460	887	1 039	1 110	905	1 093	1 126
	Einfuhr	37 478	41 047	21 467	1 888	1 967	2 626	2 167	2 427	2 219
	Saldo	− 17 002	− 22 737	− 11 007	− 1 002	− 928	− 1 516	− 1 261	− 1 334	− 1 093
Vereinigte Staaten	Ausfuhr	76 617	89 751	51 557	4 042	4 948	5 607	4 344	5 586	4 957
von Amerika	Einfuhr	59 039	68 307	36 389	3 201	3 226	4 218	3 551	4 217	3 805
	Saldo	+ 17 578	+ 21 444	+ 15 169	+ 841	+ 1 722	+ 1 389	+ 794	+ 1 369	+ 1 151
II. Reformländer	Ausfuhr	102 960	115 463	56 757	4 357	4 886	5 833	4 835	6 186	5 967
	Einfuhr	96 792	108 819	62 325	5 711	6 229	6 695	5 821	7 171	6 607
	Saldo	+ 6 168	+ 6 645	− 5 568	− 1 353	− 1 343	− 862	− 987	− 985	− 640
darunter:										
Mittel- und	Ausfuhr	90 282	101 499	49 060	3 748	4 256	4 992	4 177	5 290	5 140
osteuropäische	Einfuhr	74 304	84 280	47 640	4 235	4 750	5 215	4 564	5 458	5 065
Reformländer	Saldo	+ 15 978	+ 17 220	+ 1 421	− 487	− 494	− 223	− 388	− 168	+ 76
China 3)	Ausfuhr	10 629	11 900	6 949	540	571	757	598	824	738
	Einfuhr	21 534	23 181	13 677	1 381	1 351	1 348	1 156	1 591	1 430
	Saldo	− 10 906	− 11 280	− 6 728	− 840	− 780	− 591	− 558	− 766	− 692
III. Entwicklungsländer	Ausfuhr	116 104	108 860	56 610	4 239	4 570	5 460	4 500	5 689	5 365
	Einfuhr	88 792	90 249	48 185	4 608	4 428	5 071	4 623	5 601	5 155
	Saldo	+ 27 332	+ 18 610	+ 8 226	− 368	+ 142	+ 389	− 123	+ 88	+ 210
darunter:										
Südostasiatische	Ausfuhr	48 444	36 657	18 779	1 539	1 730	1 959	1 676	2 042	1 994
Schwellenländer 4)	Einfuhr	40 094	42 310	22 238	2 186	2 012	2 415	2 132	2 554	2 422
	Saldo	+ 8 350	− 5 653	− 3 459	− 647	− 282	− 456	− 456	− 511	− 427
OPEC-Länder	Ausfuhr	20 024	19 213	9 137	646	723	924	697	871	881
	Einfuhr	13 932	11 215	6 414	742	685	672	769	843	767
	Saldo	+ 6 092	+ 7 998	+ 2 723	− 97	+ 37	+ 251	− 72	+ 28	+ 114

* Quelle: Statistisches Bundesamt. Ausfuhr (fob) nach Bestimmungsländern, Einfuhr (cif) aus Ursprungsländern. Ausweis der Länder und Ländergruppen nach dem neuesten Stand. — 1 Die Angaben für „Alle Länder" enthalten Korrekturen, die für die Nicht-EU-Länder regional aufgegliedert noch nicht vorliegen. — 2 Einschl. Schiffs- und Luftfahrzeugbedarf sowie anderer regional nicht zuordenbarer Angaben. — 3 Ohne Hongkong. — 4 Brunei, Hongkong, Indonesien, Malaysia, Philippinen, Singapur, Südkorea, Taiwan und Thailand.

Quelle: Deutsche Bundesbank, Monatsbericht Nov. 2000, S. 69*.

b) War die Außenhandelsbilanz der Bundesrepublik Deutschland von 1998 bis Juni 2000 aktiv oder passiv?

c) Bei welcher Ländergruppe liegt der Schwerpunkt des Außenhandels der Bundesrepublik Deutschland?

d) Welches Mitgliedsland der EU ist der größte Handelspartner der Bundesrepublik Deutschland?

e) Welche Anteile in v. H. am Außenhandel der Bundesrepublik Deutschland hatten 1999 die Reformländer, die USA, die OPEC-Länder und die Entwicklungsländer?

f) Welche konjunkturellen Auswirkungen hat der Außenhandel?

64 Die Struktur des Außenhandels der Bundesrepublik Deutschland nach Warengruppen zeigt diese Aufstellung:

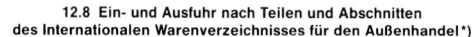

12.8 Ein- und Ausfuhr nach Teilen und Abschnitten des Internationalen Warenverzeichnisses für den Außenhandel*)

Nr der Syste- matik	Warenbenennung¹)	Einfuhr				Ausfuhr			
		1987	1988	1989²)	%	1987	1988	1989²)	%
		Mill. DM				Mill. DM			
0	**Nahrungsmittel und lebende Tiere**	40 147	41 446	43 765	8,6	21 103	23 644	25 995	4,1
00	Lebende Tiere (ausgenommen Fische usw.)	631	714	725	0,1	780	735	1 036	0,2
01	Fleisch und Zubereitungen von Fleisch	5 533	5 857	6 724	1,3	3 146	3 209	4 049	0,6
02	Milch und Milcherzeugnisse, Vogeleier	4 269	4 600	4 901	1,0	5 741	7 489	6 864	1,1
03	Fische usw. Zubereitungen davon	1 967	2 121	2 323	0,5	604	623	725	0,1
04	Getreide und Getreideerzeugnisse	3 790	3 180	3 336	0,7	2 425	2 860	3 752	0,6
05	Gemüse und Früchte	14 092	14 224	14 694	2,9	1 906	2 094	2 289	0,4
06	Zucker, Zuckerwaren und Honig	895	1 022	1 146	0,2	1 021	1 042	1 234	0,2
07	Kaffee, Tee, Kakao, Gewürze, Waren daraus	5 742	5 678	5 679	1,1	2 393	2 483	2 635	0,4
08	Tierfutter (ausgenommen ungemahlenes Getreide)	2 603	2 961	3 023	0,6	2 065	1 999	2 084	0,3
09	Verschiedene genießbare Waren und Zubereitungen	1 126	1 088	1 214	0,2	1 022	1 109	1 327	0,2
1	**Getränke und Tabak**	4 472	4 381	4 699	0,9	3 096	3 249	3 621	0,6
11	Getränke	2 833	3 116	3 364	0,7	1 729	1 797	2 076	0,3
12	Tabak und Tabakerzeugnisse	1 640	1 266	1 334	0,3	1 367	1 453	1 546	0,2
2	**Rohstoffe (ausgen. Nahrungsm. u. mineral. Brennstoffe)**	25 112	28 512	33 540	6,6	9 241	10 639	12 369	1,9
21	Häute, Felle und Pelzfelle, roh	800	691	524	0,1	517	517	506	0,1
22	Ölsaaten und ölhaltige Früchte	3 058	3 112	3 011	0,6	420	171	294	0,0
23	Rohkautschuk (einschl. synthetischer Kautschuk)	1 267	1 428	1 420	0,3	822	900	939	0,1
24	Kork und Holz	2 610	2 713	3 266	0,6	1 092	1 220	1 362	0,2
25	Papierhalbstoffe und Papierabfälle	3 544	4 291	5 438	1,1	331	472	536	0,1
26	Spinnstoffe und Spinnstoffabfall	2 260	2 830	3 418	0,7	2 047	2 347	2 592	0,4
27	Mineral. roh, mineralische Rohstoffe	1 808	1 907	2 234	0,4	1 218	1 292	1 551	0,2
28	Metallurgische Erze und Metallabfall	5 732	7 307	9 783	1,9	1 663	2 527	3 275	0,5
29	Andere Rohstoffe tier. und pflanzl. Ursprungs	4 033	4 203	4 446	0,9	1 133	1 191	1 314	0,2
3	**Mineral. Brennstoffe, Schmiermittel usw.**	39 508	33 517	38 262	7,6	7 104	6 918	7 855	1,2
32	Kohle, Koks und Briketts	1 011	887	905	0,2	2 504	2 574	2 737	0,4
33	Erdöl, Erdölerzeugnisse und verwandte Waren	30 400	25 739	30 346	6,0	3 249	3 058	3 857	0,6
34	Gas	6 869	5 747	5 928	1,2	464	381	397	0,1
35	Elektrischer Strom⁴)	1 229	1 143	1 083	0,2	887	906	863	0,1
4	**Tierische und pflanzliche Öle, Fette und Wachse**	1 173	1 454	1 730	0,3	1 322	1 596	1 818	0,3
41	Tierische Öle und Fette	176	227	223	0,0	142	231	221	0,0
42	Pflanzliche Fette und fette Öle, roh usw.	694	886	1 112	0,2	725	847	996	0,2
43	Tierisches od. pflanzliches Fett, Öl, Wachs usw.	303	341	395	0,1	455	518	600	0,1
5	**Andere chemische Erzeugnisse**	38 512	42 620	47 697	9,4	68 485	76 908	83 088	13,0
51	Organische chemische Erzeugnisse	10 019	11 005	13 163	2,6	16 048	18 315	19 512	3,0
52	Anorganische chemische Erzeugnisse	4 275	4 500	4 307	0,9	5 361	5 500	6 267	1,0
53	Farbmittel, Gerbstoffe und Farben	1 862	2 130	2 458	0,5	7 303	7 960	8 690	1,4
54	Medizinische und pharmazeutische Erzeugnisse	4 042	4 392	4 974	1,0	7 267	8 195	8 906	1,4
55	Ätherische Öle usw., Putzmittel usw.	2 000	2 236	2 453	0,5	3 559	4 054	4 389	0,7
56	Düngemittel (ausgenommen Harnstoff usw.)	1 231	1 208	1 267	0,3	1 217	1 189	1 056	0,2
57	Kunststoffe in Primärformen		9 197	10 117	2,0		14 556	15 178	2,4
58	Kunststoffe in anderer Form als Primärform	10 837	3 450	3 902	0,8	18 326	6 799	7 541	1,2
59	Andere chemische Erzeugnisse	4 108	4 502	5 055	1,0	9 250	10 340	11 550	1,8
6	**Bearbeitete Waren vorw. nach Beschaffenheit**	71 643	80 471	94 642	18,7	93 344	102 555	117 182	18,3
60	Waren für vollst. Fabrikationsanlagen: Kap. 69, 70, 72, 73, 76					404	363	476	0,1
61	Leder, Lederwaren und zugerichtete Pelzfelle	2 445	1 736	1 624	0,3	1 850	1 553	1 572	0,2
62	Andere Kautschukwaren	4 334	4 525	4 851	1,0	4 738	5 165	5 631	0,9
63	Kork- und Holzwaren (ausgenommen Möbel)	2 475	2 643	3 117	0,6	1 938	2 063	2 347	0,4
64	Papier und Pappe, Papierhalbstoffe	9 510	10 292	11 405	2,3	10 673	11 993	13 792	2,2
65	Garne, Gewebe, andere fertiggest. Spinnstofferzeugnisse	14 712	15 175	16 922	3,3	17 577	18 456	20 801	3,2
66	Waren aus nichtmetallischen mineralischen Stoffen	6 653	7 271	8 259	1,6	9 103	9 939	10 879	1,7
67	Eisen und Stahl	13 525	16 403	20 183	4,0	21 153	23 835	27 803	4,3
68	NE-Metalle	9 769	13 257	17 352	3,4	9 326	11 316	13 574	2,1
69	Andere Metallwaren	8 427	9 170	10 929	2,2	16 582	17 871	20 307	3,2
7	**Maschinenbauerzeugnisse und Fahrzeuge**	114 475	128 138	154 432	30,5	255 132	272 818	311 923	48,6
70	Waren für vollst. Fabrikationsanlagen: Kap. 84, 85, 87					3 630	4 160	3 699	0,6
71	Kraftmaschinen und -ausrüstungen	7 405	8 521	10 044	2,0	15 161	16 175	18 013	2,8
72	Arbeitsmaschinen für besondere Zwecke	7 784	8 590	10 334	2,0	34 239	36 638	41 850	6,5
73	Metallbearbeitungsmaschinen	3 315	3 529	4 258	0,8	9 045	9 917	11 211	1,7
74	Maschinen, Apparate usw. für verschiedene Zwecke	11 850	12 947	15 529	3,1	33 397	37 011	42 258	6,6
75	Büromaschinen, automat. Datenverarbeitungsmaschinen	16 399	18 258	22 637	4,5	14 067	13 895	15 985	2,5
76	Geräte für Nachrichtentechnik usw.	10 170	11 404	12 816	2,5	10 978	10 660	11 703	1,8
77	Andere elektr. Maschinen, Apparate, Geräte usw.	19 703	22 727	26 481	5,2	32 237	36 810	42 156	6,6
78	Straßenfahrzeuge (einschl. Luftkissenfahrzeugen)	28 719	31 225	36 130	7,1	92 624	95 746	108 231	16,9
79	Andere Beförderungsmittel	9 131	10 847	16 203	3,2	9 754	11 804	16 816	2,6
8	**Verschiedene Fertigwaren**	61 538	65 699	73 322	14,5	56 837	62 364	69 711	10,9
80	Waren für vollst. Fabrikationsanlagen: Kap. 90, 94					221	117	145	0,0
81	Vorgefertigte Gebäude, sanitäre Anlagen usw.	1 253	1 703	2 053	0,4	1 773	2 444	2 843	0,4
82	Möbel und Teile, Bettausstattung usw.	4 334	4 886	5 875	1,2	5 998	6 190	6 903	1,1
83	Reiseartikel, Handtaschen usw.	1 066	1 197	1 331	0,3	431	477	502	0,1
84	Bekleidung und Bekleidungszubehör	25 386	25 537	27 492	5,4	9 052	9 477	10 587	1,7
85	Schuhe	5 323	5 699	6 453	1,3	1 272	1 536	1 935	0,3
87	Andere Meß- Prüfinstrumente usw.	6 510	7 000	8 081	1,6	12 974	14 325	15 318	2,4
88	Fotografische Apparate usw., Uhrmacherwaren	5 327	5 815	6 206	1,2	5 925	6 398	7 024	1,1
89	Verschiedene bearbeitete Waren	12 338	13 868	15 891	3,1	19 192	21 424	24 435	3,8
9	Waren und -verkehrsvorgänge, a. n. erfaßt	13 060	13 371	14 560	2,9	11 712	6 962	7 781	1,2
	Insgesamt	409 641	439 609	506 648	100	527 377	567 654	641 342	100

*) Spezialhandel – Standard International Trade Classification (SITC 3), Ausgabe 1989
¹) Aus Raummangel sind einige Bezeichnungen gekürzt
²) Vorläufiges Ergebnis
³) Umfaßt die finanziellen Abrechnungen (einschl. einiger Sonderfälle)

Quelle: Statistisches Bundesamt, Statistisches Jahrbuch 1990, S. 270

a) Welche drei Warengruppen haben bei der Einfuhr die größte Bedeutung für die Bundesrepublik Deutschland?

b) Welche drei Warengruppen bilden die Schwerpunkte in der Ausfuhr?

c) Welche beiden Warenarten hatten 1988 den größen Anteil am Gesamtwert der Einfuhr?

d) Welche vier Warenarten hatten 1988 den größten Anteil am Gesamtwert der Ausfuhr?

e) Stellen Sie die Zusammensetzung der Einfuhr und die der Ausfuhr in je einem Kreisdiagramm grafisch dar!

65 Wie beurteilen Sie die zukünftige Entwicklung der deutschen Ausfuhr unter Berücksichtigung des Anteils der Maschinenbauerzeugnisse an der Gesamtausfuhr und der im nebenstehenden Schaubild dargestellten Entwicklung der Stellung der Bundesrepublik Deutschland im Maschinenbau?

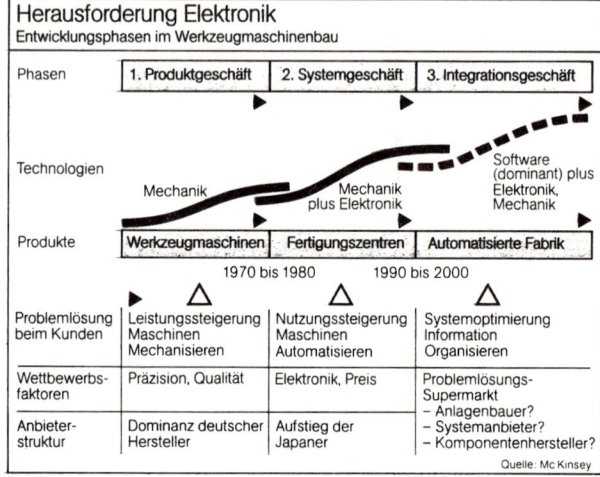

Quelle: Wirtschaftswoche, Nr. 40/83.

66 Neben dem Export von Gütern und Dienstleistungen beteiligen sich Unternehmen auch an Unternehmen im Ausland. Typische Arten der Kapitalverflechtung der Unternehmen mit dem Ausland sind im nebenstehenden Schaubild dargestellt.

a) Welche Arten der Kapitalbeteiligungen werden unterschieden?

b) Welchen Nutzen kann eine derartige Kapitalverflechtung z. B. für ein Unternehmen in einem Entwicklungsland haben?

c) Welche Gründe kann es für den inländischen Investor für eine Kapitalinvestition im Ausland geben?

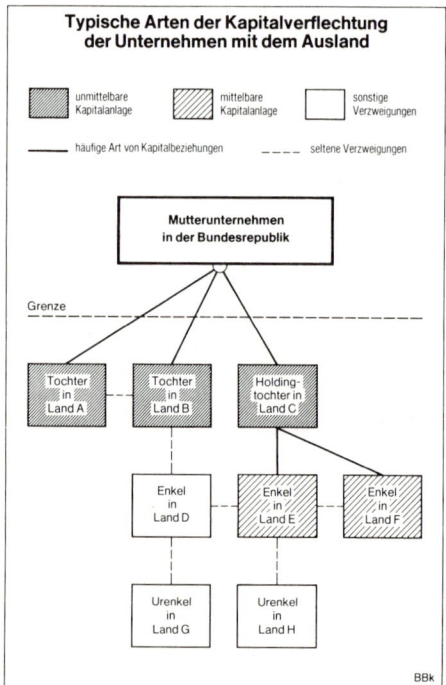

Quelle: Deutsche Bundesbank, Monatsbericht 5/83, S. 35.

67 Die Schwerpunkte deutscher Direktinvestitionen im Ausland zeigt diese Statistik:

Unmittelbare deutsche Direktinvestitionen im Ausland nach Kapitalarten, Wirtschaftszweigen und Anlageregionen

Stand Ende 1981; Mrd DM

Wirtschaftszweig des Anlageobjekts Region	Unmittelbare deutsche Direktinvestitionen im Ausland					Forderungen der Auslandsunternehmen an die deutschen Investoren
	insgesamt	Anteile am Nominalkapital	Anteile an Rücklagen und Gewinnvorträgen	abzüglich: Anteile am Verlust	Kredite und Darlehen	
Gesamtsumme	87,5	42,2	32,0	12,7	1) 26,0	1) 6,8
nach Wirtschaftszweigen der Anlageobjekte						
Bergbau	4,2	3,1	0,6	3,0	3,5	0,2
Verarbeitendes Gewerbe	33,7	16,3	13,4	5,3	9,3	3,5
Handel	16,4	4,0	5,5	1,6	8,5	1,6
Kreditinstitute	6,6	4,5	2,4	0,3	2) (22,4)	(14,3)
Beteiligungsgesellschaften	17,0	8,9	7,9	0,9	1,1	0,5
Übrige Bereiche	9,6	5,4	2,2	1,6	3,6	1,0
nach Ländergruppen						
Industrieländer	72,0	34,5	27,1	10,0	20,4	6,1
darunter: EG-Länder	28,5	12,8	9,5	3,2	9,4	3,4
Entwicklungsländer	12,7	7,0	4,7	2,4	3,4	0,6
Übrige Länder	2,8	0,7	0,2	0,3	2,2	0,1

1 Ohne auf Kreditinstitute entfallende Beträge. — **2** Kredite und Darlehen von Kreditinstituten werden nach internationaler Praxis nicht zu den Direktinvestitionen gerechnet.

Quelle: Deutsche Bundesbank, Monatsbericht 5/83, S. 34.

a) In welchen Wirtschaftszweigen liegen die beiden Schwerpunkte deutscher Direktinvestitionen?

b) In welchen Ländern liegen die Schwerpunkte der Direktinvestitionen?

LZ: Feste und flexible Wechselkurse unterscheiden

Wechselkurse, freie Wechselkursbildung

Zur finanziellen Abwicklung des Außenhandels sind Zahlungsmittel in ausländischen Währungen erforderlich.

Diese Zahlungsmittel nennt man **Devisen**. Sie kommen in Form von Bankguthaben, Wechseln und Schecks in ausländischer Währung vor. Daneben gibt es Banknoten und Münzen in ausländischer Währung, die als **Sorten** bezeichnet werden.

Der **Wert der Devisen** ergibt sich bei freien Märkten aus Angebot und Nachfrage. Er drückt sich im Wechselkurs aus. Der Wechselkurs bezieht sich auf 1 Euro, z. B. 1,00 EUR $\widehat{=}$ 1,0505 USD.

68 Im Wirtschaftsteil einer Tageszeitung steht diese Notiz:

Der Dollarkurs sinkt weiter

jfr. FRANKFURT, 6. Oktober. Der Euro konnte sich auch am Donnerstag auf den internationalen Devisenmärkten gegenüber den meisten wichtigen Währungen weiter festigen. In Frankfurt wurde 1 Euro mit 1,1500 USD gehandelt, nachdem er am Mittwoch mit 1,1430 gehandelt wurde. Damit verlor der Dollar in 8 Tagen rund 6 Cent an Wert.

a) Wie hoch war der Wechselkurs des USD gegenüber dem Euro am 6. Oktober?

b) Was bedeutet dieser Wechselkurs?

c) Welche Aussage über das Dollarangebot und die Dollarnachfrage lässt sich aufgrund dieses Artikels machen?

69 Wird die Preisbildung auf dem Devisenmarkt der Entwicklung von Devisenangebot und Devisennachfrage überlassen, so liegt ein System freier (flexibler) Wechselkurse vor. In diesem Falle gelten die Gesetze der Marktpreisbildung.

a) Es herrscht ein System flexibler Wechselkurse. Die Angebots-/Nachfragesituation nach Euro stellt sich grafisch wie folgt dar:

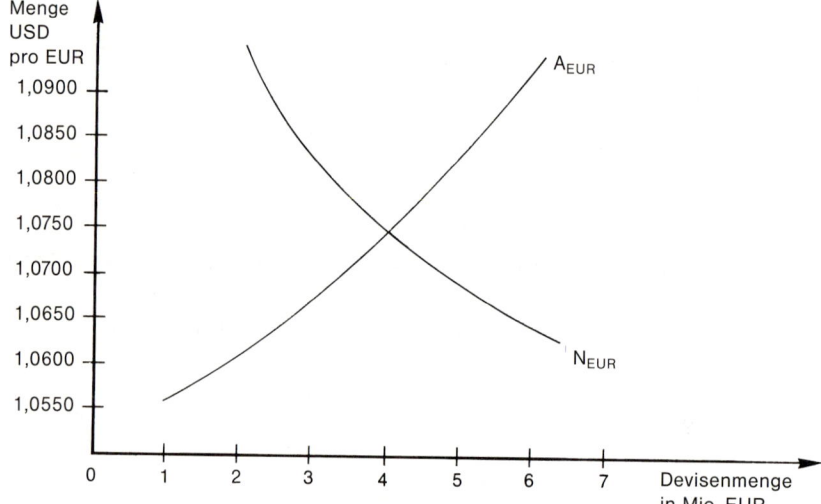

A = Angebot von EUR
N = Nachfrage nach EUR

Welcher Wechselkurs ergibt sich bei dieser Marktlage für den EUR/USD?

b) Wie viel Mio. Euro werden zum Gleichgewichtskurs umgesetzt?

c) Stellen Sie in einem Schaubild (wie oben) dar, wie sich der Wechselkurs des Euro verändert, wenn sich die Nachfrage nach dem Euro bei gleich bleibendem Angebot erhöht bzw. wenn sie sinkt!

d) Stellen Sie in einem Schaubild (wie oben) dar, wie sich der Wechselkurs des Euro verändert, wenn sich das Angebot bei gleich bleibender Nachfrage erhöht bzw. wenn es sinkt!

70 Angenommen, in der Bundesrepublik Deutschland gibt es einen Exportüberschuss im Handelsverkehr mit den USA, der nicht durch entsprechende Kapitalexporte in die USA ausgeglichen wird.

a) Welchen Einfluss hat diese Situation auf die Kursentwicklung des Euro?

b) Welche Wirkungen hat diese Wechselkursentwicklung auf die deutschen Exporte?

System relativ fester Wechselkurse

Ein System relativ fester Wechselkurse ist dadurch gekennzeichnet, dass die am Wechselkurssystem beteiligten Regierungen zunächst feste Paritäten (Leitkurse) zwischen ihren Währungen vereinbaren. Diese Paritäten sollen die tatsächlichen Wertverhältnisse der Währungen untereinander im Zeitpunkt der Vereinbarung widerspiegeln.

Am Devisenmarkt lässt man anschließend bestimmte Wertschwankungen (z.B. $\pm$ 15%) um den Paritätskurs (Leitkurs) zu. Droht z.B. durch die Angebots- und Nachfragesituation am Devisenmarkt die obere oder untere Kursgrenze über- bzw. unterschritten zu werden, so ist die Zentralbank verpflichtet, die betroffene Währung anzubieten bzw. nachzufragen. Es besteht eine **Interventionspflicht**. Die Differenz zwischen dem oberen und dem unteren Interventionspunkt wird als **Bandbreite** bezeichnet.

71 a) Ergänzen Sie diese Skizze mit den fehlenden Bezeichnungen für die dargestellten Sachverhalte a) – e)!

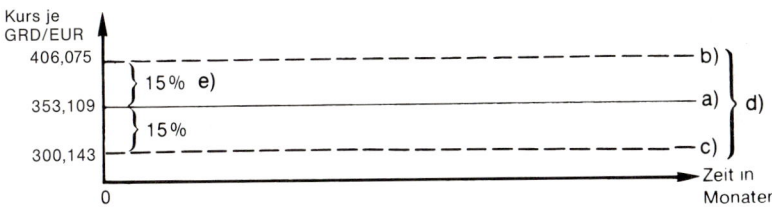

b) Wie müsste sich die EZB am Devisenmarkt verhalten, wenn aufgrund der Marktlage der Punkt b) im Schaubild überschritten würde?

c) Welches Verhalten der EZB am Devisenmarkt notwendig, wenn aufgrund der Marktlage c) im Schaubild unterschritten würde?

d) Welche Wirkung hätte es für die EZB, wenn die GRD ständig am unteren Interventionspunkt gehandelt würde?

e) Welche Gründe könnte es dafür geben, dass die GRD am unteren Interventionspunkt gehandelt wird?

Änderung der Paritäten/Leitkurse

Wenn in einem System relativ fester Wechselkurse eine Währung eine längere Zeit am oberen oder am unteren Interventionspunkt gehandelt wird, so ist dies ein Anzeichen für ein Ungleichgewicht in dem Austauschverhältnis der Währung. Dieses Ungleichgewicht muss von der Regierung bzw. den Regierungen der beteiligten Länder durch eine Änderung der Paritäten (Leitkurse) beseitigt werden.

Diese Paritätenänderung nennt man **Aufwertung**, wenn die Parität der inländischen Währung gegenüber der ausländischen Währung gesenkt wird. Das heißt, es werden nach der Aufwertung weniger inländische Zahlungsmittel zum Kauf einer oder 100 ausländischer Geldeinheit(en) benötigt.

Umgekehrt liegt eine **Abwertung** der Inlandswährung vor, wenn in Zukunft mehr inländische Zahlungsmittel zum Kauf einer oder 100 ausländischer Geldeinheit(en) aufgewendet werden müssen.

72 Der Kurs der DKK hatte in den letzten Monaten folgende Entwicklung:

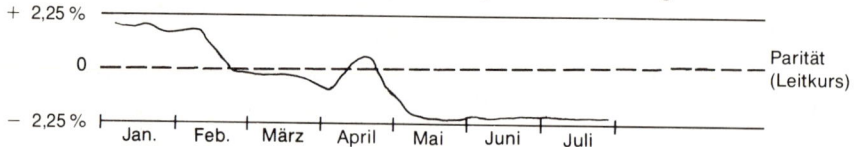

a) Welche Marktsituation wird durch diese Grafik zum Ausdruck gebracht?

b) Welche Maßnahme müsste der EU-Rat treffen, wenn er die DKK von dem Interventionspunkt wegbringen will?

c) Welche Auswirkung hätte die von Ihnen getroffene Entscheidung für einen Unternehmer, der Waren nach Dänemark exportiert und in DKK fakturiert?

73 Im Rohölgeschäft wird in USD fakturiert. Welche Folgen hat es für die Bundesrepublik Deutschland, wenn der EUR im Verhältnis zum USD abgewertet wird?

74 Auf- und Abwertungen werden in der Regel als Folge von Ungleichgewichten in der Zahlungsbilanz erforderlich.

a) Welches Ungleichgewicht in der Zahlungsbilanz der Bundesrepublik Deutschland liegt vor, wenn eine Aufwertung des EUR erforderlich wird?

b) Welches Ungleichgewicht in der Zahlungsbilanz der Bundesrepublik Deutschland lässt sich durch eine Abwertung des EUR bekämpfen?

System fester Wechselkurse

Absolut feste Wechselkurse gelten im Handel mit den Staatshandelsländern. Hier erfolgt die Verrechnung von Lieferungen und Leistungen über die von den Regierungen festgelegten Verrechnungseinheiten. Erforderliche Devisen werden den Importeuren in diesen Ländern meist auf Antrag zugeteilt.

75 Können Währungen der Staatshandelsländer an den Devisenbörsen gehandelt werden?

> **LZ:** Handels- und zollpolitische Maßnahmen zur Beeinflussung des Außenwirtschaftsverkehrs kennen

76 In den letzten Jahren konnte man in der Presse u. a. folgende Schlagzeilen lesen:

> „Welttextilabkommen hemmt die Überflutung der europäischen Märkte mit Billigtextilien aus Fernost."
> „US-Präsident Clinton befürwortet Importquoten für Stahl."
> „Minister Müller kritisiert überhöhte Subventionen für den Schiffsbau in anderen Ländern."
> „Neues Weltkaffeeabkommen zur Unterstützung der vom Rohkaffee-Export abhängigen Staaten gefordert."
> „Die USA erhöhen drastisch die Abgasvorschriften für Kraftfahrzeuge."
> „Bonn klagt bei der EU höhere Stahlquoten ein."
> „Japan erhöht Importzölle für Spirituosen."

a) Erklären Sie diese Schlagzeilen!

b) Welche Wirkungen haben diese einzelnen Maßnahmen auf den Welthandel?

c) Halten Sie derartige Maßnahmen zum „Schutze" der Unternehmen und Beschäftigten im eigenen Lande für richtig?

77 Lesen Sie den folgenden Text zum Vertrag über die Europäische Union und beantworten Sie anschließend die am Ende des Textes vorgegebenen Fragen!

Der Vertrag über die Europäische Union

Durch den am 7. Februar 1992 in Maastricht unterzeichneten und am 1. November 1993 in Kraft getretenen **Vertrag über die Europäische Union** ist der Prozess der europäischen Einigung in eine neue Phase eingetreten. Die **Europäische Union** verfolgt die folgenden **Ziele:**

- Die Förderung eines ausgewogenen und dauerhaften wirtschaftlichen und sozialen Fortschritts, insbesondere durch Schaffung eines Raumes ohne Binnengrenzen, durch Stärkung des wirtschaftlichen Zusammenhalts und durch Errichtung einer Wirtschafts- und Währungsunion mit dem Endziel einer einheitlichen Währung.

- Die Behauptung der europäischen Identität auf internationaler Ebene, insbesondere durch eine gemeinsame Außen- und Sicherheitspolitik, wozu auf längere Sicht auch eine gemeinsame Verteidigungspolitik gehört, die zu einer gemeinsamen Verteidigung führen könnte.

- Die Stärkung des Schutzes der Rechte und Interessen der Bürger der EU-Mitgliedstaaten durch die Einführung einer Unionsbürgerschaft.

- Die Entwicklung einer engen Zusammenarbeit in den Bereichen Justiz und Inneres.

- Die volle Wahrung des gemeinschaftlichen Besitzstands und dessen Weiterentwicklung, wobei zu prüfen ist, inwieweit die durch Vertrag eingeführten Politiken und Formen der Zusammenarbeit mit dem Ziel zu revidieren sind, die Wirksamkeit der Mechanismen und Organe der Gemeinschaft zu sichern.

Die Europäische Gemeinschaft

Durch den Vertrag von Maastricht wurde der Vertrag zur „Europäischen Wirtschaftsgemeinschaft" durch das Streichen des Wortteiles Wirtschaft in „Europäische Gemeinschaft" geändert. Dadurch sollte zum Ausdruck kommen, dass die beteiligten Staaten als Endziel nicht nur eine gemeinsame **Wirtschafts**gemeinschaft anstreben, sondern eine **Politische Union.** Dieses Ziel wurde dadurch unterstrichen, dass eine gemeinsame **Unionsbürgerschaft** eingeführt wurde. Danach soll sich jeder EG-Bürger in den Mitgliedstaaten frei bewegen und aufhalten können sowie in dem Mitgliedstaat, in dem er einen Wohnsitz hat, das aktive und passive Wahlrecht zu Kommunalwahlen und zu Wahlen zum Europäischen Parlament erhalten. Außerdem soll jeder Unionsbürger in Drittländer den diplomatischen und konsularischen Schutz anderer Mitgliedstaaten genießen können. Unionsbürger können sich auch an den Petitionsausschuss des Europäischen Parlaments oder an einen Bürgerbeauftragten („Ombudsmann") wenden, wenn sie sich in ihren Rechten verletzt sehen.

Neben den bereits im EWG-Vertrag geregelten Zielen einer gemeinsamen Zollunion und der Schaffung eines Binnenmarktes, sowie der Erreichung einer gemeinsamen Agrar-, Struktur- und Handelspolitik, wurden durch den EG-Vertrag neue Vereinbarungen zur **Wirtschafts- und Währungsunion** getroffen.

Herzstück der europäischen Währungsunion ist die Schaffung einer „Europäischen Zentralbank" (EZB) mit Sitz in Frankfurt am Main. Die EZB ist von Weisungen der Regierungen der Mitgliedstaaten oder zentraler Instanzen unabhängig und dem Ziel der Geldwertstabilität verpflichtet.

01.01.1994	Errichtung des **Europäischen Währungsinstituts** Dieses Institut hat keine geld- und währungspolitischen Befugnisse. Es soll aber die von den nationalen Notenbanken autonom betriebene Geldpolitik koordinieren und die technischen Vorarbeiten für die künftige Europäische Zentralbank durchführen.
01.01.1997	Beginn der **Wirtschafts- und Währungsunion** (WWU), sofern die Mehrheit der Mitgliedstaaten (7) die **Konvergenzkriterien** erfüllen. Diese sind Prüfsteine für den Übergang zu einer gemeinsamen Währung.

Konvergenzkriterien:

1. Die **Inflationsrate** eines Landes liegt um weniger als 1,5 Prozentpunkte über der durchschnittlichen Inflationsrate der drei Länder mit der höchsten Preisniveaustabilität.

2. Das **Haushaltsdefizit** darf höchstens 3 % des Bruttoinlandsprodukts (BIP) erreicht haben und der **Bruttoschuldenstand** muss weniger als 60 % des BIP betragen.

3. Der nominale **langfristige Zinssatz** darf um nicht mehr als 2 Prozentpunkte über dem durchschnittlichen Satz jener Länder liegen, die das beste Ergebnis hinsichtlich der Preisniveaustabilität erzielt haben.

4. Die **Währung** muss sich mindestens zwei Jahre ohne größere Spannungen innerhalb der normalen Wechselkursbandbreite des EWS bewegt haben und darf in diesem Zeitraum nicht abgewertet worden sein.

01.01.1999 Beginn der WWU für alle Länder, die die Kriterien erfüllen.
Die **Folgen** des Beginns der WWU sind:
 – die unwiderrufliche Fixierung der Wechselkurse;
 – der Übergang der Verantwortung für die Geldpolitik an die Europäische Zentralbank und
 – danach die Einführung einer Europäischen Einheitswährung.

Gemeinsame Außen- und Sicherheitspolitik

Der Maastrichter Vertrag sieht als weitere Säule gemeinsames Handeln in der Außen- und Sicherheitspolitik vor. Die gemeinsame Außen- und Sicherheitspolitik verfolgt verschiedene **Ziele**.

● Die Wahrung der gemeinsamen Werte, der grundlegenden Interessen und der Unabhängigkeit der Union;

● die Stärkung der Sicherheit der Union und ihrer Mitgliedstaaten in allen ihren Formen;

● die Wahrung des Friedens und die Stärkung der internationalen Sicherheit entsprechend den Grundsätzen der Charta der Vereinten Nationen sowie den Prinzipien der Schlussakte von Helsinki und den Zielen der Charta von Paris;

● die Förderung der internationalen Zusammenarbeit;

● die Entwicklung und Stärkung von Demokratie und Rechtstaatlichkeit und Grundfreiheiten.

Diese Ziele der Union sollen durch eine regelmäßige Zusammenarbeit der Mitgliedstaaten bei der Führung ihrer Politik und die Durchführung gemeinsamer Aktionen in den Bereichen, in denen wichtige gemeinsame Interessen der Mitgliedstaaten bestehen. Dies umfasst in dem Bereich der **Außenpolitik**: Fragen der Kooperation und der gemeinsamen Standpunkte und Aktionen; Friedenserhaltung; Menschenrechte; Hilfe für Drittstaaten.

Auf dem Gebiet der **Sicherheitspolitik** z.B. die Bereiche: Abrüstung; Rüstungswirtschaft; Schaffung einer Europäischen Sicherheitsordnung.

Gemeinsame Innen- und Justizpolitik

Als dritte Säule wurde im Vertrag von Maastricht die Innen- und Justizpolitik eingefügt. Zwar verbleiben die Entscheidungsverfahren weitgehend im zwischenstaatlichen Bereich, was bedeutet, dass **alle** Mitgliedstaaten wesentlichen Beschlüssen zustimmen müssen, die Bereiche gemeinsamen Interesses wurden jedoch festgelegt. Es handelt sich dabei um:

● Die Asylpolitik,

● die Vorschriften für das Überschreiten der Außengrenzen der Mitgliedstaaten durch Personen und die Ausübung der entsprechenden Kontrollen;

● die Einwanderungspolitik und die Politik gegenüber den Staatsangehörigen dritter Länder;

● der Kampf gegen Drogenabhängigkeit;

● die Bekämpfung der internationalen Betrügereien;

● die Zusammenarbeit der Justizbehörden in Zivil- und Strafsachen;

● die polizeiliche Zusammenarbeit zur Verhütung und Bekämpfung des Terrorismus, des illegalen Drogenhandels und sonstiger schwerwiegender Formen der internationalen Kriminalität, erforderlichenfalls einschließlich bestimmter Aspekte der Zusammenarbeit im Zollwesen, in Verbindung mit dem Aufbau eines unionsweiten Systems zum Austausch von Informationen im Rahmen eines Europäischen Polizeiamts (Europol).

Die Institutionen der EU und ihre Aufgaben

Institutionen der EU	Allgemeine Aufgaben
Europäischer Rat	Treffen der Staats- und Regierungschefs der EU-Staaten sowie des Kommissionspräsidenten. Beschlussfassung über die Leitlinien der Politik der EU. Er gibt zukunftsweisende Impulse.
Rat der Europäischen Union	Wichtigstes Entscheidungsorgan der EU. Vertreter der Mitgliedstaaten der EU treffen sich auf Ministerebene und entscheiden u. a. über die Rechtsakte der EU (gesetzgebendes Organ). In diesem Gremium besteht praktisch ein „Vetorecht" eines Mitgliedstaates. Übergang zu Mehrheitsentscheidungen ist beabsichtigt.
Europäische Kommission („Regierung" der EU)	Sie hat im Gesetzgebungsverfahren das fast ausschließliche Initiativrecht zur Weiterentwicklung der verschiedenen Säulen der EU. Sie wacht über die Einhaltung des EU-Rechts und ist für die Durchführung der Gemeinschaftspolitiken verantwortlich. Sie kann dem Rat Vorschläge unterbreiten und ihn einberufen. Sie führt die Gesetze der EU aus **(Exekutive)**. Die Kommissare werden vom Europäischen Parlament bestätigt und kontrolliert. Sie sind unabhängig von den Weisungen der Mitgliedstaaten.
Europäisches Parlament	Es wird seit 1979 direkt für jeweils 5 Jahre gewählt. Es kann von der Kommission Vorschläge zur Regelung der verschiedenen Bereiche verlangen. Es ist am Gesetzgebungsverfahren beteiligt. Außerdem ist es bei der Aufstellung des EU-Haushaltes beteiligt und kontrolliert die Ausgaben der EU. Es wird von der Kommission über die verschiedenen Politiken unterrichtet. Es kann Fragen an den Rat und die Kommission richten und Empfehlungen geben. Es wird zu den Grundzügen der gemeinsamen Innen- und Justizpolitik konsultiert. Auch bei Beitritten zu EU und bei wichtigen internationalen Verträgen ist die Zustimmung des Parlaments erforderlich.
Europäischer Gerichtshof	Er kontrolliert die Gesetzmäßigkeit des Handelns der Gemeinschaftsorgane und die Einhaltung des EU-Vertrages durch die Mitgliedstaaten. Er ist nicht zuständig im Bereich der Außen- und Sicherheitspolitik. Nationale Gerichte können sich an den EG wenden, wenn sie Zweifel an der korrekten Auslegung von EU-Recht haben.
Europäischer Rechnungshof	Er legt dem Parlament und dem Rat eine Erklärung über die Zuverlässigkeit der Rechnungsprüfung vor. Nach Abschluss eines Haushaltsjahres erstattet er einen Jahresbericht. Er unterstützt den Rat und das Parlament bei der Kontrolle der Ausführung des Haushaltsplans.
Wirtschafts- und Sozialausschuss (WSA)	In ihm sind Arbeitnehmer, Arbeitgeber und andere gesellschaftliche Gruppen vertreten. Er wird vom Rat oder der Kommission bei bestimmten Fragen zur Stellungnahme aufgefordert. Er kann auch in Eigeninitiative Stellungnahmen abgeben.
Ausschuss der Regionen	In ihm sind Repräsentanten von Ländern, Regionen und auch von lokalen Gebietskörperschaften vertreten. Sie wirken an EU-Entscheidungen beratend mit. Initiativrecht wie WSA.

a) Auf welchen drei „Säulen" beruht die Europäische Union?

b) Was versteht man unter der „Freizügigkeit der Unionsbürger"?

c) Worin besteht der Unterschied in der Zielsetzung einer Europäischen Wirtschaftsgemeinschaft im Gegensatz zur Europäischen Gemeinschaft?

d) Welches Endziel soll durch die Vereinbarung zur Wirtschafts- und Währungsunion erreicht werden?

e) Zeigen Sie an zwei Beispielen, dass die Einrichtung einer europäischen Zentralstelle für die Kriminalpolizei (Europol) vorteilhaft sein kann!

f) Welche Institution der EU hat die Gesetzgebungskompetenz?

g) Durch welche Institution der EU werden die Interessen von Arbeitnehmern und Arbeitgebern besonders berücksichtigt?

Wachstum und Wachstumspolitik

LZ: Determinanten des Wirtschaftswachstums kennen
Motive für Wachstumsziele nennen
Grenzen des Wachstums der Sachgüterproduktion erläutern

78 Wirtschaftliches Wachstum lässt sich messen an der Entwicklung des Bruttonationaleinkommens bzw. an der Entwicklung des Pro-Kopf-Einkommens. Dieses quantitative Wachstum ist damit ein Maßstab für den Lebensstandard. Neben diesem quantitativen Wachstum steht das qualitative Wachstum, das sich z. B. in der Entwicklung umweltschonender Produktionsverfahren, größerer Freizeit, längerer Ausbildung ausdrückt.

a) Suchen Sie Bedingungen, die Voraussetzungen für quantitatives Wachstum in einer Volkswirtschaft sind!

b) Wie beurteilen Sie die Rahmenbedingungen für quantitatives Wachstum in der Bundesrepublik Deutschland?

79 a) Wie beurteilen Sie das quantitative Wachstum in der Bundesrepublik Deutschland unter dem Gesichtspunkt des Altersaufbaus der Bevölkerung?

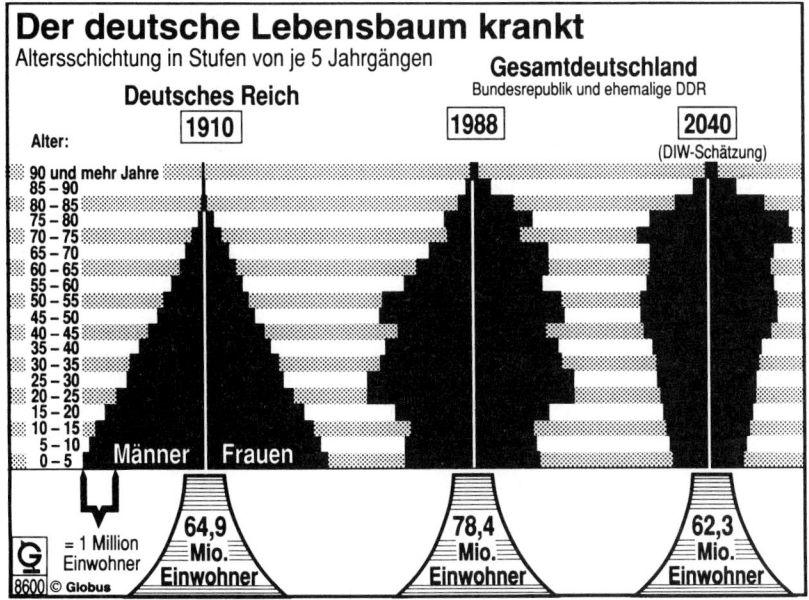

b) Wie könnte trotz der quantitativen Bevölkerungsentwicklung langfristig Wirtschaftswachstum in der Bundesrepublik Deutschland erreicht werden?

80 Drei Personen, nennen wir sie A, B und C, unterhalten sich über wirtschaftliches Wachstum. Hier ein Ausschnitt aus ihrem Gespräch:

A: „Ein Land wie die Bundesrepublik Deutschland braucht Wirtschaftswachstum, um den Lebensstandard seiner Bevölkerung zu erhalten und zu steigern. Wer will denn auf sein Auto, sein Fernsehgerät oder den Kühlschrank verzichten?"

B: „Was nützt einem das Auto, wenn man es mit verstopften Straßen und verpesteter Luft bezahlen muss?"

C: „Ja, dem stimme ich zu. Der private Wohlstand braucht nicht gesteigert zu werden. Dieser Markt ist doch gesättigt. Jetzt ist es an der Zeit, durch Wachstum das Gesundheits-, Ausbildungs-, öffentliche Verkehrs- und Kulturwesen, den Städtebau und den Umweltschutz zu fördern."

a) Wie stehen die drei Personen zum Problem des wirtschaftlichen Wachstums?
b) Welcher Position neigen Sie zu?

31 Schuster – ISBN 3-8120-0060-1

81 Die Reserven wichtiger Mineralien werden u. a. als langfristige Grenzen des Wachstums angeführt.

a) Wie ist dieses Argument zu bewerten?

b) Welche Probleme bestehen bei der Schätzung der Rohstoffvorkommen und des Rohstoffbedarfs?

c) Welche Möglichkeiten bestehen, um den Vorrat an Rohstoffen besser zu nutzen?

Reichweite der Reserven wichtiger Mineralien in Jahren

	Bekannte Reserven/ Konsum p.a.	Abbaufähige Reserven[1]/ Konsum p.a.	Gesamtgröße der Vorkommen/ Konsum p.a.
	(1)	(2)	(3)
Kohle	2736	5119	—
Kupfer	45	340	242 000 000
Eisen	117	2657	1 815 000 000
Phosphor	481	1601	870 000 000
Molybdän	65	630	422 000 000
Blei	10	162	85 000 000
Zink	21	618	409 000 000
Schwefel	30	6897	—
Uran	50	8455	1 855 000 000
Aluminium	23	68066	38 500 000 000
Gold	9	102	57 000 000

1 0,01 % der gesamten geschätzten geologischen Vorkommen und in bis zu 1 km Tiefe abbaubar.

Quelle: Rohr-Post, Mannesmann, 1976.

82 Eine Komponente wirtschaftlichen Wachstums sind so genannte Basisinnovationen. Darunter versteht G. Mensch soziale und technische Neuerungen, die im öffentlichen Sektor und in der Privatwirtschaft bisher nicht bestehende Sozial- und Dienstleistungen oder Industrieprodukte schaffen, für die einerseits Bedarf vorhanden ist und für deren Erstellung und Verteilung neue Arbeitsplätze und Investitionsgelegenheiten nötig werden.

a) Nennen Sie drei Basisinnovationen aus der Vergangenheit!

b) Basisinnovationen führen zu Innovationen. Darunter versteht man das Durchsetzen neuer Produkte am Markt oder Einführung neuer Produktionsprozesse. Nennen Sie ein Produkt, das durch die Erfindung des Motors möglich wurde!

c) Es ist umstritten, ob Basisinnovationen in gleichmäßigen Zeitabständen oder ungleichmäßig auftreten. Kontratieff und Kuznets glaubten, so genannte „lange Wellen" von 30 bis 40 Jahren feststellen zu können, die Perioden des Wachstums und der Kontraktion entsprechen.

G. Mensch stellt die Häufigkeit von Basisinnovationen in den Jahren 1740 – 1960 in einem Schaubild dar:

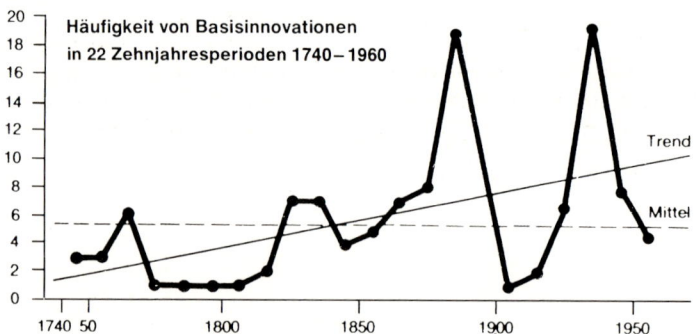

In welchen Jahren lagen die Schwerpunkte der Basisinnovationen?

d) In einer Delphi-Umfrage gaben Wissenschaftler 1966 folgende Wahrscheinlichkeiten für neue wissenschaftliche Durchbrüche an:

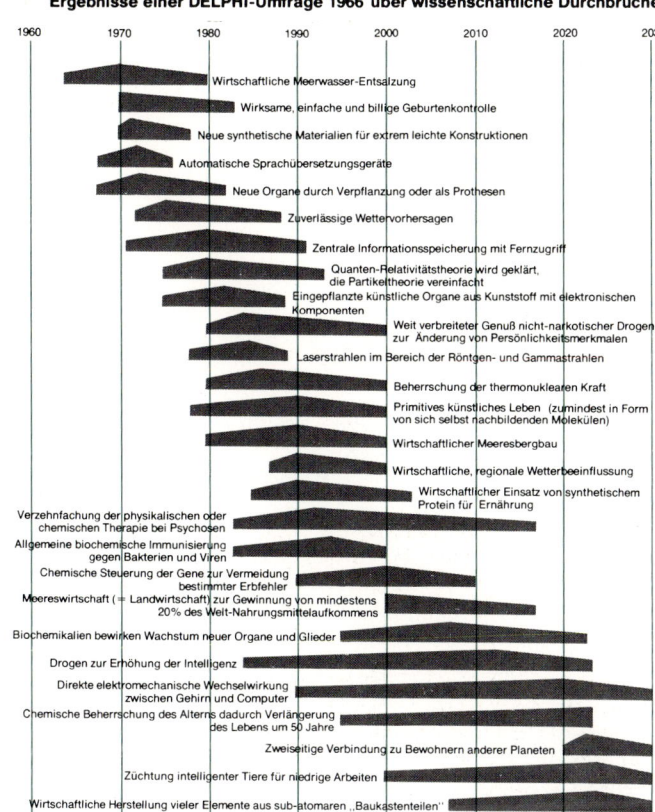

Ergebnisse einer DELPHI-Umfrage 1966 über wissenschaftliche Durchbrüche

1960 1970 1980 1990 2000 2010 2020 2030

Wirtschaftliche Meerwasser-Entsalzung

Wirksame, einfache und billige Geburtenkontrolle

Neue synthetische Materialien für extrem leichte Konstruktionen

Automatische Sprachübersetzungsgeräte

Neue Organe durch Verpflanzung oder als Prothesen

Zuverlässige Wettervorhersagen

Zentrale Informationsspeicherung mit Fernzugriff

Quanten-Relativitätstheorie wird geklärt, die Partikeltheorie vereinfacht

Eingepflanzte künstliche Organe aus Kunststoff mit elektronischen Komponenten

Weit verbreiteter Genuß nicht-narkotischer Drogen zur Änderung von Persönlichkeitsmerkmalen

Laserstrahlen im Bereich der Röntgen- und Gammastrahlen

Beherrschung der thermonuklearen Kraft

Primitives künstliches Leben (zumindest in Form von sich selbst nachbildenden Molekülen)

Wirtschaftlicher Meeresbergbau

Wirtschaftliche, regionale Wetterbeeinflussung

Wirtschaftlicher Einsatz von synthetischem Protein für Ernährung

Verzehnfachung der physikalischen oder chemischen Therapie bei Psychosen

Allgemeine biochemische Immunisierung gegen Bakterien und Viren

Chemische Steuerung der Gene zur Vermeidung bestimmter Erbfehler

Meereswirtschaft (= Landwirtschaft) zur Gewinnung von mindestens 20% des Welt-Nahrungsmittelaufkommens

Biochemikalien bewirken Wachstum neuer Organe und Glieder

Drogen zur Erhöhung der Intelligenz

Direkte elektromechanische Wechselwirkung zwischen Gehirn und Computer

Chemische Beherrschung des Alterns dadurch Verlängerung des Lebens um 50 Jahre

Zweiseitige Verbindung zu Bewohnern anderer Planeten

Züchtung intelligenter Tiere für niedrige Arbeiten

Wirtschaftliche Herstellung vieler Elemente aus sub-atomaren „Baukastenteilen''

Beherrschung der Schwerkraft durch Veränderung des Schwerefeldes

Erziehung durch direkte Informationseinspeicherung ins Gehirn

Langdauerndes Coma, das eine Zeitüberspringung ermöglicht

Einsatz von Telepathie und außersinnlicher Fähigkeiten als Kommunikationsmittel

Die dicke, spitze Stelle des Balkens zeigt an, für welches Jahr die Mehrheit der Wissenschaftler mit dem neuen wissenschaftlichen Durchbruch rechnet.

da) Was würde es für das Wachstum bedeuten, falls diese Voraussagen einträten?

db) Auf welchen Gebieten liegen diese Innovationen überwiegend?

83 Nehmen Sie Stellung zu der These, dass der Marktmechanismus in den Volkswirtschaften der kapitalistischen Länder nicht in der Lage sei, das Wachstum in die richtigen Bahnen zu lenken!

84 Zunehmendes Wachstum und damit höheres Pro-Kopf-Einkommen der Bevölkerung führen zu einer **sektoralen Verschiebung** der Wirtschaftsbereiche.

Die Entwicklungen der Bereiche Landwirtschaft, Industrie und Dienstleistungen seit dem Jahre 1800 zeigt dieses Schaubild:

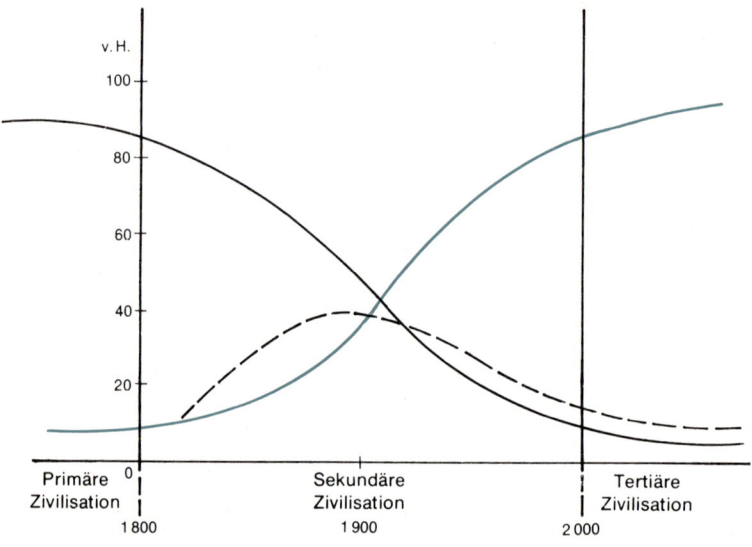

——— Entwicklung der Landwirtschaft
– – – – Entwicklung der Industrie
——— Entwicklung des Dienstleistungsbereichs

a) In welcher zeitlichen Abfolge entwickeln sich die Sektoren Landwirtschaft, Industrie und Dienstleistungen?

b) Warum nimmt der sekundäre Bereich nach einer Aufstiegsphase wieder ab?

c) Nennen Sie vier Teilbereiche des tertiären Sektors!

d) Sehen Sie Grenzen des Wachtums im tertiären Sektor (Dienstleistungssektor)?

484

Stichwortverzeichnis